개정판

한국어 문법 총론 I

- 개관, 음운, 형태, 통사 -

한국어 문법 총론 I : 개관, 음운, 형태, 통사 (개정판)

This Edition was published by Jipmoondang in 2025, Seoul, Korea.

개정판

한국어 문법 총론 I

- 개관, 음운, 형태, 통사 -

구본관 · 박재연 · 이선웅 · 이진호 공저

집문당

구본관 | 서울대학교 사범대학 국어교육과 교수, 서울대학교 국어교육연구소 겸무연구원

박재연 | 아주대학교 인문대학 국어국문학과 교수

이선웅 | 경희대학교 외국어대학 한국어학과 교수

이진호 | 서울대학교 인문대학 국어국문학과 교수

개정판

한국어 문법 총론 I

- 개관, 음운, 형태, 통사 -

2025년 8월 30일 1판 1쇄
2026년 3월 1일 1판 2쇄

저자 | 구본관 · 박재연 · 이선웅 · 이진호
발행인 | 임동규
발행처 | **(주)집문당**
등록 | 1971. 3. 23. 제2012-000069호
주소 | 03134 서울시 종로구 돈화문로 82, 5층
전화 | +82-1811-7567
이메일 | sale@jipmoon.com
홈페이지 | www.jipmoon.com

ISBN 978-89-303-1976-8 94700
978-89-303-1975-1(세트)

가격 35,000원

머리말

우리 네 명의 저자가 『한국어 문법 총론 Ⅰ, Ⅱ』를 내놓은 지 10년의 시간이 흘렀다. 그동안 사회의 변화와 기술의 진보는 우리가 사용하는 언어에도 많은 변화를 가져왔다. 다문화 사회로의 진전은 한국어를 더 이상 우리 민족의 언어에 머무를 수 없게 하고, 다양한 구성원들 간의 의사소통을 위한 공용어로서의 성격을 가지게 하고 있다. 기술의 진보는 인터넷 공간을 중심으로 전통적인 언어 외에 그림, 동영상 등이 결합한 복합 양식 텍스트가 생산되는 등 언어의 성격이 변화하면서 새로운 장르의 출현을 가속화하고 있기도 하다. 이런 언어의 변화는 언어 연구에 있어서 새로운 접근을 요구하고 있기도 하지만, 역설적이게도 전통적인 언어의 역할에 대해 더 깊은 성찰을 요구하고 있기도 하다.

『한국어 문법 총론 Ⅰ, Ⅱ』는 우리말 연구자, 일반인, 학생, 교사를 포함하여 다양한 독자들로부터 지난 10년간 많은 사랑을 받았다. 몇몇 독자들께서는 우리가 미처 생각하지 못한 세세한 부분을 깨우쳐 주기도 했고, 놓친 부분을 보완할 수 있게 하는 아이디어를 주시기도 하였다. 개정판에는 이런 독자들의 요구 사항을 가능한 한 충실하게 반영하고자 하였다. 이를 위해 개정판에서는 날개의 주석과 참고를 추가하기도 했고, 언어 자료를 최신의 것으로 바꾸기도 하였다.

초판을 낸 후 10년 동안 한국어학 연구는 질적, 양적으로 성장해 왔다. 그동안 우리 저자들도 개정판과 직간접적으로 관련되는 새로운 논저를 내놓기도 하였다. 네 명이 공동으로 『한국어학 개론』을 저술한바, 이 책이 프랑스어로 번역되어 프랑스 주요 대학의 학생들의 교재나 연구자의 참고 자료로 활용되고 있기도 하다. 저자들은 개별적으로 『파생법의 역사』, 『한국어 어미의 의미』, 『한국어 문법론의 점과 선』, 『한국어 종성 체계의 언어 유형론』 등을 저술하기도 했는데, 한국어학 연구의 성장과 함께 우리 저자들의 연구 결과를 반영해야 할 필요성 역시 개정판을 내게 된 이유이기도 하다.

개정판은 초판의 체재를 따르고 있지만, 몇 가지 점에서는 제법 큰 수정과 보완이 이루어졌다. Ⅰ권의 형태론 부분에서는 최근 활발하게 연구된 신어의 단어 형성 연구 결과를 추가

했으며, 통사론 부분에서는 통사 구조와 함께 정보 구조에 대한 논의를 추가했다. Ⅱ권의 국어사 부분에서는 접사 파생법의 변화와 흔히 비접사 파생으로 부르는 자음 교체, 모음 교체, 영 변화 파생에 대한 논의를 상당한 정도로 보완하였다. 또한 Ⅱ권의 중세 국어나 근대 국어 문장에 대해 독자의 편의를 돕기 위해 현대어 역을 추가하였다.

개정판을 내면서도 한국어를 쉽게 설명하자는 초판을 낼 때의 마음을 잊지 않으려 했다. 우리는 이 책이 한국어를 사용하는 모어 화자이든, 한국어를 외국어로 배우는 외국인 화자이든 한국어를 배우고 사용하면서 한국어 문법 현상에 깊게 고민하는 모든 독자들이 쉽게 읽을 수 있게 국어사 등 쉽지 않은 부분에 대해서도 최대한 쉽게 기술하고자 하였다. 아울러 중고등학교 현장이나 대학에서의 한국어학 강의에 활용될 수 있게 학습 상황에서 문제가 되는 문법적 사실에 대해서도 날개의 주석이나 참고란을 통해 설명을 부가하기도 하였다. 이처럼 이 책은 기술 문법을 지향하면서도 규범 문법적인 관점을 더하였다. 저자들은 이 책이 실용적으로는 대학의 국어국문학과, 국어교육과, 한국어교육과에서 한국어학 공부에 입문하는 한국인 학생과 외국인 학생들에게 좋은 안내서가 되기를 바란다. 아울러 참고란을 통해 이 책을 깊게 읽는다면 대학원생이나 한국어 연구자들에게도 도움이 될 수 있을 것으로 기대한다.

이 책을 펴내는 데에는 많은 분들의 도움이 있었다. 한국어를 연구하는 선배, 동료, 후배 연구자들은 논저를 통해, 혹은 우리 책에 대한 직접적인 조언을 통해 책의 완성도를 높이는 데에 큰 도움을 주셨다. 그러므로 이 책의 기반이 되는 문법 지식은 우리 네 사람의 것이 아닌 한국어 연구자 전체의 것이기도 하다. 그럼에도 논문이 아닌 저술의 성격상 출처를 자세하게 밝히지 못한 점에 대해서는 해당 논저의 저자들의 양해를 구하고자 한다. 참고 문헌 역시 책의 성격을 고려하여 단행본과 학위논문을 위주로 제시하여 주요한 논저가 포함되지 않았을 수 있는데, 이에 대해서도 양해를 구하고자 한다.

특별히 초판의 성실한 독자였던 한국어학, 국어교육, 한국어교육을 가르치고 배우는 연구자, 교사, 학생들, 그 외 여러 독자들께 감사를 드린다. 이분들은 초판에 대한 질문과 조언을 통해 개정판이 나올 수 있게 하는 든든한 후원자들이 되어 주셨다. 우리 저자들이 좋은 책을 내기 위해 항상 도움을 주시는 집문당 임동규 사장님, 몇 권의 책을 우리와 함께하며 디자인에서 편집까지 꼼꼼하게 살펴 준 전정아 님께도 특별한 감사를 드린다.

2025년 8월 저자 일동

초판 머리말

사람은 모두들 언어를 가지고 살아간다. 언어로 세상을 바라보고, 꿈을 꾸고, 자기를 표현하고, 타인과 관계를 맺는다. 문법을 연구하는 사람들은 언어를 이해하고, 배우고, 가르칠 뿐만 아니라, 더 나아가 언어를 통해 인간을 이해하려는 꿈을 꾼다. 어느 해 여름, 이런 꿈을 가진 사람들 몇몇이 모여 지금까지 이루어진 한국어 문법을 정리해 보자고 뜻을 모았다. 누구는 언어의 '소리'를 연구하고, 누구는 언어의 '형식'을 연구하고, 누구는 언어의 '의미'를 연구하고 있었지만 모두 생각이 크게 다르지 않아서 쉽게 의기투합했다. 물론 문법을 바라보는 시선이 항상 같은 것은 아니어서 공동 작업을 하는 과정에서 서로의 원고를 조금은 신랄하게 비판하기도 하였고, 자기의 생각을 좀 깎아 내기도 하였으며, 다른 이의 고민을 고심 끝에 받아들이는 어려운 과정을 겪기도 하였다. 그리하여 이제 어디를 누가 집필했는지 밝힐 필요도 없는 공동 작업의 성과를 내놓게 되었다.

인간의 머릿속은 모두 같지가 않다. 한국어를 모어로 사용하는 화자라 하더라도 양과 질에서 다른 어휘를 가지고 있으며, 조금씩 다른 문법적인 직관을 가지고 있기도 하다. 그럼에도 한국어로 훌륭하게 의사소통을 하고 살아가는 것은 차이점 못지않게 공통점을 가지고 있기 때문이다. 우리는 이 공통점을 찾아내어 기술하고자 하였다. 이런 점에서 보면 우리의 문법서는 보편 문법을 추구한다. 하지만 이 보편 문법은 촘스키가 생각하는 이상적인 화자의 문법을 말하는 것이 아니다. 우리가 추구하는 보편 문법은 한국어를 쓰는 화자 하나하나의 직관을 소중하게 생각하고 그들의 언어 사용에서 한국어 문법을 귀납하려 한다는 점에서 기술 문법과 닿아 있는 보편 문법이다. 이러한 의미에서의 보편 문법이나 기술 문법은 학습자의 언어적인 민감성을 기르는 것을 목표로 하는 학교 문법과도 멀지 않다.

이 책은 처음 기획 단계에서 표준 문법을 지향하고자 하였다. 그런데 이미 전통 문법을 바탕으로 기술되어 학교 현장에 널리 사용되고 있는 표준 문법이 있기도 하며, 표준 문법이라는 이름으로는 다양한 변화와 변이를 보이는 한국어 문법을 적절하게 기술하기는 어렵다고 판단하였다. 우리는 이 책에서 다양한 학설과 문법 이론을 받아들이면서도 우리말인 한국어를 중심에 두고 기존의 연구 성과들을 일관된 시각에서 정리하고자 하였다. 그렇기는 해도 규범 문법처럼 공적인 강제력을 가지지 않으면서도 모범으로 따를 만한 문법을 지향한다는 점에서는 이 책은 표준 문법과 닿아 있기도 하다. 한국어를 중심에 두고 다양한 논의들을 받아들인 이런 문법은 국어 교육이나 한국어 교육과 같은 교육 현장에서 매우 유용하게 활용될 것이라 생각한다. 결국 이 책은 보편 문법과 기술 문법, 그리고 표준 문법과 학교 문법의 성격을 모두 가지고 있는 셈이 된다.

이 책은 2권 12장으로 구성되어 있다. 제 I 권은 '언어와 한국어, 음운론, 형태론, 통사론'을 담고 있으며 제 II 권은 '의미론, 화용론, 텍스트 언어학, 어휘론, 어문 규범, 국어사, 15세기 한국어 문법, 문자와 표기'를 담고 있어 한국어 연구의 거의 모든 분야를 두 권에 담았다고 할 수 있다. 많은 분야를 담고 있으면서도 각각의 분야에 대해 가능한 한 깊이 있게 기술하고자 하였다. 본문 중에 '참고'를 두어 심화된 내용이나 본문의 기술과 다른 견해를 담아낸 것도 깊이를 더하고자 한 시도였다. 결과적으로 우리는 이 책이 한국어 문법의 공시와 통시, 이론과 응용을 아우르는 넓이와 깊이를 더한 말 그대로의 '총론'이 되도록 노력했다.

이 책은 이미 확립된 논의를 최대한 요령 있게 정리하는 것은 물론이고 최근 등장한 새로운 논의도 가능한 한 충실하게 반영하고자 하였다. 형태론에서 새말의 형성 원리를 조금 자세하게 논의한 것이나 통사론에서 정보 구조를 도입한 것이 그러하고, 15세기 국어의 자음 체계나 모음 체계를 '훈민정음'의 개념어를 사용하여 설명한 것이 그러하다. 이처럼 우리는 기존의 정설화된 논의와 새롭게 확립되어 가는 논의의 균형을 잡기 위해 많은 노력을 기울였다.

우리는 이 책을 한국어에 대해 진지하게 고민하는 다양한 사람들이 읽었으면 한다. 한국어에 관심이 있어 국립국어원의 가나다 전화를 애용하는 일반인이 더 깊이 있게 한국어를 알기 위해 읽어도 좋고, 한국어를 공부하는 국어국문학과나 국어교육과, 한국어학과 학생들이 한국어 문법을 더 잘 알기 위해 읽어도 좋을 것이다. 물론 이 책이 우리나라 학생들에게 국어를 가르치는 국어 교사나 외국인에게 한국어를 가르치는 한국어 교사의 참조 문법으로도 큰 도움이 될 것으로 기대한다.

이 책은 우리 다섯 사람에 의해서만 이루어진 것은 아니다. 크게는 한국어를 배우고 가르치며 한국어에 관심과 사랑을 준 모든 사람들의 것이며, 작게 잡아도 근대적인 한국어 연구를 시작한 주시경 이후의 모든 국어 학자, 국어 교육학자들의 노력의 성과이다. 특별히 이 자리를 빌려 한국어 연구에 평생을 바치신 선배 학자들께 깊은 감사를 드린다. 이 책에는 그분들의 연구 결과가 모두 녹아 있으며, 앞으로도 다시 깁고 보탤 기회가 있을 때마다 그분들에게 누가 되지 않도록 충실하게 고쳐 나갈 것이다. 본문의 내용에서 예문에 이르기까지 여러 연구자들의 논의를 담고 있으면서도 이 책의 성격상 해당 부분에 출처를 일일이 밝히지 못하고 참고 문헌만으로 제시한 것에 대해서는 죄송한 마음을 표한다.

2015. 2. 저자 일동

차례

제1장 언어와 한국어

제2장 음운론

제3장 형태론

제4장 통사론

참고 목차

제1장 언어와 한국어

제2장 음운론

제3장 형태론

제4장 통사론

제1장 언어와 한국어

1.1. 언어의 본질

1.1.1. 언어의 특성

언어의 사용은 인간의 주요한 특성이다. 지구상에 존재하는 언어는 적게 잡아도 3,000여 종에 달하고 많이 잡으면 7,000여 종에 이른다.[1] 수천 종에 이르는 언어를 언어 계통론에서는 인도·유럽 어족, 우랄 어족, 알타이 어족 등으로 나누기도 하며, 언어 유형론에서는 고립어, 교착어, 굴절어 등으로 나누기도 한다. 이 언어들은 개별성도 가지지만 보편성을 가지고 있기도 하다. 언어가 가진 보편성을 중심으로 언어의 특성에 대해 살펴보기로 하자.

언어가 무엇인지에 대해서는 학자마다 다양한 견해가 존재한다. 우선 언어가 인간의 정신을 반영하는 것이라고 보는 견해가 있다. 플라톤에서 스토아학파를 거쳐 데카르트로 이어지는 연역적인 언어관에 따르면 언어는 인간에 내재하는 관념 체계의 표상이라고 한다. 이런 흐름 속에서 촘스키(N. Chomsky)는 인간은 언어와 관련하여 본유적(本有的)으로 공통되는 보편 문법(universal grammar)을 가지고 있는 존재라고 보았다. 한편, 언어가 인간 정신을 반영하는 존재라기보다는 의사소통의 수단이라는 도구적인 관점을 강조하는 사람도 있다. 뒤에서 언급할 것인바, 야콥슨(R. Jacobson)은 지시적 기능, 표현적 기능, 명령적 기능 등 언어의 다양한 기능을 언급한 바 있다. 야콥슨의 의도가 어떠했든 그에게서 이어지는 기호학자들은 언어의 여러 기능 중 지시 기능, 즉 의사소통의 기능에 집중하였다는 점에서 도구적인 관점에 가깝다고 할 수 있다.

1 언어의 개수가 차이 나는 것은 언어와 방언의 경계가 분명하지 않고 지금도 많은 언어들이 사라져 가고 있기 때문이다. 절멸 위기에 놓인 언어의 보존, 연구에 노력을 기울이고 있는 국제하계언어학연구소(SIL International)가 발간하는 에스놀로그(Ethnologue)의 2024년 판(제27판)에 따르면 현재 살아 있는 언어(living language)는 7,164개라고 한다.

언어의 기능이 의사소통에만 있지 않음은 자명하다. 언어의 본질과 관련하여 사르트르(J. P. Sartre)는 언어를 '도구로서의 언어'와 '대상으로서의 언어'로 구분한다. 그는 언어의 본질은 의사소통이라고 할 수 있지만 의사소통과 관련되는 것은 '도구' 내지 '수단'으로서의 언어이며, 그 수단이 희미해지는 시(詩)와 같은 상황에서 언어는 '대상'으로서 언어의 육체성을 회복한다고 보았다. 우리는 의사소통 수단으로서의 기능뿐만 아니라 다른 다양한 언어 기능에도 주목하고자 한다.[2]

2 국어 교육의 문법 교육 분야에서도 할리데이(M. A. K. Halliday)의 체계·기능 문법(system-functional grammar)을 받아들이면서 언어의 의사소통 기능을 강조하기도 한다. 기능에 대한 강조는 촘스키로 대표되는 생성 문법의 지나친 형식화에 대한 반작용과 관련 있다. 언어는 의사소통적 기능만으로 설명되는 것이 아니므로 최근에는 언어 교육에서 언어의 의사소통 기능뿐만 아니라 언어가 포함하고 있는 문화 등을 포함하는 교육의 필요성이 논의되고 있다.

사실 언어는 인간이 사용하는 수많은 의사소통 수단의 하나일 뿐이다. 말과 말 사이의 휴지, 말의 높낮이 등 준(準)언어[혹은 반(半)언어]도 의사소통 수단이 된다. 그뿐만 아니라 표정, 손짓, 몸짓, 옷차림, 사람 사이의 거리, 약속 시간에 언제 도착하는지와 같은 시간 등의 비언어적 표현도 훌륭한 의사소통 수단이 된다. 기호론의 관점에서 보면 신호등의 색깔과 같은 다양한 기호가 의사소통의 수단이 되기도 한다.

참고 1 **문화와 비언어적 표현**

인간은 의사소통을 위해 자연 언어와 준(準)언어를 사용한다. 그뿐만 아니라 몸짓, 손짓, 옷차림, 음식, 예술적 표현, 여러 가지 의식(儀式), 규범, 시간이나 공간적 거리 등의 비(非)언어적 표현을 사용하기도 한다. 인간의 의사소통 수단으로서 자연 언어나 준언어 즉 언어적 표현이 좀 더 중요하게 고려되는 이유는 표현 방식이 체계적이어서 의사소통의 정확성에 기여하는 바가 상대적으로 더 크기 때문이다.

언어적 표현도 그러하지만 비언어적 표현은 역사적, 문화적 차이가 커서 유사한 기호를 문화권별로 다르게 사용하는 경우가 흔하다. 예를 들어 손가락을 접거나 펼쳐서 숫자를 셀 때도 우리나라와 중국은 차이가 크다. 또한 이슬람권에서는 밥 먹을 때나 유쾌한 일에는 오른손을 쓰고 생리 현상의 해결에는 왼손을 쓰는데, 왼손으로 사람을 만지면 상대를 모욕하는 행위가 된다고 한다.

언어를 흔히 음성 언어와 문자 언어로 나누기도 한다. 문자 언어가 단순히 청각적인 말을 시각적인 문자로 바꾸어 주는 시각 기호(graphic symbol)에 그치는 것은 아니다. 전 세계에는 다양한 문자 언어가 존재하며, 각각의 문자 언어는 특성에 맞는 표기법 체계를 통해 음성 언어와 연결되어 있다. 다행히 우리말은 훌륭한 문자 언어 체계인 한글로 표기하고 있

어 문자를 통한 의사소통에 유리한 점이 많다.[3]

소쉬르에 의하면 '언어는 관념을 나타내는 기호 체계'라고 한다. 즉, 언어는 의사소통 기능을 포함한 다양한 사고를 나타내는 기능을 하는 기호이자, 체계적인 구조를 갖추고 있는 존재라는 것이다. 이제 언어의 특성에 대해 관련지어 설명하기 쉬운 것끼리 묶어서 살펴보기로 하자.[4]

3 한글의 특징에 대해서는 우리 책 제Ⅱ권 제12장에서 자세하게 다룬다.

4 학교 문법에서는 언어의 특성을 기호적 특성과 구조적 특성으로 나누어 설명하기도 한다. 이때 기호적 특성으로는 자의성, 사회성, 역사성, 분절성, 추상성을 들고, 구조적 특성으로는 규칙성이나 체계성을 든다.

1.1.1.1. 이원성과 자의성

기호는 일정한 형식과 그 형식이 나타내는 내용으로 이루어져 있다. 언어 역시 기호 체계의 하나로서 형식인 '음성'과 내용인 '의미'로 구성되어 있다. 이에 따라 언어는 '음성'과 '의미'의 이원성(二元性)을 가지며, 음성과 의미의 관계가 필연적이지 않다는 점에서 자의성(恣意性)을 가진다.

(1) 가. [사랑] : '愛', '情'
　　나. 한국어 : 개[개], 영어 : dog[도그], 독일어 : Hund[훈트],
　　　　프랑스어 : chien[시엥], 중국어 : 狗[고우], 일본어 : 犬[이누]
　　다. 표준어 : 부추, 경상도 방언 : 정구지, 전라도 방언 : 솔

(1가)에서 볼 수 있듯이, '[사랑]'이라는 '음성'은 '愛', '情' 따위의 '의미'와 연결되어 있다. 이때 '음성'과 '의미'의 두 층위는 각각 독자적인 특성을 가지고 있는데, 이를 언어의 이원성이라고 한다.[5] 개별 언어에서 음성과 의미의 연결이 공고하기는 하지만 그 연결에 필연적인 이유는 없다. 그리하여 (1나)에서 볼 수 있듯이 동일한 의미를 나타내는 사물이나 개념에 대해 필연적인 이유 없이 언어마다 다른 음성으로 대응되거나, (1다)에서 볼 수 있듯이 한 언어 안에서 방언마다 다른 음성으로 대응되는데, 이를 자의성이라 한다. 언어의 음성이나 의미가 시간의 흐름에 따라 변화하는 것도 둘 사이의 연결이 필연적이 아님을 말해 준다.

5 '배추'는 음성의 배열이 'ㅂ, ㅐ, ㅊ, ㅜ'로 이루어졌는데, 배열을 'ㅂ, ㅜ, ㅊ, ㅐ'로 바꾸면 '부채'로 의미가 달라진다. 이처럼 언어의 이원성은 제한된 음성을 가지고 다양한 의미와 연결이 가능하게 하여 언어를 경제적이게 만든다.

사실 언어의 음성과 뜻이 전적으로 자의적인 것만은 아니다. 언어마다 조금씩 차이가 있기는 하지만 한국어 '꼬끼오, 꼬꼬'와 영어의 'cock-a-doodle-doo' 등 의성어에서 나타나는 소리의 유사성은 음성과 의미가 자

의적이지만은 않음을 보여 준다. 아울러 '[사람]-[사람들]'처럼 음성이 복잡해지면 의미도 단수에서 복수로 복잡해지는 것과 같은 도상적(圖像的)인 특성을 가진다는 점에서 보면 음성과 의미의 관계는 완전히 자의적이지만은 않다.[6]

6 '도상적' 내지 도상성(圖像性, iconicity)이란 기호학에서 한 기호의 형식적인 특성이 실제 사물의 형태 즉 내용상의 특성을 재현하는 것을 지칭한다. 언어학에서는 '사람-사람들'처럼 형식인 음성과 내용인 의미의 복잡성이 일치되는 특성도 도상성으로 규정하기도 한다.

참고 2 문자와 자의성

음성 언어뿐 아니라 문자 언어에 대해서도 자의성의 관점에서 생각해 볼 수 있다. 기본적으로 음성 언어뿐 아니라 문자 언어도 문자와 의미가 필연적으로 연결된 것이 아니므로 자의성을 갖는다. 한편, 각각의 문자들이 가지는 자의성의 차이에 대해서 생각해 볼 수도 있다. 한자와 같은 뜻글자는 각각의 글자가 의미를 가지고 있어 자의성의 관점에서 소리와 의미에 대해 다양한 양상을 보인다. 한자 중 '月, 日, 川' 등 상형(象形)에 의해 만들어진 글자는 글자의 모양과 의미가 필연적인 속성이 강하며, '上, 下, 一, 二, 三' 등 지사(指事)에 의해 만들어진 글자나 '明, 林' 등 회의(會意)에 의해 만들어진 글자는 모양과 의미가 필연적인 속성이 강하다고 하기는 어렵지만 글자 구성 방식과 의미가 대응되는 면이 있어 도상적인 특성을 갖는다. 물론 상형이나 지사에 의한 개개 문자의 모양이 반드시 그러해야 하는 것은 아니므로 완전히 필연적인 것이 아니며 대부분의 한자는 자의성을 갖는 것으로 볼 수 있다. 한글의 경우 낱자가 의미를 가지지 않아 자의성의 논의와 직접 관련이 없지만 창제의 원리에 적용된 '상형'은 필연적인 속성을 가지는 것으로, '가획'은 도상적인 속성을 가지는 것으로 볼 수 있다.

1.1.1.2. 창조성과 규칙성

알려진 바와 같이 꿀벌이나 돌고래 등 동물들도 의사소통 수단을 가지고 있지만 인간의 언어는 동물의 의사소통 수단과 차이가 있다.[7]

(2) 가. 옛날에 한 나무꾼이 살았는데, 그는 어느 날 산에 가서, 큰 연못 옆에서 나무를 하다가, 도끼를 연못에 빠뜨리고 ……

나. *하늘을 푸른 좋아한다 나는.(→나는 푸른 하늘을 좋아한다.)

인간의 언어는 동물의 의사소통 수단과 달리 기존의 단어를 배열하여 자기가 한 번도 사용하지 않은 문장을 무수히 만들어 낸다. 이를 흔히 언어의 창조성(創造性)이라고 한다.[8] 인간의 언어가 창조성을 가지고 있기 때문에 (2가)에서 볼 수 있듯이 인간은 기억의 제약만 없다면 무한하게 긴 문장도

7 촘스키 이후 인간 언어가 동물의 의사소통과 차이나는 것을 유전적인 차이로 설명하기도 한다. 2001년 옥스퍼드 대학 연구팀은 FOXP2라는 유전자가 언어와 관련이 있음을 밝혔고, 2002년에는 막스플랑크 연구소의 과학자들이 침팬지와 인간의 FOXP2 유전자의 차이를 언어와 관련해서 설명하기도 했다.

8 '창조성(creativity)'은 주로 제한된 규칙으로 무제한적으로 문장을 만들어 내는 특성을 지칭하지만, 새롭게 만들어 낸다는 뜻이 강하므로 새로운 문장을 만들어 내는 특성뿐만 아니라 새로운 단어를 만들어 내는 특성을 지칭하기도 한다. 한편, 새로운 단어나 새로운 문장을 만들어 내는 특성을 창조성이라 하고, 기존의 단어로 무한한 수의 문장을 생산한다는 의미를 강조하기 위해서는 창조성 대신 '생산성(productivity)'이라는 용어를 쓰기도 한다.

만들어 낼 수 있다.

한편 인간이 창조적으로 문장을 만들 때에는 아무렇게나 단어를 나열하지 않고 규칙에 따라 배열한다. 즉, 언어의 창조성은 규칙성을 전제로 한다는 것이다. (2나)의 문장은 괄호 안의 문장처럼 규칙에 맞게 배열해야만 언어로서 온전하게 사용될 수 있다. 이처럼 언어가 여러 가지 규칙을 가지고 있는 특성을 규칙성(規則性)이라고 한다. 인간이 창조성을 통해 무수한 문장을 만들고 이를 다른 사람이 이해할 수 있는 것도 규칙성이 있기 때문이다.

1.1.1.3. **사회성과 규범성**

인간이 사회를 이루고 살아가기 때문에 인간의 언어는 사회성(社會性)을 가지게 되어, 어떤 개인이 마음대로 바꿀 수가 없다. 또한 언어가 의사소통의 도구로 작용하기 위해서는 규범성(規範性)을 갖추어야 한다.

(3) 가. 아침에 커피에 앉아 식탁을 마신다.
나. 고객님, 주문하신 약 나오셨습니다.

앞에서 설명한 것처럼 소리와 의미가 필연적이지는 않지만 특정 언어만 두고 보면 관습적으로 소리와 의미가 공고하게 결합되어 있어 개인이 함부로 바꿀 수 없다. (3가)의 '커피'나 '식탁' 등의 단어가 가진 의미를 개인이 마음대로 바꾸기 어려운 것이다. 이는 언어가 특정한 사회를 배경으로 한 약속 체계이기 때문인데, 이를 언어의 사회성이라고 한다.[9]

한편, (3나)는 주체 높임의 대상이 아닌 '약'에 대해 '-시-'를 사용해서 높인 것으로 사람에 따라 어느 정도 자연스럽게 받아들이기도 하지만, 다수의 사람들은 과한 친절을 드러내기 때문에 규범에 맞지 않은 것으로 보아 어색하게 느끼기도 한다. 언어로 원활하게 의사소통을 하기 위해서는 규범성을 갖추는 것이 필요하다.

9 개인이 언어를 함부로 바꿀 수 없다는 점에 주목하여 이런 언어의 특성을 불역성(不易性)이라고 하기도 한다.

1.1.1.4. **추상성과 초월성**

인간 언어는 동물의 언어와 달리 추상성(抽象性)을 가지며, 시간과 공간을 넘어서는 초월성(超越性)을 가지기도 한다.

(4) 가. 생물-동물-포유류-개-삽살개
나. 어제 그곳에는 모란이 피었다.

언어는 추상성을 가지고 있어 여럿으로 존재하는 개념이나 대상의 공통점을 모아 하나로 인식한다. (4가)에서 볼 수 있듯이 여러 종류의 개에서 어떤 특성을 뽑아내어 '개'라는 추상적 기호를 붙이는 것이나 '개, 소, 곰, 호랑이' 등을 묶어 포유류나 동물로 추상화하는 것 등은 모두 언어의 추상성에 기인한다. 언어가 추상성을 가지는 것은 흔히 인간만이 가지는 추상하는 능력이 언어에 반영된 것으로 말해지기도 한다.

동물의 의사소통을 위한 표현이 대체로 바로 '이 시간', '이 장소'의 일에 사용되는 것과는 달리 인간의 언어는 (4나)의 '어제', '그곳'과 같이 다른 장소나 다른 시간을 표현하는 것이 가능하다. 언어의 이런 특성을 초월성이라 한다.

1.1.1.5. **분절성과 체계성**

언어 기호는 연속적인 사물이나 개념을 분절적으로 인식하게 하는 분절성(分節性)을 가진 기호이다. 또한 분절된 인간 언어가 체계성(體系性)을 가지고 있다는 점을 강조할 필요가 있다. 우리는 잘 인식하지 못하면서 언어를 사용하지만 언어를 잘 관찰해 보면 다양한 체계로 이루어져 있음을 알 수 있다. 앞에서 말한 것처럼 언어는 소리와 의미를 연결해 주는 규칙의 체계이면서 소리와 의미 단위들은 각각 체계를 이루고 있기도 하다.

(5) 가. 빨강, 주황, 노랑, 초록, 파랑, 남색, 보라
나. 아버지 ↔ 어머니
　　↕　　　↕
　아들　↔　딸

(5가)에서 볼 수 있듯이 흔히 무지개를 일곱 색으로 언어화하지만, 실제로 일곱 가지 색으로 분절되어 있는 것이 아니라 연속적인 스펙트럼을 일곱 개로 분절하여 언어화한 것이다. 하나의 음절을 여러 개의 음소로 나누거나,[10] 하나의 문장을 여러 개의 단어로 나눌 수 있는 것도 언어가 분절성을 가지기 때문이다.

10 흔히 인간의 음성을 자연계의 소리인 음향과 구별하는 기준으로 분절성을 들기도 한다.

흔히 우리들의 머릿속에는 거대한 사전과 같은 공간이 있어 단어들이 저장되고 있다고 가정한다. 이 단어들은 무질서하게 저장되어 있는 것이 아니라 매우 체계적으로 저장되어 있다. (5나)의 '아버지', '어머니', '아들', '딸'은 가족 관계를 나타내는 말로서 하나의 장(field)을 이루고 있을 뿐만 아니라 모두 [인간]이라는 공통점을 가지고 있기도 하다. 이들 중 '아버지'와 '어머니'는 [+부모], '아들'과 '딸'은 [-부모], '아버지'와 '아들'은 [+남성], '어머니'와 '딸'은 [-남성]이라는 공통점과 '아버지'는 [+남성], '어머니'는 [-남성] 등의 차이점을 가지고 체계적으로 연결되어 있다. 물론 언어의 체계성이 단어 차원에서만 나타나는 것은 아니다. 흔히 음운 체계라고 부르는 것에서 알 수 있듯이 소리도 체계를 이루고 있다. 뒤에서 언급하게 될 한국어 단모음을 예로 들어본다면 'ㅣ, ㅡ, ㅜ, ㅔ, ㅓ, ㅗ, ㅐ, ㅏ' 등이 '전설'과 '후설', '평순'과 '원순', '고모음'과 '중모음'과 '저모음'의 공통점과 차이점을 가지고 체계적으로 관련되어 있다.

언어가 체계성을 갖추고 있는 것은 언어 자체의 속성이 그러하기 때문이기도 하지만, 인간의 인지 구조가 그러하기 때문일 것이다. 만일 언어가 체계를 갖춘 구조로 이루어지지 않았다면 위에서 언급한 '아버지'나 '어머니'의 의미를 따로따로 기억해야 하므로 효율적이지 못하며, 모음 각각의 소리 차이도 공통점과 차이점에 기대지 않고 하나하나의 차이를 구분해야만 할 것이다. 우리가 수많은 단어를 기억하고 음운을 구분하는 것은 언어가 가진 체계성 때문이며, 이러한 체계성이 인간의 인지 구조와 합치하기 때문이라고 볼 수 있다. 그러므로 언어의 체계적인 특성은 언어의 본질적인 특성이자 인간의 본질적인 특성이라고 볼 수도 있다.

참고 3 한국어의 기본 색채어

언어마다 사용하는 색채어가 다르다는 사실은 잘 알려져 있지만, 어느 정도 보편성을 가지고 있기도 하다. 벌린(B. Berlin)과 카이(P. Kay)의 연구에 따르면 어떤 언어에서 오직 두 가지 색이 있으면 검정과 하양이고, 세 가지 색이 있으면 여기에 빨강이 더해지고, 다섯 가지 색이 있으면 초록과 노랑이 더해진다고 한다. 한국어의 기본 색채어는 고유어를 기준으로 보면 '검다(검정)', '하얗다(하양)', '빨갛다(빨강)', '노랗다(노랑)', '파랗다(파랑)'의 다섯 가지이다. 초록 대신 파랑이 들어 있다는 점에서 보편적인 경향과 약간 다른 듯하다. 하지만 한국어의 '파랗다'가 형태적으로 '푸르다(<프르다)'에서 파생되었고, 이 '푸르다'가 '파랑'과 '녹색'을 포함하지만 '녹색'에 더 가깝다는 사실을 생각하면 한국어의 기본적인 오색도 이런 보편성에서 벗어나지 않는다고 볼 수 있다.

1.1.1.6. **역사성과 문화성**

언어는 한 세대에서 다른 세대로 전승되는 과정에서 역사성(歷史性)과 문화성(文化性)을 가지기도 한다.

(6) 가. ᄆᆞᅀᆞᆷ > 마음, 어리다(愚, 幼) > 어리다(幼)

나. 된장, 김치, 수제비; 강강술래, 대보름, 한가위; 한, 은근, 끈기

언어가 사회성을 가지므로 소리와 의미가 공고하게 결합되어 있어 바꿀 수 없지만 시간을 좀 길게 잡아서 바라보면 (6가)에서 볼 수 있듯이 언어의 소리가 변하기도 하고 의미가 변하기도 한다. 이를 언어의 역사성이라 한다.[11] 한편, 뒤에서 좀 더 자세하게 언급하겠지만 언어는 세대에서 세대로 전승되는 과정에서 그 언어 사용자들의 문화를 담게 된다. 모든 언어 표현에는 문화적인 요소가 들어 있지만 (6나)에서 제시한 우리의 전통 음식이나 명절, 우리 민족성을 나타내는 표현들에는 문화적인 요소가 더 쉽게 드러난다. 이처럼 언어 표현이 문화적인 특성을 담고 있는 것을 언어의 문화성이라고 한다.[12]

11 시간이 흐름에 따라 언어가 변화하는 현상을 가역성(可易性)이라 부르기도 한다.

12 언어에 문화가 반영되어 있다는 의미와는 별도로 언어가 한 세대에서 다음 세대로 이어지는 과정을 반영하여 언어가 문화적 전승(cultural transmission)의 특성을 가진다고 설명하기도 한다.

1.1.2. 언어의 기능

이미 언급했듯이 언어는 의사소통의 수단으로서의 기능 이외에도 다양한 기능을 가지고 있다. 언어 기능과 관련하여 가장 잘 알려진 분류는 야콥슨의 아래와 같은 도식에 따른 분류이다.

(7) 야콥슨의 언어 사용 환경과 기능

	관련 상황(context)	
	전언(message)	
발신자(addresser)	·································	수신자(addressee)
	접촉(contact)	
	신호 체계(code)	

야콥슨은 언어 사용에 영향을 미치는 요소 하나하나가 서로 다른 언어 기능과 관련된다고 보았다.

가장 두드러진 언어의 기능은 지시 대상 즉, 관련 상황을 나타내는 지시적 기능(referential function)이며, 발신자와 관련되는 언어 기능은 표현적 기능(expressive function), 수신자와 관련되는 언어 기능은 명령적 기능(conative function), 화자와 청자의 접촉과 관련되는 기능은 친교적 기능(phatic function), 전언 자체의 아름다움이나 짜임새와 관련되는 기능은 시적 기능(poetic function), 신호 체계 즉, 언어 자체에 대해 설명하는 언어의 기능은 메타언어적 기능(metalingual function)이다.[13] 야콥슨과 비슷한 시기에 하임즈(D. Hymes)는 야콥슨의 여섯 가지 기능에 맥락적 기능(contextual function)을 더하여 언어 기능을 일곱 가지로 설명하였다.

이제 우리는 야콥슨과 하임즈가 제시한 언어의 일곱 가지 기능에 대해 간단한 한국어 사례를 통해 설명해 보려 한다.

(8) 가. 훈민정음은 세종대왕이 만들었다.
나. 아, 꽃이 피었네.
다. 문 좀 닫아 줘.

13 야콥슨의 6가지 언어 기능을 나타내는 용어는 학계에서 약간씩 다른 여러 표현으로 쓰인다. 이는 야콥슨이 원래 저작에서 다양한 표현을 쓴 것이 이유이기도 하고 여러 가지로 번역한 것이 이유가 되기도 한다. 예를 들면 야콥슨은 발신자와 관련되는 기능을 'expressive function', 'emotive function' 등 여러 가지로 언급될 수 있다고 했으며, 국내 학자들은 'conative function'을 명령(적) 기능, 지령(적) 기능, 능동적 기능 등으로 다양하게 번역하였다.

라. 잘 주무셨어요?

마. 산에, 산에, 산에는, 산에 사는 메아리

바. 말이란 '사람의 생각이나 느낌 등을 표현하고 전달하는 데 쓰는 음성 기호'이다.

사. 자, 이제부터 수업을 시작합니다.

(8가)처럼 발신자가 표현하고자 하는 대상이나 전달하려는 사태에 대한 기술이 담긴 언어 표현에 나타나는 기능은 지시적 기능이다. 지시적 기능[14]은 "이것은 책이다."와 같은 단순한 지정의 기능을 포함하여 다양한 의도나 설명을 포함한다. (8나)의 '아'와 같은 감탄사 등을 통해 화자의 정서를 표출하는 기능을 표현적 기능이라고 한다. (8다)와 같이 상대에게 무엇인가를 요구하거나 시키는 기능이 명령적 기능이다. (8라)와 같이 상대와의 유대관계를 강화하기 위해 사용하는 인사말에 나타나는 기능이 친교적 기능이다. 친교적 언어 표현에는 대화를 지속하기 위해 발화하는 맞장구 표현 등도 포함된다. (8마)는 노랫말인데, '산에'의 반복에 의한 리듬감이 잘 드러난다. 이와 같이 언어 자체의 아름다움에 주목하는 기능을 시적 기능이라 한다.[15] (8바)처럼 언어를 설명하기 위한 언어 기능이 메타언어적 기능인데, 메타언어적 기능은 사전의 뜻풀이에 흔히 사용된다. 대화 중에 잘 모르는 표현이 나올 때 "이 말은 무슨 뜻입니까?"처럼 묻는 표현이나 답하는 표현도 메타언어적 기능을 가지는 표현이다. (8사)는 하임즈가 언급한 맥락적 기능으로 사용된 예이다. 맥락적 기능은 상황 맥락을 지시하여 특정한 종류의 의사소통을 만들어 내는 기능이다.[16]

특정한 언어 표현이 한 가지 기능만으로 쓰이는 경우는 매우 드물다. 위에서 각각의 기능의 예로 든 문장들은 실제 사용되는 상황에서는 다른 기능으로 쓰일 수 있다. 예를 들어 (8가)를 수업 시간에 한글을 집현전 학사가 만들었다든가 하는 등 세종이 아닌 다른 사람이 한글을 만들었다고 하는 학생의 대답을 수정하기 위해 "(다른 사람이 아닌) 세종대왕이 한글을 만들었으니 네 답안을 수정해라."라는 의도를 가지고 말했다면 명령적 기능일 수도 있으며, (8라)의 "잘 주무셨어요?"라는 표현을 병원에서 의사가

14 리치(G. Leech)는 이를 주제를 지향하는 기능, 곧 정보적 기능(informational function)으로 언급한 바 있다. 사실상 동일한 기능인 '지시적 기능'과 '정보적 기능'을 2007 국어과 교육 과정에서는 서로 다른 기능처럼 제시하여 문제가 되기도 했다.

15 야콥슨이 언급한 것처럼 시적 기능을 구분하는 것은 쉽지 않다. 시(詩)로 대표되는 예술 작품에 사용되는 모든 언어 표현이 시적 기능만을 하는 것은 아니며, 반대로 일상 언어에서도 시적 기능을 하는 언어 표현이 쓰인다.

16 최근 국어 교육이나 한국어 교육에서 맥락이나 장르의 특성에 대해 많은 연구가 이루어지고 있으며 교육 현장에서도 맥락이나 장르의 특성에 따른 언어 사용 양상이 중요하게 교수·학습되고 있다.

환자에게 말 그대로 상태를 묻기 위해 사용했다면 지시적 기능에 속한다. 이처럼 동일한 언어 표현이 상황 맥락에 따라 다른 기능으로 쓰일 수 있다. 사실 언어의 일곱 가지 기능을 완전하게 분리할 수 있는지도 의문이다. 예를 들어 지시적 기능과 표현적 기능이 완벽하게 분리되는지 생각해 보면 그렇지 않다는 것을 알 수 있다.

하나의 언어 표현이 상황에 따라 다른 기능으로 쓰일 수 있을 뿐 아니라 하나의 표현이 동시에 여러 기능으로 쓰이기도 한다. 야콥슨은 어느 한 가지 기능만이 독점적으로 성립되는 언어 메시지는 거의 없다고 하였다. 당연히 위의 예들도 실제 상황에서는 두 가지 이상의 언어 기능이 발현되는 것으로 볼 수 있을 것이다.

참고 4 **언어의 기능에 대한 다른 연구들**

우리가 언급한 야콥슨이나 하임즈, 리치 외에도 언어의 기능에 대해 언급한 학자들이 많다. 특히 할리데이(M. A. K. Halliday)는 아이들의 언어 습득과 관련하여 언어의 기능을 일곱 가지로 나누었다.

(1) 도구적(instrumental) 기능: 아이가 "물 좀 주세요."와 같이 자기가 원하는 요구 사항을 말하는 기능.
(2) 통제적(regulatory) 기능: 아이가 "저리 가." 하고 다른 사람의 행동을 통제하기 위해 말하는 기능.
(3) 상호 작용적(interactional) 기능: 아이가 "엄마, 사랑해."처럼 다른 사람과의 상호 작용을 하기 위해 사용하는 기능으로 인사 등도 포함됨.
(4) 개인적(personal) 기능: 아이가 "나 여기 있어요."와 같이 자기의 느낌이나 견해, 자기 정체성에 대해서 말하며 세계와 자신을 분리하여 표현하는 기능.
(5) 발견적(heuristic) 기능: 아이가 "저 고양이는 무엇을 하고 있지?"처럼 자기를 둘러싼 세계를 이해하고 탐색하기 위한 기능.
(6) 상상적(imaginative) 기능: 이야기를 하고 농담을 하기도 하며 상상의 세계를 펼치기도 하는 기능으로 '~인 체하기' 기능이라 할 수 있음.
(7) 정보 제공(informative) 기능: 사실이나 정보를 전달하는 기능으로 '표상적(representational) 기능'이라고도 함. 이 기능은 가장 나중에 발달함.

1.1.3. 언어와 인간

1.1.3.1. 언어와 사고

인간은 언어로 사고하고, 그 사고를 다시 언어로 표현한다. 언어 없이 사고하는 것이 가능할 것인가? 언어와 사고의 관계에 대해서는 다양한 주장이 있었다. 비트겐슈타인(L. J. Wittgenstein)은 '내 언어의 한계는 내 세계의 한계'라고 하였고, 라이프니츠(G. W. Leibniz)는 '언어는 인간 정신의 가장 좋은 반영'이라고 하였으며, 랜개커(R. Langacker)는 "언어와 인지가 동일하다."라고 한 바 있다. 언어와 사고의 관계에 대해서는 다양한 주장이 있어 왔지만 양자가 서로 어떤 식으로든 관련을 맺고 있다는 점에 대해서는 대체로 동의한다. 언어와 사고의 관계는 언어가 사고에 미치는 영향과 사고가 언어에 미치는 영향의 양방향에서의 접근이 가능하다.

유아는 언어 능력이 발달하면서 사고력도 함께 발달하며, 결과적으로 언어 능력의 발달이 가속화된다. 지능 검사와 같은 사고력 테스트에 언어 능력이 중요하게 포함되는 것도 이런 이유 때문일 것이다. 언어는 사고에 영향을 주어 아이들의 행동이나 정서의 차이를 가져오기도 한다. 고운 말을 하는 아이는 행동도 올바른 경향이 많고, 거친 말을 하는 아이는 행동도 거친 경우를 흔히 본다. 어른에게 높임말을 사용하는 아이와 반말을 사용하는 아이의 사고나 행동이 차이나는 것도 이런 관점에서 설명이 가능하다.

한편 다음의 예에서 알 수 있듯이 사고가 언어에 반영되어 있기도 하다.[17]

(9) 가. 표준어: 감자 - 고구마
　　나. 전북(옥구): 감자 - 참감자

표준어로는 '감자'와 '고구마'가 대응 관계를 이루고 있지만, 방언에 따라서는 고구마 대신 '참감자'를 사용하여 '감자 - 참감자'의 대응을 이루는 곳도 있다. 『표준국어대사전』에서는 '참감자'의 뜻풀이 항에 구체적인 방언 지역을 표시하지 않고 '→고구마'로 제시하여 고구마의 비표준형으로만 표시하고 있지만, 전북 옥구 등 고구마 대신 '참감자'를 사용하는 지역이 꽤 있다.[18]

17 사고가 언어에 영향을 미치는 사례로 '사람-사람들'처럼 복잡한 사고는 복잡한 언어 구조를 갖는다는 점, '여기저기'처럼 '나'를 중심으로 언어 표현이 이루어진다는 점 등을 들기도 한다.

18 흔히 고구마의 방언으로 '고구매', '고고마', '감자', '감재', '무감자', '낭감자', '진감자', '감저', '감재' 등이 알려져 있고 한국정신문화연구원에서 편찬한 『한국방언자료집』에는 이 지역의 방언이 '고구마'로 나와 있지만 필자가 1994년 5월 4일~5일에 걸친 학술 답사 기간에 조사한 결과 이 지역에서 '참감자'가 사용되고 있음을 확인하였다.

고구마 대신 참감자를 사용하는 지역에서는 '참외'나 '참꽃(진달래)'이 그러하듯, '참-'을 붙여 고구마가 '맛있는' 혹은 '달콤한' 감자라는 사고를 언어에 반영한 것으로 보인다. 이 경우 감자는 '덩이줄기'이고 고구마는 '덩이뿌리'라는 과학적인 관점에서의 근본적인 차이는 언어에 반영될 여지가 없다. 이처럼 고구마를 참감자로 부르는 지역은 사고가 언어에 반영되어 고구마가 감자와 유사한 부류에 속하지만 먹을 수 있으며 달콤하다는 인식을 담아 단어를 만든 것이다. 물론 이 단어가 만들어지고 사용되면서 결과적으로 언어가 사고에 영향을 주어 고구마가 감자와 유사한 식물이라는 인식을 강화하게 된다.

사고에 따른 언어의 차이는 한 언어 내의 방언들끼리에서 드러날 뿐만 아니라 언어 간에도 드러난다. 예를 들어 한국어의 경우 '참외'와 '수박'이라는 단어에서 알 수 있듯이 각각을 '오이' 및 '박'의 일종으로 파악하고 있지만, 영어에서는 '수박(watermelon)'을 '박(gourd)'보다는 '참외(melon)'에 가까운 것으로 파악한다. 또한 한국어에서는 '땅콩'을 '콩'의 일종으로 파악하지만 영어에서는 '땅콩(peanut)'을 '호두(walnut)'나 '밤(chestnut)'과 같이 견과류(nuts)의 일종으로 파악한다.

언어와 사고의 관계를 개인의 차원이 아닌 민족이나 문화의 차원으로 확대할 때, 언어를 민족의 사고적인 특성이 반영된 것으로 파악하기도 한다. 훔볼트(K. W. Humboldt)는 '언어는 민족 정신의 반영'이라고 파악했으며, 마루야마(丸山圭三郎)는 '언어가 문화 그 자체이며 인간 존재 그 자체'라고 말하기도 했다. 이처럼 언어와 사고의 관계를 개인의 차원을 넘어 민족의 차원으로 확대하게 되면 자연스럽게 다음에 이어질 것처럼 언어와 사회, 언어와 문화의 관계에 대한 논의로 이어지게 된다.

1.1.3.2. 언어와 사회

언어가 사회적인 의사소통의 수단으로 출발했으므로 필연적으로 언어는 사회와 관련을 맺고 있다. 인간은 언어를 통해 사회적 관계를 맺기 때문에 인간이 사회적인 존재인 이상 언어와 사회는 떼려야 뗄 수 없는 관계인 셈이다. 언어는 사회적인 차이가 반영되어 다양한 변이형을 가지게 된다. 언어의 사회적 변이형은 흔히 지역 방언과 사회 방언을 포함한 방언으로 나타난다.

한국어는 표준어의 근간이 되는 서울말뿐 아니라 경상도 방언, 전라도 방언, 평안도 방언, 함경도 방언, 제주도 방언 등 다양한 지역 방언을 포함하고 있다. 그뿐 아니라 연변 자치주를 비롯한 중국, 러시아, 미국, 일본 등 재외 동포 사회의 한국어가 지역적인 특색을 보이기도 한다. 방언의 지역적 차이는 음운, 단어(어휘), 문장 등 다양한 단위에서 나타난다. 경상도 방언의 "뭐라카노?", 전라도 방언의 '뭐 땀시', 제주도 방언의 "어드레 감쑤과?", 평안도 방언의 "날래 가시라요." 등 특징적인 표현은 일반인들에게도 해당 방언의 표지로 느껴질 정도로 익숙하다.

사회 방언은 사회 계급,[19] 성별, 세대 등에 따른 언어적 차이를 말한다. 사회 계급에 따른 차이와 관련하여 반촌(班村)과 민촌(民村)의 친족 명칭의 차이에 대한 연구가 이루어진 바 있으며, 전문어나 직업어의 특성을 이런 관점에서 연구하기도 했다. 성별에 따른 차이로는 남성이 '예'를 많이 사용함에 비해 여성은 '네'를 많이 쓰며, 여성이 남성에 비해 상대방의 말에 동의를 표하는 '맞아요'와 같은 맞장구 표현을 많이 쓰는 등의 성별에 따른 어휘 사용상의 차이가 지적되기도 하였다. 또한 상대 높임의 사용에서 남성이 '하십시오체'를 선호하고 여성이 '해요체'를 더 많이 사용한다든지, 여성이 남성에 비해 표준어를 더 많이 쓰는 경향이 있다든지 하는 차이가 언급되기도 하였다. 최근에는 성별에 따른 차이가 줄어들고 있다. 세대에 따른 차이는 특정 연령이 되면 자연스럽게 사용하게 되는 면이 있고, 특정 연령층에서 새로운 표현을 사용하여 결과적으로 언어의 변화를 가져오는 면도 있다. 어렸을 때 '엄마'를 쓰다가 나이가 들면 '어머니'를 쓰고, 어린 나이에는 사용하지 않던 '하게체'를 어느 정도 나이가 들면 사용하는 것은 전자의 예이고, 청소년층이 인터넷상에서 널리 사용되는 신어를 많이 사용하여 세대 간의 차이를 보이는 것은 후자의 예이다.

언어의 차이가 사회적인 차별을 담고 있는 경우도 있다. '의사-여의사', '교수-여교수', '간호사-남자 간호사' 등은 특정 직업군에서의 차별이 언어적으로 나타난 것으로 볼 수 있어 차별적 언어 표현을 바꾸려는 움직임이

19 사회 계급(social class)과 관련되는 용어로는 사회적 지위(social status), 사회 계층(social stratification) 등이 있다. 엄격한 신분 사회에서는 신분에 의한 사회 계급의 차이가 뚜렷하였고 이런 차이가 언어에도 반영되었다. 오늘날 사회 계급의 차이에 영향을 주는 것으로는 학력, 직업, 재산 등이 있지만, 현대 한국어에서는 사회 계급의 차이가 뚜렷하게 드러나지는 않는 것으로 보인다.

일어나기도 했다. 최근에 '애완동물'을 '반려동물'로, '유모차'를 '유아차'로, '미혼'을 '비혼'으로 바꾸어 표현하기도 하는 것은 이런 예에 해당한다.

남과 북의 분단은 한국어의 사회적인 차이를 심화하고 있기도 하다. 사실 남과 북의 언어 차이는 지역 방언의 성격과 사회 방언의 성격을 모두 가지고 있다. 북한의 경우 평양말을 중심으로 한다는 점에서 서울말을 중심으로 하는 남한과 지역적인 차이가 있기도 하고, 남과 북의 사회적인 체제 차이로 언어가 달라진다는 점에서는 사회적인 차이가 있기도 하다. 북한에서는 문화어 운동 등을 통해 외래어나 한자어를 고유어로 순화하는 운동을 지속적으로 전개하여 남한의 표준어와 큰 차이를 가지게 되었으며, 제법 많은 경우 노동자 계급의 말을 표준어로 삼았고 체제나 이념을 포함하여 기존의 어휘를 다르게 사용하면서 더 큰 차이를 보이게 되었다.

(10) 가. 채소(남)/남새(북), 상추(남)/부루(북), 누룽지(남)/가마치(북)
　　나. 도시락(남)/곽밥(북), 노크(남)/손기척(북), 수화(남)/손가락말(북)

(11) '동무'의 뜻풀이
　　「1」 늘 친하게 어울리는 사람.
　　「2」 어떤 일을 짝이 되어 함께 하는 사람.
　　「3」 『북한어』 혁명을 위하여 함께 싸우는 사람을 친근하게 이르는 말.
　　「4」 『북한어』 일반적으로 남을 친근하게 부르는 말.

(10)은 남과 북의 단어를 대조한 것인데, (10가)는 각각 서울말과 평양말을 표준어의 근간으로 삼는 지역의 차이가 반영되어 나타난 예이고 (10나)는 언어 순화 과정에서 차이가 나타나게 된 예이다. 순화의 결과, 남한어에 한자어나 외래어가 많은 것에 비해 북한어에는 고유어가 상대적으로 더 많다. (11)은 '동무'에 대한 『표준국어대사전』의 뜻풀이의 일부인데, 이념적인 차이가 단어의 의미에 미치는 영향을 잘 보여 준다.

끝으로 둘 이상의 방언(표준어 포함)을 구사하는 화자가 상황에 따라 다른 방언을 선택하는 제주도에서의 실제 발화를 소개하는 것으로 언어와 사회의 관계에 대한 논의를 마무리하려 한다.[20]

20 제주 지역의 다양한 언어 사용 사례는 인류학적 관점에서 제주 방언을 연구한 강윤희의 연구들에서 찾아볼 수 있다. (12)의 사례도 강윤희(2010)에서 가져온 것이다.

(12) 제주 방언의 사례

> 발화 상황 : 초면(初面)인 서울 출신의 20대 일반 여성 민원인과 제주 출신의 30대 여직원이 제주도청 민원실에서 대화를 나누는 장면

여직원: 고등학교는 어디 나완?

민원인: 진선여고 나왔어요.

여직원: 신성여고라?

민원인: 신성여고가 아니라 진선여고요.

여직원: 진선여고가 어디? 그런 학교도 이서(있어)?

민원인: 저기 서울 역삼동에 …….

여직원: (놀란 표정으로) 그럼 집이 제주도 아니?

민원인: 예, 서울이에요.

여직원: 서울? (웃음) 그럼 제주도 말 못 알아 먹겠네. 그럼 실수했네. 반말하면 안 되겠네. 미안해요. 제주도는 하도 좁아 가지고, 거의 아니까, 거의 누구 후배 이러니까, 미안해요.(민망한 듯 웃는다.)

(12)를 통해서 우리는 방언 화자가 상황에 따라 표준어와 방언을 선택적으로 사용하는 일종의 양층 언어 현상[21]을 확인할 수 있다. 위의 대화는 표준어와 방언의 차이뿐 아니라 높임법 사용에서도 재미있는 특성을 보여 준다. 일반적인 경우라면 공공장소에서 초면인 사람과의 대화에서는 나이 차이가 조금 있더라도 반말체를 쓰지는 않을 것이다. 하지만 위의 사례는 제주도라는 '비교적 소규모의 면식 사회'에서는 일반적인 상대 높임법 등분과는 다른 선택을 보여 주기도 한다는 것을 알게 한다.

21 '양층 언어 현상(diglossia)'이란 인류학에서 사용하는 용어로 한 지역에서 권위 있는 언어와 그렇지 못한 언어가 사용되는 현상을 말한다. 사회 언어학에서는 동일한 화자가 사용 맥락에 따라 다른 언어나 표준어를 포함한 여러 방언 중 하나를 선택해서 사용하는 현상을 지칭하기도 한다.

1.1.3.3. **언어와 문화**

언어는 인간이 사회생활을 가능하게 하는 기본 수단이며, 의사소통 상황에서 복잡하고 다양한 방식으로 문화와 결합된다. 문화는 언어의 상위 개념이므로 언어 그 자체로도 문화이다. 또한 언어는 문화적인 소통의 수단이며, 문화를 담고 있는 그릇이기도 하다. 언어 자체가 문화라는 점에서 어

떤 언어가 사라지면 그 언어에 반영된 문화 하나가 사라지는 셈이다.

문화가 무엇인지에 대해서는 다양한 논의가 있어 왔다. 문화는 사전적으로는 "자연 상태에서 벗어나 일정한 목적 또는 생활 이상을 실현하고자 사회 구성원에 의하여 습득, 공유, 전달되는 생활이나 행동 양식의 과정 및 그 과정에서 이룩해 낸 물질적·정신적 소득을 통틀어 이르는 말. 의식주를 비롯하여 언어, 풍습, 종교, 학문, 예술, 제도 따위를 모두 포함한다."(『표준국어대사전』)로 정의된다. 또한 문화를 넓은 의미로 '삶의 방식(way of life)'으로 보기도 하고, 다소 좁은 의미로 '지적인 세련(intellectual seriousness)'으로 보기도 한다. 지적인 활동을 포함한 우리의 삶이 언어를 통해 이루어진다는 점을 고려하면 언어와 문화는 밀접한 관련을 맺고 있음이 분명하다.

우리가 문화를 형성하는 데에는 우리말과 우리글이 중요한 역할을 담당했다. 또한 이렇게 형성된 문화를 우리 언어를 통해 계승하고, 다른 문화를 받아들여 새로운 문화를 만들기도 했다. 문화에는 예전의 것과 현재의 것이 복합되어 있다. 최근 각광받은 한류에는 드라마 '대장금'이나 '폭싹 속았수다'처럼 과거부터 우리가 만들어 온 전통문화가 포함되어 있을 뿐 아니라, 서구의 팝 음악이나 춤 등 다른 문화를 받아들여 우리 식으로 소화한 글로벌화된 우리 문화도 포함되어 있다. 정도의 차이는 있겠지만 전통적인 우리 문화나 글로벌화된 우리 문화 모두에 한국어나 한글 즉 언어가 중요한 역할을 하였음은 물론이다.

언어와 문화의 관련성을 언어가 문화에 영향을 주는 쪽과 문화가 언어에 영향을 주는 쪽으로 나누기도 하지만 양자를 구분하기는 어렵다. 일단 문화가 언어에 반영되면 그 언어가 다시 문화에 영향을 주고 이 문화는 다시 언어에 반영되는 과정이 되풀이된다. 흔히 언어가 문화에 영향을 준다는 논의는 이미 언급한 훔볼트와 마루야마의 논의나 사피어 워프 가설(The Sapir-Whorf Hypothesis)에서도 언급하고 있는 바이다. 이 가설에서 제시한 것처럼 이누이트(Inuit)족의 언어[22]에는 눈(snow)이 '물 위에 떨어지는 눈(akitla)', '잘 뭉쳐진 눈(briktla)', '유리 같은 얼음으로 변한 눈(carpitla)', '이른 아침 푸른빛으로 보이는 눈(kriplyana)', '녹았다가 다시

22 이누이트와 유사한 말로는 에스키모가 있는데, 에스키모란 말은 어원이 분명하지는 않으나 '날고기를 먹는 사람' 정도로 약간 비하하는 의미를 담고 있어 이 종족들은 이누이트로 불리기를 원한다고 한다. 이누이트의 언어는 이누크티투트(Inuktitut)로 불린다.

23 물론 눈을 나타내는 이런 다양한 단어들은 개별적인 단어가 아니라 이 언어가 포합어이기 때문에 나타나는 결합 표현일 뿐이다[언어다양성보존활용센터 홈페이지(www.cld-korea.org) 참조]. 하지만 이런 다양한 표현이 흔히 쓰인다는 것은 이 언어권에서 눈을 다양하게 구별하는 문화와 관련이 있다.

언 눈(kripya)'을 나타내는 표현들이 따로 쓰인다.[23]

눈에 대해 자세히 분류한 언어 표현이 발달했다는 것은 눈과 관련되는 문화의 형성에 영향을 주었을 것으로 보인다. 하지만 달리 생각해 보면 눈에 관한 언어 표현이 문화의 산물일 수도 있다. 결국 언어가 문화에 영향을 주는 것과 문화가 언어에 영향을 주는 것은 동전의 양면과 같이 뗄 수 없는 관계일 수도 있다.

참고 5 **사피어 워프 가설**

사피어 워프 가설은 한 사람이 세상을 이해하는 방법과 행동이 그 사람이 쓰는 언어의 문법적 체계와 관련이 있다는 언어학적인 가설이다. 이 가설은 언어와 인간의 인지 구조 문제를 언급하고 있으나, 언어는 한 개인의 산물이 아니므로 언어 사용자 전체 혹은 언어 사용자의 문화와 관련하여 해석하기도 한다. 이런 입장에서는 언어가 문화에 영향을 줄 뿐만 아니라 문화가 언어에 반영된 것으로 볼 수도 있음은 물론이다.

이제 언어와 문화의 관계를 보여 주는 우리나라의 사례를 몇 가지 들어 보기로 하자. 먼저, 언어와 문화의 영향과 관련한 구체적인 사례는 문자를 수단으로 하는 언중들의 언어생활에서 찾을 수 있다. 주지하듯이, 한글의 발명이 우리 문화에 준 영향은 지대하다. 한글의 발명으로 일반 백성들까지 문자 생활에 참여하게 되었는데, 이 당시에 널리 사용된 한글로 된 편지인 언간이 이러한 사실을 잘 보여 준다. 한글은 한글 소설과 같은 문학 작품에도 사용되어 서민층이나 부녀자를 소설의 독자로 끌어들이는 역할을 하기도 했다. 다른 사례로는 높임법처럼 문법 범주 차원의 언어 표현,[24] 속담이나 다양한 어휘들을 들 수도 있다. 우리는 전통적으로 쌀농사를 중심으로 하는 농경 문화를 이루어 왔으며 이에 따라 영어의 'rice'에 대해 '모, 벼, 쌀, 밥' 등 세분된 표현을 가지게 되었으며, 농사와 관련된 속담 등 농경 문화와 관련된 다양한 어휘나 언어 표현을 가지고 있기도 하다.

24 문법 범주로서의 높임법의 발달이 비교적 뚜렷한 신분 계층을 가졌고 윗사람을 공경하는 특성을 가진 우리 문화의 영향인지에 대해서는 명확하게 말하기 어렵다. 카스트 제도라는 엄격한 신분 계층을 유지하는 인도에 사용되는 언어들에서는 어휘를 활용한 높임 표현은 흔히 나타나지만 문법 범주로서의 높임법이 한국어처럼 잘 발달하지는 않았다. 인도에서 가장 널리 쓰이는 힌디어를 기준으로 말하면 주체를 높이는 대명사나 접미사, 어미 등이 존재하지만 한국어의 객체 높임이나 상대 높임에 해당하는 문법 요소들은 나타나지 않는다.

재미있는 사례 한두 가지를 들면서 이에 대한 논의를 마무리하기로 하자. 첫 번째 사례는 아래와 같이 어촌 지역의 바람 이름에 관한 것이다. 이 지역은 바람을 인식하는 것이 중요한 일이었으므로 이러한 인식이 어휘에 반영되었을 것이며, 이렇게 만들어진 어휘는 다시 문화에 영향을 주게 된다.

(13) 진도군 조도(鳥島) 지역의 방위에 따른 바람의 구분[25]

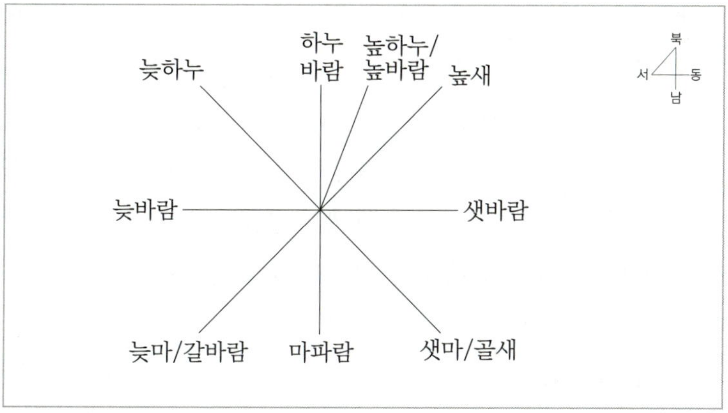

25 이 그림은 왕한석 편(2010ㄴ)에서 가져온 것이다.

어촌 지역의 바람 명칭에 대한 연구는 일찍이 방언학자들의 관심을 받아 왔다. 위와 같이 바람을 자세하게 분류하는 어촌 지역에서는 다른 도시 지역에 비해 바람을 민감하게 구분할 수 있으며 이에 대한 '민간 지식(folk knowledge)'이 지역민의 삶에 영향을 주기도 하였다. 예를 들어 '높새'가 불면 통상 비가 오고, 여름철에는 이 높새가 태풍으로 와서 파도가 크게 인다고 한다. 이에 따라 높새가 불면 널어 말리던 고추를 걷는다든지, 고기잡이 어선의 출항을 연기한다든지 하는 식이다.

다른 사례는 우리의 음식 문화나 말 문화가 반영된 언어 표현으로 아래에서 볼 수 있다. 김치 문화가 발달한 우리의 경우 계절에 따라, 재료에 따라 다양한 김치 관련 어휘를 가지고 있다. 한국어에 반영된 문화에 대해 몇 가지 사례를 더 살펴보기로 하자.

(14) 가. 감자밥, 감투밥, 강정밥, 국밥, 굴밥, 김치밥, 들밥, 뚜껑밥, 메밀밥, 무밥, 술밥 ……

나. 배추김치, 보쌈김치, 깍두기, 오이지, 나박김치, 부추김치, 동치미 ……

(15) 발 없는 말이 천리 간다, 낮말은 새가 듣고 밤말은 쥐가 듣는다, 말 많은 집은 장맛도 쓰다, 말은 보태고 떡은 뗀다, 말이 많으면 쓸 말이 적다

(14)에서 볼 수 있듯이 우리의 음식 문화를 대표하는 '밥'과 '김치'를 나타내는 단어가 각각 수십 개를 넘는 것은 문화가 언어에 반영되어 있음을 잘 보여 준다. 문화는 단어뿐 아니라 속담과 같은 더 큰 단위에 반영되기도 한다. (15)와 같은 속담에는 그 속담을 사용하는 집단의 문화가 반영되어 있다. (15)의 속담을 고려하면 우리에게는 말을 조심하는 문화가 있었음을 알 수 있었으며, 속담을 통해 말을 함부로 하는 것을 경계하는 문화를 강화해 나갔음을 알 수 있다.

이처럼 문화와 언어는 서로 분리 불가능할 정도로 결합되어 있다. 따라서 우리가 우리말에 외국어 어휘를 들여오거나 외국어를 학습할 경우 언어만 배우는 것이 아니라 문화를 함께 가져오고 배우는 셈이다. 물론 이는 한국어를 외국인에게 가르치거나 외국에 전파하는 경우에도 해당된다.

참고 6 언어 표현과 문화

최근 '김치'나 '한복' 등이 어느 나라의 문화인지에 대해 중국이나 일본 등 우리 주변 국가들과 쟁점이 되기도 하였다. 일본에서는 '김치'와 유사한 '기무치(キムチ)'를 자국의 문화로 설명하기도 하였으며, 중국에서는 '김치'를 '파오차이(泡菜)'에서, '한복'을 명나라의 '한푸(汉服)'에서 온 것으로 자국에서 기원한 문화로 설명하기도 한다. 이런 문제와 관련하여 주변 국가끼리 오랜 접촉에서 문화가 서로 영향을 받는 것은 너무나 당연하여 특정 문화의 기원을 찾아 하나의 방향으로 설명하는 것도 어렵지만 어떤 문화를 특정 국가의 것으로만 설명하기도 어렵다.

이런 점에서 문화의 소속을 나누는 것은 현재 그 문화를 얼마나 향유하고 있는지를 중요한 기준으로 삼는 것도 좋은 방안이다. 우리가 아직도 명절에 한복을 입는다는 것은 한복이 우리 문화라는 것을 잘 보여 주며, 김치를 나타내는 우리말 어휘가 계절에 따라 재료에 따라 구분되어 『표준국어대사전』에는 72개, 『우리말샘』에 214개가 있다는 점은 김치가 우리가 향유하는 우리 문화라는 것을 잘 보여 준다. 세계적인 권위를 가지는 옥스퍼드 영어사전(OED)에 '불고기', '반찬' 등과 함께 'kimchi(김치)', 'hanbok(한복)' 등이 한국 문화로 소개되어 실려 있는 것도 '김치'나 '한복'이 우리 문화라는 것을 간접적으로 말해 준다고 볼 수 있다.

1.2. 언어와 언어 연구

1.2.1. 언어 연구의 흐름과 한국어 문법 연구

그리스나 로마 등에서 시작된 서양의 언어 연구는 실용적 목적이라는 좁은 범위를 넘어서 사유와 발화의 관계에 대한 철학적 관심의 성격을 가지고 있었다. 그리스와 로마의 언어 연구를 계승한 중세의 언어 연구는 논리적 개념을 도입한 보편적인 문법 이론의 추구로 이어졌는데, 이런 경향을 대표하는 것은 일찍이 중앙 집권화에 성공한 프랑스의 포르·루아얄(Port-Royal) 문법 센터에서 이루어진 연구였다. 포르·루아얄에서 이루어진 규범 문법의 전통은 유럽 전역에 퍼져 나갔으며, 잘 알려진 것처럼 대학에서 그리스어나 라틴어 등의 외국어를 학습하기 위한 학교 문법 이론으로 이어졌고, 이는 전통 문법(traditional grammar)의 뿌리가 되었다.

19세기 언어학의 큰 흐름은 봅(F. Bopp)에서 슐라이허(A. Schleicher)로 이어지는 역사·비교언어학(historical-comparative linguistics) 연구였다. 이 시기는 다윈의 진화론이 풍미하던 시기였고, 산스크리트어의 발견 등으로 언어학계는 진화론의 개념을 차용하여 전 세계에 존재하는 언어의 계통을 확립하는 데에 온 힘을 기울이게 된다. 한편 역사·비교언어학의 연구 방법론을 정밀화하는 데에는 파울(H. Paul)을 비롯한 이른바 소장문법학파(Junggrammatiker)들의 공헌이 컸다. 이들은 언어 변화, 방언 등의 연구에 지대한 기여를 하였으며 언어의 규칙성이나 원리를 추구하는 전통을 세우게 하였다. 19세기의 언어학 연구 흐름 중에서 우리나라의 문법 연구에 큰 영향을 준 것은 훔볼트(W. Humboldt)로 대표되는 세계관 이론이다. 훔볼트주의 언어 연구에서 언어는 민족의 정신을 드러내는 것이며, 언어의 발전 단계는 그 언어를 사용하는 민족의 정신과 관계가 있다고 보았다.

언어 연구의 새로운 흐름은 소쉬르(F. de Saussure) 등으로 대표되는 구조주의 언어학(structural linguistics)에서 나타났다. 구조주의는 1930년대 직전에 유럽과 미국에서 본격적으로 시작된다. 구조주의자들은 소장문법학파가 그러했던 것처럼 언어의 규칙을 탐구하려 했으며, 언어를 엄밀하게 분석하기 위한 객관적인 기준을 정해 언어학을 엄밀한 학문으로 세워 나갔다. 언어학의 연구 분야는 음운론, 문법론, 의미론의 층위를 가진 것으로 이해되었고 이 중 상대적으로 엄밀한 규칙성을 발견하기 용이한 음운론과 형태론에 연구가 집중되게 된다. 특히 미국의 구조주의 언어학은 인디언의 언어에 관심을 가지고 언어 현상을 있는 그대로 '기술'한다는 관점에서 흔히 기술 언어학(descriptive linguistics)이라 불리는데, 이전 시기까지는 문법은 곧 언어학이었음에 비해 기술 언어학의 시기에는 문법이 좁은 의미로 쓰여 주로 형태론과 통사론을 지칭하게 되었다. 구조주의 언어학 시기에 이르러서야 비로소 언어학은 독립된 학문으로서의 지위를 한껏 누리게 되었고 다른 학문에 종속된 것이 아니라 다른 학문을 선도하는 입장에 서게 된다.

구조주의를 계승하면서 한편으로 새로운 관점으로 언어와 인간에 대해 접근한 것이 20세기 중반 해리스(Z. Harris)와 촘스키(N. Chomsky) 등에 의해 발전하기 시작한 변형 생성 문법(transformational generative grammar)이었다. 촘스키는 구조주의 언어학자들과 달리 언어가 인간의 선천적인 특질에 의한 것이며 모든 언어를 관통하는 보편 문법이 존재한다고 믿고 이를 확립하기 위해 노력했다. 촘스키를 비롯한 변형 생성 문법 학자들은 경험론적 언어관에서 인지론적인 언어관으로 전환하였으며, 결과적으로 언어와 인간의 관계에 관심을 가지게 하여 언어학이나 언어 교육에 많은 영향을 끼쳤다.

그러나 변형 생성 문법은 이상적인 화자의 선천적인 언어 능력에 치중하여 여러 갈래의 학자들로부터 공격받게 되었다. 변형 생성 문법에 반대하는 언어학적 흐름으로는 의사소통 체계에서의 언어의 기능을 중시한 기능 문법(functional grammar), 다양한 변이형과 사회·문화적인 맥락을 중시한 사회 언어학(sociolinguistics), 언어를 신체적 경험이나 문화와 관련하여 파악하고자 한 인지 언어학(cognitive linguistics) 등이 있다. 할리데이(M. A. K. Halliday)를 비롯한 기능 문법가들은 문장의 형식보다는 의미에 더 많은 관심을 기울이게 하였으며, 라보프(W. Lavov)를 비롯한 사회 언어학자의 논의는 다양한 사회적 맥락에서의 언어적인 특성에 주목하게 하였다. 레이코프(G. Lakoff)나 랜개커(R. Langacker) 등의 인지 언어학은 비교적 최근에 국내에 소개되어 의미론이나 화용론을 중심으로 점차 문법 전반에 영향력을 확대해 나가고 있다. 기능 문법, 사회 언어학, 인지 언어학은 공통적으로 최근 우리나라의 문법 연구뿐 아니라 문법 교육 연구에 지대한 영향을 미치고 있기도 하다.

한국어 문법 연구는 훈민정음 창제에서도 알 수 있듯이 고대에서 중세를 거쳐 근대에 이르기까지 부분적으로는 중국을 비롯한 외국의 영향을 받으면서도 우리 고유의 것을 살리는 등 자생적으로 이루어지고 있었다. 하지만 현대적인 의미에서의 본격적인 한국어 문법 연구는 리델(F. Ridel)이나 언더우드(H. G. Underwood) 등 선교사들의 연구에서 시작되었다. 리델의 『조선어 문법 *Grammaire Coréenne*』(1881)이나 언더우드의 『한영문법 *An Introduction to the Korean Spoken Language*』(1890)은 선교 목적으로 저술된 것으로 외국어로 되어 있었고 국내가 아닌 일본의 요코하마에서 출간되어 우리나라 사람들에 의한 우리말 문법 연구에 끼친 영향은 한정적일 수밖에 없었다.[26]

서양인의 연구에 직간접적인 영향을 받으면서 유길준, 김규식, 주시경 등 개화기 문법가들의 연구가 이루어지게 된다. 유길준은 1895년 자국인에 의한 최초의 근대적 문법서라 할 만한 『조선문전(朝鮮文典)』을 지었으며, 10여 년 동안의 연구를 통해 1909년 이를 증보한 『대한문전(大韓文典)』을 편찬하였다.[27] 김규식은 1909년에 『대한문법(大韓文法)』을 지었는데, 이 책은 서양 문법의 관점으로 한국어를 기술한 것으로 보인다.[28] 이 시기 문법가 중 가장 독창적인 저작들을 남긴 주시경의 문법론은 『국어문법(國語文法)』에 잘 드러난다. 그의 이론은 문장의 구조에 대해 그림을 활용하여 독특한 설명을 하는 등 현대 문법 이론과 비교해서도 손색이 없는 독창성을 가진 것으로 인정되고 있다. 주시경에 이어진 한국어 연구의 흐름은 최현배의 『우리말본』(1937)으로 집대성된다.[29] 이 책은 방대한 분량과 깊이 있는 논의로 이후의 한국어 연구에 지대한 영향을 주었으며 학교 문법이나 규범 문법의 토대가 되었다.

이미 1950년대 이전부터 구조주의 언어학이 우리에게 소개된 바 있으

26 『한영문법』은 1915년 『선영문법*An Introduction to the Korean Language*』라는 이름으로 서울에서 개정판이 출간되었다.

27 최광옥(崔光玉)의 이름으로 출간된 『대한문전(大韓文典)』(1908)이 실상은 유길준의 저술로 알려져 있다.

28 김규식은 한국어를 연구한 국어학자로보다 정치가로 잘 알려져 있다. 어려서 언더우드의 양자였으며, 미국에 유학하여 영어에 능통하였다. 서양어의 관점에서 한국어를 기술한 것은 물론, 품사 분류 등에서는 언더우드의 『한영문법』의 영향이 있었던 것으로 생각된다.

29 최현배는 주시경이 운영한 조선어 강습원에서 우리말을 공부하였고, 일본 유학에서의 경험을 바탕으로 서양과 일본의 전통 문법을 받아들여 전통 문법 관점에서의 한국어 연구를 집대성하였다.

나, 1960년대에 미국의 기술 언어학이 본격적으로 도입되면서 음운론, 형태론 분야의 한국어 연구가 정밀하게 이루어지게 되었다. 이희승은 『국어학개설』(1955) 등을 통해 형태론과 문장론을 중심으로 한국어 문법을 체계화하였을 뿐 아니라 맞춤법이나 사전 편찬에도 기여하였으며, 이숭녕은 여러 편의 논문들과 『중세국어문법』(1961) 등을 통해 구조주의 언어학 이론과 중세어 자료 중심의 실증적인 연구를 조화시키는 학풍을 수립했다. 1970년대에는 생성 문법이 국내에 본격적으로 소개되어 통사론 분야의 연구가 본격적으로 이루어지기 시작하였다. 생성 문법 이후의 사회 언어학이나 기능 문법, 인지 언어학의 경우 서구에서의 연구와 큰 시차 없이 받아들여져 국내에서도 여러 경향의 언어 연구가 활발하게 이루어지고 있다. 또한 최근에는 할리데이 등에 의해 이루어진 체계-기능 언어학이 국내에 소개되어 문법 교육 연구에 큰 영향을 미치고 있다.

학문적인 관점에서의 한국어 연구의 흐름은 국어 교육을 중심으로 하는 학교 문법 내지 규범 문법에도 영향을 미쳤다. 개화기 이후 편찬된 문법서의 상당수는 학교 교육을 위한 것이었으며, 각각의 문법서들이 다양한 용어의 사용과 함께 여러 문법가의 학설을 백가쟁명식으로 담고 있었다. 그리하여 학교에서의 문법 교육은 여러 문법가의 학설을 배우는 데에 너무 많은 노력을 소모하고 있다는 비판이 일어나게 되었다. 그리하여 1963년 '학교문법통일안'이 나온 후 1966년부터 통일된 문법의 체제와 용어가 학교 교육에서 사용되었고, 1984년까지 검인정 체제를 유지하다가 1985년 단일한 국정 교과서로 바뀌었다. 이때 통일 학교 문법의 이론적인 기반이 된 것이 남기심·고영근의 『표준국어문법론』(1985)이었다. 이 책은 형태론과 통사론을 포함하는 좁은 의미의 문법론을 담고 있었는데, 이후 고등학교에서 사용되는 『문법』(2002년)에는 음운론, 형태론, 통사론, 의미론 외에 이야기(담화론), 어휘론, 국어 규범이 포함되고, 부록으로 국어사가 포함됨으로써 국어 지식 전반을 포함하는 것으로 문법 교육이 다루는 범위가 확대되었다. 2009 개정 교육과정 이후에는 다시 국정에서 검인정으로 바뀌게 되면서 다양한 문법 교과서가 만들어지게 되었고, 결과적으로 학교 문법의 규범적인 성격이 약화되게 되었다.

1.2.2. 규범 문법과 기술 문법

언어 연구의 흐름과 관련하여 문법을 분류하는 용어 몇 가지에 대해 이 자리에서 정리해 두는 편이 좋을 듯하다. 흔히 문법을 규범 문법(normative grammar)과 기술 문법(descriptive grammar)으로 분류한다. 이때 규범 문법이란 학교에서 문법을 가르치거나 실생활에서 언어를 바르게 사용하기 위해 이론보다는 실용적인 목적으로 체계화한 문법을 말하고, 기술 문법이란 사실 그대로의 언어를 기술하는 것을 말한다.

그리스와 로마에서 시작하여 중세 유럽을 거치면서 완성된 규범 문법은 주로 학교에서의 라틴어나 그리스어 학습을 위한 규범적인 틀을 제공하였다. 그리하여 언어의 다양한 양상을 기술하기보다는 옳고 그름의 규범을 제공하였다. 규범 문법이 언어의 규범에 대해 비교적 단순하게 기술하는 것이 가능했던 것은 라틴어가 실제 널리 사용되는 살아 있는 언어가 아니라 이미 오래전에 사용되었으나 후대에 와서 종교나 학문 영역에서 제한적으로 사용되는 죽은 언어의 성격이 강했기 때문이었다. 이에 비해 기술 문법은 실제 살아 있는 언어를 대상으로 하여 있는 그대로의 언어 현상을 기술한다. 따라서 규범 문법에 비해서는 다양한 변이형과 차이에 대해 접근하는 것이 용이했다.

규범 문법과 관련되는 문법에는 교육 문법(pedagogical grammar/teaching grammar), 학교 문법(school grammar), 처방 문법(prescriptive grammar) 등이 있다. 교육 문법은 학교에만 머무르지 않은, 말 그대로 교육을 위한 문법이라는 의미이며, 학교 문법은 학교라는 장소에 초점을 둔 용어이다. 처방 문법은 이 문법이 문법적 오류를 수정하기 위한 처방적인 성격이 있음을 강조한 용어이다. 흔히 규범 문법이 실용적인 성격을 가졌다는 점을 강조하여 실용 문법(practical grammar)이라는 용어를 사용하기도 한다.

기술 문법과 유사한 성격을 가지는 것에는 학문 문법(scientific grammar)과 설명 문법(explanatory grammar) 등이 있다. 학문 문법은 이 문법이 언어학자들의 학문적인 관심에서 이루어지는 문법이라는 점을 강조한 것이며, 설명 문법은 결과적으로 언어 사실에 대해 설명을 시도한다는 점에 초점을 둔 것이다.

흔히 규범 문법에 가까운 것으로 논의되는 것으로 표준 문법(standard grammar)이 있다. 이는 여러 문법적인 주장 중에서 '모범으로 따를 만한 문법'의 의미를 가지는 것으로 규범 문법에 비해 공적인 강제력이 상대적으로 덜하여 개인적인 견해가 포함될 여지가 있는 문법이라 할 수 있다. 따라서 규범 문법의 성격에 가깝지만 기술 문법의 성격도 상당 부분 포함하고 있다.

참고 7 문법에 대한 명칭들

문법의 성격에 따른 명칭을 여러 학자들의 논의를 참조해서 분류해 보면 다음과 같다.

<table>
<tr><td rowspan="2">기술 문법
(≒학문 문법, 설명 문법)</td><td colspan="2"></td></tr>
<tr><td colspan="2" rowspan="2">표준 문법</td></tr>
<tr><td rowspan="4">규범 문법
(≒처방 문법, 실용 문법)</td></tr>
<tr><td colspan="2">생활 문법</td></tr>
<tr><td rowspan="2">교육 문법(≒학교 문법)</td><td>국어 교육 문법</td></tr>
<tr><td>한국어 교육 문법</td></tr>
</table>

표준 문법처럼 규범 문법과 기술 문법의 양 측면을 가진 문법이 존재할 뿐만 아니라 사실 규범 문법과 기술 문법의 그리 선명하게 나누어지는 것은 아니다. 주지하듯이 규범 문법 역시 학문 문법 못지않게 학문적인 연구를 필요로 하며, 규범 문법의 대표 격인 학교 문법도 최근에는 고정된 체계로서의 문법이 아니라 다양한 언어 현실을 설명하고 이해하기 위한 기반으로서의 문법을 강조하고 있다.[30] 따라서 학교 현장에서 교육되는 문법은 표준어에 한정되는 문법이 아니라 방언을 포함한 실제 사용되는 다양한 변이형이 포함되며, 언어 현상에 대한 설명도 어느 하나로 고정되어 있지 않는 유연한 문법이어야 한다.

문법 연구의 궁극적인 목적은 인간이 사용하는 언어를 이해하는 것이다. 우리가 이 책에서 기술하는 문법은 개인의 머릿속에 존재하는 문법이 모두

30 최근 국어 교육계에서는 구성주의적인 관점의 교육관에 따라 지식은 고정된 것이 아니라 학습자가 스스로 구성해 가는 것으로 파악한다. 이런 관점에서 문법에 대한 설명도 다양한 실제 언어 사실을 화자가 인식하고 상황에 맞게 적절히 사용하는 것을 강조하게 된다. 이렇게 보면 학교 문법 역시 규범 문법뿐만 아니라 기술 문법의 측면도 가지고 있음을 알 수 있다.

다르다는 점을 전제로 하고 있다. 물론 우리의 머릿속에 들어 있는 문법이 다른데도 의사소통이 가능한 것은, 다르기는 하지만 어느 정도의 공통점을 가지고 있기 때문이다.[31] 우리 책에서 다루고자 하는 문법은 공통점과 함께 차이점을 생각하는 문법이며, 살아 있는 언어를 그 자체로 기술하는 기술 문법의 태도를 견지하되 단순히 기술 문법에 머무르는 것이 아니라 언어 교육 등의 실용적인 목적을 염두에 두는 규범 문법이기도 하다.

31 한국어 문장 구조에 대해서 공통된 규칙을 가지고 있다든지, 기초 어휘를 공통적으로 가지고 있다든지 하는 것은 공통점에 속하고, 문장의 문법성 판단이나 어휘의 양과 질에서 차이가 나는 점은 차이점에 속한다.

1.2.3. 문법의 정의와 언어 연구의 영역

언어를 연구하는 학문으로서 언어학은 '인간의 언어와 관련한 여러 현상을 과학적인 방법으로 연구하는 학문'이다. 언어학의 연구 분야는 '언어의 기능과 본질', '언어와 인간의 관계', '언어의 통시적 역사', '언어의 공시적 변이' 등이다.

언어가 의사소통을 위한 일종의 기호로서 본질적으로 인간과 밀접한 관련을 맺고 있으므로, 언어 연구는 인간이나 기호를 다루는 다른 인접 학문과 관련하여 이해하여야 언어의 온전한 모습을 알 수 있다. 언어는 논리적인 측면이 있으므로 논리학과, 인간의 인지와 관련을 맺고 있으므로 심리학과, 언어의 습득과 학습을 고려하면 교육학과의 협력이 필요하다. 또한 언어 사용은 특정 언어를 사용하는 종족이나 그 종족의 문화와 관련을 맺고 있으므로 인류학, 사회학, 문화학과, 언어의 사용이 인간의 뇌와 관련되므로 생물학 내지 뇌 과학과, 언어의 한 측면으로서 소리도 가지고 있음을 고려하면 음향학이나 생리학 또는 해부학과, 언어의 전산적인 처리 필요성을 고려하면 전산학이나 컴퓨터학과 협력하는 것을 통해 언어의 본질이 밝혀질 것으로 생각된다.

학문으로서 언어학이 다양한 분야에 걸쳐 있지만 우리가 주로 관심을 가지는 것은 흔히 '넓은 의미에서의 문법'으로 불리는 '언어 운용상의 규칙 내지 원리'에 대해 연구하는 것이다.[32] 언어학 즉, 넓은 의미에서의 문법론에 대해 논의하기 위해서는 '문법'이 무엇인지에 대해 생각해 볼 필요가 있다. 우리는 '문법'을 '언어 운용상의 규칙 내지 원리'로 보고자 하는데, 이런 정의는 개화기를 전후한 우리나라의 선구적 문법가들의 정의와도 어긋

32 좁은 의미에서의 문법론은 주로 형태론과 통사론을 말하고 넓은 의미에서의 문법론은 음운론, 형태론, 통사론, 의미론, 화용론을 포함한 언어학 전반을 의미한다.

나지 않는다.

(16) '문법'에 대한 문법가들의 견해

가. 주시경의 견해: 어떤 사람이든지 남이 지어 놓은 글을 보거나 내가 글을 지으려 하거나 그 사람이 문법을 모르면 남이 지어 놓은 글을 볼지라도 그 말뜻의 옳고 그른 것을 능히 판단치 못하는 법이요 내가 글을 지을지라도 능히 문리와 경계를 옳게 쓰지 못하는 법이니 어떤 사람이든 먼저 말의 법식을 배워야 할지라. [「국문론」(1897)]

나. 김두봉의 견해: 길이 없다고 하여 가지야 못할까마는 그 말미암을 땅이 어디이며 본이 없다고 하여 말이야 못할까마는 그 말미암을 바가 무엇이뇨. 이러하므로 감에는 반드시 길이 있고 말에는 반드시 본이 있게 되는 것이로다. [『조선말본』(1916)]

다. 이희승의 견해: 문법이라는 것은 말을 하는 데만 쓰이는 것이 아니라 글을 쓰는 데도 필요한 법칙이다. 대개 글이란 것은 우리가 하는 말을 그대로 적어 놓은 것이므로 말에 쓰이는 문법이 글에도 그대로 나타나게 된다. [『초급국어문법』(1949)]

우리는 주시경, 김두봉, 이희승의 견해를 통해 '언어 운용상의 규칙 혹은 원리'라는 문법에 대한 우리의 정의를 확인할 수 있었다. 주시경의 견해를 통해 문법은 표현(말하기, 쓰기)뿐 아니라 이해(듣기, 읽기)에도 필요하다는 점을 확인할 수 있으며, 이희승의 견해를 통해 '말(구어)뿐 아니라 글(문어)'을 포함한 언어 전체를 구성하고 운용하는 법칙임도 확인할 수 있었다.[33] 또한 김두봉의 견해를 통해 정확한 언어 사용을 위해서는 (심지어 모어 화자라도) 문법을 이해하고 학습할 필요가 있다는 것을 알 수 있다. 이러한 정의들은 문법이 '말하기, 듣기, 읽기, 쓰기' 등의 이른바 언어 기능을 수행하는 데에 필수적인 준거가 되는 것임을 잘 보여 준다.

33 '말'은 국어사전에서는 '글'과 상대되는 개념으로 '구어'를 지칭하는 경우가 일반적이다. 하지만 '말'을 구어와 문어를 포함하는 개념으로 사용하기도 한다.

이제 우리는 '언어학'의 구체적인 연구 영역에 대해 살펴보고자 한다. 구조주의 이래 언어학의 핵심적인 영역은 '음운론', '형태론', '통사론', '의미론' 등이었는데, 여기에 '음성학', '어휘론', '문자론', '표기법' 등을 더할 수 있으며 최근 주목받고 있는 '화용론'이나 '텍스트 언어학' 등도 포함할 수 있다. 또한 '언어사', '방언학', '계통론', '유형론' 등이 포함되기도 하며, 넓은 의미에서의 응용 언어학인 '언어 교육', '전산 언어학', '언어 정책론' 등이 포함되기도 한다.

이 절에서 우리가 특히 관심을 갖는 분야는 '언어 운용상의 규칙 혹은 원리'에 대한 학문으로서의 문법론 내지 언어학이 구체적으로 어떤 연구 영역을 가지는지에 관한 것이다. 언어는 '음성/문자'가 '의미'와 연결된 기호 체계이다. '음성/문자'와 '의미'를 연결하는 데에 기여하는 것이 형태 및 통사 규칙들이다. 의미는 단순히 단어나 문장 차원에 그치는 것이 아니라 실제 발화에서의 담화 차원의 화용의 문제를 포함하고 있다. 언어학에서는 언어의 이런 제 측면을 '음운론-형태론-통사론-의미론-화용론'이라는 이름으로 탐구해 왔다.

(17) 언어의 제 측면과 언어학 연구 분야

언어의 측면	음성	구조		의미(기능)	
주요 내용	소리의 성질	단어 형태·기능	문장 형식	단어 혹은 문장 등 언어 단위의 의미	(의사소통 활동에서의) 담화 기능
언어학 분야	음운론	형태론	통사론	의미론	화용론

언어학은 위에서 볼 수 있듯이 언어의 소리, 구조, 의미나 기능 등을 연구하는 학문이라고 규정할 수 있다.

우리 책에서는 이처럼 언어학의 중요 분야인 '음운론(2장)', '형태론(3장)', '통사론(4장)', '의미론(5장)', '화용론(6장)' 등을 중요하게 다룰 것이다. 이때 언어 일반을 다루는 것이 아니라 한국어를 중심으로 하고 있음은 물론이다. 아울러 언어 일반론과 한국어의 특징(1장), 텍스트 언어학(7장), 어휘론(8장), 어문 규범(9장), 한국어사와 문자로서의 한글, 그리고 표기법(10장, 11장, 12장) 등에 대해서도 따로 장을 마련하여 다루게 될 것이다.

1.3. 언어로서의 한국어와 한국어의 특질

1.3.1. 국어의 개념과 한국어의 분포

언어는 보편성과 개별성을 가진다. 모든 언어는 자음과 모음을 가진다든지, 단어나 문장 등의 단위로 나누어진다든지, 아이가 비교적 짧은 시간에 습득이 가능하다든지 하는 공통점을 가지는데 이를 보편성(universality)이라 한다. 라틴어 현상을 중심으로 모든 언어의 문법을 바라본 규범 문법의 전통을 이어온 학자들이나 인간이 가진 공통의 생물학적 능력에 주목한 촘스키, 촘스키의 제자로 언어 능력을 인간의 본능으로 해석한 핀커(S. Pinker) 등은 보편성에 더 큰 주목을 보여 주었다. 이에 비해 사회 언어학자를 비롯하여 언어의 변이를 더 중시하는 학자들은 보편성보다는 개별성에 더 큰 주목을 보이기도 했다. 한국어는 언어로서의 보편성과 개별성을 지니고 있음은 물론이다.

우리말을 지칭하는 용어로서의 '국어(國語)'는 '나라의 말'이라는 뜻으로 만일 영어로 바꾼다면 'national language' 정도가 될 것이다. 영어나 독일어 등을 'English', 'Deutsch' 등으로 부르는 것과 비교하면 독특하다. 이처럼 자기 나라 말을 '국어' 즉, 'national language' 정도의 단어로 사용하는 국가는 우리나라 외에 일본, 대만 등에 그친다고 한다. 최근에는 일본의 경우도 '국어'라는 말보다 '일본어(日本語)'라는 말을 많이 사용하고 있으며 우리나라의 경우도 '한국어'라는 말을 많이 사용하기도 한다.[34] 다양한 민족 구성으로 인해 다양한 언어가 사용되는 미국 등과 달리, 우리가 우리말을 '국어'라고 부를 수 있는 것은 비록 최근에는 다민족, 다문화 국가로 나아가고 있기는 하나 아직은 단일 민족과 단일 문화의 특성이 강한 우리나라의 특수성이 반영되어 있는 것으로도 보인다. 사정이야 어찌되었든, 우리말을 '국어'라고 부르는 것은 우리말에 대한 애정이 느껴져서 좋은 점도 있는 듯하다.[35]

34 우리 책에서도 '한국어'라는 명칭을 일반적으로 사용하고 필요한 경우에만 '국어'를 사용한다.

35 우리말을 지칭하는 용어로 '외국어로서의 한국어 교육'에서처럼 다른 언어와 대등한 관계에서 나열할 때는 흔히 '한국어'라는 용어를 사용한다. 북한이나 해외 동포들의 경우 다른 명칭을 사용하는데, 미국에서는 '한인(韓人)의 언어'라는 뜻으로 '한어(韓語)'를 사용하며, 북한이나 중국, 일본 등에서는 '조선인(족)의 언어'라는 의미로 '조선어(朝鮮語)' 혹은 '조선말'을 사용하며, 러시아 동포는 '고려말'이라는 명칭을 사용한다. 최근 중국에서도 북한보다는 남한과의 접촉이 강화되면서 '조선어'뿐만 아니라 '한국어'라는 명칭도 많이 사용하고 있다.

참고 8 **민족어와 공용어**

우리는 오랫동안 국어(한국어)를 민족어로 불러 왔으며 이는 국어과 교육과정에서도 마찬가지였다. 그러다가 최근 2015년이나 2022년의 국어과 교육과정에서는 국어를 공용어로 지칭하고 있으며, 국어기본법 제3조에서도 국어를 대한민국의 공용어로 지칭하고 있다. 최근 우리나라의 다문화 배경 인구수가 6%를 넘어 다문화사회로 가고 있음을 고려하면 국어를 공용어로 보는 것을 당연하게 여길 수 있다. 다만 19세기 이탈리아, 튀르키예 등의 통일 과정에서 민족어로서의 언어가 중요한 역할을 했음을 고려하면 아직 남과 북이 분단된 우리로서는 민족어로서의 국어를 완전히 포기하기에는 아쉬움이 남는다.

한국어는 한반도 전역에서 거의 대부분의 사람이 모어(mother tongue)로 사용하는 언어이며, 중국, 미국, 일본 등 한민족이 거주하는 일부 지역에서는 모어나 제2 언어로 사용되고 있기도 하며, 최근에는 중국이나 동남아 등을 중심으로 외국어로서도 각광받고 있다. 한국어를 사용하는 사람은 남한 약 5,200만 명, 북한 약 2,300만 명, 연변 자치구를 비롯한 중국 지역과 미국, 일본 등의 해외동포 약 500만 명을 합쳐 8,000만이 조금 넘는 것으로 보인다. 한국어는 전 세계에 존재하는 수천 종의 언어 중에서 사용 인구수로 13~15위 정도에 해당하는 중요한 언어이며, 최근 우리나라의 국력 신장과 함께 한국어의 보급도 점차 확산되어 가고 있는 추세이다.

한국어의 계통이 확고하게 밝혀져 있는 것은 아니지만 람스테트(G. J. Ramstedt)가 한국어가 알타이 어족에 속한다고 주장한 이후 알타이 어족에 속한다고 언급되기도 한다.[36] 또한 한국어는 언어 유형론(linguistic typology)의 관점에서 보면 어간에 여러 개의 어미가 결합하는 교착어(agglutinative language)이다.

36 최근에는 한국어를 알타이 어족에서 제외하기도 하고, 아예 알타이 어족을 설정하지 않기도 한다.

참고 9 **세계 주요 언어의 사용 인구수**

언어 관련 통계의 공식적인 자료로 활용되고 있는 세계적인 언어 정보 제공 사이트인 에스놀로그(http://www.ethnologue.com) 2023년 판(제26판)에 따르면 한국어 사용자 수는 모어 화자를 기준으로 약 8천 200만 명으로 세계 15위라고 한다.[흔히 중국어의 방언으로 보는 광둥어(Yue Chinese)와 우어(Wu Chinese)를 중국어에 포함하여 순위에서 제외하면 13위]

순위	언어	모어 화자 수 (백만 명)	순위	언어	모어 화자 수 (백만 명)
1	표준 중국어 (Mandarin Chinese)	939	11	터키어(Turkish)	84
2	스페인어(Spanish)	485	12 (공동)	마라티어(Marathi)	83
3	영어(English)	380		텔루구어(Telugu)	83
4	힌디어(Hindi)	345		우어(Wu Chinese)	83
5	포르투갈어(Portugese)	236	15	한국어(Korean)	82
6	벵골어(Bengali)	234	16	프랑스어(French)	81
7	러시아어(Russian)	147	17	타밀어(Tamil)	79
8	일본어(Japanese)	123	18	이집트 아랍어 (Egyptian Arabic)	77
9	광둥어(Yue Chinese)	86	19	독일어 (Standard German)	75
10	베트남어(Vietnamese)	85	20	우르두어(Urdu)	71

1.3.2. 한국어의 특성

이미 언급했듯이 한국어는 언어의 하나로서 보편성도 가지지만 다른 언어와 구별되는 개별성도 가진다. 사실 개별 언어로서의 한국어의 특성은 다음 장부터 이어지는 각 하위 영역 논의에서 충분히 드러날 것이므로 여기에서는 음운론적 특성, 형태론 및 통사론적 특성, 화용론적 특성, 어휘론적 특성 등으로 나누어 간략하게 살펴보기로 한다.[37]

한국어는 음운론적 특성은 다음 몇 가지로 제시해 볼 수 있다.

(18) 한국어의 음운론적 특성

가. 장애음(특히 파열음과 파찰음)이 '평음-경음-유기음'의 3항 대립을 보인다.

37 각각 언어의 개별성이 모여 보편성을 이루므로 개별성과 보편성을 구분하기는 매우 어렵다. 또한 개별적인 특성이 완전히 한 언어에만 해당하는 것도 많지 않아 우리 책에서 언급한 한국어의 특성의 대부분은 전적으로 한국어에만 나타난다고 말하기도 어렵다. 우리 책에서는 다소 소박한 관점에서 우리가 흔히 알고 있는 영어, 중국어, 일본어 등과 차이 나는 한국어의 특성을 언급하기로 한다.

나. 단모음의 종류가 많고 다양하다.

다. 이중 모음의 대부분은 반모음이 앞에 오는 상향 이중 모음이 차지한다.

라. 음절 초에 둘 이상의 자음이 오지 못하며, 'ㅇ'이 오지 못하는 제약을 가진다.

마. 음절 말 위치에 하나의 자음만 오는데, 특정한 자음만 올 수 있으며 파열음의 경우 폐쇄와 지속의 과정만을 거치고 파열은 생략되는 등의 특징을 갖는다.

바. 교착어로서 단어나 형태소의 결합이 빈번하므로 다양한 음운 변동이 나타난다.

사. 모음 조화 현상이 있다.

한국어의 자음 중 장애음인 파열음과 파찰음은 '평음-경음-유기음'의 대립을 보인다. 평음과 경음 및 유기음은 근육의 긴장 정도나 입 밖으로 나오는 기류의 양에서 차이가 난다. 한국어의 '평음-경음-유기음'은 기본적으로 무성음이면서 성대나 주변 기관의 작용을 통해 구별되는 것이다. 이는 영어의 파열음이 유성음인 'b, d, g'와 무성음인 'p, t, k'의 두 계열의 대립을 보이는 것과 구별되는 특성이다.

한국어의 모음은 단모음의 종류가 많고 이중 모음이 비교적 단순한 구조를 이룬다는 점이 특징적이다. 이중 모음은 주로 반모음이 단모음에 앞서는 상향 이중 모음이 많은데, 'j-계'인 'ㅑ, ㅒ, ㅕ, ㅖ, ㅛ, ㅠ', 'w-계'인 'ㅘ, ㅙ, ㅝ, ㅞ' 등이 있다. 하향 이중 모음으로 볼 수 있는 것은 'ㅢ'가 있을 뿐이다.[38] 다른 언어의 경우 '단모음+단모음'의 연쇄로 이루어진 이중 모음도 존재하고, 반모음이 단모음 뒤에 결합하는 구조도 흔히 존재한다는 점에서 한국어의 이중 모음 구조는 매우 단순하다고 할 수 있다.

38 제2장에서 언급할 것이지만, 이 조차도 반모음 'ɰ'와 단모음 'ㅣ'가 결합된 상향 이중 모음으로 보기도 한다.

음절 구조 측면에서 한국어는 음절 초와 말에서 다른 언어와 구별되는 특성을 갖는다. 우선, 영어의 1음절 단어인 'spring'을 한국인들은 '스프링'과 같이 3음절로 발음하는데, 이것은 영어의 음절 초에 오는 'spr'이라는 자음의 연쇄가 한국어에서 허용되지 않는 것과 관련된다. 한편, 영어에서도 그러하지만 자음 'ㅇ'이 음절 초에 나타나지 않는다. 음절 말 위치에서는 표기상 두 개의 자음이 나타나기도 하지만 실제 발음은 하나만 실현되며, 표기상으로 거의 모든 자음이 나타나지만 발음상으로는 'ㄱ, ㄴ, ㄷ, ㄹ, ㅁ, ㅂ, ㅇ' 등 일곱 개의 자음만 발음된다. 또한 음절 말에서는 파열음이 '폐쇄-지속-파열'의 단계 중 폐쇄와 지속의 과정만 거치고 파열의 단계를 생략하여 변이음인 'p˺, t˺, k˺'로 나타난다.

음운 변동의 측면에서 한국어는 교착어의 속성상 어미나 조사가 앞말과 결합하기 때문에 형태소끼리의 결합이 많은 편이다. 이 과정에서 자음과 자음, 자음과 모음, 모음과 모음 등이 연결되면서 대치, 탈락, 첨가, 축약 등 다양한 음운 현상이 일어난다. 이런 다양한 음운 변동 현상은 굴절어나 고립어와 다르고 교착어 중에서도 특징적인 것이다. 한국어의 모음은 'ㅏ, ㅗ'의 양성 모음과 이를 제외한 나머지 모음인 음성 모음으로 나누어지는데, '보아/먹어', '졸졸/줄줄'에서 볼 수 있듯이 양성 모음은 양성 모음끼리 음성 모음은 음성 모음끼리 어울리려는 모음 조화 현상이 나타나기도 한다.

한국어의 형태론 및 통사론적 특성도 다음과 같이 제시해 볼 수 있다.

(19) 한국어의 형태론 및 통사론적 특성

가. 조사와 어미가 발달한 교착어적 특성을 보여 준다.

나. 문법적 기능을 담당하는 조사, 어미, 파생 접사 등은 모두 실질 요소 뒤에 결합하는 후치적 속성이 강하다.

다. 조사, 어미, 파생 접사 등이 조건에 따라 다양한 이형태를 가지기도 한다.

라. 비통사적 합성법, 자음 교체 및 모음 교체 등 다양한 단어 형성법이 발달하였다.

마. 한국어의 형용사는 동사처럼 문장의 서술어로 사용된다.

바. 주로 문장의 끝에 나타나는 서술어를 중심으로 문장이 구성되며, 주어나 목적어가 상황에 따라 흔히 생략되는 것과 달리 서술어는 잘 생략되지 않는다.

사. 통사적인 기능이 조사나 어미에 의해 이루어지는 경우가 많다.
아. 주어-목적어-서술어(SOV) 어순을 가진다.
자. 어순이 비교적 자유롭다.
차. 통사 구조와 별도로 정보 구조를 나타내는 방식이 발달해 있다.
카. 주격 중출문이나 목적격 중출문이 나타난다.

(19)에서 제시한 특징 중에서 (19가)~(19마)는 형태론적 특징, (19바)~(19카)는 통사론적 특성에 가깝다.

한국어는 조사와 어미가 수적으로 많을 뿐 아니라 하나의 체언에 여러 개의 조사가, 하나의 용언 어간에 여러 개의 어미가 결합하는 등 전형적인 교착어의 특성을 보여 준다. 한국어는 문법적인 핵이 뒤에 나오는 언어로서 조사는 체언의 뒤에 결합하고 어미는 어간의 뒤에 결합한다. 파생 접사의 경우 어근의 앞에 결합하는 파생 접두사도 있지만 양이나 종류에서 어근의 뒤에 결합하는 파생 접미사가 훨씬 더 많다. 조사, 어미, 파생 접사 등은 '을/를'처럼 선행 요소에 받침이 있느냐의 여부, '-아서/어서'처럼 선행 요소가 양성 모음인지 음성 모음인지 여부 등에 따라 다양한 이형태를 가지는 경우가 많다.

유형론적 관점에서 보면 단일어의 비중이 높은 언어가 있고 복합어의 비중이 높은 언어가 있는데, 한국어는 복합어의 비중이 높은 언어에 속한다. 또한 한국어는 '덮밥, 높푸르다' 같은 비통사적 합성법이 나타나며, '감감하다/깜깜하다/캄캄하다', '반짝반짝/번쩍번쩍'에서 볼 수 있듯이 자음 교체나 모음 교체에 의해 새로운 단어가 만들어지기도 한다.

한국어의 형태론 및 통사론적 특성 중에서 특별히 주목해야 할 것은 형용사와 동사이다. 잘 알려진 것처럼 한국어 형용사는 동사처럼 활용을 하기도 하고 문장의 서술어가 될 수 있다.[39] 한국어에서는 형용사가 수적으로 비중이 크지 않은데, 한국어에서 형용사가 수적으로 많지 않은 것은 형용사 대신 명사와 같은 체언이 뒤에 오는 체언을 수식하는 경우가 많기 때문이다. 한국어에서 동사와 형용사가 모두 서술어로 쓰이지만 그 수는 동사가 현저히 많다. 한국어는 대체로 문장의 끝에 오는 형용사 및 동사가 서술

39 언어 유형론적으로 한국어의 형용사는 동사에 가까운 동사성 형용사이고, 영어의 형용사는 명사에 가까운 명사성 형용사이다.

어가 되어 이를 중심으로 문장이 구성되며, 주어, 목적어, 보어 등 서술어가 필수적으로 요구하는 필수 성분과 관형어, 부사어 등 수의적 성분이 어우러져 문장을 이룬다.

한국어의 통사적인 기능은 대체로 조사나 어미와 같은 교착소에 의해 실현된다. 그리하여 격(case)은 주로 격 조사에 의해 실현되고, 시제(tense), 상(aspect), 양태(modality) 등은 주로 어미에 의해 실현된다. 어미 중 종결 어미는 문장의 유형과 상대 높임을 결정하고, 전성 어미와 연결 어미는 문장의 안김(내포)과 문장의 이어짐(접속)을 실현한다.

한국어의 통사적 특징 중에서 잘 알려진 것의 하나는 SOV 어순을 가진다는 것이다. 이처럼 서술어가 뒤에 오는 '서술어 끝자리 언어(verb-final language)'이므로 문법적으로 중요한 요소가 뒤에 오는 경향이 강하다.[40] 그리하여 접두사보다는 접미사가 발달했으며, 본용언과 보조 용언의 결합에서는 문법적인 기능이 강한 보조 용언이 뒤에 온다. 한국어의 어순이 비교적 자유로운 것은 격 조사에 의해 문장 성분이 확인될 수 있기 때문이다. 그렇기는 해도 수식어가 반드시 피수식어 앞에 오는 등 완전히 자유로운 어순을 가지는 것은 아니다.

40 언어 유형론의 연구에 따르면 서술어 끝자리 언어의 경우 대체로 '수식어-피수식어' 어순을 가지며, 문법적인 기능을 하는 조동사가 동사 뒤에 오는 등 문법적인 요소가 뒤에 오는 경향이 있다.

한국어의 문장에는 통사 구조의 측면에서도 파악이 가능하지만 정보 구조의 측면에서 파악할 수 있는 문법적 장치들이 마련되어 있다. 제4장에서 언급할 것인바, '정보 구조(information structure)'란 문장의 정보 전달 방식을 구조화한 것으로 문장에서 정보를 전달하고자 하는 주제와 그 주제에 대해 언급하는 내용이 실현되는 방식을 의미한다. 한국어에서는 주제를 나타내는 전형적인 표지(marker)인 '은/는'이 발달해 있다. 또한 한국어에서는 "토끼가 앞발이 짧다.", "철수가 영희를 허리를 잡았다."처럼 주격이나 목적격이 두 번 이상 결합한 구성이 나타나기도 한다.

한국어의 화용론적 특징은 다음과 같은 것들을 제시해 볼 수 있다.

(20) 한국어의 화용론적 특성

가. 담화 중심의 언어로서 주어, 목적어 등 주요 성분이 흔히 생략된다.

나. 담화의 응집성을 높이기 위한 수단으로 앞에 나온 대상을 대명사로 받기보다 명사를 그대로 반복하는 경우가 많다.

다. 상황 중심 언어로서 인간이 표현의 중심에 서기보다 상황이 우선적으로 표현된다.

라. 청자 중심 언어로서 화자보다는 청자나 대상 중심의 표현이 흔히 사용된다.

마. 소유 중심의 언어가 아니라 존재 중심의 언어이다.

바. 높임법을 포함하여 공손성을 표현하는 다양한 수단이 발달했다.

언어 사용에서는 대부분의 경우 맥락이 중요하지만, 특히 한국어는 언어 사용에서의 맥락이 더 중요하다. 영어를 비롯한 서구어들은 이른바 동작주 중심 언어로서 주어 등 주요 성분이 생략되는 경우가 드물지만 한국어는 이른바 담화 중심의 언어로서 상황 의존성이 강해서 주어나 목적어 등 주요 성분도 상황 맥락에 의해 파악이 가능하면 흔히 생략된다. 담화의 응집성을 높이기 위해 영어의 경우 앞에 나온 명사를 대명사로 받는 경우가 대부분이지만 한국어의 경우 대명사를 쓰지 않고 명사를 반복하는 경우가 많다.

한국어를 상황 중심의 언어라고 하는 것은 인간을 중심으로 표현하지 않고 상황을 중심으로 표현하는 경우가 많기 때문이다. '단추가 떨어졌다.'라는 한국어 표현과 이에 대당하는 영어 표현 'I've lost a button.'을 비교해 보면 한국어가 상대적으로 상황을 중심으로 표현하는 경향이 있음을 알 수 있다. 한국어가 청자 중심의 언어라는 것은 부정 의문문에 대한 대답에서 잘 드러난다. 주지하듯이 '학교 안 가니?'에 대한 대답은 '예, 안 가요.'나 '아니요, 가요.'처럼 청자가 한 말을 기준으로 '예'와 '아니요'를 선택한다. 한국어가 존재 중심의 언어라는 것은 '그 식탁은 다리가 네 개이다.', '그

식탁은 다리가 네 개가 있다.'와 같은 '이다'나 '있다' 등의 표현을 통해 잘 드러난다. 한국어와 달리 소유 중심의 언어인 영어에서는 'The table has four legs.'처럼 소유를 나타내는 'have' 동사가 흔히 사용된다.

다른 언어에도 공손성을 나타내는 언어적 수단이 있지만 한국어의 경우 문법 요소에 의해 공손성을 표현하는 높임법이 발달했다는 점이 특징적이다. 높임법은 흔히 한국어의 통사론적 특징으로 다루기도 하지만, 실제 담화 상황에서 화자의 판단에 따라 높임 여부가 결정된다는 점에서 화용론적 특성으로 다룰 수도 있다. 주체 높임법의 경우 주어 명사구가 높임의 대상인 경우 서술어에 '-시-'를 붙인다. 영어의 동사에 결합하는 '-s'가 3인칭, 단수, 현재의 경우 필수적으로 결합되는 것과 달리 한국어의 '-시-'는 화자의 판단에 따라 붙이지 않을 수 있어 통사적인 현상이면서도 화용론적인 속성을 가지고 있는 것이다. 조사나 어미를 활용한 높임법 이외에도 한국어에서 공손성을 표현하는 수단으로는 '나-저', '너-당신' 같은 대명사, '밥-진지', '만나다-뵙다'와 같은 어휘적 높임, '창문 좀 열어 주시겠습니까?'와 같은 이른바 간접 화행을 활용한 표현, '내일은 못 갈 것 같아요.'와 같은 단정적이지 않은 표현 등 여러 가지가 있다.[41]

41 '공손성 원리(principle of politeness)' 등 공손성의 실현과 관련된 자세한 논의는 제II권 6.3.2.를 참조할 수 있다.

마지막으로 한국어의 어휘론적 특성에 대해 살펴보기로 하자.

(21) 한국어의 어휘론적 특성

가. 어종에 따라 고유어-한자어-외래어로 나누어진다.

나. 가족 관계를 나타내는 친족어가 발달해 있다.

다. 의성어, 의태어 등 상징어가 발달해 있다.

라. 색채어, 미각어, 촉각어 등 감각어가 발달해 있다.

대부분의 언어에서 어휘는 고유어와 외래어로 양분된다. 하지만 한국어 어휘를 어종에 따라 나누면 고유어, 외래어 외에 한자어가 더 있는데, 한자어는 한국어 어휘의 절반 이상을 차지하는 등 비중이 매우 크다. 한자어는 기원을 전후하여 한자가 수입되기 시작한 시기부터 우리말 어휘에 들어와 지속적으로 증가하였다. 한자어를 제외한 외래어의 경우도 고대부터 중세에 이르기까지 몽골어, 만주어 등 우리와 접촉이 많았던 언어들에서 지속적으로 한국어에 수용되었으며, 근대 이후에는 일본어와 영어로부터 많은 어휘들이 들어오게 되었다. 일상생활에 많이 사용되는 기초 어휘의 대다수는 고유어이지만, 학술 용어나 전문어에는 한자어가 많으며, 최근에는 영어계 외래어의 비중이 커지고 있다.

한국어는 친족어가 발달해 있다. 아버지를 나타내는 말만도 '아버지, 아빠, 아버님, 춘부장, 선친, 가친, 선대인' 등으로 다양하며, 같은 부모에게서 태어난 동기(同氣)를 나타내는 말도 '형, 동생, 아우, 언니, 오빠, 누나, 누이' 등으로 남녀, 출생 순서 등에 따라 세분되어 있기도 하다. 친족 명칭은 '고모', '이모', '백부', '숙부' 등의 한자어와 '큰아버지', '작은아버지' 등의 고유어가 있는 등 매우 다양하게 발달해 있다.

한국어는 소리나 모양을 나타내는 의성어나 의태어가 잘 발달해 있다. 의성어나 의태어는 미묘한 어감의 차이를 나타내는 경우가 많다. 앞에서 예를 든 '졸졸/줄줄'에서 볼 수 있듯이 양성 모음으로 구성된 단어는 작고, 밝고, 가벼운 느낌을 나타내고, 음성 모음으로 구성된 단어는 크고, 어둡고, 무거운 느낌을 나타낸다. 한국어는 그 밖에도 감각어들이 잘 발달해 있다. '붉다'와 관련되는 형용사만도 '붉다-발갛다-빨갛다-새빨갛다-불그스름하다-불그레하다-불그죽죽하다' 등 수십 개에 달할 정도로 색채어가 잘 발달해 있으며, 미각이나 촉각 등을 나타내는 감각어들도 발달해 있다.

제2장 음운론

2.1. 음운론에 대한 기본적 이해

음운론은 말소리에 대해 연구하는 분야이다. 구체적으로는 말소리의 체계와 말소리의 변화라는 두 가지 하위 주제를 다룬다. 말소리의 체계란 해당 언어에서 쓰이는 말소리의 목록 및 상호 관계를 가리킨다. 한국어에는 다른 언어와 구별되는 말소리의 목록이 있으며 각각의 말소리들은 공통점과 차이점을 가진다. 이런 사실들을 밝히는 것이 음운론의 일차적인 목표이다. 말소리의 변화는 소리가 바뀌는 현상을 뜻한다. '막는'을 발음하면 표기와 달리 '[망는]'으로 발음되듯이 하나의 말소리가 다른 말소리로 변하는 경우가 많은데 이것을 정확히 포착하는 것도 음운론의 중요한 목표 중 하나이다.

2.1.1. 발음 기관

음운론은 기본적으로 말소리를 다루기 때문에 말소리가 어떻게 나오는지를 이해할 필요가 있다. 말소리를 내는 데 관여하는 기관들을 발음 기관 또는 음성 기관이라고 한다. 하나의 말소리를 내기 위해서는 여러 가지 발음 기관들이 작용한다. 이러한 발음 기관들은 그 역할에 따라 몇 가지 부류로 나눌 수 있는데 크게 말소리의 원천인 기류를 흐르게 하는 기관, 이 기류를 사람의 말소리로 바꾸어 주는 기관, 말소리를 다양한 유형으로 조절해 주는 기관의 셋으로 구분하는 것이 일반적이다.

기류를 흐르게 하는 기관을 발동부(發動部)라고 부른다. '발동'이란 공기의 흐름을 만들어 낸다는 의미이다. 어떤 언어든지 가장 대표적인 발동부

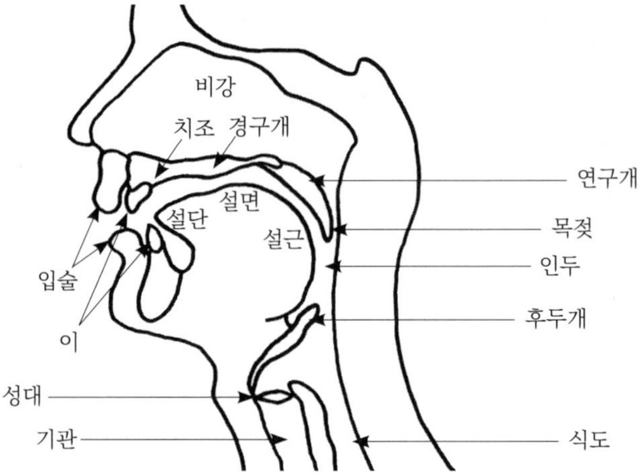

는 허파이다. 허파의 수축을 통해 나오는 날숨을 말소리로 내는 것이 일반적이다. 언어에 따라서는 허파가 아닌 다른 발음 기관을 발동부로 이용하는 경우도 없지 않다. 또한 날숨 대신 들숨을 이용해 말소리를 내는 경우도 존재한다. 그러나 한국어에서는 허파에서 나오는 날숨으로만 말소리를 만들어 낸다.[1]

1 허파에서 나오는 날숨 이외에 성대에서 시작되는 날숨 또는 들숨, 연구개로부터 흡입되는 들숨을 이용하여 말소리를 내는 언어들이 존재한다.

허파에서 만들어진 날숨을 말소리로 바꾸어 주는 기관을 발성부(發聲部)라고 부른다. '발성'이란 말소리를 낸다는 의미이다. 허파에서 나온 날숨은 일반적인 공기의 흐름과 다를 바가 없다. 그러나 발성부를 거치면서 비로소 사람의 말소리로 바뀐다. 발성부에 속하는 대표적인 기관은 성대이다. 성대는 두 개의 인대가 맞닿은 구조로 이루어져 있으며 그 중간의 열려 있는 공간을 성문이라고 부른다. 발성 과정은 성문 사이로 공기가 빠져나오면서 이루어진다.[2]

2 공기가 성문을 통과할 때 성대가 떨리는 소리를 유성음이라고 하고 성대가 떨리지 않는 소리를 무성음이라고 한다. 유성음과 무성음의 차이는 많은 언어에서 매우 중요한 역할을 한다.

성대를 빠져나온 소리를 다양한 자음이나 모음 등으로 만드는 기관을 조음부(調音部)라고 한다. '조음'이란 말소리를 여러 가지로 조절한다는 의미이다. 성대의 위쪽에 위치하면서 말소리를 내는 데 관여하는 기관들은 모두 조음부에 속한다. 그래서 발동부나 발성부와 달리 조음부에 속하는 발음 기관은 그 종류가 매우 다양하다. 입술, 이, 혀, 목젖 등이 모두 조음부의 역할을 한다.

조음부는 수가 매우 많기 때문에 역할에 따라 조음체와 조음점을 구분하기도 한다. 조음체는 발음 과정에서 능동적으로 움직이는 기관을 가리킨다. 아랫입술이나 혀가 대표적인 조음체이며 주로 구강의 아래에 붙어 있다. 조음체와 달리 고정되어 있어서 스스로 움직일 수 없는 기관을 조음점이라고 한다. 윗입술, 치조, 경구개, 연구개 등은 모두 조음점에 속하며 구강의 위쪽에 자리하고 있다.

2.1.2. 음성과 음운

다양한 말소리들은 조음체가 조음점에 근접하면서 만들어진다. 이때 서로 다른 방식으로 만들어져서 그 특성이 구분되는 말소리들을 '음성(phone)'이라고 부른다. 음성이 달라지는 요인은 여러 가지이다. 먼저, 관여하는 조음체나 조음점의 종류가 다르면 그에 따라 음성도 달라진다. 가령 't'와 'k'를 보면 't'는 혀끝(조음체)이 치조(조음점)에 맞닿는 과정을 통해 발음되지만 'k'는 혓바닥의 뒤쪽(조음체)이 연구개(조음점)에 맞닿는 과정을 통해 발음된다. 여기서 알 수 있듯이 't'와 'k'는 조음체와 조음점이 모두 다른 음성들이다. 물론 조음체와 조음점 중 어느 하나만 달라도 서로 다른 음성이 된다. 예를 들어 'p'와 'f'는 조음체가 아랫입술이라는 점에서 동일하지만 'p'는 조음점이 윗입술이고 'f'는 조음점이 윗니라는 차이가 있다.[3]

3 'p'와 'f'의 조음체가 동일하다는 점을 고려할 때에는 이 둘을 묶어서 '순음(脣音)'이라고 부르지만, 조음점이 다르다는 사실을 고려할 때에는 'p'를 '양순음(兩脣音)', 'f'를 '순치음(脣齒音)'이라고 구별해서 부른다.

조음체와 조음점이 동일하더라도 이 둘의 접근 방식이 달라서 차이 나는 음성의 예도 많다. 가령 't'와 's'는 조음체와 조음점이 각각 혀끝과 치조로 동일하다. 그러나 't'는 조음체와 조음점이 맞닿았다가 일시에 떨어지는 반면 's'는 조음체와 조음점이 가깝게 접근할 뿐 맞닿지는 않는다는 차이를 가진다. 이 외에 성대의 떨림도 음성의 차이를 만드는 데 중요하게 관여한다. 'k'와 'g'는 조음체나 조음점은 물론이고 이 둘의 접근 방식도 동일하지만 'k'는 성대의 떨림이 없는 무성음이고 'g'는 성대의 떨림이 있는 유성음이다. 이와 동일한 방식으로 구별되는 음성의 짝에는 't'와 'd', 'p'와 'b', 's'와 'z' 등이 더 존재한다.

음성의 차이는 단어의 의미를 변별해 주는 것도 있고 그렇지 않은 것도 있다.

(1) 가. '풀[p^hul]'의 'p^h'와 '불[pul]'의 'p'

나. '불[pul]'의 'p'와 '이불[ibul]'의 'b'

(1가)의 'p^h'와 'p'는 각각 유기음과 평음으로 서로 구별되는 소리이다. 그런데 이 두 소리의 차이로 '풀'과 '불'이 구별된다. 이것은 'p^h'와 'p'의 차이가 단어의 뜻을 변별하는 역할을 할 수 있음을 의미한다. (1나)의 'p'와 'b'는 각각 무성음과 유성음으로서 다른 음성이지만 한국어에서 이 두 소리의 차이로 단어의 뜻이 구별되는 경우는 없다.

(1가)의 'p^h'와 'p'와 같이 단어의 뜻을 구별해 줄 수 있는 음성들을 '음운(phoneme)'이라고 부른다. 음운을 간단히 정의할 때 '단어를 구분해 주는 최소의 단위'라고 하는 것은 이와 관련된다. 물리적으로 다른 두 소리가 있을 때 이 둘이 별개의 음운인지 아닌지를 판단할 때에는 그 두 음성에 의해서만 뜻이 구별되는 단어쌍, 즉 최소 대립쌍(minimal pair)이 존재하는지를 살피는 것이 편리하다.[4]

4 서로 다른 음운은 일반적으로 최소 대립쌍을 이룬다. 다만 한국어의 'ㅇ'과 'ㅎ'처럼 별개의 음운이지만 최소 대립쌍을 이루지 못하는 경우도 드물지만 존재한다.

(2) 가. 말(馬)－발(足), 밤(夜)－밥(飯)

나. 돌(石)－둘(二), 고리(環)－구리(銅)

(2가)는 자음의 차이에 의한 최소 대립쌍의 예이고 (2나)는 모음의 차이에 의한 최소 대립쌍의 예이다. 최소 대립쌍을 성립하게 하는 말소리들은 모두 별개의 음운에 속한다. (2가)에서는 'ㅁ'과 'ㅂ'이, (2나)에서는 'ㅗ'와 'ㅜ'가 서로 구별되는 음운이 된다.

한 음운은 항상 동일한 음성으로 실현되지는 않는다. 같은 음운이라도 나타나는 환경에 따라 조금씩 다른 음성으로 실현된다. 가령 '고기[$k^{<}$ogi]'라는 단어를 보면 'ㄱ'이라는 하나의 음운이 어두 및 비어두의 초성이라는 서로 다른 위치에서 나타나는데, 어두에 올 때의 'ㄱ'은 '$k^{<}$'라는 음성으로 발음되지만 비어두의 초성에 올 때의 'ㄱ'은 'g'로 발음된다. 더욱이 '속[so$k^{>}$]'에서의 'ㄱ'과 같이 종성에 나타날 때는 '$k^{>}$'라는 또 다른 음성으로 실현된다. 이처럼 한 음운에 속하지만 서로 다른 음성들을 변이음

(allophone) 또는 이음이라고 부른다. 한 음운의 변이음들은 일반적으로 출현 환경이 겹치지 않는데 이런 경우를 일컬어 상보적 분포를 이룬다고 한다.[5] 앞서 살핀 'ㄱ'의 세 가지 변이음도 나타나는 환경이 모두 다르다.

이상에서 알 수 있듯이 하나의 음운이라고 하더라도 실제 발음상으로는 여러 가지 서로 다른 음성들로 이루어져 있다. 사실 모든 음운들은 환경에 따라 조금씩 다른 음성들로 나타난다. 그래서 음운의 수는 유한하다고 하더라도 음성의 수는 무한하다. 또한 음운은 추상적이고 음성은 구체적이라는 차이도 있다. 실제로 발음을 하거나 귀로 듣는 대상은 음성들이다. 음운은 구체적으로 실현되는 음성들을 한 부류로 묶어서 추상화한 단위에 불과하다.

5 경우에 따라서는 상보적 분포를 이루지 않고 같은 환경에서 수의적으로 나타나는 변이음도 존재한다. '부부[pubu~puβu]'에서 둘째 음절의 'ㅂ'이 'b'로도 실현되고 'β'로도 실현되는 경우가 그러하다.

2.1.3. 음소와 운소

음운에 속하는 말소리들은 성격에 따라 음소와 운소의 두 가지로 구분한다. 음소와 운소에 속하는 음운의 종류를 제시하면 다음과 같다.

(3) 가. 음소: 자음, 단모음(單母音), 반모음
　　나. 운소: 장단, 고저, 강약

(3가)의 음소에 속하는 자음, 단모음, 반모음은 한국어에서 모두 단어의 의미를 변별해 주는 역할을 한다. 반면 (3나)의 운소에 속하는 것 중 한국어에서 음운의 자격을 가진 것은 장단으로 국한된다. 고저는 일부 방언에서만 단어의 의미를 구별하는 데 쓰일 뿐이며, 강약은 한국어의 어느 방언에서도 음운의 자격을 가지지 않는다. 그러므로 한국어의 운소는 공식적으로 장단밖에 없다고 해야 한다.

참고 1 **'고저'의 하위 분류**

'고저'는 소리의 높낮이로 단어의 뜻을 변별하는 운소이다. '고저'는 성격에 따라 성조, 고저 악센트, 억양의 세 가지로 나눌 수 있다. 이 중 억양은 어떤 언어에서도 단어의 뜻을 구별하지는 않는다. 억양의 차이는 문장의 유형을 구분하거나 화자의 심리적 태도를 드러내는 기능을 담당할 뿐이다. '성조'와 '고저 악센트'는 모두 단어의 의미를 구별할 수 있다. 그런데 '성조'는 한 단어 내에서 모든 높낮이가 대등하며 그 실현도 자유로운 데 반해, '고저 악센트'는 특정한 위치의 고조(high)만이 중요한 의의를 갖는 다든지 고저에서 저조(low)로의 이행에 제한이 있다는 차이가 있다.

예전에는 한국어의 거의 모든 방언에서 고저가 운소로서의 기능을 가지고 있었다. 중세 한국어 시기에 방점으로 표기되던 성조는 단어의 뜻을 구별해 주었다. 가령 15세기에 '밤(栗)'은 상성이고 '밤(夜)'은 거성이어서 높낮이에 차이가 있었다. 그런데 근대 한국어 시기를 거치면서 중부 방언을 비롯한 많은 방언에서 성조가 소멸하게 되었다. 그 결과 현재는 경상도 방언이나 함경도 방언과 같은 일부 방언에서만 고저의 차이가 단어의 뜻을 구별하는 데 쓰이고 있다.

음소와 운소의 차이는 세 가지 측면에서 드러난다. 하나는 시간적 선후 관계를 가지고 발음되는 단위로 나눌 수 있느냐의 여부이다. 음소는 이것이 가능하지만 운소는 불가능하다. 가령 '돌:'이라는 음절에서 'ㄷ', 'ㅗ', 'ㄹ'은 시간적 순서에 따라 발음되는 단위이므로 음소에 해당한다. 그러나 '돌:'이라는 음절에 나타나는 소리의 길이(:)는 그 자체를 분리할 수도 없고 다른 음운과 시간적 선후 관계를 가지지도 않는다. 그러므로 소리의 길이는 음소가 아닌 운소에 속한다. 이러한 속성을 고려하여 음소는 쪼개질 수 있다는 의미에서 분절음이라고 부르고 운소는 쪼개질 수 없다는 의미에서 초분절음 또는 비분절음이라고 부르기도 한다.

다음으로 음소와 운소는 음성적 값어치, 즉 음가의 규정 방식에서도 차이가 난다. 음소는 음가가 절대적으로 규정된다. 가령 'ㅜ'라는 단모음은 혀를 뒤쪽으로 움츠리면서 올리고 입술을 둥글게 하여 내며 이러한 방법으로 발음되는 단모음의 음가는 항상 정해져 있다. 반면 운소는 그 음가가 상대적으로 규정된다. 즉, 어떤 소리의 길이나 높이 등은 절대적인 시간이나 진동수로 고정되어 있는 것이 아니고 인접한 소리들과 비교하여 상대적으로 결정되는 것이다. 예컨대 '아'를 동일한 0.5초의 길이로 발음하더라도 그 주위에 더 긴 소리가 오면 단음이 되고 그 주위에 더 짧은 소리가 오면 반대로 장음이 된다. 고저나 강약 역시 마찬가지이다. 말을 빨리 하는 사람이든 늦게 하는 사람이든 장단의 구별이 존재하고, 저음을 내는 사람이든 고음을 내는 사람이든 고저의 구별이 존재하는 것은 이 때문이다.

마지막으로 음소와 운소는 발음되기 위해 다른 매개가 있어야 하는지 여부에서도 차이가 난다. 음소는 그 자체로 실현이 가능하다. 음소가 다른 매개체에 얹혀서 실현될 필요는 없는 것이다. 자음이나 반모음처럼 단모음이 없으면 따로 발음하기 어려운 음소도 존재하지만 그렇다고 해서 자음이나 반모음이 단모음에 실려서 단모음과 동시에 발음되는 것은 아니다.[6] 반면 운소는 단모음이나 음절과 같이 다른 단위에 얹혀서 발음되지 않으면 안 된다. 장단이나 고저만 따로 떼어서 발음한다는 것은 상상조차 할 수 없다. 운소는 다른 음운이나 음절에 얹혀서 동시에 실현될 뿐이다.

6 자음이라고 하더라도 'ㅅ, ㅆ, ㅎ'과 같은 마찰음은 홀로 발음할 수 있다.

2.2. 음운 체계

음운 체계란 음운들이 맺고 있는 관계의 총합이다. 음운들은 음성적인 특징에 따라 서로 공통점과 차이점을 지닌다. 가령 'ㅂ'과 'ㅁ'은 모두 두 입술을 맞닿아 낸다는 점에서 발음되는 위치가 동일하지만 발음되는 방법에서는 차이를 보인다. 반면 'ㅂ'과 'ㄱ'은 발음되는 위치가 다른 대신 구강의 어느 부위를 막았다가 터뜨린다는 점에서 발음 방법은 일치한다. 음운들 사이에 공통적인 특징이 많으면 많을수록 둘 사이의 관계는 가깝고 그 반대이면 관계는 더 멀어진다. 이러한 친소 관계의 합이 음운 체계를 이루는 핵심이다.

음운 체계는 음운들의 단순한 집합과는 구별되는 개념이다. 음운들을 단순히 모아 놓은 것은 목록에 지나지 않는다. 가령 한국어의 자음은 'ㄱ, ㄴ …… ㅎ'의 19개라고 말하면 이것은 음운 목록을 지칭하는 것에 불과하다. 반면 한국어의 19개 자음들이 음성적 특징에 따라 어떤 관계를 맺는지 보일 때 비로소 음운 체계를 언급하는 것이 된다. 음운 체계를 논의하기 위해서는 음운들 사이의 관계를 살필 분류 기준이 필요하다. 이 기준들에 따라 음운들 사이의 친소 관계가 확립된다.

2.2.1. 자음

자음은 발음되는 양상과 쓰임새라는 두 가지 측면에서 단모음이나 반모음과 구별된다. 발음 양상을 보면 자음은 조음체가 조음점에 닿거나 가깝게 근접하면서 기류가 방해를 받으며 실현된다는 특징을 지닌다. 가령 'ㅂ'은 두 입술을 완전히 막았다가 한꺼번에 터뜨려 발음하며 'ㅅ'은 혀끝을 치조 부위에 가깝게 대고 그 틈 사이로 기류를 흘려서 발음한다. 쓰임새에서 보자면 자음은 홀로 발음되지 못하고 반드시 단모음과 결합해야만 한다. 그래서 자음을 '닿소리'라고 부르기도 한다.[7]

7 '닿소리'는 다른 소리에 '닿'아야만 나는 소리라는 의미로 주시경 선생이 사용하기 시작한 용어이다.

자음의 분류 기준은 자음의 발음 양상, 즉 자음이 실현될 때 일어나는 '방해 과정'을 중시한다. 방해가 일어나는 위치는 조음 위치라고 한다. 조음 위치를 기준으로 하여 양순음, 치조음, 경구개음, 연구개음, 후음이 구분된다. 또한 방해가 일어나는 방식은 조음 방식이라고 한다. 조음 방식을 기준으로 하여 파열음, 마찰음, 파찰음, 비음, 유음이 구분된다. 이처럼 자음은 조음 위치와 조음 방식을 기준으로 분류한다. 이러한 분류 방식은 고대 인도의 음성학 이론에서 비롯되었을 정도로 그 역사가 오래되었다.

2.2.1.1. 자음의 조음 위치

양순음

양순음은 두 입술을 맞대고 내는 소리이다. 한국어의 양순음에는 'ㅂ, ㅍ, ㅃ, ㅁ'이 있다. 이 자음들을 발음할 때 두 입술이 닿는다는 것은 쉽게 확인할 수 있다.

치조음

치조음은 혀끝을 치조 부위에 대거나 근접하여 내는 소리이다. 한국어의 치조음에는 'ㄷ, ㅌ, ㄸ, ㅅ, ㅆ, ㄴ, ㄹ'이 있다. 다른 조음 위치에 비해 치조음의 수가 많은 것은 언어 보편적인 특징이다. 혀, 그중에서도 혀끝은 발음 기관 중 가장 능동적으로 움직일 수 있기 때문에 이 부위를 이용하는 자음의 수 역시 가장 많다.

경구개음

경구개음은 혓몸을 경구개 부위에 대고 내는 소리이다. 한국어의 경구개음에는 'ㅈ, ㅊ, ㅉ'이 있다. 엄밀히 말해서 'ㅈ, ㅊ, ㅉ'은 경구개보다는 조금 더 앞쪽에서 나지만 한국어 음운론에서는 이 자음들을 경구개음으로 분류하고 있다.

연구개음

연구개음은 혀뿌리를 연구개 부위에 대고 내는 소리이다. 한국어의 연구개음에는 'ㄱ, ㅋ, ㄲ, ㅇ'이 있다. 한국어의 연구개음은 구강에서 나오는 소리 중 가장 뒤쪽에 위치한다.

후음

후음은 성대 사이의 성문에서 내는 소리이다.[8] 다른 자음들과 달리 구강이 아닌 곳에서 발음된다는 특징이 있다. 한국어의 'ㅎ'이 후음에 속한다. 언어 보편적으로 후음에 속하는 자음의 수는 그리 다양하지 않다. 그 이유는 성대를 화자의 의지대로 능동적으로 움직이는 데 제약이 따르고 그 위치도 소리를 다양하게 내기에 부적합하기 때문이다.

8 '성문음' 또는 '후두음'이라고 부르기도 한다.

2.2.1.2. 자음의 조음 방식

파열음

파열음은 조음체가 조음점을 완전히 막아서 기류를 잠시 단절시켰다가 일시에 터뜨리면서 내는 소리이다. 한국어의 파열음에는 'ㅂ/ㅍ/ㅃ, ㄷ/ㅌ/ㄸ, ㄱ/ㅋ/ㄲ'이 있다. 파열음은 흔히 '폐쇄→지속→파열'의 세 단계를 거쳐 발음된다고 한다. 파열음이 음절의 초성에 올 때는 세 단계를 모두 거치며, 이러한 변이음들은 '$p^{<}$, $t^{<}$, $k^{<}$' 등과 같이 '<'를 사용하여 파열이 됨을 표시한다. 반면 음절의 종성에 올 때에는 폐쇄와 지속 과정만 거치고 파열 단계는 생략되는데, 이러한 변이음들은 '$p^{>}$, $t^{>}$, $k^{>}$' 등과 같이 '>'를 사용하여 폐쇄된 상태로 끝남을 표시한다.

참고 2 파열음과 폐쇄음

'파열음'이라는 용어 대신 '폐쇄음'이라는 용어를 사용하는 경우도 많다. 파열음과 폐쇄음의 용어 차이는 일차적으로 이 부류의 자음이 거치는 발음 단계 중 어느 것을 강조하느냐에 달려 있다. '폐쇄-지속-파열'의 단계 중 첫 번째를 중시하면 '폐쇄음'이 되고 세 번째를 중시하면 '파열음'이 된다.

파열음 대신 폐쇄음을 사용하는 중요한 논거 중 하나는 파열음이 음절 종성에 놓이면 파열이 되지 않는 변이음으로 실현된다는 사실이다. 파열이 되지 않는 변이음도 폐쇄 과정은 거치므로 모든 변이음의 음성적 특징을 아우르는 데에는 '폐쇄음'이 더 타당하다고 주장하는 것이다. 그런데 이런 논리를 펴면 후음인 'ㅎ'의 변이음은 모두 후두에서 조음되어야 하고 치조음인 'ㄴ, ㄹ, ㅅ'의 변이음은 모두 치조에서만 조음되어야 하는데 실제로 그렇지 않다는 것은 이미 알려진 사실이다. 가령 'ㅎ'은 후행하는 모음의 종류에 따라 후음인 'h' 이외에 양순음인 'ɸ', 경구개음인 'ç', 연구개음인 'x'로도 실현된다. 'ㄴ, ㄹ, ㅅ'도 후행하는 모음에 따라 치조음 이외에 경구개음으로 실현된다. 더욱이 파열음 'ㅂ, ㄱ'의 변이음 중에는 유성 마찰음 'β, ɣ'도 있는데 이것은 '폐쇄음'이라는 용어도 쓸 수 없게끔 만든다. 따라서 파열음의 변이음 중 파열이 되지 않는 것이 있다고 해서 '파열음'이라는 용어를 쓸 수 없다는 것은 타당한 논거로 인정하기 어렵다.

파열음의 가장 중요한 특징은 조음 과정에서 마지막 단계인 파열에 있다. 뒤에서 보겠지만 폐쇄 과정을 겪는 자음에는 파열음 외에 다른 자음(파찰음)이 더 존재한다. 폐쇄라는 단계는 파열음만이 지니는 고유한 특징은 아니다. 또한 파열음의 변이음 중 가장 중요한 것은 파열을 포함하여 세 단계를 모두 거치는 음들이다. 파열의 단계를 거치는 변이음이 이 부류의 음소를 대표하며 이것이 일정한 조건에 놓이면 파열 단계를 생략하게 되는 것이다. 이런 측면들을 고려할 때 '폐쇄음'보다는 '파열음'이 좀 더 적절한 용어라고 할 수 있다.

마찰음

마찰음은 조음체를 조음점에 가까이 근접시키되 완전히 막지는 않은 채 그 틈 사이로 기류를 흘려서 내는 소리이다. 파열음과의 가장 큰 차이는 기류가 막히지 않고 계속 흐른다는 데 있다. 한국어의 마찰음에는 'ㅅ, ㅆ, ㅎ'이 있다. 마찰음은 조음체와 조음점 사이로 기류만 내보내면 발음할 수 있기 때문에 다른 자음과 달리 모음이 없어도 발음하기가 상대적으로 쉽다는 특징을 지닌다.

파찰음

파찰음은 조음체로 조음점을 막아서 공기의 흐름을 끊은 후 조금만 열어서 그 사이로 공기를 흘려 내는 소리이다. 기류를 완전히 차단시킨다는 점에서는 파열음의 앞부분인 폐쇄 과정과 비슷하지만 폐쇄 후 조음체와 조음점 사이로 좁은 틈을 만들어 기류를 흘려 보낸다는 점에서는 마찰음과 흡사하다. 파찰음이라는 용어는 이러한 조음적 특징을 고려하여 파열음의 '파'와 마찰음의 '찰'을 결합시켜 만든 것이다.[9] 한국어의 파찰음에는 'ㅈ, ㅊ, ㅉ'이 있다.

9 발음 과정을 정확히 반영한다면 오히려 '파열' 대신 '폐쇄'를 반영하여 '폐찰음'이라고 불러야 할 것이다.

비음

비음의 조음 과정은 파열음과 매우 비슷하다. 비음도 파열음과 동일하게 조음체를 이용해 조음점을 완전히 막은 후 터뜨려 발음하는 소리이다. 다만 비강으로 통하는 통로를 열어 두어서 기류가 구강뿐만 아니라 비강으로도 흐른다는 점이 파열음과 다를 뿐이다. 이런 공통점 때문에 '파열음, 비음'이라는 용어 대신 '구강 파열음, 비강 파열음'이라는 용어를 사용하기도 한다. 한국어의 비음에는 'ㅁ, ㄴ, ㅇ'이 있다.

유음

유음은 다른 자음과 달리 정의하기가 쉽지 않다. 일반적으로는 장애를 가장 적게 받아서 나오는 자음이라고 설명하지만, 이것만으로는 구체적으로 어떤 조음 과정을 거치는지 알기가 어렵다. 유음에 대한 개념 정의가 불분명한 것은 유음에 속하는 여러 부류의 음성들이 상당히 다른 조음 방식을 지니기 때문에 그것들을 일반화하기 어렵다는 데에서 그 이유를 찾을 수 있다. 그래서 유음은 그 하위 부류별로 조음 방식을 설명하는 것이 편리하다.

유음에 속하는 하위 부류에는 여러 가지가 있는데 한국어의 경우 크게 설측음과 탄설음의 두 가지를 구분할 수 있다. 설측음은 혀끝을 치조 부근의 가운데에 붙여 공기를 혀의 측면으로 흘려서 내는 소리이다. '달'과 같이 'ㄹ'이 음절 종성에 오거나 '물론'과 같이 'ㄹ' 뒤에 'ㄹ'이 놓일 때 설측음으로 발음된다. 탄설음은 혀끝을 치조 부위에 잠깐 댔다가 떼면서 발음하는 소리이다. 탄설음은 'ㄹ'이 음절 초성에 놓이되 그 앞에 'ㄹ'이 오지 않을 때 나타난다. 한국어의 유음에는 'ㄹ' 하나밖에 없으며 설측음과 탄설음은 'ㄹ'의 변이음이다.

자음의 조음 방식과 관련해서는 이상의 다섯 가지 구분 이외에도 몇 가지 고려해야 할 점들이 있다. 그중 하나는 장애음과 공명음의 구분이다. 장애음은 자음 중에서도 기류의 흐름이 방해를 많이 받는 부류로 파열음, 마찰음, 파찰음이 여기에 속한다. 반면 공명음은 기류의 흐름이 방해를 적게 받을 뿐만 아니라 구강이나 비강의 울림을 일으켜 발음되는 부류로 비음과 유음이 여기에 해당한다. 장애음과 공명음은 여러 음운 현상 또는 음운론적 제약에서 뚜렷한 차이를 보이는 경우가 많기 때문에 구분하는 것이 매우 편리하다.

참고 3 울림소리와 안울림소리

일반적으로 많이 쓰는 용어 중에 울림소리와 안울림소리가 있다. 그런데 울림소리와 안울림소리는 현재 두 가지 상이한 용법으로 쓰이고 있다. 하나는 유성음과 무성음의 구분에 사용되는 경우이다. 유성음과 무성음을 흔히 고유어로 바꾸어 울림소리, 안울림소리라고 부르는데 이때 이 용어들에 들어 있는 '울림'은 성대의 울림과 관련된다. 다른 하나는 공명음과 장애음의 구분에 사용되는 경우이다. 공명음을 울림소리, 장애음을 안울림소리라고 하기도 하는데 이 경우 이 용어들에 들어 있는 '울림'은 구강이나 비강의 울림과 관련된다.

유성음과 공명음, 무성음과 장애음은 서로 대등한 개념이 아니므로 '유성음 : 무성음'의 구별과 '공명음 : 장애음'의 구별도 성격이 다르다. 그런데도 불구하고 울림소리와 안울림소리를 두 가지 구별에 모두 사용하여 개념상 많은 혼동을 일으키고 있다. 울림소리와 안울림소리가 처음 제안되었을 때에는 유성음과 무성음을 대신하는 용어였다. 그러다가 같은 용어를 공명음과 장애음에도 가져다 쓰면서 현재와 같은 혼란이 야기되었다.

한국어의 장애음은 동일한 조음 위치에서 같은 조음 방식으로 발음되더라도 세 가지 하위 계열로 더 나눌 수 있다. 즉 평음(예사소리), 경음(된소리), 유기음(거센소리)이 구별되는 것이다. 가령 양순 파열음의 경우 평음인 'ㅂ', 경음인 'ㅃ', 유기음인 'ㅍ'으로 나뉜다. 평음과 비교할 때 경음과 유기음은 근육을 더 긴장시켜 강하게 발음한다. '감감'에 비해 '깜깜'이나 '캄캄'의 어감이 더 크고 강하다고 말하는 것은 모두 이러한 특징과 관련된다. 그러나 경음은 발음할 때 입 밖으로 나오는 기류의 양이 극히 적지만 유기음은 매우 많다는 차이가 난다.[10] 그래서 유기음 뒤에 오는 모음은 성대의 진동이 지연되어 일어나지만 경음 뒤에 오는 모음은 그렇지 않다.

한국어의 평음, 경음, 유기음은 기본적으로 무성음이면서 성대나 그 주변 기관의 다른 작용을 통해 구별되는 자음들이다. 이것은 다른 언어와 비교할 때 한국어가 지니는 독특한 특징이라고 할 수 있다. 한국어처럼 같은 조음 위치에서 장애음이 세 계열 이상 구분되는 언어는 그리 드물지는 않다. 그렇지만 이런 언어들은 대부분 성대 울림의 유무를 자음 대립에 이용한다. 가령 타이어나 힌디어 등은 유성 장애음과 무성 장애음을 별개의 음소로 가진다. 그러나 한국어는 세 계열이 모두 무성음이라는 점에서 매우 특이하다고 할 수 있다.

이상에서 살핀 한국어 자음의 분류 기준을 종합하여 자음 체계를 제시하면 다음과 같다.

(4)

			양순음	치조음	경구개음	연구개음	후음
장애음	파열음	평 음	ㅂ	ㄷ		ㄱ	
		유기음	ㅍ	ㅌ		ㅋ	
		경 음	ㅃ	ㄸ		ㄲ	
	파찰음	평 음			ㅈ		
		유기음			ㅊ		
		경 음			ㅉ		
	마찰음	평 음		ㅅ			
		유기음					ㅎ
		경 음		ㅆ			
공명음	비 음	평 음	ㅁ	ㄴ		ㅇ	
	유 음	평 음		ㄹ			

10 '유기음'의 '유기(有氣)'는 기류의 흐름이 많음을 가리킨다. 유기음은 청각적으로 격한 느낌을 주기 때문에 이러한 점을 감안하여 '격음'이라고 부르는 경우도 있다.

참고 4 **'ㅎ'의 분류**

'ㅎ'은 음운 체계에서의 분류 방식에 이견이 많다. 근본적으로는 'ㅎ'이 자음이 아니라고 보는 견해도 존재하지만 그렇게 볼 경우 생기는 여러 문제점을 고려할 때 자음이라고 보는 것이 타당하다. 그러나 자음이라고 하더라도 'ㅎ'을 평음이라고 보는 견해와 유기음으로 보는 견해, 평음과 유기음 어디에도 속하지 않는다고 보는 견해 등 크게 세 가지가 맞서고 있다. 여기서는 'ㅎ'과 평음 'ㄱ, ㄷ, ㅂ, ㅈ'이 결합할 때 유기음 'ㅋ, ㅌ, ㅍ, ㅊ'으로 실현된다는 사실을 가장 중시하여 'ㅎ'을 유기음으로 분류하였다. 'ㅎ'을 유기음이라고 볼 때 평음인 'ㄱ, ㄷ, ㅂ, ㅈ'과 결합하여 유기음이 되는 것을 가장 잘 설명할 수 있기 때문이다. 그러나 학교 문법을 비롯한 규범 문법에서는 'ㅎ'을 유기음으로 분류하지 않는 경우가 일반적이다.

2.2.2. 단모음

단모음은 발음 양상과 쓰임새라는 두 가지 측면에서 자음과 상반된 모습을 보인다. 발음 양상을 보면 단모음은 기류가 방해를 거의 받지 않으며 실현된다는 특징을 지닌다. 즉 조음체가 조음점에 근접하는 정도가 자음에 비해 현격히 떨어지는 것이다. 단모음 중 조음체가 조음점에 가장 가까워지는 'ㅜ'를 발음할 때조차 기류의 방해가 거의 느껴지지 않는다. 반면 쓰임새에서 보자면 단모음은 홀로 발음될 수 있다. 이것은 이중 모음을 포함한 다른 모음도 마찬가지이다. 그래서 모음을 홀소리라고 부르기도 한다. 닿소리라고 불리는 자음과는 전혀 다른 모습이다.

단모음의 분류 기준은 예전부터 혀의 위치와 입술의 모양이 중시되었다. 혀의 위치는 정확히 말하면 혀의 가장 높은 부분의 위치, 즉 최고점의 위치를 말하는데 전후 위치와 상하 위치를 구분하는 것이 일반적이다. 결과적으로 혀의 위치에 따른 분류 기준은 혀의 전후 위치와 높이라는 두 가지 세부 기준으로 나뉘는 셈이다. 입술 모양은 입술을 동그랗게 오므리는지의 여부와 관련된다.

혀의 전후 위치는 엄밀하게 말하면 단모음마다 모두 다르다. 그렇지만 미미한 차이를 무시하고 음운론적으로 의미가 있는 차이만 고려하면 크게 전설 모음과 후설 모음의 두 가지로 나눌 수 있다.[11] 전설 모음은 혀의 최고

11 예전에는 중설 모음을 더 설정하는 경우도 많았지만 지금은 중설 모음을 따로 설정하지 않고 후설 모음에 합치는 경우가 대부분이다.

점이 앞쪽에 놓이고 후설 모음은 혀의 최고점이 뒤쪽에 놓인다. 이때 앞쪽이란 대체로 자음의 조음 위치와 비교할 때 경구개 부근이 되고 뒤쪽이란 연구개 부근이 된다. 한국어의 전설 모음에는 'ㅣ, ㅔ, ㅐ, ㅟ, ㅚ'가 있고 후설 모음에는 'ㅡ, ㅓ, ㅏ, ㅜ, ㅗ'가 있다.

혀의 전후 위치와 마찬가지로 혀의 높이도 단모음마다 동일한 경우는 없다. 그러나 일반적으로 고모음, 중모음, 저모음의 세 부류를 나누고 있다.[12] 혀의 높이는 입이 벌어지는 정도와 직접적인 관련이 있다. 혀의 높이가 높을수록 입은 적게 벌어지고 혀의 높이가 낮을수록 입은 많이 벌어진다. 한국어의 고모음에는 'ㅣ, ㅟ, ㅡ, ㅜ', 중모음에는 'ㅔ, ㅚ, ㅓ, ㅗ', 저모음에는 'ㅐ, ㅏ'가 있다.

마지막으로 단모음을 발음할 때 입술을 동그랗게 오므리는 것을 원순 모음이라고 하고 그렇지 않은 것을 평순 모음이라고 한다. 입술을 오므리려면 두 입술을 가깝게 하면서 가운데로 모아서 내밀어야만 한다. 한국어의 원순 모음에는 'ㅟ, ㅚ, ㅜ, ㅗ'가 있고 나머지는 모두 평순 모음이다.

입술의 모양은 혀의 높이와 상관관계가 있다. 입술을 둥글게 오므리려면 입을 적게 벌리는 것이 유리하다. 혀의 높이가 낮아서 입이 많이 벌어질수록 입술을 오므리기가 더 어려워진다. 그래서 한국어의 저모음 계열에는 원순 모음이 존재하지 않는다. 다른 언어에서도 원순 저모음은 그리 많이 나타나지는 않는다.

이상의 세 가지 분류 기준을 종합하여 한국어의 모음 체계를 제시하면 다음과 같다.

(5)[13]

	전설 모음		후설 모음	
	평순 모음	원순 모음	평순 모음	원순 모음
고모음	ㅣ(i)	ㅟ(ü)	ㅡ(ɯ)	ㅜ(u)
중모음	ㅔ(e)	ㅚ(ö)	ㅓ(ʌ)[14]	ㅗ(o)
저모음	ㅐ(ɛ)		ㅏ(a)	

12 혀의 높이에 따라 네 부류로 나눈 적도 있었지만 현재는 그런 태도를 잘 받아들이지 않는다.

13 한국어 단모음의 발음 기호는 되도록 국제 음성 기호를 따르되 'ㅟ, ㅚ'만은 그러지 않았다. 'ㅟ, ㅚ'의 국제 음성 기호는 'y, ø'이지만 실제 한국어 연구에서는 'ü, ö'가 더 널리 쓰이고 있다. 후설 모음인 'u, o' 위에 '¨'이 찍힌 'ü, ö'는 'u, o'에 대응하는 전설 모음을 가리킨다. 참고로 전설 모음 위에 '¨'이 찍히면 그 전설 모음에 대응하는 후설 모음을 가리킨다. 가령 예전에는 한국어의 'ㅓ'나 'ㅡ'를 각각 'ë'나 'ï'로 표시하는 경우가 간혹 있었는데 이것은 'ㅓ'와 'ㅡ'가 각각 'ㅔ(e)'와 'ㅣ(i)'에 대응하는 후설 모음이기 때문에 'e, i' 위에 '¨'를 찍어서 표시한 것이다.

14 'ʌ'는 'ㅓ'가 짧게 발음될 때의 음가를 나타낸다. 'ㅓ'가 길게 발음되면 'ʌ'보다 혀의 위치가 더 높고 앞쪽에 놓인다. 이때의 'ㅓ'는 'ə'로 표시할 수 있다.

참고 5 현대 한국어의 단모음 목록

여기에 제시한 10개의 단모음은 표준 발음법에서 원칙으로 삼고 있는 것일 뿐 현실 발음에서는 조금 다른 양상으로 나타난다. 10개의 단모음을 모두 지니는 화자들은 경기도나 충청도에 거주하는 70대 이상의 노인층 중 일부에 불과하다. 40대 이하의 화자들은 대부분 지역과 무관하게 7개의 단모음만 발음하고 있다. 'ㅚ, ㅟ'를 단모음이 아닌 이중 모음으로 발음하고 'ㅐ'와 'ㅔ'를 구분하지 못함으로써 7개의 단모음이 나오게 된 것이다. 또한 경상도의 동부권에 위치한 방언에서는 'ㅡ'와 'ㅓ'를 구분하지 못하는 화자들도 있다. 이런 경우에는 단모음의 수가 6개에 불과하다. 한편 제주도 방언의 노년층 화자 중에는 다른 방언에서 찾아볼 수 없는 'ㆍ'를 음소로 가지기도 한다.

참고 6 음운 대립과 변별적 자질

자음이든 단모음이든 각각의 음운들은 더 작은 음성적 특징들로 이루어져 있다. 자음의 조음 위치나 조음 방법, 단모음에서 혀의 위치나 입술 모양은 음운의 음성적 특징과 관련된다. 이처럼 한 음운을 구성하면서 다른 음운과의 대립을 나타내는 단위들을 변별적 자질(distinctive feature)이라고 한다.

음운 이론에서는 보편적인 변별적 자질의 목록을 설정하되, 다만 언어마다 음운 목록이 다르므로 여기에 따라 변별적 자질이 달리 선택된다고 본다. 장애음에서 유성음과 무성음의 대립이 있는 언어는 [유성성]을 변별적 자질로 가진다. 반면, 한국어와 같이 이러한 대립 대신 평음과 유기음의 대립이 있는 언어에서는 [유성성] 대신 [유기성]을 변별적 자질로 설정한다. 변별적 자질의 앞에는 '+, −'를 표시한다. '+'는 그러한 특징을 가진 부류를 나타내고, '−'는 그렇지 않은 부류를 나타낸다. 그래서 [+유기성]은 유기음을, [−유기성]은 유기음 이외의 음들을 표시하게 된다.

한국어에는 자음이나 단모음의 대립과 관련된 여러 가지 변별적 자질들이 존재한다. 그런데 변별적 자질은 음운의 대립과 직접적으로 관련되므로 자음이나 단모음의 분류 기준을 명확히 이해하는 것으로도 충분하다. 그래서 이 책에서는 변별적 자질을 따로 다루지 않는다.

2.2.3. 반모음과 이중 모음

지금까지는 모음 중에서도 단모음을 다루었다. 그런데 모음은 발음 양상과 구성 요소의 수에 따라 단모음과 이중 모음이 구분된다.[15] 단모음은 발음하는 동안 입의 모양이 바뀌지 않으며 하나의 음소로 이루어져 있다. 반면 이중 모음은 발음하는 동안 입의 모양이 바뀌며 두 개의 음소로 이루어져 있다. 이중 모음을 이루는 두 음소가 무엇인지에 대해서는 논란이 없지 않으나 일반적으로는 단모음과 반모음이라고 보고 있다. 이중 모음의 체계

15 언어에 따라서는 삼중 모음도 있지만 현대 한국어에는 삼중 모음이 존재하지 않는다. 중세 한국어에서는 삼중 모음을 다수 발견할 수 있다.

를 살필 때에는 반모음이 매우 중요하기 때문에 반모음을 먼저 설명한 후 이중 모음에 대해 자세히 다루기로 한다.

반모음

반모음은 발음 양상과 쓰임새를 볼 때 자음 및 단모음과 부분적 공통점을 지닌다. 발음 양상의 경우 반모음은 단모음보다는 조음체가 조음점에 더 근접하지만 자음처럼 기류가 장애를 받을 정도는 아니라는 점에서 단모음과 비슷하다. 그러나 쓰임새를 보면 반모음은 단모음과 달리 자립할 수 없기 때문에 자음과 같은 모습을 보인다. 이처럼 반모음은 그 특성상 자음과 단모음의 중간적인 위치를 지닌다.

'반모음'이라는 용어는 바로 그런 성격을 대변한다. 반모음 대신 반자음이라고 부르는 것도 이와 관련된다. 그러나 반모음은 모음적인 성격이 좀 더 강해서 단모음과 결합하여 음절의 중성을 이룰 뿐만 아니라 여러 음운 현상에서도 단모음과 보조를 맞춘다. 그러므로 반자음보다는 반모음이라고 부르는 것이 좀 더 합당하다.[16]

한국어의 반모음에는 'j'와 'w'의 두 가지가 있다. 이 두 반모음의 특성을 단모음의 분류 기준에 따라 제시하면 다음과 같다.

(6) 가. j : 전설이면서 평순이되 혀의 높이는 고모음보다 높음
　　나. w : 후설이면서 원순이되 혀의 높이는 고모음보다 높음

반모음은 고모음보다 혀가 입천장에 더 가깝게 근접하기 때문에 고모음보다 혀의 높이가 더 높다. 그렇지만 혀의 전후 위치나 입술 모양은 단모음과 매우 흡사하다. 그래서 'j'는 단모음 중 'ㅣ'와 매우 비슷하며 'w'는 'ㅗ'나 'ㅜ'와 비슷하다. 이러한 반모음과 단모음 사이의 관련성은 여러 가지 측면에서 확인할 수 있다. 가령 반모음 'j'와 단모음 'ㅣ'는 구개음화를 비롯한 몇몇 음운 현상에서 동일한 조건으로 작용한다. 또한 'w'와 'ㅗ, ㅜ'의 음성적 유사성으로 인하여 이 둘이 결합하는 이중 모음은 존재하지 않는다. 반모음화가 일어날 때 'ㅣ'는 'j'로 바뀌고 'ㅗ'와 'ㅜ'는 'w'로 바뀌는 것도

16 반모음 대신 활음(glide)이라고 부르는 경우도 있다. 이것은 조음체가 미끄러지듯 스쳐 지나가면서 발음된다는 음성학적 특성을 고려한 것이다. 그러나 다른 음소 부류를 나타내는 '자음, 단모음'과 같은 용어에는 음성학적 특성이 반영되지 않았다는 점에서 '활음'은 '자음'이나 '단모음'과 서로 대등한 용어라고 보기는 어렵다.

이들 사이의 음성적 유사성을 말해 준다.

이중 모음

반모음은 단모음과 결합하여 이중 모음을 이룬다. 한국어의 이중 모음은 반모음 2개와 단모음 10개가 결합하여 만들어지며 다음과 같이 총 11개를 인정할 수 있다.

(7) ㅑ(ja), ㅒ(jɛ), ㅕ(jʌ), ㅖ(je), ㅘ(wa), ㅙ(wɛ), ㅛ(jo), ㅝ(wʌ), ㅞ(we), ㅠ(ju), ㅢ(ɯj)

이러한 이중 모음들은 반모음의 종류 및 단모음과 반모음의 결합 순서에 따라 분류할 수 있다. 반모음의 종류에 따라서는 j-계 이중 모음과 w-계 이중 모음이 구분된다. 또한 단모음과 반모음의 결합 순서에 따라서는 상향 이중 모음과 하향 이중 모음을 나눌 수 있다. 상향 이중 모음은 반모음이 단모음보다 앞에 오는 것이고 하향 이중 모음은 반모음이 단모음보다 뒤에 오는 것이다. 현대 한국어는 상향 이중 모음이 대부분이고 하향 이중 모음은 단모음 'ㅡ'와 반모음 'j'가 결합된 'ㅢ' 하나밖에 없다. 그러나 'ㅢ'는 이중 모음으로 온전히 발음되는 경우가 많지 않아서 그 지위가 매우 불안정하다.

참고 7 이중 모음 'ㅢ'의 음운론적 분석

이중 모음 'ㅢ'의 분석 방식에는 다음의 세 가지 이견이 존재한다.

(가) 단모음 'ㅡ'와 반모음 'j'의 결합
(나) 반모음 'ɰ'와 단모음 'ㅣ'의 결합
(다) 단모음 'ㅡ'와 단모음 'ㅣ'의 결합

이 중 어떤 것을 택하든 'ㅢ'는 현대 한국어의 이중 모음 체계에서 유일무이한 특이성을 지닌 존재가 된다. (가)의 경우 유일한 하향 이중 모음이 되고, (나)의 경우에는 반모음 'ɰ'를 지닌 유일한 이중 모음이 되며, (다)의 경우 단모음의 연쇄로 이루어진 유일한 이중 모음이 되는 것이다. (가)~(다) 중 음운론적으로 가장 부담이 적은 것은 (가)이다. (나)의 경우에는 단모음 'ㅣ'와만 결합하는 반모음 'ɰ'를 더 설정해야 하고 (다)의 경우에는 다른 이중 모음과 달리 'ㅢ'만 반모음이 없는 이중 모음으로 분석해야 한다는 부담이 있다. 그러나 'ㅢ'를 (가)와 같이 분석할 경우에는 현실 발음과 동떨어진다는 문제 제기를 하는 경우도 있어서 어느 것이 최선인지를 결정하기는 그리 쉽지 않다.

한국어의 이중 모음들을 분류 기준에 따라 도식화하면 다음과 같다.

(8)

	상향 이중 모음	하향 이중 모음
j-계 이중 모음	ㅑ, ㅒ, ㅕ, ㅖ, ㅛ, ㅠ	ㅢ
w-계 이중 모음	ㅘ, ㅙ, ㅝ, ㅞ	

이중 모음의 목록은 단모음 목록의 변화에 따라 유동적이다. (8)은 10개의 단모음 체계를 인정했을 때 나오는 이중 모음 목록이다. 만약 'ㅚ'와 'ㅟ'를 각각 이중 모음으로 발음하여 8개의 단모음 체계가 되면 (8)에 이중 모음 'wi'가 추가된다.[17] 또한 단모음 'ㅐ'와 'ㅔ'의 구분이 사라지면 이중 모음 중 'ㅖ'와 'ㅒ', 'ㅙ'와 'ㅞ'의 구분도 사라지므로 이중 모음의 수는 두 개가 더 줄어든다.

17 단모음 'ㅚ'는 이중 모음으로 발음하더라도 이전부터 존재하던 'ㅞ'가 되기 때문에 이중 모음의 목록에는 아무런 영향을 미치지 않는다.

참고 8 이중 모음의 구성 요소

이중 모음이 두 개의 음소로 이루어진다는 점에 대해서는 별다른 이견이 없지만 두 음소의 자격에 대해서는 이견이 있다. 우선 이중 모음은 말 그대로 두 개의 단모음으로 이루어진다고 보는 경우가 있다. 이런 입장을 취하면 한국어의 경우 이중 모음이라고 인정할 수 있는 것은 거의 없다. 앞서 지적했듯이 'ㅢ'를 어떻게 분석하느냐에 따라 이중 모음으로 볼 여지가 있을 뿐이다. 다음으로 이중 모음은 단모음과 반모음의 결합으로 이루어진다고 보는 경우가 있다. 한국어의 'ㅑ, ㅕ, ㅛ, ㅠ, ㅘ, ㅝ' 등을 이중 모음으로 해석하는 입장은 모두 이 견해를 따르고 있다. 마지막은 절충적으로 단모음끼리의 결합이든 단모음과 반모음의 결합이든 모두 이중 모음으로 보는 것이다. 이것은 모음적 성격을 가진 두 개의 음소가 결합된 복합적 단위는 모두 이중 모음으로 인정하는 견해이다.

2.2.4. 장단

장단은 한국어에서 단어의 뜻을 구별해 줄 수 있는 유일한 운소이다. 한국어도 표면적으로는 장단뿐만 아니라 고저나 강약, 억양이 모두 실현되며 이것은 어떤 언어든지 마찬가지이다. 말을 할 때 길이, 높이, 세기 등이 변하지 않고 일정하게 유지되는 경우란 존재하지 않는다. 그렇지만 현대 한국어에서 단어의 뜻을 변별할 수 있는 기능은 장단만이 지니고 있다.

한국어의 장단이 음운의 기능을 수행한다는 것은 다양한 최소 대립쌍의 존재를 통해 확인할 수 있다. (9)에 제시된 단어쌍들은 오직 소리의 길이에 의해서만 구분되고 있다.

(9) 눈ː[雪] ⇔ 눈[目], 돌ː[石] ⇔ 돌[年], 말ː[言] ⇔ 말[馬],
발ː[簾] ⇔ 발[足], 밤ː[栗] ⇔ 밤[夜], 줄ː[鑿] ⇔ 줄[線]

한국어의 장음은 실현되는 위치에 제약이 따른다. 아무 위치에나 장음이 올 수 있는 것이 아니고 원칙상 단어의 첫머리에만 올 수 있다. 이것은 두 가지 측면에서 잘 드러난다. 우선 한 형태소 내부에서 둘째 음절에 장음이 오는 경우는 존재하지 않는다. 장음이 비어두에 오는 예외들은 대부분 여러 형태소들이 결합된 경우이다. 다음으로 원래 어두에 장음을 지니던 형태소가 비어두로 가면 길이가 짧아진다. 가령 '눈ː, 돌ː' 등과 같이 장음을 지니는 단어가 합성어를 이루어 '함박눈, 차돌'과 같이 되면 장음이 단음으로 바뀐다.

한국어의 장단은 환경에 따라 변동을 겪기도 한다. 장단의 변동은 크게 단음이 장음으로 바뀌는 장음화와 장음이 단음으로 바뀌는 단음화로 나눌 수 있다.

(10) 가. 보+아→[봐ː], 기+어→[겨ː], 두+어→[둬ː],
새+어서→[새ː서], 채+어도→[채ː도], 마음>맘[맘ː],
처음>첨[첨ː], 제일>젤[젤ː][18]
나. 감ː+으니→[가므니], 밟ː+아→[발바], 신ː+어서→[시너서],
감ː+기다→[감기다], 꼬ː+이다→[꼬이다],
밟ː+히다→[발피다]; 거짓+말ː→[거진말],
햇+밤ː→[해빰/핻빰], 첫+눈ː→[천눈]

18 '→'는 공시적 변동을, '>'는 통시적 변화를 가리킨다.

(10가)와 같은 장음화는 반모음화가 일어나든지 표면상 모음이 하나 사라지는 등 음절 수가 줄어들 때 많이 나타난다.[19] 그래서 음절 수가 감소하는

19 이때 모음이 하나 사라지는 것은 탈락으로 설명하기도 하고 동화로 설명하기도 한다.

데 대한 보상으로 장음화가 일어났다고 해석하기도 한다. (10나)와 같은 단음화는 음절 수의 변화와는 아무런 관련이 없다. (10나)의 단음화는 성격상 두 가지로 나눌 수 있다. 하나는 1음절로서 장음을 가진 용언 어간 뒤에 모음으로 시작하는 어미나 피사동 접미사가 오는 경우이고, 다른 하나는 장음을 가진 단어가 복합어의 후행 요소로 쓰이는 경우이다. (10나)와 같은 단음화는 중세 한국어 시기에 상성이 평성으로 바뀌는 변화를 그대로 이어받은 것으로 역사가 매우 오래되었다.

참고 9 단음화의 예외

장음을 가진 1음절 용언 어간 중에는 모음으로 시작하는 어미나 피사동 접미사 앞에서도 장음을 그대로 유지하는 것들이 있다. 가령 '작-, 얻-'과 같은 어간은 뒤에 모음으로 시작하는 어미가 와도 어간의 모음은 장음으로 발음한다. 특히 '없-'과 같은 어간의 경우에는 모음으로 시작하는 어미가 오는 경우는 물론이고 사동 접미사 '-애-'와 결합하여 '없애다'라는 파생어가 만들어져도 장음을 그대로 발음한다. 이처럼 단음화의 예외에 속하는 어간들은 중세 한국어 시기에 어간의 모음이 항상 상성으로 실현되었다는 공통점을 지닌다.

현대 한국어의 장단은 현재 극심한 혼란을 겪고 있다. 60대 이하의 화자 중 상당수는 장단을 명확히 구분하지 못한다. 그래서 (9)에 제시된 최소 대립쌍도 구별에 어려움을 겪는다. 또한 (10)과 같은 장단의 변동 역시 매우 문란해졌다. 이러한 장단 혼란의 원인이 무엇인지 명확히 알 수는 없지만 변화의 방향은 장음을 단음으로 발음하는 쪽으로 일어나고 있다. 즉 장음을 짧게 발음하여 단음과 구별하기 어려워지면서 장단이 혼란스럽게 되는 것이다.

2.2.5. 억양

억양(intonation)은 단어보다 큰 문법 단위인 구나 문장에 얹혀 실현되는 소리의 높낮이를 가리킨다. 소리의 고저가 억양을 이루는 가장 중요한 요소이지만 장단이나 강약, 리듬 등도 억양을 이루는 데 관여한다. 억양은 단어의 뜻을 구별해 주는 기능은 가지지 않는다. 억양이 다르다고 해서 단어의 뜻이 달라지는 일은 없다. 그런 점에서 억양은 운소에 속한다고 볼 수는 없다.

그렇지만 억양은 여러 가지 중요한 역할을 수행한다.

(11) 가. 문장 유형의 구별
나. 문법 단위의 경계 표시
다. 감정이나 태도의 전달

(11가)는 억양의 기능 중 매우 널리 인정되는 것이다. 억양은 평서문, 의문문, 명령문 등 문장의 유형에 따라 달라진다. 이러한 억양의 기능은 특히 동일한 종결 어미가 여러 문장 유형에 쓰일 때 더욱 확연하게 드러난다.

(12) 가. 지금 집에 가.(↘)
나. 지금 집에 가?(↗)
다. 지금 집에 가.(→)

(12가~다)는 동일한 종결 어미 '-아'가 쓰였지만 어떤 억양이 실리느냐에 따라 문장의 유형이 구분된다. 가령 (12가)와 같은 낮은 내림조는 평서문에 많이 쓰이고 (12나)와 같은 올림조는 의문문에 많이 쓰이며 (12다)와 같은 수평조는 명령문에 많이 쓰인다.[20] 특히 의문문은 그 하위 유형에 따라 억양 유형이 더 세분된다.

20 이러한 구분은 억양 유형을 상당히 단순화한 것이다. 문장의 유형이 동일하다고 해도 억양의 차이가 다를 수 있어서 실제 문장의 유형에 따른 억양 실현은 복잡한 모습을 보인다.

(13) 가. 밖에 친구가 왔어?(↗)
나. 밖에 누가 왔어?(↘)
다. 밖에 누가 왔어?(↗)

(13가)와 같이 의문사가 없는 판정 의문문은 문장의 끝을 올리는 것이 일반적이지만 (13나)와 같이 의문사가 있는 설명 의문문은 문장의 끝을 내리는 것이 일반적이다. 이러한 차이는 (13다)와 같이 의문사가 있으면서도 판정 의문문으로 쓰이는 문장에서 잘 드러난다. (13다)는 밖에 온 사람이 누구인지를 묻는 것이 아니라 밖에 누군가가 왔는지 여부를 묻는 판정 의문문이

기 때문에 (13가)와 같이 마지막 부분을 높이게 된다.

(11나)는 억양의 양상에 따라 문법 단위의 경계가 어디에 놓이는지 알 수 있는 것과 관련된다.

(14) 가. 우리가 지금까지 그토록 오랜 시간을 참으며 노력을 기울였던 결과가(︶↗) 오늘에서야 그 모습을 드러내었다.

나. 우리 아이는 밥도 잘 먹고(︶↗) 인사도 잘 하고(︶↗) 잠도 잘 자고(︶↗) 놀기도 잘해.(︶↗)

(14가)는 주어의 경계가 문장의 뒷부분에 나타나는데, 주어가 끝나는 부분의 억양을 올려서 주어와 다른 문법 단위 사이의 경계를 표시하고 있다. (14가)와 같이 주어 부분이 길어서 문장의 뒤쪽에 위치한 경우에는 억양이 주어를 찾는 데 도움을 준다. (14나)는 대등하게 이어진 절들이 끝나는 부분의 억양을 살짝 올려 줌으로써 각 절의 경계를 표시해 주고 있다. 특히 (14나)와 같은 문장에서는 각 절들의 억양을 비슷하게 함으로써 이 절들이 구조상으로나 의미상으로 대등하게 이어져 있다는 사실을 함께 드러내고 있다.

(11가, 나)가 주로 억양이 담당하는 문법적 기능이라면 (11다)는 억양이 담당하는 화용적 기능이라고 할 수 있다.

(15) 가. 일하러 갔어?(↗)

나. 일하러 갔어?(︶↗)

(15가, 나)는 모두 동일한 의문문이지만 억양에 따라서 전달하는 의미는 상당히 달라질 수 있다. (15가)와 같이 끝을 급격히 올리는 경우에는 '일하러 간 사실'에 대한 놀람 또는 경멸의 의미가 전달될 수 있다. (15가)와 같은 억양은 설마 일하러 가리라고는 생각하지 못한 경우에 주로 사용한다. 반면 (15나)와 같이 끝을 완만하게 높일 때에는 (15가)와 같은 놀람이나 경멸은 드러나지 않는다. (15나)와 같은 억양은 일하러 간 사실을 단순히 확인할 때 많이 사용한다.

2.3. 음절

음절은 정의를 내리기 무척 어려운 단위이다. 일반적으로 음절은 독립해서 발음할 수 있는 최소 단위 또는 한 덩어리로 내는 소리의 최소 단위 등으로 규정한다.[21] 실제 언어생활에서 음절을 단위로 발음하고 인식하는 것을 보면 이러한 정의는 타당한 일면이 없지 않다. 그러나 단순히 음절을 독자적 발음의 최소 단위라고만 해서는 음성적 특성 또는 기능이 무엇인지 전혀 알 수가 없다. 사실 음절이 어떠한 특징을 가진 단위인지는 여러 측면에서 찾아보려고 노력했지만 지금까지 수긍할 만한 결론을 얻지 못하고 있다.

21 음절을 다른 말로 소리마디 또는 낱내라고 부르기도 하는데 여기에도 이런 내용이 어느 정도 반영되어 있다.

음절의 개념은 불분명하지만 음절이라는 단위 자체는 매우 중요하다. 화자들은 어떤 단어를 들으면 그 단어가 몇 개의 음절로 이루어졌는지를 순식간에 알아챈다. 가령 '눈꽃제비왕방울'이라는 새로운 단어를 사람들에게 들려주고 몇 음절로 이루어졌는지 물어도 쉽게 대답한다. 이 단어가 몇 개의 음운으로 이루어졌는지를 묻는 것과 비교하면 음절에 대한 인식이 얼마나 명확한지 쉽게 확인할 수 있다. 또한 세계의 문자 중에는 음절을 단위로 하는 음절 문자가 존재한다. 한글도 음절 문자는 아니지만 음절 단위로 모아쓰기를 하고 있다.[22] 각종 음운 현상이나 발화 실수 등도 음절을 단위로 일어나는 일이 많다. 이처럼 음절은 가장 기본적인 말소리의 단위 중 하나이다.

22 한글의 개별 글자들은 자음과 모음을 나타내고 있지만 실제로 사용할 때에는 음절 단위로 모아쓰기를 채택하고 있다. 그래서 한글은 음소 문자이지만 음절 문자적인 속성을 지니고 있다고 말하기도 한다.

2.3.1. 음절의 구조

음절의 구조는 중심적인 요소를 기준으로 하여 그 양쪽에 부가적인 요소가 덧붙어 이루어진다. 중심적인 요소를 음절 핵, 부가적인 요소를 각각 음절 두음, 음절 말음이라고 부르는 일이 많다. 한국어 음운론에서는 『훈민정음』(1446년)에서 사용된 용어를 좇아 중심적 요소를 중성, 부가적 요소 중 중성의 왼쪽에 오는 것을 초성, 중성의 오른쪽에 오는 것을 종성이라고 부르는 것이 일반화되어 있다. 이처럼 음절은 다음과 같이 세 성분으로 구성된다고 할 수 있다.

(16)

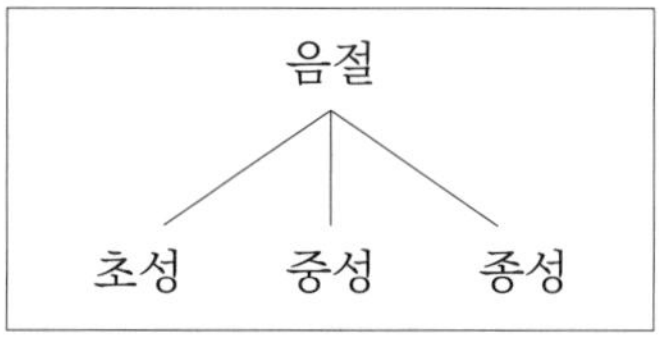

중성은 음절을 이루는 데 필수적인 요소이다. 중성이 없으면 음절이 이루어질 수 없다. 중성의 수만 알아도 음절의 수를 알 수 있는 것은 이와 관련된다. 한국어에서 중성에 올 수 있는 것은 모음이다. 단모음이나 이중 모음만 중성에 올 뿐이고 자음은 중성에 오는 일이 없다. 중성에 비해 초성이나 종성은 음절 구성에 필수적인 요소는 아니다. 그래서 초성이나 종성이 없어도 음절은 구성된다. 초성이나 종성에는 자음이 온다.

음절의 초성, 중성, 종성에 올 수 있는 분절음의 종류에는 제약이 있다. 가령 초성이나 종성에 자음이 온다고 해서 모든 자음이 무질서하게 오는 것은 결코 아니며, 음절의 구성에는 일정한 제약이 관여하는데 이것을 음절 구조 제약이라고 부른다. 한국어에는 여러 가지 음절 구조 제약이 있으며 그중 가장 대표적인 것으로 다음을 들 수 있다.

(17)

	허용되는 자음의 개수	허용되는 자음의 종류
초성 제약	최대 1개	‘ㅇ’을 제외한 18종류
종성 제약	최대 1개	‘ㄱ, ㄴ, ㄷ, ㄹ, ㅁ, ㅂ, ㅇ’의 7종류

한국어는 초성이든 종성이든 자음이 2개 이상 오는 경우를 허용하지 않는다. 다른 언어에서는 2개의 자음이 초성이나 종성에 오는 경우도 적지 않으나 한국어는 그렇지 않다. 이것은 인접한 중국어나 일본어도 마찬가지이다. 그뿐만 아니라 초성이나 종성에 올 수 있는 자음의 종류에도 제약이 있다. 연구개 비음 ‘ㅇ’은 초성에 오지 못한다. ‘ㅇ’을 음소로 가지는 언어들 중 거의 90%는 ‘ㅇ’이 초성에 와도 아무런 문제가 없지만 한국어는 예외이다.

종성에 올 수 있는 자음의 종류는 초성보다 더 제한되어서 7개에 불과하다. 그런데 이러한 종성 위치에서의 제약은 다른 언어에서도 비슷하게 나타난다. 평균적으로 한 언어의 자음 중 약 40% 정도만이 종성에서 실현될 수 있으며, 한국어도 여기에서 크게 벗어나지 않는다. 게다가 한국어의 종성에 올 수 있는 자음의 종류는 다른 언어들의 종성에서 선호되는 부류에 속한다. 이런 점에서 한국어의 종성 제약은 보편적 경향성을 따른다고 할 수 있다.

한글 맞춤법에서는 (17)과 같은 제약을 표기에 반영하지 않기 때문에 가령 '꽃, 부엌' 등의 'ㅊ'이나 'ㅋ'과 같이 7종류에 속하지 않는 자음이 받침에 표기되기도 하고 '넋, 닭, 값' 등과 같이 겹받침이 존재하기도 한다. 그러나 이것은 어디까지나 표기의 차원에 불과하고 발음을 할 때에는 사정이 달라진다. 실제로 말을 할 때 종성에서 'ㅊ, ㅋ'이나 겹받침이 표기대로 발음되는 경우는 존재하지 않는다. (17)과 같은 음절 구조 제약은 매우 강력해서 현대 한국어에서 예외를 허용하지 않는다.[23]

(17)과 같은 제약은 외국어를 받아들이는 경우에도 확인할 수 있다. 외국어가 수용될 때 (17)을 어기는 형태는 이를 만족시키는 방향으로 변화를 겪는다. 가령 영어의 1음절 단어인 'small'을 한국인들은 '스몰'과 같이 2음절로 발음하는데 이것은 영어의 음절 초성에 오는 'sm'이라는 두 자음의 연쇄를 한국어에서 허용하지 않는 것과 관련된다. 'mask'라는 1음절 영어 단어를 '마스크'와 같이 3음절로 발음하는 것도 (17)에 나오는 음절 종성의 제약에서 비롯되었다. 음절이 화자들에게 명확히 인식되는 단위인 만큼 음절과 관련된 제약도 매우 엄격하게 지켜지고 있다.

23 중세 한국어 시기의 음절 구조 제약은 현대 한국어와 차이가 난다. 그래서 (17)을 따르지 않는 음절도 존재했다. 자세한 것은 제Ⅱ권의 제10장과 제11장을 참고할 수 있다.

2.3.2. 음절의 유형

음절의 유형은 초성과 종성에 자음이 오는지의 여부, 중성에 어떤 모음이 오는지의 여부에 따라 여러 가지로 구분된다. 앞서 (17)에 제시된 음절 구조 제약을 어기지 않으면서 한국어에 존재하는 음절 유형은 이론적으로 다음과 같다.[24]

24 (18)에서 'C'는 자음(consonant), 'V'는 단모음(vowel), 'S'는 반모음(semivowel)을 가리킨다.

(18) 가. V형: 아, 어, 오, 우 ……

나. CV형: 가, 너, 도, 루 ……

다. SV형: 야, 여, 와, 워 ……

라. VS형: 의

마. VC형: 악, 언, 온, 울 ……

바. CSV형: 갸, 녀, 묘, 류 ……

사. CVC형: 각, 난, 닫, 랄 ……

아. CVS형: [조구긔](조국+의), [바틔](밭+의) ……

자. VSC형: [회읩니다](회의+입니다), [의읜데](의의+인데) ……

차. SVC형: 약, 연, 욜, 융 ……

카. CSVC형: 격, 녇, 명, 별 ……

타. CVSC형: [노늰](논의+는), [하븰](합의+를) ……

(18)은 표준 발음법에서 인정하는 최대한의 음절 유형이다. 이 중 (18아, 자, 타)는 모두 이중 모음 'ㅢ'의 앞이나 뒤에 자음이 오는 경우로 실제 발음에서는 'ㅢ'가 제대로 발음되지 않는다. 가령 (18아)는 '[조구게], [바테]'로 발음되는 경우가 대부분이고 (18자, 타)도 이중 모음 'ㅢ' 대신 '[ㅣ]'로 발음되는 것이다. (18아, 자, 타)는 모두 둘 이상의 형태소가 결합하는 과정에서만 생겨나는 음절 유형에 불과하다. 한 형태소 안에서는 이러한 음절 유형이 나타나지 않는다. 또한 표준 발음법의 원칙을 어기지 않을 뿐이지 실제 현실 발음에서는 잘 나타나지 않는다.

음절의 유형과 관련하여 구분이 필요한 개념에 개음절(open syllable)과 폐음절(close syllable)이 있다. 종성이 없는 음절이 개음절이고 종성이 있는 음절이 폐음절이다. 한국어에서 개음절과 폐음절의 구분은 문법 형태소의 형태를 선택하는 데 중요하다. 가령 주격 조사가 '이'로 나타날지 '가'로 나타날지는 순전히 선행어의 마지막 음절이 개음절인지 폐음절인지에 달려 있다. 주격 조사 외에도 선행어의 음절 유형에 따라 형태가 달라지는 경우가 적지 않다.

2.4. 음운 현상

2.4.1. 음운 현상의 정의와 분류 기준

음운 현상은 음운이 바뀌는 일련의 현상을 통칭한다. 음운 현상은 통시적인 변화일 수도 있고 공시적인 변동일 수도 있다.[25] 또한 적용 조건이 있을 수도 있고 없을 수도 있다. 그러나 일반적으로 말하는 음운 현상은 일정한 조건에서 특정한 음운에 규칙적으로 일어나는 변동을 가리킨다. 또한 이런 성격의 음운 현상만을 더 구체화하여 음운 규칙이라고 부르기도 한다.

25 음운이 바뀌는 현상이 통시적인 성격을 가졌으면 '변화', 공시적인 성격을 가졌으면 '변동'이라고 부른다.

음운 현상은 크게 세 가지 요소로 이루어진다. 하나는 변동을 겪는 음운으로 이것을 흔히 입력형이라고 부른다. 다른 하나는 변동을 겪은 결과로 이것을 흔히 출력형이라고 부른다. 입력형이 출력형으로 바뀌는 데는 일정한 조건이 필요하며 이것을 적용 환경이라고 부른다. 음운 현상은 흔히 다음과 같이 형식화하기도 한다.

(19) A → B / C ___ D

(19)는 입력형인 'A'가 적용 환경이 되는 'C'와 'D' 사이에서 출력형 'B'로 바뀐다는 사실을 나타낸다. 즉 'CAD'가 'CBD'로 바뀌는 것이다. (19)가 예외를 가지지 않는 한 'CAD'는 모두 'CBD'로 바뀌어야 한다. 또한 'C'와 'D' 사이에 있는 'A'만 'B'로 바뀌어야 할 뿐 그렇지 않은 환경에 있는 'A'는 'B'로 바뀌어서는 안 된다.[26]

26 'A, B, C, D' 자리가 비어 있을 수도 있다. 가령 'A'가 비어 있으면 뒤에서 다룰 음운의 첨가가 일어나는 것이고 'B'가 비어 있으면 음운의 탈락이 일어나는 것이다. 만약 'C'와 'D'가 모두 비어 있으면 무조건적으로 일어나는 음운 현상이 된다.

음운 현상에는 여러 가지 종류가 있다. 특히 한국어와 같이 형태소와 형태소가 활발하게 결합하는 교착어의 경우에는 형태소끼리의 결합 과정에서 더욱더 많은 음운 현상이 일어난다. 이런 다양한 음운 현상들은 여러 가지 기준들을 통해 분류할 수 있다. 그중 가장 일반적인 것은 음운 현상의 입력형과 출력형을 비교하여 어떤 변동이 일어났는지를 기준으로 삼는 것이다. 여기에 따르면 음운 현상은 크게 다음과 같이 분류할 수 있다.

(20) 가. 대치: 한 음운이 수적인 변화 없이 다른 음운으로 바뀌는 현상[27]

나. 탈락: 있던 음운이 없어지는 현상

다. 첨가: 없던 음운이 덧붙는 현상

라. 축약: 두 음운이 합쳐져 제3의 음운으로 바뀌는 현상

마. 도치: 두 음운이 다른 변화 없이 자리만 뒤바꾸는 현상

27 학교 문법에서는 '대치' 대신 '교체'라는 용어를 쓰기도 한다. 그런데 '교체'는 2.5에서 다룰 형태소의 이형태 실현과 관련된 현상에 사용하는 것이 일반적이기 때문에 음운 현상의 한 유형을 가리키는 데에는 다른 용어를 사용하는 것이 바람직하다.

이 중 도치는 극히 일부 예에서만 확인할 수 있으며 그 조건을 알기도 어렵다. 또한 형태소의 결합 과정에서 규칙적으로 일어나는 현상이라고 볼 수도 없다. 그러므로 여기서는 (20가~라)에 속하는 네 가지 유형을 중심으로 한국어의 구체적인 음운 현상을 살펴보기로 한다.

2.4.2. 음운의 대치

2.4.2.1. 평파열음화

평파열음화는 한국어의 음절 종성에서 발음될 수 없는 장애음이 'ㅂ, ㄷ, ㄱ' 중 하나로 바뀌는 음운 현상이다. 'ㅂ, ㄷ, ㄱ'의 공통점이 평파열음이기 때문에 평파열음화라고 부른다. 평파열음화는 한국어의 음절 종성에 올 수 있는 자음이 'ㄱ, ㄴ, ㄷ, ㄹ, ㅁ, ㅂ, ㅇ'의 7가지로 제한됨으로써 적용되는 음운 현상이다. 즉 유기음이나 경음 등과 같이 종성에서 발음되지 못하는 장애음들이 종성에 놓일 때 평파열음인 'ㅂ, ㄷ, ㄱ' 중 하나로 바뀌는 것이다. 공명음은 모두 음절 종성에 올 수 있기 때문에 평파열음화의 적용을 받지 않는다. 평파열음화는 어떠한 예외도 허용하지 않는 강력한 음운 현상이다.

평파열음화는 한국어의 자음이 음절 종성에 놓이면 기류의 개방 과정을 생략한 채 발음된다는 특징 때문에 일어난다. 특히 장애음은 종성에서 입 안의 특정 부위를 중심으로 기류가 완전히 막힌 채 발음되므로, 유기음이나 경음과 같이 기류의 개방 과정에서 음성적 특성이 드러나는 자음 또는 마찰음, 파찰음과 같이 기류가 흐르는 과정이 있어야만 되는 자음은 음절 종성에서 온전하게 실현될 수 없다. 그 결과 평파열음인 'ㅂ, ㄷ, ㄱ'으로

실현되는 것이다. 이때 음절 종성에서 실현되는 'ㅂ, ㄷ, ㄱ'의 변이음은 파열 단계를 생략한 미파음이다.

(21) 가. ㅍ ⇒ ㅂ

(예) 앞#→[압], 엎고→업고→[업꼬], 잎만→입만→[임만]

나. ㅌ, ㅅ, ㅆ, ㅈ, ㅊ, ㅎ ⇒ ㄷ

(예) 밭#→[받], 옷도→옫도→[옫또], 있다→읻다→[읻따],

빗#→[빋], 빛도→빋도→[빋또], 놓는→녿는→[논는]

다. ㅋ, ㄲ ⇒ ㄱ

(예) 부엌#→[부억], 닦지→닥지→[닥찌]

평파열음화는 (21)과 같이 뒤에 아무런 형태소도 오지 않거나 또는 자음으로 시작하는 형태소가 올 때 적용되는 것이 일반적이다. 이런 경우에는 자음이 음절 종성에 놓일 수밖에 없으므로 평파열음화가 자동적으로 일어난다. 또한 모음으로 시작하는 실질 형태소가 뒤에 올 때에도 평파열음화는 예외 없이 적용된다.

(22) 젖어미→젇어미→[저더미], 앞앞이→압아피→[아바피],

부엌어멈→부억어멈→[부어거멈]

(22)의 경우에는 비록 후행 형태소가 모음으로 시작하지만 선행 형태소의 말음이 평파열음화의 적용을 받는다. 실질 형태소 앞에서는 선행 형태소의 마지막 음절이 분단되어서 선행하는 단어의 말음이 종성에 놓인다. 그래서 (21)과 동일하게 평파열음화가 적용되어 'ㅂ, ㄷ, ㄱ' 중 한 자음으로 바뀌는 것이다.

참고 10 **음절의 끝소리 규칙과 평파열음화**

학교 문법에서는 평파열음화 대신 음절의 끝소리 규칙이라는 용어가 더 일반화되어 있다. 그런데 '음절의 끝소리 규칙'이라는 명칭은 음운 현상의 정체성을 제대로 나타내 주지 못한다. 음운 현상의 명칭을 정할 때는 대부분 입력형과 출력형을 비교하여 변동의 방향이 어떠한지를 고려하게 된다. 뒤에서 살필 유음화, 비음화 등이 모두 그러하다. 그런데 '음절의 끝소리 규칙'은 음운 현상이 일어나는 적용 환경만 알려 줄 뿐 그 명칭만으로는 어떤 변화가 일어나는지를 전혀 알 수 없어서 다른 음운 현상의 명칭과 차이가 난다.

참고 11 **연음과 평파열음화**

연음은 두 형태소가 결합할 때 앞선 형태소의 말음이 뒤 형태소의 초성으로 옮겨 가서 발음되는 현상이다. 한국어의 연음은 자음으로 끝나는 형태소와 모음으로 시작하는 문법 형태소(조사, 어미, 접사)가 결합할 때 일어난다. 연음의 예에는 '밥이[바비], 먹어[머거], 깊이[기피]' 등이 있다. 현실 발음 중에는 연음의 원리를 어겨서 틀리는 것들이 적지 않다. 가령 '부엌이, 무릎이, 닭이' 등은 표준 발음대로라면 연음을 지켜 '[부어키], [무르피], [달기]'라고 발음해야 하지만 실제로는 '[부어기], [무르비], [다기]'와 같이 잘못 발음하는 경우가 많다.

연음은 평파열음화와 상호 배타적인 관계에 있음에 주목해야 한다. 즉 연음이 일어나는 환경에서는 평파열음화가 일어날 수 없고, 연음이 일어나지 않는 환경에서는 반드시 평파열음화가 일어나야 하는 것이다. 이러한 사실은 연음과 평파열음화의 적용 환경을 비교해 보아도 쉽게 알 수 있다. 연음이 적용되려면 후행하는 형태소가 모음으로 시작하는 문법 형태소여야 하지만, 평파열음화가 적용되려면 후행하는 형태소가 모음으로 시작하는 문법 형태소여서는 안 되는 것이다.

2.4.2.2. 비음화

비음화는 장애음이 비음 앞에서 비음으로 바뀌는 음운 현상이다. 그런데 비음화의 적용을 받는 장애음은 음절의 종성에 놓이기 때문에 비음화가 적용되기에 앞서 평파열음화의 적용을 받아서 'ㅂ, ㄷ, ㄱ' 중 한 자음으로 바뀐다. 또한 비음화의 적용 환경이 되는 비음은 음절 초성에 놓이기 때문에 이 자리에 올 수 없는 연구개 비음 'ㅇ'은 비음화를 일으킬 수 없다. 그래서 비음화가 실제로 일어나는 양상은 평파열음 'ㅂ, ㄷ, ㄱ'이 'ㅁ, ㄴ' 앞에서 동일한 조음 위치의 비음으로 바뀌는 형태로 나타난다. 이 현상은 선행하는 평파열음이 후행하는 비음의 조음 방식에 닮아 가는 동화 현상이다. 비음화는 한국어에서 예외 없이 적용되며 단어와 단어 사이에서도 적용되는 매우 강력한 세력을 가지고 있다.

(23) 가. 입는→[임는], 밥만→[밤만], 믿는→[민는],
맏며느리→[만며느리], 먹는→[멍는], 국민→[궁민]
나. 덮는→덥는→[덤는], 옷만→옫만→[온만],
쫓는→쫃는→[쫀는], 닿는→닫는→[단:는],
닦는→닥는→[당는], 부엌만→부억만→[부엉만]
다. 밥 먹어→[밤머거], 옷 널어→옫널어→[온너러],
떡 만들어→[떵만드러]

(23가)는 'ㅂ, ㄷ, ㄱ'이 직접 비음화의 적용을 받는 예이다. (23나)는 비음화가 적용되기에 앞서 평파열음화가 먼저 적용되는 예이다. (23나)의 경우 평파열음화가 적용되기 전에는 비음화의 입력형인 'ㅂ, ㄷ, ㄱ'이 존재하지 않으므로 비음화가 적용되지 못한다. (23다)는 비음화가 단어와 단어 사이에서도 적용될 수 있음을 보여 주는 예이다.

참고 12 동화에 대하여

한 음운이 다른 음운에 닮아 가는 현상을 동화라고 한다. 음운의 대치 중에는 동화 현상이 매우 많다. 서로 다른 두 음이 인접할 경우에 발음의 편의를 위해 두 음을 비슷하게 발음하는 것은 언어 보편적으로도 널리 확인되는 경향이다. 앞에서 다룬 비음화와 같이 자음이 자음에 동화되는 것을 특별히 자음 동화라고 한다. 자음 동화는 예전에 자음 접변이라고도 불리었으며 매우 오래전부터 한국어의 대표적인 음운 현상으로 다루어져 왔다.

동화 현상에서 동화를 시키는 음을 동화음이라고 하고 동화를 입는 음을 피동화음이라고 한다. 동화는 동화음과 피동화음의 관련 양상에 따라 여러 가지 하위 구분을 할 수 있다. 우선 동화음과 피동화음의 순서에 따라 순행 동화와 역행 동화를 나눈다. 순행 동화는 동화음이 앞에 있고 역행 동화는 동화음이 뒤에 있다. 다음으로 피동화음이 동화음과 같아지는 정도에 따라 완전 동화와 부분 동화를 구별한다. 완전 동화는 피동화음이 동화음과 동일해지는 것이고 부분 동화는 일부 특징만 닮게 되는 것이다. 마지막으로 동화음과 피동화음의 거리에 따라 직접 동화와 간접 동화를 나눈다. 동화음과 피동화음이 맞닿아 있으면 직접 동화이고 그 사이에 다른 음이 끼어 있으면 간접 동화이다.

2.4.2.3. **'ㄹ'의 비음화**

'ㄹ'의 비음화는 'ㄹ'을 제외한 자음 뒤에서 'ㄹ'이 'ㄴ'으로 바뀌는 음운 현상이다. 고유어에서는 'ㄹ'을 제외한 자음으로 끝나는 형태소와 'ㄹ'로 시작하는 형태소가 결합하는 경우가 없기 때문에 이 현상은 한자어나 외래어에서만 적용된다. 또한 한자어나 외래어는 그 말음이 제한되어 있어서 경음이나 유기음으로 끝나는 경우는 존재하지 않는다. 결과적으로 'ㄹ'의 비음화가 실제로 적용되는 양상은 'ㄱ, ㄴ, ㄷ, ㅁ, ㅂ, ㅇ' 뒤에 오는 'ㄹ'이 'ㄴ'으로 바뀌는 모습으로 나타난다.[28]

(24) 가. 독립→독닙→[동닙], 여섯량→여선량→여선냥→[여선냥],
음운론→[으문논], 침략→[침냑], 협력→협녁→[혐녁],
공론→[공논]

나. 백룸(back-room)→백눔→[뱅눔], 인라인(in-line)→[인나인],
핫라인(hot-line)→할라인→한나인→[한나인],
홈런(home-run)→[홈넌], 업로드(up-load)→업노드→[엄노드],
롱런(long-run)→[롱넌]

'ㄹ'의 비음화와 관련해서는 몇 가지 쟁점 사항이 있다. 그중 하나는 'ㄹ'의 비음화가 일어나는 환경이다. 'ㄹ'의 비음화는 'ㄹ'을 제외한 자음 중 비음 뒤에서만 적용된다고 보는 견해도 없지 않다. 이것은 이 현상을 비음에 의한 순행 동화로 보고자 함이다. 그러나 역사적인 자료를 보면 'ㄹ'의 비음화는 비음이 아닌 다른 자음 뒤에서도 활발하게 적용되므로 그렇게 보기 어렵다. 다른 하나는 'ㄴㄹ'의 경우 'ㄹ'의 비음화만 적용되는 것은 아니라는 점과 관련된다. 뒤에서 살피겠지만 'ㄴㄹ'은 역행적 유음화와 'ㄹ'의 비음화가 모두 적용될 수 있어서 다소 복잡한 모습을 보인다. 자세한 것은 역행적 유음화 항목에서 살피기로 한다.

28 표준 발음법에서는 'ㄹ'의 비음화가 적용되는 환경을 'ㄱ, ㅁ, ㅂ, ㅇ' 뒤로 더 제한하고 있다. 이것은 한자음 중에 'ㄷ'으로 끝나는 것이 없고 'ㄴ' 뒤에 있는 'ㄹ'은 유음화의 적용을 받기도 하기 때문이다.

참고 13 'ㄹ'의 비음화와 상호 동화

'ㄹ'의 비음화가 'ㄱ, ㄷ, ㅂ'과 같은 자음 뒤에서 일어나면 비음화가 일어날 수 있는 환경이 만들어진다. 그래서 '독립'이나 '협력' 등의 단어는 'ㄹ'의 비음화에 의해 '독닙, 협녁'이 된 후 '[동닙], [혐녁]'과 같이 발음된다. 이런 예들을 전통적으로는 상호 동화에 속한다고 설명해 왔다. 인접한 두 자음이 모두 바뀌었으므로 상호 동화라는 것이다. 그런데 이런 설명은 그리 합당하지 않다. 우선 '독립'에서 'ㄹ'이 'ㄴ'으로 바뀐 것은 'ㄱ'에 동화된 결과인지가 명확하지 않다. 이것이 동화라면 'ㄱ'의 어떤 특성에 동화되었는지가 구체화되어야만 한다. 다음으로 'ㄱ'이 'ㅇ'으로 바뀐 것은 'ㄹ'에 동화된 것이 아니라 'ㄴ'에 동화된 것이다. 따라서 '독립'과 같은 단어는 'ㄱ'과 'ㄹ'이 서로 동화를 주고받은 예라고 볼 수가 없다. '독립'과 같은 유형은 'ㄹ'의 비음화와 비음화가 순차적으로 적용된 결과일 뿐 이것을 인접한 두 자음이 서로 동화를 일으킨 상호 동화라고 분석하기는 어렵다.

2.4.2.4. 유음화

유음화는 유음인 'ㄹ'에 인접한 'ㄴ'이 유음으로 바뀌는 음운 현상이다. 'ㄴ'이 'ㄹ'과 같아지기 때문에 유음화 역시 자음 동화에 속한다. 유음화는 동화음인 'ㄹ'이 'ㄴ'에 선행할 수도 있고 후행할 수도 있다. 그래서 유음화는 순행적 유음화와 역행적 유음화로 구분하는 것이 일반적이다.

순행적 유음화

순행적 유음화는 'ㄹ'로 끝나는 형태소와 'ㄴ'으로 시작하는 형태소가 결합할 때 적용되어 'ㄹ+ㄴ' 연쇄를 'ㄹㄹ'로 바꾸어 준다. 비음화와 마찬가지로 순행적 유음화 역시 단어와 단어 사이에서도 적용된다.

(25) 가. 불놀이→[불로리], 줄넘기→[줄럼끼], 칼날→[칼랄]
　　나. 불 놓는다→[불론는다], 선을 넘는다→[서늘럼는다]

그런데 순행적 유음화는 조건이 충족된다고 해서 항상 적용되는 것은 아니다. 그뿐만 아니라 표면적으로는 조건이 충족되지 않아도 적용되는 경우가 있다.

(26) 가. 살+느냐→[사:느냐], 알+는→[아:는], 울+냐→[우:냐]

나. 날+날+이→[나나리], 솔+나무→[소나무], 하늘+님→[하느님]

다. 닳는데→[달른데], 앓는→[알른], 훑는→[훌른]

(26가)에서 보듯이 'ㄹ'로 끝나는 용언 어간 뒤에 'ㄴ'으로 시작하는 어미가 오면 순행적 유음화 대신 반드시 유음 탈락이 일어난다. 또한 (26나)와 같이 합성어나 파생어에서도 순행적 유음화가 안 일어나고 유음 탈락이 적용되는 단어들이 적지 않다.[29] 반면 (26다)를 보면 'ㄹ'로 시작하는 겹받침을 가진 용언 어간에서 순행적 유음화가 일어나고 있다. 표면상으로는 'ㄹ'과 'ㄴ' 사이에 다른 자음이 끼어 있기 때문에 순행적 유음화가 적용될 수 없어 보인다.[30] (26다)는 자음군 단순화의 적용을 받아서 'ㄹ'과 'ㄴ' 사이의 자음이 탈락한 후에 순행적 유음화가 적용된 결과이다.

29 역사적으로 보면 합성어와 파생어에서는 원래 유음 탈락이 우세하게 적용되었지만 시간이 흐르면서 순행적 유음화의 세력이 확대되어서, 요즘 새로 만들어지는 단어에서는 순행적 유음화가 주로 적용된다.

30 한때는 순행적 유음화를 동화음과 피동화음 사이에 다른 자음이 개재해야 하는 간접 동화로 분석한 적도 있었는데, 이는 (26다)와 같은 특수성을 고려한 결과이다.

역행적 유음화

역행적 유음화는 순행적 유음화와 정반대이다. 'ㄴ'으로 끝나는 형태소와 'ㄹ'로 시작하는 형태소가 결합할 때 적용되어 'ㄴ+ㄹ' 연쇄를 'ㄹㄹ'로 바꾸어 준다. 역행적 유음화가 일어나는 환경은 고유어에서 만들어지지 않는다. 고유어는 'ㄹ'로 시작하는 형태소도 많지 않으며 그런 형태소들이 'ㄴ'으로 끝나는 형태소와 결합하는 경우도 없기 때문이다. 그래서 역행적 유음화는 한자어나 외래어에서 주로 찾아볼 수 있다. 또한 역행적 유음화는 단어와 단어 사이에서는 적용되지 않는다.[31]

31 '천 리[철리], 만 리[말:리]'와 같은 예외가 있지만 이런 경우들도 뒤 단어는 의존 명사라서 온전한 단어와 단어의 결합이라고 보기는 어렵다.

(27) 난로→[날:로], 신라→[실라], 혼란→[홀:란]

역행적 유음화도 예외가 존재한다. 즉 'ㄴ+ㄹ' 연쇄에 역행적 유음화가 적용되지 않고 오히려 'ㄹ'의 비음화가 적용되는 경우가 존재하는 것이다.

(28) 가. 결단력→[결딴녁], 의견란→[의:견난], 입원료→[이붠뇨]

나. 공권력→[공꿘녁~공꿜력], 음운론→[음운논~음울론],

청산리→[청산니~청살리]

다. 온라인→[온나인~올라인], 원룸→[원눔~월룸]

(28가)는 역행적 유음화가 적용되는 것은 매우 어색하며 'ㄹ'의 비음화가 적용되는 것이 자연스러운 경우이다. (28나)는 역행적 유음화가 적용된 형태와 'ㄹ'의 비음화가 적용된 형태가 모두 존재하는 경우이다. (28다)는 외래어에서 (28나)와 동일한 모습이 나타나는 경우이다.[32] (28)과 같은 예외적인 모습을 보이는 단어들은 그 내부를 둘로 쉽게 나눌 수 있다는 공통점을 지닌다. 가령 '결단력, 의견란' 등은 '결단, 의견'이 별개의 단어로 존재하므로 쉽게 둘로 분리할 수 있으며 이것은 외래어의 경우도 마찬가지이다. 반면 (27)과 같이 역행적 유음화의 적용만 받는 경우는 보통 한 단어로 굳어진 예들이 대다수이다. '난로'의 '난'과 '로'는 그 무엇도 단어의 자격을 지니지 않으므로 두 요소로 분리하기가 어려운 것이다. 이러한 분리 가능성이 역행적 유음화의 예외를 만드는 데 관여하고 있을 가능성이 높다.

32 (28나)의 경우에는 'ㄹ'의 비음화가 적용된 형태가 표준 발음으로 인정되고 있다. (28다)는 외래어라서 어느 것을 표준 발음으로 해야 할지 정해지지 않았다.

2.4.2.5. **경음화**

경음화는 장애음 중 평음이 일정한 환경에서 경음으로 바뀌는 음운 현상이다. 한국어에는 다양한 종류의 경음화가 존재한다. 이들은 성격이 모두 구별되기 때문에 별개의 음운 현상으로 다루어야 한다.

평파열음 뒤의 경음화

평파열음 'ㅂ, ㄷ, ㄱ' 뒤에서 일어나는 현상으로, 어떠한 예외도 없는 가장 대표적인 경음화 현상이다.

(29) 가. 입고→[입꼬], 밥도→[밥또], 믿자→[믿짜], 낟과→[낟꽈],
먹소→[먹쏘], 국부터→[국뿌터]

나. 덮지→덥지→[덥찌], 잎과→입과→[입꽈],
흩더라→흗더라→[흗떠라], 밑도→믿도→[믿또],
솟고→솓고→[솓꼬], 빛부터→빋부터→[빋뿌터],

닭자→닥자→[닥짜], 부엌도→부억도→[부억또]

다. 읽고→읽꼬→[일꼬], 핥다→핥다→핥따→[할따]

(29가)가 가장 전형적인 경음화의 예이다. (29나)는 평파열음화가 적용된 후 경음화가 일어난 예이다. (29다)는 겹받침 중 후행하는 자음에 의해 경음화가 일어난 경우로 표면상으로는 마치 평파열음이 아닌 'ㄹ' 뒤에서 경음화가 적용된 것처럼 보인다. 그러나 이 예들은 자음군 단순화가 적용되기에 앞서 경음화가 적용된 것으로 역시 평파열음 뒤의 경음화와 관련된다.

비음 뒤의 경음화

용언 어간의 마지막에 놓인 비음 뒤에서 일어나는 경음화 현상이다. 비음으로 끝나는 용언 어간 뒤에 어미가 결합할 때 적용된다.[33] 평파열음 뒤의 경음화와 달리 '용언 어간'이나 '어미'와 같은 비음운론적 제약을 필요로 한다.

33 '(신을) 신기다[신끼다]'와 같이 접미사가 올 때 경음화가 적용되는 경우도 있지만 표준 발음으로 인정되지는 않는다.

(30) 가. 안더라→[안ː떠라], 감다→[감ː따], 젊지→젊찌→[점ː찌]

나. 앉고→[안꼬], 얹다→[언따], 앉소→[안쏘]

(30가)가 비음 뒤에서 일어나는 경음화의 대표적인 예이다. 경우에 따라서는 (30나)와 같이 'ㄴ'으로 시작하는 겹받침 뒤에서 경음화가 일어나는 경우도 동일한 현상이라고 해석하는 경우가 있다. 그러나 (30나)의 경음화는 비음에 의해 일어나는 경우가 아니고 'ㄴ' 뒤에 오는 장애음에 의해 일어나는 경음화로 보는 것이 타당하다.[34] (30나)에서는 비음이 어간의 마지막에 오지 않았으므로 경음화를 시킬 수 없다.

34 '앉고'의 경우 '앉고→앉고→앉꼬→[안꼬]'의 단계를 거친다.

유음 뒤의 경음화

'ㄹ'로 끝나는 한자와 'ㄷ, ㅅ, ㅈ'으로 시작하는 한자가 결합할 때 일어나는 경음화 현상을 말한다. 'ㄷ, ㅅ, ㅈ'은 조음 위치의 측면에서 볼 때 치조나 경구개와 같이 구강의 중앙부에서 발음되는 평음이라는 공통점을 지닌다.[35] 이 현상도 '한자어'라는 비음운론적 제약을 필요로 한다.

35 이런 자음들을 흔히 중자음(中子音)이라고 부르기도 한다. 중자음과 달리 구강의 가장자리에서 발음되는 양순음이나 연구개음은 변자음(邊子音)이라고 부른다.

(31) 골수(骨髓)→[골쑤], 물질(物質)→[물찔], 발달(發達)→[발딸],
일생(一生)→[일쌩]

관형사형 어미 뒤의 경음화

용언 어간 뒤에 관형사형 '-을'이 결합할 때 그 뒤의 체언에 적용되는 경음화 현상을 말한다. 이 현상 역시 관형사형 어미 '-을' 뒤에서만 일어난다는 비음운론적 제약을 필요로 한다.

(32) 갈 데[떼], 먹을 것[껃], 갈 곳[꼳], 만날 사람[싸람], 살 집[찝]

관형사형 어미 뒤의 경음화는 필수적으로 일어나는 현상은 아니어서 다른 경음화에 비해 적용 비율이 낮은 편이다. 일반적으로는 용언의 관형사형과 후행 체언이 긴밀하게 연결될 때 잘 일어난다. 용언의 관형사형 뒤에 오는 체언이 의존 명사일 때 가장 활발한 적용을 보이는 것은 이 때문이다.

사잇소리 현상으로서의 경음화

명사와 명사가 결합하여 합성 명사를 만들 때 일어나는 경음화 현상이다. 이 현상은 합성 명사를 만들 때 항상 일어나는 것은 아니다. 가령 합성 명사를 이루는 두 구성 요소가 서로 대등한 자격을 가지는 경우에는 경음화가 일어나지 않는다. '논밭, 비바람, 손발' 등에서 경음화가 일어나지 않는 것은 이 때문이다. 합성 명사의 구성 요소들이 대등한 관계에 있지 않더라도 특수한 의미 관계가 충족될 때에만 경음화가 일어난다. 주로 합성어 'AB'의 구성 요소인 A가 B의 '시간, 장소, 용도, 기원이나 소유주' 등과 같은 의미 관계를 가질 때 경음화가 잘 일어난다.[36]

36 단어에 따라서는 합성어를 이룰 때 항상 사잇소리 현상을 일으키는 것이 있다. 가령 '가(邊)'는 '강가[강까], 길가[길까], 바닷가[바다까~바닫까]' 등에서 보듯 합성어의 후행 요소로 쓰일 때 항상 경음화가 일어나는데 이런 단어를 'ㅅ' 전치 명사라고 한다. 반대로 '뒤'와 같은 단어는 '뒷걸음[뒤꺼름~뒫꺼름], 뒷다리[뒤따리~뒫따리]' 등과 같이 합성어의 선행 요소로 쓰일 때 항상 경음화를 일으키는데, 이런 단어를 'ㅅ' 후치 명사라고 한다. 자세한 것은 제3장(3.2.2)을 참고할 수 있다.

(33) 봄비→[봄삐], 물고기→[물꼬기], 땀구멍→[땀꾸멍],
밀가루→[밀까루]

(33)에서 '봄비'는 '봄'이 '비'가 내리는 시간에 해당하고 '물고기'에서 '물'은 '고기'가 서식하는 장소에 해당한다. '땀구멍'에서 '땀'은 '구멍'이 난 용도에 속하고 '밀가루'에서 '밀'은 '가루'의 기원에 속한다.

참고 14 사잇소리 현상이란 무엇인가?

명사와 명사가 결합하여 합성 명사를 이룰 때 일어나는 특수한 음운 현상을 사잇소리 현상이라고 부른다. 사잇소리 현상은 크게 두 가지로 나눌 수 있다. 하나는 앞서 살펴보았던 경음화 현상이다. 다른 하나는 'ㄴ' 첨가이다. 가령 '코+날, 이+몸'은 선행어의 종성에 'ㄴ'이 첨가되어 '[콘날], [인몸]'과 같이 발음된다. 단어에 따라서는 '베갯잇[베갠닏], 뒷윷[뒨뉻]'에서와 같이 'ㄴㄴ'이 첨가되기도 한다. 합성 명사의 구성 요소 중 하나 이상이 고유어이고 선행어가 모음으로 끝날 때에는 사잇소리 현상을 나타내기 위하여 사이시옷을 표기해 주는 것이 원칙이다.

2.4.2.6. **구개음화**

구개음화는 경구개가 아닌 위치에서 발음되는 자음 중 일부가 'ㅣ'나 반모음 'j' 앞에서 경구개음으로 바뀌는 음운 현상을 통칭한다. 그런데 구개음화는 역사적 음운 변화로서 일어난 모습과 현대 한국어의 음운 변동으로 일어나고 있는 모습이 다를 뿐만 아니라, 입력이 되는 음운의 종류나 구체적인 적용 양상 등에 따라서도 성격이 상이하다. 그래서 단순하게 정의하기가 쉽지 않다.

우선 역사적으로 일어난 구개음화는 'ㄷ, ㅌ, ㄸ'이 'ㅣ'와 'j' 앞에서 놓일 때 일어났다. 특히 '딮>짚, 뎔>절'과 같이 한 형태소 내부에 적용되었을 때는 단어의 형태 자체가 바뀌어 각각 '짚'과 '절'로 굳어졌다. 그래서 한국어의 역사에 대한 지식이 없으면 구개음화가 적용되었다는 사실을 알기 어려워진다. 반면 현대 한국어의 구개음화는 'ㄷ, ㅌ'으로 끝나는 형태소가 'ㅣ'로 시작하는 문법 형태소와 만날 때에만 일어난다.[37] 또한 이때는 형태소의 형태 자체에 변화를 초래하지 않는다. 가령 '밭이'가 '[바치]'로 발음된다고 해서 '밭'의 기본형이 '밫'으로 바뀌었다고 할 수는 없는 것이다.

37 현대 한국어에는 'ㄸ'으로 끝나는 형태소가 없으며 'ㄷ, ㅌ'으로 끝나는 형태소 뒤에 'j'로 시작하는 문법 형태소가 결합하는 경우도 없다. 그래서 구개음화가 적용되는 범위가 좁다.

구개음화는 입력이 되는 자음에 따라 'ㄷ, ㅌ, ㄸ'이 'ㅈ, ㅊ, ㅉ'으로 바뀌는 ㄷ-구개음화 이외에 ㄱ-구개음화나 ㅎ-구개음화도 존재한다. ㄷ-구개음화와 동일한 환경에서 'ㄱ, ㅋ, ㄲ'이 'ㅈ, ㅊ, ㅉ'으로 바뀌면 ㄱ-구개음화, 'ㅎ'이 'ㅅ'으로 바뀌면 ㅎ-구개음화이다. ㄱ-구개음화와 ㅎ-구개음화는 모두 단어의 첫머리에서만 적용된다. '기름>지름, 곁>젙' 등은 ㄱ-구개음화의 예이고 '형님>성님, 힘>심' 등은 ㅎ-구개음화의 예이다. ㄱ-구개음화나 ㅎ-구개음화는 주로 방언에서 활발하게 일어나는데 대부분 표준어로는 인정하지 않는다.

구개음화는 서로 다른 음운 사이의 변동을 일으키는 대신 한 음운에 속하는 변이음 사이의 변동만을 일으키는 경우도 있다. 가령 'ㄴ'이나 'ㅅ'이 구개음화의 적용 환경에 놓이면 다른 경우보다 조음 위치가 더 뒤에서 나는데 이것도 구개음화의 일종이다. 그러나 이 경우에는 'ㄴ, ㅅ'이 다른 음운으로 바뀌지는 않는다. 이런 구개음화를 음성적 구개음화라고 한다. 반면 위에서 살핀 'ㄱ, ㄷ, ㅎ'의 구개음화는 모두 음운의 변동을 초래하므로 음운적 구개음화라고 할 수 있다.

(34) 가. 밑이→[미치], 밭이다→[바치다], 맏이→[마지], 굳이→[구지], 같이→[가치]
나. 곧이어→[고디어, *고지어], 끝인사→[끄딘사, *끄친사], 밭일→[반닐, *바칠]

(34가)와 (34나)의 대비를 통해 구개음화는 후행하는 말이 문법 형태소일 때에만 적용된다는 사실을 알 수 있다. 이것이 가장 잘 드러나는 예는 '밭이랑'이다. '밭'에 접속 조사 '이랑'이 결합하면 구개음화가 일어나서 '[바치랑]'이 되지만 실질 형태소 '이랑'이 결합하면 구개음화가 일어나지 않고 '[반니랑]'이 된다. 표기상으로는 모두 '밭이랑'이지만 '이랑'의 지위에 따라 구개음화의 적용 여부에서 차이를 보인다.

2.4.2.7. **두음 법칙**

단어의 첫머리에 올 수 있는 음의 종류를 제한하는 것을 두음 법칙이라고 한다. 이때의 단어는 자립할 수 있는 것만을 지칭한다. 그러므로 의존명사는 두음 법칙이 적용되지 않는다. 또한 음절의 초성에 올 수 없는 자음은 단어의 첫머리에도 올 수 없지만 이는 앞서 살핀 음절 구조 제약에 의한 결과이기 때문에 두음 법칙에 포함하지 않는다.[38]

한국어의 두음 법칙은 크게 두 가지 내용으로 이루어져 있다.

(35) 가. 어두에 'ㄹ'이 오지 않는다.

나. 어두에 'ㄴ+ㅣ, ㄴ+j'가 오지 않는다.

고유어 중에는 (35)를 어기는 형태가 거의 없다. 반면 외국어는 '로봇, 뉴스' 등과 같이 (35)를 어기는 형태들이 그대로 쓰이고 있다. 그런 점에서 외국어에는 (35)와 같은 두음 법칙이 적용되지 않는다고 할 수 있다. (35)의 존재를 확인할 수 있는 것은 한자어이다. 한자들의 다양한 결합으로 만들어진 한자어가 (35)에 제시된 두음 법칙을 어기면 변동이 뒤따른다.[39]

(36) 가. 勞動(로동)→[노동], 蘭草(란초)→[난초], 樂園(락원)→[낙원], 來日(래일)→[내일]

나. 女子(녀자)→[여자], 年末(년말)→[연말], 尿素(뇨소)→[요소], 匿名(닉명)→[잉명]

다. 利用(리용)→[이용], 良心(량심)→[양심], 六十(륙십)→[육씹], 倫理(륜리)→[율리]

(36가)에서 보듯 (35가)를 어길 경우에는 'ㄹ'이 'ㄴ'으로 바뀐다. 또한 (35나)를 어길 경우에는 (36나)와 같이 'ㄴ'이 탈락한다. 한편 (36다)의 경우에는 표면상 'ㄹ'이 탈락하는데 역사적으로 보면 'ㄹ'이 먼저 'ㄴ'으로 바뀐 후 탈락했다. 그런 점에서 (36다)는 (36가)와 (36나)가 연속적으로 적용된 결과라고 해석할 수 있다.

38 한때 단어의 첫머리에 자음군이 오지 않는다거나 연구개 비음 'ㅇ'이 오지 않는 것을 두음 법칙으로 해석한 경우도 있었지만 이것은 모두 음절의 초성에 대한 제약과 관련되기 때문에 두음 법칙에서 제외하는 것이 타당하다.

39 (36나, 다)는 음운의 탈락에 속하지만 두음 법칙이라는 단일한 음운 현상으로 설명하기 위해 여기서 함께 다룬다.

참고 15 **북한의 어문 규정과 두음 법칙**

잘 알려진 것처럼 북한에서는 한자어의 두음 법칙을 인정하지 않는다. 남한과 같이 동일한 한자가 단어의 첫머리에 놓일 때와 그렇지 않을 때의 표기에 차이가 나는 경우를 허용하지 않는 것이다. 그래서 '勞動'은 '로동'으로, '女子'는 '녀자'로 표기하고 있다. 북한에서는 이러한 표기 방식이 모든 한자의 표기를 하나의 형태로 고정시키기 때문에 한자어의 의미를 이해하는 데 매우 편리하다고 주장한다. 가령 '勞動'을 '로동'으로 표기하면 '로동'의 '로'가 '근로(勤勞)'의 '로'와 동일하다는 점을 곧바로 이해할 수 있다는 것이다. 만약 두음 법칙을 표기에 반영하게 되면 같은 한자가 어두와 비어두에서 다르게 표기될 수밖에 없다.

2.4.2.8. **모음 조화**

모음 조화는 하나의 단어를 이루는 모음들이 같은 성질을 공유하는 현상을 가리킨다. 여기서 말하는 '같은 성질'이란 언어에 따라 차이를 보이는데, 가장 흔한 것은 혀의 전후 위치로서 전설 모음은 전설 모음끼리, 후설 모음은 후설 모음끼리 어울리는 경우이다.[40] 때로는 입술 모양 또는 혀뿌리의 상태에서 동일한 모습을 보이는 모음들끼리의 조화를 보이는 언어도 존재한다. 그런데 현대 한국어의 모음 조화는 그 어디에도 속하지 않는다. 이것은 현대 한국어의 모음 조화에 참여하는 모음들의 부류를 보면 명확해진다.

(37) 가. ㅗ, ㅏ

나. ㅜ, ㅡ, ㅓ, ㅟ, ㅣ, ㅚ, ㅔ, ㅐ

(37가)는 전통적으로 양성 모음이라고 불렸고 (37나)는 음성 모음이라고 불렀다.[41] (37)을 보면 양성 모음보다 음성 모음의 수가 훨씬 많다는 불균형이 발견된다.[42] 또한 (37가) 또는 (37나)에 속하는 모음들이 공통적으로 지니는 특징이 드러나지 않는다. 이러한 점들은 모음 조화가 적용되는 데에는 매우 불리하게 작용한다. 모음 조화에 참여하는 모음들의 공통점이 없다는 것은 모음 조화가 유지될 명분이 존재하지 않음을 가리킨다. 현대 한국어의 모음 조화가 예전과 비교할 때 세력이 매우 약화된 것은 이와 관

40 한국어도 예전에는 이런 형태의 모음 조화를 보였으리라 추정되지만 이후 모음 체계의 변화를 겪어 현대에 와서는 다른 모습으로 바뀌었다.

41 양성 모음, 음성 모음과 같은 용어가 쓰이는 것은 훈민정음을 창제할 때 모음자에 대해 음양의 이치를 고려했기 때문이다.

42 음성 모음의 목록은 중세 한국어 시기에 'ㅡ, ㅜ, ㅓ'였던 것이 현대 한국어에 오면서 대폭 늘어나게 되었다. 근대 한국어 시기에 새로 생긴 단모음(ㅐ, ㅔ, ㅚ, ㅟ)이 음성 모음으로 기능하고 있으며 예전에 중성 모음이었던 'ㅣ'도 지금은 음성 모음처럼 작용한다. 그래서 양성 모음에 비해 음성 모음이 훨씬 더 많다.

련된다.

현대 한국어의 모음 조화가 적용되는 경우는 크게 두 가지이다. 하나는 용언 어간 뒤에 '아/어'로 시작하는 어미가 결합될 때의 어미 두음에 대한 선택이고 다른 하나는 의성어와 의태어를 이루는 모음의 구성이다.

(38) 가. 막아, 몰아, 쏘았다 ⇔ 먹어, 물어, 쑤었다
　　나. 팔랑팔랑, 말랑말랑, 촐랑촐랑 ⇔ 펄렁펄렁, 물렁물렁, 출렁출렁

(38가)에서 보듯 용언 어간의 모음에 따라 동일한 어미의 첫 모음이 다르게 실현되고 있다. (38나)는 의성어나 의태어를 이루는 모음들이 동일한 부류에 속하고 있음을 보여 준다. 그런데 앞서 지적했듯이 현대 한국어의 모음 조화는 예외가 많이 생기고 있다. 가령 '앉아, 알았어'라고 하지 않고 '앉어, 알었어'라고 한다든지, '깡총깡총, 오똑이'가 '깡충깡충, 오뚝이'로 변화한 것이 그런 경우이다. 이 중 '앉어, 알었어'는 표준어로 인정하지 않지만 '깡충깡충, 오뚝이'는 표준어로 인정하고 있다. 모음 조화를 어기는 예들은 시간이 흐를수록 더 늘어나는 추세이다.

참고 16 **모음 조화와 음운의 동화**

한국어의 모음 조화는 흔히 모음 동화의 일종으로 분류하는 경우가 많다. 모음 조화가 같은 성질을 공유하는 모음들끼리 어울리는 현상이라는 점을 감안하면 모음 동화와 무관하다고 할 수는 없다. 그러나 모음 조화는 일반적인 동화 현상과는 차이가 난다. 무엇보다도 모음 조화에서는 피동화음을 규정하기가 어렵다. 양성 모음과 음성 모음 중 어느 것이 피동화음인지 알 수가 없다. 만약 양성 모음이 피동화음이라면 '먹어'는 '먹아'에 모음 조화가 적용되어 피동화음인 '아'가 '어'로 동화되었다고 보아야 한다. 반대로 음성 모음이 피동화음이라면 '막아'는 '막어'에 모음 조화가 적용되어 피동화음인 '어'가 '아'로 동화되었다고 보아야 한다. 문제는 피동화음이 무엇인지를 결정할 명확한 기준이 없다는 점이다.[43] 이것은 모음 조화의 적용을 받는 입력형이 무엇인지는 직접 확인할 수 없으며 다만 모음 조화가 지켜지고 있는 출력형만 확인할 수 있다는 사정에서 비롯되었다.

43 논의에 따라서는 음성 모음을 가진 형태가 더 많이 나타난다는 점을 근거로 음성 모음을 피동화음으로 설정하기도 하지만 객관적 기준으로 보기에는 미흡하다.

2.4.2.9. **반모음화**

반모음화는 두 개의 단모음이 나란히 놓일 때 선행하는 단모음이 반모음으로 바뀌는 음운 현상이다. 결과적으로 두 개의 단모음이 '반모음+단모음'의 구성으로 된 이중 모음으로 바뀌는 현상이라고 할 수 있다.[44] 반모음화는 반모음인 'j' 및 'w'와 성질이 비슷한 단모음에만 적용된다. 그래서 'j'로 바뀌는 반모음화는 단모음 'ㅣ'에, 'w'로 바뀌는 반모음화는 단모음 'ㅗ, ㅜ'에 적용된다. 현대 한국어의 반모음화는 용언 어간 뒤에 '아/어'로 시작하는 어미가 결합할 때 주로 나타난다.

44 학교 문법에서는 반모음화를 축약으로 보는 경우가 많은데 이러한 처리는 합당하다고 보기 어렵다. 자세한 것은 2.4.5.의 '축약' 부분을 참조할 수 있다.

(39) 가. 기+어라→[겨ː라], 시+어서→[셔ː서], 치+어도→쳐도→[처도], 보이+어→[보여], 계시+어야→[계셔야]

나. 보+아라→[봐ː라], 오+아서→[와서], 나누+어도→[나눠도], 바꾸+어→[바꿔], 싸우+어라→[싸워라]

현대 한국어의 반모음화는 필수적으로 적용되어야 하는 것은 아니다. 보통 2음절 이상의 어간은 반모음화가 적용되는 경우가 그렇지 않은 경우보다 비율이 훨씬 높지만 1음절 어간은 그렇지가 않다. 그래서 '오-' 또는 '지-, 치-, 찌-'를 제외한 대부분의 1음절 어간들은 반모음화가 적용되지 않은 형태도 흔히 발견된다. 가령 '기+어서'는 반모음화가 적용된 '[겨ː서]' 이외에 '[기어서], [기여서]'와 같이 아무런 음운 현상이 일어나지 않거나 반모음화 대신 반모음 첨가가 일어난 형태가 모두 나타난다.

반모음화와 관련하여 빠뜨릴 수 없는 것은 음장의 변화이다. (39가, 나)에 제시된 어간 중 1음절 어간이면서 반모음화가 필수적으로 적용되지는 않는 '기-, 시-, 보-' 등은 반모음화가 적용될 경우 장음이 나타난다는 공통점을 지닌다. 반모음화가 적용되면 음절 수가 줄어드는데 여기에 대한 보상으로 장음이 나타난다고 해석하는 경우가 많다. 반면 '보이-, 나누-, 바꾸-'와 같은 2음절 어간은 반모음화가 일어나도 장음이 나타나지 않는다. 이것은 한국어의 장음이 단어의 첫 음절에만 나타난다는 사실로 쉽게 설명이 된다.

2.4.2.10. 그 밖의 음운 현상

지금까지 살핀 음운 현상들은 모두 표준 발음으로 인정되고 있다. 그런데 표준 발음으로 인정되지는 않지만 흔히 나타나는 음운 현상들도 적지 않다. 그중 어문 규범에서도 언급하고 있고 서울말에서도 잘 나타나는 현상 두 가지를 살피기로 한다.

'ㅣ' 모음 역행 동화

'ㅣ' 모음 역행 동화는 후행하는 음절의 'ㅣ'나 'j'에 동화되어 선행하는 음절의 후설 모음이 전설 모음으로 바뀌는 음운 현상을 가리킨다. 동화음이 'ㅣ'나 'j'라는 점은 구개음화의 경우와 동일하다. 'ㅣ' 모음 역행 동화는 다른 동화와는 달리 피동화음과 동화음이 서로 인접하지 않은 경우에만 적용된다는 특징이 있다. 즉 'ㅂ, ㅁ, ㄱ, ㅇ' 등과 같은 양순음이나 연구개음이 피동화음과 동화음 사이에 놓일 때에만 일어나는 것이다. 다만 'ㄹ'은 치조음이지만 피동화음과 동화음 사이에 놓일 수 있다.

(40) 가. 아비>애비, 아기>애기, 잡히다>잽히다, 어미>에미,
덤비다>뎀비다
나. 고기>괴기, 도련님>되련님, 죽이다>쥑이다, 끓이다>끼리다
다. 남비>냄비, 올창이>올챙이, 굼벙이>굼벵이, 그려기>기러기

'ㅣ' 모음 역행 동화는 원칙상 모든 후설 모음에 다 적용될 수 있다. 그러나 가장 흔히 나타나는 것은 피동화음이 'ㅏ'나 'ㅓ'인 (40가)의 경우이다. 반면 'ㅗ, ㅜ, ㅡ'에 'ㅣ' 모음 역행 동화가 일어나는 (40나)의 경우는 상대적으로 많지 않다. 또한 'ㅣ' 모음 역행 동화는 지역에 따라 적용 여부나 정도에 차이가 있다. 대체로 중앙에서부터 멀리 떨어져 있는 방언일수록 'ㅣ' 모음 역행 동화가 더 잘 일어난다.

예전에는 'ㅣ' 모음 역행 동화가 지금보다 좀 더 강한 세력을 가지고 있었다. 그래서 (40다)에서 보듯이 'ㅣ' 모음 역행 동화가 적용된 형태가 표준어로 인정되는 경우도 있고, '밥이[배비], 법이[베비]'처럼 체언 뒤에 조사

가 결합할 때에도 흔하게 나타났다. '보기 싫다'를 '뵈기 싫다'라고 하기도 하는데, 이것 역시 'ㅣ' 모음 역행 동화가 적용된 예이다. 그러나 지금은 그 세력이 매우 약화되어서 일부 단어에서만 나타날 뿐이다. 이것은 무엇보다도 'ㅣ' 모음 역행 동화가 적용된 형태를 표준어로 인정하지 않는 데 그 이유가 있다. 교육 현장이나 매체 언어에서 발붙일 곳을 잃은 'ㅣ' 모음 역행 동화는 점점 더 세력을 잃어 가고 있다.

위치 동화

위치 동화는 선행 음절의 종성에 놓인 자음의 조음 위치가 후행 음절의 초성에 놓인 자음에 닮아 가는 현상이다. 이때 조음 방식은 변하지 않고 그대로 유지된다. 위치 동화는 동화음과 피동화음 모두 특이한 제약을 가진다. 우선 동화음은 양순음과 연구개음만 가능하다. 다른 조음 위치의 자음은 위치 동화의 동화음이 될 수 없다. 피동화음도 제한이 있다. 위치 동화의 피동화음은 종성에 위치하는데, 종성에 오는 자음의 조음 위치는 양순음, 치조음, 연구개음으로 제한된다. 이 중 양순음과 치조음만이 위치 동화의 적용을 받을 뿐이다. 또한 치조음이라고 하더라도 'ㄹ'은 위치 동화의 적용을 받을 수가 없다. 이것은 한국어의 경우 유음이 치조음에만 존재하여 다른 위치의 음소로 바뀔 수 없기 때문이다.

(41) 가. 꽃밭→[꼽빧], 문법→[뭄뻡]
　　 나. 꽃길→[꼭낄], 한강→[항:강], 밥그릇→[박끄륻], 감기→[강:기]

(41가)와 같이 양순음의 조음 위치에 닮아 가는 현상을 양순음화라고 부른다. 양순음화는 치조음에만 적용된다. (41나)는 연구개음화로 불리며 치조음과 양순음에 적용되어 이 자음들을 연구개음으로 바꾼다. 이를 통해 치조음은 위치 동화의 피동화음으로만 쓰이고, 연구개음은 위치 동화의 동화음으로만 기능함을 알 수 있다. 반면 양순음은 치조음에 대해서는 위치 동화의 동화음으로 작용하고 연구개음에 대해서는 위치 동화의 피동화음으로 작용한다.

위치 동화는 한국어의 다른 자음 동화와 차이 나는 점이 몇 가지 있다. 우선 위치 동화는 말 그대로 조음 위치가 동화되는 것임에 비해 다른 자음 동화는 조음 방식이 동화되는 현상이다. 또한 위치 동화는 필수적으로 적용되지는 않는다. 다른 자음 동화는 반드시 적용되어야 하지만 위치 동화는 그렇지 않다. 마지막으로 위치 동화는 표준 발음으로 인정하지 않는다. 다른 자음 동화를 대부분 표준 발음으로 인정하는 것과 비교하면 차이가 나는 부분이다.

2.4.3. 음운의 탈락

2.4.3.1. 자음군 단순화

자음군 단순화는 음절의 종성에 두 개의 자음이 놓일 때 이 중 하나를 탈락시키는 음운 현상이다. 한국어의 음절 종성에서 발음될 수 있는 자음의 수는 최대 하나이다. 그러나 형태소끼리 결합하거나 한 형태소가 단독으로 쓰이는 과정에서 두 개의 자음이 음절 종성에 놓이는 경우가 있는데 이때 자음군 단순화가 적용되어 두 자음 중 하나를 없애게 된다.

자음군 단순화가 적용되는 경우는 크게 두 가지이다. 하나는 겹받침으로 끝나는 형태소에 적용되는 경우이다. 겹받침을 가진 형태소 뒤에 모음으로 시작하는 문법 형태소가 결합하는 경우를 제외하면 항상 예외 없이 자음군 단순화가 일어난다. 모음으로 시작하는 문법 형태소가 올 때에는 겹받침 중 뒤에 있는 자음이 연음에 의해 뒤 음절의 초성으로 넘어가므로 자음군 단순화가 적용될 수 없다.[45] 그러나 그 외의 환경에서는 자음군 단순화가 필수적으로 적용된다. 이것은 평파열음화의 적용 환경과 동일하다. 다른 하나는 'ㄹ'로 끝나는 용언 어간 뒤에 '-은, -을, -음' 등과 같은 어미가 결합하는 경우이다. 이때는 'ㄹ' 뒤에서 단모음 'ㅡ'가 먼저 탈락한 후 종성에 두 자음이 놓이게 되어 자음군 단순화가 적용된다.

45 겹받침을 가진 형태소에 적용되는 자음군 단순화는 적용 환경이 평파열음화와 동일하다. 그래서 연음이 일어나지 않는 환경에서만 자음군 단순화가 적용된다.

(42) 가. 넋#→[넉], 앉는→[안는], 않냐→[안냐], 삶#→[삼ː],
외곬#→[외골], 훑고→[훌꼬], 끓는→[끌른], 값#→[갑]

나. 읽지→[익찌~일찌], 넓다→[넙따~널따], 읊고→[읍꼬~을꼬]

다. 알+은→앑→[안ː], 알+을→앒→[알ː], 알+음→앎→[암ː]

표준 발음법에서는 겹받침의 종류에 따라 어떤 자음이 탈락해야 하는지 명확히 규정하고 있다. 그러나 현실 발음은 상당히 복잡한 모습으로 나타난다. (42가)와 같이 겹받침이 'ㄳ, ㄵ, ㄶ, ㄻ, ㄽ, ㄾ, ㅀ, ㅄ'일 때에는 탈락하는 자음이 항상 일정하다. 또한 (42다)와 같이 겹받침과 무관한 환경에서 적용되는 자음군 단순화 역시 탈락 자음은 동일하다. 반면 (42나)와 같이 겹받침이 'ㄺ, ㄼ, ㄿ'일 때에는 지역, 연령, 단어 등 변수에 따라 차이를 보인다. 특히 지역에 따른 차이가 심한데 경상도의 동쪽, 즉 동해안과 가까운 곳에 위치한 방언에서는 'ㄹ'이 아닌 자음(ㄱ, ㅂ, ㅍ)을 탈락시키는 경향이 강하게 나타난다. 표준어 규정에서는 주로 'ㄹ'이 탈락하는 쪽을 표준 발음으로 인정하고 있다.[46]

46 물론 'ㄼ'은 'ㅂ'이 탈락한 형태가 표준 발음이되 개별 단어에 따라 조금씩 차이가 있다. 'ㄺ' 역시 'ㄱ'으로 시작하는 어미 앞에서는 'ㄱ'이 탈락한 형태를 표준 발음으로 정해 놓았다.

참고 17 겹받침을 가진 명사들의 변화

'값, 넋, 닭, 여덟' 등과 같이 겹받침을 가진 명사 중에는 변화를 겪어 겹받침이 아닌 홑받침을 가진 말로 바뀌는 것들이 있다. 가령 '값이'를 '[가비]', '넋이'를 '[너기]', '닭이'를 '[다기]', '여덟이'를 '[여더리]'로 발음하는 경우가 그러하다. 주격 조사뿐만 아니라 모음으로 시작하는 다른 조사와 결합해도 이런 모습을 보인다. 모음으로 시작하는 문법 형태소가 후행하면 연음이 일어나야 하므로 겹받침이 모두 발음되어야 하는데도 마치 자음군 단순화가 적용된 듯한 모습을 보인다. 이것은 자음군 단순화가 적용된 결과가 아니고 체언의 형태 자체가 다른 요인에 의해 변화를 입어 '값, 넋, 닭, 여덟'에서 '갑, 넉, 닥 여덜'로 변한 결과이다.

이러한 체언의 형태 변화는 표준 발음으로 인정하지 않기 때문에 표기에도 반영하지 않고 있다. 그래서 표기는 겹받침으로 하고 실제 발음은 홑받침으로 하고 있는 상황이다. 그러나 예외도 있다. 대표적인 것이 첫 생일 또는 해의 횟수를 세는 데 사용하는 '돌(回)'이다. 원래 이 단어는 '돐'과 같이 겹받침 'ㄽ'을 가졌으며 실제 발음도 '돐이[돌씨], 돐에[돌쎄]'와 같이 겹받침 'ㄽ'이 유지된 적이 있었다. 그러나 체언의 형태 변화를 겪게 되었고 이것을 표기에까지 반영하여 현재는 겹받침을 가졌다는 흔적을 찾기 어렵게 되었다. 다만 예전 표기법에 익숙한 사람들이 '돐'과 같은 표기 실수를 저지르는 경우가 가끔씩 나타난다.

2.4.3.2. **후음 탈락**

후음 탈락은 'ㅎ'으로 끝나는 용언 어간 뒤에 모음으로 시작하는 문법 형태소가 올 때 'ㅎ'이 탈락하는 현상을 가리킨다. 이런 환경에서 'ㅎ'은 후행 음절로 연음이 되어야 하는데 그대로 탈락하고 만다. 'ㅎ'으로 끝나는 형태소는 용언 어간에서만 나타나기 때문에 체언이나 다른 형태소 부류에서는 후음 탈락을 발견할 수 없다.

(43) 가. 낳은[나은], 놓아[노아], 쌓이다[싸이다]
　　　나. 많아[마나], 않은[아는], 싫어도[시러도]

(43가)가 전형적인 후음 탈락의 예이다. (43나)는 겹받침의 일부인 'ㅎ'이 탈락하기 때문에 자음군 단순화로 오해할 수도 있다. 그러나 (43나)는 연음이 되는 환경이기 때문에 자음군 단순화가 적용될 수 없다.

2.4.3.3. **유음 탈락**

유음 탈락은 'ㄴ, ㅅ'과 같이 조음 위치가 비슷한 자음 앞에서 'ㄹ'이 탈락하는 음운 현상이다. 유음 탈락은 적용되는 환경이 다소 복잡하다. 'ㄴ, ㅅ' 앞에서 유음이 규칙적으로 탈락하는 경우는 'ㄹ'로 끝나는 용언 어간 뒤에 어미가 결합할 때이다.

(44) 알+는→[아:는], 살+느냐→[사:느냐],
　　　알+으시는→알시는→[아:시는], 살+으신다→살신다→[사:신다]

용언 어간에 적용되는 유음 탈락 중에는 (44)와 달리 다소 특이한 적용 환경을 지니는 경우도 있다.

(45) 가. 살+으옵고→살옵고→[사:옵꼬], 살+으오→살오→[사:오]
　　　나. 살+으마→살마→[사:마], 팔+으마→팔마→[파마]

(45가)는 표면상 어미의 일부인 '오' 앞에서 일어나는 유음 탈락처럼 보이지만 '오' 앞에서는 유음이 탈락할 이유가 없다. (45가)는 역사적으로 'ㅿ'을 가졌던 어미 앞에서 유음이 탈락한 것인데 이후 'ㅿ'이 소멸하면서 마치 모음 앞에서 유음이 탈락한 것처럼 보이는 경우이다. (45나)는 약속의 의미를 지니는 '-(으)마' 앞에서 일어나는 유음 탈락으로, 단어에 따라 수의적으로 일어난다는 점이 특징이다.

유음 탈락은 합성어나 파생어가 만들어질 때에도 적용된다. 이때 적용되는 유음 탈락은 필수적으로 적용되지는 않는다는 점, 'ㄴ, ㅅ'뿐만 아니라 'ㄷ, ㅈ' 앞에서도 일어난다는 점에서 (44)의 유음 탈락과는 다소 차이가 난다.

(46) 가. 버들+나무→[버드나무], 활+살→[화살],
달+달+이→[다다리], 바늘+질→[바느질]
나. 들+나물→[들:라물]/[*드나물], 물+살→[물쌀]/[*무살],
돌+도끼→[돌:도끼]/[*도:도끼], 발길+질→[발낄질]/[*발끼질]

(46가)는 합성어나 파생어가 형성될 때 'ㄴ, ㅅ, ㄷ, ㅈ'과 같은 자음 앞에서 유음이 탈락한 예이다. 그러나 (46나)에서 볼 수 있듯이 동일한 조건에서 유음 탈락이 적용되지 않거나 또는 유음 탈락 대신 유음화나 경음화처럼 다른 음운 현상이 적용되기도 한다.

2.4.3.4. **모음 탈락**

단모음과 단모음이 서로 인접하는 것은 발음상 그리 자연스러운 일이 아니기 때문에 이것을 피하기 위해 단모음 중 하나를 탈락시키는 일이 있다. 이것을 통칭하여 모음 탈락이라고 부른다. 모음 탈락은 탈락하는 모음 및 적용 환경에 따라 여러 가지를 구분할 수 있다.

(47) 가. 크+어서→[커서], 쓰+어도→[써도], 모으+아라→[모아라]
나. 가+아서→[가서], 차+아도→[차도], 서+어라→[서라],

건너+어서→[건너서]

다. 개+어서→[개:서], 메+어라→[메:라], 세+어도→[세:도],
채+어서→[채:서]

(47가)는 어간말의 'ㅡ'가 '아/어'로 시작하는 어미 앞에서 탈락하는 '으' 탈락의 예이다. (47나)는 어간말 모음과 어미초 모음이 동일할 때 일어나는 동일 모음 탈락의 예인데, 어간의 모음이 탈락하는지 어미의 모음이 탈락하는지는 이견이 있다.[47] (47다)는 'ㅐ, ㅔ'로 끝나는 어간 뒤에서 어미의 모음 'ㅓ'가 탈락한 예이다. (47가, 나)와 달리 (47다)에서는 어간의 모음이 반드시 장음으로 실현된다는 차이가 있다. 그래서 (47다)를 탈락이 아닌 동화로 보기도 한다. 즉 어간의 모음에 어미의 모음이 동화되어 동일한 모음이 두 개 배열되기 때문에 장음이 나타난다는 것이다. 여기서는 편의상 어문 규범의 설명을 좇아서 탈락으로 본다.

47 '가+아→[가], 서+어→[서]'와 같은 예에서 어미의 모음이 탈락한다고 하면 어미는 그 형태가 완전히 사라져 버리고 마는 셈이 되어 부자연스러운 상황이 되고 만다. 이 때문에 보통 어간의 모음이 탈락한다고 본다.

2.4.4. 음운의 첨가

2.4.4.1. 'ㄴ' 첨가

'ㄴ' 첨가는 자음으로 끝나는 말 뒤에 'ㅣ'나 'j'로 시작하는 말이 결합할 때 'ㄴ'이 새로 덧붙는 음운 현상이다. 이때 선행하는 말은 접두사이든 일반 단어이든 상관없지만 후행하는 말은 실질 형태소이거나 한자 계열의 접미사이어야 한다. 어미나 조사를 포함하여 고유어 계열의 문법 형태소가 후행하면 'ㄴ' 첨가는 잘 일어나지 않는다. 'ㄴ' 첨가는 꽤 다양한 환경에서 나타난다.

(48) 가. 어근+어근: 솜이불→[솜:니불], 색연필→색년필→[생년필],
물약→물냑→[물략]

나. 접두사+어근: 신여성→[신녀성], 헛일→헏닐→[헌닐]

다. 어근+한자 접미사: 장식용→장식뇽→[장싱뇽], 식용유→[시굥뉴]

라. 단어+단어: 한 일→[한닐], 한국 요리→한국뇨리→[한:궁뇨리]

'ㄴ' 첨가는 항상 일어나야 하는 필수적 현상은 아니다. 그래서 '검열(檢閱)[검:녈~거:멸], 금융(金融)[금늉~그뮹]'과 같이 'ㄴ' 첨가가 일어난 형태와 그렇지 않은 형태가 공존하는 경우도 있고, '6·25[유기오], 3·1절[사밀쩔]'과 같이 'ㄴ' 첨가가 결코 일어나지 않는 경우도 있다. '월요일, 목요일, 금요일' 등과 같은 요일의 명칭에서도 'ㄴ' 첨가는 잘 일어나지 않는다.[48]

48 방언에 따라서는 '월요일'을 '[월료일]', '금요일'을 '[금뇨일]'이라고 발음하기도 하지만 표준 발음으로 인정하지는 않는다.

참고 18 사잇소리 현상으로서의 'ㄴ' 첨가

'코+날→콧날[콘날], 이+몸→잇몸[인몸]' 등에서 보이는 'ㄴ' 첨가와 (48)에 제시된 'ㄴ' 첨가를 동일한 현상으로 묶어서 함께 다루는 경우도 없지는 않다. 그러나 이것은 그리 합리적인 태도라고 볼 수 없다. '콧날'류의 'ㄴ' 첨가와 (48)과 같은 'ㄴ' 첨가는 여러 면에서 차이가 있다. 첫째, 첨가되는 'ㄴ'의 위치가 '선행어의 종성⇔후행어의 초성'으로 차이가 난다. 둘째, 음운론적 조건이 '비음으로 시작하는 말 앞⇔자음으로 끝나는 말과 'ㅣ, j'로 시작하는 말 사이'로 다르다. 셋째, 적용되는 영역이 '합성어에 국한⇔합성어, 파생어, 단어 경계 사이 등 다양'으로 구별된다. 넷째, 선행어와 후행어 사이의 의미 관계에 대한 조건이 '필요(사잇소리 현상과 동일)⇔불필요'로 다르다.

2.4.4.2. **반모음 첨가**

반모음 첨가는 모음으로 끝나는 형태소 뒤에 단모음으로 시작하는 형태소가 올 때 반모음이 첨가되는 음운 현상이다. 반모음 첨가는 단모음과 단모음이 서로 인접하는 것을 막기 위해 적용된다. 그러나 항상 규칙적으로 일어나는 것은 아니다.

(49) 가. 영수+아→[영수야], 광주+에→[광주예]
⇔ 영숙+아→[영수가], 서울+에→[서우레]
나. 보+아라→[보와라~봐:라~보아라], 붓+어도→[부워도~부어도],
피+어도→[피여도~펴:도~피어도], 되+어→[되여~되어],
뛰+어서→[뛰여서~뛰어서]

(49가)는 체언 뒤에 조사가 결합할 때 일어나는 반모음 첨가이다. 이때에는 반모음 'j'가 첨가된다. 호격 조사에 반모음이 첨가되는 것은 표준 발음으로 인정하지만 부사격 조사 '에'에 반모음이 첨가되는 것은 표준 발음으로

인정하지 않는다. (49나)는 용언 뒤에 어미가 결합할 때 일어나는 반모음 첨가이다. (49나)에서는 어간 모음의 종류에 따라 첨가되는 반모음이 'j'일 수도 있고 'w'일 수도 있다. 어간 모음이 'ㅗ, ㅜ'인 경우에는 'w'가 첨가되고 어간 모음이 'ㅣ, ㅟ, ㅚ'인 경우에는 'j'가 첨가된다.[49] (49나)의 반모음 첨가 중 'j' 첨가는 표준 발음으로 인정하지만 'w' 첨가는 표준 발음으로 인정하지 않는다.

49 첨가되는 반모음은 어간의 모음과 비슷한 성질을 가진 것으로 선택된다. 후설 원순 모음인 'ㅗ, ㅜ' 뒤에서는 이 두 모음과 비슷한 'w'가 첨가되고 'ㅣ, ㅟ, ㅚ'와 같은 전설 모음 뒤에서는 그와 성질이 비슷한 'j'가 첨가된다.

2.4.5. 음운의 축약

음운의 축약은 두 개의 음운이 합쳐져 제3의 음운으로 줄어드는 음운 현상이다. 가령 'A'와 'B'라는 음운이 만나서 'C'라는 음운으로 바뀌는 것이 음운의 축약에 속한다. 음운의 수가 줄어든다는 점은 탈락과 동일하지만 두 음운 중 어느 하나가 일방적으로 탈락하는 것이 아니라는 점에서 탈락과는 구분된다. 현대 한국어에서 찾아볼 수 있는 음운의 축약은 유기음화이다. 유기음화는 'ㅎ'과 'ㄱ, ㄷ, ㅂ, ㅈ'이 만날 때 이 두 자음이 하나의 유기음으로 실현되는 음운 현상을 말한다.

(50) 가. 낳고[나:코], 좋지[조:치], 쌓던[싸턴], 많다[만:타]
나. 먹히다[머키다], 꽂히다[꼬치다], 맏형[마텽], 입학[이팍]

(50가)는 'ㅎ'이 다른 자음보다 앞에 놓이는 경우이고 (50나)는 'ㅎ'이 다른 자음보다 뒤에 놓이는 경우이다. 이러한 위치 차이를 고려하여 (50가)를 순행적 유기음화, (50나)를 역행적 유기음화라고 부르기도 한다.

전통적으로는 두 음절이 하나의 음절로 줄어드는 현상도 음운의 축약에 포함하는 경우가 있다. 학교 문법이나 표준 발음법에서도 이런 입장을 취한다. 여기에 따르면 다음과 같은 현상들이 모두 축약에 포함된다.

(51) 가. 기어서→[겨:서], 두어라→[둬:라]
나. 되어→[돼:], 하여→[해:]

그러나 음운의 변동 양상을 기준으로 하면 (51가)는 반모음화가 적용되었을 뿐 두 음운이 제3의 음운으로 줄어들었다고 볼 수는 없다. 이중 모음을 하나의 음운으로 보지 않는 한 (51가)를 음운의 축약이라고 보기는 어렵다. (51나) 역시 단순히 축약이라고 하기는 어렵다. '되어→[돼:]'는 두 개의 단모음 'ㅚ+ㅓ'가 '반모음+단모음'의 구조로 된 'ㅙ'로 바뀌었으므로 음운의 수에 변동이 없으며 '하여→[해:]'는 'ㅏ+j+ㅓ'라는 세 음운이 하나의 음운 'ㅐ'로 실현되었다는 점에서 일반적인 음운의 축약과는 다르다. (51)은 음절의 수가 줄었다는 공통점만 있을 뿐 음운 변동의 양상은 축약과 거리가 멀다.[50]

50 (50)과 (51)을 모두 축약으로 보았던 초창기 논의에서는 (50)을 '음운의 축약', (51)을 '음절의 축약'이라고 불러서 둘의 성격을 명확히 구분했다. 그런데 이러한 방식을 학교 문법에서 수용하는 과정에서 이 현상을 단순히 '축약'이라고 하고 더 이상 구분하지 않음으로써 현재와 같은 혼란이 초래되었다.

2.5. 형태소의 교체

2.5.1. 교체의 정의와 기본형

한 형태소는 다른 형태소와 결합하여 단어나 구, 문장과 같은 상위 단위를 이룬다. 이때 형태소는 항상 동일한 모습으로 나타나는 것이 아니고, 환경에 따라 형태가 달라질 수가 있다. 이처럼 한 형태소가 환경에 따라 다른 모습으로 실현되는 것을 교체(alternation)라고 한다. 형태소에 따라서는 교체를 하지 않는 것도 있지만 교체를 하는 것이 더 많다. 특히 한국어는 문법적 관계를 나타내 주는 조사와 어미가 발달해 있어서 형태소끼리의 결합 과정에서 다양한 교체 현상이 나타난다.

(52) 가. 빛: 빛이[비치], 빛도[빋또], 빛만[빈만], 쪽빛이[쪽삐치],
쪽빛도[쪽삗또], 쪽빛만[쪽삔만]
나. 물: 물이[무리], 물도[물도], 물만[물만], 국물이[궁무리],
국물도[궁물도], 국물만[궁물만]

(52가)의 '빛'은 앞이나 뒤에 오는 형태소에 따라 6개의 서로 다른 형태로 실현된다. 이처럼 교체에 의해 달리 실현된 형태들을 이형태(allomorph) 또는 교체형(alternant)이라고 한다. 교체가 일어난다는 것은 한 형태소가

최소한 둘 이상의 이형태를 가짐을 뜻한다. 이형태들은 나타내는 조건이나 환경이 겹치지 않는 상보적 분포를 지닌다. 한편 (52나)의 '물'은 앞이나 뒤에 어떠한 형태소가 오든지 항상 '[물]'로만 실현된다. 즉 교체를 하지 않는 것이다.

한 형태소가 여러 가지 다양한 이형태들로 실현되면 이형태들을 대표할 수 있는 형태를 하나 설정하게 되는데 그것이 바로 기본형이다. 교체를 하지 않는 형태소의 경우 그 자체가 기본형이 되지만 교체를 하는 형태소는 기본형을 따로 정해야만 한다. 기본형을 정할 때 가장 중요한 기준은 그 기본형으로부터 다른 이형태들이 실현되는 과정을 설명할 수 있는가이다. 가령 (52가)의 경우 '빛'을 기본형으로 삼으면 초성 'ㅂ'이 'ㅃ'으로 바뀌는 것은 한국어에 존재하는 경음화 현상으로 설명할 수 있고 종성 'ㅊ'이 'ㄷ'이나 'ㄴ'으로 실현되는 것은 각각 평파열음화와 비음화로 설명할 수 있다. 만약 '빛'이 아닌 다른 것을 기본형으로 설정하면 나머지 이형태들이 실현되는 것을 적절히 설명하기 어려워진다.

(53)

실제 발음 \ 기본형 후보	☞ 빛	빋	빈	삧	삗	삔
[빛이]	○	×	×	×	×	×
[빋또]	○ (평)	○	×	×	×	×
[빈만]	○ (평/비)	○ (비)	○	×	×	×
[삧이]	○ (경)	×	×	○	×	×
[삗또]	○ (경/평)	○ (경)	×	○ (평)	○	×
[삔만]	○ (경/평/비)	○ (경/비)	○ (경)	○ (평/비)	○ (비)	○

(○: 설명됨, ×: 설명 안 됨, 경: 경음화, 비: 비음화, 평: 평파열음화)

때로는 기본형을 어떻게 설정해도 이형태들이 실현되는 과정을 설명할 수 없는 경우가 있다. 가령 주격 조사는 앞말이 자음으로 끝나는지 모음으로 끝나는지에 따라 '이'와 '가'로 실현되며 이들은 주격 조사의 이형태가 된다. 그러나 '이'나 '가' 또는 제3의 형태 중 어느 것을 기본형으로 설정하든 다른 이형태들이 실현되는 것을 설명할 수 없다. 한국어에는 '이'와 '가' 사이의 교체를 설명할 만한 음운 현상이 존재하지 않기 때문이다.

이런 경우의 기본형은 이형태들 중 어느 하나를 임의로 설정할 수도 있지만 현재는 그런 이형태 모두를 기본형으로 설정하는 방법이 널리 퍼져 있다.[51] 즉 주격 조사의 경우 '이'와 '가' 모두가 기본형이 되는 것이다. 국어사전에 '이'와 '가'가 모두 표제항으로 올라 있는 것도 이러한 상황과 깊은 관련이 있다. '빛'의 경우와 같이 하나의 기본형으로부터 다른 이형태들이 나오는 과정이 잘 설명되는 경우에는 국어사전에서도 '빛'이라는 하나의 표제항만 정하는 것이 원칙이지만 그렇지 않은 경우에는 이형태들 각각이 별도의 표제항이 된다.

51 특히 기본형을 복수로 설정하는 방법은 1980년대 이후 한국어 음운론 연구에서 보이는 중요한 특징 중 하나이다.

참고 19 **기본형과 기저형**

기본형(base form)과 비슷한 개념으로 기저형(underlying form)이 있다. 기본형은 전통 문법에서부터 사용되어 오던 개념인 반면 기저형은 생성 음운론이라는 이론이 도입되면서 사용된 개념이다. 기본형과 기저형은 모두 형태소의 교체를 설명하기 위해 정하는 대표형이라는 점에서 공통적이지만 차이점도 있다.

무엇보다도 기저형의 설정에서는 형태소의 교체를 음운론적으로 설명할 수 있는지를 최우선으로 고려하지만 기본형의 설정에서는 그렇지 않다는 점이 다르다. 이러한 차이는 주격 조사의 교체와 같이 이형태들을 음운 규칙으로 설명하기 어려울 때 잘 드러난다. 기본형의 경우 주격 조사의 교체를 음운 규칙으로 설명할 수 없더라도 편의를 위해 어느 한 이형태를 기본형으로 설정하는 것이 충분히 가능하다.[52] 반면 기저형의 경우에는 음운론적으로 설명할 수 없는 형태를 기저형으로 설정하는 것이 불가능하다. 기저형으로 설정된 이상 음운 규칙을 이용하여 형태소의 교체를 설명할 수 있어야만 한다.

용언의 활용형 중 어미 '-다'가 결합된 것을 편의상 기본형으로 정하여 국어사전의 표제항으로 수록하는 것도 기본형과 기저형의 차이를 잘 말해 준다. '있다, 깊다, 쫓다' 등을 기본형으로 정한 것은 교육적, 실용적 편의를 위한 것이다. 기저형의 관점에서 보면 '있다[읻따], 깊다[깁따], 쫓다[쫃따]'에 포함된 어간의 형태(읻-, 깁-, 쫃-)를 기저형으로 설정해서는 해당 형태소의 교체를 음운론적으로 설명할 수 없다. 가령 '있다[읻따]'의 경우 어간의 기저형을 '읻'으로 하면 '있어, 있으니'와 같이 어간이 '있'으로 실현되는 것을 설명할 방법이 없는 것이다. 그러므로 '있다, 깊다, 쫓다' 등은 기저형과는 무관하게 정한 기본형에 불과하다.

52 앞에서도 언급했듯이 실제로는 주격 조사의 기본형을 두 개 설정하는 방법이 더 일반화되어 있지만 '이'와 '가' 중 어느 하나를 편의상의 기본형으로 설정하는 것이 불가능하지는 않다.

2.5.2. 자동적 교체와 비자동적 교체

형태소의 교체는 일어나는 동기에 따라 자동적 교체와 비자동적 교체로 나눌 수 있다. 자동적 교체는 교체가 일어나지 않고 그대로 실현되면 안 되기 때문에 일어나는 교체를 말한다. 어떤 언어든지 음절의 구조에 대한 제약도 있고 서로 인접할 수 있는 음운들의 목록에 대한 제약도 있다. 그런데 다양한 형태소들끼리 결합하다 보면 이러한 제약을 어기는 경우가 발생한다. 이때 형태소의 모양을 바꾸어 음운론적 제약을 충족시키게끔 변화가 일어나는데 이러한 동기를 가진 교체가 자동적 교체이다.

(54) 가. 닭: 닭이[달기], 닭#→[닥], 닭도→[닥또]
　　나. 밥: 밥이[바비], 밥만→[밤만]
　　다. 알-: 알아[아라], 알+는→[아:는]

(54가)를 보면 '닭'이 단독으로 쓰이거나 자음으로 시작하는 조사와 결합할 때 '닥'이라는 이형태로 교체된다. 만약 이러한 교체가 일어나지 않으면 '닭#'은 '[닭]'으로, '닭도'는 '[닭또]'로 발음해야 하는데 현대 한국어에는 음절의 종성에서 두 개의 자음이 발음되는 것을 허용하지 않는 강력한 음운론적 제약이 있다. 그러므로 '닭#'이나 '닭도'의 '닭'은 교체를 하지 않으면 안 되는 상황이다. 이런 이유 때문에 일어나는 교체는 자동적 교체가 된다. (54가)와 같은 교체는 겹받침을 가진 말에서는 예외 없이 발견된다.

(54나)에서는 '밥'이 비음으로 시작하는 형태소와 결합할 때 '밤'으로 교체를 보인다. 이것도 한국어에서 비음 앞에 평파열음이 결코 올 수 없다는 제약을 만족시키기 위해 일어난 것이다. (54다)는 'ㄹ'과 'ㄴ'이 나란히 놓일 수 없다는 제약 때문에 일어난 교체이다. (54나, 다) 역시 모두 교체가 일어나지 않는다면 한국어의 중요한 음운론적 제약을 어길 수밖에 없는 경우이다. 그래서 다른 형태소들의 결합 과정에서 항상 예외 없이 자동적 교체가 나타나게 된다.

비자동적 교체는 자동적 교체와 같은 의무적인 동기를 가지지 않는다. 비자동적 교체는 일어나지 않아도 한국어의 음운론적 제약에 아무런 영향을 미치지 못한다. 즉 비자동적 교체는 반드시 일어나야 할 필연적 이유는 없는 것이다.

(55) 가. 다듬다→[다듬따], 다듬지→[다듬찌], 안고→[안:꼬], 안더라→[안:떠라]
나. 보아서→[봐:서], 두어라→[둬:라]

(55가)는 어미 '-다, -지, -고, -더라' 등이 '다듬-, 안-'과 같은 비음으로 끝나는 어간 뒤에서 '-따, -찌, -꼬, -떠라' 등으로 교체된 경우이다. 이러한 교체는 비음 뒤에 결코 'ㄱ, ㄷ, ㅈ'과 같은 자음이 오지 못하기 때문에 일어난 것은 아니다. 용언의 어간말 비음 뒤에 어미가 올 때에만 (55가)와 같은 현상이 일어날 뿐, 다른 환경에서는 얼마든지 비음과 'ㄱ, ㄷ, ㅈ' 등이 결합할 수 있다. 그러므로 (55가)에서 보이는 교체는 반드시 일어날 필요는 없는 비자동적 교체이다.

(55나)도 마찬가지이다. (55나)에서 어간의 형태가 교체하는 이유는 'ㅗ+ㅏ' 또는 'ㅜ+ㅓ'의 모음 연쇄가 한국어에 존재할 수 없기 때문이 아니다. 교체하지 않고 그대로 실현되어도 무방하지만 교체가 일어났으므로 비자동적인 성격을 가진다. 이것은 (55나)에서 보이는 반모음화가 필수적으로 일어나야 하는 현상은 아니라는 점에서도 잘 드러난다.

2.5.3. 규칙적 교체와 불규칙적 교체

형태소의 교체는 그 양상을 일반화할 수 있는지에 따라 규칙적 교체와 불규칙적 교체로 나눈다. 규칙적 교체는 교체의 양상을 일반화할 수 있는 경우이다. 교체의 양상을 일반화하기 위해서는 교체를 보이는 형태소들과 교체의 환경을 범주화할 수 있어야 한다. 다시 말해서 특정한 교체를 보이는 형태소들이나 교체의 환경을 일일이 나열하는 것이 아니고 공통점을 포착하여 묶을 수 있어야 하는 것이다. 이처럼 교체 양상을 일반화할 수 있는 교체는 음운 규칙으로 설명할 수 있게 된다. 그래서 규칙적 교체는 한국어의 음운 규칙으로 설명할 수 있는 교체라고 해도 무방하다.

(56) 가. 잡는→[잠는], 입냐→[임냐], 막느냐→[망느냐],
　　　적느라고→[정느라고]
　　나. 안고→[안:꼬], 담자→[담:짜], 신지→[신:찌], 감다→[감:따]

(56가)는 장애음으로 끝나는 어간이 비음으로 시작하는 형태소와 결합할 때 교체를 보이는 경우이다. 이러한 교체는 '장애음을 가진 어간'에서 일률적으로 일어나며 교체 환경도 '비음 앞'으로 일반화할 수 있다. (56나)는 '비음으로 끝나는 용언 어간' 뒤에서 어미의 두음이 경음으로 실현되는 교체이다. 이것도 교체를 보이는 형태소 부류나 교체 환경을 일반화할 수 있다. (56가)와 (56나)를 각각 비음화와 경음화라는 음운 규칙으로 설명할 수 있는 것은 이들이 규칙적 교체에 속한다는 점과 직접적인 관련이 있다.

불규칙적 교체는 규칙적 교체와 달리 교체 양상을 일반화할 수 없다. 불규칙적 교체의 경우 교체를 보이는 형태소나 교체의 환경을 범주화하지 못하고 그 목록을 나열할 수밖에 없다. 그래서 규칙적 교체와 달리 불규칙적 교체는 음운 규칙으로 설명할 수가 없다.

(57) 가. (불에) 굽고[굽:꼬], 굽지[굽:찌], 구워, 구우니
　　나. (허리가) 굽고[굽꼬], 굽지[굽찌], 굽어, 굽으니
　　다. 하고, 하지, 해서[해:서]~하여서, 하니
　　라. 차고, 차지, 차서, 차니

(57가, 나)는 'ㅂ'으로 끝나는 용언 어간의 두 가지 서로 다른 교체 양상을 보인 것이다. (57가)의 '굽-'은 모음으로 시작하는 어미 앞에서 'ㅂ'이 실현되지 않는다는 특징이 있다. 반면 (57나)의 '굽-'은 같은 환경에서 'ㅂ'이 단순히 연음이 될 뿐 교체가 일어나지는 않는다. 한국어의 경우 자음으로 끝나는 형태소 뒤에 모음으로 시작하는 문법 형태소가 오면 연음이 되는 것이 원칙이므로 (57가)는 원칙에 위배된다. 그뿐만 아니라 (57가)와 같은 교체를 보이는 어간은 수가 매우 많은데도 그 어간들을 묶어서 일반화할 수가 없다. (57가)의 교체를 음운 규칙으로 설명할 수 없는 것은 (57가)

가 불규칙적 교체에 속하기 때문이다.

(57다)의 '하-'도 비슷하다. (57라)에서 볼 수 있듯이 'ㅏ'로 끝나는 어간과 '아'로 시작하는 어미가 결합하면 동일 모음 탈락의 적용을 받아 교체를 하게 된다. 그런데 (57다)의 '하-'는 같은 환경에서 전혀 다른 교체 양상을 보인다. 이러한 교체는 다른 어간에서는 찾을 수 없고 오로지 '하-' 또는 '하-'가 결합된 복합어에서만 발견된다. 따라서 이 경우도 교체를 보이는 형태소 부류를 일반화할 수 없고 '하-'만이 그런 교체를 보인다는 사실을 표시할 수밖에 없다. (57다) 역시 교체를 보이는 형태소 부류를 일반화할 수 없다는 점에서 불규칙적 교체에 해당하며 음운 규칙으로는 교체 양상을 설명하지 못한다.

참고 20 주격 조사와 교체의 규칙성

한국어의 주격 조사는 '이'와 '가'로 교체를 한다. '이'는 자음으로 끝나는 말 뒤에, '가'는 모음으로 끝나는 말 뒤에 항상 일정하게 쓰인다. 그래서 주격 조사의 교체를 규칙적 교체로 분류하기도 한다. 그러나 주격 조사와 같은 교체 양상은 다른 형태소에서는 찾아볼 수 없다. 주격 조사의 교체를 설명하려면 '주격 조사'에서만 나타난다는 특수한 정보를 필요로 한다. 더욱이 '이'와 '가' 사이의 교체는 한국어의 일반적인 음운 변동에 비추어 볼 때 음운 규칙으로 설명할 수가 없다. 이처럼 하나의 형태소에서만 나타나는 매우 특이한 형태의 교체는 규칙적 교체라고 하기 어려우므로, 주격 조사의 교체도 규칙적이라고 해석하기는 상당히 어려워 보인다.

최근에는 형태소 교체의 규칙성을 '규칙 : 불규칙'의 이분법적 문제로 보지 말고 정도성의 문제로 보려는 움직임도 있다. 가령 '형태소의 교체를 음운 규칙으로 설명할 수 있는가', '동일한 방식의 교체를 보이는 형태소들을 일반화할 수 있는가', '교체의 환경을 일반화할 수 있는가'와 같은 몇 가지 기준을 얼마나 충족하느냐에 따라 규칙성의 정도를 등급화하는 것이다. 이러한 방식에 따르면 주격 조사의 교체는 교체 환경만 일반화할 수 있기 때문에 규칙성의 정도가 낮은 편에 속한다.

2.5.4. 음운론적 교체와 비음운론적 교체

교체가 일어나는 환경 또는 조건은 여러 가지가 있을 수 있다. 그중 가장 일반적인 것은 음운론적 조건에 의해 교체가 일어나는 것이다. 음운론적 조건이란 자음, 모음, 음절 구조 등 음운 또는 음운론적 단위들을 가리킨다. 앞서 제시한 대부분의 예시 자료도 음운론적 조건에 의해 교체가 일어난 경우이다. 교체를 보이는 형태소의 앞이나 뒤에 오는 음운론적 정보에 따라 교체 여부가 결정되는 것이다. 이처럼 교체의 조건이 음운론적인 경우를 음운론적 교체라고 부른다.

교체의 조건이 음운론적이지 않은 것은 비음운론적 교체라고 할 수 있다. 비음운론적 교체는 교체의 조건을 더 구체화하여 형태론적으로 조건된 교체, 어휘론적으로 조건된 교체 등을 따로 두기도 한다. 그러나 그 수가 많지 않아서 세분하는 것이 불필요하다고 보고 여기서는 비음운론적 교체로 통합한다. 비음운론적 교체의 예는 그리 많지 않다.

(58) 가. 막아라, 쏘아라, 잡아라
　　나. 먹어라, 쑤어라, 접어라
　　다. 오너라

(58)은 명령형 어미가 '-아라, -어라, -너라'로 교체하는 경우이다. (58가)의 '-아라'와 (58나)의 '-어라'는 모음 조화에 따라 결정되는 음운론적 교체를 보이고 있다. 그러나 (58다)의 '-너라'는 음운론적 조건과는 무관하게 교체가 일어나는 경우이다. (58다)의 '-너라'는 동사 '오-' 뒤에 쓰인다. 즉 '-너라'로의 교체는 '오-'라는 어휘적 조건에 의해 일어난 것이다.[53] 그러므로 (58다)에서 명령형 어미가 '-너라'로 실현되는 교체는 비음운론적 교체에 속한다.[54]

53 예전에는 '가-' 뒤에서 명령형 어미가 '-거라'로 나타나는 것도 비음운론적 교체의 예로 보았다. 그런데 '-거라'는 현재 '가-' 이외에도 '먹거라, 자거라, 하거라' 등 많은 용언 어간과 결합하고 있다. 그래서 점차 불규칙적 교체를 하는 어미 목록에서 제외되고 있는 실정이다. 그럴 경우 '-거라'는 '-아라, -어라, -너라'와는 다른 형태소로 처리된다.

54 (58다)의 환경에서 '-너라' 대신 '-아라'가 쓰이는 경우도 존재한다. 그래서 '오너라' 대신 '와라'도 나타나는 것이다. 그러나 '오너라'와 '와라'는 그 쓰임이 동일하지는 않다. '오너라'는 옛 말투의 명령형 어미로서 '와라'와 바꾸어 쓰기 어려운 경우가 많다. 이러한 '-너라'와 '-아라'의 차이를 문체적 차이라고 분석하기도 한다.

제3장 형태론

3.1. 단어 구성의 기본적 이해

3.1.1. 형태론과 형태론의 단위

3.1.1.1. 형태론의 영역

의미를 가진 채 언어 표현에 쓰이는 단위를 문법 단위라고 하는데, 문법 단위에는 '형태소, 단어, 구, 절, 문장' 등이 있다. 형태론은 문법 단위 중 '형태소'부터 '단어'까지를 다루게 된다. 따라서 형태론은 형태소가 결합하여 단어가 되는 과정을 다루는 단어 형성론(조어론), 단어가 문법적인 기능에 따라 형태가 변하는 양상을 다루는 굴절론, 문장에서 담당하는 역할을 중심으로 단어를 나누는 품사론 등을 포함하게 된다.

> 나는 샛노란 참외를 먹었다.
>
> 단어 형성론: 참-(접두사) + 외(어근) = 참외
> 굴절론: 먹-(어간) + -었-(어미) + -다(어미) = 먹었다
> 품사론: 나(대명사), 참외(명사), 먹다(동사)

라틴어, 프랑스어, 독일어 등과 같은 굴절어들에는 문법적인 기능에 따라 단어의 형태가 다양하게 변하는 굴절 현상이 나타난다. 하지만 교착어인 한국어에는 굴절어의 굴절에 해당하는 현상이 없다. 물론 한국어의 경우도 용언의 어간에 어미가 결합하는 현상을 활용(conjugation)으로, 체언에 조사가 결합하는 현상을 곡용(declension)으로 불러 일종의 굴절로 보

기도 한다. 그렇다고 하더라도 한국어 연구에서는 굴절론을 따로 논의하지 않고 조사나 어미를 다룰 때 같이 다루는 것이 일반적이다. 따라서 우리는 본 장에서 형태론의 하위 영역으로 단어 형성론(조어론)과 품사론[1]만을 다루기로 한다.

1 품사론은 형태론, 어휘론, 통사론과 관련을 맺고 있어 형태론의 하위 영역으로만 다루기 어려운 점이 있어 독립된 영역으로 다룰 만하다. 다만 우리 책에서는 지금까지 많은 문법서들에서 품사론을 형태론의 하위 영역에서 다룬 관례에 따른다.

참고 1 **한국어의 굴절**

체언의 굴절 현상을 곡용, 용언의 굴절 현상을 활용으로 구분하기도 하지만, 학교 문법에서는 곡용은 인정하지 않고 활용만 인정하여 조사는 단어로 처리하지만 어미는 단어의 일부로 처리한다. 한국어의 곡용이나 활용은 어간에 어미가 하나만 결합하지 않고 여러 개가 연속으로 결합할 수 있다는 점과 단어가 아니라 구나 절에 결합한다는 점에서 굴절어의 굴절과 다르다. 즉, 굴절어에서는 단어 자체의 형태가 변하거나 굴절 접사가 단어에 결합하는 것과 달리, 한국어의 조사나 어미는 구나 절, 문장 등 단어보다 더 큰 단위에 결합하는 통사적인 요소라는 점에서 차이가 나는 것이다. 이런 차이를 고려하여 한국어 형태론 논의에서는 굴절론을 따로 다루지 않고 조사나 어미를 논의할 때 간략하게 언급하는 것이 보통이다.

참고 2 **어절(語節)**

어절은 전통 문법에서는 문법론(형태론 혹은 통사론)의 단위로서 '문장을 구성하고 있는 각각의 마디'이면서 문장 성분의 최소 단위로 언급되었다. 하지만 제4장에서 언급될 것인바, 어절은 문장을 구성하는 단위로 보기 어렵다. 그렇다고 어절이 완전히 불필요한 것은 아니다. 음운론에서는 발화에서 독립적으로 쓰이는 단위로 주로 음운 규칙이 적용되는 단위가 되며, 형태론에서는 문장을 어절로, 어절을 단어로, 단어를 형태소로 분석할 때 분석의 한 단위가 되기도 하며, 정서법에서는 띄어쓰기 단위가 되기도 한다.

3.1.1.2. 단어의 분석과 형태론의 단위

언어 단위들은 더 작은 단위로 분석된다. 다음과 같이 문장은 어절로, 어절은 단어로, 단어는 형태소로 분석되는 것이다.

문장: 산에는 밤꽃이 가득 피었다.
↓ ↓ ↓ ↓
어절: 산에는 밤꽃이 가득 피었다
↓ ↓ ↓ ↓ ↓ ↓ ↓
단어: 산 에 는 밤꽃 이 가득 피었다
↓ ↓ ↓ ↓ ↓ ↓ ↓ ↓ ↓ ↓
형태소: 산 에 는 밤 꽃 이 가득 피 었 다

언어를 분석할 때는 대치의 원리와 결합의 원리를 활용하는 것이 일반적이다.[2] 위의 문장을 '산에는', '밤꽃이', '가득', '피었다'로 나눌 수 있는 것은 '산에는' 대신 '들에는', '하늘에는' 등이 올 수 있고, '밤꽃이' 대신 '진달래가', '개나리가' 등이 올 수 있기 때문이다. 이처럼 같은 성질을 가진 다른 말이 갈아들 수 있는 것을 대치라 하고, 이들 간의 관계를 계열 관계(paradigmatic relation)라고 한다. 한편, 앞의 문장에서 각각의 단위 앞이나 뒤에 다른 말이 올 수 있는데 이를 결합이라 하고, 결합을 이루는 말들 간의 관계를 결합 관계(syntagmatic relation) 혹은 통합 관계라고 한다. 앞의 문장에서 '산에는', '밤꽃이', '가득', '피었다'는 결합 관계를 이룬다.

2 대치의 원리나 결합의 원리는 문장을 어절로 분석할 때뿐만 아니라 어절을 단어로, 단어를 형태소로 분석할 때도 사용된다. 심지어 '말'이라는 음절을 'ㅁ+ㅏ+ㄹ'이라는 음소로 분석할 수 있는 것처럼, 소리 단위를 분석할 때도 사용된다.

위에서 볼 수 있듯이 대치 양상을 통해 확인할 수 있는 계열 관계나 결합 양상을 통해 확인할 수 있는 결합 관계에 따라 단어들은 형태소로 분석된다. 계열 관계를 이루는 요소를 확인할 수 있으면 그 언어 단위는 분석이 가능하며, 어떤 언어 단위 사이에 다른 요소를 넣어서 결합 관계를 확인할 수 있어도 분석이 가능하다. '밤꽃'은 '밤' 대신 '배', '꽃' 대신 '맛'을 넣을 수 있으므로 대치의 원리에 따라 '밤'과 '꽃'으로 분석이 되며, '피었다'는 '-었-' 대신 '-겠-'을 넣어 '피겠다'를 만들 수 있으므로 대치의 원리에 따라 '-었-'을 분석할 수 있다. '피었다'는 다시 '피었겠다'처럼 '-었-'과 '-다' 사이에 '-겠-'을 추가할 수도 있으므로 결합의 원리에 따라 '-었-'과 '-다'를 분석할 수 있다.

단어를 형태소로 분석하는 것이 쉬운 것만은 아니다.

(1) 가. 계시다, 주무시다

나. 무덤, 지붕

다. 새롭다, 외롭다

라. 부모(父母), 남녀(男女)

마. 동화(童話), 우화(寓話)

(1가)의 '계시다'와 '주무시다'의 경우 '-시-'를 분석할 수 있을 듯하지만 '*계-', '*주무-'가 공시적으로 존재하지 않기 때문에 분석에 어려움을 겪게 된다. (1나)의 경우 '묻-+-엄', '집+-웅'으로 분석이 가능할 듯하지만 '-엄'이나 '-웅'이 쓰이는 예가 극히 적어 분석을 주저하게 한다.[3] (1다)의 '새롭다', '외롭다'의 경우 '새'나 '외'를 파생 접미사 '-롭-'과 분석할 수 있을 듯하다. 하지만 현대 한국어에서 '새'나 '외'가 명사로 쓰이지 않으므로 일반적으로 '-롭-'이 명사와 결합한다는 사실과 어긋나서 분석을 주저하게 한다. (1라)와 (1마)는 한자어인데, 한자어의 형태소 분석 여부에 대해서는 연구자마다 다른 견해를 보인다. (1라)에서 '부', '모'와 '남', '녀(여)'는 각 구성 요소가 의미를 가지고 있으며, 단독적으로 쓰이지는 않지만 가족 관계 서류 등에서는 단독으로 쓰이는 경우도 있으므로 어느 정도 분석이 가능한 듯하다. (1마)의 '동화'나 '우화' 역시 구성 요소인 '동', '화', '우'가 단독적으로 쓰이지는 않지만 의미가 분명하다는 점에서 분석하는 것이 가능할 듯하다.

3 '-암/엄'이 쓰인 예로는 '마감'이 있으나 접미사의 의미를 고려할 때 '무덤'의 '-엄'과 동일한 형태소인지 판단이 어렵고, '-웅'이 쓰인 예로는 '마중'이 있으나 역시 '지붕'의 '-웅'과 동일한 형태소인지 판단이 어렵다. 특히 '지붕'의 중세 한국어 형이 '집웋'이어서 '-웅'을 분석하는 것이 타당한지에 대해서도 쉽게 말하기 어렵다.

참고 3 **형태소 분석이 쉬운 한자어와 어려운 한자어**

'창문(窓門)'이나 '강산(江山)'의 경우 '창', '문', '강', '산' 등이 한국어에서도 독립된 단어로 쓰이므로 분석에 어려움이 없다. '보살(菩薩)', '불란서(佛蘭西)'의 경우 각 구성 요소의 의미가 전체 구성의 의미와 관련이 되지 않으므로 분석하지 않는 것이 일반적이다.

참고 4 **형태소 분석에 대한 다양한 견해**

단어를 형태소로 분석할 때는 일반적으로 공시적(共時的)인 쓰임을 고려하여 대치의 원리나 결합의 원리에 따라 분석한다. 하지만 연구자에 따라서는 공시적인 쓰임과 무관하게 어원론적으로 최대한 분석하거나 의미 단위를 기준으로 분석하기도 한다. 예를 들어 '오솔길'과 같이 공시적으로 다른 단어에 나타나지 않은 요소를 가진 단어를 '오솔+길'로 분석하는 견해도 있고, 분석하지 않는 견해도 있다. 또한 최대 분석의 원리를 적용하여 '-으려고'를 '관형사형 어미 '-(으)ㄹ'+의존 명사 '이'+계사 '이-'+어미 '-어(거)'+어미 '-고'로 분석하는 견해도 있고, '-으려고' 전체를 분석이 불가능한 하나의 형태소로 보는 견해도 있다. '먹는다'에 대해서도 '먹-+-는-+-다'로 분석하기도 하고, '는'이 제한적으로 쓰인다는 점에 근거하여 '먹-+-는다'로 분석하기도 한다.

한편 '단어를 분석한 단위'로서의 형태소와 '단어를 생성하는 단위'로서의 형태소를 구분하려는 입장도 있다. 사실 형태소는 단어의 분석 결과로 나타난 단위이기도 하지만 단어를 생성하는 단위이기도 하므로 이런 입장이 나올 수 있는 것은 당연하다. 그리하여 '무덤'의 '-엄', '지붕'의 '-웅'과 같이 단어 형성에 적극적으로 참여하지 못하고 분석의 결과로서만 존재하는 형태소를 구성소, '먹이'의 '-이', '웃음'의 '-음'과 같이 단어 만들기에 적극적으로 참여하는 형태소를 형성소로 구분하기도 하는 것이다.

3.1.2. 형태소

3.1.2.1. 형태소의 정의와 하위분류

소리 단위와 달리 문법 단위는 그 자체로 일정한 의미를 가진다. 이미 말했듯이 문법 단위에는 형태소, 단어, 구, 절, 문장 등이 있는데, 그중 가장 작은 단위는 형태소(morpheme)이다. 따라서 형태소의 정의는 '뜻을 가진 가장 작은 단위(minimal meaningful unit)'가 된다. 예를 들어 '하늘'의 경우 '하'와 '늘'로 쪼갤 수는 있지만 '하'와 '늘'이 뜻을 가지지 않으므로 '하늘' 전체가 하나의 형태소가 된다. 물론 '하늘'이 포함된 '하늘소'는 뜻을 가진 단위이지만 더 작은 형태소인 '하늘'과 '소'로 나눌 수 있으므로 전체가 하나의 형태소는 아니다.

참고 5 언어 단위들과 형태소

언어 단위로는 소리 단위, 문법 단위 등이 있다. 그 자체로 의미를 가지지 않는 소리 단위에는 음소(음운), 음절 등이 있고, 의미를 가지는 문법 단위에는 형태소, 단어, 구, 절, 문장 등이 있으며 문장보다 더 큰 단위로 텍스트(담화)를 두기도 한다. 이 중 형태소는 화자나 청자가 실제로 인식하면서 사용하는 단위는 아니며, 의식적이든 무의식적이든 언어학적인 분석을 통해서 드러나는 단위이다.

참고 6 **늣씨**

형태소처럼 뜻을 가진 최소의 단위로는 주시경이 『말의 소리』에서 언급한 '늣씨'도 있다. '늣씨'란 '해바라기'를 '해^바라^기'(해+바라+기)로 분석한 것에서 알 수 있듯이 분석이 가능한 극한까지 의미를 기준으로 나눈 것이다. 늣씨와 유사한 단위로는 공시적인 쓰임과 무관하게 어원론적으로 최대한으로 분석한 단위를 지칭하는 '어원소'가 있다.

형태소는 몇 가지 기준에 따라 하위분류되기도 한다. 먼저 문장에서 단독으로 쓰일 수 있는지에[4] 따라 자립 형태소(free morpheme)와 의존 형태소(bound morpheme)[5]로 나누어진다. 또한 형태소가 가진 의미가 실질적인 개념인지에 따라 실질 형태소(full morpheme)와 형식 형태소(empty morpheme)로 나누기도 한다. 실질 형태소를 어휘 형태소(lexical morpheme), 형식 형태소를 문법 형태소(grammatical morpheme)라 부르기도 한다.[6] 앞에서 제시한 문장을 가져와서 자세하게 알아보기로 하자.

4 문장에서 단독으로 쓰일 수 있다는 것은 용언 어간이나 어미, 조사처럼 반드시 다른 요소와 함께 사용되는 요소와 달리 홀로 쓰일 수 있다는 것을 말한다. 실제로는 띄어쓰기의 단위가 될 수 있으면 단독으로 쓰이는 것으로 판단할 수 있다.

5 의존 형태소를 표시하기 위해 흔히 '먹-', '-었-', '-다'처럼 붙임표(hyphen)를 사용한다. 조사도 의존 형태소이므로 '-이', '-에', '-을'처럼 붙임표를 사용하는 것이 당연하나 관습적으로 사용하지 않으므로 우리 책에서도 사용하지 않았다.

6 'empty morpheme'은 흔히 공 형태소를 나타내기 위해 사용되기 때문에 이를 형식 형태소로 번역하는 것이 문제가 있으므로 형식 형태소라는 용어를 쓰되 영어로는 'grammatical morpheme'을 쓰자고 제안하는 사람도 있다. 또한 'lexical'을 '어휘'로 번역하는 것도 문제가 있으므로 '실질 형태소'라는 명칭을 쓰되 영어로는 'lexical morpheme'으로 하여 '실질 형태소(lexical morpheme)'를 사용하는 것이 좋다고 주장하는 사람도 있다.

> 문장: 산에는 밤꽃이 가득 피었다.
> 형태소: 산, 에, 는, 밤, 꽃, 이, 가득, 피-, -었-, -다
>
> 자립 형태소: 산, 밤, 꽃, 가득
> 의존 형태소: 에, 는, 이, 피-, -었-, -다
>
> 실질 형태소: 산, 밤, 꽃, 가득, 피-
> 형식 형태소: 에, 는, 이, -었-, -다

명사, 대명사, 수사, 관형사, 부사, 감탄사 등이 단일 형태소인 경우 자립 형태소가 된다. 이들은 홀로 띄어 쓸 수 있어 대체로 의존 형태소와 쉽게 구분된다. 조사, 동사와 형용사의 어간, 어미, 파생 접사 등이 단일 형태소인 경우 의존 형태소가 된다. 실질 형태소에는 명사, 대명사, 수사, 관형사, 부사, 감탄사, 동사와 형용사의 어간 등이 포함되며, 형식 형태소에는 조

사, 어미 등이 포함된다. 하지만 실질 형태소와 형식 형태소를 구분하는 것이 쉽지만은 않다. 한국어의 파생 접사, 특히 파생 접두사의 경우는 새로운 단어를 만드는 문법적인 기능에 초점을 두어 흔히 형식 형태소에 포함하지만 어휘적인 의미를 가지고 있는 경우가 많아 실질 형태소로 보려는 사람도 있어 어느 한쪽으로 다루기 어려운 점이 있다. 또한 '먹어 보다', '먹어 버리다' 등의 '보-'나 '버리-'와 같은 보조 용언 어간을 본용언과 구별되는 요소로 보아 따로 다룰 때,[7] 이러한 보조 용언 역시 문법적인 기능을 하면서 얼마간 실질적인 의미도 가지고 있어 실질 형태소와 형식 형태소 중 어느 쪽에도 넣기 곤란한 점이 있다. 보조 용언 어간의 경우 형식적인 의미가 없는 것이 아니지만 본용언의 어간과 마찬가지로 실질 형태소에 넣는 경우가 많다.

7 국어사전에서 보조 용언을 본용언과 같은 표제어에서 다루므로 보조 용언을 별개의 형태소로 다루는 것이 타당한지는 논란이 될 수 있다.

3.1.2.2. **형태소, 형태, 이형태**

언어 기호가 음성과 의미로 이루어져 있으므로 형태소도 음성의 측면과 의미의 측면을 가지고 있다. 이 두 측면을 구분하여 부를 때, 추상적인 의미의 측면을 '형태소'라고 하고 구체적인 음성의 측면을 '형태(morph)'라고 한다. 이런 구분이 필요한 이유는 하나의 형태소가 다음과 같이 여러 개의 형태로 나타나는 경우가 있기 때문이다.

(2) 가. 형태소 /웃-/

나. 형태 [웃ː-]~[욷ː-]~[운ː-]

(2가)의 하나의 형태소 '/웃-/'은 '웃어[우ː서]', '웃고[욷ː꼬]', '웃는[운ː는]'에서 볼 수 있듯이 '[웃ː-], [욷ː-], [운ː-]' 등의 여러 형태로 실현되기도 한다. 이런 형태들 간의 관계를 나타내기 위해 이형태(allomorph)라는 용어를 쓰기도 한다.

이형태를 가진 형태소는 주위 환경에 따라 각각 다른 형태를 가지게 되는데, 이를 교체[8](alternation)라 한다. 교체에 의해 나타나는 다양한 형태들 중에서 어느 하나를 기본형(basic form)으로 정하기도 한다. 기본형은

8 교체란 형태소가 특정한 환경에서 형태를 달리하는 현상을 말한다. 교체에 대한 자세한 논의는 이 책의 제2장을 참조할 수 있다.

대체로 다음 몇 가지 기준에 의해 정한다. 먼저 이형태 중 어느 하나를 기본형으로 잡았을 때 나머지 이형태의 도출을 자연스럽게 설명할 수 있다면 그 이형태를 기본형으로 잡는다. 위에서 예로 제시한 '[웃:-], [욷:-], [운:-]'의 경우 '웃-'을 기본형으로 잡으면 비음을 제외한 자음 앞에서 받침이 'ㄷ'으로 바뀌어 '욷-'으로 나타나는 것과 비음 앞에서 '운-'으로 나타나는 것을 한국어의 규칙들에 의해 자연스럽게 설명할 수 있다. 하지만 '욷-'이나 '운-'을 기본형으로 잡으면 한국어에서 이를 자연스러운 규칙으로 설명하기가 어렵다. 한편, 주격 조사 '이~가'와 같이 어느 하나의 이형태를 기본형으로 잡더라도 자연스럽게 다른 이형태를 설명하기 어려운 경우도 있다. 이럴 경우 임의적으로 둘 중 어느 하나를 기본형으로 잡거나 둘 다 기본형으로 잡기도 한다. 물론 이럴 경우에도 통계적으로 보아 빈도가 더 높은 것을 기본형으로 삼거나 역사적으로 먼저 쓰인 형태를 기본형으로 삼기도 한다.[9]

9 주격 조사 '이~가'의 경우 대부분의 사전에 모두 올라 있어서 둘 다 기본형으로 잡은 것으로 볼 수도 있다. 그렇지만 사전의 뜻풀이는 어느 한쪽에서 하는 경우가 많은데, 이는 소극적으로나마 뜻풀이를 하고 있는 쪽을 기본형으로 잡은 것으로 볼 수도 있다.

기본형을 대표형이라 부르기도 하는데, 기본형은 하나의 형태를 정하고 그 형태에서 다른 형태가 나타나는 것을 설명하기에 적합한 용어라면 대표형은 중립적으로 어느 하나를 대표로 잡았다는 것을 설명하기에 적합한 용어이다. 기본형이나 대표형과 관련 있는 용어가 기저형(underlying form)이다. 기본형은 전통 문법이나 구조 언어학에서 형태소를 통일성 있게 기술하기 위해 도입한 개념으로 흔히 사전을 경제적으로 기술하기 위해 이형태 중에서 기본형만을 표제어로 싣는 것으로 활용된다. 이에 비해 기저형은 주로 생성 문법에서 논의된 개념으로 다양한 표면 형태를 하나의 기저 형태에서 도출된 것으로 설명하기 위해 사용된다.

3.1.3. 단어

3.1.3.1. 단어의 정의

단어는 발화 과정에서 규칙에 의해 새롭게 만들어지는 문장과 달리 머릿속 어휘부(mental lexicon)에 저장되어 있는 단위이다. 우리는 모어를 습득할 때나 외국어를 배울 때 의식적으로든 무의식적으로든 단어를 기억하고 저장하고 있다가 발화할 때 꺼내어 쓴다. 머릿속 사전인 어휘부와 마찬가지로 우리가 흔히 사용하는 종이 사전에 표제어로 올리는 기본 단위 역시 단어이다. 또한 단어는 지시물이나 개념을 매개로 세계와 언어 기호를 연결해 주기도 한다.

프랑스어의 'parole', 스페인어의 'palabra'처럼 몇몇 언어에서는 '단어'를 뜻하는 표현이 '말'을 뜻하는 표현과 통용된다. 이처럼 단어는 말, 즉 언어에서 매우 중요한 단위이다. 단어는 형태론의 마지막 단위이자 통사론의 시작 단위이다. 또한 우리 머릿속에서 실재하는 단위로 가정되며, 아이가 태어나서 처음 배우는 단위이기도 하다. 아이는 '엄마', '물', '가다'와 같은 '한 단어를 말하는 단계(one-word stage)'와 '엄마 물'이나 '빨리 가'와 같이 '두 단어를 말하는 단계(two-word stage)'를 거쳐 점차 완전한 문장을 말하는 단계로 나아간다.

단어는 가장 널리 쓰이는 문법 용어이지만 엄격하게 정의 내리기는 매우 어렵다. 단어의 정의 몇 가지를 살펴보자.

첫째, 단어는 '단일한 의미를 가지는 소리의 결합체'라고 하여 의미를 기준으로 정의하기도 한다. 그러나 예를 들어 '생일(生日)'은 한 단어로 취급되지만 '태어난 날'은 한 단어로 취급되지 않는 이유를 '의미'의 기준으로 설명하기는 어렵다.

둘째, 문장에서 쓰이는 요소 가운데 '자립성을 가진 단위 중에서 가장 작은 단위'로 단어를 정의하기도 한다. 이때 자립성이란 흔히 띄어쓰기 등을 통해 드러나는 바와 같이 문장에서 혼자 쓰일 수 있는 성질을 말한다. 다음의 예에서 볼 수 있듯 단어는 문장에서 자립적으로 쓰인다.

(3) 나는 봄꽃을 좋아한다.

(3)에서 '나(는)', '봄꽃(을)', '좋아한다' 등은 띄어 쓴 것에서 볼 수 있듯이 '나', '봄꽃', '좋아한다' 등의 단어는 자립적으로 쓰일 수 있다.

그런데 최소의 자립성을 가진 단위로 단어를 정의하게 되면 '봄꽃'은 단어인데 최소의 자립 형식이 아니라는 점이 문제가 된다. '봄꽃'을 보면 '봄꽃' 전체뿐만 아니라 '봄'과 '꽃'도 자립성을 가진다.[10] 단어와 단어가 모여

10 '봄꽃'이 더 작은 자립 형식인 '봄'과 '꽃'으로 나누어지므로 최소 자립 형식은 아니다. 하지만 '봄꽃'이 '봄'과 '꽃'의 의미의 단순한 합이라기보다는 자신만의 고유한 의미를 가지고 있다고 보면, 그 고유한 의미로는 '봄꽃' 전체를 최소의 자립 형식으로 볼 수도 있다.

또 다른 단어가 될 수 있기 때문에 우리의 판단을 어렵게 하는 것이다. 또 한 뒤에서 논의하겠지만 조사를 단어로 보게 되면 '나는'의 '나'와 '는'이 각각 단어인데, 최소 자립 형식은 '나는'이라는 것이 문제가 된다. 학교 문법에서처럼 조사를 단어로 취급하게 되면, 자립성을 기준으로 단어를 정의하기 어렵다는 것이다. 즉, '나는'에서의 '는'과 같은 조사는 자립성을 기준으로 보게 되면 단어로 다루기 어렵다. 자립성이 단어의 특성을 드러내는 데에 꽤 유용한 기준임에 틀림없지만 이처럼 한계를 지니기도 하는 것이다.

참고 7 조사를 단어로 처리한 이유

품사는 단어를 분류한 것이므로 학교 문법에서 조사가 9품사의 하나로 다루어진다는 점을 고려하면 조사를 단어로 보고 있다는 것을 알 수 있다. 선행하는 어휘 요소에 결합하여 문법적인 기능을 실현하는 어미와 조사 중에서 조사만을 단어로 포함하게 된 것은 자립성의 기준에서 보면 어미 앞에 오는 용언 어간은 자립성이 없지만 조사 앞에 오는 체언은 자립성이 있다는 것과 관련이 있다. 조사를 단어로 취급하는 이유가 더 있을 수 있지만, 이처럼 체언이 자립성이 있으므로 조사도 최소한의 자립성을 가진다고 보는 것이 조사를 단어로 처리한 중요한 이유이다.

셋째, 이런 어려움을 해결하기 위해서 '자리 이동(transposition)'이나 '휴지(pause)', '분리 불가능성(isolability)' 등을 단어 정의의 기준으로 사용하기도 한다. 즉, 단어는 문장 안에서 자리 이동이 가능한 최소 단위여서 단어의 일부만 자리 이동이 되지는 않고, 단어 내부에 휴지를 둘 수 없으며, 다른 단어를 넣어 분리할 수 없는 고립된 문법 단위라는 것이다. 자리 이동이나 휴지, 분리 불가능성의 기준을 적용하면 '봄꽃'은 하나의 단어로 볼 수 있게 된다. 하지만 '나는'의 경우 자리 이동이나 휴지의 기준을 적용하면 하나의 단어가 되고, 분리 불가능성의 기준을 적용하면 두 개의 단어가 되어 어느 쪽으로도 처리하기 어렵다.

이처럼 어떤 기준으로도 단어를 구별하기 어렵기 때문에 여러 기준을 적절하게 고려하기도 하고, 뒤에서 설명하는 것처럼 음운적 단어, 의미적 단어, 형태적 단어 등으로 단어의 개념을 필요에 따라 다르게 사용하기도 한다. 단어의 정의가 어려운 것은 단어가 의미, 형태, 문장에 참여하는 양상

등 다양한 측면을 가지고 있기 때문이기도 하지만, 이 용어가 문법 용어이기 이전에 일상어에서 널리 쓰이고 있다는 사실과도 관련 있다. 일상어에 쓰이는 말은 엄격한 정의에 따라 사용되는 것이 아니라 언중들이 상황에 따라 다양한 의미로 사용하기 때문이다.

단어와 유사한 의미로 '낱말'이나 '어휘'를 사용하기도 하는데, 이들 역시 정의를 내리기가 쉽지 않다. '낱말'은 '단어'의 고유어 표현이기는 하지만 다른 다양한 의미로 인식되기도 하여 문법 용어로 삼기에는 부족한 점이 있고, '어휘'는 개별 단어가 아닌 단어 집합의 의미로 많이 사용되지만 역시 엄격하게 정의하기는 어렵다. 문법론에서는 개별 단어를 지칭하는 말로 '낱말'이나 '어휘'보다는 '단어'라는 말을 더 많이 사용한다.[11]

11 학교에서 사용되는 교과서에서는 초등학교에서는 고유어인 '낱말', 중학교나 고등학교에서는 한자어인 '단어'를 주로 사용한다.

3.1.3.2. 단어의 범위와 관련한 여러 논의들

단어의 정의가 쉽지 않으므로 한국어 문법가들은 단어의 정의나 범위에 대해 다른 견해를 가져 왔다. 특히 조사와 어미를 단어에 포함하는지에 따라 뚜렷한 차이를 보여 왔다.

(4) 산에 진달래가 가득 피었다.

주시경을 비롯한 개화기 초기 문법가들 중에는 조사나 어미의 일부를 단어로 인정하였다. 이들의 관점에 서면 (4)에서 단어는 '산, 에, 진달래, 가, 가득, 피-, -었다'의 7개가 된다.[12] 한편 최현배를 비롯한 1930년대 한글맞춤법 제정에 참여한 학자들 중 상당수는 조사는 단어로 인정하되 어미는 단어로 인정하지 않았다. 이런 관점에 서면 단어는 '산, 에, 진달래, 가, 가득, 피었다'의 6개가 된다. 정열모나 이숭녕 등 역사 문법가들은 람스테트를 비롯한 한국어 역사 문법을 연구한 서양 학자들의 영향으로 서양의 굴절어에서 어미를 따로 단어로 취급하지 않듯이 조사나 어미 모두를 단어로 보지 않았다. 이렇게 보면 단어는 '산에, 진달래가, 가득, 피었다'의 4개가 된다.

12 어미가 여러 개 결합한 경우 모든 어미를 각각 단어로 보기도 하고, 어미 결합체 전체를 하나의 단어로 보기도 한다.

단어 정의의 어려움은 단어가 소리의 측면, 의미의 측면, 소리와 의미를 이어 주는 구조의 측면들을 가지고 있으며, 각각의 측면에서의 단위가 다를 수 있기 때문이다. 단어의 정의가 어렵기 때문에 최근에는 아예 단어의 개념을 해체하여 목적에 맞게 각각 다른 용어로 사용하기도 한다. 단어는 정서법의 관점에서 보면 띄어 쓴 빈칸 사이의 글자 연쇄이며, 음성학 혹은 음운론의 관점에서는 휴지에 의해 분리되는 음의 연속체이면서 음운 규칙의 적용을 받는 단위이고, 통사론적 관점에서는 문장의 형성에 참여하는 요소이며, 의미론적 관점에서는 단일한 의미 단위이기도 한 것이다.

참고 8 **다양한 측면에서의 단어의 명칭**

(1) 소리의 측면

① 음성적 단어(phonetic word): 소리가 나는 방식의 관점에서 확인할 수 있는 단위. 예를 들어 휴지에 의해 분리되는 언어 단위는 이런 관점의 단어 정의이다. 음성적 단어는 음운적 단어와 구별이 어렵다.

② 음운적 단어(phonological word): 강세나 음운 규칙의 적용 범위를 통해 확인할 수 있는 단위. 예를 들어 어떤 언어에서 한 단어는 강세를 하나만 갖는다는 점에 착안하여 단어를 정의한다면 이런 관점의 단어 정의이다.

③ 정서법적 단어: 띄어 쓴 빈칸 사이의 글자 연쇄 단위. 정서법이 소리를 표기하는 것이므로 띄어쓰기 단위를 단어로 보는 것도 소리의 측면과 관련된다.

(2) 의미의 측면

④ 의미적 단어(semantic word): 단일한 의미를 가지는 단위.

⑤ 어휘적/사전적 단어(lexical word): 사전에 올리는 단위. 어휘소, 등재소 등도 이 관점의 단어 정의와 통한다.

(3) 소리와 의미를 연결하는 구조의 측면

⑥ 형태적 단어(morphological word): 자립성을 가진 단위 중에서 가장 작은 단위.

⑦ 통사적 단어(syntactic word): 통사 구성에 참여하는 단위. 이른바 통사 원자가 이 단위와 유사하다. 이에 따르면 한국어의 조사나 어미 모두 단어이다.

3.2. 단어 형성론

3.2.1. 단어 형성의 유형

3.2.1.1. 단어 형성의 원리

단어는 왜, 어떻게 만들어지는가? 특정 언어를 사용하는 언어 사회에 새로운 사물이나 개념이 등장하면 언중들은 명명 욕구가 생겨나서 새로운 단어를 필요로 한다. 새로운 단어를 도입하는 가장 쉬운 방법은 외래 어휘를 차용하는 것이다. 차용에 의존하지 않는다면 어휘부에 들어 있는 기존의 재료를 활용하여 어휘를 만들어 내게 된다. 이때 가장 강력한 원리는 이른바 유추의 원리이다.

새로 생기는 단어의 유형

(1) 외래어 차용
새로운 사물(개념) 등장에 따른 명명 욕구 ⇒ 외래 어휘 차용.
예) 컴퓨터, 메신저

(2) 외래어 차용 +기존 어휘 활용
새로운 사물(개념) 등장에 따른 명명 욕구 ⇒ 외래 어휘 차용하되, 기존 어휘를 부분적으로 활용함.
예) 고구마, 마라탕

(3) 기존 어휘 활용
새로운 사물(개념) 등장에 따른 명명 욕구 ⇒ 새로운 단어 형성.
↑ 예) 참감자
어휘부에 있는 기존 어휘 참조
(유추/은유의 원리)

먼저 '컴퓨터'나 '메신저'처럼 외래어를 그대로 받아들여 사용하는 경우가 있다. 다음으로 '고구마'나 '마라탕'처럼 외래어를 받아들이는 과정에서 기존 어휘를 부분적으로 활용하는 경우도 있다. 고구마는 일본 대마도 방언인 '코코이모(koukouimo/こうこういも, 孝行藷)'를 차용하되, 마지막 음절이 '마'가 된 것은 고구마를 '마[薯]'의 일종으로 보아 이전부터 쓰이던 '마'를 활용한 것으로 생각된다. 마라탕은 중국의 음식 이름인 '마라[麻辣]'

에 우리말에서 흔히 사용되는 한자어 '탕(湯)'을 결합하여 사용한 것이다. 이미 언급한 바와 같이 방언에 따라서는 고구마 대신 '참감자'라는 말을 쓰기도 한다. 감자만 존재하던 언어 사회에 어느 시기에 이르러 고구마가 들어오자 이 사물에 대한 명명이 필요해졌다. 이 방언에서는 외래어를 차용하지 않고 고구마와 유사한 기존 사물인 감자에서 이름을 가져오되, 감자보다 더 달콤하다는 의미를 추가하기 위해 '참'을 더하여 '참감자'를 만든 것으로 볼 수 있다.[13]

13 '참외'에서 볼 수 있듯이 '참-'은 음식 이름에 결합하여 달콤하다는 의미를 더하기도 한다.

'고구마'나 '참감자'라는 명칭에서 알 수 있듯이 외래어를 그대로 차용하는 경우를 제외하면 새로운 단어를 만드는 가장 강력한 원리는 넓은 의미에서 유추이다. 기존의 어휘부에 존재하는 모든 어휘들은 새로운 단어를 만드는 유추의 기반으로 작동할 수 있다. 유추란 개념이나 형식의 유사성에 기대는 것이다. 개념의 유사성에 기댈 때, 흔히 나타나는 현상은 분석이나 재분석에 의해 어느 하나를 단어 형성 요소로 고정하는 것이다. 이 요소는 흔히 단어 형성의 요소로 활성화된다. 예를 들어 '고기잡이'는 '잡이'가 단어 형성의 핵심 요소로 작용하여 '새우잡이', '명태잡이', '멸치잡이' 등을 만드는 것이 가능해지는 것이다. 쉽게 활성화되는 특정 요소에는 생산적인 접두사나 접미사, 이른바 단어 형성 전용 요소[14] 등이 있다. 형식의 유사성이란 단어를 만드는 틀의 유사성이다. 단어 형성법에서 말하는 합성이나 파생 등은 형식의 유사성에 기댄 유추의 일종으로 볼 수 있다.

14 '노래방', '빨래방' 등에 쓰이는 '방'과 같이 접사로 보기에는 자립적인 의미 기능이 강하고 단어나 어근으로 보기에는 의존성이 강한 요소이면서 단어 형성에 활발하게 참여하는 요소를 흔히 단어 형성 전용 요소라 한다.

참고 9 어간, 어근, 어기, 접사, 어미의 개념

- 어간(stem): 활용을 할 때 중심이 되는 줄기 부분. 굴절론의 용어. '먹다'와 '먹히다'에서 '먹-'과 '먹히-'가 어간이다.
- 어근(root): 파생이나 합성 등 조어 과정에 참여하는 요소 중 의미상 중심이 되는 부분. 단어 형성론의 용어. '먹히다'에서 '먹-'이 어근이다.
- 어기(base): 단어의 기본이 되는 부분. 어기를 어간과 어근을 포괄하는 개념으로 사용하기도 한다. 생성 문법에서처럼 어기를 단어 형성론의 용어로만 한정해서 사용하는 경우가 있었고, 일본의 조선어학계에서처럼 활용론의 용어로 사용하는 경우도 있었다. 우리 책에서는 이런 복잡한 사정을 고려하여 굳이 어기라는 용어를 사용하지 않는다.

- 접사(affix): 어근이나 어간에 붙어 문법적인 기능을 나타내거나 부분적으로 의미를 더해 주기도 하는 요소. 접사의 범위를 좁은 의미로 보면 파생 접사만이 포함되고, 넓은 의미로 보면 파생 접사와 굴절 접사가 포함된다. 접사를 어근의 앞에 오는 접두사와 어근의 뒤에 오는 접미사로 나누기도 한다.
  - 파생 접사(derivational affix): 단어 형성에 참여하여 새로운 단어를 만드는 접사.
  - 굴절 접사(≒어미, inflectional affix): 활용할 때 어간에 붙어서 형태가 변하는 부분. 굴절 접두사와 굴절 접미사가 가능하지만 한국어에서는 굴절 접미사만 있으므로 어미와 거의 같은 개념으로 쓰인다.
  - 접두사(prefix): 어근의 앞에 오는 접사. 한국어에서 접두사는 파생 접두사만 존재한다. '드높이다'에서 '드-'는 접두사이다.
  - 접미사(suffix): 어근의 뒤에 오는 접사. 한국어에서는 어근의 뒤에 오는 접사, 곧 파생 접미사만을 접미사라고 하지만 언어에 따라서는 굴절 접미사를 포함하기도 한다. '드높이다'에서 '-이-'는 접미사이다.
- 어미(ending): 활용할 때 어간에 붙어서 형태가 변하는 부분. '먹다', '먹고' 등의 '-다', '-고'가 어미이다.

개념의 유사성에 기대어 새로운 단어가 만들어질 때 흔히 형식의 유사성도 암묵적으로 작용한다. '참감자'의 경우 '접두사+어근'이라는 한국어의 조어 형식이 암묵적으로 작용한 것으로 보인다. 특정 개념을 가진 요소가 활성화되지 않고 '접두사+어근', '어근+어근', '어근+접미사' 등 단어가 만들어지는 형식만 활성화되기도 한다. '갈비'와 '삼겹살'에서 '갈겹살'이 만들어지는 과정에도 특정 개념을 가진 요소가 활성화되었다기보다 형식이 활성화하여 신조어 형성에 널리 쓰이는 혼성(blending)이라는 단어 형성 방식이 적용된 것으로 보인다.

참고 10 유추와 규칙

단어가 만들어지는 과정을 규칙으로 설명하기도 하고, 유추로 설명하기도 한다. 흔히 생성 문법의 관점에서는 파생 규칙, 합성 규칙 등을 설정하여 단어 형성을 규칙으로 설명하는 입장을 보이며, 인지 언어학적인 관점에서는 의미나 형식에 근거한 유추의 틀이 단어 형성에 작용한다고 본다. 학자에 따라서는 규칙도 유추에 포함되는 것으로 보기도 하고, 양자를 구분하기도 한다. 우리 책에서는 단어 형성의 원리는 유추로 설명하되, 구체적인 기술에서는 규칙을 활용하기도 한다.

3.2.1.2. **분석의 관점과 형성의 관점**

단어가 어떻게 만들어지는지 알아보는 분야를 단어 형성론이라 한다. 단어 형성론 연구는 다시 '분석'을 중시하는 관점과 '형성'을 중시하는 관점으로 나누어 볼 수 있다. 분석을 중시하는 관점의 연구는 주로 구조주의 언어학 시기에 널리 사용된 것으로 이미 존재하는 단어를 분석하여 그 결과에 따라 단어를 단일어와 복합어로 나누고 복합어는 다시 합성어와 파생어로 나누어 조어의 유형을 논의하게 된다.

최근에는 생성 문법이나 인지 언어학의 영향 아래 단어의 '형성'을 중시하는 연구가 많이 이루어지고 있다. 형성을 중시하는 관점의 연구에서는 분석보다는 새로운 단어를 만드는 화자의 능력을 밝히는 것을 목적으로 한다. 그리하여 기존 단어의 분석에 그치는 것이 아니라 분석된 결과를 바탕으로 새로운 단어를 형성할 수 있는 인간의 능력에 주목한다. 곧 단어를 분석하여 그 결과를 바탕으로 합성어나 파생어를 구별하기보다는 이런 단어 만들기 방식이 새로운 단어를 만드는 데에 생산적으로 적용될 수 있는가 그렇지 않은가와 같은 인간의 조어 능력을 밝히는 데에 더 많은 관심을 가진다.

다음의 예를 검토해 보자.

(5) 가. 대체로, 수시로, 진실로; 멋대로, 이대로, 마음대로; 글쎄요, 이봐요
 나. 어르신, 어르신네, 여보시오; 따라, 조차, 부터; 여보게, 옳다구나, 옳소

(5)의 예들은 분석의 관점과 형성의 관점에서 다르게 다룰 수 있는 예들이다. '대체로'를 예로 들어 보면 분석의 관점에서는 '대체+로'로 분석하며, '로'가 어근이 아니므로 접사로 보아 단어 전체는 파생어로 본다. 하지만 형성의 관점에서 보면 '대체(명사)+로(조사)'가 결합한 통사 구성이 어휘화가 된 것으로 본다. 따라서 파생어로 다루지 않게 된다.

이미 앞에서 '새롭다', '외롭다'를 통해서 언급했듯이 분석을 중시하는

관점의 연구로는 단어에 따라서 구조 기술이 쉽지 않은 경우가 있다. 분석을 중시하는 관점의 연구에서는 흔히 기존의 단어를 분석하되 공시적인 쓰임을 고려하여 분석하는데, '새'는 공시적으로 관형사이므로 분석을 중시하는 관점의 연구에서는 관형사가 '-롭-'과 결합하여 형용사를 만드는 것으로 기술하여야 한다. 그런데 '-롭-'은 관형사가 아닌 명사와 결합하여 형용사를 파생하는 접미사이므로 단어의 구조 기술이 어려워지는 것이다.

(5가)는 '로', '대로', '요'와 같은 격 조사 및 보조사가 단어 형성에 참여한 경우이다. (5나)는 '-시-', '-아/어', '-게', '-구나', '-소' 등의 선어말 어미, 연결 어미, 종결 어미가 단어 형성에 참여한 경우이다. 분석을 중시하는 관점의 연구에서는 이미 언급한 것처럼 단어 형성에 참여한 조사나 어미를 파생 접사로 보는 경우가 많다. 이런 관점의 연구에서는 단어를 분석하고 나서 분석된 요소를 어근 혹은 접사로 분류하는데, 조사나 어미를 어근으로 보기 어려우므로 파생 접사로 본다. 하지만 이들은 새로운 단어를 만드는 기능을 가지고 있는 파생 접사가 아니라 조사나 어미에서 온 것들이다. 형성을 중시하는 관점의 연구에서는 이들을 파생 접사로 보지 않아도 된다. 분석을 통해 특정 단어가 어떻게 형성되었는지를 알 수 있는 경우도 있지만 공시적인 쓰임에만 의존할 경우 실제 형성 과정과 다른 해석을 가져올 여지도 있는 것이다.

사실 단어 형성론 연구는 분석을 중시하는 관점과 형성을 중시하는 관점이 조화롭게 적용되어야 한다. 형성을 중시하는 관점의 연구를 위해서는 먼저 기존의 단어를 분석하여야 하며, 이런 분석을 바탕으로 형성의 관점에서 해석하는 것이 도움이 된다. 우리는 분석을 중시하는 관점에 따라 단어의 짜임새를 합성어와 파생어 등으로 나누어 논의하되, 분석된 자료의 해석이나 새로운 단어의 형성 가능성에 대해 논의할 때는 형성을 중시하는 관점도 고려하여 기술하고자 한다.

3.2.1.3. 형성 방식에 따른 단어의 유형

단어는 그 짜임새가 단일할 수도 있고 복합적일 수도 있다. 다시 말해 단어는 하나의 형태소로 된 것도 있고 둘 이상의 형태소가 모여 구성된 것도 있다는 것이다. 하나의 형태소로 되어 있어 짜임새가 단일한 단어를 단일어(simple word)라 하고, 둘 이상의 형태소로 되어 있어 짜임새가 복합적인 단어를 복합어(complex word)라 한다. 복합어는 다시 어휘 의미를 강하게 띠는 요소끼리 결합한 합성어(compound word)와, 어휘 의미를 가진 요소에 접두사나 접미사와 같이 형식 의미를 갖는 요소가 결합한 파생어(derived word)로 나눌 수 있다.[15] 이를 간략하게 나타내면 다음과 같다.

15 'complex word'를 합성어, 'compound word'를 복합어로 번역하여 합성어를 더 상위 개념으로 놓는 학자들도 있다. 학교 문법 등에서는 대체로 우리 책과 같이 복합어를 더 상위 개념으로 둔다.

(6) 형성 방법에 따른 단어의 분류(Ⅰ)

- 단어
  - 단일어(simple word): 하늘, 바다, 높다[16]
  - 복합어(complex word)
    - 합성어(compound word): 강산, 보슬비, 높푸르다
    - 파생어(derived word): 풋사랑, 웃음, 휘두르다

16 단어 형성 방식을 분류할 때 동사나 형용사와 같은 용언의 경우 어간만을 대상으로 한다. 만일 '높다'처럼 어간과 어미가 결합한 전체를 대상으로 할 경우 용언에는 단일어가 하나도 없다고 보게 된다.

단어를 이루는 형태소가 셋 이상일 경우 직접 구성 성분의 개념을 도입하여 해결해야 할 경우도 있다.[17] 이때 흔히 드는 예가 '코웃음'과 '비웃음'이다. '코웃음'은 '코', '웃-', '-(으)ㅁ'의 세 개의 형태소가 결합한 것인데, '*코웃-'이 존재하지 않고 '코'와 '웃음'만 존재하며 의미상으로도 '코+웃음'의 분석이 자연스럽다. 따라서 직접 구성 성분은 '코'와 '웃음'이며 이들이 모두 어휘 의미를 강하게 띠는 요소들이므로 합성어에 속한다. '비웃음' 역시 '비-', '웃-', '-(으)ㅁ'의 세 개 형태소가 결합한 것인데, 이 경우는 '비웃-'이 존재하며 의미상으로도 '비웃-'에 파생 접미사 '-(으)ㅁ'이 결합한 것으로 이해할 수 있으므로 '비웃-+-(으)ㅁ'의 분석이 자연스럽다. 따라서 직접 구성 성분은 '비웃-'과 '-(으)ㅁ'이며 직접 구성 성분의 하나가 형식 의미를 가지는 요소이므로 파생어에 속한다.

17 직접 구성 성분(immediate constituent, 줄여서 IC)은 어떤 언어 단위를 층위를 두고 분석할 때 일차적으로 분석되어 나오는 성분으로서 '직접 성분', '직접 구성 요소'라고 하기도 한다. 직접 구성 성분은 주로 둘로 나누어지지만 '진선미', '동서남북'의 경우처럼 셋 이상으로 나누어지기도 한다.

그러나 '해돋이, 고기잡이'처럼 직접 구성 성분에 의한 분석으로도 합성어인지 파생어인지 판단하기 어려운 단어들도 있다. 형태상으로 보면 '해', '고기'가 쉽게 분석되어 나오므로 '해+돋이', '고기+잡이'로 분석할 수 있

을 듯하지만 '*돋이'는 국어사전에 올라 있지 않고 '잡이'의 경우는 국어사전에 올라 있지만 '고기+잡이'로 보기에는 의미상 자연스럽지 못하다. 의미상으로는 '해(가) 돋-+-이', '고기(를) 잡-+-이'로 분석하는 것이 자연스럽다. 하지만 '해(가) 돋-', '고기(를) 잡-'이 단어가 아니라 구이므로 단어의 구성 요소가 단어보다 큰 구라고 설명해야 하는 어려움이 있다. 이런 예들은 문법가에 따라 합성어로 분석하기도 하고 파생어로 분석하기도 한다.

참고 11 '해돋이'류의 분석

이와 같이 형태 중심의 분석과 의미 중심의 분석이 불일치를 보이는 현상을 괄호매김 역설(bracketing paradox)이라 부른다. 영어에서도 'truck driver'를 '[[truck] [driver]]'로 분석하느냐, '[[truck drive] [-er]]'로 분석하느냐가 문제가 되고 있다. 한국어에서도 이를 합성어로 보느냐 파생어로 보느냐에 대해서는 여전히 논쟁이 계속되고 있는데, 실제 사례에 따라서 몇 가지 분석이 가능할 것으로 보인다. '해돋이'와 같은 예는 '*돋이'가 단어로 존재하지 않으며 '*돋이'를 사용하는 예가 해돋이를 제외하면 없으므로 '[[해(가) 돋-] [-이]]'로 분석하는 것이 조금 더 타당한 것으로 보인다. 하지만 '책꽂이'의 경우 '편지꽂이', '연필꽂이' 등으로 많은 예가 있어 '[[책] [꽂이]]'의 분석도 가능할 듯하다. 이렇게 분석한다 하더라도 '[꽂이]'가 단어로 존재하지 않으므로(사전에 나타나는 '꽂이'는 '꼬챙이'의 뜻), '꽂이'를 어근으로 보아 합성어로 보아야 할지 파생 접사로 보아 파생어로 보아야 할지도 판단이 쉽지 않다. 이런 사정이 있지만 우리 책에서는 '해돋이'류나 '책꽂이'류 모두 의미를 고려하여 먼저 합성어가 된 후 파생이 된 것으로 보아 파생어로 처리한다.

구조주의 문법에서는 단일어가 아닌 단어들을 모두 합성어나 파생어에 소속시키려고 하였지만, 실제로 단어들을 살펴보면 짜임새가 단일하지 않은 단어 중에는 합성어와 파생어로만 나눌 수 없는 예들도 무수히 발견된다. 이미 언급한 것처럼 조사나 어미를 파생 접사로 보고, 그것들이 포함된 구성을 파생법에 의해 만들어진 파생어로 보면 실제로 그 단어가 만들어진 과정과 다르게 분석되는 결과를 가져오는 것이다. 뒤에서 자세하게 설명할 것인바, '휴게텔, 강추' 같은 신조어들도 합성어나 파생어라는 이원적인 분류로는 포착하기 어려운 형성의 원리를 가지고 있기도 하다. 따라서 실제로 단어가 형성된 방법을 고려하여 단어 형성 방법을 다음과 같이 확장하기도 한다.

(6′) 형성 방법에 따른 단어의 분류(Ⅱ)

- 단어
  - 단일어
  - 복합어
    - 합성어(compound word): 강산, 보슬비, 높푸르다
    - 파생어(derived word): 풋사랑, 웃음, 휘두르다
  - 그 외의 단어 형성 방식에 의한 단어
    - 통사 구성의 어휘화 단어: 대체로, 멋대로, 여보게
    - 중첩어(reduplication): 송이송이, 울긋불긋
    - 두음절 약어(acronnym): 전교조(전국교직원노동조합), 강추(강력 추천), 엄친아(엄마 친구 아들)
    - 음절 축소 약어: 샘(←선생님), 쌈(←싸움), 셩장(←수영장)
    - 혼성어(blending): 네티켓,[18] 갈겹살, 휴게텔
    - 역형성어(back formation): 점잔('젊지 아니하다'의 줄임말인 '점잖다'에서 온 말)
    - 절단어(clipping): 새삼('새삼스레'에서 온 말), 내비 ('내비게이션'에서 온 말)
    - 내적 변화 단어(자음 교체, 모음 교체): 감감하다/깜깜하다, 졸졸/줄줄
    - 영 변화 단어: 신(명사)/신다(동사), 오늘(명사)/오늘(부사)
    - 고유 명사의 보통 명사화[19] 단어: 초코파이, 샌드위치
    - ......

합성어와 파생어는 이미 언급한 것과 같다. 다만 합성어의 경우 가장 전형적인 것은 '단어+단어'이지만 '보슬비'의 '보슬'처럼 단어가 아닌 비자립적인 어근이 구성 요소로 참여하는 경우도 있는데, 이럴 경우 파생어와 구분이 어려워진다. 파생어는 '풋사랑'처럼 어근 앞에 접두사가 결합한 단어와 '웃음'처럼 어근 뒤에 접미사가 결합하는 방식이 있다. 통사 구성의 어휘화에 의한 단어는 이미 언급한 것처럼 조사가 결합된 구성과 어미가 결합된 구성 등이 있다.

18 네티켓은 영어 'netiquette'에서 온 것이므로 우리말 단어 형성의 예로 보기 어렵지만, 이 자리에서 같이 다루어 두기로 한다. '혼성'은 영어에 흔한 단어 형성법이므로 최근 우리말 신어에 혼성이 많아진 것은 영어의 영향으로 볼 수도 있다.

19 고유 명사의 보통 명사화는 단어 형성 기제라기보다 의미 변화 기제로 볼 수 있지만 의미 변화의 결과가 단순히 의미 확장에 그치는 것이 아니라 새로운 단어가 만들어진다는 점에서 단어 형성 기제의 하나로 다룬다.

참고 12 **통사 구성의 어휘화**

통사 구성의 어휘화란 구나 문장 등의 통사 구성이 어휘부의 기억 단위가 되는 현상을 말한다. 속담과 같은 문장도 의미상 한 단위로 어휘부에 기억되는 것으로 보아, 통사 구성의 어휘화의 일종으로 볼 수 있다. 이처럼 이론적으로는 문장을 포함한 모든 통사 구성은 어휘화가 가능하다. 통사 구성의 어휘화에 의한 단어에 '강산', '봄비'처럼 이른바 통사적 합성어도 모두 포함될 수 있다. 하지만 우리는 통사 구성의 어휘화에 의한 단어의 범위를 좁게 잡아 '체언+조사'나 '용언 어간+어미' 구성이 어휘화한 것 등으로 한정하여 합성어나 파생어와 구분하고자 한다.

중첩어는 흔히 반복 합성어로 불리는 것으로 의성어나 의태어 부사에 흔히 발견된다. 두음절 약어와 혼성어는 최근 신조어에서 집중적으로 나타나는데, 형태소나 단어의 일부만을 사용하기 때문에 형태적 안정성이 떨어져 유행어에 머물다가 사라지는 경우가 많다. 두음절 약어는 주로 한자어에 널리 쓰이다가 최근에는 고유어에도 확장되고 있다. 음절 축소 약어는 제시된 예 이외에도 구어에서 널리 나타나는 것으로 보인다.[20]

역형성어는 흔히 재분석에 의한 것으로 실제 사례는 많지 않다. 절단어는 단어에서 일부를 잘라내고 나머지 일부로서 전체의 의미로 사용하는 것이다. 역형성어와 유사하지만 재분석의 과정을 거치지 않는다.[21] 최근에는 '내비'처럼 외래어에서 절단어가 제법 많이 쓰인다. 내적 변화와 영 변화에 의한 단어들은 공시적으로 활발하게 새로운 단어를 만든다고 보기는 어렵지만 내적 변화 단어는 의성어나 의태어 등에 아직도 많이 나타난다.[22] 고유 명사의 보통 명사화 단어는 다른 단어들과는 달리 어휘부에 잘 저장되지 않고 실제 언어생활에서 "이 아이들은 모두 미래의 아인슈타인이 될 것이다."의 '아인슈타인'이 과학자를 나타내는 것과 같은 비유적인 문장에서 흔히 나타난다.

복합어를 만드는 다양한 방식을 위에서 제시한 것보다 더 많이 제시할 수도 있고, 좀 더 줄일 수도 있다.[23] 줄일 경우 '중첩어', '두음절 약어', '혼성어' 등은 실질적 의미를 가진 요소끼리 단어 형성에 참여한다는 점에서 합성어에 속한다. 그리고 '통사 구성의 어휘화 단어'는 조사나 어미가, '내적 변화 단어'는 자음이나 모음이 바뀌는 사실 자체가, '영 변화 단어'는 흔

20 제시된 단어 중에서 '쌈'은 『표준국어대사전』에 등재되어 있고, '쌤', '셩장'은 『우리말샘』에 등재되어 있다.

21 '역형성어'와 '절단어'는 모두 기존 단어를 줄여서 만든다는 점에서 공통되지만 재분석 여부에서 차이가 나고, 역형성어는 원말과 품사가 다른 경우도 있다는 점에서도 절단어와 차이가 난다.

22 '팔팔-펄펄-폴폴-풀풀', '탁탁-턱턱-톡톡-툭툭' 등 다양한 모음 교체에 의해 어감의 차이를 가지는 의성어나 의태어는 제법 많다. 이들 중에서 실질 의미의 차이를 보이는 것도 있고, 어감의 차이만 나타내는 경우도 있다.

23 복합어를 결합, 대치, 축약이나 탈락, 영 변화 등의 단어 형성 기제에 따라 나누기도 한다. 이 경우 합성, 파생, 중첩 등은 결합에 속하고, 내적 변화는 대치에 속하고, 역형성, 절단 등은 축약이나 탈락에 속하고, 통사 구성의 어휘화나 영 변화는 영 변화에 속한다.

히 'ø'로 표시되는 영 형태소가 파생 접사처럼 단어를 형성하는 데에 사용되는 것으로 볼 수 있다는 점에서 파생어에 넣기도 한다. '역형성어'나 '고유 명사의 보통 명사화 단어'는 합성어나 파생어 어디에도 넣기가 곤란하다.

3.2.1.4. 신조어와 순화어

이미 언급한 것처럼 언중들은 새로운 사물이나 개념이 등장하면 명명 욕구가 생겨나 새로운 단어를 필요로 한다. 다양한 방식으로 신조어가 만들어지면 사회적 공인을 받아 국어사전에 실리기도 하고, 잠시 유행어로 사용되다가 사전에 실리지 못하고 사라지기도 한다. 여기에서는 신조어가 만들어지고, 사용되고, 저장되거나 사라지는 양상을 간략하게 검토해 보기로 하자.[24]

24 여기에서는 단어 형성법의 관점에서 신조어를 다루지만, 제 II 권 제8장 어휘론에서는 어휘의 통시적 변이의 관점에서 신조어를 포함한 신어를 다루게 된다.

이미 언급했듯이 신조어는 합성이나 파생 말고도 약어화나 혼성 등 다양한 방식으로 만들어진다.

(7) 형성 방식에 따른 신조어

가. 낚시글, 손베개, 기러기가족

나. 새내기, 도우미, 캥거루족

다. 노래방, 빨래방, 멀티방

라. 감튀, 얼짱, 남사친

마. 컴맹, 갈겹살, 주린이

(7가)의 합성이나 (7나)의 파생은 전형적인 단어 형성 방법으로 오랫동안 사용되어 왔다. (7다)는 이른바 단어 형성 전용 요소에 의해 만들어진 신조어이다. (7라)의 두음절 약어화나 (7마)의 혼성어 형성법은 특히 최근에 인터넷 공간을 중심으로 많이 활용되는 단어 형성법이다.

참고 13 **다양한 신조어 형성 방식**

신조어 형성 방식은 (7)에서 예시한 합성, 파생, 단어 형성 전용 요소의 활용, 약어화, 혼성 등의 일반적인 단어 형성 방식에 따라 나눌 수 있지만 다소 다른 관점에서 나눌 수도 있다. 즉, (1)과 같이 외래어 내지 외국어와 우리말의 혼용, 알파벳과 한글의 혼용, 의도적인 맞춤법의 이탈, 유사한 글자 모양 활용, 초성 글자를 사용한 두자음 약어화 등도 단어 형성 방식의 일종으로 나눌 수 있는 것이다.

(1) 가. 외국어/외래어와 우리말의 혼용: 멘붕, 갓생
  나. 로마자, 한글, 숫자의 혼용: N포 세대, 머선 129
  다. 의도적인 맞춤법 이탈: 뭥미, 고나리, 오나전
  라. 글자 모양 교체: 댕댕이, 띵작, 커엽다
  마. 초성 글자만 사용: ㅇㅈ(인정), ㅇㅋ(오케이), ㄱㅅ(감사)

신조어 형성과 밀접한 관련을 가지는 것이 순화어 만들기이다. 순화어는 기존의 단어를 바탕으로 하지만 새롭게 단어를 만든다는 점에서 신조어 형성과 원리 면에서 크게 다르지 않다. 남과 북에서 각각 다른 양상으로 순화어를 만들었다.

참고 14 **고유어와 한자어의 인위적 변개**

한국어의 순화어는 대체로 외래어나 한자어를 고유어로 순화하거나, 외래어를 상대적으로 더 친숙한 한자어로 순화하는 것을 말한다. 역사적으로 보면 인위적인 어휘의 변개는 순화어로의 변화도 있었지만 반대로 고유어를 한자어로 바꾼 경우도 있었다. 신라 경덕왕 때 고유어 지명을 한자어로 바꾼 일이나, 20세기에 들어 일제 강점기의 일본식 한자어로의 지명 개정은 오늘날의 순화어와 달리 한자어로의 변화였다. 한편 외래어나 한자어를 순화한 대규모의 변화가 해방 후 일제 잔재의 청산을 위한 노력으로 이루어진 바 있었다.

(8) 남한과 북한의 순화어들
  가. 남: 스크린 도어→안전문, 리플→댓글, 스타일리스트→맵시가꿈이, 네티즌→누리꾼
  나. 북: 주차장→차마당, 노크→손기척, 냉면→찬국수, 산책로→거님마당

순화어의 특징은 합성어나 파생어가 많다는 것이다. 이는 합성이나 파생이 전형적인 단어 형성 방식이기 때문에 안정감이 있다는 사실과, 비교적 의미 면에서 손실이 없어 의미가 쉽게 이해될 수 있다는 점이 고려된 것으로 보인다. 남한의 경우 국립 국어원과 같은 공공 기관이 참여하기도 하고 국어 수업 등 학교 교육을 통해 교육되기도 하지만 순화어는 대체로 언중들의 자율에 맡겨진 측면이 강한 반면, 북한의 경우 문화어 운동 등으로 국가에 의해 대규모로 추진된 바 있다.

최근에는 인터넷 공간을 중심으로 많은 신조어들이 만들어지고 있다. 신조어는 사회 변화의 양상과 언중의 사고방식을 보여 준다는 점에서 흥미로운 관찰의 대상이다. 이미 언급했듯이 신조어는 한번 만들어지면 일정 기간 사용되다가 사회적 공인을 얻어 사전에 표제어로 오르기도 하고 사라지기도 한다.[25] 어떤 단어가 짧은 기간 사용되다가 사라지고, 어떤 단어가 사전에까지 올라 생명을 유지하게 되는지에 대해 정확히 말하기는 어렵다. 다만 그 단어가 필요에 의해 많이 사용될수록, 합성이나 파생처럼 의미 면에서 손실 없이 명확하고 흔히 사용되는 조어 방식으로 만들어진 단어일수록 사회적 공인을 얻어 사전에 오르기 쉬운 경향이 있는 것으로 보인다.

25 신조어는 『표준국어대사전』에 실려 있는 경우도 있지만, 『우리말 샘』에만 실려 있는 경우가 많다.

3.2.2. 합성어

3.2.2.1. 합성어와 구

합성은 앞에서 언급한 여러 가지 단어 형성 방법 중 가장 보편적인 방법이다. 합성어를 만드는 가장 일반적인 방식은 '단어+단어'인데, 이때 구성 요소가 독립적으로 단어로 쓰이지 않는 비자립적 어근이 사용될 수도 있다. 그렇게 되면 '비자립적 어근+단어', '단어+비자립적 어근', '비자립적 어근+비자립적 어근'의 구성으로 나타난다. '단어+단어' 결합의 합성어는 구와의 구별이 문제가 되고, 나머지 형식의 경우 파생어와의 구별이 문제가 된다.

이 중 합성어와 구의 구별이 문제가 되는 경우가 많으므로 좀 더 자세하게 살펴보기로 하자. 합성어와 구를 구별하는 첫 번째 방법은 구성 요소 사이에 다른 말을 넣어 보는 것이다.

(9) 가. 나는 배를 깎아 먹었다. / 나는 배를 깎아서 먹었다.
　나. 그는 모든 점에서 뛰어나다. / 그는 모든 점에서 *뛰어서 나다.

(9가)의 '깎아 먹다'는 구이므로 구성 요소 사이에 '서'를 넣은 '깎아서 먹다'가 가능하지만, (9나)의 '뛰어나다'는 합성어이므로 구성 요소 사이에 '서'를 넣은 '뛰어서 나다'가 성립하지 않는다.

두 번째 방법은 구는 형식인 소리와 내용인 의미의 연결이 선조적(線條的)이라는 점에서 그렇지 않은 경우가 있는 합성어와 구별하는 것이다.

(10) 건너뛰다, 깨물다, 떠오르다, 알아듣다, 캐묻다 ……

이 단어들은 소리와 의미의 순서가 반대로 구성되어 있다. 즉, '건너뛰다'의 의미는 '건너서 뛰다'가 아니라 '뛰어서 건너다'인 것이다. 구는 당연히 소리와 의미가 선조적이이지만, 합성어는 선조적으로 연결된 것이 대부분이지만 그렇지 않은 경우가 있다. 따라서 위의 예들처럼 선조적이지 않고 순서가 어긋날 경우 구가 아니라 합성어라는 판단의 근거가 된다.

세 번째 방법은 의미를 기준으로 하는 것이다. 합성어는 구성 요소끼리 결합하여 새로운 단어가 된 것이다. 따라서 구와 달리 합성어는 구성 요소의 의미를 단순하게 합한 것이 아니라 많든 적든 새로운 의미를 가지게 된다.[26] 모어 화자라면 대체로 직관에 의존하여 의미를 기준으로 합성어인지 구인지를 판단할 수 있고 많은 경우 그 판단이 옳다. 그렇지만 판단이 쉽지 않은 경우도 있다.

(11) 가. 사과 값이 많이 올랐다.
　나. 요즘은 책값도 꽤 비싸다.
　다. 떡을 사고 떡값을 내었다.
　라. 올 추석에는 보너스로 떡값이라도 받을 수 있을까?

26 합성성의 원리(compositionality principle)는 언어 표현 전체의 의미가 그것을 구성하는 부분들의 의미와 부분들이 결합하는 통사 규칙에 의하여 결정된다는 원리를 말한다. 이를 구와 합성어에 적용하면 전체 구성체의 의미가 각 구성 요소의 의미의 합으로 설명되는지 여부로 이 원리의 준수 여부를 판단할 수 있다. 구는 일반적으로 이 원리를 잘 지키지만 합성어는 그렇지 않다.

(11라)의 '떡값'은 구성 요소인 '떡'과 '값'의 의미의 결합과는 다른 별도의 의미로 파악되므로 합성어로 판단할 수 있다. 그런데 (11가~다)는 전체 구성의 의미가 대체로는 구성 요소의 의미의 합과 크게 다르지 않아 구로 판단할 여지도 있다. 하지만 현행 국어사전류를 기준으로 보면 (11가)만 구이고 (11나, 다)는 (11라)와 함께 합성어이다. 이는 사전을 기준으로 한 합성어 여부 판단에는 의미뿐 아니라 과거에서부터 누적된 사용 빈도 등 다른 요인이 영향을 준다는 것을 보여 준다.

참고 15 합성어 여부 판단과 의미

합성어인지 구인지를 판단하는 데에 구성 요소의 의미와 달라졌는지의 여부가 중요한 기준인 것은 분명하다. 하지만 구성 요소의 의미와 달라져 제3의 의미를 가졌다고 해서 반드시 합성어인 것은 아니다. 주지하듯이 '발이 넓다', '미역국을 먹다'와 같은 관용구는 합성어가 아니면서도 구성 요소의 의미의 합이 아닌 새로운 의미를 갖는다. 이를 고려하면 합성어와 구의 구별에는 의미를 제외하고도 구성 요소들의 길이 등 다양한 특성들이 작용하는 것으로 생각된다.

구는 하나의 단어가 아니므로 사전에 표제어로 오르지 못하며 '사과 값'처럼 구성 요소들 사이를 띄어서 쓴다. 이에 비해 합성어는 하나의 단어이므로 사전에 표제어로 오르며 '책값', '떡값'처럼 붙여 쓰게 된다.

3.2.2.2. 합성어 형성에서 나타나는 음운 현상

합성어의 형성은 형태소와 형태소가 결합하는 것이므로 이때 다양한 음운 현상이 나타난다.

(12) 국밥[국빱], 옛날[옌날], 줄넘기[줄럼끼]

'국밥'에서는 경음화 현상, '옛날'에서는 비음화 현상, '줄넘기'에서는 유음화 현상과 경음화 현상 등이 나타나고 있다.

합성어가 현재에도 만들어지지만 지금 우리가 사용하고 있는 합성어들은 대부분 과거에 만들어진 것이다. 따라서 공시적으로는 잘 나타나지 않는 과거의 음운 규칙이 적용되어 있기도 하다. 또한 음운 변동이 아니어서 음운 현상과 직접 관련은 없지만 과거의 음운 체계나 음운상의 특징이 화석처럼 남아 있는 경우도 있다.

(13) 가. 부나비, 화살, 마소, 소나무, 싸전
    나. 좁쌀, 입때, 안팎, 암캐

(13가)의 예들은 이른바 'ㄹ' 탈락 현상을 보여 준다. 'ㄹ' 탈락은 치조음 'ㄴ, ㅅ' 등이나 경구개음 'ㅈ' 앞에서 'ㄹ'이 탈락하는 현상을 말한다. 현대 한국어에서는 'ㄹ' 탈락이 '우니, 우신다'에서처럼 용언 어간과 어미의 결합에서 적용될 뿐 합성어 형성에서는 잘 적용되지 않는다. 그리하여 음운 환경이 같은 합성어 '싸전'과 '쌀집' 중 예전에 만들어진 '싸전'에는 'ㄹ' 탈락 규칙이 적용되어 있고 비교적 최근에 생긴 것으로 보이는 '쌀집'에는 'ㄹ' 탈락 규칙이 적용되어 있지 않기도 하다.[27]

(13나)의 예들은 음운 현상과 직접 관련은 없지만 합성어에 남아 있는 현대 이전의 흔적들이므로 이 자리에서 같이 언급해 두고자 한다. '좁쌀'은 '조+쌀', '입때'는 '이+ᄢᅢ'의 결합형으로 중세 한국어에서 어두 자음군을 가지던 단어의 흔적이 남아 있는 것이다. '안팎'은 '않+밖', '암캐'는 '암ㅎ+개(<가히)'의 결합형으로 '않, 암ㅎ' 등에 있던 'ㅎ'의 흔적이 남은 것이다.[28] 어두 자음군이나 특정 체언 뒤의 'ㅎ'은 현대 한국어로 오면서 단독형에서는 모두 사라졌지만, 합성어에는 흔적으로 남아 있는 것이다.

27 'ㄹ' 탈락 규칙은 조음 위치가 'ㄹ'과 같은 치조음 앞에서 일어나는 일종의 동기관적 이화 현상이다. 'ㅈ'은 현대 한국어에서는 경구개음으로 'ㄹ'과 조음 위치가 다르지만 중세 한국어에서는 이른바 '치음'이었고 실제로 경구개음과 치조음의 조음 위치가 멀지 않기 때문에 '싸전'과 같이 'ㅈ' 앞에서 'ㄹ'이 탈락하기도 했던 것이다.

28 '암캐'의 경우 현대 한국어를 기준으로 보면 '암-'을 접두사로 볼 수 있으므로 합성어가 아니라 파생어이다. 하지만 중세 한국어에서 '암ㅎ'이 명사임을 고려하면 형성 당시에는 합성에 의해 만들어진 것으로 볼 수 있다.

3.2.2.3. 합성어의 유형

합성어는 분류 기준에 따라 다양한 방식으로 나눈다. 형성의 절차가 통사 구성[29]과 같은지에 따라 통사적 합성어와 비통사적 합성어로 나누고, 구성 요소들의 관계에 따라 종속 합성어와 대등 합성어로 나누기도 한다. 물론 품사에 따라 합성 명사, 합성 형용사, 합성 동사 등으로 나누기도 한다.

먼저 통사적 합성어와 비통사적 합성어에 대해 알아보기로 한다.

29 통사 구성이란 제4장에서 언급하듯이 둘 이상의 단어가 결합하여 구, 절, 문장을 이룬 것을 말한다.

(14) 가. 쌀밥, 젊은이, 들어가다
　　나. 덮밥, 높푸르다, 보슬비

(14가)의 '쌀밥'은 '명사+명사', '젊은이'는 '용언의 관형사형(젊은)+명사', '들어가다'는 '용언의 연결형(들어)+용언 어간'으로 구성되어 있다. '명사+명사', '용언의 관형사형+명사', '용언의 연결형+용언 어간'은 한국어 문장에서 흔히 나타나는 단어 배열법이므로 이런 구성을 가진 합성어들은 통사적 합성어이다. (14나)의 '덮밥'은 '용언 어간+명사', '높푸르다'는 '용언 어간+용언 어간', '보슬비'는 '비자립적 어근[30]+명사'로 구성되어 있다. 어간이 어미 없이 바로 명사나 다른 용언 어간에 연결되는 '용언 어간+명사'나 '용언 어간+용언 어간'은 한국어의 문장에 나타나는 단어 배열법이 아니다. 또한 '비자립적 어근+명사'와 같은 구성도 한국어의 문장 구성에서는 나타나지 않는다. 따라서 (14나)와 같은 단어들은 비통사적 합성어이다.

30 실질적인 의미를 가지고 있으면서 자립성이 없어 품사 자격을 주기 어려운 어근을 '비자립적 어근'이라 한다. 이와 유사한 용어로 '불규칙적(인) 어근'을 사용하기도 한다.

다음으로 종속 합성어(subordinate compounds)와 대등 합성어(coordinate compounds)에 대해 알아보기로 한다.

(15) 가. 손가락, 함박눈, 할미꽃
　　나. 논밭, 마소, 아들딸
(16) 가. 쥐꼬리, 나무거울, 종이호랑이
　　나. 밤낮(늘), 갈등, 산수, 세월, 돌아가다('죽다'의 높임말)

(15가)의 '손가락, 함박눈, 할미꽃'의 경우 앞의 성분이 뒤의 성분을 수식하므로 종속 합성어이다. 이에 비해 (15나)의 '논밭, 마소, 아들딸'은 두 성분이 대등한 관계를 이루므로 대등 합성어이다. 종속 합성어, 대등 합성어 이외에 (16)과 같은 융합 합성어를 따로 두기도 한다. 융합 합성어란 구성 요소 각각이 원래 의미를 잃어버리는 것으로서 합성어 전체의 의미가 구성 요소들의 의미를 벗어나 새로운 의미를 획득한 것이다. (16가)는 종속 합성어에서, (16나)는 대등 합성어에서 의미가 변한 것으로 볼 수 있다. '밤낮'

처럼 '밤과 낮을 아울러 이르는 말'의 대등 합성어 용법과 '항상, 늘'의 융합 합성어 용법을 동시에 가지고 있는 단어도 꽤 있다. '돌아가다' 역시 '돌아서 가다'의 의미 외에 융합 합성어 용법으로 볼 수 있는 '죽다'의 높임말로 쓰이는 용법을 가지고 있다. 융합 합성어는 구성 요소들 간의 의미상 수식 여부를 따지기 어렵기 때문에 종속 합성어나 대등 합성어와 같은 기준으로 함께 다루기는 어렵다.

합성어를 분류하는 가장 일반적인 방식은 품사에 따라 합성 명사, 합성 형용사, 합성 동사, 합성 부사 등으로 나누는 것이다. 이들 각각에 대해서는 좀 더 자세하게 논의하기로 한다.

3.2.2.4. **합성 명사**

한국어 단어에서 명사가 절대 다수를 차지하고 있듯이 합성어의 대부분도 합성 명사이다. 한국어는 이른바 좌분지(左分枝, left-branching) 언어로서 문법적인 핵이 우측에 있으므로 합성 명사의 구성 요소 중 뒤에 오는 요소는 특별한 경우를 제외하면 명사이다. 따라서 합성 명사는 선행 요소의 품사를 고려하여 다음과 같이 나눌 수 있다.

(17) 합성 명사의 구성 방식

가. 명사+명사: 논밭, 창문, 고무신

나. 명사+ㅅ+명사[31]: 콧물, 바닷가; 봄비, 솔방울

다. 명사+파생 명사(혹은 명사형)[32]: 말다툼, 몸가짐

라. 용언의 관형사형+명사: 건널목, 어린이, 뜬소문

마. 용언의 명사형+명사: 갈림길, 깎기끌, 보기신경

바. 용언의 연결형+명사: 살아생전, 섞어찌개

사. 용언 어간+명사: 덮밥, 묵밭, 접칼

아. 관형사+명사: 헌집, 새신랑, 첫사랑

자. 부사+명사: 뾰족구두, 척척박사

차. 비자립적 어근+명사: 보슬비, 곱슬머리, 산들바람

카. 부사+부사: 잘못

31 사잇소리 현상을 순수하게 음운론적인 현상으로 보아 '명사+ㅅ+명사'를 별도의 유형으로 보지 않고, '명사+명사' 유형에 포함시켜 다루기도 한다.

32 이런 예는 앞에서 언급했듯이 직접 구성 성분을 '말(을) 다투-+-ㅁ'으로 분석하면 합성어가 아니라 파생어로 볼 수 있다.

(17가~다)는 선행 요소로 명사가 오는 경우이다. 이들 중 (17나)의 '콧물, 바닷가'는 표기상 사이시옷이 나타난 예이고, '봄비, 솔방울'은 표기상으로는 나타나지 않지만 후행 요소의 첫소리가 된소리로 변하는 사잇소리 현상이 있으므로 같이 다루었다. 사이시옷 표기와 사잇소리 현상에 나타나는 예들은 뒤에서 따로 설명하기로 한다. (17라~사)는 선행 요소로 용언이나 용언의 활용형이 오는 경우이다. (17아)는 선행 요소로 관형사가 오는 경우이다. (17자)는 선행 요소로 부사가 오는 경우이다. 문장 형성에서 부사가 명사를 수식하는 것이 일반적이지 않다는 점을 고려하면 이런 구성은 매우 특이한 것으로 생각된다. (17차)는 선행 요소로 첩어성을 상실한 의성어나 의태어 부사의 일부, 즉 비자립적 어근이 오는 경우이다. (17카)는 후행 요소가 명사가 아닌 부사이면서 합성 명사가 된 것으로 합성 명사의 후행 요소가 명사라는 일반적인 특성에서 벗어나는 예이다. 이는 뒤에서 언급할 것인바, 한국어에서 흔히 명사가 부사와 통용되는 현상과 관련이 있다.[33]

33 국어사전에서 '잘못'은 명사와 부사의 두 가지 품사를 가진 것으로 올라 있다.

3.2.2.5. **합성 명사와 사잇소리 현상**

위에서 설명한 것처럼 명사와 명사가 결합하는 합성 명사에서 두 명사 사이에 사잇소리 현상이 나타나는 경우도 있다. 사잇소리 현상이 나타날 때 '콧물, 바닷가'처럼 'ㅅ'이 표기상 나타나는 경우도 있고, '봄비, 솔방울' 처럼 'ㅅ'이 나타나지 않는 경우도 있다. 사이시옷의 표기 여부에 대해서는 한글 맞춤법 규정 제30항이 참조된다.[34]

34 사잇소리 현상도 아래에서 설명하는 것처럼 예외가 많지만, 사이시옷 표기 역시 예외가 많아 한글 맞춤법 조항 중에서 언중들이 가장 어려워하는 조항의 하나이기도 하다.

사잇소리 현상 내지 사이시옷은 '훈민정음해례 언해본'의 "나랏 말ᄊᆞ미 中國에 달아……"와 같은 문장에서 알 수 있듯이 역사적으로는 관형격 조사와 깊은 관련이 있다. 중세 한국어에서 관형격 조사에는 'ㅅ'과 'ᄋᆡ/의'가 있었는데, 대체로 선행 명사가 무정물(無情物)일 때는 'ㅅ'이 쓰였고 유정물(有情物)일 때는 'ᄋᆡ/의'가 쓰였다. 현대 한국어에서는 관형격 조사로 '의'만 남았으며, 'ㅅ'은 관형격 조사의 기능을 상실하고 주로 합성 명사에 흔적을 남기고 있다. 현대 한국어에서 'ㅅ'이 합성 명사에 쓰이는 경우 선행 요소가 무정물일 때에 주로 쓰인다는 점은 이런 사실에 연유한다.

선행 요소가 무정물인 '명사+명사' 합성어에 항상 사잇소리 현상이 나타나는 것은 아니다. 사잇소리 현상은 음운론적인 조건과 의미론적인 조건이 적절하게 주어졌을 때에만 나타난다. 사잇소리 현상의 음운론적인 조건으로는 선행 명사가 모음이나 'ㄴ, ㄹ, ㅁ, ㅇ' 등 공명음이라는 조건을 들 수 있으며[35] 의미론적 조건은 아래와 같다.

(18) 사잇소리 현상이 나타나는 경우

가. 선행 요소가 후행 요소의 시간인 경우: 어젯밤, 봄비, 겨울잠

나. 선행 요소가 후행 요소의 장소인 경우: 뒷집, 안방, 물고기, 산돼지

다. 선행 요소(무정물)가 후행 요소의 기원이나 출처인 경우: 촛불, 나뭇잎, 솔방울

라. 선행 요소가 후행 요소의 용도나 목적인 경우: 고깃배, 담뱃가게, 술잔, 잠자리

(19) 사잇소리 현상이 나타나지 않는 경우

가. 선행 요소와 후행 요소가 대등한 관계(대등 합성어)인 경우: 강산, 논밭, 눈비

나. 선행 요소가 후행 요소의 형상인 경우: 반달, 실비, 소나기밥

다. 선행 요소가 후행 요소의 재료인 경우: 나무배, 금가락지, 도토리묵

라. 선행 요소가 후행 요소의 수단이나 방법인 경우: 불고기, 칼국수, 전기다리미

마. 선행 요소(유정물)가 후행 요소의 소유주나 주체인 경우: 개다리, 새우등, 오리걸음

이처럼 사잇소리 현상의 개입 여부를 선행 요소와 후행 요소의 의미 관계에 의해 짐작할 수 있기는 하지만 방언이나 세대에 따라 개입 여부가 달라지기도 한다. 흔히 '김밥'을 [김ː밥]으로 발음하기도 하고 사잇소리를 넣어 [김ː빱]으로 발음하기도 하는 것이 그러하다.[36] 또한 '가을고치'(선행 요소가 시간), '코감기'(선행 요소가 장소), '콩기름'[선행 요소(무정물)가 기원], '노래방'(선행 요소가 용도)처럼 사잇소리 현상이 나타날 것이 기대되는 경

35 사잇소리 현상은 'ㄴ, ㄹ, ㅁ, ㅇ' 뿐만 아니라 'ㄱ, ㄷ, ㅂ' 뒤에서도 실현된다고 보기도 한다. 이런 관점에서는 'ㄱ, ㄷ, ㅂ'에서도 사잇소리 현상이 일어나지만, 이 환경에서는 원래 된소리 현상이 일어나므로 사잇소리 현상의 적용 여부를 확인하기 어렵다고 본다.

36 『표준국어대사전』에서도 원래 종이 사전에서는 표준 발음으로 [김ː밥]만 인정되었지만, 최근의 인터넷판에서는 [김ː밥]과 [김ː빱]을 복수 표준 발음으로 인정하고 있다.

우에도 대부분의 사람들이 실제로 사잇소리 현상을 반영하지 않고 발음하는 경우도 있다. 한편, 의미 관계를 고려하면 나타나지 않을 것으로 기대되는 경우에 사잇소리 현상이 나타나기도 한다. 선행 요소가 후행 요소의 재료로 볼 수 있어 사잇소리 현상이 나타나지 않을 것으로 기대되는 '고깃국', '자갈길'의 경우 한국어 화자들은 사잇소리를 넣어 발음하고 『표준국어대사전』에도 사잇소리가 '고깃국'처럼 표기로 나타나거나 '자갈길[자갈낄]'처럼 발음으로 반영되어 있다.

참고 16 'ㅅ' 전치 명사와 'ㅅ' 후치 명사

선행 요소와 후행 요소의 의미론적 조건과 무관하게 선행 명사가 항상 사잇소리 현상을 가지는 경우를 'ㅅ' 전치 명사라 하고, 후행 명사가 항상 사잇소리 현상을 가지는 경우를 'ㅅ' 후치 명사라 한다. 'ㅅ' 전치 명사에는 '가게(담뱃가게)', '국(고깃국)', '길(자갈길)' 등이 있고, 'ㅅ' 후치 명사에는 '뒤(뒷산)', '아래(아랫동네)' 등이 있다.

3.2.2.6. 합성 형용사

제1장에서 언급했듯이 한국어는 형용사가 많지 않은 언어이므로 합성 형용사의 수도 많지 않으며 구성 방식도 다양하지 않다. 합성 형용사 역시 특별한 경우를 제외하면 구성 요소 중 후행하는 요소가 형용사이지만 드물게 동사로 볼 수 있는 경우도 있다.[37] 합성 형용사는 선행 요소의 품사를 고려하여 다음과 같이 몇 가지 유형으로 나누어 볼 수 있다.

37 후행하는 요소를 동사로 볼 수 있는 합성 형용사에는 '힘들다', '뛰어나다', '깎아지르다' 등이 있다.

(20) 합성 형용사의 구성 방식

가. 명사+형용사 어간: 낯설다, 남부끄럽다, 남다르다

나. 형용사 어간+형용사 어간: 희붉다, 검푸르다, 높푸르다, 굳세다

다. 형용사(혹은 동사) 연결형(-어/아)+형용사(혹은 동사) 어간: 뛰어나다, 깎아지르다, 게을러빠지다

라. 형용사 연결형(-고)+형용사 어간: 하고많다,[38] 하고하다

마. 형용사 연결형(-디, -나)+형용사 어간: 검디검다, 희디희다, 쓰디쓰다, 머나멀다, 기나길다

38 '하고'의 '하(多)-'는 중세 한국어에서 흔히 사용되던 형용사이다.

바. 부사+형용사(혹은 동사) 어간: 더하다, 덜하다, 못나다, 잘나다, 다시없다

(20가)는 선행 요소로 명사가 오는 예인데, 명사와 뒤에 오는 형용사의 통사적인 관계에 따라 다시 구분할 수도 있다. '낯설다'의 경우는 명사가 뒤에 오는 형용사의 주어로, '남부끄럽다'의 경우는 '낙착점 처소'의 부사어로, '남다르다'의 경우는 '비교'의 부사어로 해석된다. (20나)는 형용사 어간이 어미 없이 바로 결합된 비통사적 합성어들이다. (20다~마)는 형용사(혹은 동사) 어간에 '-어/아', '-고', '-디', '-나' 등이 이어지고 다시 형용사(혹은 동사) 어간이 결합한 예들이다. '-어/아'가 연결된 예는 제법 많으나 '-고'나 '-디', '-나'가 연결된 예는 드물다. '-디'나 '-나'가 결합된 합성 형용사는 제시된 예에서 알 수 있듯이 반복 합성어를 이룬다는 점이 특징적이다. (20바)는 선행 요소로 부사가 오는 예들이다.

3.2.2.7. **합성 동사**

합성 동사의 수는 합성 명사만큼은 많지 않지만 합성 형용사보다는 많다. 합성 동사 역시 구성 요소 중 뒤에 오는 요소는 대체로 동사이므로 합성 동사는 선행 요소의 품사를 고려하여 다음과 같이 몇 가지 유형으로 나누어 볼 수 있다.

(21) 합성 동사의 구성 방식

가. 명사+동사 어간: 빛나다, 철들다; 본받다, 애쓰다; 거울삼다, 앞세우다

나. 동사 어간+동사 어간: 감싸다, 뛰놀다, 얼녹다(=어녹다), 얽매다, 굶주리다

다. 동사 연결형(-어/아)+동사 어간: 갈아입다, 들어가다, 잡아먹다, 알아보다

라. 동사 연결형(-어/아다)+동사 어간: 내려다보다, 넘어다보다, 돌아다보다

마. 동사 연결형(-고)+동사 어간: 들고나다, 싸고돌다, 타고나다, 파고들다

바. 부사+동사 어간: 잘되다, 그만두다, 바로잡다

(21가)는 선행 요소로 명사가 온 예들이다. 명사와 후행하는 동사(서술어)의 관계에 따라 '빛나다, 철들다'의 경우는 명사가 뒤에 오는 동사(서술어)의 주어로, '본받다, 애쓰다'는 목적어로, '거울삼다, 앞세우다'는 부사어로 해석된다. (21나)는 동사 어간끼리 결합한 비통사적 합성어이다. (21다~마)는 동사 어간에 연결 어미 '-어/아', '-어/아다', '-고' 등이 이어지고 다시 동사 어간이 결합한 예들이다. 이들 중 (21다)와 같이 연결 어미 '-어/아'가 결합한 합성어는 그 수가 매우 많지만 나머지는 그렇지 못하다. (21바)는 선행 요소로 부사가 오는 예들이다.

3.2.2.8. **합성 부사**

합성 부사는 제법 다양한 방식으로 구성되는데, 의성어나 의태어와 뒤에서 따로 논의하게 될 반복 합성어까지 포함하면 수적으로도 많은 편이다. 의성어나 의태어 그리고 반복 합성어가 많다는 것과 후행 요소로 부사가 아닌 명사나 의존 명사가 많다는 것이 합성 부사의 특징이다.[39] 합성 부사는 다음 몇 가지 유형으로 나누어 볼 수 있다.

39 후행 요소가 명사인 것 중에서 '밤낮', '한바탕' 등은 명사와 부사의 용법을 가진다.

(22) 합성 부사의 구성 방식

가. 부사+부사: 곧잘, 잘못, 곧바로, 또다시, 이리저리

가′. 부사(혹은 부사성 비자립적 어근)의 반복: 길이길이, 너무너무, 두근두근

나. 명사+명사: 밤낮, 어제오늘

나′. 명사(혹은 수사)의 반복: 갈래갈래, 하나하나

다. 관형사+명사: 한층, 어느새, 한바탕

라. 동사(혹은 형용사) 관형사형+명사: 된통, 이른바

(22가)는 부사끼리 결합한 구성이고, (22가′)은 부사(혹은 부사성 비자립적 어근)가 반복된 구성이다. (22나~라)는 후행 요소가 부사가 아니라 명사나 수사 등으로 이루어졌다는 점에서 특이하다. (22나)는 명사와 명사의 결합, (22나′)은 명사(혹은 수사)의 반복, (22다)는 관형사와 명사, (22라)는 동사(혹은 형용사)의 관형사형이 명사(주로 의존 명사)와 결합한 구성이다.

3.2.2.9. **합성 대명사, 합성 수사, 합성 관형사**

합성어의 대부분은 합성 명사, 합성 형용사, 합성 동사, 합성 부사이지만 다음과 같이 합성 대명사, 합성 수사, 합성 관형사도 나타난다.

(23) 합성 대명사, 합성 수사, 합성 관형사

가. 이것, 저것, 그것, 이분, 그분, 저분, 이곳, 저곳, 그곳

나. 하나둘/한둘, 두셋, 서넛, 두서넛, 네다섯/네댓, 대여섯, 예닐곱, 몇몇, 여남은

다. 한두, 두세, 서너, 두서너, 네다섯/네댓, 대여섯, 예닐곱, 몇몇, 여남은

(23가)는 합성 대명사의 예로 주로 '관형사+명사'가 결합된 유형이다. (23나)는 합성 수사의 예로 '여남은'을 제외하면 주로 '수사(혹은 수 관형사)+수사'가 결합된 유형이다. (23다)는 합성 관형사의 예로 역시 '여남은'을 제외하면 '수 관형사+수 관형사'가 결합된 유형이다. (23나, 다)에서 볼 수 있듯이 '네다섯/네댓, 대여섯, 예닐곱, 몇몇, 여남은' 등은 수사와 관형사 두 가지 품사로 쓰이는 예들이다.

3.2.2.10. **반복 합성어**

우리는 앞에서 반복 합성어(repetitive compound)를 합성어와는 별도로 중첩어로 볼 수도 있고, 합성어에 넣어서 다룰 수도 있음을 밝혔다. 여기에서는 중첩어를 넓은 의미에서 합성어의 일종으로 보아 간략하게 특징을 살펴보고자 한다. 반복 합성어란 형태소의 전체 혹은 일부가 반복하여

이루어진 합성어를 말한다. 반복을 이루는 요소는 품사를 알기 어려운 불규칙적인 요소인 경우도 있지만 대체로 명사나 부사가 많으며, 반복의 결과로 생긴 단어도 명사나 부사인 경우가 많다.

(24) 가. 곳곳, 집집, 가지가지, 구석구석, 마디마디
　　나. 송이송이, 차례차례
　　다. 군데군데, 굽이굽이, 도막도막, 하나하나

(25) 가. 고루고루, 길이길이, 두루두루, 따로따로, 미리미리, 부디부디, 어서어서, 방글방글, 덜그럭덜그럭
　　나. 까칠까칠, 꼬불꼬불, 모락모락, 뭉게뭉게, 보슬보슬

(24)는 명사나 수사 등 체언이 반복된 것이다. 명사나 수사가 반복되면 (24가)처럼 명사로 쓰이기도 하지만 (24나)처럼 부사로 쓰이기도 하고 (24다)처럼 명사와 부사 두 가지로 쓰이기로 한다. 한편 (24가)처럼 명사로 쓰이는 경우라도 '곳곳이, 집집이'처럼 '-이'가 추가되면 부사로 쓰이는 것이 일반적이다. (25)는 부사나 부사성의 비자립적 어근이 반복된 예들이다. (25가)는 부사가 반복되어 다시 부사로 쓰인 것이다. (25나)는 비자립적 어근이 반복되어 부사로 쓰인 것이다. 이런 비자립적 어근의 반복은 의성어나 의태어에서 집중적으로 나타난다. 이들은 반복되는 요소가 자립성을 가지는 단어가 아니라는 점에서 (24)나 (25가)의 예와 다르다.

반복 합성어, 특히 의성어나 의태어의 반복은 다음과 같이 완전 반복과 부분 반복 등으로 나누기도 한다.[40]

(26) 가. 꼬불꼬불, 넘실넘실, 뭉게뭉게, 방글방글, 보슬보슬, 산들산들, 덜그럭덜그럭
　　나. 갈팡질팡, 삐뚤빼뚤, 실룩샐룩, 알뜰살뜰, 알록달록, 옥신각신, 곤드레만드레
　　다. 두둥실, 아리아리랑; 아사삭, 푸드득; 쿵작작
　　라. 사르르르, 우르르르르, 따르르르릉

40 '아리아리랑', '쿵작작', '사르르르', '우르르르르', '따르르르릉'은 사전에 등재되어 있지 않다. 의성어나 의태어는 발화 과정에서 자유롭게 만들어서 사용하기도 하므로, 실제 언어생활에서 사용되는 의성어나 의태어 중에는 사전에 등재되어 있지 않은 경우도 많다.

(26가)는 동일한 요소가 반복된 완전 반복이다. 이와 달리 (26나)는 부분적으로 음상이 바뀐 부분 반복인데, 이를 유음(類音) 반복이라 부르기도 한다. 또한 의성어나 의태어의 반복은 (26다)와 같이 음절의 일부만 반복되기도 한다. '두둥실, 아리아리랑'처럼 앞부분이 반복되기도 하고, '아사삭, 푸드득'처럼 가운데 부분이 반복되기도 하고, '쿵작작'처럼 뒷부분이 반복되기도 한다. 한편 (26라)처럼 반복이 더 길게 이어지기도 한다.

부분 반복의 경우에는 자음이나 모음의 교체가 일어나는데, 이런 교체에는 어떤 경향이 발견되기도 한다.

(27) 가. 삐뚤빼뚤, 실룩샐룩, 싱숭생숭, 티격태격
　　나. 일긋얄긋, 일기죽얄기죽
　　다. 는실난실, 뜨끔따끔, 으밀아밀, 흘깃할깃
(28) 가. 안달복달, 옥신각신
　　나. 허겁지겁, 흔전만전, 흥청망청

(27)은 모음 교체에 의한 부분 반복 합성어의 예이다. (27가)는 'ㅣ: ㅐ', (27나)는 'ㅣ: ㅑ', (27다)는 'ㅡ : ㅏ'의 대립을 보이는데, 대체로 고모음이 앞에 오고 저모음이 뒤에 오는 대립 양상을 보인다. (28)은 자음과 모음이 모두 달라진 형태가 반복된 반복 합성어의 예이다. 이들을 자음 교체로 보아야 할지는 명확하지 않지만 같이 다루어 두었다. (28가)는 모음 교체 외에 '∅'와 'ㅂ, ㄱ' 등의 자음 대립을 보이고, (28나)는 'ㅎ'과 'ㅈ, ㅁ'의 대립을 보인다.

의성어나 의태어 합성어가 단어 안에서 모음조화에 의해 같은 성질의 모음이나 자음을 가지기도 하지만, 이런 합성어가 다시 모음 교체나 자음 교체에 의한 짝을 이루는 단어를 가지는 경우가 많다는 것도 재미있는 특징이다.

(29) 가. 바삭바삭/버석버석, 소곤소곤/수군수군, 살랑살랑/슬렁슬렁,
　　콜록콜록/쿨럭쿨럭, 한들한들/흔들흔들

나. 구깃구깃/꾸깃꾸깃, 반들반들/빤들빤들, 종알종알/쫑알쫑알,
감감/깜깜/캄캄

(29가)는 모음 교체의 짝을 보여 주는데, 잘 알려진 것처럼 양성 모음을 가진 단어는 작고, 가볍고, 밝은 것을 나타내고 음성 모음을 가진 단어는 크고, 무겁고, 어두운 것을 나타낸다. (29나)는 자음 교체의 짝을 보여 주는데, 역시 알려진 것처럼 평음에서 경음이나 유기음으로 갈수록 더 강한 어감을 나타낸다.

3.2.3. 파생어

3.2.3.1. 파생법과 파생 접사

파생법은 합성법과 함께 보편적인 단어 형성 방법의 하나이다. 이미 언급한 것처럼 합성은 단어(혹은 어근)끼리 결합하여 새로운 단어가 되는 자연스러운 과정으로 통사 과정과 크게 다르지 않은 면이 있다. 이에 비해 파생은 통사 과정과 달리 단어를 만드는 데에만 쓰이는 파생 접사가 어근에 결합하는 과정이다. 따라서 합성에 비해 파생은 파생 과정의 특성, 파생 접사의 특성 등에 대한 몇 가지 이론적인 논의가 필요하다. 여기에서는 파생 접사의 생산성, 파생어 형성과 단일어화, 파생어 형성 규칙의 제약 등에 대해 검토해 볼 것이다.

3.2.3.2. 파생 접사의 생산성

파생 접사 중에는 많은 수의 어근과 결합하여 파생어 형성에 활발하게 참여하는 것이 있고, 소수의 어근과만 결합하는 것이 있다. 파생어 형성에 참여하는 정도를 파생 접사의 생산성(productivity) 혹은 파생 규칙의 생산성이라고 부른다. 어떤 파생 접사가 많은 수의 파생어를 만들 때는 "생산적이다." 혹은 "생산성이 높다."라고 하고 그렇지 않은 경우에는 "비생산적이다." 혹은 "생산성이 낮다."라고 한다.

생산성은 파생 접사 각각의 특성을 논의하는 데에 매우 중요한 요소이

다. 하지만 문제는 생산성을 측정할 객관적인 기준을 제시하기 어렵다는 것이다. 생산성에 대한 초기의 논의에서는 그 접사가 첨가되어 만들어지는 파생어의 수를 세어 생산성을 측정하였다. 그러나 얼마만큼의 수를 기준으로 "생산성이 높다." 혹은 "생산성이 낮다."라고 해야 할지 기준을 정하기가 어려웠다. 그리하여 최근에는 파생어의 수뿐만 아니라 다양한 방법으로 생산성을 측정하고 있으나 여전히 그리 명확한 기준을 제시하지는 못하고 있다. 이렇듯 생산성을 측정하기가 쉽지는 않지만 생산성은 그 접사가 얼마나 많이 사용되는지를 말해 주므로 파생법 논의에서 중요하다.

참고 17 파생 접사의 생산성

생산성은 합성어 형성에 적용되기도 하고, 형태론을 넘어 통사론이나 음운론에서도 사용이 가능하지만 대체로 파생어 형성에 사용되고 있다. 생산성에 대한 초기 개념은 파생 접사가 결합한 파생어의 수와 관련이 있었다. 그러다가 파생 규칙에 의해 출력 가능한 파생어 수와 실제 출력된 파생어의 수를 비교하여 파생 접사의 생산성을 나타내기도 하였다. 최근에 널리 받아들여지고 있는 방안은 대규모 말뭉치를 구축한 다음 그 말뭉치에 나타나는 특정 파생 접사에 의한 파생어의 수에 단발어(한 번만 등장하는 단어)인 파생어의 수를 비교하여 생산성을 측정하는 것이다. 단발어가 많다는 것은 공시적으로 새로운 단어를 만들 수 있는 가능성이 높다고 볼 수 있으므로 생산성이 높다고 할 수 있다.

생산성의 차이는 맞춤법에서의 표기 방식, 사전에 표제어로 올리느냐 여부 등에 영향을 주기도 한다. 다음의 예를 살펴보기로 하자.

(30) 가. 죽음, 걸음, 묶음, 웃음
　　나. 주검, 마중

(30가)에 쓰인 파생 접사 '-음'은 비교적 생산성이 높은 파생 접사로 볼 수 있는데, 이 경우 대체로 어근과 접사를 끊어 적기(분철)를 하는 방식으로 표기한다. (30나)에 쓰인 파생 접사 '-엄'이나 '-웅' 등은 생산성이 매우 낮은 파생 접사로 볼 수 있는데, 이 경우 대체로 어근과 접사를 이어 적기(연철)를 하는 방식으로 표기한다. 또한 생산성이 높은 접사가 생산성이 낮은

접사와 달리 사전의 표제어로 실리는 경우가 더 일반적이라는 점에서도 차이가 난다. 파생어는 단어이므로 생산성의 높은 접사에 의한 것이든 생산성이 낮은 접사에 의한 것이든 원칙적으로는 사전의 표제어로 등재된다. 다만 생산적인 파생 접사에 의한 파생어 중 신조어의 경우는 아직 언중의 공인을 받지 못해 사전의 표제어로 올라 있지 않는 경우도 있다.

3.2.3.3. 파생어 형성과 단일어화

파생어가 형성되고 나면 그 파생어는 어근과는 별개의 단어로 쓰이기 때문에 통시적으로 독자적인 변화를 경험하기도 한다. 그리하여 어근과 파생 접사의 파생 관계를 공시적으로 설명할 수 없게 되어 단일어처럼 이해되기도 하는데, 이런 현상을 단일어화라고 부른다.[41] 단일어화는 다시 음운론적 단일어화, 형태론적 단일어화, 의미론적 단일어화 등으로 나눌 수 있다. 단일어화가 일어나면 화자들은 이 단어를 더 이상 파생어로 인식하기 어렵기 때문에 표기법상으로도 파생어임이 드러나는 끊어 적기보다 소리 나는 대로 적는 이어 적기로 표기하는 경우가 많다.

41 합성어나 파생어가 시간이 흐름에 따라 단일어로 인식되는 현상을 어휘화(lexicalization)라고 부르기도 한다. 하지만 어휘화는 단일어로의 인식 여부와 무관하게 단어가 아니던 것이 단어가 되는 현상 자체를 가리키는 말로도 쓰이므로, 단일어가 아닌 것이 단일어로 인식되는 현상을 지칭하기 위해서는 단일어화로 부르는 것이 적절한 것으로 생각된다.

다음의 예를 통해 파생어 형성에서 나타나는 단일어화에 대해 살펴보기로 하자.

(31) 가. 고프-(< 곯-+-ᄇᆞ-), 아프-(< 앓-+-ᄇᆞ-)
　　나. 기쁘-(< 긼-+-브-), 부끄럽-(< 붓그리-+-업-)
　　다. 노름(놀-+-음), 무녀리[문(門) 열-+-이]

(31가)의 '고프-', '아프-'의 경우 각각 어근 '곯-', '앓-'과 접사 '-ᄇᆞ/브-'가 결합한 것인데, 'ㅎ'과 'ㅂ'이 결합하여 'ㅍ'이 되고 'ㅍ' 앞에서 'ㄹ'이 탈락하여 '고프-'와 '아프-'가 된 것이다. 그런데 'ㅍ' 앞에서 'ㄹ'이 탈락하는 음운 규칙은 공시적인 규칙으로 존재하지 않기 때문에 화자는 이를 단일어로 인식하기 쉽다. 이처럼 어근과 파생 접사가 결합하는 음운 규칙이 공시적으로 이해되지 않아 단일어로 인식되는 현상을 음운론적 단일어화라고 한다. (31나)의 '기쁘-', '부끄럽-'은 각각 '긼-+-브-', '붓그리-+-업-'이

결합하여 형성된 파생어들이다. 그런데 '깃-', '붓그리-'는 과거에는 동사 어간으로 존재했지만 공시적으로는 존재하지 않기 때문에 화자들은 (31나)의 파생어들을 단일어로 인식하기 쉽다. 이처럼 파생어 형성에 참여하는 어근이나 접사가 공시적으로 존재하지 않기 때문에 단일어로 인식되는 현상을 형태론적 단일어화라고 한다. (31다)의 '노름'과 '무녀리[42]'는 각각 '놀-+-음', '문(門)(을) 열+-이'가 결합하여 형성된 것이다. 그런데 이들 파생어의 의미는 어근 '놀-'과 '문 열-'에서 멀어졌기 때문에 단일어로 인식하기 쉽다. 이처럼 어근과 파생 접사의 원래 의미로부터 파생어의 의미가 멀어져 단일어로 인식되는 현상을 의미론적 단일어화라고 한다.

42 무녀리: 「명사」「1」 한 태에 낳은 여러 마리 새끼 가운데 가장 먼저 나온 새끼. 「2」 말이나 행동이 좀 모자란 듯이 보이는 사람을 비유적으로 이르는 말.

파생어가 만들어지고 나면 정도의 차이만 있을 뿐 거의 필연적으로 단일어화가 일어나게 된다. 또한 단일어화는 한 가지 측면에서만 일어나지 않는다. 앞에서 예를 든 '고프-', '아프-'의 경우도 'ㅍ' 앞에서의 'ㄹ' 탈락 규칙이 공시적으로 존재하지 않는다는 관점에서 보면 음운론적 단일어화가 일어난 것이지만, 파생 접미사 '-ᄫ/브-'가 공시적으로 생산성을 잃어버렸다는 관점에서 보면 형태론적 단일어화가 일어난 것으로 볼 수 있다. 음운론적이거나 형태론적 단일어화가 일어나면 정도의 차이는 있더라도 의미론적 단일어화도 동반됨은 물론이다.

3.2.3.4. 파생어 형성 규칙의 제약

모든 언어 규칙이나 원리가 그러하듯, 파생어 형성 규칙에도 일정한 조건이나 제약이 따르게 된다. 다음의 예를 통해 파생어 형성 규칙에 따르는 제약을 살펴보기로 하자.

(32) 가. 놀이, 먹이, 구이

나. 도끼질, 부채질, 손가락질

다. 시꺼멓다, 시뻘겋다, 시퍼렇다

라. 길이, 깊이, 높이

(32가)의 '놀이', '먹이', '구이'는 어근에 접미사 '-이'가 결합하여 형성된

것이다. 그런데 이 '-이'는 어근이 자음으로 끝날 때만 결합하고 모음으로 끝날 때는 결합하지 않는 제약을 가지고 있다. '구이'의 경우는 표면적으로 모음 뒤에 '-이'가 결합한 것처럼 보이지만 '굽-'이 'ㅂ' 불규칙 용언이라는 특수한 사정 때문에 그런 것이다. 이처럼 파생 접사가 어근의 음운론적인 조건에 따라 결합이 제한되는 것을 음운론적 제약이라 부른다. (32나)의 '도끼질', '부채질', '손가락질'은 어근에 접미사 '-질'이 결합하여 형성된 것이다. '-질'과 결합하는 어근의 품사는 대체로 명사이다. '-질'뿐 아니라 대부분의 파생 접사들은 특정한 품사의 어근과만 결합한다. (32다)의 '시꺼멓다, 시뻘겋다, 시퍼렇다'는 강조의 의미를 가지는 파생 접사 '시-'가 결합한 파생어들인데, '*시검다, *시붉다, *시푸르다'가 만들어지지 않은 것에서 알 수 있듯이 '-엏-'을 가지는 '꺼멓다, 뻘겋다, 퍼렇다' 등에서만 이런 파생 규칙이 적용된다. (32나, 다)처럼 어근이 특정한 품사나 특정한 형태를 가지는 경우에만 파생 규칙이 적용되는 제약을 형태·통사론적 제약이라 한다. (32다)의 '길이', '높이', '깊이'는 어근에 접미사 '-이'가 결합하여 척도 명사가 파생된 것이다. '*짧이, *낮이, *얕이'가 성립하지 않는 것에서 알 수 있듯이 척도 명사 파생에서는 일종의 비대칭성이 나타나 정도성이 큰 어근만이 사용된다.[43] 이처럼 어근의 의미적 특성에 따라 파생어의 형성이 허용되거나 제약되는 것을 의미론적 제약이라 부른다.

43 '정도성이 큰'이 정확하게 맞는 표현은 아니지만, 적절한 표현이 없어서 일단 사용하기로 한다.

한편, 파생 규칙에 의해 만들어질 수 있는 단어가 실제로 존재하는 다른 단어 때문에 단어의 형성이 제약되기도 한다.

(33) *길기, *깊기, *높기

위에서 언급한 '-이'뿐 아니라 '밝기, 굵기, 크기'에서 볼 수 있듯이 '-기'도 척도 명사의 파생에 참여하므로 '길-, 깊-, 높-'에 '-기'가 결합한 파생어 형성이 가능하다. 그런데 (33)에서 볼 수 있듯이 실제로는 '*길기, *깊기, *높기'가 불가능한데, 이는 이미 '길이, 높이, 깊이'와 같은 단어가 존재하여 거의 동일한 의미로 쓰이기 때문이다. 어근과 파생 접사가 결합하여 파생어가 만들어질 수 있지만, 거의 유사한 다른 단어의 존재 때문에 실제로 사용되지 못하는 것을 저지(blocking) 현상이라고 한다.

3.2.3.5. 접두 파생법

접두사의 특성

접두 파생법에 대해 논의하기 위해서는 먼저 접두사의 특성에 대해 알아보아야 한다. 접두사는 단어 형성 요소이므로 문장의 형성에 직접 참여하지 않는다. 또한 어근과 비교할 때 상대적으로 어휘적인 의미보다는 문법적인 의미를 많이 가지는 요소이며, 접미사와 달리 어근의 품사를 바꾸는 일이 거의 없다. 어떤 요소가 접두사인지 아닌지를 판별하기 위해서는 한편으로는 문장을 형성하는 요소인 관형사, 부사 등과의 구별이 필요하고 다른 한편으로는 단어를 형성하는 요소인 어근과의 구별이 필요하다.

접두사와 관형사는 다음에서 볼 수 있듯이 분포상의 차이를 보인다.

(34) 가. 새 신, 새 버선, 새 책, 새 학교
　　나. 덧신, 덧버선, *덧책, *덧학교

(34가)의 '새'는 관형사로서 분포상의 제약이 별로 없으며, 약간 어색하기는 해도 '새 검정 신'처럼 뒤에 오는 요소와의 사이에 다른 단어를 넣을 수도 있다. 이에 반해 (34나)의 '덧-'은 접두사로서 분포상의 제약이 심하고 뒤에 오는 요소와의 사이에 다른 단어를 넣기 어렵다.

접두사는 접미사와 함께 어휘 형태소가 아닌 문법 형태소이다. 하지만 앞에서 언급했듯이 접두사는 접미사와 달리 상대적으로 문법적인 의미뿐 아니라 어휘적인 의미를 상당 부분 가지고 있는 경우가 많아 어근과의 구별이 매우 어렵다.

(35) 가. 갖두루마기, 갖신, 갖옷
　　나. 날강도, 날계란, 날벼락

(35가)의 '갖'은 중세 한국어에서 '가죽'의 의미를 가진 명사로 사용되었으

나, 현대 한국어에서는 단어를 구성하는 요소로만 나타난다. '갖'이 문장에서 자립적으로 쓰이지 않고 의존적으로 쓰이므로 접두사로 볼 여지가 있지만, 의미가 원래의 뜻에서 변하지 않았고 새로운 단어를 만드는 데에 생산적으로 참여하지도 않으므로 접두사로 보기 어렵다. 국어사전류에서 '갖'을 접두사로 파악한 경우도 없지는 않으나 접두사로 보기보다는 어근으로 파악하는 것이 나을 것이다.[44] (35나)의 '날' 역시 중세 한국어에서 '날 것'의 의미를 가진 명사로 사용되었으나, 현대 한국어에서 단어를 구성하는 요소로만 나타난다. 그런데 '날'은 '갖'과는 달리 현대 한국어에서 다양한 비유적 의미로 확장되었고, 새로운 의미를 가지고서 새로운 단어를 만드는 데에도 제법 생산적으로 참여한다. 따라서 '날'의 경우 접두사로 보아도 무방할 것으로 생각된다.

44 『우리말 큰사전』(한글학회)에는 '갖-'이 접두사로 올라 있고, 『표준국어대사전』(국립국어원)에는 이런 뜻의 '갖-'이 따로 표제어로 올라 있지 않다.

참고 18 접두사와 어근의 구분

접두사는 문법적인 의미를 가져 어휘적인 의미를 가지는 어근과 구별되지만 실제로 그 차이가 크지 않아 위에서 언급한 '갖-'처럼 연구자에 따라 혹은 사전에 따라 동일한 요소에 대해 접두사 혹은 어근으로 달리 파악하는 경우가 많다. '작은-', '큰-'은 특히 친족을 나타낼 때는 『표준국어대사전』(종이판)에서 접두사로 올라 있다가 최근 『표준국어대사전』(인터넷판)에서는 빠진 것처럼 사전에 따라 접두사로의 처리 여부에 차이를 보이는 경우도 있으며, 많은 문법서에서도 접두사가 아닌 어근으로 다루고 있기도 하다. 그 밖에 '늦-'의 경우도 『표준국어대사전』에서는 접두사로 처리하고 있으나 사전에 따라서는 그렇게 처리하지 않기도 하며, 문법서들에서도 접두사가 아닌 어근으로 처리하기도 한다.

접두사는 접미사와 달리 대체로 파생어의 품사를 결정하지 않는다.[45] 따라서 접두 파생법에 의해 만들어지는 파생어의 품사는 어근의 품사와 일치한다. 따라서 파생어의 통사 범주를 기준으로 접두 파생법을 명사 형성 접두 파생법, 형용사 형성 접두 파생법 등으로 구분하는 것은 어근의 통사 범주를 기준으로 명사를 어근으로 하는 접두 파생법, 형용사를 어근으로 하는 접두 파생법 등으로 구분하는 것과 같아지게 된다. 우리는 접두 파생법을 어근의 품사에 따라 나누되, 비교적 생산성이 높은 접두사에 의한 파생법을 대상으로 하여 구체적인 예를 들면서 논의할 것이다.

45 형용사인 '강마르다, 메마르다'를 접두사 '강-, 메-'와 '마르다'(동사)가 결합한 것으로 본다면 예외적으로 어근의 품사와 파생어의 품사가 다른 예이다.

생산적인 접두사에 의한 접두 파생법

생산적인 접두사의 목록과 그러한 접두사가 참여하는 파생법에 대해 아는 것은 화자가 새로운 단어를 만들어 사용하거나 신조어의 의미를 짐작하는 데에 도움이 되기 때문에 어휘 교육에 유용하게 사용된다. 접두 파생법을 잘 알면 그 접두사가 쓰인 단어를 모두 배우지 않아도 말이나 글에 나타날 때 접두사 지식을 통해 그 의미를 알 수 있으며, 특히 접두사가 쓰인 단어가 신조어이어도 의미를 짐작할 수 있게 된다.

접두 파생법에 대해 자세하게 논의하려면 각각의 접두사와 관련되는 파생 규칙들을 자세하게 논의해야 한다. 하지만 논의를 간략하게 하기 위해 생산적인 접두사들을 중심으로 이들 접두사가 사용된 파생어를 제시하고 몇 가지 특성을 언급하는 것으로 그치고자 한다.

먼저 명사를 어근으로 하는 접두 파생법에 대해 살펴보기로 하자. 명사를 어근으로 하는 접두 파생법은 당연히 명사를 파생하게 된다. 명사의 수가 압도적으로 많은 것처럼 어근이 명사인 경우가 접두 파생법의 대다수를 차지한다.

(36) 명사를 어근으로 하는 접두 파생법(Ⅰ)

가. 맏-: 맏딸, 맏아들, 맏며느리

나. 숫-: 숫보기, 숫처녀, 숫총각

다. 홀-: 홀몸, 홀어미, 홀시아버지

라. 참-: 참깨, 참나물, 참조기

마. 풋-: 풋고추, 풋과일, 풋사랑

바. 군-: 군말, 군불, 군살, 군기침

사. 알-: 알거지, 알건달, 알부자

아. 맨-: 맨눈, 맨몸, 맨손, 맨입, 맨머리

자. 민-: 민꽃게, 민머리, 민소매, 민달팽이

(36)의 접두사들은 (36가~다)의 '맏-', '숫-', '홀-'과 같이 주로 사람을 나타내는 어근과 결합하는 것과, (36라~마)의 '참-', '풋-'과 같이 주로 동식

물을 나타내는 어근과 결합하는 것과, (36바~자)와 같이 기타 어근과 결합하는 접두사로 나눌 수 있다. 다음 절에서 논의하게 될 '시(媤)-', '외(外)-', '친(親)-', '의붓(<義父+ㅅ)-' 등의 한자어계 접두사까지 포함하면 사람을 나타내는 어근과 결합하는 접두사에는 전통적인 가족 관계를 표시하는 접두사가 많음을 알 수 있다. 이는 가족 관계를 중시하는 우리의 전통 문화가 언어에 반영된 결과로 보인다. 뒤에서 언급하게 될 '암/앓-', '수/숳/숫-'이나 '찰/차/찹-', '메/멥-', '해/햇/햅-'까지 고려하면 동식물을 나타내는 어근과 결합하는 접두사는 주로 곡식이나 가축 이름을 나타내는 어근과 결합하는 경우가 많은데, 이 역시 전통적인 농경 문화와 관련이 있는 것으로 생각된다.

명사를 어근으로 하는 접두사 중에는 다소 복잡한 이형태를 보이는 것들도 있다.

(37) 명사를 어근으로 하는 접두 파생법(II)

가. 암/앓-: 암놈, 암노루; 암컷, 암키와

나. 수/숳/숫-: 수꽃; 수탉, 수캐; 숫양, 숫쥐

다. 찰/차/찹-: 찰밥, 찰가난; 차조; 찹쌀

라. 메/멥-: 메밥, 메조; 멥쌀

마. 해/햇/햅-: 해콩; 햇곡식, 햇나물; 햅쌀

(37)에 나타나는 접두사의 이형태 분화는 대부분 통시적인 변화의 결과이다. '앓-'과 '숳-'의 'ㅎ'은 중세 한국어에 존재하던 체언 뒤의 'ㅎ' 자음의 흔적이고, '숫-'과 '햇'의 'ㅅ'은 체언과 체언 사이에 나타나는 사이시옷 내지 사잇소리의 흔적으로 중세 한국어의 관형격 조사 'ㅅ'과 관련이 있다. '찹-', '멥-', '햅-'의 'ㅂ'은 뒤에 오는 어근이 'ᄡᆞᆯ'처럼 중세 한국어 시기 단어 첫머리에 자음군을 가졌던 통시적인 사실과 관련이 있고, '차-'의 경우는 '찰-'에서 'ㄹ'이 탈락한 결과이다. '암/앓-'과 '수/숳/숫-', '찰/차/찹-'과 '메/멥-'과 같이 대립적인 의미를 가지는 접두사가 짝을 이루는 것도 흥미롭다.

다음으로 형용사나 동사를 어근으로 하는 접두 파생법에 대해 살펴보기로 하자.

(38) 용언(형용사나 동사)을 어근으로 하는 접두 파생법(Ⅰ)

가. 되-: 되감다, 되묻다, 되받다, 되사다

나. 뒤-: 뒤섞다, 뒤엎다, 뒤틀다, 뒤흔들다

다. 들-: 들끓다, 들떠들다, 들볶다, 들까부르다

(39) 용언(형용사나 동사)을 어근으로 하는 접두 파생법(Ⅱ)

가. 새/시/샛/싯-: 새빨갛다; 시뻘겋다; 샛노랗다; 싯누렇다

나. 휘/휩-: 휘감다, 휘갈기다, 휘날리다, 휘두르다; 휩쓸다, 휩싸이다

용언 즉, 형용사나 동사를 어근으로 하는 접두 파생법은 명사를 어근으로 하는 접두 파생법보다 해당 파생어도 적고 유형도 다양하지 않다. (38)은 접두사의 이형태가 단순한 것들이고, (39)는 비교적 복잡한 것들이다. '되-'는 '다시'의 의미를 더해 주고, '뒤-', '들-', '새/시/샛/싯-', '휘/휩-' 등은 어간에 '강세'의 의미를 더해 준다. 이형태를 가지는 '새/시/샛/싯-'은 어근이 양성 모음인 경우 '새-'나 '샛-'이 오고, 음성 모음인 경우 '시-'나 '싯-'이 오며, 어근의 첫소리가 경음이나 유기음인 경우 '새-'나 '시-'가 오고, 나머지 자음인 경우 '샛-'이나 '싯-'이 온다. '휘/휩-'에서 '휩-'의 'ㅂ'은 뒤에 오는 어근이 중세 한국어에서 'ᄡᅳᆯ-'이나 'ᄡᆞ-'처럼 단어의 첫머리에 자음군을 가졌던 통시적인 사실과 관련이 있다.

마지막으로 둘 이상의 품사를 어근으로 하는 접두 파생법에 대해 살펴보기로 하자.

(40) 둘 이상의 품사를 어근으로 하는 접두 파생법

가. 덧-: 덧니, 덧버선; 덧나다, 덧입다, 덧붙이다

나. 짓-: 짓고생, 짓망신; 짓밟다, 짓누르다, 짓뭉개다

다. 치-: 치사랑; 치닫다, 치받다, 치밀다, 치솟다

라. 헛-: 헛기침, 헛수고, 헛웃음; 헛되다, 헛디디다

46 앞에서 언급했듯이 '늦-'을 연구자나 사전에 따라 접두사가 아닌 어근으로 보기도 한다.

마. 늦-[46]: 늦가을, 늦공부, 늦장가; 늦되다, 늦심다

바. 올-: 올감자, 올벼, 올보리; 올되다

(40)의 예들에서 '덧-'은 '거듭된(거듭)'이나 '겹쳐진(겹쳐)'의 의미, '짓-'은 '심한(마구)'의 의미, '치-'는 '위쪽으로의(위쪽으로)'의 의미, '헛-'은 '보람 없는(보람 없이)' 등의 의미를 지니며, '늦-'과 '올-'은 짝을 이루어 각각 '늦은(늦게)'과 '빠른(빨리)'의 의미를 더한다. 이들은 명사와 용언을 어근으로 가지는 접두사들이라는 점에서 매우 특이하다. 앞에서 언급했듯이 하나의 파생 접사는 대체로 한 종류의 품사만을 어근으로 삼으려는 제약을 가진다. 접두 파생법에서는 (40)에서 볼 수 있는 바와 같이 이런 제약의 예외가 접미 파생법보다 많은데, 이는 접두사가 접미사에 비해 어휘 의미적 성격이 강하다는 특성과 관련하여 이해될 수 있다. 접사의 어휘 의미적 성격이 강할 경우 의미만 충족되면 여러 가지 제약을 벗어나서 단어 형성이 이루어지는 경우도 흔히 발견된다.

3.2.3.6. **접미 파생법**

접미사의 특성과 분류

접두 파생법에 대한 논의가 그러하듯이 접미 파생법에 대한 논의도 접미사의 특성에 대해 밝히는 것에서 시작되어야 한다. 접미사 역시 접두사처럼 단어 형성 요소이므로 문장의 형성에 직접 참여하지 않으며 어근과 비교할 때 상대적으로 문법적인 의미를 많이 가진다. 그런데 접두사와는 달리 파생어의 품사를 결정하므로 어근의 품사와 다른 파생어를 만드는 경우도 꽤 많다.

접미사는 어근과 구별이 어려운 경우도 있지만 문장 형성 요소인 어미나 조사와 구별이 어려운 경우가 더 많다. 따라서 접미사인지 여부를 판정하기 위해서는 한편으로는 어근과의 구별이 필요하지만, 특히 접미사와 유사하면서도 문장 형성에 참여하는 요소인 어미나 조사와 구별할 수 있어야 한다. 접미사는 어미와 조사 중에서도 특히 어미와의 구별이 어렵다. 따라서 접미사를 다른 요소와 구별하기 위해서 먼저 접미사(=파생 접미사)와

어미(=굴절 접미사)의 차이점에 대해 알아보기로 하자.[47]

첫째, 파생 접미사와 어미의 근본적인 차이는 파생 접미사는 단어 형성에 참여하여 새로운 단어를 만들어 내지만 어미는 그렇지 못하다는 것이다. 따라서 파생 접미사가 결합한 형식은 어근과 다른 새로운 단어로서 대체로 사전에 표제어로 오르지만, 어미가 결합한 형식은 어간의 활용형일 뿐이므로 예외가 없지는 않지만 대체로는 사전에 표제어로 오르지 못한다. 예를 들어 파생 접미사 '-이'는 동사와 결합하여 '놀이, 먹이'와 같은 명사를 만들어 내고 이렇게 만들어진 단어들은 '놀(다), 먹(다)'와는 별개의 단어로 사전에 표제어로 등재된다. 이에 비해 어미가 결합한 '놀고, 놀지, 놀자 ……' 등은 새로운 단어가 아니어서 이들 각각이 사전에 표제어로 등재되지는 않는다.

둘째, 파생 접미사는 어근과 결합하고 어미는 어간과 결합하는데, 파생 접미사가 어근과 결합할 때는 제약이 심하지만 어미가 어간과 결합할 때는 그렇지 않다.

(41) 가. 길이, 많이, 좋이, *검이, *맑이, *작이, *좁이
　　나. 길게, 많게, 좋게, 검게, 맑게, 작게, 좁게

(41가)는 파생 접미사 '-이'가 어근과 결합하는 양상을, (41나)는 어미인 '-게'가 어간과 결합하는 양상을 제시한 것이다.[48]

셋째, 파생 접미사는 어근의 품사를 결정하지만, 어미는 어간의 품사를 결정하지 않는다. 뒤에서 자세히 설명할 것인바, 파생 접미사는 '-꾸러기', '-질'과 같이 어근의 품사와 동일한 파생어를 만드는 한정적 접사와 '-음, -롭-, -하-'와 같이 어근의 품사와 다른 파생어를 만드는 지배적 접사로 나눌 수도 있다.

넷째, 파생 접미사는 의미가 일정하지 않고 불규칙적이지만 어미는 상대적으로 의미가 일정하여 규칙적으로 예측할 수 있다. 아래의 예에서 볼 수 있듯이 동사나 동사구와 결합하여 명사를 만드는 파생 접미사 '-이'의 경우만 하더라도 여러 가지 의미를 가지는 것으로 생각된다.[49]

47 앞에서 설명했듯이 흔히 접(미)사는 넓은 의미로는 파생 접(미)사와 굴절 접(미)사를 포함하지만, 흔히 접(미)사라고 할 때는 좁은 의미로 사용하여 파생 접(미)사만을 의미한다.

48 (41가)와 (41나)에서는 동일하게 '길-'이 쓰였지만 파생어 형성에서는 '길-'을 어근으로, 활용형을 만들 때는 '길-'을 어간으로 본다.

49 이런 예들은 '봄+맞이'로 분석하여 합성어로 보기도 한다.

(42) 가. 봄맞이, 털갈이, 쥐불놀이

나. 재떨이, 옷걸이, 목걸이

다. 구두닦이, 신문팔이, 때밀이

(42가)에서는 '-이'가 '~하는 일(행위)'의 의미를 나타내고, (42나)에서는 '~에 쓰는 도구'를 나타내며, (42다)에서는 '~하는 사람'의 의미를 나타낸다. 이에 비해 어미는 의미가 대체로 일정하여 예측이 쉽다.

다섯째, 파생 접미사는 대체로 단어 이하의 단위에 결합하고 어미는 단어보다 더 큰 단위에 결합한다. 한국어에서 어미나 조사는 단어에 결합한다기보다 구나 절에 결합하는 것으로 볼 수 있다.[50] 하지만 파생 접미사는 '해돋이'와 같은 예외를 제외하면 대체로 단어 이하의 단위와 결합하여 단어를 만든다.[51]

50 이에 대해서는 제4장을 참조할 수 있다.

51 물론 '해돋이'를 '[[해]+[돋이]]'로 분석한다면 '-이'가 단어보다 큰 단위와 결합한 경우로 볼 수 없다.

지금까지 언급한 기준들에 의해 파생 접미사와 어미는 대체로 구별이 가능하다. 하지만 이런 기준을 적용해 보아도 파생 접미사인지 어미인지 잘 구별되지 않는 것들도 있다. 다음의 예를 보기로 하자.

(43) 그는 어둠 속에서 소리도 없이 울었다.

부사 형성의 접미사 '-이'는 뒤에서 언급할 것인바 형용사를 어근으로 부사를 파생하는 전형적인 파생 접미사의 하나로서 '많이, 빨리, 길이 ……'와 같은 단어의 형성에 참여한다. 그런데 접미사 '-이'가 (43)과 같이 '소리가 없-'에 결합하여 활용 어미처럼 사용되는 일이 없지 않다.[52]

52 제4장(4.3.3.3.)에서는 이런 사정을 고려하여 (43)과 같은 예에서 나타나는 '-이'를 부사형 전성 어미로 처리하고 있다. 『표준국어대사전』에는 '-이'가 부사 파생 접미사로 쓰이는 기능만 제시하고 있을 뿐, 어미로서의 기능을 제시하고 있지 않다.

파생 접미사는 파생 접두사와 달리 어휘적인 의미가 뚜렷하지 않으므로 비교적 어근과 구별하기가 쉽다. 다만 어근이 공시적으로 자립적인 단어로 쓰이지 않을 경우 파생 접미사와의 구별이 어려운 경우가 있다.

(44) 배꼽, 몸살, 장산곶, 미나리꽝

(44)의 '꼽', '살', '곶', '꽝' 등은 자립적인 단어로 쓰이지 않으므로 파생 접

미사로 처리하는 경우도 있다. 그러나 이런 요소들은 새로운 단어를 만드는 일에 적극적으로 참여하지 않는다는 점과 어휘적인 의미가 강하다는 점을 고려하면 비자립적 어근으로 보는 것이 좋을 듯하다.

결국 파생 접미사란 어미나 조사와 달리 문장의 형성에 참여하지 않으며, 어근과 달리 어휘적인 의미가 강하지 않은 부류라는 것을 알 수 있다. 그러므로 파생 접미사란 어근의 뒤에 결합하여 새로운 단어를 만드는 요소로서, 문장의 형성에 직접 참여하지 않는 부류로 정의할 수 있을 것이다.

파생 접미사는 '먹이'의 '-이'처럼 파생어의 품사를 어근과 달라지게 하거나 '먹히다'의 '-히-'처럼 파생어의 하위 범주를 달라지게(타동사→자동사) 하는 지배적 접사와 그렇지 않은 한정적 접사로 나눌 수 있다. 한정적 접사가 결합하든 지배적 접사가 결합하든 최종적인 파생어의 품사는 파생 접미사에 의해 판단이 가능하다. 따라서 파생어의 통사 범주는 최종적으로 파생 접미사가 결정하는 것으로 볼 수 있다.[53] 이런 점을 고려하여 우리는 접미 파생법을 일차적으로는 파생어의 품사에 따라 명사 형성 파생법, 형용사 형성 파생법, 동사 형성 파생법, 부사 형성 파생법으로 나누고 이들을 각각 다시 어근이 명사인 경우, 형용사인 경우, 동사인 경우, 부사인 경우로 나누어 살펴보기로 한다.

53 흔히 지배적 접사에 속하는 파생 접미사가 어근의 품사를 바꾼다고 기술하지만, 우리 책에서는 한국어에서 문법적인 핵이 뒤에 온다는 점을 고려하여 어근의 뒤에 오는 파생 접미사가 어근의 품사를 바꾼다고 기술하기보다 파생어의 품사를 결정하는 것으로 기술하고자 한다.

명사 형성 파생법

한국어 전체 어휘에서 명사가 차지하는 비중이 절대적이듯이 명사를 형성하는 파생법도 다양하게 나타나고 그에 의해 형성된 파생어의 수도 매우 많다. 명사 형성 파생법에 생산적으로 참여하는 파생 접미사들과 이들에 의해 형성된 파생어의 예를 제시해 보기로 하자.

(45) 주로 사람이나 동물을 나타내는 접미 파생법

가. -꾸러기: 잠꾸러기, 말썽꾸러기, 욕심꾸러기

나. -보: 겁보, 꾀보, 잠보, 털보; 먹보, 울보, 약보; 뚱뚱보

다. -장이(<匠-): 땜장이, 칠장이, 석수장이, 양복장이

-쟁이(<匠-): 겁쟁이, 멋쟁이, 수다쟁이, 거짓말쟁이

(46) 주로 사물(특히 도구)을 나타내는 접미 파생법[54]

가. -개/게: 지우개, 오줌싸개, 지게, 집게

나. -애/에: 마개, 써레, 우레, 코뚜레

다. -짜: 생짜, 별짜, 민짜, 가짜, 진짜, 공짜, 알짜, 은근짜

(47) 주로 행위(상태)를 나타내는 접미 파생법

가. -질: 톱질, 가위질, 곁눈질, 부채질, 싸움질; 도리질, 딸꾹질, 버둥질

나. -이: 놀이, 해돋이, 신문팔이; 개구리, 뻐꾸기

다. -음: 춤, 얼음, 울음, 웃음; 기쁨, 부끄러움

라. -기: 누르기, 달리기, 던지기, 양치기; 밝기, 크기, 빠르기

54 '-애/에'나 '-짜'는 대부분의 사전류에 파생 접미사로 등재되어 있지 않지만, 파생 접미사로 볼 수 있다.

(45가~나)의 '-꾸러기', '-보'는 명사에 붙어 '어떤 속성을 가진 사람'을 나타내는 접미사들이다. '-보'의 경우 '겁보, 꾀보, 잠보, 털보'처럼 명사를 어근으로 가지기도 하지만, 예외적으로 '먹보, 울보, 약보'처럼 동사나 형용사를 어근으로 가지거나, '뚱뚱보'처럼 의성어나 의태어성 어근을 가지기도 한다. (45다)의 '-장이'는 주로 명사에 결합하여 '어떤 분야의 기술을 가진 기술자'를 의미한다. 이 '-장이'에 'ㅣ' 모음 역행 동화(umlaut)가 적용되어 형성된 것이 '-쟁이'이다.[55] '-쟁이'는 '-장이'처럼 '어떤 분야의 기술자'라는 한정된 의미를 가지는 것이 아니라 '-꾸러기'나 '-보'처럼 일반적으로 '어떤 속성을 가진 사람'을 나타내는 접미사이다.

55 '-쟁이'가 '-장이'에서 '이-역행동화'가 적용되어 만들어진 것으로 보면 두 접미사가 의미 차이를 가질 이유가 없지만, 『표준국어대사전』 등 사전을 참고하면 알 수 있듯이 양자를 구별한다.

(46가)의 '-개/게'는 주로 동사 어근과 결합하여 '어떤 일을 하는 수단이 되는 도구'의 의미를 나타내지만 '오줌싸개'처럼 '어떤 속성을 가진 사람이나 사물'의 의미를 나타내기도 한다. '-개'와 '-게'는 모음 조화에 의해 분화된 이형태이지만 공시적으로는 교체 조건이 명확하지 않다. (46나)의 '-애/에'는 '-개/게'와 의미가 유사하여 동일한 접미사에서 기원했을 가능성이 있지만 음운 규칙으로 둘 사이의 관계를 설명하기 어렵다. (46다)의 '-짜'는 명사나 관형사 혹은 비자립적 어근에 결합하여 '어떤 속성을 가진 사람이나 사물'의 의미를 나타내거나 '어떤 속성을 가진 행위'의 의미를 나타내는 접미사이다.

(47가)의 '-질'은 주로 '톱질, 가위질, 곁눈질, 부채질, 싸움질'과 같은 명

사나 '도리질, 딸꾹질, 버둥질'과 같은 의성어나 의태어 부사 혹은 비자립적 어근과 결합하여 '어떤 것을 하는 행위'를 나타내는데, 이 접미사가 결합한 파생어는 비하(卑下)의 의미를 가지기도 한다. (47나~라)의 '-이', '-기', '-(으)ㅁ'은 모두 주로 동사나 형용사 어간과 결합하여 '어떤 행위나 상태', '어떤 일을 하는 사람이나 동물 혹은 사람' 등의 의미를 나타낸다. '-이'는 '놀이, 해돋이, 신문팔이'처럼 동사나 동사구와 결합하기도 하고 '개구리, 뻐꾸기'처럼 부사나 비자립적 어근과 결합하기도 한다. '-(으)ㅁ'은 '춤, 얼음, 울음, 웃음'처럼 동사와 결합하기도 하고 '기쁨, 부끄러움'처럼 형용사와 결합하기도 한다. '-기' 역시 '누르기, 달리기, 던지기, 양치기'처럼 동사나 동사구와 결합하기도 하고 '크기, 밝기, 빠르기'처럼 형용사와 결합하기도 한다.

형용사 형성 파생법

형용사 형성 파생법에 생산적으로 참여하는 파생 접미사들과 이들에 의해 형성된 파생어의 예를 제시해 보기로 하자.

(48) 가. -롭-: 보배롭다, 수고롭다, 슬기롭다; 괴롭다, 까다롭다; 새롭다, 외롭다

나. -되-: 복되다, 참되다, 세련되다

다. -답$_1$-: 꽃답다, 정답다, 참답다

-답$_2$-: 신사답다, 어른답다, 학생답다

라. -스럽-: 걱정스럽다, 고집스럽다, 바보스럽다, 어른스럽다

마. -하-: 건강하다, 고요하다, 다정하다; 못하다, 가득하다; 미끈미끈하다, 반질반질하다

바. -다랗-: 곱다랗다, 높다랗다, 좁다랗다, 기다랗다, 가느다랗다

(48)에 제시한 접미사들은 형용사 파생 접미사로 많이 사용되는 것들이다. (48바)의 '-다랗-'을 제외하면 주로 명사에 결합하여 형용사를 파생시킨다.

(48가~다)의 '-롭-', '-되-', '-답$_1$-'은 명사나 명사성 어근과 결합하여

형용사를 만드는 접미사들이다. 이 접미사들은 기원적으로 단일 형태소의 이형태였는데, 통시적 변화의 결과 교체 조건을 설명하기 어렵게 되어 결과적으로 현대 한국어 화자들은 각각 다른 접미사로 인식하고 있다.[56] 하지만 이 접미사들은 현대 한국어에서도 의미상으로는 '어근의 속성이 풍부히 있음' 정도로 유사한 의미를 가진다. 한편 '-답$_2$-'는 대체로 '~의 자격을 갖추고 있다.'의 의미를 가지는 것으로 이들과는 다른 접미사이다. (48라)의 '-스럽-' 역시 명사나 명사성 어근과 결합하여 형용사를 만드는데, '-롭-', '-되-', '-답$_1$-'보다 생산성이 높고 의미도 '어근의 속성에 근접함' 정도로서 약간 다르다.

56 '-롭-', '-되-', '-답$_1$-'의 기원에 대한 자세한 논의는 제Ⅱ권 10.2.1.3.과 11.3.2.2.를 참조할 수 있다.

(48마)의 '-하-'는 '건강하다, 고요하다, 다정하다'에서처럼 명사나 명사성 어근뿐 아니라 '못하다, 가득하다'나 '미끈미끈하다, 반질반질하다'에서처럼 부사와도 결합하여 형용사를 만드는 접미사이다. 접미사 '-하-'의 경우 상태성 어근과 결합하면 형용사, 동작성 어근과 결합하면 동사를 파생한다. 동사를 파생하는 '-하-'에 대해서는 뒤에서 논의할 것이다.

(48바)의 '-다랗-'은 형용사 어근과 결합하여 다시 형용사를 파생한다. '-다랗-'이 결합하지 않은 '곱다, 높다, 좁다, 길다, 가늘다'와 '-다랗-'이 결합한 '곱다랗다, 높다랗다, 좁다랗다, 기다랗다, 가느다랗다'의 의미 차이는 크지 않아, '-다랗-'의 의미가 무엇인지 말하기 쉽지 않다. 국어사전류에서는 어근의 의미를 강조해 주는 기능을 하는 것으로 서술되어 있다. '기다랗다', '가느다랗다'의 경우 어근의 'ㄹ'이 탈락한다는 점도 특이하다.

참고 19 '-답$_1$-'과 '-답$_2$-'

'정답다', '참답다'처럼 '-답$_1$-'은 명사에 결합하여 형용사를 파생하는 접미사이며 어근인 명사에 '~의 속성이 풍부히 있다'의 의미를 더해 준다. '-답$_2$-'는 '신사답다', '학생답다'처럼 명사에 쓰일 뿐 아니라 '너답다', '나답다'처럼 대명사에도 쓰이며 '~의 자격을 갖추고 있다.', '~로 예측되는 특성을 보이고 있다.' 등의 의미를 더해 준다. 특히 '-답$_2$-'는 "그 집은 [재벌이 사는 집]답지 않게 평범하게 꾸며져 있었다."처럼 단어가 아닌 구에도 결합하므로 파생 접미사가 아니라 (의존) 형용사로 보기도 한다. 국어사전에서는 '-답$_1$-'과 '-답$_2$-'를 구분하지 않고 있거나 구분하더라도 부정확하게 하고 있는 경우가 많다.

동사 형성 파생법

동사 형성 파생법에 생산적으로 참여하는 파생 접미사들과 이들에 의해 형성된 파생어의 예를 간단하게 제시해 보기로 하자.

(49) 가. -하-: 공부하다, 사랑하다; 못하다, 잘하다; 두근두근하다, 중얼중얼하다; 구하다, 망하다, 흥하다; 좋아하다, 무서워하다
나. -되-: 건설되다, 이룩되다, 지배되다
다. -거리-: 머뭇거리다, 바삭거리다, 콜록거리다, 꿈지럭거리다
라. -대-: 머뭇대다, 바삭대다, 콜록대다, 꿈지럭대다
마. -이-: 글썽이다, 깜박이다, 속삭이다, 훌쩍이다
바. -(아/어)뜨리-: 떨어뜨리다, 밀어뜨리다; 밀뜨리다, 쏟뜨리다
-(아/어)트리-: 떨어트리다, 밀어트리다; 밀트리다, 쏟트리다
사. 피동사 파생의 '-이/히/리/기-': 쌓이다, 먹히다, 팔리다, 안기다
아. 사동사 파생의 '-이/히/리/기-': 높이다, 굽히다, 돌리다, 남기다
자. 사동사 파생의 '-우/구/추-': 비우다, 돋구다, 낮추다

(49)에 제시한 접미사들은 동사 파생 접미사로 활발하게 사용되는 것들이다.

(49가)의 '-하-'는 명사, 일반 부사, 의성 의태어 부사, 형용사 등과 결합하여 동사를 파생한다. 특히 한자어 명사나 명사성 어근과 결합하여 수많은 동사를 만들어 낸다. 현재 국어사전에 올라 있는 동사 표제어의 상당수가 한자어 명사나 한자어 명사성 어근과 '-하-'가 결합한 것이다. '-하-'에 의한 파생어와 짝을 이루는 것이 (49나)의 '-되-'에 의한 파생어이다. '-하-'보다는 상대적으로 생산성이 낮지만 '-되-' 역시 '-하-'와 마찬가지로 매우 많은 한자어 명사나 명사성 어근과 결합하여 동사를 파생한다. '건설하다-건설되다'처럼 '-하-'에 의한 파생어와 '-되-'에 의한 파생어는 각각 '능동사-피동사'의 짝을 이루는 경우가 많다. '-하-'나 '-되-'에 의한 파생어가 많고 어근의 의미에서 크게 달라지지 않기 때문에, 국어사전에 따라서는 파생어를 주표제어로 다루지 않고 어근을 다루는 자리에서 같이 다루

어 부표제어로 처리하기도 한다.

(49다~마)의 '-거리-', '-대-', '-이-'는 주로 동작성을 가지는 의성의태어 부사의 일부분과 결합하여 동사를 파생한다. '-거리-'와 '-대-'는 '머뭇거리다 – 머뭇대다'처럼 별다른 의미 차이가 없이 바뀌어 사용되기도 한다. (49바)의 '-(아/어)뜨리-'는 '아/어'에 '뜨리'가 이어진 것으로 주로 타동사에 결합하여 다시 타동사를 파생하는 접미사이다. '-(아/어)뜨리-'는 동사나 비자립적 어근의 의미를 강화하는 기능을 하며, 별다른 의미 차이 없이 '-(아/어)트리-'로 바뀌어 사용되기도 한다.

(49사~자)는 피동사나 사동사 파생 접미사들이다. (49사)의 '-이/히/리/기-'는 주로 타동사와 결합하여 피동사를 파생한다. 이들은 기원적으로 한 형태소의 이형태였지만 공시적으로는 교체 조건을 설명하기 어려워 한 형태소의 이형태로 설명하기가 쉽지 않다. (49아)의 '-이/히/리/기-'는 피동사 파생 접미사와 형태가 같지만 자동사, 타동사, 형용사와 결합하여 사동사를 파생한다. 역시 기원적으로 한 형태소의 이형태였지만 공시적으로는 교체 조건을 설명하기 어려워 한 형태소의 이형태로 설명하기가 쉽지 않다. '-이/히/리/기-'가 피동사와 사동사 파생 접미사로 쓰이기 때문에 '먹다'에 대해 '먹히다(피동사)'와 '먹이다(사동사)'처럼 형태가 다른 경우도 있지만 '보이다, 울리다, 날리다'처럼 동일한 형태의 단어가 피동사와 사동사로 동시에 쓰이는 경우가 일반적이다. 사동사를 파생하는 접미사에는 '-이/히/리/기-'뿐만 아니라 (49자)의 '-우/구/추-'도 있다. '-우/구/추-' 역시 기원적으로 한 형태소에서 왔을 것으로 보이나 현대 한국어에서는 한 형태소의 이형태로 설명하기가 쉽지 않다.

참고 20 '-하-'에 의한 파생

'-하-'는 주로 명사에 결합하여 형용사나 동사를 파생하는데, 앞에 오는 어근이 상태성을 가지고 있으면 형용사, 동작성을 가지고 있으면 동사를 만든다. 그리하여 중세 한국어 혹은 그 이전부터 '-하-'는 한자어 명사를 한국어 형용사나 동사로 만드는 데에 효과적으로 사용되었다. 이처럼 '-하-'는 한자어 명사를 형용사나 동사로 바꾸는 데에 쓰였을 뿐 아니라, 영어와 같은 다른 외래어 단어를 동사로 만드는 데에도 널리 사용된다. 예를 들어 영어의 형용사 'smart'나 동사(혹은 명사) 'cut'는 한국어에 들어오면 명사적인 성격을 가지게 되는데, 이들의 형용사나 동사는 '-하-'가 결합한 '스마트하다', '커트하다'가 되는 것이다.

참고 21 **'-거리-'와 '-대-'에 의한 파생**

'-거리-'와 '-대-'는 주로 동작성을 가지는 의성의태어 부사의 일부분과 결합하여 동사를 파생한다. 표준어 규정(제26항)에서 '-거리-'가 결합한 단어와 '-대-'가 결합한 단어를 복수 표준어로 인정하고 있는 것에서 알 수 있듯이, 둘 사이의 의미 차이는 거의 느껴지지 않는다. 하지만 '으스대다', '뻗대다'에 대해 '*으스거리다', '*뻗거리다'가 불가능한 것처럼 양자가 완전히 일치하는 것은 아니다.

부사 형성 파생법

부사 형성 파생법에 생산적으로 참여하는 파생 접미사들과 이들에 의해 형성된 파생어의 예를 간단하게 제시해 보기로 하자.

(50) 가. -이: 같이, 길이, 높이; 깨끗이, 느긋이, 높직이; 나날이, 집집이; 일찍이, 더욱이
나. -히: 가만히, 고요히, 조용히, 순순히
다. -오/우: 도로, 너무, 자주

부사 형성 파생법에 자주 쓰이는 파생 접미사에는 '-이', '-히', '-오/우' 등이 있다. 이 자리에서 같이 다루기는 했지만 (50다)의 '-오/우'는 생산성이 크지 않아 특별한 논의를 필요로 하지 않는다.

(50가)의 '-이'는 형용사 어근, 비자립적 어근, 명사의 반복에 의한 반복합성어 어근, 부사 어근 등과 결합하여 부사를 파생한다. 앞에서 언급했듯이 파생 접두사의 경우 여러 품사를 어근으로 가지는 경우가 더러 있지만 하나의 파생 접미사가 여러 품사를 어근으로 가지는 경우는 별로 없으므로 이들 모두 한 종류의 접미사에 의한 파생은 아닐 수도 있다고 생각된다. 어근의 품사를 고려하면 '같이, 길이, 높이'와 같은 형용사 어근과 '깨끗이,

느긋이, 높직이'와 같은 비자립적 어근과 결합하는 '-이'는 한 종류로 묶을 수 있을 듯하다. 왜냐하면 비자립적 어근도 '깨끗하-'와 같은 형용사에 '-이'가 결합하는 과정에서 '하(ᄒᆞ)'가 탈락한 것으로 볼 수 있기 때문이다. '나날이, 집집이'는 중첩어에 '-이'가 결합한 것이고, '일찍이, 더욱이'는 부사에 다시 '-이'가 결합한 것이다.

(50나)의 '-히'에 의한 파생은 (50가)의 '-이' 파생어 중에서 '깨끗이, 느긋이, 높직이' 등 비자립적 어근을 가지는 파생과 관련이 있다.[57] 이 둘은 모두 어근으로 'X하-'가 가능하다는 공통점을 가진다. 통시적으로 보면 '깨끗이, 느긋이, 높직이'는 '깨끗하-(<ᄀᆞᆽᄀᆞᆽᄒᆞ-)'와 같이 'X하-(<ᄒᆞ-)'에 '-이'가 결합한 것인데, 이 과정에서 'ᄒᆞ'가 탈락한 것으로 볼 수 있다. 이에 비해 '가만히, 고요히, 조용히, 순순히' 등은 '가만하-(<가만ᄒᆞ-)'에 '-이'가 결합하는 과정에서 'ㆍ'만 탈락한 것으로 볼 수 있다. 'X하-(<ᄒᆞ-)' 어근이 '-이'와 결합할 때 'ᄒᆞ'가 탈락하느냐 'ㆍ'만 탈락하느냐는 'X'의 끝소리에 따라 달라진다. 결국 통시적으로 보면 (49나)의 '-히'도 형용사 어근이나 형용사성 비자립적 어근과 결합하는 '-이'와 동일한 파생 접미사에서 온 것으로 생각된다. 따라서 공시적으로는 '-히'를 하나의 파생 접미사로 볼 수도 있지만, 통시적인 사실을 고려하여 '-이'에 포함시켜 다룰 수도 있다.

57 『표준국어대사전』에서는 '-이'와 '-히'를 일부 명사나 부사, 형용사 어근 뒤에 붙어 부사를 파생하는 파생 접미사로 보고 서로를 참고 어휘로 기술하고 있다. 다만 '-이'의 용례는 '곰곰이, 더욱이; 집집이, 나날이'를 제시하고 '-히'의 용례는 '조용히, 무사히'를 제시하여 둘 사이의 관련성을 포착하기 어렵게 하고 있다.

참고 22 **'-이'와 '-히'의 구별과 한글 맞춤법**

한글 맞춤법 제51항에서는 "부사의 끝음절이 '이'로만 나는 것은 '-이'로 적고, '히'로만 나거나 '이'나 '히'로 나는 것은 '-히'로 적는다."라고 되어 있다. 사실 '이'로 적는지 '히'로 적는지는 소리를 구별하지 못해서 혼동되는 경우가 많으므로 이런 규정이 실제 표기를 결정하는 데에 크게 도움이 되지 않는다. 따라서 '-히'가 '-이'에서 왔음을 고려하여 어근에 '하다'가 올 수 있으면 '-히', 그렇지 않으면 '-이'가 결합하는 것으로 판단할 수 있다. 물론 예외적으로 어근의 받침이 'ㅅ'일 때는 어근에 '하다'가 올 수 있어도 '깨끗이'처럼 '이'이고, 어근의 받침이 'ㄱ'일 때는 '하다'가 올 수 있어도 '솔직히'처럼 '히'가 오기도 하고 '나직이'처럼 '이'가 오기도 한다.

3.2.4. 한자어

3.2.4.1. 한자어의 범위

한국어 어휘에는 고유어뿐만 아니라 한자어, 외래어 등이 있으며, 한자어가 수적으로 매우 높은 비중을 차지하고 있다. 한자어는 수가 많을 뿐만 아니라 단어 형성에서도 고유어와 다른 특징들을 보여 주므로 여기에서는 고유어와 별도로 한자어의 단어 형성에 대해 살펴보기로 한다.

우리 민족은 늦어도 기원을 전후하여 문자인 한자와, 한자를 사용한 문장인 한문을 받아들였다. 그리하여 문어로는 중국어적인 속성이 강한 한문을 사용하고 구어로는 한국어를 사용하는 이중적인 언어생활을 수천 년 동안 지속하게 되었다. 이 과정에서 문어인 한문에서 구어인 한국어에로의 대규모의 간섭이 일어나는데, 이것이 한자어의 증가로 나타났다. 한자어의 유입은 어느 한 시기가 아닌 여러 시기에 걸쳐 일어나게 된다. 심지어 '상사(上士)', '중사(中士)', '하사(下士)'처럼 동일한 한자를 사용하는 어휘의 경우도 각각의 용법들이 다른 시기에 들어오기도 했다. '상사', '중사', '하사'는 불교에서의 스님의 등급을 나타내는 용법, 유교에서의 선비의 등급을 나타내는 용법, 군대에서의 계급을 나타내는 용법을 가지는데, 이들은 시차를 두고 각각 다른 시기에 한국어에 들어온 것으로 추정된다.[58]

58 '상사(上士)', '중사(中士)', '하사(下士)'와 같은 한자어의 유입 과정에 대한 자세한 논의는 제 II권 8.1.1.을 참조하기 바란다.

한자어의 범위와 관련하여 한자어가 어디에서 만들어졌는지를 살펴볼 필요가 있기도 하다. 많은 한자어들은 중국의 한문(漢文)에서 유래하지만 '금액(金額)', '보관(保管)', '사망(死亡)', '유행(流行)', '차용(借用)', '처분(處分)', '출입(出入)', '타향(他鄕)', '폐지(廢止)', '회원(會員)'처럼 일본에서 만들어진 것도 있고, '삼촌(三寸)', '대지(垈地)', '시댁(媤宅)', '식구(食口)', '전답(田畓)'처럼 우리나라에서 만들어진 것도 있다.

한자어의 범위에 대해 논의하기 위해서는 시기 및 장소와 더불어 해당 어휘를 구어에서 받아들였는지 문어를 통해 받아들였는지에 대해서도 생각해 보아야 한다. 다음의 예를 보기로 하자.

(51) 가. 붓[筆], 먹[墨], 상추[常菜], 고추[苦椒, 苦草], 사냥[山行], 성냥[石硫黃]

나. 마라[麻辣], 훠궈[火鍋], 라조기[辣子鷄]

이 어휘들은 문어가 아닌 구어로 들어왔거나 문어로 들어왔더라도 음이 변하여 한국 한자음으로 읽기가 어려운 예들이다. (51가)는 고대에서 근대에 이르기까지 중국어에서 차용된 말로 한국어에 자연스럽게 동화되어 고유어와 구별하기 어렵다. (51나)는 비교적 최근에 중국에서 차용된 외래어로 최근에 쏟아져 들어온 서구 외래어와 마찬가지로 외래어의 차원에서 논의되어야 할 것들이다.

일반적으로 한자어는 '한자로 표기할 수 있고 이를 한국 한자음으로 읽는 단어'로 정의하는데,[59] 이렇게 보면 한자어의 범위를 정할 때는 한자어가 만들어진 시기나 장소보다는 구어의 상태로 들어왔는지 문어의 상태로 들어왔는지가 중요하게 작용하는 것으로 보인다. 이런 정의에 따르면 (51)처럼 구어에서 왔거나 음이 변해 한국 한자음으로 읽을 수 없는 어휘는 한자어에 넣기 어렵다.

59 '분명(分明), 신선(新鮮), 현명(賢明)' 등과 같이 형태상 명사처럼 보이지만 자립성이 없어 어근으로만 쓰이는 것들, '불(不)-, 비(非)-, 생(生)-, 양(洋)-'과 같은 접두사로 쓰이는 것들, '-적(的), -성(性), -화(化), -자(者)'와 같은 접미사로 쓰이는 것들도 단어는 아니지만 한자어를 논의할 때 함께 다루기도 한다.

3.2.4.2. **한자어 단어 형성의 특징**

한자어는 한문을 바탕으로 형성된 것이므로 한문, 즉 중국어적인 특성을 가지고 있을 뿐만 아니라, 한국 한자음으로 읽고 한국어에서 사용되는 과정에서 한국어에 동화된 특성도 가지게 되었다. 이는 단어 형성에서도 동일하게 나타난다. 한자어 단어 형성의 특징으로는 한자어의 어순이 고유어와 다른 경우가 있다는 점과 고유어와 어울려 합성어나 파생어를 이룬다는 점 등을 지적할 수 있는데,[60] 전자는 중국어적인 특성이고, 후자는 고유어에 동화된 특성으로 볼 수 있는 것이다.

60 한자어와 고유어의 사용 양상은 제II권 8.2.1.에서 자세하게 언급하고 있다.

한자어를 구성하는 요소들인 어근이나 접사들은 아래의 예에서 알 수 있듯 고유어에 비해 매우 쉽게 단어를 만들며, 다양한 방식으로 단어 형성에 참여한다.

(52) 한자어의 단어 형성 양상

가. 독서(讀書), 애연가(愛煙家)

나. 등산(登山), 애국(愛國), 입학(入學)

다. 호감(好感), 호기심(好奇心), 호오(好惡)

라. 인간(人間), 인정(人情); 위인(偉人), 미인(美人); 종교인(宗教人), 한국인(韓國人)

(52가)는 고유어로 표현하기에는 다소 길어질 수 있는 개념이 한자어로는 간단한 단어로 표현될 수 있음을 보여 준다. 이때 어순은 고유어와 같은 경우도 있지만 (52나)의 '애국', '등산', '입학'처럼 다른 경우도 있다. 또한 (52다)에서 볼 수 있듯이 '호(好)'가 '호감(好感)'에서는 형용사적으로, '호기심(好奇心)'에서는 동사적으로, '호오(好惡)'에서는 명사적으로 쓰이는 등 다양한 용법으로 쓰이는 것을 보여 준다. 아울러 (52라)에서 알 수 있듯이 하나의 한자어 요소인 '인(人)'이 전체 단어의 앞부분에 나타나기도 하고, 뒷부분에 나타나기도 하며, '종교인(宗教人)', '한국인'에서처럼 어근이 아닌 접미사로 사용되기도 한다.

3.2.4.3. 한자어 합성법

한자어 합성법의 특징을 살펴보기 위해서는 먼저 합성어의 구조를 살펴보아야 한다. 한자어 합성어의 구조는 구성 요소의 통사적인 관계와 관련시켜 나누어 볼 수 있다.

(53) 가. 주어+서술어: 가빈(家貧), 야심(夜深), 일몰(日沒)

나. 부사어+서술어: 남행(南行), 북송(北送), 전진(前進)

다. 서술어+부사어: 낙하(落下), 연장(延長), 입학(入學)

라. 서술어+목적어: 구직(求職), 독서(讀書), 문병(問病)

(53)은 한자어 합성어의 구조를 한문의 통사 관계를 고려하여 분석해 본 것이다. 이미 언급했듯이 한자어는 중국어 내지 한문의 특성을 가지고 있으므로 (53)의 예들 중 상당수는 중국어나 한문의 어순을 보여 준다.

하지만 한자어의 형성은 반드시 이런 통사 구조를 따르는 것이 아니며,

우리가 한자어를 새로 만들 때에도 단어 형성에 참여하는 요소가 각각 한국어에서 어떤 자격을 가지고 단어 형성에 참여할 수 있는지를 밝히는 것이 더 중요할 수 있다. 한자어나 한자어의 구성 요소들은 한문이나 중국어에서 단어이던 것이 한국어에서는 비자립적 어근의 자격만 가지거나 아예 형태소의 자격을 가지지 못하는 경우도 있다. 따라서 한자어 합성어는 구성 요소가 각각 한국어에서 어떤 자격을 가지고 있는 것인지에 따라 다음과 같이 분류해 볼 수 있다.

(54) 가. 단어+단어: 책상(冊床), 창문(窓門), 고등학교(高等學校)
나. 단어+비자립적 어근: 남행(南行), 북송(北送), 차량(車輛)
다. 비자립적 어근+단어: 우정(友情), 정문(正門), 탈법(脫法)
라. 비자립적 어근+비자립적 어근: 독서(讀書), 성립(成立), 안경(眼鏡)

(54가)는 구성 성분 각각이 모두 단어인 예이고, (54나, 다)는 둘 중 하나가 단어이고 나머지는 비자립적 어근인 예이고, (54라)는 모두 비자립적 어근인 합성어의 예이다. 이처럼 한자어 합성은 고유어 합성어와 마찬가지로 단어 혹은 비자립적 어근이 결합하여 이루어진다.

고유어 합성과 한자어 합성은 차이를 보이기도 한다. 한자어 합성의 특성 중 하나는 반복 합성어(혹은 중첩어)가 형성되는 과정에서 어순 등이 고유어와 다른 모습을 보인다는 점이다.

(55) 가. 사사건건(事事件件), 시시각각(時時刻刻), 명명백백(明明白白)
나. 순간순간(瞬間瞬間), 요소요소(要所要所), 조목조목(條目條目)

(55가)의 예들은 '사건(事件), 시각(時刻), 명백(明白)' 등의 반복이므로 고유어라면 '*사건사건(事件事件), *시각시각(時刻時刻), *명백명백(明白明白)'과 같이 나타나는 것이 일반적이나 실제로는 예외적인 경우를 제외하면 '사사건건(事事件件), 시시각각(時時刻刻), 명명백백(明明白白)'식으로 나타난다. 이는 한국어, 특히 고유어의 일반적인 반복 합성어 구성 방식과 다른 것이다. 물론 (55나)와 같이 고유어와 같은 방식의 반복 합성어가 나타나기

도 한다.

고유어보다 훨씬 활발하게 나타나는 한자어 합성 유형의 하나로 약어화를 들 수 있다.[61] 앞에서 말한 것처럼 약어화는 한자어 단어 형성 방법 중 매우 생산적인 방법에 속한다.

(56) 가. 노동조합(勞動組合) → 노조(勞組), 한국은행(韓國銀行) → 한은(韓銀)
나. 고려가요(高麗歌謠) → 여요(麗謠), 대한민국(大韓民國) → 한국(韓國)[62]
다. 공업진흥청(工業振興廳) → 공진청(工振廳)
라. 교육(教育) 실습생(實習生) → 교생(教生)
마. 기능 공원(技能工員) → 기능공(技能工)
바. 남한 북한(南韓北韓) → 남북한(南北韓)

한자어 약어화는 (56가)처럼 각 어휘소의 앞 음절을 취하기도 하고, (56나)처럼 뒤 음절을 취하기도 하며, (56다~라)처럼 앞 음절과 뒤 음절을 취하기도 한다. 또한 (56마~바)처럼 불규칙적인 모습을 보이기도 한다. 이렇게 형성된 어휘들 중 일부는 원말과 약어가 모두 활발하게 쓰여 사전에 올라 있는 경우도 있고, 원말과 약어 중 어느 한쪽만 사전에 올라 있는 경우도 있다.

고유어에 비해 한자어에서 약어화가 잘 일어나는 이유는 한자어를 이루는 구성 요소가 뚜렷한 의미를 가지고 있기 때문이다. 그러나 한자어 약어화가 활발하게 나타나기는 하지만 모든 경우에 가능한 것은 아니다. 예를 들어 '축구 경기(蹴球競技)'를 '*축경(蹴競)'으로 약어화하여 사용하는 것은 잘 받아들여지지 않는다. 또한 두 어휘소가 대등한 경우에는 약어화가 일어나는 일이 드문 편이다. 약어의 본질적인 특성상 다시 회복되어 그 뜻을 파악하는 것이 용이하지 않으면 약어화가 잘 일어나지 않으며, 뜻의 파악이 어려우면 약어화가 일어나더라도 특정 집단이나 특정 시기에 쓰이다가 금방 사라지게 된다.

61 앞에서 설명했듯이 약어화는 단어뿐 아니라 구나 문장 등을 줄여 새로운 단어를 만드는 과정으로 합성과는 구별되는 단어 형성 방식으로 볼 수 있으나 이 자리에서는 합성에 포함하여 다루기로 한다. 위의 예에서 '한국은행 →한은'은 원래 하나의 단어를 줄여 새로운 단어를 만든 것이고, '남한 북한 → 남북한'은 두 단어를 줄여 한 단어로 만든 것이다.

62 '한국'이라는 말이 어디에서 왔는지에 대해서는 다양한 견해가 있다. 『표준국어대사전』에 따르면 '한국'은 '대한제국' 또는 '대한민국'에서 약어화에 의해 만들어진 것으로 볼 수 있다.

3.2.4.4. 한자어 파생법

외래 요소를 받아들일 때 문법적인 요소를 받아들이는 경우는 매우 드물다. 따라서 한자어 역시 한국어에 들어오면서 주로 어휘적인 요소로 들어오게 된다. 그런데 한자어가 한국어에 들어와 오랫동안 사용되면서 동화되는 과정에서 일부가 접사로 발달하기도 한다. 물론 접사로 사용되는 한자들은 대부분 앞에서 언급한 '인(人)'이 '인간(人間)'이나 '미인(美人)'에서처럼 어근으로 쓰이기도 하고, '한국인(韓國人)'에서처럼 접사로도 사용된다. 곧 이어 언급하게 될 '외(外)', '친(親)', '생(生)' 등도 어근과 접사로 사용됨은 물론이다.

한자어 접사들이 어근과 어울려 파생어를 형성할 때, 고유어 접사에 못지않은 높은 생산성을 보여 주는 것도 있다. 여기에서는 한자어 파생법을 접두 파생법과 접미 파생법으로 나누어 접사의 특징을 중심으로 간략하게 다루어 보기로 한다.

한자어 접두사 중에는 고유어와 구별이 없어져서 고유어처럼 인식되는 것들도 있고 그렇지 않은 것들도 있다. 한자어 접두사 중에서 비교적 생산적인 것들을 파생어의 예와 함께 제시하면 다음과 같다.

(57) 가. 시(媤)-: 시댁, 시누이, 시동생, 시아버지, 시어머니
나. 외(外)-: 외사촌, 외삼촌, 외숙모, 외할머니
다. 친(親)-: 친딸, 친누이, 친아들, 친아우, 친아버지, 친어머니
라. 의붓(<義父+ㅅ)-: 의붓딸, 의붓아들, 의붓아버지, 의붓어머니

(58) 가. 생(生)-: 생머리, 생고기, 생마늘
나. 왕(王)-: 왕방울, 왕새우, 왕벌
다. 범(汎)-: 범국민, 범민족, 범태평양
라. 최(最)-: 최고위, 최우수, 최전방
마. 준(準)-: 준결승, 준보석, 준우승
바. 양(洋)-: 양약, 양의사, 양송이
사. 한(韓)-: 한약, 한의사, 한민족

(57)은 주로 가족 관련 어휘들에 나타나는 접두사들이다. '시(媤)-'와 '외(外)-', '친(親)-'과 '의붓-'은 짝을 이루어 상대되는 뜻을 나타낸다. 이 중 '의붓-'은 한자어 '의부(義父)'에 사이시옷이 결합하여 형성된 것으로 사전에 올라 있지 않지만 접두사로 볼 수 있다. (58)은 제법 많은 한자어 접두사들이 생산적으로 단어 형성에 참여한다는 것을 보여 준다. (58가, 나)의 '생(生)-'이나 '왕(王)-'의 경우 '생머리', '왕방울'처럼 한자어가 아닌 고유어와도 쉽게 결합하는 것으로 보아 언중들에게 한자어라는 인식이 약화되고 있는 것으로 보인다. (58라~마)의 '범(汎)-', '최(最)-', '준(準)-' 역시 생산적으로 단어 형성에 참여한다. (58바~사)의 '양(洋)-', '한(韓)-'은 개화기 이후 생긴 접두사들이다. 개화기에 이르러 서양 문물이 쏟아져 들어오자 이를 나타낼 필요가 있어 등장한 접두사가 '양(洋)-'이다. '양(洋)-'의 쓰임이 많아지자, 이에 대응되는 '우리의 것, 전통적인 것'을 나타내는 표현이 필요하게 되어 '한(韓)-'이 쓰이게 되었다.[63]

다음으로 접미 파생법에 대해서 살펴보기로 하자. 고유어에서도 접두사에 비해 접미사의 수가 많고 다양하게 쓰이는 것처럼 한자어에서도 접미사는 접두사에 비해 수가 많고 그 기능도 다양하다. 한자어 접미사 중에는 고유어화가 진행되어 엄밀하게 말하면 한자어로 보기 어려운 '-꾼(<軍)'처럼 형태가 변한 것도 있다.

한자어 접미사 중에서 비교적 생산적인 것들을 파생어의 예와 함께 제시하면 다음과 같다.

(59) 가. -자(者): 기술자, 과학자, 참가자
　　나. -가(家): 소설가, 예술가, 전문가
　　다. -사(師): 요리사, 사진사, 간호사
　　라. -사(士): 변호사, 세무사, 운전사
　　마. -수(手): 소방수, 운전수, 조타수
(60) 가. -적(的): 과학적, 신사적, 인간적
　　나. -성(性): 순수성, 신축성, 양면성
　　다. -화(化): 과학화, 사회화, 민주화

63 '한(韓)-'은 사전에 접두사로 올라 있지도 않아서 '양(洋)-'과 달리 접두사라기보다 어근으로 보기도 한다. 하지만 '양(洋)-'에 대응되는 의미로 제법 많은 예에 나타나므로 접두사로 보아도 될 듯하다.

라. -시(視): 등한시, 확실시, 중요시

마. -연(然): 학자연, 군자연, 신사연

(59)는 사람을 나타내는 접미사들이다. 각각의 접미사가 '-자(者)'와 '-가(家)', '-사(師)'와 '-사(士)'의 비교에서 알 수 있듯이 약간의 어감 차이를 가지는 듯하지만, 그 차이가 명확하지 않은 경우도 있다.

(60)은 사람을 나타내는 접미사를 제외한 나머지 한자어 접미사 중에서 비교적 생산적인 것들이다. (60가)의 '-적(的)'은 명사와 결합하여 '그 성격을 띠는', '그에 관계된', '그 상태로 된' 정도의 의미를 더한다. '-적(的)'은 개화기 일본어에서 '-tic', '-al'과 같은 영어의 형용사 어미에 대응하여 이를 번역하기 위해 사용하였는데, 이런 용법이 한국어에 들어와 높은 빈도로 쓰이게 되었다고 한다. '-적(的)'은 주로 한자어 추상 명사와 결합하여 명사 내지 관형사를 파생한다. '-적(的)'은 서술격 조사 '-이다'와 결합하는 경우가 많은데, 이 둘이 결합하면 전체가 형용사처럼 쓰이게 된다. 그리하여 파생 형용사인 'X스럽다', 'X롭다/X답다', 'X하다' 등과 저지 관계를 보여 주기도 한다.

(61) 가. 죄(罪)스럽다, *죄롭다, *죄하다, *죄적(이다)

나. *해(害)스럽다, 해롭다, *해하다, *해적(이다)

다. *정(情)스럽다, 정답다, *정하다, *정적(이다)

라. *도시스럽다, *도시롭다, *도시하다, 도시적(이다)

'X스럽다', 'X롭다/X답다', 'X하다' 중의 하나가 쓰이는 경우 (61가~다)처럼 'X적이다'가 쓰이지 않고, 그렇지 않은 경우 (61라)처럼 'X적이다'가 쓰인다.

(60나, 다)의 '-성(性)'과 '-화(化)'도 명사에 결합하여 명사를 만드는 접미사로 각각 '그러한 성질'과 '그렇게 만들거나 됨' 정도의 의미를 더한다. '-성'이나 '-화'는 생산성이 높아 한자어뿐만 아니라 외래어나 고유어와도 쉽게 결합한다. 이들이 외래어와 결합한 예에는 '알칼리성', '테마성', '코

믹성'과 '체인화', '디지털화'가 있고 고유어와 결합한 예에는 '먹성', '참을성'과 '어린이화', '쓰레기화' 등이 있다. '먹성', '참을성'은 어근이 명사가 아니라는 점에서도 한자어 어근과 결합하는 다른 예들과 다르다.

(60라, 마)의 '-시(視)'와 '-연(然)'은 명사와 결합하여 각각 '그렇게 여김', '그것인 체함' 정도의 의미를 더한다. 이들은 접미사가 결합하면 서술성을 가지게 되므로 '영웅시하다/영웅시되다', '학자연하다'에서 볼 수 있듯이 주로 '하다'나 '되다'와 결합하여 쓰인다. 이를 고려하여 '-시(視)'와 '-연(然)'은 불규칙적인 어근을 만드는 접미사로 처리할 수도 있다.

3.3. 품사론

3.3.1. 품사 분류

3.3.1.1. **품사 분류의 필요성**

품사(word class)란 '단어를 문법적인 성질의 공통성에 따라 나눈 부류(class)'이다. 품사로 단어를 분류하는 것은 이미 그리스에서 시작되었을 정도로 오랜 역사를 가지고 있다. 품사를 분류하는 이유는 수만 내지 수십만 개에 달하는 단어를 부류들로 나누어 효율적으로 기술하고 활용하는 데에 도움을 주기 위한 것이다.

(62) 사전에 표시된 품사

> **깁다**[깁ː따]〔기워, 기우니, 깁는[김ː-]〕
> **「동사」【…을】**
> 「1」 떨어지거나 해어진 곳에 다른 조각을 대거나 또는 그대로 꿰매다.
> 「2」 글이나 책에서 내용의 부족한 점을 보충하다.

품사를 분류하는 가장 큰 이유는 품사를 통해 그 단어의 문법적인 특성을 나타낼 수 있다는 것이다. 위에서 볼 수 있듯이 대부분의 언어 사전은 품사를 표시하고 있는데, 이를 통해 우리는 심지어 잘 모르는 단어일지라도 그 단어의 문장에서의 쓰임을 대략적으로 알 수 있다. 위에서 예를 든 '깁다'라는 단어를 잘 모르는 어린이나 한국어를 처음 배우는 외국인이라도 '동사'라는 점을 알면 이 단어가 문장에서 쓰일 때의 대략적인 쓰임을 알 수 있게 된다. 따라서 품사 분류는 사전 편찬이나 언어 교육과 같은 실용적인 목적으로 널리 사용된다. 품사 분류는 일정한 기준에 의해 인위적으로 나눈 것이지만 아이가 말을 배울 때 특정 품사를 먼저 배운다든지, 품사 간의 차이를 은연중에 이해한다든지 하는 등 품사가 언어에 내재한 특성이라는 점도 품사를 분류하는 것이 필요함을 간접적으로 말해 준다.

3.3.1.2. **품사 분류의 기준**

모든 분류가 그러하듯 품사 분류에도 기준이 있다. 흔히 품사 분류의 기준으로 드는 것이 '기능(function)', '형태(혹은 형식, form)', '의미(meaning)' 등이다. 위에서 언급했듯이 품사란 단어를 문법적인 성질에 따라 나눈 것이므로 '기능'과 '형태'가 중요한 기준이 되며, 보조적인 기준으로 '의미'가 사용된다.

(63) 저 우물이 매우 깊다.

'기능'이란 한 단어가 문장 안에서 다른 단어들과 맺는 문법적인 관계를 말한다. (62)에서 '깊다'는 사태를 진술해 주며, '우물'은 서술어 '깊다'와 관련을 맺으면서 문장의 주어 역할을 한다. '이'는 앞에 오는 말의 문장 성분을 확실하게 해 주며, '저'나 '매우'는 뒤에 오는 말을 꾸며 준다. 이처럼 문장에 쓰이는 단어들은 다양한 기능을 하기 때문에 기능이 품사 분류의 기준으로 유용하게 사용된다.

'형태'란 단어의 형태적 특징을 말하는데, 체언에 조사가 결합하는 양상을 포함하기도 하지만 주로 어미에 의한 활용의 양상을 말한다. (63)에서 '깊다'는 '깊고', '깊으니'처럼 어미에 따라 끝이 변화하지만 '저', '우물', '이', '매우' 등은 그렇지 않다. 한국어에서는 형태의 변화가 굴절어의 굴절과 다르지만 형태 변화 여부도 품사 분류의 기준으로 삼을 수 있다.

'의미'를 품사 분류의 기준으로 들기도 한다. 이때 의미란 개별 단어의 차별적인 의미(sense)가 아니라 품사를 구성하는 부류 전체의 범주적 의미(meaning)를 말한다. 곧, '사람이나 사물 따위의 이름을 나타내는 말', '사람이나 사물 따위의 상태를 나타내는 말' 등이 여기서 말하는 의미이다. 따라서 '깊다'와 의미적으로 같은 부류에 속하는 단어는 '깊이'가 아니라, 사물의 상태를 나타낸다는 점에서 공통점을 가지는 '높다'이다.

품사 분류의 기준으로 기능, 형태, 의미 이외에 다른 것을 제시하기도 한다. '기능'과 분리하여 '분포'를 중요한 기준으로 들기도 하고, 북한의 규범 문법에서처럼 단어가 만들어지는 방식 곧, '단어 조성적 특징'을 품사 분류의 기준으로 중요하게 고려하기도 한다. 또한 동일한 품사 분류의 기준을 적용하더라도 언어에 따라 각 기준의 중요도에서는 차이를 보이기도 한다.

참고 23 **품사 분류 기준의 하나로서의 분포**

'분포(distribution)'는 체언 앞에 쓰이는지, 조사가 뒤에 올 수 있는지와 같이 문장에서 그 단어가 어디에 나타나는지를 말한다. 그런데 한국어의 품사 분류에서는 대체로 '분포'를 따로 기준으로 제시하지 않고 기능과 형태에 흡수해서 체언의 앞에 쓰이는지와 같은 어순에 따른 분포는 기능으로, 조사나 어미 앞에 올 수 있다든지 하는 분포는 형태의 기준으로 포함하여 다룬다.

3.3.1.3. 한국어의 품사 체계

품사 분류의 기준을 세 가지로 한다고 해도 이 기준들 중에서 상대적으로 더 중요하게 고려되는 기준이 있을 수 있는데, 한국어의 경우 기능이 가장 중요한 기준이 된다. 굴절어가 아닌 한국어에서 형태의 차이는 잘 드러나지 않으며, 품사가 문법적인 성질에 의해 나누는 것이므로 의미가 중요한 기준이 되기는 어렵다.

그런데 품사 분류의 기준을 활용하여 실제 한국어의 품사를 분류할 때, 품사 분류 기준을 형태, 기능, 의미의 순서로 적용하는 것이 가장 자연스럽다.[64] 먼저 한국어 단어 전체를 두고 형태의 기준을 적용하여, 활용을 하는 단어와 그렇지 않은 단어로 나누어 각각을 가변어와 불변어로 지칭할 수

64 연구자에 따라서는 품사 분류 기준 적용의 순서를 형태, 기능, 의미로 순차적으로 적용하는 것이 지나치게 체계에 집착하는 것이라고 비판하기도 한다.

있다. 다음으로 기능에 따라 불변어는 체언, 수식언, 독립언, 관계언으로, 가변어는 용언으로 나눌 수 있다. 체언에 조사가 결합하는 것을 형태의 변화로 보지 않으면 이처럼 가변어에는 용언만 속하게 된다. 마지막으로 의미에 따라 체언은 '명사, 대명사, 수사'로, 수식언은 '관형사, 부사'로, 용언은 다시 '동사, 형용사'로 나눌 수 있다. 독립언에는 감탄사 한 종류가, 관계언에는 조사 한 종류가 포함된다.

이처럼 단계에 따라 한국어의 품사를 분류해 보면 다음과 같다.

(64) 단계를 고려한 한국어의 품사 분류

1단계 ('형태' 기준)	2단계 ('기능' 기준)	3단계 ('의미'를 중심으로 분류하되, '형태', '기능'도 함께 고려)
불변어	체 언	명 사
		대명사
		수 사
	수식언	관형사
		부 사
	독립언	감탄사
	관계언	조 사
가변어	용 언	동 사
		형용사

(64)에서 볼 수 있듯이 한국어의 품사는 흔히 9품사로 나누지만 적게는 5품사에서 많게는 13품사나 그 이상으로 나누기도 한다. 이처럼 달리 보게 되는 것은 한국어 품사 분류에는 다음과 같이 완전히 합의하기 어려운 문제들이 있기 때문이다.

첫째, 가장 큰 문제는 조사를 품사의 하나로 보아야 하는지에 관한 것이다. 앞에서 단어의 정의를 논의하면서 언급했듯이 조사는 단어로 보기 어려운 점이 있는데, 조사를 단어로 보지 않는다면 품사 분류 논의에서도 제외되어야 한다. 뒤에서 언급하겠지만 특히 이른바 서술격 조사 '이다'까지 조사에 포함시키는 데에는 더 큰 어려움이 있다.

둘째, 한국어에서 동사와 형용사를 다른 품사로 설정할 필요가 있는지에 관한 것이다. 한국어 형용사는 뒤에서 자세하게 설명할 것인바, 유형론적으로 볼 때 동사형 형용사로서 영어와는 달리 동사의 도움 없이도 문장에서 서술어로 쓰일 수 있으므로 기능 면에서는 동사와 크게 다르지 않다. 그렇기 때문에 문법서에 따라서는 동사와 형용사를 분리하지 않고 동사로 포괄하고 각각을 '동작 동사', '상태 동사'로 하위분류하기도 한다. 그 밖에도 이미 언급한 서술격 조사 '이다'를 용언의 일종으로 보아 지정사와 같은 별개의 품사로 설정하는 문제, '있다', '없다', '계시다' 등 동사와 형용사의 중간적인 활용을 보이는 단어들을 존재사로 따로 설정하는 문제 등에 대해 여러 가지 이견이 존재한다.

셋째, 문법서에 따라서는 명사, 대명사, 수사를 독립된 품사로 다루지 않고 모두 명사로 포괄하기도 한다.[65] 그런 다음 본명사, 대명사, 수사로 하위분류하는 것이다. 사실 이들은 형식이나 기능 면에서는 차이가 크지 않고 주로 의미에 의해 분류된 것이므로 의미가 품사 분류의 주요 기준이 될 수 없다는 점에서 굳이 다른 품사로 분류할 근거를 찾기가 쉽지 않다. 뒤에서 논의하겠지만 명사, 대명사, 수사 중에는 관형사와의 구별에 어려움이 있는 예들도 있다.

65 한국어와 비교적 유사점이 많은 일본어의 경우 대명사와 수사를 별개의 품사로 분류하지 않는 경우가 많다.

3.3.1.4. 품사의 통용

대체로 하나의 단어는 하나의 품사 부류에 소속된다. 하지만 다음의 경우처럼 하나의 단어가 두 가지 이상의 품사를 가질 수 있어, 사전에서 두 가지 이상의 품사로 처리되는 경우도 있다.

(65) '밝다'의 품사

밝다
[Ⅰ] 「**동사**」 밤이 지나고 환해지며 새날이 오다.
[Ⅱ] 「**형용사**」 [1] 「1」 불빛 따위가 환하다.
「2」 빛깔의 느낌이 환하고 산뜻하다.
「3」 감각이나 지각의 능력이 뛰어나다.
(……)

이처럼 하나의 단어가 두 가지 이상의 품사로 처리되는 경우를 학교 문법 등에서 흔히 품사 통용으로 다루어 왔다.

> **참고 24 품사 통용, 품사 전성, 영 파생**
>
> 하나의 단어가 둘 이상의 품사로 표시되는 현상을 지칭하는 용어로는 품사 통용 이외에 '품사 전성(conversion)', '영 파생(zero-derivation)' 등도 있다. 품사 통용이나 품사 전성은 품사론의 용어이고, 영 파생은 단어 형성론의 용어이다. 품사 통용은 하나의 형태가 둘 이상의 품사로 쓰이는 것에 대한 중립적인 처리임에 비해, 품사 전성이나 영 파생은 어떤 단어에 기본 품사가 있고 이를 바탕으로 다른 품사로도 쓰인다고 보는 관점이다.

품사 통용은 다양한 유형으로 나누어진다.

(66) 품사 통용의 유형들

가. 오늘이 3월 1일입니다. 〈명사〉
　오늘 할 일을 내일로 미루지 마라. 〈부사〉

나. 자기가 먹을 만큼 먹어라. 〈명사〉
　나도 철수만큼 잘할 수 있다. 〈조사〉

다. 나는 그와 같은 사실을 몰랐다. 〈대명사〉
　그 마음을 변치 마라. 〈관형사〉

라. 그 아이는 열을 배우면 백을 안다. 〈수사〉
　열 사람이 백 말을 한다. 〈관형사〉

마. 밝은 곳에서 책을 읽었다. 〈형용사〉
　서서히 날이 밝았다. 〈동사〉

바. 대장이 만세를 선창했다. 〈명사〉
　대한 독립 만세! 〈감탄사〉

사. 손이 저리다. 아니, 아프다. 〈부사〉
　아니, 이게 어떻게 된 거냐? 〈감탄사〉

아. 내가 너보다 크다. 〈조사〉
　보다 나은 내일을 위해 노력해라. 〈부사〉

자. 그는 비교적인 관점에서 연구하였다. 〈명사〉
한국어와 중국어의 비교적 고찰 〈관형사〉
그곳은 비교적 교통이 편리하다. 〈부사〉

(66가)는 명사와 부사, (66나)는 명사와 조사, (66다)는 대명사와 관형사, (66라)는 수사와 관형사, (66마)는 형용사와 동사, (66바)는 명사와 감탄사, (66사)는 부사와 감탄사, (66아)는 조사와 부사의 두 가지 품사로 쓰인다. 한편, (66자)처럼 명사, 관형사, 부사의 세 가지 품사로 쓰이기도 한다.[66]

품사 통용 현상이 나타나는 원인은 여러 가지가 있을 것이다. 먼저 의미상의 특성 때문에 두 가지 품사로 처리되는 경우이다. '오늘'이 명사와 부사로 쓰이는 것은 시간 표현이라는 의미 특성과 관련이 있다. 둘째, 품사 분류가 임의적이기 때문에 품사 통용으로 처리되는 경우이다. 이 경우 품사 분류를 달리하면 통용이 아닌 것으로 볼 수 있다. 예를 들어 형용사를 동사에 포함시킨다면 '밝다'의 경우 품사 통용에서 제외될 수 있을 것이다.[67] 셋째, 통시적인 변화 과정에 있기 때문에 공시적으로 두 가지 품사의 기능을 보여 품사 통용으로 처리되는 경우이다. '만큼'의 경우 의존 명사에서 조사로의 통시적인 변화 과정에서 두 가지 기능을 가지게 된 것으로 보인다. 그러나 품사 통용을 보이는 모든 단어들을 이런 몇 가지 원인으로 설명하기는 어렵다.

66 품사 통용이란 사전에서 하나의 표제어로 처리되는 것을 말하지만, 단어에 따라 혹은 사전에 따라 처리에서 차이가 나기도 한다. 『표준국어대사전』을 예로 들어 보면 다른 예들은 대체로 하나의 표제어로 다루었지만, '아니'의 경우 부사 용법은 '아니01', 감탄사 용법은 '아니02'로 처리되어 있어 동음이의어처럼 다루고 있다.

67 품사 통용이 품사 분류가 임의적이기 때문에 나타나는 것으로 보아 품사 통용을 부정하는 학자들도 있다. 물론 품사 분류를 어떻게 하느냐에 따라 품사 통용이 아닌 것으로 처리할 수 있는 예가 있으며, 가능한 한 하나의 단어를 하나의 품사로 처리하는 것이 바람직하다. 하지만 그렇게 볼 수 없는 경우도 있으며, 이미 세워진 기준에 따라 분류했을 때 두 가지 이상의 품사에 속한다면 품사 통용으로 처리하는 것이 문법 기술에 이점이 있는 것으로 생각된다.

3.3.2. 명사, 대명사, 수사

명사, 대명사, 수사는 문장에서 주어, 목적어, 보어 등으로 쓰일 수 있어 체언(體言)으로 묶을 수 있다. 이 셋은 독립된 품사로 보기 어려울 만큼 공통점이 더 크다고 볼 수도 있어, 하나의 품사로 보기도 한다. 하지만 이들은 '의미'의 기준에서 보면 차이가 있고, 대명사나 수사는 명사보다 앞에 오는 수식어의 제약이 많아 기능 면에서 구별되는 측면도 있다. 따라서 많은 문법서들이 그러하듯이 명사, 대명사, 수사를 별도의 품사로 두는 것이 편리할 때가 많다.

3.3.2.1. 명사

명사의 정의와 특성

명사는 그 수가 많아 한국어 전체 어휘의 대부분을 차지한다.

(67) 해완이가 교실에서 친구들과 맛있는 빵과 우유를 먹고 있다.

명사는 '해완', '친구'처럼 사람을 나타내기도 하고, '빵', '우유'처럼 사물을 나타내기도 하며, '교실'처럼 장소를 나타내기도 한다. 따라서 명사는 일반적으로 이런 의미적인 특성에 주목하여 '사람이나 사물, 장소, 사태 따위의 이름을 나타내는 말'로 정의된다.

위의 예에서도 볼 수 있듯이 명사의 형태론적 특성으로는 뒤에 조사가 결합할 수 있다는 점과, '-들'과 결합하여 복수를 표현할 수 있다는 점 등을 들 수 있다. 우리는 앞에서 조사를 독립된 품사로 보아 명사에 조사가 결합한 것을 형태적인 변화에서 제외하는 입장을 취했지만, 뒤에 조사가 결합한다는 것은 명사의 중요한 특징임에는 분명하다. 주로 가산성(可算性)을 가진 명사에 '-들'이 결합하여 복수를 표시할 수 있다는 것도 명사의 중요한 특징이다.

참고 25 한국어의 '들'의 특성과 수(number) 범주

한국어의 경우 "일들 부지런히 해라.", "어서들 오너라.", "먹어들 보아라."처럼 가산성을 띤 명사뿐 아니라 추상 명사나 부사, 심지어는 어미 뒤에도 '들'이 결합한다. 가산성 명사 뒤에 결합하는 '들'은 복수 접미사, 그 밖의 경우는 보조사로 구분하기도 한다. 보조사로 쓰인 '들'은 주로 문장의 주어가 복수임을 나타낸다. 한편, "산에 나무들이 많다."에서 '나무들'은 '나무'의 복수라기보다는 '나무의 종류'를 말하며, 단순히 나무가 많은 상태에 대한 자연스러운 표현은 "산에 나무가 많다."이다. 이런 점들을 고려하여 한국어에 문법 범주로서 수 범주가 존재하지 않는다는 주장이 널리 받아들여지고 있기도 하다.

명사의 통사론적 특성으로는 (67)의 '해완이가', '빵과 우유를' 등에서 볼 수 있듯이 문장에서 주어, 목적어, 보어 등으로 쓰인다는 점이다. '맛있는 빵과 우유'에서 볼 수 있는 것처럼 관형어의 수식을 받을 수 있다는 점도 명사의 통사적 특성이다.

명사의 의미론적 특성으로는 명사를 정의하면서 언급했듯이 사람, 사물, 장소, 사태 따위의 이름을 나타낸다는 것이다. 이는 뒤에서 언급하게 될 대명사나 수사와는 구별되는 특성이다.

명사의 하위분류

명사를 흔히 보통 명사와 고유 명사, 자립 명사와 의존 명사 등으로 구분하기도 한다. 어떤 속성을 가진 대상에 두루 쓰이는 보통 명사와 달리 고유 명사는 특정한 하나의 개체에만 쓰인다. 그러므로 고유 명사는 "*어느 백두산이 더 크니?", "*저기 세종대왕들이 온다."와 같은 복수성을 전제로 한 표현이 가능하지 않다. 한국어에서 이보다 더 중요한 명사의 하위분류는 자립 명사와 의존 명사의 구분이다.

(68) 가. 한국을 떠난 <u>지</u>가 10년이 넘었다.
나. 그는 잘못을 들키자 어쩔 <u>줄</u>을 몰라 했다.
다. 마음먹은 <u>김</u>에 당장 합시다.
라. 있는 <u>대로</u> 다 가져오너라.
(69) 가. 조약돌 한 <u>개</u>, 책 한 <u>권</u>, 집 한 <u>채</u>
나. 파 한 <u>뿌리</u>, 쌀 한 <u>말</u>, 학생 한 <u>사람</u>

(68)에서 볼 수 있듯이 의존 명사는 반드시 관형어의 수식을 받아야 문장에 쓰이므로 문장의 첫머리에 나타나지 않는다. 아울러 '지'의 경우처럼 뒤에 주격 조사만 결합하거나, '줄'의 경우처럼 목적격 조사만 결합하거나, '김'의 경우처럼 부사격 조사 '에'만 결합하거나, '대로'의 경우처럼 아무런 격 조사가 결합하지 않는 등 격 조사 결합의 제약을 보이기도 한다. 그 밖에도 "갑자기 비가 {오는, *온, *올, *오던} 바람에 옷이 다 젖었다."에서 볼 수 있듯이 관형사형이 제한되거나, "그 일이야 두말할 나위가 없다."에서 '나위' 뒤에 '있다'나 '없다'가 주로 오는 등 의존 명사에 후행하는 서술어가 제한되기도 한다.

의존 명사 중에서 특수한 것이 단위성 의존 명사이다. 한국어는 일본어, 중국어 등과 함께 단위성 의존 명사가 발달한 언어로, 수량을 알고자 하는 명사의 종류에 따라 뒤에 이어지는 단위성 의존 명사가 달리 쓰이기도 한다. 단위를 나타내는 표현 중에는 (69가)처럼 전적으로 의존 명사로만 쓰이는 것도 있고, (69나)처럼 주로 자립 명사로 쓰이지만 단위를 나타내는 표현에도 쓰이는 것도 있다.[68]

68 (69나)의 예들은 엄밀하게 말하면 의존 명사가 아니라 일반 명사이다. 단위성 의존 명사와 단위를 나타내는 일반 명사를 묶어 분류사로 포괄하기도 한다.

3.3.2.2. 대명사

대명사의 정의와 특성

대명사 역시 체언의 하나로서 명사와 마찬가지로 형태론적으로 뒤에 조사가 결합할 수 있고, '우리'와 같은 별개의 복수형을 사용하거나 '-들'과 결합하여 복수를 표현할 수 있다. 또한 통사론적으로 문장에서 '주어', '목적어', '보어' 등으로 쓰이고, 관형어의 수식을 받을 수 있다. 하지만 의미론적으로는 명사와 큰 차이를 가진다.

대명사는 흔히 의미적인 특성에 주목하여 '사람이나 사물, 장소, 사태 따위의 명사를 대신하는 말'로 정의된다. 따라서 대명사의 의미는 대체될 수 있는 단어를 전제로 파악된다.

(70) 가. <u>너</u>는 <u>여기</u>서 <u>무엇</u>을 하니?
나. 우리는 기차로 경주역까지 갔다. <u>거기</u>에서 불국사까지는 버스로 갔다.

'너', '여기', '무엇', '거기'의 의미는 이들을 대체할 수 있는 명사를 알아야 정확하게 파악할 수 있다.

대명사는 무엇보다도 직시(deixis)[69]의 관점에서 파악된다. 따라서 (70가)에서 '너', '여기', '무엇' 등의 의미는 상황에 따라 다른 의미로 파악되는 것이다. 곧, '너'가 철수일 수도 있고, 영희일 수도 있는 것이다. 그리하여 거꾸로 같은 사물에 대해 다른 대명사 형태를 사용할 수도 있다. 곧, '철수'에 대해서 '나'로 표시할 수도 있고, '너'로 표시할 수도 있고, '그'로 표

69 '직시'는 어휘나 문법 요소의 의미가 맥락이나 상황에 의존하여 드러나는 현상을 말한다. deixis는 '화시', '지시', '상황 지시' 등으로 번역하기도 한다.

시할 수도 있는 것이다.

참고 26 명사의 상황 의존성

대명사뿐 아니라 '어제, 오늘, 내일, 지금' 등과 같은 일부 명사들도 상황을 전제로 의미가 달라진다는 점에서 상황 의존성을 갖는다. 하지만 상황 의존성은 명사의 보편적인 특성은 아니다.

대명사는 직시적인 특성뿐 아니라 앞에서 나온 명사를 이어받아 표현하는 대용(anaphora)의 관점에서 파악되는 용법도 있다. (70나)에서 '거기'는 앞에 나오는 경주역을 이어받는 것으로 이해된다. 심지어 실제 발화에서 드러나지 않더라도 대명사는 화자와 청자가 전제한 어떤 것을 이어받아서 표현하는 것이다.[70]

70 앞에 나온 말을 다시 받을 때 반드시 대명사를 써야 하는 영어와 달리 한국어에서는 반드시 대명사를 써야 하는 것은 아니다. 이를 고려하면 한국어는 대명사가 그리 발달하지 않은 언어로 볼 수 있다.

앞에서 말한 것처럼 대명사가 형태론적인 특성에서 명사와 거의 같지만 약간의 차이를 보이기도 한다. 우선 대명사는 복수형을 만들 때에 '너희, 저희'처럼 '-희'를 붙이는 경우가 있다는 점에서 차이가 있다. 물론 이 경우 '너희들', '저희들'처럼 다시 '-들'을 추가하기도 한다. 또한 한국어의 대명사는 '이이, 그이, 저이', '이분, 그분, 저분', '이곳, 그곳, 저곳', '여기, 거기, 저기'처럼 '이, 그, 저'에 명사가 결합한 합성어가 많다는 특징을 가지기도 한다.

대명사의 하위분류

대명사는 지시 대상에 따라 인칭 대명사와 지시 대명사로 나눌 수 있다. 인칭 대명사는 흔히 1인칭 대명사, 2인칭 대명사, 3인칭 대명사로 나누고, 지시 대명사는 사물 표시 지시 대명사와 장소 표시 지시 대명사로 나눈다. 특히 3인칭 대명사는 화자와 청자를 기점으로 얼마나 가까운가에 따라 근칭(近稱), 중칭(中稱), 원칭(遠稱)으로 나누기도 한다. 또한 대명사는 겸사말, 예사말, 공대말로 나눌 수도 있고 단수형과 복수형으로 나눌 수도 있다. 한국어에 흔히 나타나는 대명사들을 대상으로 이런 기준에 따라 분류해 보면 다음과 같다.

(71) 한국어의 대명사 분류

<table>
<tr><td rowspan="8">인칭 대명사</td><td rowspan="3">1인칭</td><td colspan="3">단수</td><td colspan="2">복수</td></tr>
<tr><td>예사말</td><td colspan="2">나</td><td colspan="2">우리</td></tr>
<tr><td>겸사말</td><td colspan="2">저</td><td colspan="2">저희</td></tr>
<tr><td rowspan="3">2인칭</td><td colspan="3">단수</td><td colspan="2">복수</td></tr>
<tr><td>예사말</td><td colspan="2">너</td><td colspan="2">너희</td></tr>
<tr><td>공대말</td><td colspan="2">자네, 당신, 그대</td><td colspan="2"></td></tr>
<tr><td rowspan="2">3인칭</td><td colspan="2">근칭</td><td colspan="2">중칭</td><td>원칭</td></tr>
<tr><td colspan="2">이이, 이분, 이놈</td><td colspan="2">그, 그이, 그분, 그놈</td><td>저이, 저분, 저놈</td></tr>
<tr><td rowspan="2">지시 대명사</td><td>사물 표시</td><td colspan="2">이것</td><td colspan="2">그것</td><td>저것</td></tr>
<tr><td>장소 표시</td><td colspan="2">여기</td><td colspan="2">거기</td><td>저기</td></tr>
</table>

인칭 대명사는 1인칭, 2인칭, 3인칭으로 구분될 뿐 아니라 한국어가 높임법이 발달한 언어이므로 '예사말'과 '겸사말', '공대말'을 갖는다는 특징을 가진다. 그렇지만 이미 언급한 것처럼 한국어는 대명사가 그리 발달한 언어는 아니므로 특히 '하십시오체'를 써야 할 상황에서 적절한 대명사형을 찾기 어려워 '어르신'과 같은 명사를 빌려와 사용하기도 한다.[71] 또한 한국어의 1인칭 복수 대명사 '우리'가 '우리 형', '우리 엄마', '우리나라'처럼 영어라면 단수를 써야 할 자리에 사용된다는 것도 널리 알려져 있다.

71 한국어는 높임법이 발달한 언어이므로 대명사가 발달했다면 2인칭 대명사가 상대 높임법에 따라 다양하게 분화될 수 있었을 것이다. 그런데 2인칭 대명사 '당신'은 부부 사이가 아닌 경우 공대말로 쓰기 쉽지 않고, '자네' 역시 상대를 어느 정도 대접해 주지만 높이는 대상에 대해 쓰기 어려우며, '그대'는 현대어에서 주로 문어에만 쓰인다.

참고 27 '이', '그', '저'가 포함된 대명사들의 의미

'이, 그, 저'가 포함된 대명사를 다시 분류하여 '이' 계열은 근칭(近稱), '그' 계열을 중칭(中稱), '저' 계열을 원칭(遠稱)으로 부르는 용어는 화자와 청자의 관계를 고려한 표현이 아니라는 점에서 적절하지 못하다는 점이 여러 연구자들에 의해 지적되었다. 실제로 이 대명사가 단순한 거리 차이를 나타내지는 않는다. '이' 계열은 화자와 가까운 대상을, '그' 계열은 청자와 가까운 대상을, '저' 계열은 화자와 청자에게 모두 멀지만 가시적인 정도의 거리에 있는 대상을 가리키는 것이다.

'의문'을 나타내는 대명사를 미지칭(未知稱)과 부정칭(不定稱)으로 구분하기도 한다. 가리키는 대상은 정해져 있으나 무엇인지 모를 때 사용되는 대명사가 미지칭이고, 지시 대상을 정확하게 언급하지 않을 때 사용하는 대명사가 부정칭이다. 미지칭에 '(이)나', '도', '든지' 등의 조사가 결합하면 "사람은 누구나 소망을 가지고 있다."에서의 '누구나'처럼 부정칭이 된다. 미지칭과 부정칭이 다음과 같이 강세 내지 억양에 의해 구분되기도 한다.

(72) 가. 질문: 누구 기다리세요?
대답: 영희를 기다려요.

나. 질문: 누구 기다리세요?
대답: 아니요, 그냥 쉬고 있어요.

(72가)의 '누구'는 미지칭, (72나)의 '누구'는 부정칭이다. 미지칭으로 쓰이는 대명사는 주로 강세를 받으며 그 문장의 억양은 끝이 내려가는 경우가 많고, 부정칭의 대명사는 강세를 받지 않으며 그 문장의 끝이 올라가는 경우가 많다.

대명사의 특수한 예로 흔히 재귀 대명사(reflexive pronoun)로 불리는 재귀칭이 있다. 재귀칭은 다른 대명사들이 앞 문장이나 문맥에 나오는 체언을 대신하는 것과 달리 대체로 한 문장 안의 체언을 대신하는 기능을 한다.

(73) 가. <u>나</u>는 <u>나</u>를 사랑하는 가족이 있어 행복하다.
나. <u>너</u>는 <u>너</u>를 사랑해야 한다.
다. ??<u>그</u>는 <u>그</u>의 일을 자랑스럽게 여긴다.
다′. <u>그</u>는 <u>자기</u> 일을 자랑스럽게 여긴다.

한국어의 경우 1인칭이나 2인칭 대명사의 경우 특별한 재귀칭 형태를 가지지 않는다. 따라서 (73가, 나)에서 볼 수 있듯이, 대명사를 그대로 반복한다. 하지만 3인칭의 경우 재귀칭 형태가 따로 존재하기 때문에 (73다)과 같이 대명사를 반복하지 않고,[72] (73다′)처럼 재귀칭을 사용한다. 한국어의 재귀칭에는 높임의 등분을 달리하여 '해라체'를 쓸 대상을 받는 '저'(복수

72 화자에 따라서는 (73다)와 같은 문장을 자연스럽게 받아들여지는 것으로 보기도 한다.

형 '저희'), '해체'를 쓸 대상을 받는 '자기', '하십시오'체를 쓸 대상을 받는 '당신'이 있다.[73] 한국어의 재귀칭은 3인칭에서만 나타난다는 것[74] 이외에도 유정 명사(有情名詞)여야 한다는 제약을 갖는다.

73 학자들에 따라서는 '자기'뿐 아니라 '자신'을 재귀 대명사로 보기도 한다. 또 북한에서는 '자신'을 '자기'보다 높임을 나타내는 재귀 대명사로 남한에서의 '당신'에 준하는 재귀 대명사로 보기도 한다. 『표준국어대사전』에서는 '자신'이 명사로 올라 있다.

74 구어에서는 흔히 '너는 자기 물건도 못 챙기니?'처럼 재귀칭이 2인칭에서도 사용된다.

참고 28 3인칭 대명사 분류에 대한 다른 견해

학교 문법의 관점에서 분류한 (71)의 표는 '인칭'에 사람만 포함하는 것으로 다룬 것이다. 이와 달리 영어의 'it'을 3인칭 대명사에 넣는 것처럼 사물이나 장소를 나타내는 대명사를 3인칭 대명사에 포함하고, 아울러 3인칭만 존재하는 부정 대명사와 재귀 대명사를 더 포함하면 한국어의 3인칭 대명사는 다음과 같이 분류된다.

<table>
<tr><td rowspan="10">3인칭 대명사</td><td colspan="2"></td><td>근칭(화자 근접)</td><td>중칭(청자 근접)</td><td>원칭(화청자 비근접)</td></tr>
<tr><td colspan="2">인물 대명사</td><td>이이, 이분, 이놈</td><td>그, 그이, 그분, 그놈</td><td>저이, 저분, 저놈</td></tr>
<tr><td colspan="2">사물 대명사</td><td>이것</td><td>그것</td><td>저것</td></tr>
<tr><td colspan="2">장소 대명사</td><td>여기</td><td>거기</td><td>저기</td></tr>
<tr><td rowspan="4">부정칭 대명사</td><td>인물</td><td colspan="3">누구</td></tr>
<tr><td>사물</td><td colspan="3">무엇</td></tr>
<tr><td>장소</td><td colspan="3">어디</td></tr>
<tr><td>시간</td><td colspan="3">언제</td></tr>
<tr><td colspan="2" rowspan="2">재귀칭 대명사</td><td colspan="2">단수</td><td>복수</td></tr>
<tr><td colspan="2">저, 자기, 당신</td><td>저희</td></tr>
</table>

3.3.2.3. **수사**

수사의 정의와 특성

수사 역시 체언의 하나로서 명사나 대명사와 마찬가지로 형태론적으로 뒤에 조사가 결합할 수 있으며, 통사론적으로 문장에서 '주어', '목적어', '보어' 등으로 쓰이고, 관형어의 수식을 받을 수 있다. 하지만 '-들'과 결합하여 복수를 표현하는 데에 제약을 가지는 등 명사나 대명사와 차이가 있으며, 관형어의 수식에서도 상대적으로 제약이 심하다. 또한 수사는 의미론적으로도 명사나 대명사와 큰 차이를 가진다.

수사는 흔히 의미적인 특성에 주목하여 '사람이나 사물, 장소, 사태 따위의 수량이나 순서를 나타내는 말'로 정의한다. 수사의 의미는 대명사와 마찬가지로 문맥이나 상황에 따라 달리 파악된다.

(74) 가. 영희는 시장에서 사과 하나를 사 왔다.
나. 내 말을 듣고 있던 둘이 살짝 웃음을 보였다.

(74가)에서는 '하나'가 사과이지만 경우에 따라 돌이나 책 등 어떤 것일 수도 있으며, 앞에 나오는 체언에 의해 의미, 즉 지칭하는 대상이 확정된다. (74나)처럼 수사와 관련되는 사물이 문장에 나오지 않는 경우도 문맥에 의해 수사의 의미가 확정되기는 마찬가지이다. 이처럼 문맥 내지 상황에 의존하는 속성을 고려하여 수사를 대명사에 넣기도 하지만 수사는 수량을 나타낸다는 점에서 대명사와 뚜렷한 차이를 갖는다.

수사의 범위와 관련하여, 수사와 수 관형사의 구별이 문제가 되기도 하였다. 흔히 '하나, 둘, 셋, 넷'은 뒤에 조사가 결합할 수 있으므로 수사, '한, 두, 세/서/석, 네/너/넉, 닷, 엿'은 조사가 결합할 수 없고 체언 앞에서 체언을 수식하기만 하므로 수 관형사로 구분한다. 하지만 '다섯', '여섯' 등 '다섯' 이상의 수 표현은 "다섯이 왔다."처럼 조사가 결합하는 경우와 "다섯 사람이 왔다."처럼 조사 없이 체언을 수식하는 경우의 형태가 동일하기 때문에 구분이 어렵다. 『표준국어대사전』을 비롯한 상당수의 사전은 '다섯, 여섯, 일곱 ……'을 수사와 (수) 관형사의 품사 기능을 모두 갖는 것으로 처리한다.

참고 29 **수사와 수 관형사의 구분에 대한 입장**

'하나, 둘, 셋, 넷'과 '한, 두, 세/서/석, 네/너/넉, 닷, 엿'이 모두 수량을 나타낸다는 점에 주목하여 수사로 포괄하는 입장, '하나, 둘, 셋, 넷'은 수사 '한, 두, 세/서/석, 네/너/넉, 닷, 엿'은 수 관형사로 구분하는 입장이 있다. 아울러 '다섯, 여섯, 일곱 ……' 등에 대해서도 수사로만 보는 입장과 수사와 관형사로 보는 입장이 있다. 우리 책에서는 『표준국어대사전』의 처리에 따라 수사와 관형사로 보는 입장을 따랐지만 '한, 두, 세/서/석, 네/너/넉, 닷, 엿'처럼 명백하게 조사와 결합하지 않고 체언을 수식하는 경우만을 관형사로 하고, 체언은 수식하지 않고 조사와 결합하기만 하는 '하나, 둘, 셋, 넷'뿐 아니라 조사와도 결합하고 체언을 수식하기도 하는 '다섯, 여섯, 일곱 ……'은 모두 수사로만 처리하는 것이 합리적이라고 볼 수도 있다. 이처럼 '다섯, 여섯, 일곱 ……'을 수사로만 처리하는 것은 "학교에 가다."처럼 조사와 결합하기도 하고 "학교 사랑을 실천했다."처럼 다른 명사를 수식하기도 하는 '학교'와 같은 단어를 관형사와 명사가 아닌 명사로만 다루는 것과 마찬가지이다.

수사의 하위분류

수사는 흔히 '하나, 둘, 셋'이나 '일(一), 이(二), 삼(三)'처럼 수량을 지시하는 양수사와 '첫째, 둘째, 셋째', '제일(第一), 제이(第二), 제삼(第三)'[75]처럼 순서를 가리키는 서수사로 나눈다. 서수사는 대체로 양수사에 접미사나 접두사가 결합하여 이루어진다. 수사를 흔히 정수(定數)와 부정수(不定數)로 나누기도 한다. 한국어의 경우 '한둘, 두셋, 두서넛, 서넛, 너덧, 댓, 너더댓, 대여섯, 예닐곱, 일여덟'이나 '한두째, 두어째, 두세째, 두서너째, 서너째, 댓째, 여남은째'와 같은 부정수가 많다는 점이 특징적이다. '여럿, 몇'을 부정수에 포함하기도 한다.[76]

75 『표준국어대사전』에는 '제일(第一), 제이(第二), 제삼(第三)'의 수사 용법이 표제어로 등재되어 있지 않고, 접두사 '제(第)-'의 용례로만 나타나 있다. 이는 '첫째, 둘째, 셋째'의 수사 용법이 표제어로 등재되어 있는 것과 차이가 나는 점이다.

76 『표준국어대사전』에는 '여럿'은 명사로, '몇'은 수사와 수 관형사로 올라 있다.

한국어 수사의 하위분류 중에서 특별히 주목되는 것은 고유어 수사와 한자어 수사가 뚜렷하게 구별되며 양자가 용법에서 차이를 보이기도 한다는 것이다. 고유어 수사는 수를 셀 때(주로 구어에서) 많이 사용되고, 한자어 수사는 수를 읽을 때(주로 문어에서) 많이 사용된다. 또한 언어가 사용되는 영역에 따라 고유어 수사와 한자어 수사가 구별되어 사용되기도 한다.

(75) 가. 감 <u>하나</u>에 얼마냐?
　　나. <u>일</u> 더하기 <u>일</u>은 <u>이</u>

특히 위에서 볼 수 있듯이 일상생활에서 수를 셀 때는 주로 고유어 계열을 사용하고, 수를 읽을 때나 수학적인 계산에서는 한자어를 많이 사용한다.

아라비아 숫자로 적힌 수사나 수 관형사를 고유어로 읽는지 한자어로 읽는지 여부는 뒤에 오는 요소의 속성에 따라 달라지기도 한다.

(76) 가. 옷 2벌[두벌], 닭 2마리[두마리], 나무 4그루[네그루]
　　나. 1그램[일그램], 2미터[이미터], 10리[심니]
　　다. 1원[이뤈], 10엔[시벤], 100달러[백딸러]
(77) 가. 사과 1개[한개], 술 2잔[두잔], 우유 3통[세통]
　　나. 배 1척[한척], 배 20척[스무척/이십척]

(76가)처럼 뒤에 고유어가 오면 대체로 숫자는 고유어로 읽힌다. (76나)처럼 외래어가 오면 한자어로 읽히며, (76다)처럼 화폐 단위의 경우도 '1푼[한푼], 2냥[두냥]' 등 옛날 화폐 단위를 제외하면 대체로 한자어로 읽힌다.

뒤에 한자어가 오는 경우는 사정이 약간 복잡하다. (77가)의 '개, 잔, 통' 등 고유어처럼 인식될 정도로 일상생활에 흔히 쓰이는 한자어가 올 경우 앞의 숫자는 대개 고유어로 읽히지만, (77나)의 '척'처럼 일상생활에 흔히 쓰이지 않는 한자어가 올 경우 고유어로 읽히기도 하고 한자어로 읽히기도 한다. 이 경우 숫자가 커질수록 한자어로 읽힐 가능성이 커진다.

참고 30 **시간 표현의 숫자 읽기**

1시 1분 1초의 경우 [한시 일분 일초]로 읽히는데, '시', '분', '초' 모두 한자어이지만 '시' 앞의 숫자는 고유어로, '분'이나 '초' 앞의 숫자는 한자어로 읽힌다. 이는 '시'가 오래전부터 우리말에 사용되어 고유어처럼 익숙해진 한자어이고, '분'과 '초'는 개화기 이후 우리말에 들어와 아직 익숙하지 않은 한자어라는 점이 작용한 것으로 생각된다.

3.3.3. 동사, 형용사

용언으로 묶이는 동사와 형용사는 어미를 취하여 활용을 하며, 문장에서 서술어로 쓰인다. 동사와 형용사는 공통점이 많아 연구자에 따라서는 형용사를 동사에 포함하여 동사를 동작 동사, 형용사를 상태 동사의 하위분류를 통해서만 구분하기도 한다. 하지만 의미론적으로 보면 동사는 움직임을 나타내고, 형용사는 성질이나 상태를 나타낸다는 차이점이 있다. 또한 동사와 형용사는 둘 다 활용을 하지만 활용의 방식에서는 차이를 보이기도 한다. '-ㄴ/는다, -는구나, -느냐, -는, -아라/어라,[77] -자' 등의 어미(혹은 어미 결합체)는 동사와만 결합하고 형용사와는 결합하지 않는 것이다.

77 '햇살이 너무 고와라'에서처럼 '-아라/어라'가 형용사와 결합하는 경우가 있는데, 이때 '-아라/어라'는 명령형이 아니라 감탄형이다.

참고 31 **'없다', '있다'의 활용과 품사**

'없다'는 '(아무도) *없는다, *없는구나, 없느냐, 없는, *없어라, *없자'처럼 형용사에 더 가까운 활용을 보이므로, 대부분의 국어사전에서 형용사로만 표시한다. '있다'의 경우 다시 둘로 나뉜다. 주로 '소재(所在)'의 의미일 경우는 '(집에) 있는다. 있는구나,

있느냐, 있는, 있어라, 있자'처럼 동사와 일치하는 활용을 보여 동사로 표시하고, '소유(所有)'나 '존재(存在)' 등의 의미일 경우 '그 사람은 (아들이) {*있는다, *있는구나, 있느냐, 있는, *있어라, *있자}.'처럼 '없다'와 마찬가지로 형용사에 더 가까운 활용을 보이므로 형용사로 처리한다. 한편 '없다'와 '있다'의 이런 특성을 고려하여, '없다', '있다'와 '있다'의 공대말 '계시다', '있다'나 '없다'가 결합한 합성어들('재미있다', '맛있다', '부질없다', '소용없다', '쓸데없다' 등)을 묶어 존재사라는 품사를 따로 설정하기도 한다.

3.3.3.1. 동사

동사의 정의와 특성

동사는 흔히 의미론적인 특성에 주목하여 '사람이나 사물 따위의 움직임을 나타내는 말'로 정의된다. 동사는 사람이나 사물 따위의 움직임이나 작용을 나타내되, 그 움직임이나 작용을 과정적으로 표시한다.

(78) 가. 철수는 책을 열심히 읽는다.
　　나. 독서(讀書)는 마음의 양식이다.

(78가)에서 '읽다'는 철수의 움직임을 과정적으로 표시하고 있으므로 동사이다. 하지만 (78나)의 '독서'는 움직임이 드러나지 않는 것은 아니나 과정적으로 표시하지 않고 대상으로 파악하고 있다는 점에서 동사가 아닌 명사가 된다.

동사의 형태론적인 특징은 어미를 취해 활용을 한다는 것이다. 위에서 예를 든 '읽다'는 '읽는다, 읽었다, 읽겠다, 읽고, 읽으며 ……' 등으로 다양한 어미를 취해 활용을 하는 것이다. 동사의 주요한 통사론적 특징은 문장에서 서술어로 쓰인다는 것이다. 위의 예에서 '열심히'가 '읽다'를 수식하는 것에서 알 수 있듯이 부사의 수식을 받는다는 점도 동사의 통사론적인 특징으로 볼 수 있다. 동사의 의미론적인 특징은 이미 언급한 것처럼 사람이나 사물 따위의 움직임을 과정적으로 표시한다는 것이다.

동사의 하위분류

동사는 여러 가지 기준에 의해 자동사와 타동사, 본동사와 보조 동사, 규칙 동사와 불규칙 동사 등으로 구분되기도 한다.[78] 가장 잘 알려진 동사의 하위분류가 자동사와 타동사의 구분이다.

(79) 가. 아이가 방긋방긋 웃는다.

가'. 물이 얼음이 되었다.

나. 철수가 밥을 먹는다.

나'. 영희가 우체통에 편지를 넣었다.

자동사는 (79가)에서 볼 수 있듯이 목적어를 가지지 않는다. 자동사 중에는 (79가')처럼 보어를 필수적으로 요구하는 경우도 있다. 타동사는 (79나)처럼 목적어를 가지는 동사이다. 물론 타동사도 (79나')처럼 주어와 목적어 이외에 보어(혹은 필수 부사어)를 필수적으로 가지기도 한다.[79]

영어를 비롯한 다른 언어와 비교해 보면 한국어는 자동사와 타동사의 형태가 분명하게 구분된다는 특성을 갖는다. 하지만 예외적으로 동일한 형태가 자동사와 타동사로 쓰이기도 한다.

(80) 가. 갑자기 차가 멈추었다.

나. 철수가 차를 멈추었다.

(80가, 나)는 '멈추다'가 자동사와 타동사로 쓰이고 있음을 보여 준다. 이처럼 같은 형태가 자동사와 타동사로 쓰이는 예는 '휘다', '그치다', '다치다', '멈추다', '움직이다' 등이 있는데, 전체 동사의 수에 비하면 아주 미미한 수에 불과하다.

동사를 본동사와 보조 동사로 나누기도 한다.[80] 본동사는 문장 안에서 자립적으로 서술어의 기능을 하지만, 보조 동사는 문장에 홀로 쓰이지 못하고 본동사와 함께 쓰여 본동사를 도와주는 역할을 한다.

78 이 밖에도 의미나 통사적인 특성 등 여러 기준에 따라 이동 동사, 대칭 동사, 상호 동사, 대동사 등 동사를 다양하게 구분하기도 한다.

79 '우체통에'처럼 명사에 부사격 조사가 결합한 형태를 보어로 보는지 필수 부사어로 보는지에 대해서는 제4장의 4.2.에서 자세하게 논의할 것이다.

80 영어 문법에서 흔히 말하는 조동사(auxiliary verb)는 기능 면에서 한국어의 보조 동사와 유사하다. 영어의 조동사가 본동사의 앞에 쓰이고 어미 없이 연결되는 것에 비해 한국어의 보조 동사는 동사의 뒤에 쓰이고 어미로 연결된다는 차이가 있다.

(81) 가. 지완이는 지금 학교에 가고 있다.

나. 어른은 아이들에게 모범이 되어야 한다.

위의 예에 쓰인 '-고 있다', '-어야 하다' 등은 각각 본동사에 '진행', '당위' 등의 의미를 더해 준다. 이처럼 보조 동사는 문장에서 시간 표현이나 양태 표현 등의 여러 가지 문법적인 기능을 담당한다.

동사를 규칙 동사와 불규칙 동사로 구분하기도 한다. 이미 언급했듯이 동사는 어간에 어미가 결합하여 다양한 활용을 보이는데, 이때 어간과 어미가 일정한 모습을 보이기도 하지만 환경에 따라 모습을 달리하기도 한다.[81]

81 '울다'의 경우 '울다, 울고, 울지' 이외에 '우니', '우느냐'처럼 어간의 모습이 달라지기도 하지만 'ㄹ' 받침을 가진 동사는 예외 없이 '-니', '-느냐'와 결합할 때 'ㄹ'이 탈락하므로 불규칙 동사로 보지 않는다. '쓰다'의 경우도 '써서'처럼 어미와 결합할 때 'ㅡ'가 탈락하기도 하지만 마찬가지 이유로 불규칙 동사로 보지 않는다.

(82) 가. 묻다(埋): 묻다, 묻고, 묻지, 묻으니, 묻어서, 묻었다, 묻어라

나. 묻다(問): 묻다, 묻고, 묻지, 물으니, 물어서, 물었다, 물어라

(82가)의 '묻다(埋)'는 활용을 할 때 어간과 어미가 일정한 모습을 보이고 (82나)의 '묻다(問)'는 모음 어미와 결합할 때 어간 '묻-'이 '물-'로 바뀐다. 이처럼 활용을 할 때 같은 조건에서 어간이나 어미가 다른 모습을 보이면 그중 하나는 규칙, 나머지는 불규칙이라고 한다. 위의 예에서 일정한 모습을 보이는 (82가)는 규칙 동사이고 그렇지 않은 (82나)는 불규칙 동사이다.

참고 32 **한국어의 불규칙 용언(동사/형용사)의 종류**

한국어의 불규칙 동사(혹은 형용사)는 어간이 바뀌는 부류, 어미가 바뀌는 부류, 어간과 어미가 바뀌는 부류 등으로 나눌 수 있다. 어간이 바뀌는 것에는 'ㅅ' 불규칙('짓다' 등), 'ㄷ' 불규칙('걷다' 등), 'ㅂ' 불규칙('돕다' 등), '르' 불규칙('흐르다' 등), '우' 불규칙('푸다')가 있고, 어미가 바뀌는 부류에는 '여(애)' 불규칙('하다'나 '하다'가 결합한 복합어), '러' 불규칙('푸르다' 등)이 있으며, 어간과 어미가 모두 바뀌는 부류에는 'ㅎ' 불규칙(동사는 없고 형용사인 '파랗다' 등)이 있다. 이에 대해서는 '러' 불규칙의 '러'의 'ㄹ'이 어미가 아니라 어간의 일부라는 점에서 적절하지 못하다는 논의 등 다양한 비판이 있었다. 이 밖에 '거라' 불규칙과 '너라' 불규칙을 인정하기도 한다.

'가다' 등을 '거라' 불규칙으로 보아 어미가 바뀌는 불규칙으로 보기도 하지만, 최근에는 '가라' 역시 흔히 사용되므로 표준적인 활용으로 볼 수 있고, '-거라'가 '가다'를 제외한 다른 동사에 '먹거라, 자거라, 하거라' 등으로 쓰일 수 있으므로 불규칙으로

보지 않는 견해가 많다. 즉, '가거라'는 불규칙 활용을 한 것이 아니라 보수적인 명령형 어미 '-거라'가 결합한 것으로 보는 것이다. 또한 '오다' 등을 '너라' 불규칙으로 보는 견해 역시 최근에는 받아들이지 않는 경우가 많다. 마찬가지로 '와라'가 흔히 사용되므로 표준적인 활용으로 보아 '오너라'를 불규칙 활용으로 보지 않고 보수적인 명령형 어미 '-너라'가 결합한 것으로 보는 것이다. 『표준국어대사전』에도 '-거라', '-너라'를 '예스러운 느낌'을 주는 명령형 어미로 등재하고 있다.

3.3.3.2. 형용사

형용사의 정의와 특성

형용사는 흔히 의미론적인 특성에 주목하여 '사람이나 사물 따위의 성질이나 상태를 나타내는 말'로 정의된다. 형용사의 이런 특성을 분명히 하기 위해 동사와 비교해 보기로 하자.

(83) 가. 가을 하늘은 매우 <u>푸르다</u>.
가′. 날이 개고 하늘이 <u>푸르러졌다</u>.
나. 그는 지금 매우 <u>슬프다</u>.
나′. 나는 갑자기 <u>슬퍼졌다</u>.

(83가)의 '푸르다'는 사물의 성질, (83나)의 '슬프다'는 사람의 상태를 나타낸다. (83가, 나)를 동사인 (83가′, 나′)와 비교해 보면 동사가 상태의 의미와 관련되는 경우가 있더라도 상태의 변화를 나타내는 것과 달리, 형용사는 상태를 나타내되 상태의 변화에 주목하는 것이 아니라 특정 시점에서 상태를 파악하는 경우에 사용한다는 것을 알 수 있다.

형용사는 기능의 기준으로 보면 문장의 서술어로 쓰인다는 점, 형태의 기준으로 보면 어미를 취해 활용을 한다는 점 등에서 동사와 같으므로 앞에서 품사 분류를 논의하는 자리에서 언급한 것처럼 동사에 포함시키기도 한다. 하지만 의미 면에서 차이가 있고 활용의 양상도 달라 따로 품사로 인정하는 경우가 일반적이다.

참고 33 유형론의 관점에서 본 한국어의 형용사

제1장에서 언급했듯이 언어 유형론(linguistic typology)의 관점에서 보면 한국어는 형용사가 수적으로 많은 언어는 아니다. 또한 형용사를 동사형, 명사형, 동사-명사형, 비동사-비명사형 등으로 나눌 때, 한국어의 형용사는 동사형에 가깝다. 그리하여 동사와 유사하게 활용을 하고 문장의 서술어로 쓰이는 것이다. 하지만 의미 면에서 보면 형용사의 특성이 잘 드러난다.

형용사의 형태론적인 특징은 동사와 마찬가지로 어미를 취해 활용을 한다는 것이다. 하지만 이미 언급했듯이 형용사 어간은 '-ㄴ/는다, -는구나, -느냐, -는' 등의 어미와 결합할 수 없고, '-아라/어라', '-자' 등의 명령형 어미 혹은 청유형 어미와도 결합하기 어렵다. 이 밖에도 형용사 어간은 '-(으)려고, -느라고, -고자' 등의 목적이나 의도를 나타내는 연결 어미나 '-자마자, -(으)려다'처럼 두 가지 동작 간의 관계를 나타내는 연결 어미와도 잘 결합하지 않는다.

참고 34 형용사의 명령형과 청유형

형용사는 일반적으로 명령형 어미나 청유형 어미를 취할 수 없으나 행위 주체의 의도성이 개입할 수 있고 자발성이 있으면 다음과 같이 명령형 어미나 청유형 어미를 취하기도 한다.

(1) 가. 무슨 일이 있더라도 냉정해라.
  나. 항상 건강해라.
(2) 가. 우리 모두 행복하자.
  나. 모두들 건강하자.

이들이 동사로 전성된 것으로 볼 수도 있지만 근본적으로는 의미가 관여하는 것으로 보인다. 물론 이들에 '-어지다'를 붙여 '냉정해져라', '행복해지자' 등의 동사로 바꾸어도 큰 의미 차이가 없다.

형용사의 통사론적 특징도 동사와 마찬가지로 문장에서 서술어로 쓰인다는 것과 부사의 수식을 받는다는 것 등을 들 수 있다. 다음에 볼 수 있듯이 주로 한 자리나 두 자리 서술어로 쓰인다는 점과 주격 중출문을 구성하는 경우가 흔하다는 점도 형용사의 특징으로 볼 수 있다.

(84) 가. 하늘이 매우 맑다.

나. 나는 머리가 아프다.

다. 너는 학생이 아니다.

라. 철수가 영수와 키가 비슷하다.

(85) 가. 토끼가 앞발이 짧다.

나. 효범이가 영어가 서투르다.

형용사는 흔히 (84가)처럼 하나의 주어만을 가지는 서술어로 쓰이지만, (84나, 다)처럼 두 개의 주어 혹은 주어 하나와 보어 하나를 가지는 서술어로 쓰이기도 한다. 즉, 이때 뒤에 나오는 것은 보어로 보기도 하는 것이다. 또한 (84라)처럼 예외적으로 필수 부사어와 두 개의 주어를 가지는 서술어로 쓰이기도 한다. 그러나 형용사는 목적어를 가지지는 않는다. 형용사는 (84나, 라) 외에도 (85)와 같이 다양한 유형의 이중 주어문 혹은 주격 중출문으로 불리는 문장을 구성하는 경우가 많다.[82]

82 어떤 문장을 이중 주어문으로 볼 것인지에 대해서는 연구자마다 차이가 있다. 이중 주어문 내지 주격 중출문에 대한 자세한 논의는 제4장의 4.3.3.4.를 참조할 수 있다.

형용사의 의미론적인 특징은 이미 언급한 것처럼 화자가 특정 시점에서 파악한 사람이나 사물 따위의 성질이나 상태를 표시하는 것이다. 화자가 상태를 파악하되 변화를 전제로 상태를 파악하면 '예뻐지다'처럼 동사로, 특정 시점에서 단순하게 상태를 파악하면 '예쁘다'처럼 형용사를 선택하는 것이다.

형용사의 하위분류

형용사도 여러 기준에 따라 다양하게 분류된다. 가장 잘 알려진 형용사의 분류가 지시 형용사와 성상 형용사, 주관성 형용사와 객관성 형용사로 나누는 것이다. 지시 형용사는 앞에 나온 형용사를 다시 가리키는 형용사이고, 성상 형용사는 성질이나 상태를 나타내는 일반적인 형용사이다. 성상 형용사는 다시 주관성 형용사와 객관성 형용사로 나뉜다.

(86) 가. 철수는 배가 아프다.

나. 달이 매우 밝다.

다. 지하철이 너무 시끄럽다.

(86가)는 주관성 형용사, (85나, 다)는 객관성 형용사이다. 주관성 형용사는 (86가)가 그러하듯 주어의 의미역이 '경험주(experiencer)'인 경우가 많고, 객관성 형용사는 (86나)처럼 주어의 의미역이 '대상(theme)'이거나 (85다)처럼 '처소(location)'인 경우가 많다.[83]

83 의미역에 대한 자세한 논의는 제4장의 4.2.10.1.에서 이루어진다.

참고 35 **주관성 형용사와 객관성 형용사의 구분**

주관성 형용사와 객관성 형용사는 주어의 의미역이 '경험주'인지 '대상'이나 '처소'인지에 따라 어느 정도 구별이 가능하지만 몇 가지 테스트를 통해 구별할 수도 있다.

(1) 가. 나는 지금 배가 무척 아프다.
나. *그는 지금 매우 착하다.

'가'의 '아프다'는 주관성 형용사로서 '지금'과 같이 쓰는 것이 자연스럽지만, '나'의 '착하다'는 객관성 형용사로서 '지금'과 같이 쓰는 것이 자연스럽지 못하다. 다만 객관성 형용사라도 두 시점을 비교해서 기술할 때는 '그는 과거에는 착하지 않았는데, 지금은 착하다.'처럼 '지금'과 같이 쓰이기도 한다. 또한 '여기는 지금 달이 매우 밝다.'처럼 장소나 시간을 특정될 때는 객관성 형용사라도 '지금'과 같이 쓰는 것이 자연스럽다.

동사가 그러하듯 형용사도 본용언으로 쓰이는 형용사와 보조 용언으로 쓰이는 형용사로 나눌 수 있다. 보조 동사처럼 보조 형용사도 문장에 홀로 쓰이지 못하고 본용언으로 쓰인 형용사를 도와주는 역할을 한다.

(87) 가. 방금 열차가 도착했나 보다.(추측)
나. 나는 그 섬에 가고 싶다.(희망)

위의 예에 쓰인 '-나 보다', '-고 싶다' 등은 각각 본용언에 '추측', '희망' 등의 의미를 더해 준다. 이처럼 보조 형용사는 문장에서 시간 표현이나 양태 표현 등의 문법적인 기능을 담당한다.

형용사도 동사처럼 활용 양상에 따라 규칙 형용사와 불규칙 형용사로 나눌 수 있다. 형용사의 규칙 활용과 불규칙 활용은 동사와 차이가 거의 없으므로 자세하게 다루지 않는다.

3.3.3.3. **이다**

용언에 대한 논의는 흔히 서술격 조사, 의존 형용사, 지정사 등으로 불려 온 '이다'에 대해 간략하게 언급하는 것으로 마무리하려 한다.

(88) 가. 이것이 호랑가시나무(이)다.
나. 이것이 호랑가시나무가 아니다.

학교 문법에서 '이다'를 서술격 조사로 본 것은 (88가)에서 볼 수 있듯이 '이다'가 결합한 어절 전체가 문장에서 서술어로 쓰이기 때문이다. 이는 "철수가 밥을 먹는다."라는 문장에서 '가'가 결합한 어절이 주어, '을'이 결합한 어절이 목적어로 쓰이므로 각각을 주격 조사, 목적격 조사로 보는 것과 일치한다.[84]

하지만 '이다'는 '이었다, 이겠다, 이고, 이면 ……'처럼 활용을 하므로 조사가 아니라 용언의 일종으로 보는 것이 설득력이 있다. 용언이라면 동사 아니면 형용사일 것이다. 한국어 교육 분야에서 영어의 'be' 동사와의 대응을 고려하여 '이다'를 동사로 처리하기도 하지만 '-ㄴ/는다, -는구나, -느냐, -는, -아라/어라, -자'와의 결합이 가능하지 않다는 점을 고려하면 형용사에 가깝다는 것을 알 수 있다. 그리하여 '이다'에 대해 의존 형용사설이 유력하게 제기되기도 하였다. 물론 '이다'를 형용사로 보기 위해서는 선행 체언과 띄어쓰기를 하지 않는 점, 모음으로 끝나는 체언 뒤에서 흔히 탈락한다는 점, 선행 체언 뒤에 격 조사를 붙일 수 없다는 점 등이 문제가 된다. 형용사로도 설명하기 어려우므로 '이다'를 부정문에 쓰이는 '아니다'와 묶어 제3의 품사인 지정사로 범주화하기도 하나, 이렇게 처리하면 단 두 개의 단어만으로 하나의 품사를 설정하는 것이므로 구성원의 수가 너무 적다는 것이 문제이다.

'이다'의 형태론적인 특성은 동사나 형용사처럼 어미를 취하여 활용을 한다는 것이다. 특히 구어에서 선행하는 체언이 모음으로 끝날 경우 (88가)가 그러하듯 흔히 '이'가 생략된다.

'이다'의 통사론적인 특성은 체언과 결합하여 문장에서 서술어로 쓰인다

84 뒤에서 자세하게 논의하겠지만 학교 문법에서 서술격 조사를 설정하는 이유는 격 조사의 분류와 문장 성분의 종류를 일치시키려는 의도와도 관련이 있다.

는 것이다. (88나)에서 볼 수 있듯이 부정문을 만들 때 일반적인 동사나 형용사와 달리 '아니다' 구문을 사용한다는 점도 특징적이다.

참고 36 **'이다'의 특성과 범주**

'이다'의 범주에 대해서는 서술격 조사를 포함한 조사설, 용언설, 접사설 등 연구자에 따라 다양한 견해가 있다.

(1) 가. 체언이나 체언 구 등 체언 상당 요소에 결합한다.
　나. 선행 요소와 함께 문장의 서술어로 기능한다.
　다. 뒤에 선어말 어미를 포함한 어미가 결합한다.
　라. 동사보다는 형용사와 유사한 활용을 보인다.
　마. '이다'의 부정 '아니다'는 형용사로 분류된다.
　바. 모음 뒤에서 수의적으로 생략된다.
　사. 선행 요소와 함께 음운론적인 단어를 이룬다.
　아. 선행 요소와 단일한 강세 구를 형성한다.
　자. 선행 요소의 구개음화가 일어나는 환경이 된다.
　차. 선행 요소와 '이다' 사이에 격 조사를 포함해서 다른 요소가 오지 않는다.
　카. 주격 조사와 달리 '이/가'와 같은 이형태 분포를 보이지 않는다.

(1가, 나)는 조사설 특히 서술격 조사설을 지지하는 근거가 되고, (1다, 라, 마) 는 용언설 특히 (의존) 형용사설을 지지하는 근거가 된다. (2바, 사, 아, 자)는 조사설이나 (통사적) 접사설, 접어설 등을 지지하는 근거가 된다. (2차)는 대체로 조사설이나 (통사적) 접사설을 지지하는 근거가 된다. (1카)는 주격 조사설을 부인하는 근거는 되지만 다른 주장을 지지하거나 부인하는 근거가 되지는 않는다. 이처럼 '이다'는 다면적인 특성을 가지고 있으므로 그 범주를 결정하기가 쉽지 않다. 여러 가지 입장이 가능하지만 기술 문법에서는 '이다'의 특성 중 가장 중요하다고 생각되는 (1다)의 특성을 고려하여 (의존) 형용사로 보는 입장이 널리 받아들여지는 편이며, 학교 문법을 비롯한 규범 문법에서는 서술격 조사로 보는 입장이 받아들여지고 있다.

'이다'는 다양한 구문으로 쓰인다.

(89) 가. 철수는 학생이다.
　나. 와, 눈이다.
　다. 나는 그 의견에 반대다.
　라. 도둑이 제 발 저린 법이다.

'이다'는 흔히 (89가)처럼 'NP이 NP이다' 구문으로 사용되는 것으로 알려져 왔지만, (89나)처럼 'NP이다'로만 쓰이기도 하고 (89다)처럼 'NP이(NP에) NP이다'로 쓰이기도 한다. 그 밖에도 (89라)처럼 의존 명사를 가지는 구문에 쓰이기도 한다.

'이다'의 의미론적 특성으로는 어휘적 의미를 가지지 않고 항상 체언과 결합하여 서술어로 쓰이게 하는 기능적인 의미만 가지는 것이 지적되어 왔다. 앞에서 언급한 것처럼 '이'가 흔히 탈락되는 것은 어휘적 의미가 강하지 않기 때문이라고 할 수 있다. 하지만 최근에는 '이다'가 (89가)와 같은 '지정'의 기능 이외에도 (89나)와 같이 문맥에 따라 감탄이나 놀라움을 나타내는 등 다양한 기능이 있는 것으로 기술되고 있기도 하다.

3.3.4. 관형사, 부사, 감탄사

관형사와 부사는 문장 안에서 다른 단어들을 꾸며 준다는 점에서 수식언으로 묶인다. 또한 감탄사는 독립언으로서 문장의 다른 단어와는 별개로 화자 자신의 느낌이나 의지를 나타낸다. 이들 모두 문장에서 근간을 이루는 성분으로 쓰이지는 않지만 표현을 풍부하게 해 주며, 부사가 일부 보조사와 결합하는 것을 제외하면 조사나 어미와 결합하지 않는다는 점에서 셋을 묶어서 같은 자리에서 다루기로 한다.

3.3.4.1. 관형사

관형사의 정의와 특성

관형사는 그 부류에 속하는 구성원이 매우 적으며, 한국어를 제외한 다른 언어에서는 잘 설정하지 않는 독특한 품사이다.

(90) 가. <u>헌</u> 옷인데도 <u>새</u> 옷처럼 보인다.
　　나. <u>이</u> 학생과 <u>저</u> 학생은 중국인이다.
　　다. <u>한</u> 사람이 가고, <u>두</u> 사람이 왔다.

관형사는 (90가)의 '헌, 새'처럼 체언(구)의 성질이나 상태를 분명하게 해 주기도 하고, (90나)의 '이, 저'처럼 구체적인 지시 대상을 정해 주기도 하며, (90다)의 '한, 두'처럼 수량을 정해 주기도 한다. 이처럼 관형사는 '체언(구) 앞에서 그 체언(구)의 뜻이 분명해지도록 제한해 주는 말'이다.

참고 37 관형사의 형용사적 성격

관형사는 용어 자체가 관사와 형용사의 합성으로 보이는 것에서 알 수 있듯이, 체언을 수식하는 부류라는 점에서 영어의 관사(article)와 형용사(adjective)의 성격을 모두 가진다. 문법가에 따라서는 관형사의 형용사적인 용법에 주목하여 지금의 관형사를 형용사로 다루고, 형용사를 동사에 합치기도 했다. 이런 특성 때문에 외국인을 위한 한국어 교육에서는 관형사를 별개의 품사로 설정하지 않는 경우도 있다.

위의 예에서도 볼 수 있듯이 관형사의 형태론적인 특성으로 형태 변화를 하지 않는다는 점을 들 수 있다. 관형사는 격 조사뿐만 아니라 보조사와도 결합하지 않으며, 어미도 취하지 않는다. 이 점에서 보조사와는 결합하는 부사와도 차이가 난다.

많은 관형사들이 체언의 수식적인 용법이나 용언의 관형사형이 굳어진 것이라는 점도 관형사의 특징이다. 오늘날 관형사로 쓰이는 '새'만 하더라도 15세기에는 명사로도 쓰였는데, 지금은 관형사로만 쓰인다. 관형사가 다른 품사에서 온 것이 많기 때문에 관형사인지 여부를 판정하기 어려운 경우도 많다.

(91) 가. 우리와 생각이 다른 분들은 여기를 떠나도 좋소.
　　 나. 이 신발은 너무 크니 다른 것을 가져와 보세요.

(91가)는 '다르다'의 관형사형으로 품사는 형용사이고, (91나)는 용언의 활용형이 굳어진 것으로 품사는 관형사이다.

관형사의 통사론적인 특성은 위의 예에서도 알 수 있듯이 체언(구)을 수식하는 자리에만 쓰인다는 것이다. 따라서 관형사는 문장 안에서 단독으로 쓰이지 못하고 반드시 피수식어를 요구한다. 이 점에서 반드시 수식어를 요구하는 의존 명사류와 대비된다.

관형사의 의미론적인 특성은 체언(구)의 뜻을 제한해 준다는 것이다. 앞에서도 언급했듯이 '새', '헌'과 같이 체언(구)의 성질이나 상태를 제한해 주기도 하고, '이', '저'와 같이 화자와 청자로부터의 거리를 제한해 주기도 하며, '한', '두'와 같이 수량을 제한해 주기도 하는 것이다. 이들 각각을 성상 관형사, 지시 관형사, 수 관형사로 구분하기도 한다.

관형사의 하위분류

이미 언급한 형용사나 뒤에 언급하게 될 부사가 그러하듯이 관형사도 성상 관형사와 지시 관형사로 나눌 수 있다. 여기에 수 관형사를 더해 다음과 같이 셋으로 나누는 것이 보통이다.

(92) 가. 새, 헌, 옛, 맨
　　나. 이, 그, 저, 요, 고, 조; 이런, 그런, 저런, 다른; 어느, 무슨, 웬
　　다. 한, 두, 세/서/석, 네/너/넉, 닷, 엿; 다섯, 여섯, 일곱 ……

(92가)는 성상 관형사, (92나)는 지시 관형사, (92다)는 수 관형사이다. (92나)의 '이, 그, 저'는 지시 대명사로도 쓰이는데, 화자나 청자와의 거리에 따라 분화된 것이고, '요, 고, 조'는 '이, 그, 저'에서 모음 교체가 일어난 것으로 어감의 차이를 갖는다. '이런, 그런, 저런'은 지시 형용사인 '이렇다, 그렇다, 저렇다'의 관형사형 '이러한, 그러한, 저러한'이 줄어든 것이다. 수사를 논의하는 자리에서 언급했듯이 '한, 두, 세/서/석, 네/너/넉, 닷, 엿'은 수 관형사로만 쓰이지만 '다섯, 여섯, 일곱 ……'은 수 관형사와 수사로 쓰인다.

한 문장 안에 여러 개의 관형사가 결합하기도 하는데, 이때 결합하는 순서가 대체로 정해져 있다.

(93) 가. 저 새 집이 너희 집이니?
　　나. 이 두 사람이 내 친구들이다.
　　다. 이 모든 새 집을 우리 회사가 건설하고 있다.

(93가, 나)에서 볼 수 있듯이 지시 관형사는 성상 관형사나 수 관형사에 앞선다. (93다)에서 볼 수 있듯이 세 종류의 관형사가 올 경우 '지시 관형사+수 관형사+성상 관형사'의 순서로 결합한다.

참고 38 관형사의 결합 순서

관형사의 결합 순서를 지배하는 원리는 체언의 본질적 속성에 가까울수록 체언에 가깝게 위치한다는 것이다. 성상 관형사가 체언의 속성과 가장 관련이 깊으므로 체언에 가장 가깝게 위치하고, 수 관형사가 지시 관형사보다는 체언의 속성과 관련이 있으므로 성상 관형사 앞에 오며, 체언의 속성과 가장 관련이 적은 지시 관형사는 맨 앞에 오게 된다. 후술될 부사끼리의 결합도 이와 유사한 원리로 설명이 가능하다.

관형사의 상당수는 한자어이므로 고유어 관형사와 한자어 관형사로 분류해서 논의하는 것도 의미가 있다. 고유어 관형사도 접두사와 구별이 어려운 경우가 있지만 특히 한자어 관형사는 접두사와 구별하기가 더욱 어렵다.

(94) 가. 순(純), 주(主), 귀(貴), 본(本), 전(全), 전(前), 현(現), 모(某) ……
　　나. 신(新)-, 구(舊)-, 대(大)-, 소(小)-, 고(高)-, 저(低)- ……

국어사전들에서는 흔히 (94가)는 관형사, (94나)는 접두사로 처리된다. 일반적으로 관형사가 접두사에 비해 널리 사용되므로 양자를 구별하여 기술하지만, 화자들이 한자어 관형사와 접두사를 사용 빈도로 구별하기는 사실상 어렵다.

주로 2음절 한자어로 이루어진 다음 부류의 관형사들은 관형사인지 명사인지 구별이 어렵다.

(95) 간이(簡易) (영수증, 세금 계산서), 구급(救急) (약품, 요원),
　　국제(國際) (단체, 기구), 극한(極限) (상황, 행동)

(95)의 예들은 괄호 안에 제시한 것과 같은 체언들을 수식하면서도 보조사

를 포함한 어떤 조사와도 결합하지 않는다는 점에서 관형사와 유사한 특성을 보인다. 이를 관형성 명사라 부르기도 하는데 크게 보아 관형사의 범주에 넣을 수도 있을 듯하다.

3.3.4.2. **부사**

부사의 정의와 특성

부사는 관형사처럼 형태 변화가 없으면서 문장 안에서 다른 말을 꾸며 준다.

(96) 가. 달빛이 은은한 밤이면 달맞이꽃이 활짝 핀다.
　나. 오늘은 멀리 서쪽 하늘이 무척 아름답다.
　다. 우리는 매우 멀리 여행을 떠났다.
　라. 그는 아주 새 차를 타고 다닌다.
　마. 과연 그는 이 문제를 풀 수 있을까?
　바. 학교에 갔다. 그리고 친구를 만났다.

부사는 (96가)처럼 동사, (96나)처럼 형용사, (96다)처럼 부사, (96라)처럼 관형사를 꾸며 주거나 (96마)처럼 문장 전체(혹은 절 전체)를 꾸며 준다. 또한 (96바)처럼 문장과 문장을 연결시켜 주는 '그리고' 같은 부류를 절 부사[85]로서 부사에 포함시키기도 한다. 흔히 부사는 '용언(구)이나 다른 말 앞에 놓여 그 말의 뜻이 분명해지도록 제한해 주는 말'로 정의된다.

관형사와 마찬가지로 부사도 형태 변화가 없다는 점을 형태론적 특성의 하나로 들 수 있다. 그런데 부사는 격 조사를 취할 수 없다는 점에서는 관형사와 마찬가지이지만 관형사와 달리 보조사를 취할 수 있다.

(97) 일을 빨리도 했구나. 하지만 빨리만 해서는 안 된다.

(97)에서 볼 수 있듯이 부사 '빨리'가 '도'나 '만'과 같은 보조사를 취할 수 있다는 것을 보여 준다.

85 이런 종류의 부사가 수식하는 대상은 문장이라기보다는 절로 볼 수 있으므로 우리 책에서는 이를 절 부사라고 부른다. 학교 문법에서는 우리 책의 절 부사를 문장 부사라고 부른다.

부사의 통사론적인 특성으로는 이미 언급한 것처럼 동사, 형용사, 부사, 관형사 등을 꾸며 주기도 하지만 관형사처럼 명사를 꾸며 주기도 한다.

(98) 가. 내가 죽기 전에 고향에 꼭 가고 싶다.
　　나. 철수의 생각은 내 생각과 꼭 같았다.
　　다. 나는 꼭 빨리 도착하고 싶다.
　　라. 그와 헤어진 지 꼭 열흘이 지났다.

(98)은 부사 '꼭'이 (98가~다)처럼 동사, 형용사, 부사를 꾸며 줄 뿐만 아니라 (98라)처럼 명사를 수식하기도 한다는 것을 보여 준다.

참고 39 부사의 수식 단위

일반적으로 부사는 용언을 수식하는 것으로 기술되지만 용언뿐 아니라 용언 구를 수식하는 것으로도 볼 수 있다. 아울러 부사는 용언 구뿐 아니라 문장(혹은 절) 전체를 수식하기도 한다. 그렇기 때문에 부사를 용언 수식 부사, 용언 구 수식 부사, 문장(혹은 절) 수식 부사 등으로 나누기도 한다.

부사의 의미론적인 특성은 용언(혹은 용언 구)이나 다른 말 앞에 놓여 그 말의 뜻을 분명히 제한해 준다는 것이다. '말의 뜻을 제한하는' 양상에 따라 부사를 분류해서 논의할 수도 있다. 부사를 의미에 따라 분류해 보면 '가장', '매우', '많이', '특히'처럼 행동이나 상태의 정도를 나타내는 정도 부사, '막', '아까', '금방'처럼 시간을 표시해 주는 시간 부사, '이리', '그리', '저리', '곳곳이', '구석구석'처럼 장소를 표시해 주는 장소 부사, '과연', '설마', '확실히', '반드시'처럼 명제에 대한 화자의 심리적인 태도 등을 나타내는 양태 부사 등으로 나눌 수 있다.[86]

86 '오늘', '내일' 등의 시간 부사는 명사와 구별이 어려운 경우도 있다.

부사의 하위분류

부사는 위에서 언급한 것처럼 문장의 특정 성분을 수식하는 성분 부사와 뒤에 오는 절 전체를 수식하는 절 부사로 나눈다. 성분 부사를 다시 성상 부사, 지시 부사, 부정 부사로 나누기도 한다.

(99) 가. 하늘이 아주 푸른 날이었다.

나. 이리 가면 어디에 도착하니?

다. 나는 어제 그를 안 만난 것이 아니라 못 만났다.

(99가)의 '아주'는 성상 부사, (99나)의 '이리'는 지시 부사, (99다)의 '안', '못'은 부정 부사의 예이다.

한 문장 안에서 성상 부사, 지시 부사, 부정 부사가 동시에 나타날 때는 관형사의 경우처럼 일정한 순서가 있다.

(100) 가. 저리 잘 안 먹는 아이가 키는 어떻게 컸을까?

나. 그는 매우 빨리 걷는다.

다. 할아버지는 연을 아주 높이 날렸다.

부사는 (100가)에서 볼 수 있듯이 대체로 '지시 부사+성상 부사+부정 부사'의 순서로 결합한다. 물론 (100나, 다)처럼 성상 부사끼리 결합할 때는 의미나 포괄하는 범위에 따라 일정한 순서를 가진다.

절 부사는 이미 언급했듯이 뒤에 오는 절 전체를 수식하는 부사이다. 절 부사의 대부분은 문장에서 표현하는 명제에 대한 화자의 태도를 나타내는 의미를 지니는데, 이를 가리켜 양태 부사[87]라고 한다. 성분 부사도 그러하지만 절 부사는 주로 문장 안의 다른 성분, 문장의 유형, 특정 선어말 어미, 서술어의 종류 등과 호응 관계를 이루는 경우가 많다. 이 자리에서 성분 부사와 절 부사를 포함하여 부사의 호응 관계에 대해 살펴보기로 하자.

87 접속 부사를 절 부사에 넣었지만 접속 부사의 경우 양태를 표현하는 기능을 가지지 않는다.

(101) 가. 설마 우리가 지기야 하겠니?

나. 만일 내가 새라면 날 수 있을 텐데.

다. 몸소 그 일을 실천하셨다.

라. 오늘은 반응이 별로 좋지 않다.

마. 벌써 도착했니?

바. 그 날은 몹시 추웠습니다.

(101가)의 '설마'는 주로 의문문이라는 특정 문장의 유형에서 나타나고, (101나)의 '만일'은 '~라면'이라는 조건의 연결 어미와 같이 나타나며, (101다)의 '몸소'는 높임의 선어말 어미 '-시-'와 같이 나타나고, (101라)의 '별로'는 부정 표현의 문장에 주로 나타나며, (101마)의 '벌써'는 주로 과거 시제와 같이 나타나고, (101바)의 '몹시'는 동사가 아니라 주로 형용사와 같이 나타난다.

부사의 특별한 종류로 상징 부사를 언급할 필요가 있을 듯하다. 한국어는 의성어나 의태어 등 상징 부사가 발달한 언어이다.

(102) 가. 딸랑딸랑 방울 소리를 내자, 아가가 종알종알 뭐라고 얘기한다.
　　　나. 아가가 방긋방긋 웃으며, 아장아장 걸어간다.

(102가)는 의성어, (102나)는 의태어의 예이다.

의성어나 의태어는 한국어 어휘 부류로서는 드물게 한자어의 침투를 거의 받지 않았다. 앞에서 단어 형성론을 기술하는 자리에서 언급했듯이 의성어나 의태어는 '종알종알-쫑알쫑알', '방긋방긋-빵긋빵긋'처럼 자음 교체나, '딸랑딸랑-떨렁떨렁', '아장아장-어정어정'처럼 모음 교체의 짝을 가지는 경우가 많다. 또한 위의 사례에서 볼 수 있듯이 반복형을 보이는 경우가 많다. 특히 의성어는 소리와 형태 사이의 필연성이 상대적으로 높아 언어의 자의성(恣意性)에 반하는 것으로 보이기도 한다.[88] 이런 이유로 화자들은 실제 발화 상황에서 새로운 의성어를 만드는 것이 다른 어휘들보다 더 자유롭다.

88 언어 기호는 소리와 의미 사이에 필연적인 관계가 없는 자의성을 특징으로 한다. 하지만 제1장의 1.1.1.1.에서 언급했듯이 의성어의 경우 소리와 의미가 어느 정도 필연성을 가지므로 상대적으로 자의성이 약하다. 하지만 동일한 소리에 대해서도 언어마다 약간씩 다르게 표현한다는 점에서 자의성이 전혀 없는 것은 아니다.

3.3.4.3. 감탄사

감탄사의 정의와 특성

감탄사도 관형사, 부사와 마찬가지로 형태 변화를 하지 않지만, 다른 말을 꾸며 주는 것이 아니라 독립적으로 사용되어 그 자체로 하나의 발화를 이룬다.

(103) 철수: 세 시가 되었네.
영희: 아차, 내 정신 좀 봐.
철수: 왜 약속 있었니?

(103)에서 '아차'는 문장에서 다른 단어를 꾸며 주는 것이 아니라 그 자체로 하나의 발화를 이루고 있다. 그리하여 감탄사만으로도 쉽게 하나의 문장을 이룰 수 있다. 특히 감탄사는 개념적인 말로 표현하는 것이 아니어서, '화자의 느낌이나 의지 따위를 개념적인 표현을 사용하지 않고 직접 나타내는 말'로 정의하기도 한다.

감탄사의 형태론적 특징은 이미 언급했듯이 형태 변화가 없다는 것이다. 따라서 격 조사뿐 아니라 보조사도 결합하지 않으며, 어미도 취하지 않는다. 또한 앞에서 언급한 의성어 부사처럼 자의성이 약하여, 화자가 발화 상황에서 어느 정도 자유롭게 만들어 내기도 한다.[89] 따라서 사전에 올라 있는 감탄사는 그리 많지 않지만 화자가 발화 상황에서 만들어 내는 것을 포함하면 그 목록이 훨씬 확장될 수 있다. 다른 품사에서 온 것이 많다는 것도 감탄사의 특징이다.

[89] 이런 점 때문에 영어를 비롯한 여러 언어들에서는 의성어를 부사보다는 감탄사에 포함하는 경우가 많다.

(104) 만세, 안녕; 천만에; 옳소, 그래; 허허, 아니, 참

'만세, 안녕'은 명사에서, '천만에'는 '체언+조사'에서, '옳소, 그래'는 용언의 활용형에서, '허허, 아니, 참'은 부사에서 온 것으로 볼 수 있다.

감탄사의 통사론적 특징은 문장에서 다른 단어와 관계를 맺지 않고 독자적으로 화자의 느낌이나 의지 따위를 나타낸다는 것이다. 이런 이유로 감탄사는 문장 안에서 자리 이동이 상대적으로 자유롭다.

(105) 가. 글쎄, 내가 뭐라고 했어요.
나. 내가, 글쎄, 뭐라고 했어요.
다. 내가 뭐라고 했어요, 글쎄.

(105)에서 알 수 있듯이 감탄사는 큰 의미 차이 없이 문장의 처음이나 중간, 끝에 모두 사용될 수 있다.[90]

감탄사의 의미론적인 특성은 이미 언급한 것처럼 화자의 느낌이나 의지 따위를 개념적인 표현을 사용하지 않고 직접 나타낸다는 것이다. 이에 대해서는 감탄사를 분류하는 자리에서 자세하게 논의하기로 하고, 여기에서는 감탄사의 맥락 의존적인 성격에 대해 언급하기로 한다.

감탄사는 맥락 의존적인 성격이 강하여 문장 단위를 넘어 담화 단위에서 논의해야 한다. 감탄사는 문어보다는 주로 구어에서 얼굴 표정이나 손짓, 몸짓 등 신체적인 표현과 함께 쓰여 담화가 완결되게 하며, 담화 맥락에 의존하여 해석되는 속성이 매우 강하다. 다음에서 볼 수 있듯이 동일한 형태로 여러 가지 감정을 표시하기도 하고 동일한 감정에 대해 여러 가지 형태로 표시하기도 하는 것도 감탄사의 맥락 의존적인 성격 때문이다.

90 감탄사를 지칭하는 영어 표현을 'injection'이라고 하는 것도 감탄사가 문장에 소속되지 않고 문장 사이에서 자유롭게 끼어드는 것을 고려한 명칭이다. 한국어 문법에서는 이를 고려하여 감탄사 대신 간투사라고 칭하기도 한다.

(106) 가. 아, 너무 좋아요.
　　나. 아, 너는 정녕 어디로 갔단 말인가?
　　다. 아, 저건 무얼까?

동일한 형태인 '아'를 통해 (106가)에서는 '기쁨', (106나)에서는 '슬픔', (106다)에서는 '놀라움'을 나타낼 수 있다.

감탄사의 하위분류

감탄사는 흔히 '감정 감탄사'와 '의지 감탄사'로 구분한다. 여기에 '입버릇 및 더듬거림'을 추가하여 셋으로 나누기도 한다.

(107) 가. 아, 여기는 온통 꽃 잔치로구나.
　　나. 예, 저도 가겠습니다.
　　다. 그게 뭐더라, 아, 생각이 잘 안 나네.

(107가)는 감정 감탄사, (107나)는 의지 감탄사, (107다)는 '입버릇 및 더

듬거림'이다.

감정 감탄사를 다시 기쁨을 나타내는 '오, 와, 아', 성냄을 나타내는 '에끼, 이런', 슬픔을 나타내는 '아이고, 어이구', 놀라움을 나타내는 '아차, 에구머니', 즐거움을 나타내는 '만세, 하하' 등으로 나누기도 한다. 의지를 나타내는 감탄사는 '여보세요, 쉿, 영차'처럼 상대방에게 구체적인 행동을 요구하는 것과, '네, 예, 아니요, 오냐, 옳소' 등 상대방에게 자신의 태도를 표현하는 것이 있다.

3.3.5. 조사와 어미

조사와 어미는 한국어의 문법 범주를 실현하는 주요 요소로서 한국어의 교착어적 특성을 잘 반영하는 요소들이다. 학교 문법에서 조사는 단어의 하나로 다루고, 어미는 별개의 단어가 아니라 용언 어간에 결합되어 단어를 이루는 것으로 다루어 왔다.[91] 하지만 조사와 어미는 문법 기능을 담당하는 요소로서 형태와 기능에서 공통점이 많아 이를 묶어 한 자리에서 다루기로 한다.

91 어미는 통사론적으로 보면 구나 절 등에 연결되어 문장을 형성하지만, 형태론적으로 보면 용언 어간에 결합하는 것으로 볼 수 있다. 어미가 형태론적으로 용언 어간에 결합한다는 것은 '먹어서'와 '막아서'에서 볼 수 있듯이 어간의 음운론적 특성에 따라 어미가 달리 선택되는 데에서도 알 수 있다.

3.3.5.1. 조사

조사의 정의와 특성

조사는 주로 체언(구, 절)에 결합하여 격(case)을 나타내는 것으로 알려져 있다. 하지만 조사가 자기 고유의 의미를 더해 주기도 한다.

(108) 가. 철수<u>가</u> 빵<u>을</u> 먹는다.
나. 영희는 얼굴<u>만</u> 예쁜 것이 아니라 마음씨<u>도</u> 곱다.

(108가)의 '가'는 선행 체언에 주어의 자격을, '을'은 목적어의 자격을 부여하는 것으로 볼 수 있다. 하지만 (108나)의 '만'이나 '도'는 선행 체언에 어떤 자격을 부여하는 것이 아니라 자기만의 특수한 뜻을 더해 준다. 따라서 조사는 '자립성이 있는 말, 즉 체언(구, 절)에 붙어 그 말과 다른 말과의 관계를 표시하거나 특수한 뜻을 더해 주는 말'로 정의한다.

조사의 형태론적 특성은 다음과 같다. 먼저 주로 체언(구, 절)에 결합하여 나타나며, 여러 개의 조사가 한꺼번에 결합하기도 한다는 점이다.

(109) 잔디 구장<u>에서만이</u> 그 선수의 진정한 실력을 볼 수 있다.

(109)에서 볼 수 있듯이 조사가 체언(구, 절)에 결합하며, 하나의 체언(구, 절)에 여러 개가 나타나기도 하는 등 교착어적 특성을 보여 준다. 어미와 달리 주로 자립성이 있는 말 뒤에 결합한다는 것도 조사의 특징이다.

조사의 형태론적 특징의 하나로 이형태가 많다는 것을 들기도 한다. '만', '마저'처럼 이형태를 가지지 않는 경우도 있으나, '이/가', '을/를/ㄹ', '으로/로', '아/야', '와/과' 등 상당수의 조사는 이형태를 가진다. 조사가 이형태를 많이 가지는 이유는 어휘적인 의미보다는 주로 문법적인 의미를 담당하기 때문으로 생각된다. 아무래도 문법적인 요소들은 문장에서 의미를 표시하는 데에 드는 기능 부담량이 적기 때문이다.

생략이 쉽다는 것도 조사의 형태론적 특징으로 언급되어 왔다.

(110) 가. 너 빨리 일어나 밥 먹어라.
　　나. 이거 누구 거냐?

(110가)의 '너' 뒤에는 주격 조사가, '밥' 뒤에는 목적격 조사가, (110나)의 '이거' 뒤에는 주격 조사가, '누구' 뒤에는 관형격 조사가 생략된 것으로 볼 수 있다. 조사의 생략은 보조사가 아닌 격 조사에서 나타나며,[92] 격 조사 중에서도 이른바 구조격 조사로 불리는 '주격', '목적격', '관형격'에서 많이 나타난다.[93] 또한 문어보다는 구어에서, 긴 문장보다는 짧은 문장에서 조사 생략이 많이 나타난다.

생략은 의미의 손실이 적고 문맥 등에 의해 쉽게 복원이 될 수 있을 때 가능한데, 구조격의 경우 격 조사 없이도 격이 주어질 수 있기 때문에 생략이 쉽게 일어나고 구어이거나 문어 중에서 짧은 문장에서는 체언(구, 절)의 격을 쉽게 짐작할 수 있기 때문에 흔히 생략이 일어나는 것이다. 구조격 조사의 생략이 쉬운 것도 이형태가 많은 것과 마찬가지로 이 격 조사들이 어

92 학자에 따라서는 특정한 맥락이 주어지면 보조사도 생략이 가능하다고 하지만 본질적으로 보조사가 생략되면 의미가 달라지므로 생략이 어렵다.

93 격 조사를 구조격(혹은 문법격) 조사와 의미격(혹은 어휘격, 내재격, 고유격) 조사로 나누기도 한다. 구조격 조사는 주격, 관형격, 목적격 조사처럼 어휘적 의미 없이 통사적인 구조에 의해 주어지는 문법적인 표지이고, 의미격 조사는 자체의 고유한 의미를 가지는 부류들이다.

휘 의미를 담당하지 않아 문장에서 의미를 표시하는 데에 드는 기능 부담량이 크지 않기 때문이다. 어휘 의미적인 특성이 강한 보조사는 생략되지 않으며, 의미격인 부사격 조사의 생략이 상대적으로 어려운 것도 의미적인 특성과 관련이 있다.

조사끼리의 결합에는 일정한 순서가 있다.

(111) 가. 여기<u>까지가</u> 내가 너를 도와줄 수 있는 한계이다.

나. 그녀는 지금<u>까지와는</u> 다른 태도를 보여 나를 놀라게 했다.

다. 그는 학교<u>에서뿐만이</u> 아니라 집에서도 열심히 공부한다.

라. 사람이 사는 것은 빵<u>만으로가</u> 아니다.

라′. 사람이 사는 것은 빵<u>으로만이</u> 아니다.

(111가~다)는 각각 2개, 3개, 4개의 조사가 결합하는 양상을 보여 준다.

조사 결합의 순서는 대체로 어휘적인 의미 특성이 강한 의미격 조사가 먼저 오고, 그렇지 않은 구조격 조사가 나중에 온다. 뒤에서 자세하게 언급할 것인바, 보조사는 결합하는 위치가 비교적 자유로우므로 의미격 조사의 앞이나 뒤에 모두 결합이 가능하다. 따라서 순서는 대체로 '의미격 조사+보조사+구조격 조사'이거나 '보조사+의미격 조사+구조격 조사'가 된다. 보조사는 동시에 둘 이상이 나타나는 경우도 있으므로 (111가)처럼 '보조사+구조격 조사', (110나)처럼 '보조사+의미격 조사+보조사', (111다)처럼 '의미격 조사+보조사+보조사+구조격 조사' 등 다양한 결합이 가능하다. 조사 결합의 순서는 대체로 정해져 있지만 드물게 (111라, 라′)처럼 순서가 바뀔 수 있는 경우도 있다. 물론 조사 결합의 순서가 달라지면 의미 해석도 약간 달라진다.

조사, 특히 격 조사의 통사론적 특징은 격을 나타낸다는 것이다. 격이란 '문장 속에서 체언이나 체언 구실을 하는 말이 서술어에 대해 가지는 자격'이다. 다시 말해 격 조사는 체언이나 체언 상당 요소(구나 절)로 하여금 일정한 문장 성분이 되게 한다. 하지만 격 조사가 체언(구, 절)에만 결합하는 것은 아니다.

(112) 가. 진달래가 아름답다.
　　나. 이 꽃은 예쁘지가 않다.
　　다. 무슨 색깔이 가장 좋은가를 말해 보아라.

(112가)는 체언(구)에, (112나)는 형용사의 활용형에, (112다)는 내포절 뒤에 격 조사가 결합한 것이다.[94] (112나, 다)의 경우도 조사에 선행하는 요소는 상위문의 체언(구, 절)에 해당하므로 결국 격 조사는 체언(구, 절)에 결합하는 것으로 볼 수 있다.[95]

94 이론적으로 말해 (112나)에서도 조사와 결합하는 단위는 절이다(4.2.5 참조).

95 (112나)에 쓰이는 '가'를 격 조사가 아닌 보조사로 보는 견해도 있다.

조사의 의미론적 특성은 이미 언급한 것처럼 격 조사는 다른 말과의 관계를 표시한다는 것이고, 보조사는 자신만의 특수한 뜻을 더해 준다는 것이다. 이에 대해서는 뒤에서 자세하게 논의할 것이다.

조사의 하위분류

한국어 조사의 하위분류에 대해서 이견이 없는 것은 아니나 흔히 격 조사, 보조사, 접속 조사로 분류한다. 이미 언급했듯이 격 조사는 문장에서 격을 나타내는 기능을 하지만 보조사는 자기 고유의 의미를 더해 준다. 접속 조사는 '와/과', '하고', '이랑/랑'처럼 둘 이상의 체언(구, 절)을 같은 자격으로 이어 주는 기능을 하는 조사이다. 학교 문법에서는 조사를 대체로 다음과 같이 분류한다.

(113) 학교 문법의 조사 분류

조사	격 조사	주격 조사[96]	이/가
		보격 조사[97]	이/가('되다', '아니다' 앞)
		목적격 조사	을/를/ㄹ
		서술격 조사	이다
		관형격 조사	의
		부사격 조사	에, 에서, 에게, 으로/로 등
		호격 조사	아/야
	보조사	은/는/ㄴ, 만, 도, 조차, 부터, 까지, 이나/나, 이나마/나마 등	
	접속 조사	와/과, 하고, 이랑/랑 등	

96 주격 조사에는 '이/가' 외에 주어가 존대 대상일 때 사용하는 '께서'와 주어가 기관이나 단체 등 집단일 때 사용하는 '에서'를 포함시키기도 한다. 이에 대해서는 제4장을 참조할 수 있다.

97 학교 문법에서는 보격 조사를 인정하지만 우리 책에서는 보격 조사를 인정하지 않는다. 이에 대한 자세한 논의는 제4장을 참조할 수 있다.

먼저 격 조사에 대해 살펴보기로 하자. 학교 문법에서의 격 조사 분류는 통사적 기능에 초점을 맞춘 분류이다. 이런 관점에서의 격 조사의 분류는 문장 성분의 분류와 대응을 이룬다. 그리하여 주격 조사가 결합한 요소는 주어, 보격 조사가 결합한 요소는 보어, 목적격 조사가 결합한 요소는 목적어 등과 같은 대응 관계가 성립하는 것이다. 앞에서 언급한바, 격 조사로 보기 어려운 서술격 조사를 인정하게 된 것도 상당 부분은 서술격 조사와 서술어를 대응시키는 것을 고려했기 때문이라 생각된다.

격 조사를 통사적 기능보다는 의미에 초점을 맞추어 분류하기도 한다. 이 경우 서술격 조사를 인정하지 않음은 물론이거니와, 학교 문법의 부사격 조사는 '처격 조사', '여격 조사', '구격 조사', '공동격 조사', '비교격 조사' 등으로 나누어진다.

참고 40 **격 조사와 격의 실현에 대한 여러 가지 입장**

언어 유형론에서는 문법 기술의 일관성을 위해 격은 격 표지에 의해 실현되는 것으로 보는 것이 일반적이다. 그러나 연구자에 따라서는 격 표지가 없어도 격이 실현될 수 있다고 본다. 이런 관점에서 한국어에서도 격 조사 없이 격이 실현되는 것으로 보기도 한다. 예를 들어 "담배 피우세요?"라는 문장에서 '담배'는 조사 없이 목적어로 실현되며, 이에 비해 "담배를 피우세요?"라는 문장에서처럼 '를'이 결합되면 목적어를 표시하는 것이 아니라 '(몸에 안 좋은) 담배를' 정도의 강조하는 의미가 실현되는 것으로 보는 것이다. 이런 입장에서는 격은 조사 없이 서술어에 의해 논항에 실현되며, 격 조사가 나타나지 않는 것을 생략이 아니라고 보게 된다. 격 조사의 기능과 관련하여 격 조사가 격을 부여한다는 입장, 격을 부여하기도 하고 자기 고유의 의미를 더하기도 한다는 입장, 격을 부여하지 않으며 순전히 의미만을 더한다는 입장(즉, 격 조사를 인정하지 않는 입장) 등 다양한 입장이 있다.

보조사는 격을 표시하지 않고 자기의 고유한 의미를 더해 준다. 그리하여 격 조사와 달리 보조사는 주어, 목적어, 부사어 등의 자리에 두루 쓰이며, 격 조사가 체언(구, 절)에 결합하는 것에 반해 보조사는 부사, 활용 어미, 다른 조사 뒤 등 다양한 위치에 결합할 수 있다.

(114) 가. 철수도 음악을 좋아한다.

나. 철수가 음악도 좋아한다.

다. 이 시집을 철수도 주어라.

(115) 가. 바람이 많이도 불고, 비가 몹시도 온다.

나. 이 사과를 먹어는 보았니?

다. 여기에서는 떠들면 안 된다.

라. 이 집은 깨끗은 하지만 너무 좁다.

보조사 '도'는 (114가)에서는 주어 자리, (114나)에서는 목적어 자리, (114다)에서는 부사어 자리에 쓰일 수 있음을 보여 준다. 이처럼 하나의 보조사가 다양한 문장 성분과 결합될 수 있다는 것은 보조사가 격을 나타내지 않는다는 것을 말해 준다. (115)의 예들은 보조사가 다양한 분포를 가진다는 것을 보여 준다. (115가)는 부사 뒤, (115나)는 활용 어미 뒤, (115다)는 조사 뒤, (115라)는 단어 내부로 들어가서 어근 뒤에 결합하는 것을 보여 준다.

이미 언급하였듯이 보조사는 문장에서 특정한 요소 뒤에 결합하여 자기의 고유한 의미를 더해 준다. 따라서 보조사에 대해서 이해하는 것은 각각의 보조사가 가진 고유한 의미를 이해하는 것이다. 보조사를 크게 의미에 따라 묶어 보면 다음과 같다. '은/는/ㄴ'은 [대조나 주제], '만', '밖에', '뿐'은 [배타나 한정], '도', '까지', '마저', '조차'는 [포함이나 더함]을 나타내고, '이나/나', '이나마/나마', '이든지/든지', '이라도/라도'는 [선택]의 의미를 나타낸다. 물론 유사한 의미를 가지고 묶인 보조사들 사이에도 약간씩 의미 차이가 있고, 이는 통사적 특성에서 미세한 차이를 가져오기도 한다.

참고 41 **보조사의 미묘한 어감 차이**

보조사들은 비슷하면서도 미묘한 어감 차이를 가지고 쓰이기도 한다. 예를 들어 '도', '까지', '마저', '조차'는 '포함'으로 의미가 비슷하지만, 이 중 가장 중립적인 것이 '도'이고, '까지', '마저', '조차'는 주로 화자가 잘 기대하지 않았던 일에 쓰인다. 이 중 '까지'는 화자에게 불리하지 않은 일에도 사용되지만, '마저'와 '조차'는 화자에게 불리한 일에 주로 사용된다. '마저'는 '마지막 남은 하나'의 뜻이 강하여 '조차'와 구분이 된다. '차선의 선택'의 의미를 가지는 '이나/나'와 '이나마/나마'도 '이나/나'가 좀 더 욕심을 부리는 상황에서도 쓰일 수 있지만 '이나마/나마'는 그렇지 않은 등 차이를 가지고 쓰인다.

접속 조사는 이미 언급했듯이 체언(구, 절)을 같은 자격으로 이어 준다.

(116) 가. 이맘때면 산수유와 진달래가 가득하다.
나. 엄마는 과자하고 떡을 가져오셨다.
다. 머루랑 다래랑 먹고 청산에 살고 싶다.

(116가)는 '와', (116나)는 '하고', (116다)는 '랑'이 접속 조사로 쓰이는 양상을 보여 준다. 접속 조사는 (116다)에서 알 수 있듯이 해당 체언(구) 모두에 나타날 수도 있다.[98]

'와/과', '하고', '이랑/랑' 등이 항상 접속 조사로만 쓰이는 것은 아니다.

(117) 가. 이몽룡은 성춘향과 결혼했다.
나. 나는 아버지와 닮았다.

(117가, 나)의 '결혼하다', '닮다'와 같은 이른바 상호 동사 혹은 대칭 동사의 경우 '와/과'가 결합한 말을 필수적으로 요구한다. 따라서 이런 동사가 쓰인 문장은 복문(겹문장)으로 보기 어려우며, 두 문장이 합쳐진 것으로 보기는 더욱 어렵다.[99] 따라서 이들 구성에 나타나는 '와/과', '하고', '이랑/랑' 등은 접속 조사가 아니라 동반의 부사격 조사로 처리한다.

3.3.5.2. 어미

어미의 정의와 특성

한국어는 어미가 매우 발달한 언어이다. 한국어 문법의 많은 부분 곧, 높임법, 시제, 양태, 문장의 유형, 문장의 확대 등이 주로 어미에 의해 실현된다. 한국어에서 어미가 차지하는 비중이 매우 큼에도 불구하고 조사와 달리 어미를 독립적인 품사로 다루지 않은 것은 문장에서 자립적으로 쓰이지 못하고 언제나 어간과 결합하여 나타나는 형태론적 특성 때문이다.

(118) 가. 철수는 어제 떡국을 [[먹][었][다]].

98 변형 생성 문법의 관점에서는 접속 조사로 이어진 문장을 복문(겹문장)으로 이해하여, (116가)는 "이맘때면 산수유가 가득하다."와 "이맘때면 진달래가 가득하다."라는 두 문장의 결합으로 보기도 하였다. 하지만 최근에는 단문(홑문장)으로 보는 것이 일반적이다.

99 (117가) 문장의 어순을 바꾸어 "성춘향과 이몽룡은 결혼했다."로 표현하게 되면 중의적으로 해석이 가능하다. 흔히 해석하듯이 '이몽룡과 성춘향' 두 사람이 부부가 된 것이라면 '과'를 동반의 부사격 조사로 볼 수 있지만, 아주 예외적인 상황에서 성춘향은 다른 남자와, 이몽룡은 다른 여자와 결혼한 것을 이르는 표현이라면 '과'를 접속 조사로 볼 수 있다.

나. [[[철수는 어제 떡국을 먹]었]다].

(118가)를 보면 어미 '-었-'은 시제를 나타내 주고, '-다'는 문장의 유형과 상대 높임법의 등분을 나타내 준다. 이처럼 어미는 '문장에서 용언 어간 뒤에 나타나 여러 가지 문법적인 기능을 더해 주는 요소'이다.

여기서 잠깐 어미에 선행하는 단위가 무엇인지에 대해 생각해 볼 필요가 있다. (118가)에서 볼 수 있듯이 과거를 나타내는 형태소는 선행하는 어간의 모음에 따라 이형태 '-었-'이나 '-았-'이 선택되는 것으로 보아 어미는 형태적으로 보면 어간에 결합하는 것으로 볼 수 있다. 하지만 통사론적인 관점에서 보면 (118나)에서 볼 수 있듯이 '-었-'이 '어제' 등의 부사와 호응하여 문장이 나타내는 명제 자체를 과거로 만들어 주는 것으로 보아 '철수는 어제 떡국을 먹-'에 결합하는 것으로 볼 수 있다.

어미의 중요한 형태론적인 특성으로는 이미 언급한 것처럼 용언의 어간에 결합한다는 것이다. 그 밖에도 어미는 이형태가 많다든지, 여러 개의 어미가 결합한다든지 하는 특징을 가지고 있다. 어미 중에는 '-다', '-자'처럼 비교적 단순한 형태만 가지는 것도 있지만, '-아라/어라', '-으시/시-', '-은/ㄴ', '-어서/아서/여서', '-었/았/였-'처럼 복잡한 이형태를 가지는 경우도 흔하다.

어미가 연속적으로 결합할 경우 특별한 경우가 아니면 일정한 순서를 가지고 있다.

(119) 가. 할아버지께서 그 일을 <u>하시었겠더구나</u>.

나. 하- + -시- + -었- + -겠- + -더- + -구나
(주체 높임) (과거) (추측) (회상) (문장 유형/상대 높임)

(119가)에서 볼 수 있듯이 한국어에서는 하나의 어간에 어미가 여러 개 결합할 수 있다. 이때 순서는 대체로 (119나)에서 제시한 것과 같다.[100]

어미의 통사론적 특성은 이미 언급했듯이 '높임 표현, 시간 표현, 양태, 문장의 유형, 문장의 확대' 등 다양한 문법 범주를 실현한다는 것이다. 또

100 선어말 어미의 결합 순서는 서술어와 가까운 목적어나 부사어 관련 선어말 어미가 먼저 나오고, 다음으로 주어 관련 선어말 어미, 그다음으로 화자 관련 선어말 어미, 마지막으로 호칭어 관련 선어말 어미가 나오는 것으로 보아서 일종의 거울 영상 원리로 설명하기도 한다.

한 이미 언급한 것처럼 '-는/ㄴ-', '-아라/어라', '-자'처럼 동사와만 결합하고 형용사와 결합하지 않기도 하고, '-고자', '-으러/러'처럼 선행절과 후행절의 주어가 같아야 하는 제약을 가지기도 하고, '-거든'처럼 뒤에 평서문이 올 수 없는 것과 같이 문장의 유형이 제약되기도 한다.[101] 이들 역시 넓게 보면 어미의 통사론적인 특징이라 할 수 있다.

101 접속문에 나타나는 어미들의 결합 제약에 대한 자세한 논의는 제4장의 4.3.2.를 참조할 수 있다.

어미의 하위분류

한국어의 어미는 대개 다음과 같은 체계로 분류한다.

(120) 한국어의 어미 분류와 예

<table>
<tr><td rowspan="8">어미</td><td>선어말 어미</td><td colspan="3">-으시/시-, -었/았/였- 등</td></tr>
<tr><td rowspan="7">어말 어미</td><td>종결 어미</td><td colspan="2">-다, -니, -어라/아라/여라 등</td></tr>
<tr><td rowspan="6">비종결 어미</td><td rowspan="3">연결 어미</td><td>대등적 연결 어미: -고, -으나/나 등</td></tr>
<tr><td>종속적 연결 어미: -으니/니, -면 등</td></tr>
<tr><td>보조적 연결 어미: -아/어/여, -게, -지, -고(야) 등</td></tr>
<tr><td rowspan="3">전성 어미</td><td>명사형 전성 어미: -음/ㅁ, -기</td></tr>
<tr><td>관형사형 전성 어미: -은/ㄴ, -는, -을/ㄹ, -던</td></tr>
<tr><td>부사형 전성 어미: -게, -도록 등</td></tr>
</table>

어미는 흔히 위치에 따라 선어말 어미와 어말 어미로 나눈다. 이 중 어말 어미는 다시 종결 어미와 비종결 어미로 나누고, 비종결 어미는 연결 어미와 전성 어미로 나눈다. 연결 어미는 대등적, 종속적, 보조적 연결 어미로 나누고, 전성 어미는 관형사형, 명사형, 부사형 전성 어미로 나눈다.

선어말 어미는 높임법 관련 선어말 어미와 시간 관련 선어말 어미로 나눈다. 전자에는 주체 높임의 '-으시/시-', 화자 겸양의 '-으옵/옵-' 등이 있고, 후자에는 과거 시제의 '-었/았/였-', 현재 시제의 '-는/ㄴ-', 미래 시제의 '-겠-' 등이 있다.

어말 어미 중 종결 어미는 문장의 유형과 상대 높임의 등분을 결정한다. 문장 유형은 평서형, 감탄형, 의문형, 명령형, 청유형 등으로 나누어지고, 상대 높임의 등분은 해라체, 해체, 하게체, 하오체, 해요체, 하십시오체 등으로 나누어진다. 종결 어미의 두 가지 기능을 고려하여 표로 나타내면 다음과 같다.

(121) 한국어의 종결 어미의 예

	해라체	해체	하게체	하오체	해요체	하십시오체
평서형	-는다	-어	-네	-오	-어요	-ㅂ니다
감탄형	-는구나	-어	-는구먼[102]	-는구려	-어요	—
의문형	-느냐	-어	-는가	-오	-어요	-ㅂ니까
명령형	-어라	-어	-게	-오	-어요	-ㅂ시오
청유형	-자	-어	-세	[-ㅂ시다]	-어요	[-시지요]

102 『표준국어대사전』에서는 '-는구먼'을 '-는군'의 줄임말로 보아 '해체'의 종결 어미로 보고 있다. 하지만 '-는구먼'은 '해체'뿐 아니라 '하게체'의 종결 어미로도 쓰인다.

위의 표에서 '—'로 표시한 것은 고유한 형태가 없다는 뜻이고, [ ]로 표시한 것은 형식상 다른 문장의 유형에 쓰일 법한 것이 그 자리에 사용된다는 뜻이다.

우리는 위에서 연결 어미를 대등적, 종속적, 보조적 연결 어미로 나누었다. 하지만 이에 대해서는 종속적 연결 어미를 인정하지 않고 모두 부사형 전성 어미로 다루는 견해도 널리 받아들여지고 있다.[103] 대표적으로 '-게'를 들어 이에 대해 알아보기로 하자.

103 이에 대해서는 종속적 연결 어미만 인정하고 부사형 전성 어미는 인정하지 않는 입장, 종속적 연결 어미와 부사형 전성 어미를 모두 인정하는 입장, 종속적 연결 어미를 인정하지 않고 부사형 전성 어미만 인정하는 입장이 있다. 더 극단적으로는 대등적 연결 어미도 부사형 전성 어미에 포함시키는 입장도 있다.

(122) 어미 '-게'의 기능

가. 개나리가 곱<u>게</u> 피었다.

나. 개나리가 빛깔이 곱<u>게</u> 피었다.

다. 바깥이 잘 보이<u>게</u> 창문을 활짝 열어라.

라. 어머니가 아이에게 우유를 먹<u>게</u> 하였다.

'-게'는 (122가)에서는 부사 파생 접미사 '-이'에 가까운 의미 기능을, (122나)에서는 부사형 전성 어미에 가까운 의미 기능을, (122다)에서는 종속적 연결 어미에 가까운 의미 기능을, (122라)에서는 보조적 연결 어미에 가까운 의미 기능을 보여 준다. 이 각각의 차이점을 인정해서 종속적 연결 어미, 보조적 연결 어미, 부사형 전성 어미를 모두 인정하기도 하고, 동일한 의미 기능을 하는 것으로 보아 모두 부사형 전성 어미로 보기도 한다.

참고 42 **보조적 연결 어미**

학교 문법에서는 '철수가 밥을 다 먹어 버렸다.'와 같은 문장에서 '-아/어/여, -게, -지, -고(야)'와 같은 어미를 보조적 연결 어미로 다루어 왔다. '먹어 버리다'와 같은 구성을 보조 용언 구성으로 보아 단문으로 기술하려면 일반적인 연결 어미와 다른 문법적 지위를 가지는 연결 어미가 존재해야 하기 때문이다. 그러나 기술 문법적인 시각에서 보면 서술어가 두 개면 앞에 나오는 '~먹어'까지를 절로 보고, '버리다(버렸다)'를 서술어로 보는 것이 당연하여, 보조적 연결 어미를 인정하기 어렵다. 우리 책에서는 모절의 주어와 내포절의 주어가 다른 사동의 '-게'를 제외한 '-아/어/여, -게, -지, -고(야)'를 보조적 연결 어미로 분류하였다.

참고 43 **종속적 연결 어미와 부사형 전성 어미**

종속적 연결 어미와 부사형 전성 어미를 구분하기는 매우 어렵다. 학교 문법 등에서 종속적 연결 어미와 부사형 전성 어미를 구분한 것은 어미의 구분을 문장의 종류와 일치시키기 위한 것이었다. 이런 관점에서는 종속적 연결 어미는 종속적으로 이어진 문장을 이루고, 부사형 전성 어미는 부사절을 가진 안은문장을 이루게 된다. 그런데 본문에서 '-게'를 예로 언급한 것처럼 하나의 어미를 종속적 연결 어미와 부사형 전성 어미 두 가지로 볼 수 있는 예가 많아서 이 두 종류의 어미를 나누는 것이 쉽지 않다. 일단 이 장(제3장)에서는 하나의 어미가 두 가지 종류로 사용될 수 있다고 보고 종속적 연결 어미와 부사형 전성 어미를 나누어 제시하고 각각 전형적으로 사용되는 예를 제시해 두었다. 그런데 우리 책의 제4장에서는 종속적으로 이어진 문장을 따로 분류하지 않으므로 이런 관점에서라면 굳이 종속적인 연결 어미를 인정하지 않아도 된다. 종속적으로 이어진 문장과 부사절을 가진 안은문장의 구분 여부에 대한 자세한 논의는 제4장을 참조하기 바란다.

전성 어미는 명사형, 관형사형, 부사형 전성 어미로 나뉜다.[104] 이 중 명사형 전성 어미에 대해서만 간단히 언급해 보기로 하자.

(123) 가. 나는 어머니가 시장에서 돌아왔음을 알았다.

나. 나는 어머니가 시장에서 돌아오기를 기다린다.

명사형 전성 어미로 '-음/ㅁ'과 '-기'가 쓰이는데,[105] 양자는 미세한 의미 차이를 갖는다. 흔히 '-음/ㅁ'은 '기정적', '-기'는 '미정적'인 의미를 갖는 것으로 언급되고 있다.

104 전성 어미의 기능이 내포절을 형성하는 것이므로 내포 어미라 부르기도 한다. 이에 대해서는 제4장을 참조하기 바란다.

105 특히 구어에서는 (123가) 대신 "나는 어머니가 돌아온 것을 알았다."가 자연스러우므로 '-은/ㄴ 것', '-는 것', '-을/ㄹ 것' 등도 명사형 전성 어미로 분류하기도 한다. 이들은 기능으로 보면 명사형 전성 어미로 인정할 법하지만 형태로 보면 관형사형 전성 어미가 쓰인 구성으로 이해된다.

제4장 통사론

4.1. 통사론에 대한 기본적 이해

4.1.1. 통사론과 통사 단위

통사론(syntax)은 둘 이상의 단어(word)가 결합하여 구(phrase), 절(clause), 문장(sentence)을 형성하는 원리를 탐구하는 분야이다. 이때 '단어, 구, 절, 문장'을 통사 단위라고 한다. 최소 통사 단위는 단어이고 최대 통사 단위는 문장이다.[1]

1 학교 문법 및 그에 준하는 문법 체계에서는 가장 작은 통사 단위를 '단어'라고 기술하고 있으나, 교착어인 한국어에서는 단어의 일부분인 용언의 활용 어미도 통사 단위로 보는 것이 학문 문법에서의 통설이다. 그러므로 단어를 통사론의 가장 작은 단위라고 하는 것은 편의적 기술일 뿐 정확한 기술은 아니다.

참고 1 통사론과 문장론

통사론을 과거에는 흔히 '문장론' 혹은 '구문론'이라고도 하였다. 문장론이나 구문론은 문장의 구성 원리를 고찰하는 분야라는 뜻이다. 그러나 엄밀히 말하면 통사적 원리는 문장 이하의 단위에서 통사 단위들이 서로 결합하는 데에도 적용되므로 문장론이나 구문론은 통사론보다 범위가 좁은 개념이다. 또한 생성 문법의 영향을 많이 받은 현대의 통사론은 문장이라는 최종 결과물을 분석하기보다는 작은 통사 단위를 결합하여 큰 통사 단위를 형성하는 원리를 탐구하는 데 더욱 힘을 쏟고 있다. 이러한 까닭으로 근래에는 '문장론'이나 '구문론'보다는 '통사론'을 훨씬 자주 사용한다.

이제 통사 단위에 대해 살펴보도록 한다.

(1) 가. 민수
　나. 내 친구 민수
　다. 민수가 학교에 갔다.
　라. 민수가 학교에 가면 엄마는 청소를 한다.

(2) [내 친구 민수]-가 [도로 건너편의 학교]-에 갔다.

(1가)는 단어이다. (1나)는 '민수'를 꾸며 주는 말이 앞에 와서 (1가)가 확장된 구(句, phrase)이다. (1다)에서 비로소 주어와 서술어가 함께 나타나고 있는데 이와 같은 구성을 절(節, clause)이라고 한다. (1다)와 같이 하나의 절이 바로 하나의 문장이 되는 경우도 있고 (1라)와 같이 두 개 이상의 절이 하나의 문장을 이루는 경우도 있다. (1다)와 같이 하나의 절로 이루어진 문장을 단문(홑문장)이라고 부르고 (1라)와 같이 둘 이상의 절로 이루어진 문장을 복문(겹문장)이라고 부른다.

참고 2 '절' 단위의 개념

학교 문법을 비롯하여 많은 논저에서 '절'은 '문장'보다 작은 단위로서 반드시 문장에 포함되어야 하는 것으로 기술하는 경우가 많다. 그러나 그러한 기술은 온당하지 않다.

(1) 가. 영희가 공부를 한다.
　　나. 내가 좋아하는 영희가 공부를 한다.

(1나)는 관형사절 '내가 좋아하는'을 안은 문장으로서 '영희가 공부를 한다'가 모절이다. 관형사절을 안지 않은 단문 (1가)와 관형사절을 안은 복문 (1나)의 모절은 형태가 같은데, (1나)에서는 절이었던 대상이 (1가)에서는 절이 아니고 문장이라고 하는 것은 언어 단위를 명명하는 논리로 합리적이지 않다. 그러므로 이론적으로 모든 '주어+서술어' 구조는 절이라고 부르는 것이 합리적이다.

한편, 복문의 경우 일부분의 절을 문장이라고 부르는 것 역시 불합리하다.[2] '문장'은 완결된 통사 단위이기 때문이다. 그러므로 '포유문(안은문장)'과 같은 용어는 정확한 용어이지만 '내포문(안긴문장)', '모문'과 같은 용어는 적절하지 못한 용어이다. '안긴절(내포절)', '모절(안은절)'이라고 불러야 한다. 예컨대 (1나)에서 '내가 좋아하는', '영희가 공부를 한다'는 각각 '안긴절', '모절'로 불러야지 '안긴문장', '모문'이라고 부르면 적절하지 못한 문법 기술이 된다. 우리 책에서는 '안은문장(포유문)', '안긴절(내포절)', '모절', '이어진문장(병렬문)', '접속절(병렬문의 선행절)'을 모두 엄밀히 구분하여 사용한다.

하나의 형태소로 이루어진 단어를 '단일어'라고 하고 둘 이상의 형태소로 이루어진 단어를 '복합어'라고 하는 것과 평행하게 하나의 절로 이루어진 문장을 '단문'이라고 하고 둘 이상의 절로 이루어진 문장을 '복문'이라고 하면, 형태론과 통사론을 일관된 관점으로 분석할 수 있는 부수적 효과를 얻는다.

2 '문(장)'과 '절'을 동일시하는 것에는 생성 문법의 영향이 크다. 어떤 근거에 따라 그 둘을 동일시할 수는 있으나 그 동일시된 범주는 '문(장)'이 아니라 '절'이다. 그러므로 여전히 '내포문, 모문'과 같은 용어는 부적절한 것이다.

통사 단위에는 띄어쓰기 단위인 '어절'이 없다. 그것은 어절이 통사론에서는 중요한 개념이 아니기 때문이다. (1다)만 보면 '민수가'가 주어라는 통사적 개념에 해당하므로 '민수가'라는 어절을 통사 단위로 삼아야 할 듯하다. 그러나 (2)에서 보듯이 조사는 확장된 구에도 붙을 수 있으므로 이때는 '민수가'가 주어가 아니라 '내 친구 민수가'가 주어이다. 따라서 (1다)에서는 어절을 주어로 삼고 (2)에서는 그렇게 하지 않는 것은 일관된 문법 기술이 아니다. 그러므로 통사 단위의 결합은 (3)과 같이 인식하는 것으로 충분하다. 여기에는 '어절' 개념이 끼어들 곳이 없다.

(3) 가. 주어 '민수가': 민수(단어)-가(조사)
　　나. 주어 '내 친구 민수가': 내 친구 민수(구)-가(조사)

참고 3 '어절'의 유용성

'어절'은 한국어 전통 문법에서 중요하게 써 온 개념이다. 이 개념에는 매우 복잡한 사정이 압축되어 있어 영어로 번역하기 무척 어렵다. 그러나 통사론에서 어절이 설 자리가 없는 개념이라고 해서 어절을 불필요한 개념으로 볼 수는 없다. 조사나 어미와 같은 통사적 요소는 의존 형태소이므로 그것이 결합된 말이 비록 통사적 구성이라 하더라도 띄어 쓰지 않고 형태적 구성처럼 다루어지는 현실을 고려할 때 유용한 개념이다. 더욱이 어절은 띄어쓰기의 단위로서 교육 문법 혹은 실용적 문법 기술에서는 유용한 면이 많다.

(1)에서는 표면적으로 구가 단어를 포함하고 문장이 절을 포함하는 것이 확실해 보이는데 절은 구를 포함하고 있지 않은 듯이 보인다. 다시 말해 '구'인 (1나)에서는 단어가 들어 있음을 확인할 수 있고 '문장'인 (1다, 라)에서는 절이 들어 있음을 확인할 수 있는데, (1다)는 절 속에 구가 들어 있지 않은 것처럼 보인다는 것이다. 그러나 (1다)에도 구가 포함되어 있다.

(4) 가. 민수-가 빵-을 먹었다.
　　나. [내 친구 민수]-가 [어제 산 빵]-을 먹었다.

(4가)에서 '민수'는 '가'와 결합하여 '민수가'라는 주어를, '빵'은 '을'과 결합하여 '빵을'이라는 목적어를 형성하고 있다. 그런데 (4나)에서 보듯

이 '민수'가 확장된 '내 친구 민수' 전체에도 '가'가 결합할 수 있고 '어제 산 빵' 전체에도 '을'이 결합할 수 있다. 그러므로 (5)와 같은 설명이 성립한다.

(5) 가. (4가)와 (4나)에서 '민수'와 '내 친구 민수'의 문법적 역할은 같다.
나. (4가)와 (4나)에서 '빵'과 '어제 산 빵'의 문법적 역할은 같다.

(5)에 따라 '민수'라는 명사와 문장에서의 역할이 같은 '내 친구 민수', '빵'이라는 명사와 문장에서의 역할이 같은 '어제 산 빵'을 명사구라고 부른다. 명사와 명사구의 문법적 역할이 동일하므로 명사 단독으로 쓰이나 명사구로 쓰이나 모두 같은 범주로 표시할 수 있다. 그러므로 (4가)의 통사 구조를 나타낼 때에는 '민수'와 '빵'을 '명사(N: noun)'가 아닌 '명사구(NP: noun phrase)'로 표시할 수 있다. 이를 다른 말로 표현하자면, 명사는 원칙적으로 언제라도 명사구로 확장되어 쓰일 수 있다는 뜻이다. 이에 따라 (1다)에도 구는 포함되어 있는 것으로 본다.

참고 4 어휘 범주(X)와 구 범주(XP)의 관계

명사가 단독으로 쓰여도 명사구와 같은 자격을 지니는 것으로 보아야 한다는 생각은 현대 통사론에서 영향력이 가장 큰 생성 문법에서 비롯된 것이다. 명사나 용언(동사, 형용사)이 아닌 다른 범주에서는 이와 같이 일반적으로 기술하기 어려운 면이 있으나, 생성 문법에서는 일관되게 어떤 어휘 범주 X(더 정확히는 X^0)가 단독으로 쓰여도 구 범주 XP와 같은 자격을 가지는 것으로 기술한다.

어떤 구성이 절인지 아닌지를 판별할 때에는 두 가지를 유의하여야 한다. 표면적으로 주어가 나타나 있지 않아 절처럼 보이지 않는 경우가 있기 때문이다. 첫째, 한국어에서 앞뒤 맥락에 따라 명백히 알 수 있는 주어는 자주 생략되곤 하는데 그럴 경우에도 절이 성립되는 것으로 이해하여야 한다. 둘째, 한국어에는 주어가 없는 특이한 문장도 예외적으로 존재함을 이해하여야 한다.

(6) 가. 빵을 먹으면서 민수가 학교에 간다.

나. A: 철수는 밥을 먹었니?

B: 응, 먹었어.

다. 불이야!

(6가)에서 서술어 '간다'의 주어는 '민수가'로 나와 있으나 '먹으면서'의 주어는 나와 있지 않다. (6나)의 B의 대답에서도 맥락상 분명히 알 수 있는 주어인 '철수가'가 생략되어 있다. 그러나 이들 생략된 주어는 무엇인지 확인할 수 있다는 점에서 없지만 있는 것으로 보아야 한다. 이와 대조적으로 (6다)는 한국어의 전형적인 무주어문이다. 무주어문은 서술어가 '이다'일 경우 성립하는 것으로서 절로 이루어지지 않은 특수한 종류의 문장이다.

참고 5 생략된 주어의 복원

주어가 생략되는 것에는 두 가지 종류가 있다. 하나는 (6가)에서와 같이 문장 구조적으로 명백히 알 수 있는 주어를 생략한 경우이고 다른 하나는 (6나)에서와 같이 담화 맥락상 명백히 알 수 있는 주어를 생략한 경우이다. 전자의 경우에는 주어를 쓰는 것이 통사적으로 불가능하거나 매우 어색한 데 반해 후자의 경우에는 주어를 쓰는 것이 통사적으로 가능하다. 즉, B의 대답을 "응, 철수는 (밥을) 먹었어."와 같이 말해도 통사적으로는 아무 문제가 없다.

문장은 '생각이나 감정을 말과 글로 표현할 때 완결된 내용을 나타내는 최소의 독립적 형식 단위'로서 체계문(system sentence)과 사용문(text sentence)으로 나뉜다. 체계문은 해당 언어의 문법 원리에 따라 구성된 문장이고 사용문은 실제 사용되는 모습 그대로의 문장이다.

(7) 가. 영희가 소설을 읽는다.

나. A: 영희가 무엇을 읽니?

B: 응, 소설.

나'. 응, 영희가 소설을 읽어.

다. 아버지는 신문을 읽고 (아버지는) 회사에 출근하셨다.

라. 아버지는 신문을 (읽고 계시고), 어머니는 소설을 읽고 계신다.

(7가)는 한국어의 문법 원리에 따라 문장을 끝맺는 종결 어미까지 갖춘 '주어+목적어+서술어' 구성의 문장으로서 체계문에 해당한다. 체계문은 원칙적으로 실제 언어생활에서 사용문으로도 쓰일 수 있다. 그러나 (7나)의 대답 "응, 소설."이라는 문장은 (7나')과 같은 체계문에서 담화 맥락상 불필요한 성분을 모두 생략한 사용문이다. (7가), (7나-A)와 같이 필요한 성분이 문법 원리에 따라 완전하게 구성된 문장을 완전문(完全文, full sentence)이라고 하고 (7나-B)와 같이 실제 상황에서의 필요에 따라 완전문의 일부를 생략한 문장을 소형문(小型文, minor sentence)이라고 한다.[3] 완전문은 체계문일 수도 있고 사용문일 수도 있으나 소형문은 사용문으로만 성립된다. 물론 문장의 특정 성분이 (7다)에서처럼 반드시 생략되어야 하거나 (7라)에서처럼 생략될 수 있는 경우도 있으나, 이는 한 문장 안에서의 문법적 원리에 따른 생략이므로 (7다, 라)는 체계문으로 볼 수 있고 완전문으로 다루어진다.

3 '소형문'은 연구자에 따라 '조각문'이라고 하기도 한다.

참고 6 문장 개념 정의의 어려움

문장(sentence)은 일반적으로 많이 쓰이는 용어이면서도 문법적으로 엄밀하게 정의하기 매우 어렵다. '문장'의 개념에 대해서는 (1)과 같은 다양한 정의가 있다.

(1) 가. 완전한 생각(사상)을 나타내는 한 무리의 낱말들이다.
나. 하나의 통일된 말로 드러낸 것으로서, 뜻(의미)으로나 꼴(형식)로나 온전히 다른 것과 따로 선(독립적인) 것이다.
다. 어떤 문법적 구성 방식으로도 더 큰 언어 형식 속에 내포되지 않는 것이다.
라. 문장은 주어와 서술어의 2대 요소로 이루어진 언어 구조다.
마. 의사소통 과정에서 말하는 사람의 의도가 온전히 포함된 단위이다.
바. 문장 부호를 가진 단어의 연속체이다.

우선 (1바)는 가장 특이한 개념 정의임에도 불구하고, 상식적으로 언중은 '문장'을 (1바)와 같이 파악하고 있다. 그러나 음성 언어에서는 문장 부호 따위는 없으므로 (1가~마)와 같은 특성이 문장의 개념을 정의하는 데 모두 고려되어야 한다.

(1마)는 기능 통사론적 정의이므로 우리 책의 체제에는 다소 맞지 않고 (1라) 역시 우리 책에서 '무주어문'을 상정한 것과 정합적이지 않은 개념 정의이다. 남는 것은 (1가~다)인데, 여기에서 핵심적 요소는 '완결된 생각', '독립된 형식(어떠한 문법적 구성

으로도 더 큰 언어 형식 속에 내포시킬 수 없음)'이다. 그러나 '완결된 생각'이란 매우 주관적인 개념이고 '독립된 형식' 역시 인용절(가령 "선생님은 '지구가 둥글다.'라고 말씀하셨다.")과 같은 예외가 존재하므로 완벽하지는 않다. 결국 그 어떤 정의도 문장의 개념을 필요충분하게 밝혀 주지 못한다. 우리 책에서는 『표준국어대사전』의 전통적 뜻풀이를 다소 수정하여 제시하였다.

참고 7 **형식 통사론과 기능 통사론**

현대의 통사론은 크게 형식 통사론(formal syntax)과 기능 통사론(functional syntax)으로 나뉜다. 형식 통사론은 순수하게 통사 단위들의 결합 원리를 밝히는 데 관심이 있고 기능 통사론은 실제적 언어 사용에서 어떤 문법적 구성이 어떤 기능을 하는가에 더 관심이 있다. 기능 통사론에서는 사용문을 다루기 때문에 완전문, 소형문을 모두 설명의 대상으로 삼지만 형식 통사론에서는 체계문만 다루기 때문에 원칙적으로 완전문만을 기술 대상으로 삼는다. 우리 책에서는 주로 형식 통사론의 관점에서 기술하되, 필요한 경우 기능 통사론에 입각한 기술도 행하였다.

4.1.2. 문장의 구조를 보는 두 가지 관점

문장의 구조는 단 한 가지의 관점으로만 분석되는 것이 아니다. 다양한 관점에서 여러 가지 형식의 문장 구조를 상정할 수 있는데, 그중 한국어 문장의 구조를 설명하는 데 가장 유용한 관점은 크게 서술어를 중심으로 파악한 통사 구조와 정보 전달의 방식을 중심으로 파악한 정보 구조로 나누어 볼 수 있다.

4.1.2.1. 문장의 통사 구조

일반적으로 '문장 구조(sentence structure)'라고 하는 것은 '통사 구조(syntactic structure)'를 가리킨다. 통사 구조란 서술어가 요구하는 성분의 수와 종류의 정보에 따라 구축된 문형과 여러 통사적 원리에 따라 부가된 성분이 형성한 구조 전체를 가리킨다.

(8) 가. 철수가 밥을 먹는다.

나. 내 친구 철수가 밥을 맛있게 먹는다.

(8가)는 서술어 '먹다'가 요구하는 행위의 주체가 주어로 표현되고 행위의 대상이 목적어로 표현된 문장이다. 문장의 뼈대를 완전하게 갖추었다. 그런데 (8나)에서는 '내 친구'가 '철수'를 꾸며 주고 '맛있게'가 '먹는다'를 꾸며 주고 있다. 꾸며 주는 말은 부가된 성분으로서 문장을 구성하는 데 반드시 필요한 것은 아니지만 그 역시 통사 구조의 일부를 이루고 있다. 이렇게 파악한 통사 구조는 일반적으로 나무 그림이나 각괄호를 수단으로 하여 표상한다. (8가)를 나무 그림과 각괄호로 각각 학교 문법을 바탕으로 하여 대략 나타내어 보면 다음과 같다. 두 표상 수단은 결국 같은 정보를 담고 있기 때문에 아무것이나 편리에 따라 사용하면 된다.[4]

4 N: 명사, NP: 명사구, K: 격 조사, KP: 격 조사구, V: 동사, VP: 동사구, S: 문장.

(9) 가.

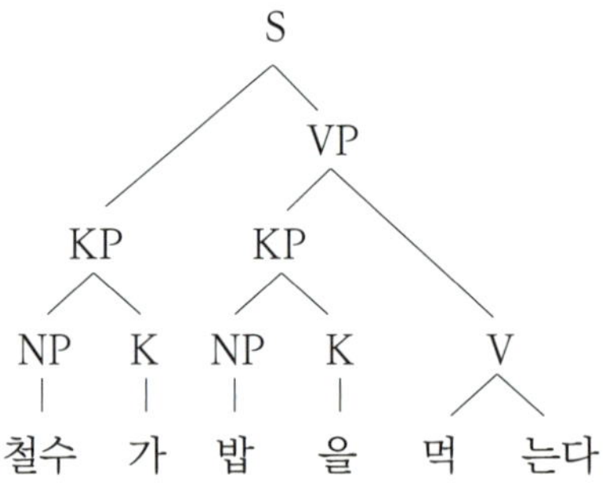

나. [$_{S}$[$_{KP}$[$_{NP}$철수][$_{K}$가]] [$_{VP}$[$_{KP}$[$_{NP}$밥][$_{K}$을]] [$_{V}$먹-는다]]].

참고 8 **조사구의 문법적 지위**

우리 책에서는 통설에 따라 '철수가'와 '밥을'과 같이 'NP+K' 구성을 'KP'로 파악하였으나 연구자에 따라서는 그냥 'NP'로 파악하기도 하고 격 조사를 결정사(Determiner)로 보아 '결정사구(DP)'로 파악하기도 한다. 참고로 '명사구(NP)+보조사'는 'KP'로 파악하지 않고 'NP'로 파악하는 것이 일반적이다. 통사 구조에서 격 조사는 핵심적 역할을 하는 것이고 보조사는 의미 첨가의 보조적 역할을 하는 것이기 때문이다.

통사 구조는 통사 분석을 하는 데 필수적으로 파악해야 하는 것이기는 하지만 문장 성분들의 문법적 기능이라든지 문장에 들어가는 화자의 여러 가지 의향을 담아내지는 못한다. 가령 (9)에서 보듯이 주어 '철수가'나 목적어 '밥을'이 구분되지 않고 모두 조사구 'KP'로 표시되어 있다. 문장 성분의 문법적 기능이 표시되지 않은 것이다.[5]

5 어떤 연구자는 '철수가'는 'NKP(주어구)', '밥을'은 'OKP(목적어구)' 등으로 표시함으로써 통사 구조에 문장 성분의 문법적 기능까지 표시하기도 한다. 이는 통사 구조의 제한적 정보를 보완하기 위한 것이다.

(10) 가. 철수가 밥을 먹니?

나. [$_{S}$[$_{KP}$[$_{NP}$철수][$_{K}$가]] [$_{VP}$[$_{KP}$[$_{NP}$밥][$_{K}$을]] [$_{V}$먹-니]]]?

(8가)와 (10가)를 비교해 보면 화자의 의향이 대조됨을 알 수 있다. 곧 평범한 서술을 하는 문장인지 무엇인가를 묻는 문장인지를 알 수 있다. 그러나 (9나)와 (10나)의 통사 구조 표상 방식은 동일하다. 성분의 통사 구조적 범주는 그대로 둔 채 의미 기능만 달리하는 어미를 대치하였기 때문이다. 요컨대 통사 구조 표상은 통사적 현상을 이해하는 데에 매우 중요한 역할을 하지만 그것만 가지고서 모든 통사적 현상을 이해할 수는 없다.

4.1.2.2. **문장의 정보 구조**

'정보 구조(information structure)'란 문장의 정보 전달 방식을 구조화한 것인데, 일반적으로는 문장에서 정보(내용) 전달의 대상과 그 대상에 관해 언급하는 내용이 실현되는 방식을 의미한다. 이때 정보 전달의 대상을 '주제(topic)'라고 하고 전달되는 정보를 '언급(comment)'이라고 한다.[6] 이를 의미적으로 풀어 쓰면 '…(주제)에 관해 말하자면 …(언급)'이 된다. 이처럼 문장의 통사 구조와는 별도로 순전히 정보 전달의 관점에서 문장 구조를 분석한 것이 정보 구조이다.

6 연구자에 따라 '주제'는 '화제'라고 하기도 하고 '언급'은 '평언, 설명, 논평'이라고 하기도 한다.

(11) 철수는 아침에 운동을 합니다.

(11)은 화자가 '철수'라는 대상에 관한 어떤 정보를 전달하는 문장이다. '아침에 운동을 합니다'는 전달되는 정보에 해당한다. 한국어에서 주제를 나타내는 데 전형적으로 쓰이는 표지(marker)는 보조사 '은/는'이다. (11)에서도 주제가 되는 대상 '철수'에 '는'이 붙어 주제임이 표시되었다. 그러나 화자가 어떤 대상에 대해 어떤 사실을 언급하려고 한다면, 정보 구조 파악

의 관점에서 그 대상은 모두 주제라고 말할 수 있다.

(12) A: 영희는 착해요.

B: 순희도 착해요.

(12A)의 '영희는'은 화자가 언급하려고 하는 대상이므로 주제이다. 그런데 (12B)에서는 '은/는'이 결합되지 않은 '순희도'가 주제라고 할 수 있다. 다만, '순희도'에서는 '도'가 지닌 'also/too'의 의미가 덧붙었을 뿐이다. 요컨대 주제는 정보 구조적 의미로 파악하는 것이지 어떤 표지로 파악하는 것이 아니다.[7]

한국어의 모든 문장이 '주제+언급'의 구조를 가지는 것은 아니다. 어떤 대상을 먼저 생각하고 그에 대해 어떤 정보를 전달하려는 문장이 아니라 어떤 정보 전체를 통째로 언급하고자 하는 문장도 존재한다.

7 한국어의 주제와 언급에 대한 연구는 매우 많이 쌓여 있고, 그만큼 연구자들 사이의 이견도 심한 편이다. 여기에서는 비교적 보편성 있는 사실만을 설명하였다. 주제 및 언급과 관련한 정보 구조에 대해서는 이 책의 4.10.에서 좀 더 상세히 다루었다.

(13) 비가 온다.

(13)은 '비'에 대해 어떤 정보를 언급한다고 하기보다는 비가 온다는 정보 전체를 통째로 언급하는 문장이다. (13)의 주제를 굳이 말하자면 '기상 현상'이다. 곧 (13)은 기상 현상에 대해 언급하는 문장이다. 그러므로 (13)은 주제가 없이 언급만으로 이루어진 문장인 것이다. 이를 '주제+언급' 구조로 바꾸려면 (14)에서처럼 반드시 보조사 '은/는'을 써야 한다.

(14) 비는 온다.

주제 표시의 보조사 '은/는'의 도움을 받아 (14)는 비로소 '비'에 대해 언급하는 문장이 되었다.[8] 정보 구조상의 주제가 통사 구조상의 주어와 일치하면 일반적으로 주제 표지 '은/는'만을 사용하고 주어 표지 '이/가'는 쓰지 않는다.

8 일상 언어에서는 이런 문장이 흔히 쓰이지 않는다. '비'에 대해서 특정한 정보를 전달할 필요가 있는 경우가 드물기 때문이다. 그러나 가령, "비는 온다. 그런데도 시원하지가 않다."와 같이 '비'에 대해 '오는' 정보를 전달하고자 하는 발화에서는 쓰일 수 있다.

4.1.3. 어순

세계 언어가 지닌 특성들에서 공통점과 차이점을 기술하고 일반적인 이론으로 발전시키는 언어학의 분야를 언어 유형론(linguistic typology)이라 한다. 언어 유형론적으로 볼 때, 한국어의 기본 어순은 'SOV'이다. 이는 '주어(Subject)+목적어(Object)+동사(Verb)'의 어순이라는 뜻이다.

참고 9 어순 유형론과 언어 유형론적 함축

어순 유형론에 따르면 세계의 언어는 SOV 언어, SVO 언어, VSO 언어 등으로 나뉜다. SOV 언어에는 한국어, 일본어 등이 있고 SVO 언어에는 영어, 중국어 등이 있으며 VSO 언어에는 이집트어, 타갈로그어(필리핀 원주민 언어) 등이 있다. 이러한 분류는 문장 구조의 다른 특성들을 설명하는 데 유용한 면이 많아 세계 어순 유형의 표준으로 받아들여지고 있다.

언어 유형론에서는 세계의 언어들이 지닌 보편성을 우선 절대적 보편성과 비절대적 보편성으로 나눈다. 절대적 보편성은 예외를 허락하지 않는 보편성으로서, 예컨대 "모든 언어는 명사와 동사의 구분을 가지고 있다."와 같은 사실을 들 수 있다. 비절대적 보편성은 다소 예외가 있는 보편성으로서 "대부분의 언어에서는 판정 의문문에서 상승 억양이 나타난다."와 같은 사실을 들 수 있다.

또한 비절대적 보편성은 일반적으로 필요조건을 가지는 것으로 파악되는데, 이를 함축적 보편성(implicational universal)이라고 한다. 어순과 관련한 함축적 보편성의 예를 들면, "SOV 언어는 주로 후치사를 갖고 SVO 언어는 주로 전치사를 갖는다."와 같은 사실을 들 수 있다. 이는 강력한 경향으로 받아들여지고 있는데, 한국어와 같은 SOV 언어가 후치사(조사)를 갖고 영어와 같은 SVO 언어는 전치사를 가지는 것을 보면 잘 알 수 있다. 이러한 경향을 일반적 형식으로 나타내면 "만약 X라면(SOV라면) Y이다(주로 후치사를 가진다)."가 성립하므로 Y는 X의 필요조건으로서 X는 Y를 함축한다고 할 수 있는 것이다.

어순은 통사론적 개념인데, 엄밀히 말하면 한국어의 조사나 어미도 통사 단위이므로 '체언+조사', '용언 어간+(선어말 어미)+어말 어미', '주체 높임 선어말 어미+시제 선어말 어미+양태 선어말 어미'와 같은 구성에서도 어순이 적용된다고 할 수 있다. 그러나 어순은 이처럼 한 어절 속에서가 아니라 어절 이상의 단위에서 언급하는 것이 일반적이다. 한국어 어순의 유형을 좀 더 구체적으로 보이면 다음과 같다.

(15) 가. 주어+서술어

나. 주어+보어+서술어

다. 주어+목적어+서술어

라. 주어+부사어+서술어

마. 주어+목적어+부사어+서술어 ≒ 주어+부사어+목적어+서술어

바. 주어+목적어+부사어+서술어

(15가)는 가장 기본적인 어순으로서 이 어순이 유지된 채, 다른 문장 성분이 추가되어 (15나~바)의 어순이 성립하게 된다. 이에 대해 하나씩 살펴보기로 한다.

(16) 가. 아기가 잡니다.

나. 겨울은 춥습니다.

다. 여기가 서울입니다.

(17) 잡니다, 아기가.

(16)에서 보듯이 주어는 서술어 앞에 나오는 것이 원칙이며 만약 강조 등의 문체적 효과를 주기 위해 서술어를 주어 앞에 쓸 때에는 서술어 뒤에 약간의 휴지(休止, pause)를 두는 경우가 많은데, 문자 언어에서는 (17)에서처럼 서술어 뒤에 쉼표(,)를 씀으로써 이를 반영한다.

(18) 가. 여기는 덕수궁이 아니다. ('여기'를 주어로 쓴 문장)

나. 철수가 의사가 되었다.

(19) 가. 덕수궁은 여기가 아니다. ('덕수궁'을 주어로 쓴 문장)

나. *의사가 철수가 되었다.[9]

(20) 아니다, 여기는 덕수궁이.

(18)은 보어가 주어 뒤, 서술어 앞에 쓰임을 보인 것이다. 그런데 (19)에서 보듯이 만약 보어와 주어의 순서가 바뀌면 주어와 보어의 해석 역시 바뀌게 되어 뜻이 다른 문장이 되거나 비문이 된다. (20)에서처럼 이 역시 서술

9 어떤 구성의 문법성을 정밀하게 나타내고자 할 때, 위첨자를 사용해 어색한 구성에는 '?'를, 매우 어색한 구성에는 '??'를, 거의 비문법적인 구성에는 '?*'를, 비문법적인 구성에는 '*'를 붙인다.

어를 앞에 쓰면 쉼표를 써 주어야 한다.

(21) 톰이 제리를 좋아한다.

(22) 제리를 톰이 좋아한다.

(23) 가. 톰이 좋아한다, 제리를.

나. 좋아한다, 톰이 제리를.

다. 제리를 좋아한다, 톰이.

라. 좋아한다, 제리를 톰이.

(21)은 목적어가 주어 뒤, 서술어 앞에 쓰임을 보인 것이다. 그런데 (22)에서 보듯이 목적어에 서술의 초점을 두어 주어와 목적어의 순서를 바꿀 수 있다. 이는 일반적으로 주어와 목적어의 기능이 뚜렷이 구분되고 격 조사 형태도 뚜렷이 구분되기 때문에 가능한 것이다. 그러므로 (23)에서 보듯이 서술어의 순서까지 바뀌면 어순이 바뀐 문장이 여럿 존재하게 된다.

(24) 이 지역 기후는 벼농사에 적합하다.

(25) 벼농사에 이 지역 기후는 적합하다.

(26) 적합하다, 이 지역 기후는 벼농사에.

(24)는 부사어가 주어 뒤, 서술어 앞에 놓임을 나타낸 것이다. (25)에서 보듯이 이때의 부사어도 원칙적으로 의미 강조를 위해 주어와 자리를 바꿀 수 있다. 또 서술어까지 도치한 (26)과 같은 문장도 만들어 낼 수 있다.

(27) 가. 선희가 나에게 선물을 주었다.

나. 선희가 선물을 나에게 주었다.

(28) 가. 철수는 밥을 맛있게 먹는다.

나. 철수는 맛있게 밥을 먹는다.

(27, 28)은 부사어가 목적어 앞이나 뒤, 둘 중 아무 위치나 올 수 있는 경우를 보인 것이다. 물론 미세하게 보면 (27가, 28가)가 일반적인 어순이고

(27나, 28나)가 각각 '선물을'과 '맛있게'를 초점화한 문장이라고 할 수 있다. 그러나 그 어순 바꿈이 주어와 목적어의 어순 바꿈만큼 큰 차이를 나타내는 것은 아니다.

(29) 가. 임꺽정 씨가 나를 꽃에 비유했다.
　　나. 그분이 백동수를 사위로 삼았다.
　　다. 우리는 홍길동 씨를 천재로 여긴다.
　　라. 그들이 황무지를 녹지로 만들었다.

(29)는 부사어를 목적어 뒤에 놓아야 하는 어순이다. 만약 순서가 바뀌면 매우 어색하거나 부적격한 문장이 된다. 이는 자연스러운 인식의 방향을 반영한 어순이다. 곧 원관념이 주어져야 보조 관념을 제시할 수 있다는 점에서 (29가)에서 '나를'이 '꽃에'보다 먼저 나오는 것이 자연스럽고, 어떤 대상이 주어져야 그것을 변화시킬 수 있다는 점에서 (29나~라)에서 '백동수를, 홍길동 씨를, 황무지를'이 먼저 나오는 것이 자연스럽다. 이 경우 '꽃에, 사위로, 천재로, 녹지로' 등의 부사어는 모두 필수 부사어여야 함이 특징이다.

참고 10 **수식어와 피수식어의 어순**

꾸며 주는 말과 꾸밈을 받는 말의 관계로써 어순을 파악할 수도 있다. 한국어에서는 일관되게 꾸며 주는 말이 꾸밈을 받는 말 앞에 오는 것이 기본 어순이다.

(1) 가. 나는 새 책을 좋아한다.
　　나. 저기가 너를 낳은 병원이다.
(2) 가. 호랑이가 빨리 달린다.
　　나. 호랑이가 달린다, 빨리.

특수한 경우를 제외하면 (1), (2가)에서처럼 한국어의 관형어와 부사어는 꾸밈을 받는 말 앞에 오는 것이 원칙이다. 문체 효과를 위해 (2나)처럼 도치하는 경우도 있으나, 이는 부사어에서 간혹 일어나고 관형어에서는 거의 일어나지 않는다.

4.2. 문장 성분과 문형

4.2.1. 문장 성분의 개념과 종류

문장 성분(sentence component)이란 해당 문장에서 특정한 통사·의미적 기능을 하는 문장의 구성 요소들을 가리킨다. 문장 성분으로 기능할 수 있는 것은 단어, 구, 절 등 다양하다.

(30) 가. 철수 밥 먹는다.
나. 철수가 밥을 먹는다.
다. 착한 철수가 그런 심한 말을 하다니.
라. 오늘 내가 본 경치는 세계 10대 절경에 속한다.

(30가)에서 '철수, 밥'이 단어(N)이자 어절이자 구(NP)로서 각각 주어, 목적어의 문법적 기능을 수행하고 있음을 볼 수 있고 (30나)에서 '철수가, 밥을'은 조사가 결합된 조사구로서 같은 문법적 기능을 수행함을 볼 수 있다.[10] (30다)에서 '착한 철수가, 그런 심한 말을'은 주어, 목적어 성분이 구로 실현된 것이다. (30라)에서 '오늘 내가 본'은 '경치'를 꾸며 주는 관형어 기능을 하는 성분인데 절로 실현되어 있다.

학교 문법에서 문장 성분은 주어, 목적어, 보어, 서술어, 관형어, 부사어, 독립어의 7가지로 분류된다.[11] 주어, 목적어, 보어, 서술어는 문장의 필수 성분이므로 주성분이라고 한다. 관형어, 부사어는 본질적으로 그 기능이 다른 말을 수식하는 것이므로 부속 성분이라 한다.[12] 독립어는 독립 성분이다.

4.2.2. 주어

주어는 '무엇이 어찌하다', '무엇이 어떠하다', '무엇이 무엇이다'와 같은 문장에서 '무엇이'에 해당하는 것이다. 즉, 주어는 문장이 나타내는 행위/작용의 주체, 상태/성질이나 정체 밝힘 등의 대상이 언어적으로 나타난 것을 가리킨다. 주어는 일반적으로 주격 조사 '이/가'가 붙어 표시된다.

10 '철수가', '밥을'은 전통 문법에서는 어절로 기술해 왔다. 그러나 4.1.1.에서 언급하였듯이 '어절'은 엄밀히 말해 통사 단위라고 하기 어려우므로 여기에서는 '조사구'라는 '구'의 명칭을 사용한다.

11 학교 문법에서 문장 성분을 7가지로 설정하는 것은 한국어 문법론의 전통을 가장 안정적으로 따른 것으로서 꼭 최선은 아닐 수 있다. 학문 문법에서는 연구자에 따라 문장 성분의 수와 종류가 다양하게 설정된다.

12 주성분은 모두 필수 성분이지만 부속 성분 중에는 필수 성분도 있고 꼭 쓰지 않아도 되는 수의 성분도 있다. 필수 성분을 '보충어(complement)', 수의 성분을 '부가어(adjunct)'라고도 부른다.

(31) 가. 민수가 운동장에서 놉니다.

나. 하늘이 파랗습니다.

다. 이것이 막걸리입니다.

(31가)에서 '민수'는 '놀다'라는 행위의 주체이고 (31나)에서 '하늘'은 '파랗다'라는 상태/성질의 대상이며 (31다)에서 '이것'은 '막걸리이다'라는 정체 밝힘의 대상이다. 곧 '민수가', '하늘이', '이것이'가 주어이다.

참고 11 주어의 의미적 특성

'무엇이 어떠하다'에서의 '무엇'은 (31나)에서처럼 거의 상태/성질의 대상이다. 그러나 '무엇이 어찌하다'에서의 '무엇'은 대체로 행위의 주체이기는 하지만 행위의 대상일 때도 있다. 예컨대 "도둑이 경찰에게 쫓긴다."와 같은 문장에서 '도둑'은 쫓기는 행위를 하는 주체라고 하기보다는 쫓는 행위를 당하는 대상이라고 하는 것이 더 적절한 설명이다. 또 '무엇이 무엇이다'에서의 '무엇'도 대체로 정체 밝힘의 대상이기는 하지만, 상태/성질의 대상일 때도 있고 드물지만 행위의 주체일 때도 있다. "방 안이 엉망이다."와 같은 문장에서는 '방 안'이 상태/성질의 대상이고 "나는 그 의견에 반대이다."와 같은 문장에서는 '나'가 행위의 주체이다. 따라서 '문장'과 마찬가지로 '주어'도 엄격히 정의하기가 매우 어려운 개념이다.

참고 12 보조사 '가'

'가'가 결합하는 말이 주어가 아닌 예도 있다.

(1) 가. 원래가 사람은 사회를 이루고 사는 동물이다.

나. 봄인데도 꽃이 피지가 않는다.

다. 열심히 공부했는데도, 문제가 쉽지가 않아요.

라. 한국어 단어는 도무지 외워지지가 않아요.

(1가)는 부사를 주어처럼 쓴 것이나 주어는 '사람은'이다. 또 (1나~라)에서 보듯이 부정문에서 '-지' 다음에 '가' 결합하는 경우가 있다. 이때 '가' 앞의 서술어는 반드시 자동사(피동사 포함), 형용사이어야 한다. (1)에서의 '가'는 보조사로 다루는 것이 일반적이다.

(32) 가. 형님께서 저에게 선물을 주셨습니다.

나. 형님이 저에게 선물을 주셨습니다.

다. *형님께서 저에게 선물을 주었습니다.[13]

(32가)에서는 주격 조사 '께서'가 쓰였는데 이는 높임의 대상인 '형님'이 주체로 쓰였기 때문이다. 그러나 '께서'의 사용은 필수적이지는 않아서 서술어에 '-(으)시-'가 결합해 있다면 (32나)와 같이 '께서'를 쓰지 않고 '이/가'를 써도 존대하는 의미를 잃지 않는다.[14] 그러나 (32다)와 같이 '-(으)시-'를 쓰지 않고 주격 조사 '께서'만 쓰면 적절하지 못하거나 어색한 높임 표현이 된다.

'에서'도 주어를 표시하는 조사로 사용되는 경우가 있다. '에서'는 기관, 단체 등 인간 집단을 뜻하는 명사 뒤에서 그것이 주어임을 나타내는데 이 역시 주격 조사 '이/가'로 쓸 수 있다.

(33) 가. 군청{에서, 이} 위문품을 전달해 왔어요.

나. 우리 학교{에서, 가} 봉사 활동을 나갔습니다.

(34) 가. 그 출판사{*에서, 가} 규모가 크다.

나. 우리 회사{*에서, 가} 경쟁 회사에 쫓긴다.

(33)에서 보듯이 '에서'는 일반적 주격 조사 '이/가'로 대치되어 쓰일 수 있다. (34)는 '에서'가 행위성이 없거나 미약한 서술어와는 어울리지 않음을 보인 것이다. 그러한 경우에는 '이/가'만을 쓸 수 있다.

주어에 결합하는 주격 조사는 생략되기도 하고 보조사로 대치되기도 하며 드물게는 보조사와 함께 쓰이기도 한다. 보조사로 대치될 경우에는 보조사가 연속해서 쓰이는 경우도 있다.

(35) 가. 우리 이사 갔어.

나. 그는 지금 출장 중입니다.

다. 혜수만이 민호를 사랑한다.

라. 혜수만 민호를 사랑한다.

마. 혜수만은 민호를 사랑할 것이다.

13 이곳의 "*" 표시는 통사적으로 부적격한 것을 표시한 것이 아니라 화용적으로 부적절함을 나타낸 것이다. 즉 어른의 행위에 '-(으)시-'를 쓰지 않는 문장 구성 자체가 불가능한 것이 아니라 한국의 언어 예절에 맞지 않는다는 것이다.

14 국립국어원의 '표준 언어 예절'에 따르면 '-(으)시-'의 사용은 필수적이나 '께서'의 사용은 필수적이지 않다. 그러나 좀 더 깍듯이 높여야 하는 '아버지, 할아버지' 등이 주체일 경우에 '께서'를 쓰지 않으면 아무래도 예의 바른 표현은 아니라는 인상을 줄 수 있다.

(35가)에서는 '우리'에 아무런 조사가 결합하지 않았다. 주어가 구로 나타나기보다는 단어로 나타날 때, 문어에서보다는 구어에서, 비한정적 대상보다는 한정적 대상일 때 이와 같이 주격 조사가 생략되는 경우가 많다.[15] 목적격 조사의 생략도 이와 마찬가지이다. (35나)에서는 주격 조사 대신 보조사 '는'이 쓰였으나 주격 조사를 결합시켜 '우리가', '그가'로 써도 성립하기 때문에 '우리', '그는'은 주어임이 분명하다. (35다)는 보조사 '만'과 주격 조사 '이'가 함께 쓰인 문장인데, (35라)처럼 주격 조사 '이'는 다시 생략할 수 있다. (35마)는 주격 조사 대신 보조사 '만'과 '은'이 연속해서 쓰인 문장이다.

15 화자가 구체적이고 확정된 대상에 대해 말을 할 때, 청자도 그 대상을 구체적이고 확정된 대상으로서 알고 있다고 생각하면 그 대상에 '한정성(definiteness)'이 있다고 말한다. 다소 거칠게 말하면, 화자도 알고 청자도 아는 대상에 대해 한정성이 있다고 한다. (35가)를 예로 들면, 청자가 '우리'를 구체적이고 확정된 대상으로 알고 있다고 화자가 생각하기 때문에 (35가)와 같은 문장을 자연스럽게 발화할 수 있는 것이므로 '우리'는 한정성이 있는 것이다.

참고 13 **주어와 주제**

한국어에서 무엇을 '주어'라고 해야 할지에 대해서는 매우 다양한 이견이 존재한다. 이는 대개 주어가 두 번 쓰인 것처럼 보이는 이중 주어문[16]의 해석과 관련된다. 이중 주어문의 통사 구조를 분석하는 방식의 차이에 따른 견해 차이가 적지 않다. 잘 알려진 두 가지 예를 보이도록 한다.

(1) 누나는 눈이 크다.
(2) 나는 호랑이가 무섭다.

(1)은 '주제+주어+서술어', '주어+[주어+서술어]'의 두 가지 분석이 제안된 문장이다. 두 번째 분석에서 '[ ]' 부분은 전체 문장의 서술어로서 절의 형식을 띠고 있으므로 '서술절'이라고 부른다. (2)는 (1)의 두 가지 분석에 더해 '주어+보어+서술어'의 분석도 제안된 문장이다. 학교 문법에서는 (2)와 같은 문장을 예문으로 들고 있지 않으나 보어를 '되다, 아니다' 앞에 오는 성분으로만 한정하고 있으므로, (2) 역시 '주어+[주어+서술어]'의 구조, 곧 서술절을 안은 문장으로 분석한다고 이해할 수 있다.

그러나 학문 문법에서는 (2)를 서술절을 안은 문장으로 처리하는 연구자가 거의 없다. '무섭다'의 대상은 '호랑이'이고 '나'는 '무섭다'라는 심리 상태를 경험하는 사람인데, 일반적으로 형용사는 그 성질이나 상태를 지니는 대상이 주어이므로 우리 책에서는 '호랑이가'를 주어로 보고 '나는'은 주제로 본다.

이때의 '나는'이 어떤 문장 성분이냐 하는 의문이 있을 수 있다. 그런데 정보 구조상의 주제는 서술어가 요구하는 문장 성분이 아닌 경우도 많으므로, 이는 별 의미 없는 질문이다. 통사 구조와 정보 구조는 엄밀히 말하면 별개의 개념이기 때문이다(4.1.2. 참조). 다른 예를 들면, 음식점에서 "나는 짜장면이다."와 같이 발화하였을 때, 주제 '나는' 역시 주어가 아니고 특정 문장 성분의 이름을 붙이지 않는 것이 보통이다. 이 문장은 주어가 상황 맥락에 따라 생략된 문장이다. 한편, 어떤 연구자는 정보 구조상의 주제를 통사 구조 파악의 관점에서도 남김없이 기술하기 위해 서술어가 요구하는

16 연구자에 따라서는 '주격 중출문'이라고도 한다.

문장 성분이 아닌, 순수한 정보 구조상의 주제를 '주제어'라는 문장 성분으로 처리하기도 한다. 그에 따르면 위 문장에서의 '나는'은 문장 성분으로서 '주제어'이다.

(1), (2) 이외에도 한국어에는 무엇을 주어라고 하여야 할지가 불분명한 문장이 많이 존재한다. 이는 한국어가 근본적으로 '주제'도 중요하고 '주어'도 중요한 '주제·주어 동시 부각형 언어(topic-subject prominent language)'이기 때문이다. 우리 책에서는 보편적으로 인정되는 내용만을 기술하되, 정설이 확립되지 않은 (1), (2)와 같은 문장을 부득이하게 보일 때에는 학교 문법을 따르거나 학교 문법을 바탕으로 추론하여 기술한다.

4.2.3. 목적어

목적어는 주어에 비해 통사적으로 분명히 정의된다. 목적격 조사 '을/를'이 결합되었거나 격 조사 없이 나타났더라도 목적격 조사 '을/를'이 결합될 수 있는 말이 목적어로 규정된다. 목적어 대상은 의미적으로 서술어의 행위나 작용의 대상 혹은 목적이나 결과를 나타내는 것이 일반적이다.[17]

17 목적어가 행위의 대상이라는 점을 크게 고려하여 '목적격 조사'를 '대격 조사'라고도 한다. '대격'에서의 '대(對)'는 '대상'을 뜻한다.

(36) 가. 엄마가 물을 끓인다.
　　나. 그가 삽으로 땅을 팠다.
　　다. 순희는 엄마를 닮았다.
　　라. 영수가 낚시를 간다.
　　마. 누나가 회사를 다닌다.
(37) 가. 엄마가 라면을 끓였다.
　　나. 두더지가 굴을 팠다.

(36가, 나)에서는 '물'과 '땅'이 각각 '끓이다', '파다'라는 행위의 대상이고 (36다)에서는 '엄마'가 '닮다'라는 작용의 대상이다. (36라)에서는 '낚시'가 '가다'라는 행위의 목적이고 (36마)에서는 '회사'가 '다니다'라는 행위의 목적이다. 행위의 목적이 목적어로 쓰이는 경우는 주로 서술어가 공간 이동의 의미를 지니고 있을 때이다.

(37가, 나)에서는 '라면'과 '굴'이 각각 '끓이다'와 '파다'의 목적 혹은 결과가 대상화한 것으로 이해할 수 있다. 곧 '끓이다'라는 행위는 '라면'을 목

적으로 하여 이루어져 결과물로서 '라면'이라는 대상을 만들어 내었다고 해석할 수 있고 '파다'라는 행위는 '굴'을 목적으로 하여 이루어져 결과물로서 '굴'이라는 대상을 만들어 내었다고 해석할 수 있는 것이다. (36가, 나)와 (37가, 나)를 대비해 볼 때, 같은 동사라도 순수한 대상 의미의 목적어와 결과적 대상 의미의 목적어를 다 취하는 경우가 있음을 알 수 있다.

참고 14 보조사 '를'

목적격 조사를 사용하지만 목적어라고 할 수 없는 (1)과 같은 예도 있다.

(1) 가. 꽃이 피지{를, 가} 않는다.
 나. 아이가 채소를 먹지{를, *가} 않는다.

위와 같이 부정문에서 쓰이는 '를'은 그것이 결합하는 서술어가 자동사이건 타동사이건 상관없이 쓰일 수 있다. 이 점이 자동사나 형용사와만 결합하는 '가'와의 차이점이다. 이때의 '를'은 보조사로 해석하는 것이 일반적이다.

목적어로서의 의미보다 부사어로서의 의미를 더 부각할 때에는 목적어 대신에 부사격 조사가 결합된 부사어가 나타날 수 있다. 이때 서술어는 목적어를 가졌을 때에는 타동사, 목적어를 가지지 않았을 때에는 자동사로 볼 수 있다.

(38) 가. 철수는 {친구를, 친구와} 만나 즐겁게 놀았다.
 나. 우리는 {교회를, 교회에} 다닌다.
 다. 우주선이 {궤도를, 궤도에서} 이탈했다.

(38가~다)에서 목적어는 모두 대상이나 목적으로 해석할 수 있다. 그런데 (38가)에서는 '친구를' 대신에 동반 대상을 뜻하는 부사격 조사 '와'가 결합된 부사어 '친구와'를 쓸 수 있다. (38나)에서는 '교회를' 대신에 지향점을 뜻하는 부사격 조사 '에'가 결합된 부사어 '교회에'를 쓸 수 있고 (38다)에서는 '궤도를' 대신에 출발점을 뜻하는 부사격 조사 '에서'가 결합된 부사어 '궤도에서'를 쓸 수 있다. 이 경우 목적어와 부사어는 의미 차이가 크지

않다.

그러나 내포적 의미에 다소 차이가 있을 수 있다. 목적격 조사를 쓰면 목적어가 지닌 대상성이나 목적성이 더 부각되고 부사격 조사를 쓰면 부사어가 지닌 출발점, 지향점 등의 의미가 더 부각된다. 그러한 작은 의미 차이 때문에 문법에서 큰 차이가 발생하는 경우가 있다. 예컨대 (38가)의 서술어 '만나다'는 보통의 경우에 목적어와도 쓸 수 있고 부사어와도 쓸 수 있으나 (39)에서처럼 목적어와만 쓰는 경우가 있다.

(39) 철수는 {깡패를, *깡패와} 만나 돈을 다 털렸다.

(39)에서는 목적어 '깡패'에 '와'를 결합시키지 못함을 알 수 있다. '깡패'가 '만나다'라는 행위의 공동 참여자라는 뜻을 가지기 어렵고 단지 대상의 뜻만을 가지기 때문이다.

주어와 마찬가지로 목적어도 여러 가지 방식으로 실현된다. 체언에 목적격 조사 '을/를'이 붙은 것이 일반적이나 때로 '을/를'이 생략되기도 하고 보조사로 대치되기도 하며 드물게는 보조사와 함께 쓰이기도 한다.

(40) 가. 아침에는 밥 먹기가 싫다.
나. 철수가 밥도 안 먹고 공부를 한다.
다. 돌이가 오직 수학만을 좋아한다.
라. 나는 개고기만은 먹지 않는다.

(40가)에서는 '먹다'의 목적어인 '밥'이 아무 조사가 결합되지 않은 채 쓰였고 (40나)에서는 목적격 조사 대신 보조사 '도'가 결합되어 쓰였다. (40다)는 보조사 '만'과 목적격 조사 '을'이 함께 쓰인 것이다. (40라)는 목적격 조사 대신 보조사 '만'과 '은'이 연속해서 쓰인 문장이다.

주어가 두 번 쓰여 이중 주어문을 이루는 경우가 있는 것처럼 목적어도 두 번 쓰여 이중 목적어문[18]을 이루는 경우가 있다. 그러나 매우 복잡한 양상을 보이는 이중 주어문에 비해 이중 목적어문은 그 양상이 극히 단순하

18 연구자에 따라 '목적격 중출문' 혹은 '대격 중출문'이라고 하기도 한다.

여 '전체-부분'의 관계 혹은 '대상-수량'의 관계 정도밖에 보이지 않는다.

(41) 가. 철수는 영수를 허리를 잡았다.
나. 수미는 나무를 가지를 꺾었다.
다. 철수는 길을 10km(를) 걸었다.
라. 한 반에 학생을 열 명(을) 배정했다.
마. 민주가 딸기를 꼭지를 100개를 땄다.

(41가, 나)에서 보듯이 이중 목적어는 일반적으로 '전체-부분'의 관계를 보이는 말에도 나타나고 (41다, 라)에서 보듯이 때로는 '대상-수량'의 관계를 보이는 말에도 나타난다. (41마)는 그 두 가지가 모두 나타난 예이다.

(42) 가. 영호는 {순희에게, 순희를} 선물을 주었습니다.
나. 영희는 {꽃에, 꽃을} 물을 주지 않은 지가 오래됐다.
다. 선생님이 {학생들에게, 학생들을} 공부를 많이 시키신다.
라. 김 사장님이 이현정 양을 {며느리로, 며느리를} 삼았다.

(42가~다)에서 보듯이 여격어[19]와 목적어가 함께 사용된 문장에서는 여격어에 붙는 '에게, 에, 께' 대신 '을/를'을 붙여 결과적으로 이중 목적어문과 같게 만들기도 한다. 특히 이러한 일은 '에'보다는 '에게'에서 더 흔하게 일어난다. (42라)는 '삼다'의 보충어인 '로'가 붙은 부사어에서도 그러한 현상이 일어남을 보여 준다.[20]

19 부사격의 하위 부류로는 처격, 여격, 공동격, 도구격, 비교격 등이 있다. 여격 조사로는 '에, 에게, 께'가 쓰인다.

20 '보충어'의 개념에 대해서는 4.2.10.1.을 참조할 것.

(43) 가. 나는 수학을 공부를 할 때 가장 정신을 집중한다.
가'. 나는 수학을 공부할 때 가장 정신을 집중한다.
나. 우리는 무려 다섯 시간 동안 그 문제를 토의를 하였다.
나'. 우리는 무려 다섯 시간 동안 그 문제를 토의하였다.

(43가, 나)처럼 'X-하다'에서 'X'가 'X를'로 분리되어 결과적으로 이중 목

적어문처럼 된 경우가 있다. 보통은 (43가′, 나′)으로 쓰이지만 (43가, 나)와 같이 쓰면 '공부', '토의'를 부각하는 의미를 나타낸다.

4.2.4. 보어

문장 성분으로서의 보어는 아직 확고하게 정의된 바가 없다. 다만, 학교 문법에서는 '되다', '아니다' 바로 앞의 필수 성분을 보어로 규정하고 있다.

(44) 가. 그 사람이 장관이 되었다.
　　 나. 고래는 물고기가 아니다.

(44가) '되었다' 앞의 '장관이'와 (44나) '아니다' 앞의 '물고기가'가 학교 문법에서 보어로 처리되는 것이다. 보어에 붙는 격 조사는 따로 있지 않다. 주격 조사 '이/가'가 보어 표시에도 사용된다.

그런데 '되다', '아니다' 앞에만 '이/가' 결합 성분이 나오는 것이 아니다. 일상적으로 쓰이는 다른 문장에서도 이와 유사한 '이/가' 결합 성분이 간혹 존재하는데, 이들 역시 보어로 볼 수 있다.

(45) 가. 민수는 가수가 틀림없다.
　　 나. 철수는 가수가 맞다.
　　 다. 그 사람이 가수 같다.

(45)에서 '틀림없다', '맞다', '같다' 바로 앞의 '가수가', '가수'는 주어의 정체를 밝혀 주는 의미를 가지고 있다. 이런 경우의 '가수가', '가수' 역시 보어로 보는 것이 합리적이다.

보어 역시 여러 가지 방식으로 실현된다. 체언에 주격 조사 '이/가'가 붙은 것이 일반적이나 때로 아무 조사가 붙지 않고 실현되기도 하고 보조사로 대치되기도 하며 드물게는 보조사와 함께 쓰이기도 한다. 보어에 붙는 '이/가'는 보어의 대상이 높임의 대상이어도 '께서'를 쓰지 않는다. '께서'는 주어를 높일 때 쓰는 조사이기 때문이다.

(46) 가. 이분이 저희 {할아버지가, *할아버지께서} 아닙니다.

나. 오늘 총 구매량이 100만 원 조금 안 된다.

다. 그 사람은 의사도 아니다.

라. 내가 고맙게 생각하는 사람은 너만이 아니다.

마. 내가 고맙게 생각하는 사람이 너만은 아니다.

(46가)에서는 보어에 '께서'를 붙이지 못함을 보이고 있다. (46나)에서는 보어 '100만 원'에 '이/가'가 결합되어 있지 않고 (46다)에서는 '의사'에 보조사 '도'가 결합되어 있다. (46라)는 보조사 '만'과 주격 조사 '이'가, (46마)는 보조사 '만'과 '은'이 연속해서 쓰인 문장이다.

참고 15 보격 조사의 인정 여부

연구자에 따라서는 주격 조사 '이/가'와는 별개로 보격 조사 '이/가'를 설정하기도 한다. 문장 성분을 격 조사와 일대일 대응시키는 체계성을 중요시하는 학교 문법에서도 보어를 표시하는 격 조사로서 보격 조사를 설정해 놓고 있다. 그러나 언어 유형론적으로 볼 때, 주격(nominative case) 혹은 절대격(absolutive case)이 실현된 명사구의 정체를 밝히는 보어는 대부분 무표지로 실현되고, 표지가 있더라도 주격, 대격 외에 보격이라는 별도의 격 표지로 실현되는 경우가 없다. 또한 전통적으로 격은 문법 기능의 형태적 표시 체계로 이해되어 왔으므로 보어를 설정한다고 해서 바로 보격 조사를 그에 일대일 대응시키는 것은 문법 기능과 격 개념을 혼동하는 일이다.[21] 또 보격 조사에 높임형 '께서'가 없다는 이유로 주격 조사와의 차별성을 주장하는 연구자도 있다. 그러나 주체 높임은 주어(또는 주제)의 지시 대상을 높이는 것이지 보어의 지시 대상을 높이는 것이 아니므로 근본적으로 높임형이 쓰일 동기가 없다는 점에서 그러한 주장 역시 설득력이 없다. 따라서 이곳에서는 기술의 편의와 체계성보다는 언어의 보편성과 언어 기술의 엄밀성을 근거로 보격 조사를 인정하지 않는다.

21 '문법 기능(grammatical function)'이란 문장 안에서 어떤 성분이 갖는 통사·의미적 기능을 가리키는 개념으로서 '문법 관계(grammatical relation)'라고도 한다. 문장 성분은 문법 기능에 따라 이름이 붙여진다. 예컨대 문장의 어떤 성분이 다른 말과의 관계 속에서 주어 기능을 하고 있을 때 그것은 '주어'라는 이름의 문장 성분으로 불리는 것이다.

참고 16 보어 개념에 대한 이견들

보어의 개념에 대해서는 다양한 견해가 존재한다.

(1) 가. 서술어가 요구하는 모든 필수 성분

나. 주어 이외에 서술어가 요구하는 모든 필수 성분

다. 주어, 목적어 이외에 서술어가 요구하는 모든 필수 성분

라. '되다', '아니다' 바로 앞의 필수 성분

(1가)는 '보충어'(4.2.10.1. 참조)를 용어만 달리한 개념이므로 고려의 대상이 아니다. (1나)는 생성 문법의 '보충어' 개념이다. (1다)는 한국어 문법론에서 널리 퍼진 보어 개념이다. 그러나 우리 책에서 (1다)를 채택하지 않은 이유는 우리 책에서 '필수 부사어'의 성분을 인정하는 것과 관련이 있다. 필수 부사어를 인정한다면 굳이 그에 보어라는 특수한 문장 성분 이름을 붙일 필요가 없는 것이다. 가령,

(2) 가. 철수는 민수와 동행한다.
   나. 철수는 민수와 여행한다.

'동행하다', '여행하다'에 대해 '민수와'는 동일한 통사·의미적 기능을 하고 있다. 그러나 '민수와'가 (2나)에서는 필수성이 없는 부사어이고 (2가)에서는 필수성이 있는 부사어이다. 문장 성분의 이름은 통사·의미적 기능을 근거로 붙이는 것이지 필수성을 근거로 붙이는 것이 아니다. 그러므로 우리 책에서는 (1다)의 보어 개념을 취하지 않는 것이다.

(1라)는 학교 문법에서 규정하는 보어이다. 이 규정에 따르면 (45)의 문장들에서 쓰인 '가수가, 가수'를 무엇이라고 하기 어려운 문제가 발생할 뿐만 아니라, 보어라는 문장 성분이 단 두 개의 특정 어휘가 요구하는 성분으로 한정되어 다른 문장 성분과 매우 이질적인 개념이 되는 문제도 발생한다. 그리하여 학문 문법에서는 (1라)와 같은 보어 개념을 받아들이는 연구자가 거의 없다.

4.2.5. 서술어

서술어는 일반적으로 주어의 행위/작용, 상태/성질 따위를 풀이하거나 주어의 정체를 밝히는 기능을 하는 문장 성분이다. 다시 말해 '무엇이 어찌하다', '무엇이 어떠하다', '무엇이 무엇이다'와 같은 문장에서 '어찌하다, 어떠하다, 무엇이다'에 해당하는 것이 서술어이다.

(47) 가. 해가 뜬다.
   나. 순희가 책을 읽는다.
   다. 꽃이 아름답다.
   라. 누나는 학생이다.

(47가, 나)는 '무엇이 어찌하다'의 예이고 (47다)는 '무엇이 어떠하다'의 예이며 (47라)는 '무엇이 무엇이다'의 예이다. 각각의 예에서 '뜬다, 읽는다, 아름답다, 학생이다'가 서술어에 해당한다. 서술어의 종류에 따라 (47가)는

자동사문, (47나)는 타동사문, (47다)는 형용사문, (47라)는 명사문이라고 부른다.

서술어는 일반적으로 하나의 용언 혹은 '체언+이다'로 이루어지나 둘 이상의 용언이 결합하여 이루어지는 경우도 있다. 이때 가장 앞에 있는 용언을 본용언, 뒤따르는 용언을 보조 용언이라 한다. 가장 앞의 용언이 문장의 명제적 의미에 핵심적이고 뒤따르는 용언(들)이 상이나 양태 등의 특수한 의미를 덧붙이는 역할을 하기 때문이다.

참고 17 보조 용언 구문의 판별

무엇이 '본용언+보조 용언' 구문인지는 학계에서 분명한 합의가 이루어진 바가 없다. 우리 책에서는 기존 논의에서 보조 용언 구문으로 다루어 온 많은 문장들 중에서 내포절과 모절의 주어가 반드시 같아야만 하는 문장만을 보조 용언 구문으로 본다.

(1) 선생님은 영희가 집에 가게 하셨다.
(2) 가. 민수는 (*영희가) 밥을 먹어 버렸다.[22]
나. 지희가 (*영수가) 음악을 듣고 있다.
다. 나는 (*그녀가) 영화를 좋아하지 않는다.
라. 삼촌이 (*숙모가) 일을 저지르고야 말았다.

22 (*X)는 X를 쓰는 것이 비문법적이므로 반드시 생략하여야 한다는 뜻이고 *(X)는 X를 생략하는 것이 비문법적이라는 뜻이다.

(1)에서 '영희가'는 '가게'의 주어이고 '선생님은'은 '했다'의 주어이다. 이처럼 각각의 주어와 서술어가 어울린 구성은 내포절을 안은 문장으로 보는 것이다. 곧 (1)은 주어가 '선생님은'이고 서술어가 '했다'이고 '영희가 집에 가게'라는 부사절을 안은 문장이다. 이 문장에서는 두 개의 서술어, 곧 내포절의 서술어와 모절의 서술어가 따로 쓰였다. 그러나 (2)는 (1)과 같이 쓰일 수 없다. 그러므로 (2)의 모든 밑줄 부분은 각각 '본용언+보조 용언' 구성으로 해석하여 하나의 서술어로 본다.

(48) 가. 민수가 밥을 먹어 보았다.
나. 순희가 영화를 보고 있다.
다. 아이가 통 밥을 먹지 않는다.
라. 그가 떠나고야 말았습니다.
(49) 여기에서 기다리고 있어 봐.

(48)의 밑줄 부분은 모두 '본용언+보조 용언' 구성이다. 본용언과 보조 용언을 매개하는 어미는 '-아/어'가 가장 많이 쓰이고 '-게, -고, -지, -고(야),

-어야' 등도 쓰인다. (49)에서는 본용언 하나에 보조 용언이 두 개가 쓰였다. 보조 용언에는 '(-아/어) 가다, 놓다, 대다, 두다, 버리다, 보다, 오다, 있다, 주다', '(-게) 되다, 생기다', '(-고) 말다, 싶다, 있다', '(-지) 않다', '(-고야) 말다', '(-어야) 하다' 등이 있다.[23]

23 전통적으로는 '-(으)ㄹ 듯하다/만하다/법하다/듯싶다/성싶다', '-(으)ㄴ/는 척하다/체하다' 등과 같이 관형사형 어미가 매개된 구문이나 '-는가 보다/싶다', '-(으)ㄹ까 보다/싶다/하다' 등과 같이 종결 어미가 매개된 구문도 보조 용언 구문으로 다루어 왔고, 현행 한글 맞춤법이나 『표준국어대사전』에서도 그렇게 처리하고 있다. 우리 책에서도 이들을 보조 용언 구문으로 인정하기는 하지만, 이들은 통사적, 의미적으로 '연결 어미+보조 용언'과는 이질적 특성을 지니고 있어 최근의 학문 문법에서는 보조 용언 구문으로 논의되는 경우가 적다.

참고 18 **학문 문법에서의 보조 용언 구문 처리**

학문 문법에서는 일반적으로 보조 용언 구문을, 필수 부사절을 내포절로 요구하는 문장으로 이해한다.

(1) 가. 민수가 (*민수가) 밥을 먹어 버렸다.
 나. 현수가 (*현수가) 가게 되었다/생겼다.
 다. 지희가 (*지희가) 음악을 듣고 있다.
 라. 나는 (*내가) 영화를 좋아하지 않는다.
 마. 삼촌이 (*삼촌이) 일을 저지르고야 말았다.
(2) 선생님께서 내가 집에 가게 하셨다.

(1가~마)의 밑줄 부분을 부사형 어미 '-어, -게, -고, -지, -고야'가 이끄는 필수 부사절로 보는 것이고 이때 맨 마지막 서술어는 보조 용언이 아니라 통사적으로 본용언이 된다. 이는 서술어가 두 개 있으면 그 각각에 대해 주어가 있어야 한다는 생성 문법적 사고에 근거를 두고 있다. 부사절의 주어가 문장 전체의 주어와 같으면 반드시 생략한다.

보조 용언 구문의 통사 구조를 학교 문법의 관점과 학문 문법의 관점에서 서로 다르게 파악하면 그에 따라 어미 '-아/어, -게, -지, -고, -고(야), -어야'를 처리하는 방식도 두 가지로 나뉘게 된다. 학문 문법적으로는 문제의 항목들이 모두 부사절을 이끄는 어미이므로 전성 어미(부사형 어미)로 보아야 하지만, 학교 문법적으로 보면 본용언과 보조 용언을 매개하여 하나의 서술어로 기능하게 하는 역할을 하므로 보조적 연결 어미라는 용어를 쓸 수 있다. 우리 책에서는 설명의 편의를 위해 '본용언+어미+보조 용언' 전체를 하나의 서술어로 인정함에 따라, 가운데 끼인 어미인 '-아/어, -게, -지, -고, -고(야), -어야' 등을 보조적 연결 어미로 처리한다.

그러나 (2)의 '-게 하다' 사동문에서는 모절의 주어와 내포절의 주어가 다르므로 '-게'를 보조적 연결 어미로 볼 수 없다. 기존 연구에서 '-게 하다' 사동문을 보조 용언 구문으로 처리한 것은 전통 문법의 설명을 답습한 결과이다. (2)와는 달리 (1나)의 '-게 되다/생기다' 구문에서 '-게'는 보조적 연결 어미로 인정할 수 있다.

'체언+이다' 형태의 서술어에는 간혹 체언 이외의 것이 오기도 한다.

(50) 가. 그는 자기가 맡은 일에 대해 늘 열심이다.
 나. 아버지가 들어오신 것은 자정이 넘어서였다.

(50가)에서 '이다' 앞에는 비자립적 어근 '열심'이 쓰였고 (50나)에서는 부사형 어미 '-어서'가 이끄는 절인 '자정이 넘어서'가 쓰였다. 이러한 예외적 문장들이 있음에도 불구하고 '이다' 앞에 대부분 체언이 온다는 사실에는 변함이 없다.

참고 19 '이다'의 문법적 정체

'이다'를 중립적으로 가리키는 용어는 '계사(copula)'이다. '계사'란 동일한 지시 대상의 주어와 보어를 이어 주는 요소를 말한다. 그런데 '계사'는 논리학의 용어일 뿐 문법론의 범주 명칭이 아니기 때문에 한국어의 '이다'가 문법적으로 무엇인지에 대해 많은 연구자들이 다양한 견해를 제시해 왔다.

(1) 가. 서술격 조사로 보는 견해
　나. 의존 형용사로 보는 견해
　다. 기능 형용사로 보는 견해
　라. 지정사로 보는 견해
　마. 접미사로 보는 견해
　바. 주격 조사로 보는 견해

위의 견해들은 모두 각각의 장단점이 있으나, 한국어 문법 체계 전반을 고려하여 말하자면 (1나)가 가장 약점이 적은 견해인 것으로 생각된다. 어미 활용의 모습이 형용사와 거의 동일하고 명사구가 필수적으로 바로 앞에 나와야 하는 특성을 중시한 견해이다. 한편 의미적으로는 주어가 무엇인지를 지정해 준다는 점에서 (1라)도 합리적이다. 그러므로 '이다'는 형태·통사적으로는 의존 형용사, 의미적으로는 지정 형용사라고 말하는 것이 적절할 것이다.

그러나 '이다'에 '지정'의 의미가 있다고 하더라도 (1라)처럼 '이다'만을 위하여 별도의 품사인 지정사를 설정하는 것은 비경제적 문법 기술을 초래하게 된다. 학교 문법의 관점에서 말하자면, (1가)가 '쉽게 이해할 수 있는 설명'이라는 강력한 장점을 갖고 있다. 우리 책에서는 '이다'를 서술격 조사로 기술하지만 그것은 설명의 편의를 위한다는 소극적 이유에서임을 밝힌다.

사용문에서는 명사를 바로 서술어로 쓰는 일이 있다. 주로 신문 기사의 제목이나 시적 표현, 구호, 일상적 구어에서 그런 경우가 많다.

(51) 가. 우리는 조국의 방패.
　나. 저건 우리 둘째.
　다. 한국 등반대, 드디어 정상을 정복.

라. 몸도 튼튼 마음도 튼튼.

(51)의 예들은 모두 완전문이 아닌 소형문이다. '이다'나 '-하다'와 같은 말이 생략되어도 모두 용언(동사, 형용사)이나 '체언+이다' 형태의 서술어와 동일한 의미적 기능을 할 수 있다.

종결 어미로 끝나는 문장 전체의 서술어와는 달리 접속절이나 내포절 속의 서술어는 각각 연결 어미[24]와 전성 어미가 결합하여 나타난다.

(52) 산은 높고 물은 깊다.

(53) 가. 저는 당신이 행복하기를 바랍니다.

나. 내가 산 자전거는 희귀한 것이다.

다. 어머니는 아들에게 혀가 닳도록 타일렀다.

(52)에서 접속절 '산은 높고'의 서술어는 '높고'이다. 연결 어미 '-고'에 의해 접속되었다. (53)의 밑줄 친 부분은 각각 명사절, 관형사절, 부사절로서 모두 내포절이다. 각각 명사형 어미 '-기', 관형사형 어미 '-ㄴ', 부사형 어미 '-도록'에 의해 이루어진 것이다. (53가)의 명사절의 서술어는 '행복하기', (53나)의 관형사절의 서술어는 '산', (53다)의 부사절의 서술어는 '닳도록'이다.

마지막으로 서술어만으로 이루어진 문장, 보통 '무주어문'으로 불리는 문장들에 대해 살펴보기로 한다.

(54) A: 어제 모임에 철수가 왔니?

B: 응, 왔어.

일반적으로 주어가 없는 문장은 (54)와 같이 문맥상 바로 그 주어를 확인할 수 있는 경우에 사용한다. 그러나 이는 본래적인 무주어문이라고 볼 수 없고 주어가 생략된 것이다.

(55) 가. 도둑이야.

24 연구자에 따라서는 '접속 어미' 라고 하기도 한다. 한국어 문법론에서 일반적으로 '문장의 접속과 내포'와 같은 용어를 사용하므로 '내포 어미'와 평행하게 '접속 어미'라는 용어가 더 적절할 수 있다. 어미의 한 종류인 '접속 어미'는 조사의 한 종류인 '접속 조사'와 용어의 일관성도 갖추고 있다. 그러나 '종결 어미'와 대조되는 어미로서는 '연결 어미'가 더 적절하기도 하고, 이미 학교 문법에서 '연결 어미'라는 용어를 보편적으로 사용하므로 우리 책에서는 '연결 어미'를 사용한다.

나. 불이야.

다. 비다.

라. 윷이다.

(55)는 본래부터 주어를 생각하기 어려운 무주어문이다. 새롭게 어떤 사물을 발화 장면 속으로 도입하는 기능을 가진 문장, 즉 이른바 도입문(presentational sentence)이다.

(56) 가. 셋에서 둘을 빼면 하나다.

나. 비가 오면 큰일이다.

다. 급한 불은 껐지만, 아직도 산 너머 산이다.

라. A: 아저씨 잃어버린 개 찾으셨어요?

B: 아직 오리무중(五里霧中)이야.

(56가~라)에서 '하나다', '큰일이다', '산 너머 산이다', '오리무중이야'의 주어를 상정하는 것 역시 매우 어렵다. 가령 (56가)의 주어는 '나오는 숫자가/수가/수효가/것이' 정도의 주어를 생각해 볼 수 있는데, 그것은 해석상 그러할 뿐 실제 그러한 말을 쓰는 일은 없다는 점에서 본질적으로 존재해야 하는 주어라고 하기 어렵다.

(57) 가. 우리나라는 5년 내에 선진국에 진입할 것이다.

나. 비가 올 것 같다.

나′. [e [[비가 올] 것] 같다].[25]

나″. [비가 [[오-][-ㄹ 것 같다]]].

다. 경제가 예상보다 일찍 회복할 듯하다.

라. 영미가 곧 돌아올 성싶다.

25 'e'는 '비어 있다(empty)'는 뜻으로서 이론적으로 나타나야 하는 성분이 나타나지 않았을 때 흔히 쓰는 통사론의 기호이다.

한편 (57가~라) 역시 학문 문법적으로는 무주어문으로 생성된 것이다. 통사 구조적으로 '것이다, 같다, 듯하다, 성싶다'의 주어가 없기 때문이다. 가령 (57나)는 엄밀히 보면 (57나′)의 구조로 이해된다. 관형사절 '비가 올'이

'것'을 꾸며 주고 서술어 '같다'가 '비가 올 것'을 보어로 취하는데 주어가 없는 것이다.

그러나 학교 문법적 관점에서는 이를 무주어 문장으로 이해하기보다는 (57나″)과 같이 '비가'가 주어인 재구조화 문장으로 이해하는 것이 훨씬 실용적이다. 그럴 경우 (57가~라)에서 각각 '우리나라는, 비가, 경제가, 영미가'를 주어로 분석하고, '진입할 것이다, 올 것 같다, 회복할 듯하다, 돌아올 성싶다'를 서술어로 분석하는 것이 교육적으로는 더 간명할 수 있다.

참고 20 재구조화(restructuring)

재구조화란 다른 구조 속에 놓인 둘 이상의 이질적 성분이 합쳐져 하나의 단일 성분처럼 기능하는 것을 설명하기 위한 개념이다. 서술어와 관련한 재구조화의 또 다른 예를 (1)에서 확인할 수 있다.

(1) 가. 철수가 영어를 [공부를 한다].
　　나. 도시가 [폭파가 되었다].

일반적으로 서술어가 주어나 목적어, 여격어 등의 문장 성분을 요구하는 것으로 볼 때 (1)의 예문들은 이해하기 어렵다. (1가)에서 '영어를'은 '하다'의 목적어로 이해하기 어렵고 '공부를 하다' 전체의 목적어로 이해해야 자연스럽다. 즉, '공부를 하다' 전체가 하나의 서술어처럼 기능한다는 것이다.

(2) 가. 철수는 영희에게 [신경질을 부렸다].
　　나. 정부가 이라크와 [협상을 벌인다].
　　다. 영희는 철수와 [친구이다].

같은 논리로 (2가)의 '영희에게'는 '신경질을 부리다' 전체가 요구하는 부사어로 이해해야 한다. 또 '와/과'가 붙은 (2나, 다)의 '이라크와', '철수와'는 각각 '협상을 벌이다', '친구이다' 전체가 요구하는 성분으로 보아야 한다. 다시 말해 위 예문들은 [ ] 안의 의미 해석을 먼저 해 준 다음 그 의미상 필요한 성분을 [ ] 밖에서 찾아 주는 식으로 분석하는 것이 효율적이므로, [ ]를 복합 성분이 단일 성분으로 재구조화된 부분이라고 할 수 있는 것이다.

(3) 철수는 학생이다.

앞서 살펴보았듯이 '이다'를 형용사라고 한다면, (3) 역시 재구조화 구문으로 볼 수 있다. 형용사 서술어 '이다'가 보충어로서 주어와 보어를 필요로 하는데 그것이 각각 '철수는'과 '학생'으로 나타나 있다. 그런데 '학생'은 언제나 조사 없이 나타나므로 뒤의 '이다'와 결합하여 하나의 서술어로 재구조화되었다. 즉, '주어(철수는)+보어(학생)+서술어(이다)'의 구조가 '주어(철수는)+서술어(학생이다)'로 재구조화된 것이다.

4.2.6. 관형어

관형어는 체언을 수식하는 성분이다. 관형어가 체언을 수식하는 경우는 다음 네 가지로 나눌 수 있다.

(58) 가. 새 학기가 되었으니 심기일전하자.
　　나. 동생 물건을 빼앗으면 안 돼요.
　　다. 할아버지의 말씀이 기억에 생생하다.
　　라. 넓은 바다를 보니 기분이 상쾌하다.

(58가)는 관형사 '새'가 명사 '학기'를 꾸며 주고 있다. 관형사는 언제나 관형어로 쓰인다. (58나)에서는 명사(체언) '동생'이 명사(체언) '물건'을 꾸며 주고 있다. (58다)에서는 체언에 관형격 조사 '의'가 결합한 '할아버지의'가 '말씀'을 꾸며 주고 있다. (58라)에서는 용언 '넓다'에 관형사형 어미 '-은'이 결합하여 만들어진 '넓은'이 '바다'를 꾸며 주고 있다. 관형어의 형식은 극히 일부의 예를 제외하면 이 네 가지 중 하나가 된다.

참고 21 '의' 앞의 형식

관형격 조사 '의' 앞에는 체언(명사구)이 오는 것이 원칙이나 표현하려는 의미에 따라 '체언+부사격 조사'가 오는 경우도 있다.

(1) 가. 자식으로서의 도리/*자식으로서 도리
　　나. 본국으로의 귀환/*본국으로 귀환
　　다. 승리에의 집념/*승리에 집념
　　라. 자유로부터의 도피/*자유로부터 도피

(1)에서와 같이 명사구 내부에서 어떤 조사 연결형이 후행 명사를 꾸밀 때에 반드시 '의'를 쓰는 것은 전치사구가 바로 명사를 꾸밀 수 있는 영어와 같은 언어에서는 보기 어려운 현상이다.

그런데 관형어는 (59)의 밑줄 부분과 같이 주어, 서술어를 갖춘 형식으로 나타나는 경우도 있다. 이를 관형사절이라 한다. 곧 '내가 살던' 전체가 관형사절로서의 관형어이고 '살던'은 관형사절 속의 서술어이다.

(59) 내가 살던 동네에는 작은 호수가 있었다.

참고 22 1어절 관형사절

학교 문법의 교과서들에서는 (58라)의 '넓은'과 같은 예를 관형사절로 제시하는 일이 드물다. 그러나 생성 문법의 영향을 받은 현대의 학문 문법에서는 (58라)의 '넓은'도 (59)의 '내가 살던'처럼 관형사절로 보는 것이 일반적이다. '넓은'의 주어 대상을 '바다'로 상정할 수 있는데, 그것이 꾸밈을 받는 체언인 '바다'와 동일하기 때문에 생략되었다고 해석하기 때문이다. 우리 책에서도 (58라)에서의 '넓은'을 관형사절로 다룬다. 학교 문법에서 그것을 관형사절의 예로 제시하지 않는 이유는 주어가 없이 서술어로만 이루어진 관형어를 관형사절로 교육하는 것이 용이하지 않기 때문이지 그것을 관형사절로 보지 않기 때문이 아니다. 관형사절에 대해서는 4.3.3.2.에서 더욱 자세히 살펴보기로 한다.

일반적으로 부사는 체언을 꾸며 주지 않는다. 그런데 드물게는 부사가 체언을 꾸며 주는 경우가 있는데 이때의 부사는 부사어가 아니라 관형어이다.

(60) 가. 민수는 아주 미남은 아니지만 인상이 좋다.

나. 바로 옆집에 소방관이 산다.

다. 겨우 30만 원을 가지고 평생 살아야 합니다.

'아주', '바로', '겨우'는 부사로서 일반적으로는 부사어로 쓰인다. 그러나 (60가)에서의 '아주'는 '미남'을, (60나)에서의 '바로'는 '옆집'을, (60다)에서의 '겨우'는 '30만 원'을 꾸며 주고 있다. 모두 체언을 꾸며 주므로 관형어로 볼 수 있다.

'체언+(의)' 관형어는 뒤의 체언에 대하여 상황 맥락에 따라 매우 다양한 의미로 해석할 수 있다. 다음은 그 예이다.

(61) 가. 언니(의) 모자: 소유

나. 나의 연구: 주체

다. 향가(의) 연구: 대상

라. 한국의 사찰: 소속

마. 평화의 종소리: 속성

곧 '체언+(의)'는 뒤의 체언에 대한 수식 기능을 한다는 본질적 특성에 따라 '관형어'라는 문장 성분 이름을 붙이는 것이지만 그 심층적 의미는 매우 다양하다는 것이다. 또한 어떤 '체언+(의)+체언' 구성이 여러 가지 뜻으로 해석되는 경우도 있다. (62가)는 (62나, 다, 라)와 같이 여러 의미를 지닌 중의적 표현이 된다.

(62) 가. 언니(의) 사진

나. 언니가 소유한 사진

다. 언니가 찍은 사진

라. 언니를 찍은 사진

관형격 조사 '의'도 주격 조사, 목적격 조사와 마찬가지로 자주 생략된다. 그러나 생략이 불가능한 경우도 있는데 그 조건 역시 주격 조사, 목적격 조사와 마찬가지로 분명히 밝혀지지는 않았다.

(63) 가. {평화의, *평화} 종소리

나. 우리는 {그녀의, *그녀} 어리석음에 놀랐다.

(63가)와 같이 비유적 의미를 드러내는 구성에서, (63나)와 같이 명사형(혹은 '-(으)ㅁ', '-기' 파생 명사)을 꾸며 주는 구성에서 '의'가 생략되기 어려움은 비교적 간단하게 말할 수 있으나 다른 조건은 복잡한 양상을 보여 쉽게 설명하기 어렵다.

관형어가 여러 개 나올 수도 있다. 그런 경우는 3.3.4.에서 언급한 관형사의 결합 순서와 마찬가지로 (64가)에서처럼 '지시 관형어+수량 관형어+성상 관형어'의 순서를 취하는 것이 일반적이다.

(64) 가. 그 두 잘생긴 청년

나. {아주 옷을 잘 입는 잘생긴, *잘생긴 아주 옷을 잘 입는} 청년

그런데 성상 관형어 중 긴 관형어와 짧은 관형어가 겹쳐 있을 때에는 (64나)에서처럼 긴 관형어를 먼저 쓰고 짧은 관형어를 나중에 쓰는 것이 일반적이다.

4.2.7. 부사어

부사어도 관형어와 같은 수식 성분으로서 부속 성분에 해당한다. 관형어가 일관되게 체언만을 꾸미는 반면, 부사어의 수식 대상은 매우 다양하다.

(65) 가. 날씨가 너무 덥다.

나. 치타가 빨리 달린다.

다. 그는 아주 새 사람이 되었다.

라. 준현이가 정말 많이 먹는다.

(65가)의 '너무'와 (65나)의 '빨리'는 각각 서술어 '덥다(형용사)', '달린다(동사)'를 꾸미고 (65다)의 '아주'는 관형어 '새(관형사)'를 꾸미고 (65라)의 '정말'은 부사어 '많이(부사)'를 꾸민다. 이렇게 다양한 대상을 꾸미지만 그 대상은 어떤 성분으로 국한되어 있다. 그래서 이와 같은 부사어를 '성분 부사어'라고 부른다.

그러나 어떤 부사어는 절 전체의 의미와 연결되어 절 전체를 꾸민다. 이러한 부사어를 '절 부사어'라고 할 수 있다.

(66) 가. 설마 그 사람이 우리를 배신하겠어?

나. 과연 설악산은 절경이구나.

다. 만약 이것이 진품이라면 국보로 지정해야 한다.

라. 비록 반대가 있더라도 할 말은 할 것입니다.

(66가, 나)에서 '설마'와 '과연'은 각각 뒤따르는 절 전체를 꾸며 주는 역할을 하고 있다. (66가, 나)는 하나의 절로 이루어진 단문이므로 결과적으로 문장 전체를 꾸며 주는 것이다. (66다, 라)의 '만약'과 '비록'은 각각 '이것이 진품이라면', '반대가 있더라도'라는 부사절을 꾸며 주고 있다. 그러므로 (66)의 밑줄 친 부사를 모두 '절 부사어'라고 할 수 있다.

참고 23 새로운 용어 '절 부사어'

기존 논저와 학교 문법에서는 '절 부사어'를 '문장 부사어'라고 하였는데 이는 이 개념이 (66가, 나)와 같은 예문을 근거로 명명되었기 때문이다. 더구나 절과 문장 개념을 구분하지 않는 생성 문법의 영향을 받아 (66다, 라)와 같은 예문에서도 문장 부사어라는 개념이 유지된 것으로 여겨진다. 그러나 이는 '절'과 '문장'을 엄밀히 구분하지 못한 문법 기술로서 일관성 있는 개념 설정이 아니므로 우리 책에서는 '절 부사어'라고 명명하였다.

그런데 (66가)의 '설마'와 (66나)의 '과연'이 절 부사어라고 해서 이들이 언제나 절 부사어인 것은 아니다. 예를 들어 "설마 비가 온다고 해서 그들이 안 가겠어?"라든지 "과연 그가 말하니까 모두가 감탄하며 듣는구나."와 같은 문장에서는 '설마'와 '과연'이 뒤따르는 문장 전체를 꾸며 주므로 문장 부사어라고 할 수 있다. '설마'와 '과연'이 겹문장인 "비가 온다고 해서 그들이 안 가겠어?"와 "그가 말하니까 모두가 감탄하며 듣는구나."를 각각 꾸며 주기 때문이다. 좀 더 자세히 기술하자면 (66가, 나)의 '설마, 과연'은 수식 범위가 홑문장 전체이므로 절 부사어가 문장 부사어로도 쓰인 것이고, (66다, 라)의 '만약, 비록'은 수식 범위가 겹문장의 선행절이므로 절 부사어일 뿐 문장 부사어로 볼 수는 없다는 것이다..

부사어 중에는 그 부사어가 쓰인 문장과 앞 문장을 의미적 관계에 따라 접속해 주는 부사어가 있다.[26]

26 연구자에 따라 '그리고, 그러나' 등의 문장 접속어를 부사어로 보지 않고 독립어로 보기도 하나, 현행 학교 문법에서는 부사어로 다루고 있다. 우리 책에서도 부사어로 기술하였다.

(67) 가. 봄에는 꽃이 핀다. <u>그리고</u> 여름에는 녹음이 우거진다.
나. 그가 일을 망쳐 놓았다. <u>그러나</u> 아직도 희망은 있다.
다. 너는 사과 <u>혹은</u> 배를 가져오는 것이 좋겠다.

(67가, 나)의 '그리고', '그러나'는 각각 뒤 문장에 속해 있으면서 앞 문장과 뒤 문장의 의미적 관계에 따라 쓰인 접속 부사어이다. (67다)의 '혹은'은 명사구 '사과'와 '배'를 접속해 주고 있다. 이처럼 명사구를 접속해 주는 단

어도 일반적으로 부사어로 처리하는데, 이러한 부사어로서 '및, 또는' 등이 더 있다.

부사어 역시 관형어처럼 다양한 형식으로 성립된다.

(68) 가. 이 공을 <u>멀리</u> 던져 보아라.
　　나. 우리는 <u>지하철역에서</u> 만나기로 했다.
　　다. 꽃이 아주 <u>예쁘게</u> 피었다.
(69) 가. <u>네가 거짓말을 했기 때문에</u> 일이 복잡해졌다.
　　나. <u>네가 나를 좋아하는 만큼</u> 나도 너를 좋아한다.
　　다. 나는 <u>옷을 덜 입은 채(로)</u> 나갔다.

(68가)에서 '멀리'라는 부사가 그대로 부사어로 쓰였다. 부사는 관형어로 쓰이는 극히 드문 예를 제외하면 모두 부사어로 쓰인다. (68나)는 '지하철역에서'가 체언에 부사격 조사 '에서'가 결합한 부사어이고 (68다)는 '예쁘게'가 용언에 부사형 어미 '-게'가 결합한 부사어이다.

(69가)는 '명사절 + 때문(의존 명사) + 에'가, (69나)는 '관형사절 + 의존 명사'가, (69다)는 '관형사절 + 의존 명사(+ 부사격 조사)'가 부사어로 쓰인 예이다. 의존 명사에는 (69가)에서처럼 부사격 조사가 결합하는 경우도 있고 (69나)에서처럼 결합하지 않는 경우도 있다. 때로는 (69다)에서처럼 결합이 수의적인 경우도 있다.

(69나, 다)처럼 명사가 부사격 조사의 도움 없이 그대로 부사어로 쓰일 수 있는 경우는 의존 명사가 아닌 자립 명사에서는 드물게 일어나지만 예가 전혀 없는 것은 아니다.

(70) 가. 순희는 서울(에) 산다.
　　나. 그녀는 탤런트 박민영(과) 비슷하다.
　　다. 그가 왔을 때(에) 이미 회의는 끝나 있었다.
　　라. 민수는 비행기가 떠난 후(에) 공항에 도착했다.
　　마. 우리가 떠난 결과(로) 일이 어그러지게 되었다.

(70가, 나)는 구어에서 부사격 조사가 생략될 수 있는 예이다. 부사격 조사를 쓰는 것도 가능하다. (70다, 라, 마)에서는 각각 '결과', '후', '때'가 부사성 명사로 쓰였다. '때, 후'는 이미 부사성 의존 명사의 성격을 다소 가지고 있지만 '결과'는 자립 명사임이 분명한데 이와 같이 쓰이는 것은 특이하다.[27]

27 (70다~마)의 예에서 부사격 조사를 생략하면 글에서는 "그가 왔을 때, 이미 회의는 끝나 있었다."와 같이 쉼표(,)를 쓰는 것이 일반적이다.

국어에는 체언(명사구)에 결합하여 부사어가 되게 하는 부사격 조사가 매우 발달해 있다.

(71) 가. 처소/장소: 산속에 숨다, 운동장에서 놀다
나. 도구, 재료/원료, 수단/방법: 칼로 썰다, 포도로 술을 만들다, 영어로 말하다
다. 출발점/근원: 러시아에서 오다, 서울로부터 온 편지
라. 목표/도달점: 영희에게 편지를 보내다, 집에 가다
마. 방향/지향점: 부산으로 출발하다, 학교로 향하다
바. 공동/동반: 강아지와 함께 놀다, 영희하고 잘 지내다
사. 비교: 딸기가 설탕보다 달다, 영희도 수미만큼 예쁘다
아. 자격/신분: 학생 대표로 참석하다, 학생으로서 본분을 다하다
자. 원인/이유: 감기로 앓아눕다, 술에 취하다
차. 변화된 결과/상태: 물이 얼음으로 되다

(71)의 밑줄 부분은 모두 부사어로서 다양한 부사격 조사가 결합되어 다양한 의미를 표현하고 있다. 이들 부사격 조사는 영어의 전치사(preposition)와 유사한 기능을 하는데, 어순에 따라 후치사(postposition)라고 부르기도 한다.

같은 수식 성분이라도 관형사가 독립적으로 쓰일 수 없는 것과는 달리 부사어는 독립적으로 쓰일 수 있다.

(72) 가. 수경: 어제 누구하고 영화 봤어?
민경: 신영호 씨하고.
나. 영훈: 어제 왜 야구 시합에 안 나왔니?

민수: 배가 갑자기 아파서.

다. 빨리!

(73) 가. 김 선생님은 민수를 무척 사랑하셨다.

가′. 김 선생님은 무척 민수를 사랑하셨다.

가″. 김 선생님은 민수를 사랑하셨다, 무척.

나. 이상하게도 철수가 시험에서 떨어졌다.

나′. 철수가 시험에서 이상하게도 떨어졌다.

나″. 철수가 시험에서 떨어졌다, 이상하게도.

(74) 피터 씨는 된장찌개를 안 먹는다.

(72)의 밑줄 친 예들은 질문에 대답하는 맥락에서 쓰였으므로 얼마든지 단독으로 나타날 수 있는 부사어이다. 부사어의 이러한 특징 때문에 부사어는 문장 내에서 위치 이동이 비교적 자유롭다. (73가~가″, 73나~나″)이 그러한 사실을 잘 보여 주는데, 특이하게 '안'은 (74)에서 보듯 용언 바로 앞에만 쓰이고 다른 자리에 쓰일 수 없다.[28]

28 '안'보다는 좀 덜하지만 '잘'도 주로 용언 바로 앞에 쓰이는 경향이 있다.

4.2.8. 독립어

독립어는 문장의 어느 성분과도 문법적 관련이 없는 문장 성분이다.

(75) 가. 예, 철수가 학생회장 후보입니다.

나. 할머니, 안방 불 꼭 끄고 나오세요.

다. 영숙아, 우리 오늘 소풍 가자.

라. 청춘, 이는 듣기만 해도 피가 끓는 말이다.

(75가)에서는 감탄사가 독립어로 쓰였다. 감탄사는 모두 독립어로 쓰인다. (75나, 다)에서는 호격어가 쓰였다. (75나)에서는 호격 조사가 결합되지 않은 호격어가 쓰였고 (75다)에서는 호격 조사가 결합된 호격어가 쓰였다. 모두 독립어이다. (75라)는 제시어가 독립어로 쓰였다. 아무런 표지 없는 명사구를 먼저 보이고 그와 관련 있는 서술이 뒤따를 때 선행 명사구를 '제시

어'라고 한다. 일반적으로 제시어는 청자/독자로 하여금 주의를 집중하도록 하기 위해 쓰인다.

제시어 뒤는 여러 형식으로 나타날 수 있다.

(76) 가. 청춘, 청춘이란 말은 듣기만 해도 피가 끓는다.
나. 청춘, 이는 듣기만 해도 피가 끓는 말이다.
다. 청춘, 듣기만 해도 피가 끓는다.

(76가)에서처럼 제시어 뒤에 제시어와 똑같은 말이 반복적으로 나타날 수도 있고 (76나)에서처럼 제시어를 받는 대명사가 나타날 수도 있으며 (76다)에서처럼 제시어와 같은 뜻의 말이 쓰이지 않을 수도 있다. 어느 경우에나 제시어는 의미상 주제(topic)와 유사한 기능을 한다.

독립어가 문장의 어느 성분과도 문법적 관련이 없다는 것은 문법 기능적인 관련이 없다는 뜻이지 의미·화용적인 관련까지 없다는 뜻이 아니다.

(77) 가. 선생님, 이쪽으로 오십시오.
나. 여보, 이쪽으로 와요.
다. 형, 이쪽으로 와.
라. 야, 이쪽으로 와라.

(77가~라)에서 부르는 대상과 화자 자신의 높낮이를 비교한 결과가 여러 등급의 상대 높임법의 종결 어미로 반영되었는데, 그것으로써 호격어가 상대 높임법의 종결 어미를 문법적으로 결정한다고 볼 수도 있다. 그러나 이때 독립어인 호격어를 생략해도 상대 높임법의 어미는 그대로 유지된다. 이는 상대 높임법의 어미가 호격어와 문법적으로 관련되는 것이 아니라 언어 밖 세계의 객관적 대상과 의미·화용적으로 관련됨을 보여 준다. 곧 호격어는 독립어의 일종이다.

독립어는 일반적으로 문장 맨 앞에 위치하지만 문장의 중간 혹은 끝에 오는 경우도 적지 않다.

(78) 가. 형, 이 일이 잘될지는 모르겠네요.
나. 그게, 음, 쉬울 것 같지는 않습니다.
다. 그렇게 하지요, 뭐.

(78가)와 같이 문장 맨 앞에 독립어가 쓰이는 일반적인 경우와는 달리 (78나)에서는 문장 중간에, (78다)에서는 문장 끝에 독립어가 쓰이고 있다.

4.2.9. 문장 성분과 격

격(case)은 문장에서 어떤 명사구가 하는 통사·의미적 기능이 특정 형태로 나타난 것이다. 일반적으로 문장 성분은 자신의 통사·의미적 기능을 하는 고유의 형태를 갖는데, 한국어에서는 그것이 격 조사로 표현된다.

(79) 가. 목동이 피리를 붑니다.
나. 철수가 책을 읽는다.
다. 이것은 언니의 가방입니다.
라. 지금 당장 놀이공원에 가요.
마. 영수야, 나하고 놀자.
(80) 가. 아들이 의사가 되었다.
나. 우리 회사에서 이번 행사를 주관하였다.

(79가, 나)에서 주격 조사 '이/가'가 결합한 '목동이', '철수가'는 주어이고 목적격 조사 '을/를'이 결합한 '피리를', '책을'은 목적어이다. (79다)에서는 관형격 조사 '의'와 결합한 '언니의'는 관형어이고 서술격 조사 '이다'와 결합한 '가방입니다'는 서술어이다. (79라)에서 부사격 조사 '에'가 결합한 '놀이공원에'는 부사어이고 (79마)에서 호격 조사 '야'와 결합한 '영수야'는 독립어이다.[29] 이처럼 각 문장 성분은 자신의 고유한 격 조사로 표현된다. 그런데 (80가)에서 '의사가'는 보어인데 주격 조사 '가'가 결합되었고 (80나)에서 '우리 회사에서'는 주어인데 부사격 조사 '에서'가 결합되었다.

29 독립어를 만드는 격 조사는 독립격 조사라고 하지 않는다. 독립어를 만드는 격 조사는 오직 어떤 대상을 부를 때에만 쓰기 때문에 더 구체적인 의미를 드러내는 '호격 조사'라는 용어를 사용한다.

참고 24 부사격 조사 '에서'

단체 명사 뒤에 결합하는 '에서'를 주격 조사로 보는 일도 있으나 우리 책에서는 부사격 조사로 다룬다. 그 이유는 다음과 같다.

(1) 가. 우리 회사에서 (누군가가) 이번 행사를 주관하였다.
  나. 이번에는 우리 회사{가, *에서} 위험하다.

(1가)에서 보듯이 서술어가 어떤 행위를 뜻하는 말이면 그 행위를 하는 것은 결국 사람이고 '우리 회사'는 그 사람이 소속되어 그 행위를 일으키는 공간으로 해석할 수 있다. 그러므로 '우리 회사에서'의 '에서'는 행위의 공간을 나타내는 부사격 조사로 이해할 수 있는 것이다. 이러한 점은 (1나)의 문법성을 설명해 준다. (1나)는 '우리 회사'가 공간적 배경을 의미하지 않고 그 자체로 서술어 '위험하다'라는 상태의 대상, 곧 주어로 해석된다. 그러므로 이 경우에는 부사격 조사 '에서'와 결합하지 못한다. 그러므로 '에서'는 아직 주격 조사라고 단언하기 어려운 것이다. 단체 명사에 결합하는 '에서'는 대체로 부사격 조사에서 주격 조사로 범주가 변화하는 과정에 있는 것으로 다루어진다.

4.2.10. 서술어의 논항 구조와 문형

4.2.10.1. 논항 구조

문장에서 필수적으로 쓰여야 하는 성분의 개수와 종류는 서술어의 의미에 따라서 정해진다. 이는 바꿔 말해 서술어가 문장의 필수 성분을 쓰게 하여 문장의 기본적 뼈대를 결정하는 요소라는 뜻이다. 서술어가 필요로 하는 문장 성분의 개수를 서술어의 '자릿수(valency)'라고 하는데 우선 이에 대해 살펴보기로 한다. 서술어[30]가 그 의미를 온전히 드러내기 위해 반드시 필요한 요소를 '논항(argument)'이라 하고 논항을 형식적, 구조적으로 나타낸 것을 '논항 구조(argument structure)'라고 한다.

(81) 톰이 제리를 좋아한다.

(81)에서 서술어 동사[31] '좋아하다'가 그 의미를 나타내기 위해서는 최소한 좋아하는 행위를 하는 주체, 좋아하는 행위의 대상이 갖추어져야 어떤 사건의 장면이 성립된다. 곧 행위의 주체와 대상은 '좋아하다'가 의미적으로

30 〈참고 25〉의 개념 설명에서는 '서술어' 대신에 '핵어(head)'라고 하였다. 그 이유는 명사구의 핵어인 명사까지 고려하였기 때문이다. 가령, 명사구 '영희의 음악 사랑'에서 '영희의'와 '음악'은 모두 '사랑'이라는 핵 명사가 의미적으로 필요로 해서 쓰인 말이다. 이는 "영희가 음악을 사랑한다."에서 '영희가'와 '음악을'이 모두 '사랑하다'라는 핵 동사가 요구해서 나온 것과 마찬가지이다. 그러나 여기에서는 일반적으로 문장 구성에서 보충어를 요구하는 성분을 기술하고 있으므로 '서술어'라고 하였다.

31 '서술어 동사'라는 복잡한 말을 쓰는 이유는 우리 책에서 서술어는 특정 문장 성분을 가리키는 말이지 용언 자체를 가리키는 말이 아니기 때문이다. 학문 문법에서는 '술어(predicator)'와 '서술어(predicate)' 개념을 따로 구분하기도 하지만 우리 책에서는 학문 문법의 정밀한 기술까지는 추구하지 않으므로 그와 같이 쓴 것이다. 앞으로는 이와 같은 경우 그냥 문맥에 맞추어 '서술어' 혹은 '용언', '동사/형용사'라고만 표현하기로 한다.

꼭 필요한 요소라고 할 수 있고 이를 논항이라고 부르는 것이다. 엄밀히 말해서 자릿수란 논항의 개수를 말하는 것이지만, 논항은 실제 문장에서 구체적인 문장 성분으로 실현되므로 서술어를 제외한 필수적 문장 성분의 개수라고 말해도 크게 틀리지 않는다.

논항은 용언의 의미를 성립시키기 위한 필수 요소이다. 그러므로 상황 맥락이 주어지지 않을 경우에는 문장에서 통사적으로도 반드시 나타나야 한다. 논항이 통사적으로 나타났을 경우 '보충어(complement)'라고 부른다. 한국어에서 보충어는 일반적으로 격 조사와 결합되어 실현된다. 그러나 어떤 논항은 중요성이 낮아서 보충어로 나타나지 않을 경우도 있다. 이때 통사적으로 나타난 논항을 '온논항(온전히 나타난 논항)'이라 하고 논항이기는 하지만 통사적으로 나타나지 않은 논항을 '반논항'이라고 한다.[32]

32 반논항은 연구자에 따라 '잠재 논항'이라고 하기도 한다.

(82) 가. 나는 (집에서) 학교로 갔다.
　　나. 그는 이 물건을 나에게 (3만 원에) 팔았다.

(82가)에서 '가다'라는 동사의 의미는 행위의 주체가 어떤 지점에서 어떤 지점까지 공간 이동을 하였을 때 성립한다. 그러므로 떠나는 지점도 논항에 해당하는 것이다. (82나)에서 역시 '팔다'라는 행위에는 반드시 대가(對價)가 있어야 한다. 그 개념이 없으면 '주다'의 의미와 같아지기 때문이다. 그러나 (82가)의 '집에서'와 (82나)의 '3만 원에'는 통사적으로 실현되지 않는 경우가 많다. 이들 논항이 중요하게 부각되는 상황이 실제 세계에서 드물게 발생하기 때문이다. 그러므로 이들은 반논항으로만 머무르는 경우가 많다.[33]

33 반논항은 나타나지 않으면 서술어의 자릿수에 포함되지 않는 것이고 나타나면 포함되는 것이다. 서술어의 자릿수는 학교 문법 혹은 국어사전에서 규정하듯이 고정된 것이 아니고 유동적으로 파악해야 한다고 하는 것이 최근 통사론의 일반적 인식이다.

참고 25 논항과 보충어

논항이 보충어로 나타나기는 하지만 모든 보충어의 개념이 논항과 연관되는 것은 아니다. 우리 책에서는 논항과 보충어의 개념을 다음과 같이 정의하도록 한다.

(1) 가. 논항은 사태를 나타내는 핵어의 의미적 구현에 꼭 필요한 요소이다.
　　나. 보충어는 핵어의 통사적 구현에 꼭 필요한 요소이다.

(2) 핵어란 어떤 구성의 핵심적 요소이다. 예컨대 명사구(NP)의 핵어는 명사(N)이고 동사구(VP)의 핵어는 동사(V)이다.

보충어가 (1나)와 같이 정의되므로, 가령 조사가 그 앞에 반드시 명사구가 결합되기를 통사적으로 요구하는 현상에서 조사 앞의 명사구는 조사의 보충어라고 할 수 있다. 그러나 그때의 명사구가 조사의 논항은 아니다. 논항은 사태(사건+상태) 성립에 필요한 의미적 요소이기 때문이다. 또한 의존 명사 앞의 관형어도 명사구의 핵어가 의존 명사일 경우, 그것이 통사적으로 구현되는 데에 꼭 필요한 통사적 요소이므로 보충어라고 할 수 있다.

명사구가 서술어의 의미와 관련하여 지니는 의미 기능을 '의미역(theta role)'이라 한다.[34] 의미역을 개략적으로 명세하면 (83가~타)와 같다. (83가~타)에서 밑줄 친 부분이 해당 의미역을 가진 명사구이다.

34 생성 문법에서는 논항만이 의미역을 지니는 것으로 기술하지만, 이 책에서는 모든 명사구가 의미역을 가질 수 있는 것으로 설명하였다.

(83) 가. 행위주역(Agent): 동사가 행위를 표현할 경우, 그 행위를 하는 논항이 갖는 의미역. [예] <u>아버지</u>가 신문을 읽으신다.

나. 경험주역(Experiencer): 인지(cognition), 지각(perception), 감정(emotion)을 나타내는 용언의 경우, 그 현상의 수동적 경험 주체인 논항이 갖는 의미역. [예] <u>나</u>는 이곳이 춥다.

다. 동반주역(Companion): 독립적으로 역할을 하지 못하고 다른 의미역, 즉 대개 행위주나 대상을 보조하여 그것과 같은 역할을 하는 주체를 나타내는 논항이 갖는 의미역. [예] 나는 <u>애인</u>과 시내에서 만났다.

라. 대상역(Theme): 행위나 과정의 영향을 받지만 그 과정을 지배하지는 못하는 논항. 즉 위치, 조건, 상태가 바뀌거나 주어진 상태나 위치에 있는 참여자들을 나타내는 논항이 갖는 의미역. [예] 동생이 <u>음악</u>을 듣는다.

마. 장소역(Location): 행위주나 대상이 위치하는 물리적 혹은 추상적 시공간을 나타내는 논항이 갖는 의미역. [예] 김 씨는 <u>이 공장</u>에서 일한다.

바. 도착점역(Goal): 동사가 표현하는 사건이 물리적 이동을 포함

하고 있을 경우 그 끝점, 추상적인 행위나 태도의 의미를 포함하고 있을 경우 그 지향점을 표현하는 논항이 갖는 의미역. [예] 우리는 오늘 아침에 부산에 도착했다.

사. 결과상태역(Resultant State): 동사가 인물의 자격 또는 물질의 성질이나 용도의 변화를 기본 의미로 가질 때, 그러한 변화의 결과를 나타내는 논항이 갖는 의미역. [예] 물이 얼음으로 변했다.

아. 출발점역(Source): 동사가 이동이나 변화의 의미를 포함하고 있을 경우, 물리적, 추상적 시작 지점을 표현하는 논항이 갖는 의미역. [예] 그 사람은 러시아에서 왔습니다.

자. 도구역(Instrument): 행위, 이동의 의미를 표현하는 동사의 경우, 그 방편이나 경로, 재료를 나타내는 논항이 갖는 의미역. [예] 그녀는 늘 손으로 입을 가리고 웃습니다.

차. 영향주역(Effector): 동사가 나타내는 사건을 비의도적으로 (주로 '이동'이나 '위치'에 의해) 유발하는 논항이 갖는 의미역. [예] 전봇대가 태풍에 쓰러졌다.

카. 기준치역(Criterion): 평가의 의미를 가진 용언의 경우, 평가되는 대상에 상대하여 평가의 기준이 되는 논항이 갖는 의미역. [예] 씀바귀는 민들레와 비슷합니다.

타. 내용역(Contents): 발화 동사, 사유 동사 등의 내용을 나타내는 절 논항이 갖는 의미역. [예] 동생이 오늘 시험을 본다고 말했다.

(83)과 같이 의미역을 명세하여 기술하는 이유는 용언 의미의 일반성과 특수성을 기술하는 데 그 개념이 유용하기 때문이다. 예컨대 타동사는 거의 행위주역 논항과 대상역 논항을 갖는 동사로 일반화할 수 있다.

참고 26 **의미역의 부여 대상**

생성 문법에서는 의미역을 논항에만 부여한다. 그러나 한국어에서는 같은 조사가 논항에 결합될 때도 있고 부가어에 결합될 때도 있어 의미역을 논항 이외의 명사구에도 상정하는 것이 문법 기술에 이점을 지닌다. 예컨대 "철수는 영희와 동행하였다."의 '영희'는 동반주역 논항으로, "철수는 영희와 여행하였다."에서의 '영희'는 동반주역 부가어로 볼 수 있다.

4.2.10.2. 문형

서술어가 자신의 고유한 논항의 개수와 종류에 근거하여 만들어 내는 문장의 기본적 뼈대를 '문형(文型, sentence pattern)'이라 한다. 문형은 매우 단순하게 나눌 수도 있고 매우 세밀하게 나눌 수도 있다. 문형을 가장 세밀하게 나누면 조사와 어미의 종류까지 모두 구분하여 설정할 수도 있다. 이에 따르면 예컨대 (84)의 문장들도 서로 다른 문형이 된다. 이보다 더 미세한 차이까지 구분하는 방식으로라면 문형을 수백 가지로도 분류할 수 있다.

(84) 가. 우리는 그를 천재로 여긴다.
　　나. 우리는 그를 천재라고 여긴다.

문형 분류는 이론적 근거에 의한 것이 아니라 실용적·교육적 필요에 의해 이루어지는 것이 보통이다. 어느 수위의 분류 방식을 취할지는 연구의 목적과 편의에 따른 것이지 언어학적 필연성에 의거한 것이 아니다. 그런 점에서 볼 때, 문형은 (85)~(91)과 같이 필수적 문장 성분의 종류를 기준으로 삼아 7가지로 분류하는 것이 가장 실용적이다. 문장 성분과 연관을 맺는다는 사실이 통사적 형식의 대표성을 드러내기에 좋을 것이기 때문이다.[35]

35 영어의 5형식 문형도 문장 성분과의 연관성을 근거로 하여 분류된 것이다.

(85) 가. 주어 + 서술어
　　나. 아기가 잔다.
　　다. 방이 크다.
　　라. 나는 학생입니다.

(86) 가. 주어+목적어+서술어

나. 학생들이 책을 읽는다.

(87) 가. 주어+보어+서술어

나. 오늘은 일요일이 아닙니다.

(85)는 한 자리 서술어인 동사, 형용사가 만드는 문형이거나 '체언+이다'가 만드는 문형이다. (86)은 목적어를 필수 성분으로 갖는 두 자리 서술어가 만드는 문형이다. (87)은 학교 문법에서 '되다, 아니다' 앞의 보어를 필수 성분으로 갖는 두 자리 서술어가 만드는 문형이지만, 4.2.4.에서 언급했듯이 서술어를 '틀림없다, 맞다, 같다' 등으로 확장할 수 있다.

(88) 가. 주어+필수 부사어+서술어

나. 우리는 너희와 다르다.

(89) 가. 주어+목적어+필수 부사어+서술어

나. 김 사장은 민희 씨를 며느리로 삼았다.

(90) 가. 주어+필수 부사어+필수 부사어+서술어

나. 그는 우리에게 집에 가라고 부탁했다.

(91) 가. 서술어

나. 불이야!

(88~91)은 매우 어려운 이론적 문제를 내포하고 있다. 주어, 목적어, 보어의 필수성은 거의 절대적이지만 부사어의 필수성은 상대적인 것이기 때문이다. 즉, 어떤 부사어는 필수성이 다소 약한 경우가 있다는 것이다.

(92) 가. 나는 학교에서 집으로 갔다.

나. 철수가 학교에 간다.

다. 민수가 우리 집에 왔다.

라. 우리는 그를 천재라고 생각한다.

마. 그는 나에게 담배를 끊으라고 권했다.

학교 문법에서는 (92)와 같은 예문을 다루지 않는다. '가다, 오다'는 개념적으로는 '출발점역(Source)' 논항과 '도착점역(Goal)' 논항이 필요하지만, 통사적으로 전자는 거의 수의적이고 후자도 주어, 목적어, 보어만큼 필수적인 것은 아니다. 마찬가지로 발화 동사나 사유 동사는 인용의 부사형 어미가 이끄는 보절이 통사적으로 필수적이지 않은 경우가 많다. 이는 맥락상의 생략이 아니다. 예컨대 (92가)의 '학교에서'와 같이 서술어의 개념 구조(conceptual structure)에서 중요성이 현저히 떨어지는 것, 다시 말해 의미적으로 화자가 관심을 기울이지 않는 정보는 논항이라고 하더라도 반논항이라는 것이다. 그에 반해 (93)에서의 밑줄 친 부사어는 언제나 온논항에 해당하는 필수 부사어이다.

(93) 가. 민들레는 <u>씀바귀와</u> 비슷하다.
　　나. 아내가 <u>[e 귀엽게]</u> 군다.
　　다. 철수는 <u>[e 밥을 먹어]</u> 버렸다.[36]

36 이 문장은 재구조화되어 '철수는 밥을 [먹어 버렸다]'로 재구조화된 보조 용언 구문이 된다. 그러나 논항 구조에 따라 처음 생성될 때에는 (93다)와 같은 통사 구조를 지닌다.

반논항은 문장에서 실현될 수도 있고 실현되지 않을 수도 있으나 실현될 경우에는 온논항과 차이가 없다. 그러므로 문제의 부사어가 반논항이라 하더라도 그것이 나타나면 온논항이므로 이는 문형에 반영되어야 할 것이다.

문형은 때로 '기본 문형(basic sentence pattern)'이라는 용어로도 표현된다. '기본 문형'은 앞서 언급한 문형 분류의 자의성 때문에 압축적으로 분류한 문형이라는 의미를 강조하기 위한 용어이다. 그러나 '문형'과 '기본 문형' 개념이 이론적으로 구별되는 것은 아니다.

참고 27 학교 문법에서의 문형 기술

제7차 교육 과정의 학교 문법 교과서에서는 문형을 (1)과 같이 가장 압축적으로 제시한 바 있다.

(1) 가. 무엇이 무엇이다.
　　나. 무엇이 어떠하다.
　　다. 무엇이 어찌한다.

(1)의 세 가지 문형은 엄밀히 보면 문형이라고 하기 어렵다. 왜냐하면 문형을 구성하는 필수적 문장 성분은 추상적인 것이 아니기 때문이다. 예를 들어 "그는 잔다."와 "나는 밥을 먹는다."를 (1다)로 포괄할 수 있다는 것은 그것의 서술어가 동사라는 사실로 본 결과론적 기술이지 문장의 실체적인 구조를 유형화한 기술은 아니라는 것이다. 또 달리 예를 들면 "그는 잔다."가 왜 (1나)가 되지 못하는지를 생각해 볼 수 있다. 결국 '어떠하다'라는 말의 '형용사적 의미'에 기반하여 "그는 잔다."가 (1나)에 해당되지 않는다고 말하는 것이다. 요컨대 (1)의 문형 분류는 서술어의 품사를 말하는 것에 불과하다. 실제로 제7차 교육 과정의 학교 문법 교과서에서는 (1다)에서의 동사가 기본형 '어찌하다'로 되어 있지 않고 '어찌한다'로 되어 있어 우리 책의 기술을 뒷받침한다. 설령 '어떠하다'라는 말 자체의 어미 활용 양상을 근거로 하여 "그는 잔다."가 (1나)에 해당하지 않는다고 말한다 하더라도 그것 역시 서술어에 국한된 기술을 벗어나지 못한다.

통사 구조를 중요시하는 주어 부각형 언어(subject-prominent language)에서는 논항 구조를 바탕으로 문형 설정을 비교적 분명하게 할 수 있고 문형에서 벗어나는 문장이 매우 적다. 반대로 정보 구조를 중요시하는 주제 부각형 언어(topic-prominent language)에서는 논항 구조를 바탕으로 해서는 문형 설정에 불분명한 면이 많고 문형에서 벗어나는 문장도 매우 많다.

4.1.2.에서 살펴보았듯이 한국어는 한편으로는 주어 부각형 언어이기도 하고 다른 한편으로는 주제 부각형 언어이기도 하다.[37] 통사 구조상의 주어와 정보 구조상의 주제가 모두 중요하다. 이러한 이유로 한국어에는 주제와 주어를 한꺼번에 쓰는 이중 주어문이 많이 나타난다. 한국어의 주어 부각형 측면에서는 논항 구조에 따라 문형이 비교적 분명하게 세워지는 편이지만 주제 부각형 측면에서는 문형에서 벗어나는 문장도 매우 많다.

이러한 점을 염두에 두고 이제 (85)~(90)을 다시 보기로 한다. 주어조차 쓰이지 않은 (91)을 제외한 (85)~(90)의 모든 문형이 주제를 동반해 쓰일 수 있다. 가령, (85나)와 같은 문장은 주제어를 덧붙여 다음과 같이 쓸 수도 있다.

(94) 나는 아기가 자.

37 최근에는 한국어가 주제 부각형 언어에 좀 더 가까움을 주장하는 연구들이 많다.

(94)는 '나'가 인식의 출발점이 되는 것으로 해석되는 문장으로서 성립할 수 있다. (94)는 논항의 개수와 종류에 대한 인식을 바탕으로 한 문법적 시각에서는 이해하기 어려운 문장이지만 산부인과의 간호사가 여러 아기들 중 자기가 배정받은 한 아기의 행동을 관찰하면서 발화하는 맥락에서는 정상적으로 쓰일 수 있는 문장이다.

이러한 까닭에 주제를 문형 설정의 변수로 삼으면 문형의 종류가 기하급수로 늘어나서 실용적·교육적 효과를 얻을 수 없다. 주제는 정보 구조상의 필요에 따라 언제라도 들어갈 수도 있고 빠질 수도 있는 요소이다. 주어 부각형 구조로, 즉 서술어의 자릿수와 보충어의 종류를 바탕으로 한 구조로 한국어의 문형을 설정하였으면서도 주제와 관련한 비정규적(non-canonical) 문장이 다양하게 발생하는 것은 한국어의 특성이다. 따라서 문형의 설정은 통사 구조를 바탕으로 해야지 정보 구조를 바탕으로 해서는 그 분류 기준에서 일관성을 잃게 된다.

4.3. 문장의 확장

체계문은 일반적으로 절로 구성된다.[38] 문장에 포함된 절의 개수와 종류 등에 따라 문장의 구조는 여러 유형으로 하위 분류된다.

38 체계문이 언제나 절로 구성되는 것은 아니다. 체계문 중에는 주어가 없이 오직 서술어로만 이루어진 문장도 있다. 그 예로 4.2.10.2.에서 무주어 문장을 보였다.

4.3.1. 단문과 복문

(95)처럼 하나의 절로 이루어진 문장을 '단문(=홑문장, simple sentence)'이라 하고 (96)처럼 둘 이상의 절로 이루어진 문장을 '복문(=겹문장, complex sentence)'이라 한다.

(95) 가. 아기가 잔다.
나. 그 아기가 이제야 잔다.
다. 철수와 영희가 밥을 먹는다.
라. 우리 집 셋째가 집에서 숙제를 한다.

(96) 가. 인생은 짧고 예술은 길다.

나. 나는 봄이 왔음을 오늘에서야 깨달았다.

문장을 단문과 복문으로 구별하는 것은 문장의 길이에 근거하는 것이 아니다. (95나, 다, 라)와 같이 문장이 점점 길어지더라도 주술 관계('주어+서술어' 관계)가 한 번만 나타나면 단문인 것이다. (95라)에서는 주어 명사구 '셋째'를 '우리 집'이 꾸며 주고 '숙제를 한다'를 '집에서'가 꾸며 주지만 절로 구성된 수식어들이 아니다. 그러므로 (95라)는 여전히 단문인 것이다. 그러나 (96가)는 비록 (95라)보다 길이는 짧지만 확실히 복문이다. 두 개의 절 '인생은 짧고'와 '예술은 길다'가 이어진 문장이다. (96나) 역시 '봄이 왔음'이라는 절이 '나는 오늘에서야 깨달았다'라는 절의 목적어로서 안겨 들어가 있다. 따라서 (96)의 문장들은 모두 복문인 것이다.

참고 28 **구 접속과 절 접속**

(95다)와 같이 접속 명사구를 포함한 문장을 복문으로 기술하는 연구자들도 있다.

(1) 철수와 영희가 밥을 먹는다.

(2) 가. 철수가 밥을 먹는다.

나. 영희가 밥을 먹는다.

(1)은 (2)와 같은 별개의 사건을 나타내는 절이 접속된 결과라는 것이다. 그에 따르면 (3)과 같은 문장은 형식은 (1)과 같지만 단문이라고 할 수 있다.

(3) 철수와 영수가 비슷하다.

(4) 가. *철수가 비슷하다.

나. *영희가 비슷하다.

(3)에 쓰인 '비슷하다'는 둘 이상의 참여자가 의미적으로 반드시 필요한 서술어이다. 그러므로 그 둘 중 하나라도 빠진 (4가, 나)와 같은 문장은 비문이 되고, 그에 따라 (3)은 (4가)와 (4나)의 접속이 아닌 원래부터 단문인 것으로 볼 수 있다는 것이다.

그러나 전통 문법적으로 (1)을 복문으로 기술한 적이 없었을 뿐 아니라 (2가)와 (2나)가 합쳐져 (1)이 되었다는 것은 의미적으로만 그러한 것을 구조적으로까지 확장한 1960~70년대 생성 문법의 표준 이론(standard theory)적 사고에 바탕을 둔 것이다. 그러나 대략 1990년대 이후에는 통사적으로 (1)이 절을 접속한 결과라고 할 근거가 부족하여 깊이 있는 통사론 논저에서는 (1)을 복문으로 처리하는 경우가 드물다. 따라서 우리 책에서는 (1), (3)의 예를 모두 단문으로 기술하고자 한다.

그런데 복문에는 (96가)와 같이 두 개의 절이 대등한 자격으로 이어진 문장이 있기도 하고 (96나)와 같이 두 개의 절 중 하나가 마치 어머니 역할을 하고 다른 하나가 마치 아기 역할을 하여 하나가 하나를 안고 있는 형식으로 이루어진 문장이 있기도 하다. 전자를 병렬문(이어진문장), 후자를 포유문(안은문장)이라고 한다. 이제 복문의 특성에 대해 자세히 알아보기로 한다.

4.3.2. 병렬문(이어진문장)

병렬문은 두 절이 대등하게 이어진 문장을 뜻한다.[39] 그런데 병렬문의 선행절(이를 흔히 '접속절'이라고 함)과 후행절이 대등하게 이어졌다는 데에는 두 가지 뜻이 있다. 첫째, 그 대등성이 의미적이라는 것이다. 두 절이 의미상 각각 독립적이어서 한쪽이 다른 한쪽에 의존적이지 않다는 것이다. 둘째, 접속절이 후행절의 특정 문장 성분으로 기능하는 것이 아니라 두 절이 문법적으로 서로 연관되지 않는 채 대등하게 별개의 절로 독립해 있다는 것이다.

39 우리 책의 초판에서는 '병렬문'을 '접속문'이라고 하였다. 한국어 문법학계에서는 접속문과 병렬문이 혼용되고 있는데, 이 개정판에서는 '병렬문'으로 용어를 바꾸었다. 왜냐하면 첫째, '병렬문'의 선행절을 흔히 '접속절'이라고 하는데, 문제의 대상을 '접속문'이라고 부르면 접속절과 개념적 혼동이 발생할 수 있기 때문이다. 둘째, '종속적으로 이어진 문장'을 '부사절을 안은 문장'으로 처리하면 이어진문장은 '대등하게 이어진 문장'과 개념이 같아지는데, 그것을 단순히 '접속(이어진)문(문장)'으로 부르기보다는 '병(대등하게)렬(이어진)문(문장)'으로 부르는 것이 해당 개념을 더 정확히 드러낼 수 있기 때문이다.

(97) 가. 지금 서울은 바람이 불고 비가 오겠다.
나. [[[[지금 서울은][[바람이 불]-고 [비가 오]]]-겠]-다].

(98) 가. 어제는 눈이 왔고 오늘은 비가 온다.
나. [[[어제는 눈이 오-았]-고 [오늘은 비가 오-ㄴ]]-다].

(97가)에서 추측 선어말 어미 '-겠-'의 의미 해석은 '바람이 불고 비가 오-' 전체에 걸리는 것이지 '비가 오-'에만 걸리는 것이 아니다. 그러므로 (97가)의 구조는 (97나)처럼 기술하는 것이 타당하다. 결국 (97나)는 '바람이 불-'이라는 절과 '비가 오-'라는 절이 대등하게 이어졌는데 그 둘을 이어 주는 연결 어미로 '-고'가 쓰인 문장이다. (98) 역시 마찬가지의 예이다. (98가)와 같은 문장은 (98나)와 같이 분석되는데 여기에서도 통사 구조적으로 동일한 형식인 '어제는 눈이 왔-'과 '오늘은 비가 온-'이 연결 어미 '-고'에 의해 접속된 것이다.

참고 29 **병렬문에 대한 다른 분석**

(1) [지금 서울은 [[바람이 불고] [비가 오-겠-다]]].

만약 시각을 달리하여 (97가)를 (1)과 같은 구조로 파악하면 통사 구조적으로 대등하다고 기술하면 안 될 것이다. 선행절의 통사적 형식과 후행절의 통사적 형식이 서로 다르기 때문이다. 다시 말해 비종결 어미가 결합된 절과 종결 어미가 결합된 절은 통사적 지위가 다르다는 것이다. 실제로 이렇게 설명하는 연구자도 있다. 그러나 우리 책에서는 (97가)를 (97나)의 구조로 파악하므로 병렬문의 선행절과 후행절은 통사 구조적으로도 대등하다고 기술할 수 있다.

병렬문의 특성은 세 가지 정도로 요약할 수 있다.

(99) 가. 백두산은 장엄하다. + 금강산은 아름답다.
나. 백두산은 {장엄하고, *장엄하다고}, 금강산은 아름답다.

(100) 가. 철수는 키가 작다. 철수는 힘이 세다.
나. 철수가 키가 작다만 힘이 세다.

첫째, (99)에서 보듯이 선행절을 문장 그대로 사용하지 않고 종결 어미가 빠진 절로 사용하는 경우가 대부분이다. 그러나 드물게는 (100)과 같이 종결 어미 뒤에 보조사가 결합되어 접속절을 구성하는 경우도 있다.

(101) 가. 철수는 키가 크다. + 철수는 잘생겼다.
나. 철수는 키가 크고, (*철수는) 잘생겼다.

둘째, (101)에서 보듯이 후행절 주어가 선행절 주어와 같으면 후행절 주어를 반드시 탈락시켜야 한다.

(102) 가. 철수가 갔다. + 영희가 갔다.
가′. 철수가 {가거나, 갔거나} 영희가 갔습니다.
나. 산은 높았다. + 물은 깊었다.
나′. 산은 {높고, 높았고}, 물은 깊었다.

셋째, (102)에서 보듯이 병렬문은 대체로 선행절에 시제, 상, 높임, 양태 요소의 선어말 어미를 결합시켜 쓸 수 있다.

병렬문을 이루는 연결 어미의 수효는 그리 많지 않다.

(103) 가. -고: 어제는 눈이 왔고 오늘은 비가 온다.
　　나. -요: 이것은 먹이{요, 고} 저것은 벼루이다.
　　다. -(으)며, -(으)면서: 그는 능력도 있{으며, 으면서} 성격도 좋다.
　　라. -자: 그는 시인이자 화가이다.

(104) 가. -(으)나, -지만: 인내는 쓰{나, 지만} 열매는 달다.
　　나. -ㄴ데: 서울은 추운데 부산은 덥다.

(105) -거나: 내일은 비가 오거나 눈이 올 것이다.

(103)은 모두 나열 혹은 순접(順接)의 기능을 지닌 연결 어미의 예이다. (103가)의 '-고'는 가장 일반적으로 쓰이는 순접의 연결 어미이다. 그런데 (103나)에서 보듯이 '-고'는 서술격 조사 '이다'의 어간 '이-' 뒤에서는 '-요'로 수의적으로 교체가 일어나기도 한다. (104)는 모두 대조 혹은 역접(逆接), 곧 선행절과 후행절의 의미가 대립적인 관계에 있음을 나타내는 연결 어미이다. (105)의 '-거나'는 선택의 의미를 나타내는 연결 어미이다.

참고 30 '…-든지/든가 …-든지/든가 하다'의 구조

'-든지'와 '-든가'는 "너는 여기에 있{든지, 든가} 집에 가{든지, 든가} 해라."와 같이 쓰인다. 이들 어미는 두 절을 대등하게 이어 준다는 점에서 연결 어미로 볼 수도 있으나 최종적으로는 서술어 '하다'의 목적어처럼 쓰이는 내포절을 만들어 준다는 점에서 내포 어미로 보는 것이 본질적으로 더 타당하다. 그러나 실제로 이와 같은 구문은 '하다'가 실질적 의미(lexical meaning)을 가졌다고 보기 어려워 내포절을 안은 문장으로 기술하는 연구자가 많지 않다. 한국어 교육과 같은 특수 목적을 위해서도 문법 체계에 맞추어 기술하기보다는 '…-든지 …-든지 하다'와 같은 표현 문형으로, 곧 덩어리 표현(chunk expression)으로 기술하는 것이 훨씬 유용하다.

(103), (104)에 쓰인 연결 어미 중 일부는 내포 어미로 쓰이는 경우도 있다.[40] 다시 말해 같은 형태라도 연결 어미와 내포 어미의 다의어로 쓰이는

40 내포 어미는 대체로 전성 어미이다. 문장의 구조에 근거한 명칭으로는 내포 어미이고 어미의 통사·의미 기능에 근거한 명칭으로는 전성 어미이다. 그런데 내포 어미 중에는 본래부터 전성의 기능을 갖지는 않아 전성 어미로 다루어지지 않는 예가 있다. 가령, "그 사람이 떠났나 보다."와 같은 문장에서 종결 어미 '-나'는 내포절을 이끄는 어미로 쓰여 내포 어미라고 할 수 있지만 전성 어미라고 하지는 않는다.

경우가 있다는 뜻이다.

(106) 가. 나는 밥을 먹고 학교에 갔다.
나. 날씨는 더웠지만 우리는 참고 걸었다.
다. 동생이 학교에 가{며, 면서} 노래를 부른다.
라. 까마귀 날자 배 떨어진다.
(107) 내가 집에 가는데 소나기가 내렸다.

(106)과 (107)에서 밑줄 친 어미들은 모두 부사형 어미로 쓰인 것이다. (106가)의 '-고'는 선행절의 사건이 끝난 후 후행절의 사건이 이어서 일어남을 나타낸다. 이때의 '-고'는 '-고서'로 바꿀 수 있다. 그러나 (103가)에서의 '-고', 곧 연결 어미로서의 '-고'는 '-고서'로 바꾸어 쓰지 못한다. (106나)에서 '날씨는 더웠지만'은 뒤에 오는 절과 대등한 절로 기능하는 것이 아니라 양보절의 역할을 하고 있다. 따라서 '-지만'은 부사형 어미로 볼 수 있다. (106다)의 '-(으)며, -(으)면서'는 모두 선행절의 사건이 후행절의 사건과 동시에 일어남을 나타낸다. (106라)의 '-자'는 선행절의 사건 바로 뒤에 후행절의 사건이 뒤따름을 나타내는데 '-고'보다 더욱 강한 의미의 시간적 연속성을 나타내고 있다. (107)의 '-는데'는 후행절 사건의 배경 상황을 제시하는 기능을 지니고 있다. 이러한 경우의 어미들은 모두 부사형 어미의 의미적 특성을 가지고 있을 뿐 아니라 통사적으로도 다른 부사형 어미와 같은 현상을 나타낸다.

4.3.3. 포유문(안은문장)

포유문은 한 절이 다른 절을 문장 성분의 일부로서 안고 있는 문장이다. 학교 문법에서는 안은문장이라고 한다. 이때 안고 있는 절을 모절(母節, matrix clause) 혹은 안은절이라 하고 안겨 있는 절을 내포절(內包節, embedded clause) 혹은 안긴절이라고 한다.

포유문을 구성하는 방법은 여러 가지가 있다. 내포절이 모절 속에 안길 적에 내포절이 명사절, 관형사절, 부사절로 안길 경우에는 각각 명사형 전성 어미, 관형사형 전성 어미, 부사형 전성 어미를 사용하는 반면, 서술절로 안길 경우에는 전성 어미를 사용하지 않는다. (108)~(111)의 (가)에서 각각 명사절, 관형사절, 부사절, 서술절의 예를 보기로 한다. (나)는 모절과 내포절이 포유문을 형성하기 전의 문장을 대략 복원해 본 것이다.

(108) 가. 홍길동이 범인임이 밝혀졌다.

나. 홍길동이 범인이다. + 그 사실이 밝혀졌다.

(109) 가. 내가 들은 음악은 새로 작곡된 것이다.

나. 내가 음악을 들었다. + 그 음악은 새로 작곡된 것이다.

(110) 가. 영호는 선행을 해서 엄마의 칭찬을 들었다.

나. 영호는 선행을 했다. + 영호는 엄마의 칭찬을 들었다.

(111) 가. 토끼는 귀가 길다.

나. 토끼 + 귀가 길다.

4.3.3.1. 명사절을 안은 문장[41]

절이 명사화되어 문장 성분의 일부로서 쓰이게 되면 그 절을 명사절이라고 부른다.

(112) 가. 사실이 밝혀졌다.

나. 그가 범인임이 밝혀졌다.

(112나)에서 밑줄 친 '그가 범인임'은 주술 관계가 이루어진 절인데, (112가)의 명사 '사실'과 동일한 자격을 갖고 주어의 일부로 쓰이고 있다. 곧 절이 명사 자격을 가지는 것이다. 명사절이 이루어지는 방식은 크게 세 가지가 있다.

첫째, 가장 보편적으로 명사절은 명사형 어미 '-(으)ㅁ', '-기'가 결합되어 이루어진다.

(113) 가. 그가 범행을 저질렀음이 밝혀졌다.

41 '명사절을 안은 문장'을 2015 개정 교육과정에서는 '명사절을 가진 안은문장'으로 명명하였다. '안은문장'의 띄어쓰기와 관련한 혼란 때문에 행한 조치인 것으로 추측된다. 그러나 개정된 용어는 가령 "그가 이 일을 꾸민 범인임이 밝혀졌다."와 같은 문장이 관형사절도 가지고 있으므로, 도리어 더 부정확한 인식을 담은 용어이다. 이 점은 '관형사절을 안은 문장, 부사절을 안은 문장, 서술절을 안은 문장'에서도 마찬가지이다.

나. 공명은 바람이 불기를 기다렸다.

(113가)의 밑줄 부분은 주술 관계가 성립된 '그가 범행을 저질렀-'에 명사형 어미 '-음'이 붙어 형성된 명사절이다. (113나)의 밑줄 부분 역시 주술 관계가 성립된 '바람이 불-'에 명사형 어미 '-기'가 붙어 형성된 명사절이다.

둘째, 명사절은 '-느냐, -(으)냐, -는가/-(으)ㄴ가, -는지/-(으)ㄴ지, -(으)ㄹ지'와 같은 의문형 종결 어미가 결합되어 이루어지기도 한다.[42] 이들은 명사형 어미가 아니면서도 명사절을 형성할 수 있는 특수한 어미들이다.

(114) 가. 누가 고양이 목에 방울을 다느냐가 문제이다.

나. 우리는 그 제안을 받아들일지를 아직 결정하지 못했다.

(114가, 나)에서 밑줄 친 부분은 각각 '-느냐, -ㄹ지'가 이끄는 간접 의문절이다.[43] 여기에서는 목적격 조사 '을/를'이 결합되어 있어 선행절이 명사절의 자격으로 안겨 있음을 알 수 있다.

셋째, 문법적으로는 명사절이 되기 어려운 특정 형식의 구성이 명사(구) 혹은 명사절로 쓰이기도 한다.

(115) 가. 그는 열정에 사로잡히면 일이 어렵고 쉽고를 가리지 않는다.

나. 좌파(이)니 우파(이)니 {하는, 떠드는} 것이 우습다.

다. '-었-'은 과거 시제를 나타내는 선어말 어미이다.

라. 형이 온 것은 우리가 떠나자마자였다.

(115가, 나)의 밑줄 부분에서는 대조적인 내용의 말이 접속되어 있는데 이런 경우 명사절을 만드는 장치가 없더라도 명사절이 되는 경우가 많다. (115다)는 언어 자체를 하나의 대상으로 인용해 온 것이다. 이런 경우 그것은 명사의 자격을 갖는다. 곧 '-었-'은 원래 명사가 아니나 (115다)에서는 '-었-'이 언어 형식 자체로 인용된 것이므로 명사 자격을 갖는 것이다.

42 '-느냐'는 동사에만 결합하는 어미로서 '-냐'보다 의고적인 표현이다. 얼마 전까지만 해도 『표준국어대사전』에서는 동사에 붙는 어미로서 '-느냐'만을 인정하였는데, 지금은 언어 변화에 따라 '-냐'도 표준어로 인정하고 있다. 따라서 '가느냐'와 '가냐'가 모두 표준어형이다. 한편 형용사에는 앞말의 받침 유무와 관계없이 '-(으)냐'가 표준어이다.

43 간접 의문절이란 정상적인 의문문이 의문의 의미를 유지하면서 평서문 속에 내포되었을 때 그 내포절을 가리키는 말이다.

(115라)는 분열문(cleft sentence)이다. 분열문이란 정상적인 어순을 취하지 않고 강조하고 싶은 내용을 서술어에 배치한 문장인데, (115라)에서 '우리가 떠나자마자'라는 절은 원래 부사절이지만 서술격 조사 '이다' 앞에서 쓰였으므로 명사절로 볼 수 있다.

(116)에서 보듯이 명사절을 이끄는 '-(으)ㅁ'과 '-기'는 둘 중 하나만 쓰일 수 있는 경우가 대부분이다.

(116) 가. 홍길동 씨가 {범인임이, *범인이기가} 밝혀졌다.

나. 나 {보기가, *봄이} 역겨워 가신다면 말없이 보내 드릴게요.

'-(으)ㅁ'과 '-기'에 대해 어떤 경우에 '-(으)ㅁ'을 사용하고 어떤 경우에 '-기'를 사용하는지는 뚜렷하게 말할 수 없으나 '-(으)ㅁ'은 기정적(旣定的), 개별적 사태에 쓰이고 '-기'는 미정적(未定的), 일반적 사태에 쓰이는 경향이 있다. (116가)는 이미 일어난 사태를 표현하는 데 '-(으)ㅁ'이 쓰이는 것을 보여 주고 (116나)는 아직 일어나지 않고 머릿속에 존재하는 사태를 표현하는 데 '-기'가 쓰이는 것을 보여 준다. 그러나 이러한 경향으로 판단하기 어려운 경우도 매우 많다. 오히려 '-(으)ㅁ', '-기'는 서술어의 종류에 따라 선택되는 것으로 기술하는 것이 더 적절할 경우가 많다. 서술어의 종류와 기정성/미정성, 개별성(특수성)/일반성(추상성)은 상당한 의미적 관련이 있으나 그 연관 관계에는 예외가 다소 있다.

(117) 가. 동수는 자신이 큰 잘못을 저질렀음을 {기억했다, 깨달았다, 떠올렸다, 몰랐다, 알았다, 잊었다, 한탄했다}.

나. 이 배경을 통해 작가는 그녀가 이미 마음이 돌아섰음을 {보이고, 알리고, 암시하고} 있다.

다. 나는 그가 나에게 호의를 가지고 있음을 {느꼈다, 의식했다}.

라. 형이 잘못을 했음이 {드러났다, 분명하다, 밝혀졌다, 알려졌다, 탄로났다, 틀림없다, 확실하다}.

마. 민수는 동수가 그 일에 가장 적임자임을 {고백했다, 발표했다,

밝혔다, 보고했다, 주장했다, 지적했다, 통지했다}.

바. 그가 일을 그렇게 처리함은 {부당하다, 어리석다, 이상하다, 타당하다, 현명하다}.

(117)은 '-(으)ㅁ'을 취하는 서술어의 예를 보인 것이다. 모든 서술어가 그 의미상 이미 개별적이고 구체적으로 존재하는 사태를 명사화한 문장 성분을 요구한다. 예컨대 (117바)에서는 특정 사태에 대한 가치 판단의 서술어가 쓰였으므로 '-(으)ㅁ'이 잘 어울리는 것이다.

(118) 가. 그는 아침에 조깅하기를 {꺼린다, 싫어한다, 좋아한다, 즐긴다}.

나. 중국어는 우리가 배우기에 {가능한, 까다로운, 나쁜, 쉬운, 알맞은, 어려운, 적당한, 좋은, 힘든} 언어이다.

다. 농부들이 비가 오기를 {갈망한다, 고대한다, 기다린다, 기대한다, 기원한다, 바란다, 빈다, 원한다, 희망한다}.

라. 나는 1년 후 귀국하기로 {결심했다, 결정했다, 계획했다, 맹세했다, 약속했다, 정했다}.

(118)은 '-기'를 취하는 서술어의 예를 보인 것이다. (118가, 나)에서는 개별적 사태가 아닌 일반적 사태를 요구하는 서술어들이, (118다, 라)에서는 아직 이루어지지 않은 사태를 요구하는 서술어들이 사용되어 있음을 알 수 있다.

한편 (119가~라)에서 보듯이 특별한 이유 없이 어떤 말과 어울릴 때에 '-기'를 사용하는 일이 있다. 곧 '-기 나름이다, -기 마련이다, -기 십상이다, -기 위해'와 같은 말의 전체가 굳어진 표현으로 쓰인다는 것이다. 그러나 (119마)에서 보듯이 '-기 때문'은 '-ㄴ/는 것'도 쓰일 수 있다.

(119) 가. 여자는 남자 {하기, *함, *하는 것} 나름이에요.

나. 아이들은 장난을 {좋아하기, *좋아함, *좋아하는 것} 마련이에요.

다. 그러다가는 {늦기(가), *늦음(이), *늦는 것(이)} 십상이다.

라. 철수는 수학자가 {되기, *됨, *되는 것} 위해 열심히 공부한다.

마. 오늘은 비가 {오기, *옴, 오는 것} 때문에 안 나갈 거예요.

또 (120)과 같이 '-기'만 쓰이는 관습적 표현도 있는데 이는 (119가~라)와 유사한 예이다.

(120) 가. 제가 {알기로, 생각하기에} 그는 천재입니다.

나. 선생님이 말씀하시기를, 뜻이 있는 곳에 길이 있다고 합니다.

다. 그 사람이 저를 알기를 우습게 아는 것 같습니다.

라. 고향을 떠나 친구들이 그립기 {이를 데 없다, 그지없다}.

참고 31 '-(으)ㄴ/는/(으)ㄹ 것'의 통사적 지위

연구자에 따라 관형사절이 의존 명사 '것'을 수식하는 구성을 명사절로 보기도 한다. 즉 '-(으)ㄴ/는/(으)ㄹ 것' 자체를 '-(으)ㅁ'이나 '-기'와 같은 명사형 어미로 인정하는 것이다.

(1) 가. 나는 그가 내 친구를 {사랑하는 것을, 사랑함을} 알게 되었다.

나. 나는 그의 마음이 이미 {떠난 것을, 떠났음을} 알게 되었다.

다. 우리는 네가 이 문제를 {해결해 줄 것을, 해결해 주기를} 기대한다.

(1가~다)에서 '-는 것, -ㄴ 것, -ㄹ 것'이 나타난 밑줄 부분은 각각 명사형 어미 '-(으)ㅁ'과 '-기'가 이끄는 명사절로 대치할 수 있음을 알 수 있다. 더욱이 그것들은 '-(으)ㅁ'이 주로 문어에서 쓰이는 것과 달리 구어와 문어에서 모두 활발하게 쓰인다.

(1가~다)는 통사 구조적으로 각각 관형사형 어미 '-는, -(으)ㄴ, -(으)ㄹ'이 이끄는 관형사절이 의존 명사 '것'을 꾸미는 구조로 되어 있으나 '것'의 의미적 추상성 때문에 '-는 것, -(으)ㄴ 것, -(으)ㄹ 것' 전체가 명사형 어미처럼 기능한다.

(2) 가. 저기 하늘에 뜬 것이 애드벌룬이다.

나. 병이 나으려면 이 약을 먹는 것이 좋다.

(2가)에서는 '것'이 가리키는 대상이 있다. 그러므로 기능적으로 보아도 '저기 하늘에 뜬'이라는 관형사절은 '것'을 꾸며 주는 것임에 틀림없다. 그러나 (2나)에서는 '것'이 가리키는 대상이 따로 존재하는 것이 아니라 '이 약을 먹는 것' 전체가 명사절로서 어떤 사태를 지시하고 있다. 그러므로 기능적으로는 '-는 것'을 하나의 어미로 보는 것이 합리적이라고 볼 수 있다. 이러한 기능적 특성에 주목하면 형식적으로 관형사절이 '것'을 꾸며 주는 문법 단위를 '-는 것, -(으)ㄴ 것, -(으)ㄹ 것'이 이끄는 명사절로 볼 수도 있다. 문법을 형식적으로 기술할지 기능적으로 기술할지는 문법 기술의 상황에 따라 다를 수 있다.

4.3.3.2. **관형사절을 안은 문장**[44]

절이 관형사화되어 관형어로서 쓰이게 되면 그 절을 관형사절이라고 부른다. 관형사절은 관형사형 어미 '-(으)ㄴ', '-는', '-(으)ㄹ', '-던'에 의해 만들어진다.

44 '관형사절'은 '관형절'이라고도 부른다. 둘 다 자주 쓰이고 있으나 우리 책에서는 품사 이름에 일관되게 맞추어 '명사절, 관형사절, 부사절'과 같은 용어를 사용한다.

(121) 가. 이것은 내가 {읽은, 읽는, 읽을} 책이다.

나. 저기 있는 {큰, 작은} 책상을 보아라.

관형사형 어미는 결합 어간이 동사인지 형용사인지에 따라, 자음으로 끝나는지 모음으로 끝나는지에 따라, 그리고 시제에 따라 구별되어 사용된다. 동사에서는 현재를 나타내기 위해 '-는'을 쓰지만 형용사에서는 '-(으)ㄴ'을 쓴다. 또 (121가)에서 보듯이 시제에 따라 관형사형 어미가 구별되어 쓰인다.

(122) 가. 철수와 영희가 곧 결혼한다는 소문이 돈다.

나. 저는 그 선생님을 만난 기억이 없습니다.

(123) 가. 이순신 장군이 만든 거북선은 세계 최초의 철갑선입니다.

나. 이순신 장군이 거북선을 만들었다.

일반적으로 관형사절은 동격 관형사절과 관계 관형사절로 분류된다. 동격 관형사절이란 한 문장의 모든 문장 성분이 생략 없이 완전하게 갖추어져 있는 관형사절이고, 관계 관형사절이란 수식받는 체언과 동일한 체언이 생략되어 있는 관형사절로서 각각 동격절, 관계절로 줄여 이르기도 한다.[45] (122)의 밑줄 부분이 동격절이고 (123가)의 밑줄 부분은 관계절이다. (123가)와 (123나)를 대비해 볼 때 관형사절이 수식하는 명사와 동일한 명사가 관계절 속에서는 생략됨을 알 수 있다. 즉 '만들다'의 목적어로 쓰여야 할 '거북선을'이 관계절에서는 생략되어 나타나지 않는 것이다.

45 '동격절'은 절의 의미가 그것이 꾸며 주는 명사의 내용과 똑같다는 점에서 붙인 명칭이다. 그래서 '동격절'을 '내용절(content clause)'이라고도 한다. 한편 '관계절'은 모절과 내포절, 두 절의 공통 명사인 피수식 명사를 매개로 하여 두 절이 관계를 맺고 있다는 점에서 붙인 명칭이다.

동격절은 관형사형 어미 앞이 완전한 문장 형식인지 여부에 따라 긴 동격절과 짧은 동격절로 나눈다. (122가)에서 관형사형 어미 '-는' 앞에는

'철수와 영희가 곧 결혼한다'와 같은 완전한 문장 형식이 있으므로 (122가)의 밑줄 부분은 긴 동격절이라 하고 (122나)에서 관형사형 어미 '-ㄴ' 앞에는 '그 선생님을 만나-'와 같은 불완전한 절 형식이 있으므로 (122나)의 밑줄 부분은 짧은 동격절이라 한다.

참고 32 동격절과 보절

어떤 연구자는 동격절을 '보문'(우리 책에서는 '보절')이라고 부르고 '긴 동격절'을 '완형 보문', '짧은 동격절'을 '불구 보문'이라고 한다. 그런데 이때의 '보문'은 핵어가 요구하는 필수적 성분으로서의 절 명칭인 '보문'과 이름이 같아지는 문제가 생긴다. 많은 연구자가 '보문'을 '동격절'과 같은 개념으로 쓰고 있으나 동격절이 반드시 필수적 성분으로 쓰여야 하는 것도 아닐뿐더러 보절이 동격절이 되는 것도 아니다.

(1) 가. 그가 곧 도착한다는 연락이 왔다.
나. 우리는 계속 연락을 취하기로 합시다.
(2) 가. 우리가 간 후에 그가 왔다.
나. 그가 떠난 지 10년이 흘렀다.

(1가)에서의 '연락'은 동격절, 곧 '연락'의 내용을 밝히는 절을 앞에 두고 있으나 (1나)에서의 '연락'은 동격절 없이도 단독으로 쓸 수 있다. 그러므로 이때의 동격절은 보절이라고 할 수 없다. 이와 반대로, (2)는 '후'와 '지'를 꾸며 주는 보절이 쓰인 문장이다. 이때의 보절은 동격절이라고 할 수 없다. 따라서 '보절(보문)'과 '동격절'은 구분하여야 한다.

또 우리 책에서는 '긴/짧은 관계절' 개념을 설정하지 않았다. 왜냐하면 동격절은 특정 보절 명사에 따라 짧은 형식과 긴 형식 중 하나 혹은 둘이 선택되므로 그 사실을 기술하는 것이 문법적으로 의의가 있는 데 반해, 관계절에서 긴 형식 '-다는'은 피수식 명사가 무엇인지와는 관계없이 인용을 나타내는 '-다고 하는'이 줄어든 것이므로 굳이 '관계절'을 '긴/짧은 관계절'로 나누어 기술하는 것이 문법적으로 별 의의가 없기 때문이다. 따라서 우리 책에서 '긴/짧은 동격절'이라는 개념은 사용해도 '긴/짧은 관형사절'이라는 개념은 사용하지 않는다. '관형사절'은 '동격절'뿐 아니라 '관계절'까지 포함한 개념이기 때문이다.

명사는 긴 동격절의 꾸밈만을 받을 수 있는 것, 짧은 동격절의 꾸밈만을 받을 수 있는 것, 긴 동격절과 짧은 동격절의 꾸밈을 다 받을 수 있는 것으로 나뉜다.

(124) 가. 말, 주장, 단언, 약속, 소문, 낭설, 소식, 연락, 질문, 보고, 보도, 보장, 정보, 독촉, 명령, 고백, 요청, 생각, 느낌, 견해 …

나. {그가 떠났다는, *그가 떠난} 소문

(125) 가. 경우, 가능성, 사건, 기억, 경험, 용기, 줄, 수, 리, 바, 까닭 …

나. {*그 건물이 무너졌다는, 그 건물이 무너진} 사건

(126) 가. 사실, 약점, 욕심, 결심, 목적, 것 …

나. {그녀가 나를 사랑했다는, 그녀가 나를 사랑한} 사실

(124)는 긴 동격절의 꾸밈만을 받을 수 있는 명사들을 보인 것이고, (125)는 짧은 동격절의 꾸밈만을 받을 수 있는 명사들을 보인 것이며, (126)은 긴 동격절과 짧은 동격절의 꾸밈을 모두 받을 수 있는 명사들을 보인 것이다.

관계절은 그것이 수식하는 명사구와 동일한 명사구가 빠져 있는 관형사절이다. 그 생략되어 있는 명사구는 관계절 속에서 주어, 목적어, 부사어로 해석되는 것이다.

(127) 가. [e 쥐를 잡은] 고양이가 낮잠을 잔다.

나. [그 고양이가 e 잡은] 쥐가 많다.

다. [내가 어제 e 간] 서점은 이 지역의 명물이다.

(128) [e 넓은] 밭이 펼쳐져 있다.

(127가)에서는 관계절 [ ]에서 주어로 해석되는 '고양이가'가 생략되어 있다. (127나)에서는 목적어로 해석되는 '쥐를'이 생략되어 있다. (127다)에서는 부사어로 해석되는 '서점에'가 생략되어 있다. 이처럼 관형사절 속의 문장 성분 중 하나가 그 관형사절이 꾸며 주는 명사와 동일한 것이 관계절의 특징이다.[46] (128)에서 '넓은'은 주어가 생략된 관계절이다. '밭이 넓다'로 해석할 수 있기 때문이다. 그러나 결과로 남은 '넓은'은 언뜻 절 같아 보이지 않는다. 그러나 문법 기술은 일관성을 지켜야 하므로 '넓은'을 관계절로 처리하는 것이 합리적이다.[47]

46 관계절의 피수식 명사가 의존명사인 경우, 어휘적으로는 의존 명사가 관계절 속의 주어, 목적어, 부사어로 실현될 수 없으나 문법적으로는 주어, 목적어, 부사어로 해석될 수 있다. 가령 "그가 좋아하는 것이 궁금하다."에서 '것'은 관계절 속에서 목적어로 해석할 수 있다.

47 '넓은'과 같은 말이 관형사절이라는 이론적 내용을 학교 문법에서는 이해시키기 매우 어렵다. 그리하여 역대 학교 문법에서는 주어가 생략된 관형사절의 예로서 (127가)와 같은 문장만 다루어 왔다. 그러나 최근의 학교 문법에서는 교육 현장을 중심으로 '넓은'과 같은 말이 관형사절의 예로 다루어지는 경우가 조금씩 늘어나고 있다.

참고 33 관계절의 형성이 제약되는 경우

내포절 속에서 보어로 해석되는 것은 생략되어 관계절을 형성하지 못한다.

(1) 아들이 의사가 되었다.
(2) 가. [e 의사가 된] 아들
　　나. *[아들이 e 된] 의사

(2가)에서는 내포절의 주어로 해석되는 '아들이'가 생략되어 관계절이 정상적으로 성립하지만 (2나)에서는 내포절의 보어로 해석되는 '의사가'가 생략되어 관계절이 정상적으로 성립하지 않는다.

또 내포절 속에서 부사어로 해석되는 것 역시 대체로는 생략되어 관계절을 형성하지만 간혹 그렇지 못할 때가 있다.

(3) 가. 나는 학생 대표로 그 회의에 참석했다.
　　나. *[내가 그 회의에 참석한] 학생 대표
(4) 가. 민들레는 씀바귀와 비슷하다.
　　나. *[민들레가 비슷한] 씀바귀

(3나)와 (4나)에서 (3가)와 (4가)에서의 부사어가 생략되어서는 관계절을 형성하지 못함을 알 수 있다.

표면적으로는 관계절과 동일한 통사 구조를 가진 것처럼 보이는 구성이나 관계절로 분석하기 어려운 경우도 있다.

(129) 가. 새빨간 가방
　　나. 가방이 새빨갛다.
　　다. [e 새빨간] 가방
(130) 가. 새빨간 거짓말
　　나. *거짓말이 새빨갛다.

(129가)에서 '새빨간'이 관계절임은 (129나)가 내포절이 되면서 주어가 생략된 구조를 보인 (129다)를 보면 잘 알 수 있다. 그러나 (130가)는 애초에 (130나)가 성립하지 않기 때문에 관계절화된 것으로 해석하기 어렵다.[48]

48 '새빨간'이 '거짓말이 새빨갛다'라는 절에서 관계절화된 것이 아니라 하더라도 (130)의 '새빨간'이 관계절이 아니라고 분명히 말하기도 어렵다. 관계절이 반드시 어떤 문장으로부터 도출되지 않고 본래부터 관계절로 나타나는 것이 원리적으로 불가능한 것은 아니기 때문이다. 그러나 대다수의 통사론 연구자들은 (130)의 '새빨간'을 관계절로 다루지 않는다.

참고 34 **예외적 관형사절**

동격절과 관계절, 어느 쪽으로 분류하기 어려운 관형사절도 있다.

(1) 가. 그는 내가 집에 간 후에 떠났다.
　 나. 내가 회의를 하는 중에 전화가 왔다.
(2) 가. 밥이 타는 냄새가 난다.
　 나. 비가 오는 소리가 들린다.

(1)의 '후, 중'이나 '뒤, 앞, 다음, 대신'과 같은 말을 꾸며 주는 절은 피수식 명사의 내용을 언급하는 것이 아니므로 일반적인 동격절과는 다르다. 또한 (2가)에서 '밥이 타는'은 '냄새'의 내용을 뜻한다고 보기 어렵다. 밥이 타는 사건 자체가 냄새는 아니기 때문이다. 마찬가지로 (2나)에서 '비가 오는'도 '소리'의 내용이라고 보기는 어렵다.

위와 같은 특징에 주목하여 (1)의 밑줄 부분을 '연계절(linking clause)'이라고 하는 연구자도 있으나 의미상 동격절과 다소 유사한 면이 있는 (2)의 밑줄 부분은 명명된 바 없다. 굳이 명명한다면 '유사 동격절'이라고 할 수 있을 것이다. 통사적으로만 보면 피수식 명사가 관형사절 속의 문장 성분이 아니라는 점에서 (2)의 밑줄 부분은 관계절보다는 동격절에 더 가까운 것이다.

4.3.3.3. 부사절을 안은 문장

절이 부사화되어 부사어로서 쓰이게 되면 그 절을 부사절이라고 부른다. 부사절은 부사형 어미에 의해 만들어지는데, 학교 문법에서는 '-이, -게, -도록, -듯(이), -(으)ㄹ수록' 정도만을 부사형 어미로 제시하고 있으나 최근에는 과거에 종속적 연결 어미로 다루어진 모든 어미들을 부사형 어미로 다루는 것이 조금 더 일반적으로 받아들여지고 있다.

참고 35 **종속절과 부사절**

연구자에 따라서는 이어진문장을 대등하게 이어진 문장과 종속적으로 이어진 문장으로 나누고 종속적으로 이어진 문장을 부사절을 안은 문장과 별개의 것으로 보기도 한다. 그러나 종속절과 부사절을 별개로 보는 견해는 좀 덜 일반적인데, 그 이유는 대등하게 이어진 문장과 종속적으로 이어진 문장을 구별할 통사적 현상은 상당히 많은데 종속적으로 이어진 문장과 부사절을 구별할 통사적 현상은 그리 많지 않고 단편적이기 때문이다.

(1) 가. 아버지가 돌아가시자 그는 고향을 떠났다.
　 가'. 그는 아버지가 돌아가시자 고향을 떠났다.

나. 구름에 달이 흘러가듯이 나그네가 간다.

나′. 나그네가 구름에 달이 흘러가듯이 간다.

(2) 가. 인생은 짧고 예술은 길다.

나. *예술은 인생은 짧고 길다.

(1가, 가′)과 (1나, 나′)은 각각 종속절과 부사절의 이동 가능성을 보인 것이다. 그러나 (2)와 같이 대등절이 후행절 속으로 이동하면 비문이 된다. 이와 같은 예문에서 종속절의 특성과 부사절의 특성이 같음을 알 수 있다.

(3) 가. {사촌이, *사촌은} 땅을 사서 배가 아프다.

나. {엄마가, *엄마는} 지나가게 아빠가 길을 비켜 주셨다.

(4) 산은 높고 물은 깊다.

또 (3가, 나)에서 보듯이 종속절, 부사절 안의 주어에는 주제 표시의 '은/는'이 결합할 수 없으나 (4)에서 보듯이 대등절 안의 주어에는 '은/는'이 결합할 수 있다. 이 역시 종속절을 부사절로 볼 수 있게 하는 근거이다.

(5) 가. 온달$_i$은 {그$_i$의, $\varnothing_i$, 자기$_i$의} 아내가 공주이므로 부마가 된다.

나. 아빠$_i$는 {그$_i$가, $\varnothing_i$, 자기$_i$가} 화를 낼수록 아이가 더 나빠짐을 깨달았다.

(6) 순희$_i$는 공부를 잘하지만 {*그녀$_i$는, $\varnothing_i$, *자기$_i$는} 성격이 나쁘다.

대용화나 재귀화 현상에서도 종속절과 부사절은 잘 구분되지 않고 대등절은 구분된다. (5가)의 종속절이나 (5나)의 부사절이나 대용화와 재귀화 현상이 동일하게 일어나는데 대등하게 이어진 문장인 (6)은 영 형식 대용 현상만 종속적으로 이어진 문장이나 부사절을 안은 문장인 (5)와 동일할 뿐 대용화와 재귀화는 전혀 다른 모습을 보이고 있다.

그럼에도 불구하고 의미 기능적으로 보면 부사절은 용언(구)만을 꾸며 주는 것으로 보이고 종속절은 후행절 전체와 관련해 수식이 아닌 특정한 의미 기능(원인·이유, 조건·가정, 목적·의도, 인정·양보, 시간적 선후, 배경 설명 등)을 하는 듯이 보이기 때문에 부사절과 종속절을 구분하는 것도 그 나름의 타당성을 갖추고 있다. 또한 '-었-, -겠-'과 같은 선어말 어미가 부사절 속에서는 결합할 수 없지만 몇몇 종속절에서는 결합할 수 있다는 점과 대용화와 재귀화에서도 정밀하게 관찰해 보면 종속절과 부사절이 동일한 모습만을 보이는 것은 아니라는 점도 종속절과 부사절을 동일시하기 어려운 근거가 된다. 그러므로 종속절이 통사적으로 대등절보다는 부사절과 가깝다고는 해도 종속적으로 이어진 문장을 바로 부사절을 안은 문장으로 간주하는 것도 전적으로 타당하다고 하기는 어렵다.

우리 책에서는 일단 전통적인 어미 분류 체계를 아직도 학교 문법에서 채택하고 있다는 점을 고려하여 형태론 부분에서는 대등적 연결 어미와 종속적 연결 어미를 연결 어미의 하위 부류로 분류하고 부사형 어미는 전성 어미로 따로 기술하였지만, 통사론 부분에서는 종속절과 부사절을 구분하지 않는 최근 통사론의 주류 연구 경향에 따라 둘을 부사절로 통합하여 기술하였다. 즉 종속적으로 이어진 문장은 부사절을 안은 문장에 통합하여 기술하고 대등하게 이어진 문장만을 이어진문장으로 기술하였다.

또한 그에 맞추어 종속적 연결 어미와 부사형 어미를 모두 부사형 어미로 기술하였다. 다만, 이렇게 기술하는 것이 반드시 '종속적 연결 어미'나 '종속적으로 이어진 문장'을 부정하는 것은 아니라는 점을 언급해 둔다.

부사절은 접속절과 마찬가지로 부사형 어미의 의미 범주에 따라 여러 가지 유형으로 나누어 볼 수 있다. 부사형 어미의 종류를 먼저 보이고 그 예문을 의미 범주별로 하나씩만 제시하도록 한다.

(131) 가. 동시적 사건: -(으)면서/-(으)며

나. 순차적 사건: -자, -자마자, -고(서), -아(서)/어(서)

다. 사건의 전환: -다가

라. 이유·원인: -아(서)/어(서), -(으)니까, -느라(고), -다가, -기에, -길래

마. 조건·가정: -(으)면, -거든, -아야/어야

바. 인정·양보: -아도/어도, -(으)ㄹ지라도, -더라도, -ㄴ데, -아야/어야, -(으)ㄴ들

사. 목적·의도: -(으)러, -(으)려고, -고자

아. 배경·상황 설명: -는데, -(으)ㄴ데, -(으)니

(132) 철수가 노래를 {들으면서, 들으며} 밥을 먹는다.

(133) 가. 철수는 밥을 먹고(서) 학교에 갔다.

나. 산은 높고 물은 깊다.

다. 영희는 밥을 먹고 있다.

(134) 나는 배가 아파서 일찍 집에 왔다.

(135) 내일 날씨가 화창하면 소풍을 가겠습니다.

(136) 아무리 바쁘더라도 차 한 잔 마실 시간은 있다.

(137) 민수는 생물학을 {연구하려고, 연구하고자} 휴학했다.

(138) 서울역에 가 보니 사람이 정말 많았다.

(132)~(138)의 밑줄 부분은 전통 문법과 학교 문법에서 대개 종속절로 처리되고 거기에 쓰인 어미들은 종속적 연결 어미로 분류되어 왔던 것이다. 여기에서는 (131)의 모든 어미를 부사형 어미로 다루고 (132)~(138)의 모든 밑줄 부분을 부사절로 다루도록 한다. 물론 이들은 단순한 수식 기능을 하기보다는 (131)에 열거된 의미를 적극적으로 나타내고 있어 의미적으로 뒤에 나오는 부사절과는 다소 차이가 있다.

어미는 형태에 따라 그 종류가 일률적으로 정해지는 것은 아니다. 예컨대 (133가)의 '-고'는 부사형 어미이지만 (133나)의 '-고'는 대등적 연결 어미이고 (133다)의 '-고'는 보조 용언 구성 속에 쓰이는 보조적 연결 어미이다. 의미 기능 역시 형태에 따라 일률적으로 정해지지 않기는 마찬가지이다. 예컨대 (131다, 라)에서 보듯이 '-다가'는 "그 형이 운동을 하다가 쓰러졌다."에서는 '사건의 전환' 의미를 지니지만 "정후가 졸다가 내려야 할 정류장을 지나쳤다."에서는 '원인·이유'의 의미를 지닌다.

이제 예전부터 부사절로 보아 왔던 예를 살펴보기로 한다. 우선 부사형 어미 '-게'는 가장 일반적으로 쓰이는 것이고 절의 주어가 생략되어 성질, 상태 등을 나타내는 보통의 부사어처럼 쓰이는 대표적인 어미이다.

(139) 꽃$_i$이 [e$_i$ 아름답게] 피었다.

관형사절을 안은 문장에서처럼 이 문장 역시 '아름답게'의 주어인 '꽃이'가 생략되어 있는 것으로 볼 수 있다. '-게'는 이처럼 단순히 한 단어로 성상 부사처럼 쓰이는 것이 아주 자연스러운데 이는 다른 부사형 어미와 차별되는 특성이다. '-게'가 다른 부사형 어미처럼 주어와 다른 성분을 갖춘 부사절에 쓰인 예문은 다시 아래에서 살펴볼 것이다.

부사형 어미 '-이'가 이끄는 부사절은 그것이 결합하는 서술어가 '다르다, 같다, 없다'로만 한정되어 있어 '달리, 같이, 없이'로만 나타난다.

(140) 가. <u>미국과 달리</u> 한국 여성들은 결혼 후에도 원래의 성씨를 쓴다.
나. 우리는 <u>돈 없이</u> 1주일을 더 견뎌야 합니다.

(140가, 나)에서 밑줄 친 부분은 '-이'가 이끄는 부사절이다. 이 '-이'는 어미라고 보기에는 결합의 제약이 너무 심해 접미사로 볼 수도 있겠지만 절에 결합한다는 점을 더 중시한다면 부사 파생 접미사로 보기보다는 부사형 어미로 보는 편이 더 합리적이다.[49]

49 역사적으로 '-이'는 절에 일반적으로 결합하는 부사형 어미에서 특정 어휘를 부사로 만드는 부사 파생 접미사로 발달되어 왔다. 우리 책에서는 현대 한국어에서의 '-이'를 통사적으로 이해할 수 있는 부사형 어미와 형태적으로 이해할 수 있는 부사 파생 접미사로 나누었다.

(141) 가. 엄마는 아이에게 혀가 {닳도록, 닳게} 타일렀다.
　　　나. 아이를 해가 {저물도록, *저물게} 타일렀다.
(142) 날이 갈수록 취업이 어려워지고 있습니다.
(143) 나그네가 달이 구름에 가듯(이) 걸어간다.

(141가)와 (141나)는 유사하지만 약간 다른 의미를 담고 있다. (141가)는 어떤 사태의 '결과'를 좀 더 적극적으로 나타낸 것이고 (141나)는 어떤 사태에 '이르렀음[到及]'을 나타내는 것이다. 후자의 뜻일 때는 '-게'를 쓰지 않는다. (142)의 '-(으)ㄹ수록'은 '점차 심해짐[益甚]'의 의미를 나타내는 어미이고 (143)의 '-듯(이)'는 유사한 점을 비유적으로 표현할 때 쓰는 어미이다.

(144) 가. 저는 밥을 먹을 때(에) 말을 많이 하지 않습니다.
　　　나. 그대가 떠난 후(에) 내 마음은 텅 비었습니다.
　　　다. 끊임없이 노력한 결과(로) 홍길동 씨는 합격하였다.
　　　라. 그녀는 너무 흥분한 나머지 나에게 막말을 했다.
(145) -(으)ㄴ/는 가운데(에), -(으)ㄴ 결과(로), -(으)ㄴ/는/(으)ㄹ 경우(에), -(으)ㄴ 나머지, -(으)ㄴ 다음(에), -(으)ㄴ/는 대신(에), -는 중/도중/와중(에), -(으)ㄴ 뒤/후/이후(에), -(으)ㄴ/는 반면(에), -(으)ㄴ/는 사이(에), -(으)ㄹ 시(에), -는 한편(으로)

한편 (144)에서 보듯이 명사구 자체가 부사절로 기능하는 경우도 있다. 예를 들어 (144나)의 '그대가 떠난 후'는 부사격 조사 '에'가 없어도 있는 것과 동일한 기능을 하는데, 그것을 형식적으로 보면 '그대가 떠난'이 '후'를 꾸며 주는 관형사절이고 '그대가 떠난 후' 전체는 명사구로 분석할 수 있지만 기능적으로 보면 주어와 서술어를 갖추고 부사어로 쓰인 부사절로 볼 수 있다는 것이다. (145)는 그러한 기능을 하게 하는 명사의 목록이다.

(146) 가. 어제 폭우가 내렸기 때문*(에) 도로 교통 사정이 좋지 않습니다.
　　나. 그가 자꾸 말을 시키는 바람*(에) 나는 제대로 쉬지 못했다.

명사구가 부사어가 되려면 대체로 부사격 조사가 결합되어야 한다. 그것이 (146)의 예문들이다. 두 문장 공히 부사격 조사 '에'가 생략되면 비문이 된다. 그러나 (144가~다)에서는 부사격 조사가 생략될 수 있으며 심지어 (144라)에서는 '나머지' 뒤에 아무런 부사격 조사도 결합할 수 없다.

(144)는 통사 구조적으로는 명사구(관형사절+명사)에 부사격 조사가 수의적으로 붙어 부사어가 된 예로 다루어져야 할 것이다. 그러나 통사적 구성에 대한 엄격한 형식적 분석을 다소 희생하고 교육적, 기능적으로 접근한다면, 명사구 혹은 명사구에 부사격 조사가 붙은 전체를 부사절로 기술할 수도 있다.[50]

부사격 조사 '(이)라고'나 부사형 어미 '-다고, -냐고, -(으)라고, -자고'가 이끄는 부사절을 특히 인용 부사절, 줄여서 인용절이라고 한다. 인용절이란 어떤 말이나 글, 생각 따위를 따온 내용이 모절에 안긴 절을 가리킨다. 인용절은 직접 인용절과 간접 인용절로 나뉘는데, 글에서 직접 인용절에는 큰따옴표(" ")나 작은따옴표(' ')가 인용절 앞뒤에 붙는 것이 원칙이다. 직접 인용절은 실제 쓴 말, 글, 생각을 따온 것이다. 문장을 따왔으면 큰따옴표를 쓰고 단어나 구절 혹은 생각을 따왔으면 작은따옴표를 쓰는 것이 일반적이다.[51] (147)에서 예를 보인다.

(147) 가. 철수는 나에게 "나는 영희를 좋아해."라고 말했다.
　　나. 철수는 "오늘 날씨가 정말 좋군."이라고 말했다.
(148) 가. 그 상자에는 '사물함'이라고 씌어 있었다.
　　나. 어린이는 '미래의 주인공'이라고 불린다.

50 이러한 이유로 최근의 연구에서는 이들을 '연결 어미 상당의 명사구'로 기술하는 일이 많다. 어떤 연구자는 이 경우의 관형사절을 연계절로 처리하기도 한다. 이에 대해서는 4.3.3.2.에서 언급한 바 있다.

51 따옴표의 사용은 국립국어원의 문장 부호 규정을 준거로 할 수 있으나, 실제 글에서는 매우 다양한 형식으로 나타난다. 일례로 외국 문헌에서의 논문 인용 관례에 따라 직접 인용은 문장이든 구절/단어든 상관하지 않고 큰따옴표를 쓰는 경우가 많고 현행 문장 부호 규정에서도 큰따옴표를 그렇게 사용하도록 지정하고 있다. 문장 역시 발화된 것만을 큰따옴표로 인용하고, 보통의 문장은 작은따옴표로 인용하는 경우가 종종 있다. 한편 인용된 것이 절일 때에만 '직접 인용절'이라고 부를 수 있고, 구절이나 단어일 때에는 '직접 인용 구절/단어'라고 불러야 하겠으나, 기술의 편의상 '직접 인용절'에 포함하였다.

다. 나는 속으로 '이건 너무 어려워.'라고 되뇌었다.

(147)의 큰따옴표 속의 인용절은 문장 전체를 따온 것이고 (148)의 작은따옴표 속의 인용절은 단어와 구절 혹은 마음속 생각을 따온 것이다. 모두 직접 인용절이다. 직접 인용절은 인용의 부사격 조사 '(이)라고'가 붙어야 한다. 인용절이 모음으로 끝나면 '라고'가 붙고 자음으로 끝나면 '이라고'가 붙는다.

참고 36 **'(이)라고', '-고'의 문법적 지위**

학문 문법에서 '(이)라고', '-고'의 문법적 지위에 대해서는 견해의 대립이 팽팽하다. 부사격 조사의 일종으로 다루는 견해와 부사형 어미의 일종으로 다루는 견해가 그것이다. 어떤 연구자는 '(이)라고'는 조사, '-고'는 어미로 구분하여 보기도 한다. 학교 문법에서는 '(이)라고'와 '-고'를 조사로 다루고 있으나 우리 책에서는 절충적으로 직접 인용의 '(이)라고'를 부사격 조사, 간접 인용의 '-다고, -냐고, -(으)라고, -자고'를 부사형 어미로 다루고자 한다. '(이)라고'는 직접 인용 표지이므로 그 앞의 말이 명사구처럼 해석되는 것으로 볼 수 있고(4.3.3.1. 참조) 실제로 (148가, 나)에서처럼 명사(구)만 인용되는 경우도 있기 때문에 조사로 보는 것이 좀 더 자연스럽다. 인용의 부사형 어미를 '-고'만으로 한정하지 않은 이유는 간접 인용의 경우 네 개의 어미만이 독자적으로 쓰이기 때문이다. 예컨대 "그가 집에 갔습니다."를 간접 인용할 때에는 '-습니다'와는 상관없이 '갔-'에 '-다고'가 붙는 형식이 나타나기 때문에 '-다고, -(느)냐고, -(으)라고, -자고' 전체를 인용의 부사형 어미로 보는 것이 더욱 합리적이다.

(149) 가. 언니가 "얘들아, 어서 돌아와!" 하고 소리쳤다.
나. 포탄이 터지는 소리가 '쿵!' 하고 울렸다.
다. 아가씨는 "어머나, 별이 저렇게 많아!" 하고 감탄했다.

직접 인용절은 (149)에서처럼 '하고'에 의해 이끌어질 수도 있다.[52] 남의 말이나 바람 소리, 물소리 같은 것을 그대로 흉내 내어 전달하고자 할 때 특히 많이 쓰인다. 이때에는 말의 억양까지 거의 그대로 인용된다. 다시 말해 인용 내용이 중요한 것이 아니라 인용하는 사실 자체가 중요할 경우에 '하고'를 사용하는 일이 많다. 그래서 특히 (149나)에서 보듯 의성어를 인용하는 경우에는 언제나 '하고'를 쓰게 된다.

52 일반적으로 '하고'는 아직 문법화가 완전히 이루어지지 않아 인용 조사 '(이)라고'나 인용 어미 '-다고, -냐고, -(으)라고, -자고'와는 달리 인용 동사 '하다'의 활용형으로 본다.

(150) 가. 피터 씨는 다음 주 발표를 자기가 하겠다고 합니다.
가′. 사람들이 에디슨을 발명의 천재라고 합니다.
나. 선생님이 학생들에게 숙제를 다 해 왔(느)냐고 물었습니다.
나′. 철수가 영희에게 무슨 생각을 하(느)냐고 물었다.
다. 의사가 환자에게 담배를 끊으라고 충고했습니다.
다′. 선생님이 학생들에게 숙제를 열심히 하라고 하십니다.
라. 철수가 공원에 놀러 가자고 했지만 저는 가지 않았습니다.

(150)은 간접 인용절이 내포된 예문들이다. 간접 인용절은 말한 그대로를 따오지 않고 화자의 현재 관점에 따라 변형하여 따온 것이다. (150가, 가′)은 평서문을 인용한 것이고 (150나, 나′)은 의문문을 인용한 것이다. (150다, 다′)은 명령문을 인용한 것이고 (150라)는 청유문을 인용한 것이다.

인용절을 안은 문장에는 몇 가지 특징이 있다. 첫째, 간접 인용절로 내포될 경우 상대 높임법은 별로 중요하지 않은 요소가 되므로, 단지 문장의 종류에 따라서만 어미 선택이 달라진다. 예컨대 종결형의 평서문에서는 '-ㅂ니다/습니다', '-아/어(요)', '-다' 등을 골고루 사용하지만 간접 인용절에서는 모두 '-다고'로 통합되어 표현된다. 의문문은 동사 서술어의 경우 '-(느)냐고', 형용사 서술어의 경우 '-(으)냐고'로 통합되어 표현된다. 명령문은 '-(으)라고', 청유문은 '-자고'로 통합되어 표현된다.

둘째, 밖으로 나온 말이나 글은 직접 인용을 하는 경우도 있고 간접 인용을 하는 경우도 있으나 머릿속에 있는 생각을 인용할 때에는 (151가, 다)처럼 간접 인용을 하는 것이 원칙이고 그것이 더 자연스럽다. 다만, 구어에서는 (151나, 라)와 같이 직접 인용을 하는 경우도 적지 않다.

(151) 가. 저는 한국어가 어렵다고 생각합니다.
나. 저는 '한국어가 어렵다.'라고 생각합니다.
다. 우리는 선생님께서 건강을 곧 회복하실 것이라고 생각했다.
라. 우리는 '선생님께서 건강을 곧 회복하시겠구나.'라고 생각했다.

셋째, 평서문이 '이다'로 끝나는 경우에는 간접 인용절이 '-(이)라고'와 같은 형식이 된다. (152)에서 확인할 수 있다.

(152) 가. 저는 그 호랑이가 사자라고 생각했습니다.
나. 저는 그 탁자를 책상이라고 착각했습니다.

넷째, (153)에서 보듯 감탄 의미의 '-구나'나 약속 의미의 '-(으)마' 등은 간접 인용을 할 때 평서문으로 인용된다. 특히 (153나′)에서 보듯이 약속문을 간접 인용할 때에는 간접 인용절에 '-겠-'이 사용된다.

(153) 가. 영희는 "꽃이 정말 아름답구나!"라고 {말했다, 감탄했다}.
가′. 영희는 꽃이 정말 아름답다고 {말했다, 감탄했다}.
나. 나는 "내가 그 일을 해 {줄게, 주마}."라고 말했다.
나′. 나는 그 일을 해 주겠다고 약속했다.[53]

53 "나는 그 일을 해 주마고 했다."와 같은 문장이 가능은 하나 거의 쓰이지 않는다.

다섯째, 간접 인용절은 화자의 현재 관점에서 기술되기 때문에 인칭 대명사나 시간 표현, 장소 표현, 높임 표현 등이 직접 인용절에서와 달라질 수 있다.

(154) 가. 나는 민수에게 "영미가 너를 좋아해."라고 말했다.
가′. 나는 민수에게 영미가 그를 좋아한다고 말했다.
나. 저는 어제 민수에게 "내일 갈 거니?" 하고 물었습니다.
나′. 저는 어제 민수에게 오늘 갈 거냐고 물었습니다.

참고 37 인용절의 문법적 지위

직접 인용의 '(이)라고'가 부사격 조사라면 인용된 절(' ', " " 속의 내용)을 명사(구)나 명사절로 처리하는 것이므로 (147, 148)의 밑줄 부분이 부사구(부사격 조사구)가 된다. 간접 인용의 '-다고, -냐고, -(으)라고, -자고'가 부사형 어미라면 인용된 절은 부사형 어미가 이끄는 절이므로 부사절이 된다. 그렇다면 '인용절'이라는 개념은 불필요한 개념이라고 할 수도 있다. 그런데 '인용절'은 통사 구조에 근거한 명칭이 아니라 의미에 근거한 명칭이다. 그것이 부사구, 부사절이라고 하더라도 '인용'의 의미를 나타내므로 그 명칭에 근거가 없는 것은 아니다. 우리 책에서는 기능적으로 인용의 의미를 담은 절이라는 뜻으로 '인용절'을 사용하고 인용절을 부사절의 일종으로 다루기로 한다. 직접 인용의 경우라도 인용의 기능을 기준으로 보면 부사절로 다룰 수 있다. 이는 언어를 기능적으로 접근한 학교 문법의 기술과 너무 멀어지지 않으려는 시도이다.

4.3.3.4. **서술절을 안은 문장**

한국어에는 주어가 둘 이상 있는 듯이 보이는 문장이 있다. 흔히 '이중 주어문'이라고 하는 문장이 그러하다.

(155) 가. 민수는 눈이 크다.

가'. [민수가 [눈이 크다]].

나. 생선은 도미가 최고이다.

다. 서울은 인구가 매우 많다.

라. 학생이 셋(이)[세 명(이)] 논다.

마. 저 사람은 아들이 아주 공부를 잘한다.

바. 국어학은 취직이 가장 쉽다.

사. 서울이 롯데 백화점이 양복이 값이 5만 원이 싸다.

사'. 서울(의) 롯데 백화점에서 양복 값이 5만 원(이) 싸다.

아. 구두가 바닥이 구멍이 하나가 났다.

아'. 구두(의) 바닥에 구멍이 하나(가) 났다.

(155)에 대해 학문 문법에서는 그동안 대소 주어설, 서술절설, 대소 관계설, 기저적 단일 주어설, 주제어설, 다주어설, 다기능어설 등의 여러 가지 문법 원리들을 제시하여 왔다.[54]

서술절설이란 예컨대 (155가)를 (155가')의 구조를 지녔다고 설명하는 것이다. 이때 전체 문장의 주어는 '민수가', 그것의 서술어는 '눈이 크다'라는 절 형식이고, 문장 '눈이 크다'에서의 주어는 '눈이'이고 그것의 서술어는 '크다'라고 설명하는 방식이다. 의미론적인 대소 관계설이란 대체로 첫

54 이 여러 가지의 학설 중 어떤 학설도 약점 없는 설명을 하지 못하고 있으므로 우리 책에서는 (155) 중 일부 문장을 '서술절을 안은 문장'으로 처리하는 학교 문법에 따라 서술절설을 최대한 반영하여 설명하기로 한다.

번째 주어와 두 번째 주어가 '전체-부분, 유형-사례, 부류-일원' 따위의 관계로 이루어졌다고 설명하는 방법이다.

그러나 대소 관계설은 (155가~다)의 예들을 아주 잘 설명해 주지만, (155마, 바)는 그리 효과적으로 설명하지 못한다. 엄밀히 말하자면 (155마, 바)는 이중 주어문이라고 할 수도 없는데, 성격이 아주 다른 (155마, 바)를 다른 유형으로 인식하는 일은 쉽지 않다. (155마, 바)는 어떤 주제(저 사람, 국어학)를 정해 놓고 그 주제와 밀접하게 관련되는 사실을 설명하는 언급이 뒤에 서술절로 나온 것이다.

(155사, 아)는 이중 주어문을 넘어서 다중 주어문이라고 할 수 있다. 이와 같은 문장은 서술절을 안은 문장이라고만 보아서는 문법적으로 제대로 설명되지 않는다. 초기 생성 문법에서는 의미적인 관점에서 (155사′, 아′)과 같은 문장들이 각각 (155사, 아)로 변형된 것으로 설명하였으나, 통사적으로 보면 그러한 문법 설명은 임시변통적인 것이다. 이러한 문장은 4.1.2.에서 다룬 문장을 보는 두 가지 관점, 곧 통사 구조적 관점과 정보 구조적 관점을 종합적으로 적용하여 해석하여야 이해할 수 있다. 그럼에도 불구하고 (155라, 사, 아)의 수량 명사구와 관련된 이중 주어, 이중 목적어 현상은 아직 분명하게 설명되지 못한 채로 남아 있다.

4.3.4. 겹문장의 문법적 특성

겹문장은 둘 이상의 절이 존재하는 문장이므로 두 절이 어떤 문법적 특성을 드러내며 상호 관계를 맺고 있느냐, 어떤 절에서 어떠한 문법적 특성을 가지고 있느냐를 살펴보아야 한다. 다음은 그러한 문법적 특성을 살피는 기준을 정리한 것이다.

(156) 가. 한 절이 다른 한 절 속으로 이동할 수 있는가?
나. 접속절, 내포절의 어미에 시제, 상, 양태의 선어말 어미가 결합될 수 있는가?
다. 한 절과 다른 한 절의 주어가 같아야/달라야 하는가?
라. 내포절에 사용된 어미가 결합되는 서술어가 특정 부류로 제약

되는가?

마. 모절의 문장 유형이 특정 문장 유형이어야 하는가?

바. 내포절에 부정 표현이 쓰일 수 있는가?

사. 연결 어미나 내포 어미에 보조사가 결합할 수 있는가?

위 특성을 하나씩 살펴보고자 한다. (156가)는 이동 제약이다. 안은문장은 이동 제약이 없거나 적은 반면 이어진문장은 이동 제약이 매우 강하다.

(157) 가. 산은 높고 물은 깊다.

나. *물은 산은 높고 깊다.

(158) 가. 내일 날씨가 맑으면 우리는 소풍을 갈 것이다.

나. 우리는 내일 날씨가 맑으면 소풍을 갈 것이다.

(156나)는 시제, 상, 양태 선어말 어미의 결합 제약이다.

(159) 가. 지난 주말에는 독감에 {걸려서, *걸렸어서} 집에만 있었습니다.[55]

나. 그는 철학을 {공부하고자, *공부했고자} 독일에 유학을 갔다.

(160) 가. 시험에 {합격하려고, *합격하겠으려고} 열심히 공부합니다.

나. 비가 {오다가, *오겠다가} 그치겠다.

(161) 가. 그는 집에 {가면서, *가더면서} 그 가게에 들르곤 했습니다.

나. 러시아에 {가니까, *가더니까} 정말 춥더라.

예컨대 (159가)에서 보듯 아무리 과거 일에 대해서 이야기하는 경우라도 '-아/어서' 앞에는 '-았/었-'을 쓸 수 없고, (160가)에서 보듯 아무리 미래에 이루려고 하는 일이라도 '-(으)려고' 앞에는 '-겠-'을 쓸 수 없으며 (161가, 나)에서 보듯 아무리 과거 일을 회상하며 말하는 상황이라도 '-(으)면서, -(으)니까' 앞에는 '-더-'를 쓸 수 없다.

(162)는 '-았/었-, -겠-'과 함께 쓰일 수 없는 어미들을 정리하여 보인 것이다.

55 이는 연원이 오래되고 분명한 문법이어서 한국어 문법을 기술한 거의 모든 논저에서는 '-어서' 앞에 '-었-'이 결합할 수 없는 것으로 설명하고 있다. 학교 문법, 외국인 대상의 한국어 문법, 『표준국어대사전』 등의 예문에서도 모두 그러하다. 그런데 최근의 한국어 언중은 젊은 층을 중심으로 '이유·원인'의 의미를 가진 '-아/어서' 앞에 '-았/었-'을 사용하는 일이 급속히 잦아지고 있다. 아직은 오용으로 기술하는 것이 일반적이지만, 이러한 상황이 오래 지속되면 문법 기술이 달라져야 할 가능성이 있다.

(162) 가. '-았/었-, -겠-'이 모두 함께 쓰일 수 없는 어미: -아/어서, -고서, -자, -(으)러, -(으)려고, -고자, -(으)면서, -(으)ㄹ수록, -게, -도록, -(으)라고, -(으)ㄴ들, -건대, -느라고

나. '-았/었-'과는 함께 쓰일 수 있으나 '-겠-'과는 함께 쓰일 수 없는 어미: -다가, -듯이, -(으)ㄹ망정, -(으)ㄹ지라도, -아/어야

(156다)는 주어 일치/불일치 제약이다. 이어진문장에서 선행절과 후행절의 주어는 같을 수도 있고 다를 수도 있는데, 부사절을 안은 문장에서도 대개 내포된 부사절의 주어와 모절의 주어가 같을 수도 있고 다를 수도 있다. 그러나 어떤 어미는 그것이 이끄는 내포절의 주어가 모절의 주어와 같아야 한다는 제약을 갖고 있다. (163)을 보자. (163가~다)처럼 내포절의 주어와 모절의 주어가 다르면 비문법적인 문장이 됨을 확인할 수 있다. 모두 (163가′~다′)처럼 주어를 일치시켜야 한다. 이때 일치된 주어 중 뒤의 것은 생략된다.

(163) 가. *철수는 유학을 떠나고자 엄마는 열심히 저축하고 있다.

가′. 철수는 유학을 떠나고자 열심히 저축하고 있다.

나. *철수는 문구점에 가서 영희는 공책을 샀습니다.

나′. 철수는 문구점에 가서 공책을 샀습니다.

다. *아들은 음악을 들으면서 아버지는 신문을 읽고 있습니다.[56]

다′. 아들은 음악을 들으면서 신문을 읽고 있습니다.

56 각종 통사적 제약은 의미 차이에 따라 다르게 적용될 수 있다. 가령 "봄이 오면서 꽃이 피기 시작했다."와 같이 동시에 일어나는 한 행위자의 특정 움직임이나 작용이 아니라 사태의 전체적 양상에 대해 말할 때에는 주어가 달라도 된다.

주어가 반드시 달라야 하는 어미도 있다. (164)에서 보듯이 '-자'는 내포절과 모절의 주어가 달라야 한다.

(164) 가. 철수가 늦게 들어가자 선생님은 화를 내셨다.

나. 철수가 늦게 들어가자 *(철수는) 피곤했다.

(156라)는 어미와 결합하는 서술어 종류의 제약이다. 일반적으로 어미

는 그 앞에 결합하는 서술어의 품사를 가리지 않으나 어떤 내포 어미는 서술어가 동사여야만 하는 특성이 있다.

(165) 가. 열심히 공부하면 꼭 성공할 거예요.
　　나. 이게 맛있으면 또 만들어 드릴게요.
　　다. 걔가 우리 학교 학생이면 한번 사귀어 봐.
(166) 가. 첨단 과학을 연구하려고 그 나라에 갔다.
　　나. *기분이 좋으려고 노력해 보세요.
　　다. *민수는 훌륭한 학생이려고 착한 일을 많이 했다.

(165)는 '-(으)면'이 쓰인 문장들이다 '-(으)면'은 동사, 형용사, '체언+이다' 모두에 자연스럽게 결합되어 있다. 반면 (166)은 '-(으)려고'가 쓰인 문장들이다. '-(으)려고'는 (166가)에서처럼 동사와만 결합할 뿐 (166나, 다)에서처럼 형용사나 '체언+이다'와는 결합하지 않음을 알 수 있다. '-고자, -(으)러' 역시 마찬가지 특성을 가지고 있다.

(156마)는 안은문장에서 모절이 지니는 문장 유형 제약을 말한다. (167)에서 잘 알려진 몇 가지 예를 들어 보인다.

(167) 가. *수미 씨는 공부도 잘하거니와 운동도 잘합니까?
　　나. *비가 올 것 같아서 우산을 꼭 가져가십시오.
　　다. *피터 씨는 한국에 오거든 수미 씨에게 꼭 전화합니다.

(167가)에서 보듯 '-거니와'는 모절이 의문문이 될 수 없고(명령문, 청유문도 될 수 없음), (167나)에서 보듯 '-아/어서'는 모절이 명령문이 될 수 없으며(청유문도 될 수 없음), (167다)에서 보듯 '-거든'은 모절이 평서문이 되기 어렵다(의문문도 되기 어려움). 거꾸로 말하면 '-거니와'는 평서문에서만 쓰이고 '-아/어서'는 평서문과 의문문에서만 쓰이며 '-거든'은 대개 명령문과 청유문에서 쓰이는 것이다.[57]

(156바)는 내포절의 부정 표현 관련 제약이다. 어떤 내포 어미는 '안/아

57 "그분이 오시거든 먹겠니?"에서처럼 후행절이 의지·의도를 나타내는 경우에는 '-거든'이 평서문이나 의문문에서도 쓰일 수 있다.

니', '못', '-지 않다/못하다'와 결합하지 못한다.

(168) 가. 그는 TV를 보느라 내가 부르는 소리를 못 들었다.

나. *그는 TV를 안 보느라 내가 부르는 소리를 들었다.

(169) 가. 그는 나를 만나러 서울에 왔다.

나. 그는 나를 안 {*만나러, 만나려고} 서울로 갔다.

(168가)와 (168나)의 대조에서 보듯이 '-느라'는 부정 표현과 함께 쓰이지 못한다. 또 (169가)와 (169나)의 대조에서 보듯이 '-(으)러' 역시 부정 표현과 함께 쓰이지 못한다. 부정 표현과 함께 쓰려면 '-(으)려고'를 사용하여야 한다.

(156사)는 어미의 보조사 결합 제약이다. (170가)의 부사형 어미 '-게'에는 보조사 '는'이 붙었으나 (170나)의 부사형 어미 '-(으)ㄹ수록'에는 보조사 '-도'가 붙지 못함을 확인할 수 있다.

(170) 가. 설득은 해 보겠지만 가시게는 못할 것 같아.

나. *많이 먹을수록도 살이 찌지만 운동을 안 해도 살이 찐다.

(171)에서 보조사와의 결합 제약이 없는 어미와 결합 제약이 있는 어미를 정리해 보인다.

(171) 가. 보조사와의 결합 제약이 없거나 적은 어미: -(으)면서, -고서, -아/어서, -(으)려고, -게, -다가

나. 보조사와 결합하지 못하거나 결합에 심한 제약이 있는 어미: -거니와, -아/어도, -(으)되, -건만, -(으)니, -느라고, -거든, -(으)ㄴ들, -다시피, -자, -(으)ㄹ수록, -(으)러, -도록, -고자

4.4. 문장의 유형

'문장의 유형(sentence type)'은 화자가 자신의 생각이나 느낌을 표현하는 데에서 드러내는 의도나 의향을 가리키는 문법 범주(grammatical category)이다.[58]

58 '문장의 유형'을 줄여서 '문장 유형' 혹은 '문장형'이라고 할 수도 있다. '문장의 유형'은 연구자에 따라 '문장의 종류', '문장 종결법'으로 불리기도 한다. 또 '문체법', '의향법' 등의 용어도 같은 개념을 나타내지만 이 용어들은 몇몇 약점이 있어 일반적으로 쓰이지 않는다. 또한 아직도 많은 연구자들이 문장 유형을 '서법'이라고 부르고 있는데, '서법'이 한국어 문법론에서 지나치게 많은 개념을 지시하는 난삽한 용어로 쓰이고 있음을 고려할 때 그것은 바람직한 용어 사용이라고 하기 어렵다.

참고 38 문법 범주(grammatical category)

문법 범주의 개념은 특정한 문법적 특성을 공유하는 부류를 가리키는 경우도 있고 (가령 형용사 범주, 조사 범주 등), 문법 형태소에 의해 표현된 문법적 요소를 가리키는 경우도 있다. 이에 따라 우리 책의 4.4.~4.9.는 한국어의 문법 범주론이라고 할 수 있다. 그런데 만약 엄격하게 문법 형태소에 의해 표현되어야만 문법 범주로 인정할 수 있다고 한다면, 한국어의 문법 범주로는 '문장의 유형', '높임법', '시제', '상', '피동', '사동', '양태'를 설정할 수 있다. 그러나 다소 느슨하게 보조 용언 구성과 같은 준문법 형식에 의한 문법 범주도 인정한다면 '부정(否定)'을 더 설정할 수 있다.

한국어의 '상'은 준문법 형식인 보조 용언 구성으로 표현되는 경우가 더 일반적이고 '양태' 또한 보조 용언 구성이나 실질 형태소에 의해 표현되는 경우가 많다. 더욱이 '부정'은 '안, 못'과 같은 부정 부사나 '-지 않다, -지 못하다'와 같은 보조 용언 구성에 의해서 표현되므로 한국어에서 문법 범주를 설정할 때에는 느슨한 기준을 적용하는 것이 일반적이다.

한국어의 문장 유형은 종결 어미 혹은 문말의 억양에 따라 평서문, 의문문, 명령문, 청유문, 감탄문의 다섯 범주로 나누는 것이 일반적이다.

참고 39 문장 유형의 다른 분류

한국어의 문장 유형에 약속문, 허락문, 경계문 등을 더 설정하는 경우도 있다. 약속문은 '-(으)ㄹ게, -(으)마'와 같은 종결 어미에 의해, 허락문은 '-(으)렴, -(으)려무나'와 같은 종결 어미에 의해, 경계문은 '-(으)ㄹ라'와 같은 종결 어미에 의해 실현되는 문장이다.

그러나 이들은 다른 문장 유형만큼 상대 높임법별로 종결 어미가 다양화되어 있지 않아 일반적으로는 평서문의 화행적 의미 중 하나를 표현하는 문장으로 다룬다. 이러한 의미에서 감탄문 역시 평서문의 한 종류로 보기도 한다.

연구자에 따라서는 감탄문, 약속문은 간접 인용에서 평서문과 동일한 인용 어미에 의해 표현되고 허락문은 간접 인용에서 명령문과 동일한 인용 어미에 의해 표현될 수밖에 없는 사실을 이들 문장 유형의 독자성을 인정하지 않는 근거로 제시하기도 한다. 그러한 근거에 따른다면 간접 인용으로 표현되기 매우 어려운 경계문은 문장 유형의 한 종류로 포함시켜야 할 것이다. 우리 책에서는 약속문과 경계문은 평서문에 포함시키고 허락문은 명령문에 포함시키기로 한다.

4.4.1. 평서문

평서문(declarative sentence)은 일반적으로 화자가 청자에게 특별히 요구하는 바 없이 어떤 정보를 진술하는 문장으로서 '서술문'이라고도 한다. 평서문은 평서형 종결 어미 혹은 문말 억양에 의해 실현된다. (172)~(174)는 평서형 종결 어미가 쓰인 문장이다.

(172) 가. 동수가 그림을 그립니다.
　　　나. 민희가 피자를 먹습니다.
(173) 가. 내가 요즘 몸이 좀 불편하네.
　　　나. 내가 그 일을 해 줌세.
(174) 가. 어느새 날씨가 개어 있다.
　　　나. 내가 그 일을 해 주마.

(172)는 하십시오체[59]의 평서형 어미가 쓰인 문장이다. 어미 앞에 모음이 있느냐 자음이 있느냐에 따라 각각 '-ㅂ니다'와 '-습니다'가 쓰인다. (173가)는 하게체 평서형 어미 '-네'가 쓰인 문장이다. (173나)는 약속의 의미를 특별히 드러내기 위해서 '-(으)ㅁ세'를 쓴 예이다. (174가)는 해라체 평서형 어미 '-다'가 쓰인 문장이다. (174나)는 약속의 의미를 특별히 드러내기 위해서 '-(으)마'를 쓴 예이다.

59 하십시오체를 비롯한 상대 높임의 등급에 대한 자세한 설명은 4.5.4.를 참조할 것.

(175) 가. 나 지금 밥 먹어.
　　　나. 저 지금 밥 먹어요.
(176) 가. 선생님께서 지금 수업을 {하셔요, 하세요}.
　　　나. 선생님께서 신문을 {읽으셔요, 읽으세요}.
(177) 가. 선생님께서 지금 수업을 {하셔, *하세}.
　　　나. 선생님께서 신문을 {읽으셔, *읽으세}.
(178) 가. 내가 오늘 장에 가오.
　　　나. 소가 풀을 뜯으오.
　　　다. 소가 풀을 뜯소.

(175가, 나)에서 쓰인 '-아/어', '-아요/어요'는 각각 해체, 해요체 종결 어미인데, 이들은 문장의 의미 혹은 문말 억양에 따라 어떤 문장 유형의 어미인지가 결정된다. (175가, 나)는 의미상 평서문이고 그에 따라 문말 억양을 약간 내리게 된다. 해체 종결 어미에는 '-게, -네, -데, -지' 등이 더 있고 해요체 종결 어미는 해체 종결 어미에 존대의 뜻을 나타내는 보조사 '요'를 더 붙여서 만든다. (176가, 나)는 (175나)의 '-어요' 앞에 '-(으)시-'가 결합할 때, '-(으)셔요'와 '-(으)세요' 모두 쓰일 수 있음을 보인 예이다. 그러나 (177가, 나)에서 보듯이 해체 종결에서는 '-(으)셔'만 쓸 수 있고 '-(으)세'는 쓸 수 없다. (178)은 하오체의 평서형 어미가 쓰인 문장이다. (178가, 나)에서처럼 어미 앞에 모음이 있느냐 자음이 있느냐에 따라 각각 '-오'와 '-으오'가 쓰인다. 특히 어미 앞에 자음이 있으면 (178다)처럼 '-소'를 쓰기도 한다.[60]

60 『표준국어대사전』에는 분명히 기술되어 있지 않으나 '-소'는 모음으로 끝난 어간 뒤에서 평서형 어미로 쓰이지 못하는 제약이 있다. 곧 (178가)를 "내가 오늘 장에 가소."와 같이 쓰기는 어렵다.

평서문 중에서는 동사에 아무런 선어말 어미나 어말 어미가 첨가되지 않고 오로지 사전에 실린 기본형인 '어간+-다'의 형태가 그대로 사용된 문장이 있다.

(179) 가. 월드컵, 드디어 대단원의 막이 내리다.
나. 오늘 친구와 북한산에 등산을 가다.

(179가)와 같이 신문 기사 따위의 제목에서나 (179나)와 같이 일기 따위의 제목에서 흔히 쓰이는데, 이러한 문장은 단독적 장면에서 현장감을 살리고자 할 때 주로 쓰인다.[61]

61 발화 맥락상 구체적 청자가 존재하는 경우를 상관적(相關的) 장면이라 하고, 그렇지 않은 경우를 단독적(單獨的) 장면이라 한다.

4.4.2. 의문문

의문문(interrogative sentence)은 일반적으로 화자가 청자에게 질문하여 대답을 요구하는 문장이다. 의문문은 의문형 종결 어미 혹은 문말 억양에 의해 실현된다. (180)~(182)는 의문형 종결 어미가 쓰인 문장이다.

(180) 가. 동수가 그림을 그립니까?

나. 민희가 피자를 먹습니까?

(181) 가. 자네 요즘 몸이 좀 불편한가?

나. 자네가 그 일을 했나?

(182) 가. 네가 여기 있던 감자 먹었니?

나. 누구 잘못이 더 {작니, 작으니}?

다. 진희가 곧 {오겠냐, 오겠느냐}?

라. 명희 키가 {작냐, 작으냐}?

(180)은 하십시오체의 의문형 어미가 쓰인 문장이다. 어미 앞에 모음이 있느냐 자음이 있느냐에 따라 각각 '-ㅂ니까'와 '-습니까'가 쓰인다. (181가), (181나)는 각각 하게체 의문형 어미 '-(으)ㄴ가', '-나'가 쓰인 문장이다. (182가, 나)는 해라체 의문형 어미 '-니'가 쓰인 문장이다. 특히 (182나)에서 보듯이 형용사 어간에 결합하는 '-니'는 수의적으로 '-(으)니'로 교체될 수 있다. (182다, 라) 역시 해라체 의문형 어미 '-(느)냐', '-(으)냐'를 쓴 것이다. (182다)에서 보듯이 동사에서는 수의적으로 '-느냐'와 '-냐'가 교체될 수 있다. (182라)는 형용사에 결합하는 '-냐'가 수의적으로 '-으냐'로 교체될 수 있음을 보인 것이다.

(183) 가. 벚꽃이 벌써 {피었어, 피었어요}?

나. 명희가 몸이 {아파, 아파요}?

(184) 가. 벚꽃이 벌써 피었나?

나. 명희가 몸이 아픈가?

다. 이 옷이 나에게 잘 어울릴까?

라. 네가 어제 청소 당번이었지?

(185) 가. 선생님께서 지금 수업을 {하셔요, 하세요}?

나. 선생님께서 신문을 {읽으셔요, 읽으세요}?

(186) 가. 선생님께서 지금 수업을 {하셔, *하세}?

나. 선생님께서 신문을 {읽으셔, *읽으세}?

(187) 가. 당신이 오늘 장에 가오?

나. 소가 풀을 뜯으오?

다. 소가 풀을 뜯소?

(183가, 나)에서 쓰인 '-아/어', '-아요/어요'는 각각 해체, 해요체 종결 어미인데, 이들은 문장의 의미 혹은 문말 억양에 따라 어떤 문장 유형의 어미인지가 결정된다. (183가, 나)는 의미상 판정 의문문이고 그에 따라 문말 억양을 올리게 된다. 해체 종결 어미에는 (184)에서 보인 '-나, -(으)ㄴ가, -(으)ㄹ까, -지' 등이 더 있고 해요체 종결 어미는 해체 종결 어미에 존대의 뜻을 나타내는 보조사 '요'를 더 붙여서 만든다.[62]

(185가, 나)는 (183)의 '-어요' 앞에 '-(으)시-'가 결합할 때, '-(으)셔요'와 '-(으)세요' 모두 쓰일 수 있음을 보인 예이다. 그러나 (186가, 나)에서 보듯이 해체 종결에서는 '-(으)셔'만 쓸 수 있고 '-(으)세'는 쓸 수 없다. (187)은 하오체의 의문형 어미가 쓰인 문장이다. (187가, 나)에서처럼 어미 앞에 모음이 있느냐 자음이 있느냐에 따라 각각 '-오'와 '-으오'가 쓰인다. 특히 어미 앞에 자음이 있으면 (187다)처럼 '-소'를 쓰기도 한다.[63]

의문문을 엄격한 기준에 따라 체계적으로 분류하기는 쉽지 않다. 질문 화행 이외의 화행적 의미가 중요성을 띠는 수사 의문문, 요청 의문문은 4.4.6.에서 살펴보기로 하고 여기에서는 판정 의문문, 설명 의문문, 선택 의문문, 메아리 의문문, 자문(自問)을 보기로 한다.[64]

62 '-(으)ㄴ가', '-나' 등의 의문형 종결 어미는 하게체로도 쓰이고 해체로도 쓰인다. 해체로 쓰이는 어미는 '요'를 붙여 해요체로 만들 수 있다.

63 『표준국어대사전』에는 분명히 기술되어 있지 않으나 '-소'는 모음 어미 뒤에서 의문형 어미로 쓰이지 못하는 제약이 있다. 곧 (187가)를 "당신이 오늘 장에 가소?"와 같이 쓰기는 어려운 것으로 보인다.

64 '화행'은 '발화 행위'를 줄여 이르는 말로서 발화의 의도를 가리킨다. 예를 들어 평서문의 화행은 대개 '서술'이고, 의문문의 화행은 대개 '질문'이다. '화행'에 대한 자세한 설명은 이 책의 4.4.6.과 제II권의 6.4.를 참조할 것.

4.4.2.1. **판정 의문문**

판정 의문문은 가부(可否) 의문문이라고도 한다. 평서형 어미가 쓰였다면 평서문으로 될 만한 문장 끝에 의문형 어미를 결합시켜 의문문으로 만든 것이다. 화자의 질문에 대해 그렇거나 그렇지 않다는 대답을 요구하는 의문문이다.

(188) 가. A: 이 아이가 네 동생이니?

B: 예, 제 동생이에요. / 아니요, 제 동생이 아니에요.

나. A: 우리 책 안 재밌니?

B: 응, 안 재밌어. / 아니, 재밌어.

(188가)의 물음 A에 대한 대답이 '예/아니요'로 되어 있어 가부 의문문임을 알 수 있다. 문말 억양이 올라간다. 그런데 (188나)에서처럼 부정(否定) 물음에 대한 대답이라도 화자의 물음에 긍정하는 대답이면 '응'을 쓰고 부정하는 대답이면 '아니'를 쓴다.

4.4.2.2. **설명 의문문**

설명 의문문은 의문 대명사, 의문 부사 등의 의문사가 사용되어 그 의문사가 가리키는 부분에 대해 그 내용을 설명해 주기를 요구하는 의문문이다.

(189) 가. 누가 이 밥상을 차렸나요?
나. 이 제품 이름이 무엇입니까?
다. 그가 왜 그렇게 화가 났나요?

(189가)는 '누구', (189나)는 '무엇', (189다)는 '왜'가 쓰인 의문문이다. 모두 설명 의문문으로서 문말 억양이 약간 내려가게 된다.

4.4.2.3. **선택 의문문**

선택 의문문은 둘 또는 그 이상의 선택항 중에서 하나를 골라 응답하기를 요구하는 의문문이다. 대답 내용을 말해야 한다는 점에서는 설명 의문문과 유사하고 그 내용의 범위가 매우 한정된다는 점에서는 판정 의문문과 유사하다. 선택항 교체 부분의 억양은 올라가지도 않고 내려가지도 않으면서 문말 억양은 약간 내려간다.

(190) A: 짜장면이 좋아, 우동이 좋아?
B: 짜장면이 좋아요.

4.4.2.4. **메아리 의문문**

메아리 의문문은 상대방의 말을 확인하기 위해 그 말을 되풀이해서 묻는 의문문이다. 상대방의 말이 메아리처럼 되돌아온다고 해서 '메아리'라는 이름을 붙인 것이다. 상대방의 말을 확인하려는 이유는 그 내용을 잘 듣지 못해서인 경우도 있으나 대개는 그 내용에 동의하기 어려움을 표현하거나 그 내용이 의외의 사실임을 표현하기 위해서이다. 메아리 의문문의 문말 억양은 강하게 올라간다.

(191) A: 이 집 음식 맛이 없네.
B: {음식이 맛이 없다고, 음식이 맛이 없어}?

(192) 가. A: 오늘 집에 가?
B: {오늘 집에 가냐고, *오늘 집에 가}?
나. A: 오늘 집에 가라.
B: {오늘 집에 가라고, *오늘 집에 가}?
다. A: 오늘 집에 가자.
B: {오늘 집에 가자고, *오늘 집에 가}?

(191)에서 B가 A의 말에 동의하기 어려워 메아리 의문문을 사용했음을 알 수 있다. 평서문, 감탄문에 대한 메아리 의문문은 '-다고' 형식이나 '-아/어' 형식의 의문문이 모두 가능하다. 그러나 (192)에서 보듯이 의문문, 명령문, 청유문에 대한 메아리 의문문은 각각 '-냐고, -(으)라고, -자고' 형식의 의문문만이 가능하고 '-아/어' 형식의 의문문은 불가능하다.

4.4.2.5. **자문(自問)**

자문은 근본적으로 남에게 묻기 위한 것이 아닌 화자 자신의 의구심을 표현한 것이다. 자문을 위한 의문형 어미로는 '-(으)ㄹ까', '-(으)ㄴ가', '-나' 등이 사용된다.

(193) 가. 이 옷이 나에게 어울릴까?
나. 전지현이 그렇게 예쁜가?

다. 이번에는 걔가 가나?

(194) 가. 인생이란 무엇인가?

나. 집값 다시 하락 시작하나?

자문이 기본적으로 혼잣말의 성격을 지니고 있기는 하지만 다른 사람에게 말을 걸 때에도 사용할 수 있다. 이때의 상대 높임법 등급은 해체이다. (193)은 모두 자문의 형식을 빌려 청자에게 질문할 때도 사용된다고 할 수 있다. 그에 따라 (193)의 모든 예에서 종결 어미에 '요'를 붙여 해요체를 만들 수 있다. (194)의 '-(으)ㄴ가, -나'는 문어에서 쓰인 자문이다. 문어에서는 보통 구체적인 청자에게 말을 거는 맥락이 상정되지 않으므로 (194가, 나)를 해요체로 바꾸면 어색한 문장이 된다.

4.4.3. 명령문

명령문(imperative sentence)은 화자가 청자에게 어떤 행동을 하도록 요구하는 문장이다. 명령문은 명령형 종결 어미 혹은 문말 억양에 의해 실현된다. 명령문은 청자에게 행위를 요구하는 문장이기 때문에 자동적으로 청자가 주어가 되므로 주어를 굳이 밝혀 주지 않는 경우가 많다. (195)~(198)은 명령형 종결 어미가 쓰인 문장이다.

(195) 가. 이쪽으로 와 보십시오.

나. 이 신문을 읽으십시오.

(196) 자네가 그 일을 하게.

(197) 가. 이 밧줄을 잡아라.

나. 이 빵을 먹어라.

(198) 이 죽 좀 드시구려.

(195)는 하십시오체의 명령형 어미가 쓰인 문장이다. 어미 앞에 모음이 있느냐 자음이 있느냐에 따라 각각 '-십시오'와 '-으십시오'가 쓰임을 알 수 있다. (196)은 하게체 명령형 어미 '-게'가 쓰인 문장이다. (197)은 해라체

의 명령형 어미 '-아라/어라'가 쓰인 문장이다. (198)은 하오체의 명령형 어미 '-구려'가 쓰인 문장이다.

(199) 가. 빨리 병원에 가.

나. 빨리 병원에 가요.

(200) 가. 지금 수업을 {하셔요, 하세요}.

나. 신문이나 {읽으셔요, 읽으세요}.

(201) 가. 오늘 장에 가시오.

나. 이것 한번 먹어 보소.

(199가, 나)에서 쓰인 '-아/어', '-아요/어요'는 각각 해체, 해요체 종결 어미인데, 이들은 문장의 의미 혹은 문말 억양에 따라 어떤 문장 유형의 어미인지가 결정된다. (199가, 나)가 명령의 의미를 지녔다면 그에 따라 문말 억양을 내리게 된다. 해요체 종결 어미는 해체 종결 어미에 존대의 뜻을 나타내는 보조사 '요'를 더 붙여서 만든다. (200가, 나)는 '-어요' 앞에 '-(으)시-'가 결합할 때, '-(으)셔요'와 '-(으)세요' 모두 쓰일 수 있음을 보인 예이다. (201)은 하오체의 명령형 어미가 쓰인 문장이다. (201가)에서처럼 하오체 명령형에서는 '-시오' 형태로 쓰는 일이 많다. 특히 어미 앞에 모음이 있으면 (201나)처럼 '-소'를 쓰기도 한다.

단독적 장면에서 주로 쓰이는 하라체의 명령형 어미는 '-(으)라'이다. 하라체 명령은 대면하지 않는 불특정 다수에게 명령할 때 주로 쓰이고 설령 대면한다고 하여도 청자와 매우 공식적인 거리를 두는 명령이다. 요컨대 청자를 의식하지 않거나 희미하게 의식하는 명령이라는 것이다. 반면에 '-아라/어라'와 같은 해라체 명령은 청자를 적극적으로 의식하면서 하는 명령이다.

(202) 가. 실패하지 않으려면 내 말을 <u>따라라.</u>

가'. 나를 <u>따르라.</u>

나. 문제를 읽고 물음에 <u>답해라.</u>

나′. 문제를 읽고 물음에 답하라.

다. 정부는 수해(水害) 대책을 시급히 {마련하라, ?*마련해라}.

(202가, 나)가 상대를 대면하는 경우에 쓰는 해라체 명령형이고 (202가′, 나′)은 상대와 대면하지 않거나 대면하더라도 상대와 거리를 두어 격식적으로 표현하는 경우에 쓰는 하라체 명령형이다. 이 구분은 (202다)에서 분명하게 드러난다. 정부에 어떤 행동을 요구하는 일은 하라체 명령형을 쓸 전형적 상황으로 이해되므로 '마련해라'와 같은 해라체 명령형을 사용하는 것이 거의 불가능한 것이다.

(203) 가. 선생님, 이쪽으로 오십시오.

나. 자리에 앉아 주십시오.

(203)은 상대 높임의 최상위 등급인 하십시오체의 명령문이다. 그런데 명령문은 명령의 직접 화행이라는 점에서 깍듯이 높여야 할 청자에게 개인적으로 말할 때에는 잘 쓰이지 않는다. 존귀한 청자에게 자칫 불쾌감을 줄 수 있기 때문이다.

참고 40 **명령 화행의 완곡한 표현**

한국어에서는 명령을 부드럽고 완곡하게 표현하는 여러 가지 장치가 있다.

(1) 선생님, 이쪽으로 오십시오.

(2) 가. 선생님, 이쪽으로 와 주십시오.

나. 선생님, 이쪽으로 와 주시겠습니까?

다. 선생님, 이쪽으로 오시지요.

라. 선생님, 이쪽으로 와 주시지요.

마. 선생님, 이쪽으로 와 주셨으면 합니다.

(2가)는 (1)과 똑같은 하십시오체 명령문이지만 보조 용언 구성 '-아/어 주다'를 사용함으로써 다소의 완곡성을 첨가하였다. (2나)는 요청 화행의 의문문이고 (2다, 라)는 권유/제안 화행의 명령문이다. 이것은 해요체 명령형이기는 하지만 명령의 의미를 강하게 드러내기보다는 권유/제안의 뜻으로 약하게 드러낸다. 특히 (2라)는 '-아 주다'까지 결합함으로써 완곡함을 더욱 강화하였다. (2마) 역시 평서문으로서 요청 화행을 수행하였다.

4.4.4. 청유문

청유문(propositive sentence)은 화자가 청자에게 어떤 행동을 함께 할 것을 요청하는 문장이다. 청유문은 청유형 종결 어미 혹은 문말 억양에 의해 실현된다. 청유문은 자동적으로 화자와 청자가 주어가 되므로 주어를 굳이 밝혀 주지 않는 경우가 많다. (204)는 청유형 종결 어미가 쓰인 문장이다.

(204) 가. 여기에서 잠시 쉽시다.
　　　나. 여기에서 잠시 쉬세.
　　　다. 여기에서 잠시 쉬자.

(204가)에서는 하오체의 청유형 어미 '-(으)ㅂ시다'가 쓰였다. (204나)는 하게체 청유형 어미 '-(으)세'가 쓰인 문장이다. (204다)는 해라체의 청유형 어미 '-자'가 쓰인 문장이다.

(205) 가. 우리 여기에서 함께 {쉬어(요), 쉬지(요)}.
　　　나. 삼촌, 같이 {가셔요, 가세요}.

(205가)에서 해체의 청유형 어미 '-어, -지'가 쓰이고 그 각각에 '-요'를 붙여 해요체를 만들었음을 알 수 있다. 문말 억양은 평서문과 거의 같다. (205나)는 '-어요' 앞에 '-(으)시-'가 결합할 때, '-(으)셔요'와 '-(으)세요' 모두 쓰일 수 있음을 보인 예이다.

4.4.5. 감탄문

감탄문(exclamative sentence)은 화자가 청자를 별로 의식하지 않거나 거의 독백하는 상태에서 자기의 느낌을 표현하는 문장이다. 감탄문은 감탄형 종결 어미에 의해 실현된다.

(206) 가. 길손이 유유히 사라졌구려.
　　　나. 아이가 참 예쁘구먼.

다. 이 동네는 서점이 없구나.

라. 아이고, 예뻐라!

(206가)는 하오체의 감탄형 어미 '-구려'가 쓰인 감탄문이다. (206나)는 하게체의 감탄형 어미 '-구먼'이 쓰인 감탄문이다. '-구먼'은 해체의 종결 어미로도 쓰이므로 '요'를 붙여 '-구먼요'로 쓰면 해요체가 된다.[65] (206다, 라)는 해라체의 감탄형 어미 '-구나, -어라'가 쓰인 감탄문이다.

65 '-구먼'은 구어에서 흔히 '-구만'으로 쓰이지만, 표준어 규정 제10항의 예시에 따르면 '-구먼'이 표준어이다.

참고 41 감탄문의 한계

일부 학교 문법 교과서에서는 '-어(요)', '-지(요)' 등의 어미를 감탄문에서 쓸 수 있는 것으로 기술하였으나 그것들이 감탄의 화행을 전달하는 수단으로 보기는 어려우므로 우리 책에서는 "민수가 집에 가(요)!", "동수가 집에 가지(요)!"와 같은 문장을 감탄문으로 보지 않고 느낌을 다소 강하게 담은 평서문으로 본다. 그러한 문장을 감탄문으로 처리하면 강한 느낌을 담은 평서문은 물론이고 의문문, 명령문, 청유문도 모두 감탄문으로 처리할 수 있기 때문이다.

4.4.6. 문장의 유형과 화행

문장 유형은 종결 어미를 주된 근거로 형식적으로 분류한 결과이다. 문법적으로는 다섯 가지의 문장 유형이 그 각각에 어울리는 화행 의미를 전달하여야 할 것이다. 즉, 평서문은 주로 서술(진술)의 의미를, 의문문은 질문의 의미를, 명령문은 명령(지시)의 의미를, 청유문은 청유의 의미를, 감탄문은 감탄의 의미를 표현하여야 할 것이다. 그러나 실제 발화에서는 문장 유형과 화행이 일치하지 않는 경우가 많다. 이를 간접 화행이라 한다.

예를 들어, 의문문으로 표현된 문장이 서술의 화행 의미를 담거나 청유문으로 표현된 문장이 명령의 화행 의미를 담는 경우가 있는 것이다.

(207) 가. 그런 문제를 누가 풀 수 있어?

나. 이 얼마나 아름다운 광경인가?

다. 창문 좀 열어 주시겠습니까?

라. 저와 같이 춤을 추시지 않을래요?

(207가)는 아무도 그런 문제를 풀 수 없다는 강한 단언(서술)의 화행 의미를 나타내는 문장이고 (207나) 역시 감탄의 화행 의미를 전달하고 있다. 이처럼 수사적으로 어떤 사실을 강하게 긍정하거나 부정하는 의문문을 수사 의문문이라고 한다. 수사 의문문은 문장 유형과 화행이 일치하지 않는 대표적인 예이다. (207다, 라)는 각각 의문문의 형식을 갖추었으나 각각 명령, 청유의 화행 의미를 표현하고 있다. 의문문은 요청(명령+청유)의 화행 의미를 표현하는 경우가 많은데, 이는 언어 보편적 현상이다.

(208) 가. (만원 지하철에서 내릴 때) 내립시다.
　　　나. (반 친구들이 떠들 때 반장이) 조용히 하자.
(209) 가. (애인과 데이트하면서) 아이, 추워.
　　　나. (막 비가 오기 시작할 때 며느리에게) 얘야, 비 온다.

(208가, 나)는 모두 청유문이다. 그러나 (208가)는 화자가 하는 행위만을 언급하는 문장이며 (208나)는 청자가 하는 행위만을 언급하는 문장이다. 다시 말해 (208가)는 화자가 내리겠다는 의지를 표현하는 평서문과 같은 뜻을 나타냄으로써 궁극적으로는 청자에게 비켜 달라는 명령문과 같은 뜻을 나타내고 있고 (208나)는 청자에게 조용히 하라고 요청하는 명령문과 같은 뜻을 나타내고 있다. 청유문은 일반적으로 화자와 청자의 공동 행위를 요구하는데 (208)은 그렇지 않은 것이다. 그럼에도 불구하고 명령 화행과 청유 화행이 모두 청자에게 어떤 행동을 '요청'하는 화행이라는 공통점을 가지고 있기 때문에 이와 같은 간접 화행이 가능한 것이다. 즉 (208)을 청유문으로 쓸 수 있는 것은 보통의 청유문과 같이 청자에게 어떠한 협조를 부탁한다는 의미를 담고 있기 때문이다.

(209가)는 춥다는 정보를 전달하는 평서문이지만 애인에게 옷을 벗어 달라는 명령의 화행 의미를 표현할 수 있고 (209나) 역시 비가 온다는 정보를 전달하는 평서문이지만 며느리에게 빨래를 걷으라는 명령의 화행 의미를 표현할 수 있다.

4.5. 높임 표현

4.5.1. 높임 표현의 개념과 종류

높임 표현이란 말하는 사람이 어떤 대상에 대하여 그 높고 낮은 정도를 언어적으로 나타낸 것이다. 그 높낮이의 대상에 따라 높임 표현은 크게 주어나 주제의 대상을 높이는 주체 높임, 청자를 높이거나 낮추는 상대 높임, 목적어나 부사어의 대상을 높이는 객체 높임으로 나뉜다. 이 범주는 주로 문법 형태소로 표현되므로 '높임법'이라는 문법 범주를 설정할 수 있으나[66] 간혹 어휘적 수단으로도 표현되므로 여기에서는 '높임 표현'이라는 포괄적 범주명을 쓰기로 한다.

66 연구자에 따라서 '높임법' 대신 '존대법, 경어법, 대우법' 등의 용어를 쓰기도 한다.

참고 42 상대 높임법에 대한 다른 시각

연구자에 따라서 '상대 높임법'을 따로 설정하지 않고 문장을 끝맺는다는 뜻의 '결어법(結語法)' 속에 '문체법(文體法)'과 '존비법(尊卑法)'을 설정하기도 한다. '문체법'은 우리 책의 '문장의 유형'에 해당하고 '존비법'은 '상대 높임법'에 해당한다.

4.5.2. 주체 높임

주체 높임은 문장의 주체, 곧 주어의 지시 대상을 높이는 것을 가리킨다. 주체 높임에는 선어말 어미 '-(으)시-'가 필수적으로 쓰인다.

(210) 가. 아버지께서 신문을 읽으십니다.

나. 여러분, 이쪽으로 오셔요.[67]

다. (아버지가 아들에게) *나는 옛날에 고생을 많이 하셨다.

67 요즘에는 일반적으로 '-셔요'보다는 '-세요'를 훨씬 더 많이 쓴다. 복수 표준어이다.

(210가)와 같이 3인칭 주체나 (210나)와 같이 2인칭 주체를 높이기 위해 '-(으)시-'를 사용하고 주격 조사로 '께서'를 사용하고 있다.[68] (210다)는 아들보다 높은 위치에 있는 아버지가 주체로 쓰였지만 화자가 자기 자신을 스스로 높일 수 없기 때문에 일반적으로는 비문이라고 할 수 있다.

68 주체 높임에서 '-(으)시-'가 필수적인 것과는 달리 '께서'는 필수적이지는 않으나 깍듯이 높여야 할 대상에게는 쓰는 것이 바람직하다.

주체 높임에는 화자와 주체 간의 관계보다 청자와 주체 간의 관계를 더 중요시한 '압존(壓尊)'이나 '가존(加尊)'의 원리가 성립하기도 한다.

(211) 가. (손녀가 할머니에게) 아버지가 아직 안 {오셨습니다, 왔습니다}.
　　나. (할아버지가 손자에게) 아버지 아직 안 {왔니, 오셨니}?

(211가)에서 화자가 자신의 아버지를 높이기 위해 '-시-'를 사용한 '오셨습니다'와 청자인 할머니와의 비교에 따라 '-시-'를 사용하지 않은 '왔습니다' 모두 가능함을 알 수 있다. 후자의 경우를 '압존'이라고 한다.[69] 이와는 반대로 (211나)에서 화자가 자신의 아들을 높이지 않는 '왔니'와 청자인 손자와의 비교에 따라 '-시-'를 사용한 '오셨니' 모두 가능함을 알 수 있다. 후자의 경우 '가존'이라고 한다.

69 '압존'에 대한 좀 더 자세한 설명은 제 II 권의 9.2.2.를 참조할 것.

주체 높임은 자동적으로 결정되는 것이 아니라 화자의 판단에 의거한다. 같은 대상이라도 공식적으로 가리킬 때에는 주체 높임 표현을 쓰지 않고 개인적인 친밀감을 드러내거나 사적으로 가리킬 때에는 주체 높임 표현을 쓴다.

(212) 신사임당은 우리나라 모든 여성의 {귀감이다, 귀감이시다}.

(212)에서 '귀감이다'는 한국사 교과서에서 나올 만한 공식적 표현이고 '귀감이시다'는 개인적인 대화에서 할 만한 사적 표현이다. 공적으로 말할 때에는 대상을 객관적으로 표현하여야 하기 때문에 '-시-'를 쓰지 않은 것이다.

앞서 언급하였듯이 주체 높임 표현은 청자를 고려하여 사용되기도 한다.

(213) (할아버지가 손자에게) 아버지 {들어왔니, 들어오셨니}?

(213)에서 할아버지는 아버지를 높일 필요가 없으므로 '들어왔니'처럼 '-시-'를 쓰지 않을 수 있으나 청자가 손자임을 고려하여 '들어오셨니'처럼 '-시-'를 쓸 수도 있다.

우리말에는 주체 높임을 위한 특수한 어휘들도 존재한다.

(214) 가. 계시다, 주무시다, 돌아가시다, 잡수다/잡숫다/잡수시다,[70] 편찮으시다

나. 지금 아버지가 집에 {계십니다, *있으십니다}.

(214가)에서 보인 어휘들은 각각 '있다, 자다, 죽다, 먹다, 아프다'의 주체를 높이기 위한 특수 어휘들이다. 대개 선어말 어미 '-(으)시-'를 내포하고 있으나 그 선어말 어미를 분석하지 않고 하나의 어휘로 굳어졌다고 파악한다. (214나)와 같이 '있다'에 그냥 '-(으)시-'만 붙여서는 비문법적 표현이 된다.

한편 높임의 대상이 주체일 때 그것을 직접 높이는 직접 높임과는 달리 높임의 대상이 아니지만 높임 대상의 신체의 일부분이나 소유물, 가족 등을 높임으로써 높임 대상을 간접적으로 높이는 경우가 있는데 이를 간접 높임이라 한다.[71]

(215) 가. 선생님께서는 교실에 혼자 계십니다.

가'. 선생님, 비 오는데 우산 {있으세요, *계세요}?

나. 선생님은 이제 서울에 안 계십니다.

나'. 선생님은 휴대전화가 {없으십니다, *안 계십니다}.

다. 아버님은 키가 크시다.

라. 선생님은 따님이 아주 예쁘시다.

'있다, 없다'의 직접 높임 표현은 각각 '계시다, 안 계시다'인데 (215가', 나')과 같이 간접 높임에서는 각각 '있으시다, 없으시다'가 쓰인다. (215다, 라)는 각각 '키'와 '따님'을 높이는 형식을 통해 '아버님'과 '선생님'을 간접적으로 높이고 있다.[72]

70 『표준국어대사전』에는 '들다'를 '잡수시다' 등과 마찬가지로 '먹다'의 높임말로 처리하고 있다. 그러나 '들다'는 윗사람에게 쓰기 어렵다는 점에서 주체 높임의 어휘로 보기 어렵다. '들다'는 '먹다'를 점잖고 완곡하게 표현한 말이다. 그러므로 '들다' 역시 윗사람의 행위를 가리키는 말로 쓰려면 '드시다'처럼 '-시-'를 붙여 써야 한다.

71 연구자에 따라 '간접 높임'은 '존대 파급'이라고도 한다. '높임'의 의미 특성이 다른 대상으로 파급된다는 뜻에서 만들어진 용어이다.

72 최근에는 "손님, 이 신발은 크세요."와 같이 간접 높임이 잘못 확장되어 쓰이기도 하지만, 높임 대상의 신체의 일부분이나 안정적 소유물, 가족 등이 주어가 아닌 예는 규범적으로 바람직하지 못한 것으로 언급된다. 더욱이 "손님, 주문하신 커피 나오셨습니다."와 같은 문장은 간접 높임이 지나치게 확장된 높임 표현의 오용 사례로 볼 수 있다.

4.5.3. 객체 높임

객체 높임은 문장의 객체, 곧 목적어나 부사어의 지시 대상을 높이는 것을 가리킨다. 객체 높임은 주로 특수 어휘에 의해 표현된다.

(216) 가. 아버지를 {모시고, *데리고} 공원에 갔다.
나. 고등학교 때 선생님을 {뵈니, *보니} 정말 반가웠다.
다. 이 문제는 선생님께 {여쭈어서, *물어서} 해결하자.
라. 이 문제는 선생님께 {여쭙고, *묻고} 싶다.

(216가, 나)에서는 높임 대상이 목적어로 쓰였으므로 '데리다', '보다'를 사용하지 않고 '모시다', '뵙다/뵈다'를 사용하였다. (216다, 라)에서는 높임 대상이 부사어로 쓰였으므로 '묻다'를 사용하지 않고 '여쭙다/여쭈다'를 사용하였다. 한편 높임 대상이 부사어인데 부사격 조사 '에게' 대신 '께'를 사용하였다. 이 '께' 역시 주체 높임에서의 '께서'와 같이 필수적인 것은 아니어서 '에게'로 써도 된다.

참고 43 '여쭈다/여쭙다'와 '뵈다/뵙다'의 활용형

'여쭈다' 뒤에는 모음으로 시작하는 어미가 오고 '여쭙다' 뒤에는 주로 자음으로 시작하는 어미가 나온다. 『표준국어대사전』에는 '여쭙다' 뒤에 모음으로 시작하는 어미가 오는 예가 실려 있으나 흔하게 쓰이는 것은 아니다. 예컨대 '여쭈-'에 '-어'가 결합한 '여쭈어/여쭤'는 흔히 쓰이지만 '여쭙-'에 '-어'가 결합한 '여쭈워'는 거의 쓰이지 않는다. '뵙다/뵈다'의 활용형 역시 이와 마찬가지이다.

4.5.4. 상대 높임[73]

상대 높임은 말을 듣는 상대, 곧 청자를 높이거나 낮추는 것이다. 상대 높임은 종결 어미로 실현되는데, 어떤 종결 어미가 결합되었느냐에 따라 상대 높임의 등급이 결정된다.

73 '상대 높임'은 연구자에 따라 '청자 대우'라고도 한다.

	평서문	의문문	명령문	청유문	감탄문
하십시오체 (격식)	잡습니다, 갑니다	잡습니까?, 갑니까?	잡으십시오, 가십시오	×	×
	좋습니다, 예쁩니다	좋습니까?, 예쁩니까?	×	×	×
해요체 (비격식)	잡아요/ 가요	잡아요?/ 가요?	잡아요/ 가요	(함께) 잡아요/ 가요	가(세/셔)요
	좋아요/ 예뻐요	좋아요?/ 예뻐요?	×	×	예쁘 (세/셔)요
하오체 (격식)	잡소, 잡으오/ 가오	잡소?, 잡으오?/ 가오?	잡소/가소, 잡으오/가오	(함께) 잡읍시다, 갑시다	가는구려
	좋소, 예쁘오	좋소?, 예쁘오?	×	×	예쁘구려
하게체 (격식)	잡네, 가네	잡나?, 가는가?	잡게, 가게	(함께) 잡으세, 가세	가는구먼
	좋네/좋으이, 예쁘네/ 예쁘이	좋은가?, 예쁜가?	×	×	예쁘구먼
해체/ 반말체 (비격식)	잡아/가	잡아?/가?	잡아/가	(함께) 잡아/가	잡아/가
	좋아/예뻐	좋아?/예뻐?	×	×	좋아/예뻐
해라체 (격식)	잡는다, 간다	잡(느)냐?/ 잡니?, 가(느)냐?/ 가니?	잡아라/ 가라	(함께) 잡자, 가자	가는구나
	좋다, 예쁘다	좋으냐?/ 좋으니?, 예쁘냐?/ 예쁘니?	×	×	예쁘구나

종결 어미에 따른 상대 높임의 등급 구분에 대해서는 이미 4.4.에서 자세히 설명하였다.[74] 등급은 크게 '격식체'와 '비격식체'의 두 가지로 나뉜다. '격식체'는 공식적이고 청자와 다소 거리를 두고 예의를 갖추는 상황에서 쓰이고 '비격식체'는 사적이고 청자와 가까운 상황에서 친밀감을 나타내는 상황에서 쓰인다. 따라서 한 청자에 대해 격식체와 비격식체는 다른 등급을 함께 쓰는 일이 흔해도 격식체끼리 혹은 비격식체끼리는 다른 등급

74 특정 종결 어미가 하게체와 해체 양쪽으로 쓰이기도 한다. 가령 '-구먼, -군, -네, -(으)ㄴ가, -나' 등은 하게체 종결 어미이기도 하지만 해체로 쓰일 수도 있다. 해체에 '요'를 붙이면 해요체가 된다.

을 함께 쓰는 일이 드물다. 예컨대 동일한 친구에 대해 사적으로는 해체를 쓰다가도 학급 회의 같은 자리에서는 하십시오체를 쓰는 일이 있다. 그러나 상황의 격식성에 변화가 없을 때 동일한 청자에게 하십시오체를 쓰다가 하오체를 쓰거나 해라체를 쓰다가 하게체를 쓰는 일은 드물다.[75]

75 그런 경우가 있다면 그것은 화용론적으로 해석해야 한다. 가령, 조직 폭력배가 사람을 위협할 때 해체나 해라체를 쓰다가도 정중한 척 해요체나 하십시오체를 쓰는 경우가 있다.

참고 44 하십시오체의 용어

어떤 연구자는 '하십시오체'를 '합쇼체'라고 하기도 한다. '하십시오'는 '하-시-ㅂ시오(ㅂ쇼)'로 분석할 수 있으므로 '-시-'를 종결 어미와 분리하여 파악한 것이 '합쇼체'이고 분리하지 않고 파악한 것이 '하십시오체'이다. 형태소 분석의 엄밀성만 따지면 '합쇼체'가 더 정확한 용어이지만, 현대 한국어에서는 이미 식당 같은 곳에서 "어서 옵쇼."라고 하는 예 이외에 '합쇼'의 형태가 쓰이는 일이 없으므로 언어 현실을 설명하는 데에는 '하십시오체'가 더 적절한 용어이다. 학교 문법에서도 7차 교육 과정부터 '하십시오체'로 기술하고 있다.

또 위의 등급 설정에서는 6개의 등급이 모두 일렬로 되어 있는데, 이에 따르면 하십시오체는 해요체보다 높은 등급이고 해체는 해라체보다 높은 등급이다. 학교 문법에서는 격식체와 비격식체를 일렬로 비교하지 않으나 등급을 객관적으로 나타낼 때에는 위와 같이 나타낼 수가 있는 것이다.

(217) 가. 엄마, 이리 와서 밥 {먹어, *먹어라}.

나. (버스에서 가방을 받아 주는 할머니에게) 할머니, {고맙습니다, *고마워요}.

(217가)에서 상위자 '엄마'에게 해라체를 쓰지 못한다는 사실과 (217나)에서 상위자 '할머니'에게 해요체를 쓰지 못한다는 사실은 물론 격식적 상황과 비격식적 상황의 구분에 따른 것이기는 하지만,[76] 엄밀하게 등급의 높낮이에 대해서만 말하자면 하십시오체가 해요체보다, 해체가 해라체보다 더 높은 등급임을 보여 주는 것이다.

76 물론 길을 묻는 모르는 할머니에게 "이쪽으로 가시면 됩니다."뿐만 아니라 "이쪽으로 가시면 돼요."와 같이 친밀함을 드러내 부드러움을 느끼도록 해요체를 쓰는 것이 가능하다. 그러나 여기에서는 하십시오체가 꼭 쓰이는 특정 경우를 논하는 것이다. 가정에서 해체나 해요체를 쓰다가도 "학교 {다녀오겠습니다, *다녀오겠어요}."와 같이 하십시오체를 쓰는 경우도 이와 유사하다.

(218) 가. (군사 훈련 시) 나는 너희들의 소대장이다. 지금부터 내 말을

잘 들어라.

가′. (군사 훈련 시) ??나는 너희들의 소대장이야. 지금부터 내 말을 잘 들어.

나. (반려동물에게 사료를 줄 때) 많이 {먹어, 먹어라}.

나′. (도발하는 불량배에게) 자, 어서 {덤벼, 덤벼라}.

해라체가 격식체라는 사실은 해라체를 일상적으로 친밀한 관계에 있는 사람에게 쓰지 못한다는 뜻이 아니라, 높게 대우하는 것과 동등하거나 낮게 대우하는 것의 틀(격식)을 지킨다는 것이다. 예를 들어 (217가)에서 상위자인 엄마에 대해서 친밀한 관계의 높임말인 해요체를 쓸 수는 있지만 '틀을 갖추어' 동등하게 혹은 낮게 대우할 수는 없기 때문에 해체는 쓸 수 있고 해라체는 쓸 수 없는 것이다. 이와는 대조적으로 위계의 틀을 분명하게 드러내고자 하는 (218가, 가′)에서는 해체는 매우 어색하고 해라체가 자연스럽다. 반면에 (218나, 나′)에서 보듯이 낮춤을 드러내기만 한다면 격식성을 따지는 것이 그다지 중요하지 않은 맥락에서는 해체와 해라체 둘 다 자연스럽게 쓸 수 있다.

화자가 청자(상대)를 높이는 등급을 결정하는 것은 그 상황에서의 화자의 의도에 따른다. 예를 들어 청자가 아무리 하위자라도 다수(多數)라면 높이 대우해 주는 경우가 많다.

(219) 가. (유치원 선생님이 아이들에게) 오리가 몇 마리지요?

나. (교수가 강의실에서) 다음 주 화요일이 1조 발표일입니다.

(219)에서 유치원 선생님이 아동들에게 말할 때와 교수가 학생들에게 말할 때 해요체나 하십시오체를 사용함을 알 수 있다. 다수의 청자를 존중하려는 화자의 의도가 반영된 것이다.

해라체는 가장 낮은 등급의 상대 높임이다. 자기와 비슷하거나 자기보다 낮은 사람을 확실히 낮추어 말하는 등급이다.

(220) 가. 나 내일 미국 간다.
　　　나. 너 내일 미국 가니?
　　　다. 너 내일 미국 가라.

(220가)는 각각 해라체의 평서문, 의문문, 명령문이다. 해라체 종결 어미 중 명령형 '-아라/어라'는 '-거라'로도 쓰일 수 있는데 '-거라'를 쓰면 의고적(擬古的) 문체가 되어 나이를 어느 정도 먹은 사람이 쓰지 않으면 어색하게 들린다.

참고 45 문어에서의 해라체 평서문

해라체 평서문은 특정 청자를 상정하지 않은 단독적 장면의 문어에서 쓰일 때 그 의미상 상대 높임 등급과는 무관하게 쓰인다. 가령 흔히 접할 수 있는 설명문의 문장을 떠올리면 될 것이다. 그래서 이러한 쓰임을 하라체 명령문과 유사한 것으로 보아 하라체 평서문으로 설명하는 연구자도 있다. 하라체는 구체적인 청자에 대한 높임 등급을 나타내는 것이 아니므로 상대 높임의 등급으로는 인정하기 어렵다.

해체는 반말체라고도 불리는데 상대를 두루 낮추는 데 쓰이는 등급이다. 비격식적 상황에서 쓰이므로 친밀감을 드러내기 위해 상위자에게 쓰기도 한다. 해체에 보조사 '요'를 붙이면 '해요체'가 된다. 해요체는 상대를 두루 높이는 데 쓰이는 등급이다. 해요체 역시 해체와 마찬가지로 상대에게 거리를 두지 않고 개인적으로 편안하게 대하며 쓰는 등급이다.

(221) 가. 나 내일 미국 가.
　　　나. 너 내일 미국 가?
(222) 가. 저 내일 미국 가요.
　　　나. 내일 미국 {가요, 가세요/가셔요}?

(221)은 해체 평서문과 의문문이고 (222)는 해요체 평서문과 의문문이다. 해요체를 쓸 때에는 청자가 상위자이기 때문에 청자가 주어인 경우 '-(으)시-'를 붙여서 '-세요/셔요' 형태로 쓰는 것이 일반적이다.

해체와 해요체는 종결 어미로 표현되기도 하지만 종결 어미 아닌 모든 말에서 나타날 수 있음이 특징적이다.

(223) 가. A: 민수는 정말 멋있다.
　　　　　B: 민수가(요)?
　　　나. A: 어디 가세요?
　　　　　B: 병원(요).

(223)에서 대답들은 종결 어미로 끝나는 문장 형식을 갖추지 못하고 소형문으로 쓰인 것이다. 그럼에도 불구하고 모두 해체 및 해요체 등급의 상대 높임으로 해석된다.

하게체는 자기와 비슷하거나 자기보다 낮은 사람을 존중하며 대우해 주는 데 쓰이는 등급이다. 과거에는 친구들 사이에서도 자주 쓰였으나 요즘에는 장인, 장모가 사위에게 말하거나 교수가 제자에게 말할 때 정도밖에 쓰이지 않고 그나마 점점 사용 빈도가 줄어들고 있다.

(224) 가. 내가 요즘 몸이 좀 안 좋네. 자네도 늘 건강 주의하게.
　　　나. 자네 요즘 무슨 공부를 하고 있나?

(224가)에서는 하게체 평서문과 명령문이 쓰였고 (224나)에서는 하게체 의문문이 쓰였다. 하게체는 '자네'와 같은 대명사와 아주 잘 어울리는 상대 높임 표현이다. 하게체 사용에서 특기할 만한 것은 화자의 절대적인 나이가 하게체 사용의 중요한 변수가 된다는 점이다. 일반적으로 높임 표현은 화자와 대상 사이의 상대적인 높낮이 관계에 기대어 표현되는 것이지만 하게체의 경우 화자의 절대적인 나이가 그 사용 여부를 결정한다는 것이다. 현 시점에서 하게체는 대략 60대 미만의 사람들은 잘 쓰지 않고 60대 이상의 사람들이 주로 쓰는 등급이다.

참고 46 **하게체의 사용 범위**

과거에는 하게체를 장년층 이하의 사람들도 많이 사용하였고 현대 사회에서도 전통 예절을 중시하는 가정에서는 어린이가 자기보다 항렬(行列)이 낮은 친족에게 하게체를 사용하는 일이 있다. 그러나 이는 예외적인 사용이다.

참고 47 **하게체의 위상**

많은 연구자들이 하게체를 '낮춤'으로 기술하고 있고 학교 문법에서도 이를 그대로 따라 적고 있다. 그러나 그것은 엄밀히 보면 부정확한 기술이다. 하게체는 낮춤의 의미가 아니라 하위자(下位者) 혹은 동위자(同位者)에 대한 '존중'의 의미를 담고 있는 것이다.

하오체는 자기와 비슷한 사람을 존중하는 등급이지만 하게체보다 좀 더 상대방을 높이 대우하면서 말하거나 격식적 예의를 지키며 말할 때 쓰인다. 하게체가 친구 사이와 같이 가까운 거리의 사람에게 쓰는 데 반해, 하오체는 배우자와 같이 거리는 가까우나 격식적 예의를 지키고자 하는 사람에게 쓴다. 그러나 이러한 쓰임은 거의 과거의 전통으로만 남아 있으며 특히 배우자 사이에서는 격식이 이미 허물어져 하오체를 거의 들을 수 없다.

(225) 가. (남편이 아내에게) 나 오늘 회식이 있소. 먼저 자오.
나. 김 형, 이리로 와 보오.

(225가)에서는 예의를 갖춰 아내를 격식적으로 존중하고 있으며 (225나)에서도 자기와 비슷한 위치의 사람을 존중하며 말하고 있다. 하오체는 이와 같은 '거리를 지키는 격식적 존중'이라는 특성 때문에 현대 사회에서도 자주 쓰이는 경우가 있다. 대면적 상황이 아닌 대중 매체를 통한 의사 전달이나 온라인상의 의사소통에서 활발히 쓰일 수 있는 것이다. 이러한 쓰임은 주로 문어에서 두드러진다.

(226) 가. (영화 자막에서) 트렁크를 열어 봐도 되오?

나. (시험 문제에서) 괄호 속에 알맞은 단어를 3음절로 쓰시오.

다. (온라인상에서) 오늘 황당한 일을 겪었소.

대화에서의 하오체는 잘 알지 못하는 사람이어서 당연히 거리를 두고 격식적 예의를 갖추어 존중해야 할 뿐만 아니라 자기 자신도 섣불리 낮출 필요가 없을 때에 많이 쓰인다.

(227) 가. (어둑어둑한 저편에서 수상한 사람이 보일 때) 거 누구요?

나. (수상한 사람이 와서 위협할 때) 당신들 그래 어쩌자는 거요?

(227가)의 '누구요'는 '누구-이-오'로 분석되는 말이고 (227나)의 '거요'는 '거-이-오'로 분석되는 말이다. 겉보기에는 해요체로 보이나 하오체의 등급으로서 상대를 존중하되 자기의 자존감도 지키는 표현이다.

현대 한국어에서 하오체가 가장 자주 쓰이는 문장은 청유문이다. 하오체의 청유형 어미는 '-(으)ㅂ시다'이고 청자에 대해 존중의 태도를 더 드러내고 싶으면 선어말 어미 '-(으)시-'를 쓴다.

(228) 우리 산책이나 {합시다, 하십시다}.

(228)에서 '-ㅂ시다, -십시다'가 쓰였는데 형태는 하십시오체 어미처럼 보이나 상정되는 청자는 하오체의 대상이므로 하오체 청유형 어미로 다루어진다. 품위 있게 상대를 대우해 주는 등급으로서 자주 쓰인다.

하오체는 하게체와 마찬가지로 화자의 나이가 어느 정도 이상이 되어야 쓰일 수 있다. '-(으)ㅂ시다'를 제외한 하오체를 장년 이하의 화자가 쓰면 매우 어색하게 들린다. 그러나 하오체가 하게체와 다른 점은 확실한 하위자에게는 쓰지 않는다는 것이다. 장인과 사위, 교수와 제자 사이의 대화처럼 확실하게 상하위 관계가 드러나는 곳에서는 쓰지 않는다.

하십시오체는 청자를 가장 높이는 등급의 상대 높임 표현으로서 자신보다 상위자가 아닌 사람에게는 쓰지 않는 것이 원칙이다.

(229) 가. 학교 다녀오겠습니다.
　　나. 이것이 선생님 차입니까?
　　다. 선생님, 이쪽으로 오십시오.

(229)는 각각 하십시오체의 평서문, 의문문, 명령문이다. 모두 청자를 가장 높이는 등급을 나타낸다.

(230) 가. 여러분, 졸업은 새로운 시작입니다.
　　나. 오늘은 오전에 흐린 후 오후에 비가 오겠습니다.

(230)에서 보듯이 하십시오체는 불특정 다수의 청자를 대상으로 한 단독적 장면에서 자주 쓰인다. 예컨대 연설문, TV나 라디오 방송 등에서는 으레 하십시오체를 쓴다. 한국어에서는 이처럼 원칙적으로 다중(多衆)을 우선적으로 높인다.

4.5.5. 겸양 표현

한국어에서는 겸양법이라는 특수한 문법 범주도 존재한다. 겸양법은 어떤 대상을 높이는 것이 아니라 자기 자신을 낮추는 것으로서 선어말 어미 '-옵/(으)오/사오-' 등에 의해 실현된다.

(231) 가. 사뿐히 밟고 가시옵소서.
　　나. 이렇게 메일을 드리는 이유는 다름이 아니오라 …
　　나'. 제가 선생님 편지를 읽으오니 …
　　다. 다음 주 토요일 12시에 결혼식이 있사오니 …

(231가)의 '-옵-', (231나, 나')의 '-(으)오-', (231다)의 '-사오-'는 모두 어떤 대상을 높이기 위해 쓰인 것이 아니라 자기 자신을 낮추면서 상대방에게 공손한 태도를 보이기 위해 사용된 것이다.

겸양 표현은 문법 범주로서의 겸양법 이외에 특수한 어휘에 의해 나타나기도 한다.

(232) 가. 저, 저희, 소자(小子), 졸고(拙稿), 비견(鄙見) …
나. 할아버지, {저희, *우리}가 도와 드릴게요.
다. 할아버지, {저희, *우리}를 봐 주세요.
라. 할아버지, {저희, *우리}에게 맡겨 주세요.

(232가)는 모두 자신 혹은 자신과 관련된 사물을 낮추어 표현하는 겸양의 특수 어휘이다. (232나)처럼 주어로 써도 되고 (232다)처럼 목적어로 써도 되고 (232라)처럼 부사어로 써도 된다.

4.5.6. 높임의 특수 어휘

주체, 객체, 상대 중 특정 대상만을 높이려는 것이 아니라 어떤 대상과 관련된 사람 혹은 사물을 높이려는 의도로 쓰는 특수 어휘들이 있다.

(233) 가. 말씀, 연세(年歲)/춘추(春秋), 댁(宅), 성함(姓銜), 진지, 옥고(玉稿), 영애(令愛), 귀사(貴社) …
나. 선생님의 말씀이 있으시겠습니다.
다. 선생님의 말씀을 듣겠습니다.
라. 나는 선생님의 말씀에서 교훈을 얻었다.

(233가)는 모두 높임의 대상과 관련 있는 사람이나 사물을 가리키는 높임의 특수 어휘이다. (233나)처럼 주어로 써도 되고 (233다)처럼 목적어로 써도 되고 (233라)처럼 부사어로 써도 된다.

4.6. 시제와 상

4.6.1. 시제의 개념

시제(tense)란 어떤 시점을 기준으로 하여 어떤 상황, 곧 어떤 사태(사건 및 상태)의 시간적 위치를 나타내는 문법 범주이다. 기준 시점은 발화시(화자가 발화하는 시점, 곧 현재)인 경우가 보통이지만 발화시 이외의 다른 시점으로 옮겨지는 경우도 있다.

(234) 가. 어제는 비가 왔다.
　　나. 지금은 비가 온다.
　　다. 내일은 비가 오겠다.

(234가)는 발화시를 기준으로 '어제'와 어울리는 과거의 일을, (234나)는 '지금'과 어울리는 현재의 일을, (234다)는 '내일'과 어울리는 미래의 일을 나타내고 각각 선어말 어미 '-았-', '-ㄴ-', '-겠-'에 의해 표현된다. 따라서 한국어의 시제는 3시제 체계이다.

참고 48 미래 시제의 인정

'-겠-'이나 또 다른 미래 표지인 '-(으)ㄹ 것-'이 순수히 미래 사태를 표현하는 것이 아니라 '추측'이나 '의지'의 양태적 의미를 드러내는 것이 주된 기능이라 하여 한국어의 시제를 과거와 비과거(혹은 현재)의 2시제 체계로 보는 연구자도 있다. 예컨대 "어제는 바람이 불었겠다.", "지금 부산은 바람이 불겠다."와 같은 문장에서 '-겠-'이 각각 과거, 현재와 어울리므로 시제 형태소가 아니라는 것이다. 그러나 양태와 시제를 굳이 일원화하지 않는다면 3시제 체계를 인정하지 못할 이유가 없다. 학교 문법에서도 3시제 체계를 설정하고 있으므로 우리 책에서도 3시제 체계로 기술한다. '미래'의 의미는 어차피 '추측'이나 '의지'의 양태적 의미와 관련되지 않고서는 표현될 수 없기 때문에 시제적 의미를 부정하는 것은 문법 기술상 득보다 실이 더 많다.

4.6.2. 절대 시제와 상대 시제

절대 시제란 발화시를 기준으로 한 시제이고 상대 시제란 발화시가 아닌 다른 시점을 기준으로 한 시제이다. 상대 시제의 기준 시점은 정동사절의 시점에 의해 결정되는 것이 보통이다.[77]

(235) 가. 나는 달리는 말을 본다.

나. 나는 달리는 말을 보았다.

(235가)에서는 발화시를 기준으로 달리는 행위와 보는 행위가 현재에 일어나고 있어 현재 시제 관형사형 어미 '-는'과 현재 시제 선어말 어미 '-ㄴ-'이 쓰였다. (235나)에서는 발화시를 기준으로 볼 때 달리는 행위와 보는 행위가 모두 과거에 일어난 일이다. 그런데 '보다'에는 과거 시제 선어말 어미 '-았-'이 쓰였으나 '달리다'에는 현재 시제 관형사형 어미 '-는'이 쓰였다. 이것은 문장의 마지막 서술어 '보다'의 시점을 기준으로 할 때 달리는 행위가 현재로 해석되기 때문이다. 상대 시제는 이처럼 내포절(명사절, 관형사절, 부사절)의 시제를 설명하는 데 유용한 개념이다. 상대 시제 개념은 병렬문의 시제를 설명하는 데 쓰이기도 한다.

(236) 민수는 책을 {읽고, 읽었고} 영희는 음악을 들었다.

(236)에서 민수가 책을 읽는 사건과 영희가 음악을 듣는 사건은 절대 시제의 관점에서 볼 때에는 둘 다 과거에 일어난 일이다. 그러나 두 사건을 하나로 접속하여 표현할 때 듣는 시점을 기준으로 하여 읽는 시점은 현재에 일어난 일이므로 '읽고'에 과거 시제 '-었-'을 붙이지 않아도 된다. 두 사건의 독립성을 강조하기 위해서 '읽었고'라고 쓰는 경우도 있지만 흔하지는 않다. 그러나 병렬문에서는 이와 같이 상대 시제 해석에 기반하여 시제 형태소를 사용하는 것에 불규칙성이 있다.

한편 포유문에서도 상대 시제가 일률적으로 적용되지는 않는다.

77 정동사절(finite clause)은 통사 구조적으로 문장의 최상위에 위치한 절이고 정동사(finite verb)는 정동사절의 서술어를 가리킨다. 한국어에서는 종결 어미가 결합하는 서술어가 있는 절이 정동사절에 해당한다. 단문은 그 자체로 정동사절이고 복문의 경우 포유문은 모절이 정동사절이고 병렬문은 후행절이 정동사절이다.

(237) 가. 내가 읽는 책을 아빠가 좋아했다.
나. 앞으로는 읽은 책이라도 또 읽겠다.

(237가)는 '좋아했다'를 기준으로 하면 '읽는'이 상대 시제 현재, 곧 절대 시제 과거로 해석되는 것이기는 하나 절대 시제 현재로도 해석할 수 있다. 아빠가 과거에 책을 좋아한 것이 지금 내가 책을 읽는 행위와 아무 연관이 없기 때문이다. (237나)에서 '읽은'에는 과거 시제 관형사형 어미 '-은'이 결합되어 있다. '읽겠다'를 기준 시점으로 할 때 '읽은'은 상대 시제로 과거, 곧 미래 기준 시점 이전에만 읽었으면 되므로 '읽은'은 절대 시제로 과거가 될 수도 있고 미래가 될 수도 있다. 이처럼 상대 시제와 관련하여서는 상황에 따라 불규칙적 해석을 할 수밖에 없는 경우가 많다.

4.6.3. 시제의 종류

4.6.3.1. 현재 시제

절대 시제의 현재 시제는 발화시와 사태의 시점이 일치하는 시제이다. 정동사절에서 표현되는 현재 시제는 절대 시제이고 관형사형 어미로 표현되는 현재 시제는 상대 시제이다.

(238) 가. 학생들이 지금 도서관에서 책을 읽는다.
나. 학생들이 지금 도서관에서 공부를 한다.
(239) 가. 영희가 웃어요.
나. 영희가 웃습니다.
(240) 가. 하늘이 푸르다.
나. 근수는 모범적인 학생이다.

(238가, 나)에서 보듯이 해라체에서는 각각 동사 어간에 현재 시제 선어말 어미 '-는-', '-ㄴ-'이 붙어 현재 시제를 나타낸다. 그러나 (239가, 나)에서 보듯이 해(요)체, 하십시오체에서는 현재 시제 형태소가 'ø'로 나타나는 것이 보통이다. (240가, 나)는 각각 형용사 어간과 '이다' 뒤에 'ø'가 붙어

현재 시제를 나타낸다.[78]

> **참고 49** **'-는-'과 '-ㄴ-'의 형태소 분석**
>
> '-는-'과 '-ㄴ-'은 결합하는 형태소가 '-다' 정도로 제한되어 있어('-는-'은 '-구나/군'과도 결합 가능) 형태소 분석을 따로 하지 않기도 한다. 우리 책에서는 이들의 기능을 중시하여 형태소를 분석하도록 한다. 이처럼 결합의 관점에서 분석하기 어려운 형태소를 기능의 관점에서 분석하는 예가 간혹 있다.

현재 시제에는 몇 가지 특징적 용법이 있다.

(241) 가. 나는 내일 떠난다.
나. 지구는 태양을 돈다.
다. 동수는 커피 전문점을 운영한다.
라. 케네디는 중대 발표를 결심한다.

(241가)는 현재 시제가 가깝거나 예정된 미래를 나타낼 수 있음을 보인 것이다. (241나, 다)는 과거에서부터 시작되어 미래에까지 이어질 것이기는 하지만 보편적 진리, 직업, 습관적 행동 등을 언급하는 데 현재 시제가 쓰임을 보인 것이다. (241라)는 과거에 일어난 일이지만 현장감을 강조하기 위해 쓴 이른바 '역사적 현재'이다.[79]

관형사절에서의 현재 시제는 동사와 형용사의 활용 형태가 다르다.

(242) 가. 저 힘차게 달리는 말을 보십시오.
나. 그는 나에게 작은 인형을 주었다.
다. 시인인 형이 그렇게 험한 말을 하다니!

(242가)에서 관형사형 어미 '-는'은 동사의 현재 시제를 나타내고 (242나, 다)에서 '-(으)ㄴ'은 형용사나 '이다'의 현재 시제를 나타낸다. 관형사절의 현재 시제 역시 위에서 설명한 '가깝거나 예정된 미래, 진리, 직업, 습관, 역사적 현재'의 의미를 모두 나타낼 수 있다.

78 형태소 'ø'의 인정 여부는 이론적 관점에 따라 다를 수 있다. 우리 책에서는 시제의 체계성을 중시하여 음성적으로 실현되지 않는 형태소(이를 '영 형태소'라고 한다)를 설정하기로 한다.

79 영어에서의 역사적 현재는 하나의 글에서 일관되게 써야 하나 한국어에서의 역사적 현재는 과거 시제 표현과 혼합하여 쓸 수 있다.

4.6.3.2. **과거 시제**

절대 시제의 과거 시제는 사태의 시점이 발화시보다 앞서는 시제이다. 정동사절에서 과거 시제는 선어말 어미 '-았/었-'에 의해 분명히 표시된다.

(243) 가. 영수가 학교에 갔다.
나. 민수가 그림을 그렸습니다.

그러나 접속절이나 내포절에서는 어미의 종류에 따라 '-았/었-'이 실현되는 경우도 있고 그렇지 않은 경우도 있다.

(244) 가. 철수는 집에 가-(*았)-자마자 숙제부터 했다.
나. 동수는 밥을 먹-*(었)-으나 배가 부르지 않았다.

(244가)에서 '-자마자' 앞에는 '-았-'이 결합하지 못함을 알 수 있다. 그러나 (244나)에서처럼 '-으나' 앞에서 '-었-'이 생략되면 비문이 되므로 반드시 '-었-'이 있어야 함을 알 수 있다. 이는 개별 어미의 고유한 특성이다.

'-았었/었었-'은 '-았/었-'의 중첩형이다. '-았었/었었-'이 쓰이면 과거 사태와의 단절감을 강조하는 기능을 나타내는 경우가 많다.

(245) 가. 어제 고향 친구가 왔다.
나. 어제 고향 친구가 왔었다.
(246) 가. 작년에 나는 반장이었다.
나. 작년에 나는 반장이었었다.

(245가)와 (245나)는 확실한 의미 차이가 느껴진다. (245나)에서는 그 사태와 현재의 상황이 단절되었다는 느낌을 강조하기 때문에 고향 친구가 지금은 떠나고 없음을 강하게 함축한다. '-았었/었었-'이 과거와의 단절감을 나타내므로 과거와 현재 사이의 상황 변화를 함축하는 것이다. 형용사나 '이다'가 서술어인 문장도 대체로 그러하지만 그 의미가 약간 다르다. (246나)는 상황 변화를 함축할 수도 있고 그렇지 않을 수도 있다. 예컨대 (246

나) 뒤에 "그런데 올해도 반장이다."와 같은 문장이 올 수도 있고 "그러나 올해는 반장이 아니다."와 같은 문장이 올 수도 있다. 맥락에 따라 해석된다. 다만, 화용적으로는 (246나)와 같은 문장을 일부러 발화했다는 점에서 뒤엣것으로 해석할 가능성이 더 크다.

그런데 '-았었/었었-'이 언제나 상황 변화를 함축하는 것은 아니다.

(247) 가. 어제 민수는 교회에 갔었다.
　　　나. 지난주에 일식을 먹었었다.

(247가, 나)에서 '-았었/었었-'은 단순히 과거 사태를 강조하여 확인하는 기능만 할 뿐 상황 변화를 함축하는 것은 아니다. 조금 더 과거의 느낌을 강하게 주기는 하지만 상황 변화를 함축하는 것은 아니다.[80] 곧 (247)에서는 '-았었/었었-' 대신 단순한 과거 시제의 '-았/었-'을 써도 다른 뜻이 되지 않는다.

과거 시제 형태소로서 선어말 어미 '-더-'도 쓰인다. '-더-'는 다른 형태소와의 결합 제약이 상당히 많은 형태소여서 정동사절에서는 '-더라', '-더구나/더군', '-더냐', '-데'[81] 정도밖에 쓰이지 않고 부사절에서는 '-더니', '-더라도', '-더라면', '-던데' 정도밖에 쓰이지 않는다.

80 연구자에 따라서는 '-았었/었었-'에서의 뒤의 '-었-'을 과거의 사태임을 구체적으로 확인하려는 심리를 나타내는 양태 형태소로 보기도 한다. 즉 '아, 과거 일이구나!' 하는 심리적 태도를 말한다. 우리 책의 '단절감'과 유사한 개념이다.

81 '-데'는 '-더-'가 상대 높임의 선어말 어미 '-이-'(제2권의 10.2.4.3. 참조)와 결합한 형태가 통시적으로 융합되고 그 뒤의 종결 어미가 탈락되어 형성된 것으로서, 현대 한국어 공시적으로는 해체 종결 어미로 다룰 수 있다.

참고 50 '-더-'의 정체

'-더-'는 과거 연구에서는 '회상 시제'라고도 흔히 언급되어 왔다. 그런데 '회상'은 시제적 의미보다는 양태적 의미에 가깝다. 양태적 의미로는 '새로 안 것에 대한 회상'으로 요약할 수 있다. 이러한 양태적 의미는 반드시 과거 시제이어야 성립될 수 있다. 그러므로 과거 시제 형태소로 기술한 전통도 오류라고 할 수는 없다. 예컨대 '-네'와 같이 문장 유형 표시의 기능을 가진 어미가 양태 표시의 기능을 가지고 있을 때 그것을 양태 어미로 말할 수도 있고 종결 어미로 말할 수도 있듯이 '-더-' 역시 시각에 따라 시제 어미로 말할 수도 있고 양태 어미로 말할 수도 있다.

(248) 가. 그때 보니까 {*나는, 너는, 그는} 친구와 다투더라.
　　　나. 꿈에서 나는 친구와 다투더라.
　　　다. 그 영화를 보니 {나는, *너는, *그는} 정말 슬프더라.

(248가)에서는 '-더-'의 인칭 제약을 확인할 수 있다. '-더-'는 기본적으로 화자가 자신의 관찰을 통해 지각한 내용을 떠올리며 말할 때 쓰는 것이므로 1인칭 주어를 쓰지 않는다. 일반적 상황에서는 자기가 자기를 관찰하지 않기 때문이다. 그러나 (248나)에서 보듯이 자기를 객관화하여 관찰할 수 있는 상황에서는 1인칭 주어를 쓸 수 있다. 또 (248다)와 같이 자기의 심리나 감각은 자기만이 느낄 수 있는 것이므로 오히려 1인칭 주어만이 가능하다. 예외적으로 전지적 작가 시점의 소설 같은 곳에서는 3인칭 주어가 쓰이는 경우도 간혹 있다.

(249) 가. 러시아는 정말 춥더라.
　　나. 지구는 둥글더라.
　　다. 그 집 초밥이 {맛있다고 하더라, 맛있다더라}.
　　라. 철수가 {합격했다더라, 합격했더라}.

'-더-'는 화자가 스스로 경험한 것이어야 쓸 수 있다. 원칙적으로 자신의 시각, 촉각, 미각, 후각, 청각으로 지각된 내용에서만 쓴다. 그러므로 (249가)와 같은 문장은 러시아를 다녀오지 않은 사람은 쓸 수 없다. 그러나 (249나)에서 보듯이 사진이나 영상 따위로 원래의 시각적 장면과 똑같은 것이라고 판단될 수 있는 것을 근거로 해서는 '-더-'를 쓸 수 있다. 즉, (249나)는 우주 비행사만이 쓸 수 있는 문장이 아니라 인공위성 사진이나 영상을 본 사람도 쓸 수 있는 문장이다. (249다)는 들어서 알게 된 사태를 나타낸 문장이다. 자기가 직접 경험하지 않고 들어서 알게 된 사태에 대해서는 '맛있다고 하더라'처럼 남이 말하는 것을 관찰한 결과로 써야 한다. '맛있다더라'는 '맛있다고 하더라'의 줄임말이다. 다만, (249라)에서처럼 들어서 알게 된 사태라도 그것이 들은 시점보다 더 과거에 일어난 사태인 경우에는 자신이 지각한 문장처럼 쓸 수 있다. 그러므로 (249라)에서 '합격했더라'는 자기가 사태를 직접 확인한 것일 수도 있고 남이 말해서 알게 된 사태를 전달하는 것일 수도 있다.

과거 시제의 관형사형 어미는 '-(으)ㄴ'과 '-던'의 두 가지가 있다. 동사에는 이 두 가지가 다 쓰이고 형용사에는 '-던'만이 쓰인다.

참고 51 **'-던'의 형태소 분석**

관형사형 어미 '-던'을 '-더-+-ㄴ'으로 분석하는 연구자도 있다. 형태소 분석으로는 일리가 있다. 그러나 그렇게 분석해서는 '-(으)ㄴ'과 '-던'을 대조하여 기능을 설명하기가 쉽지 않다. 또 '-던'에는 '-더-'에는 없는 특성이 추가되기도 한다. 가령 '-더-'의 1인칭 주어 제약이 '-던'에는 없다. 따라서 우리 책에서는 '-던'을 하나의 형태소로 다룬다.

(250) 가. 내가 먹은 냉면은 동생이 삶아 준 것이다.
　　나. 이것은 내가 먹던 냉면이다.
　　다. 그때 이후로 아름답던 강산이 훼손되었다.

(250가)는 '-은'이 쓰인 문장이고 (250나)는 '-던'이 쓰인 문장이다. 동사에서 모두 과거의 일을 나타낸다. 다만 상적 의미로 (250가)는 완료된 행위, (250나)는 미완료된 행위임을 알 수 있다. (250다)에서 보듯이 형용사에서는 '-던'이 단순히 과거를 나타내고 미완료된 행위를 나타내지 않는다.

참고 52 **비표준어 '-았는/었는'**

과거 시제 관형사절에서 동사에 '-았는/었는'이 붙는 경우가 있다. 이 복합 어미는 시제와 관계없이 형용사에 붙기도 한다. 이러한 형태는 일부 방언의 영향을 받은 비표준어형으로 본다.

(1) 그 사람이 {간, 갔는} 모양이다.
(2) 더 이상 안 먹는 걸 보니 이제 배가 {부른, 불렀는} 것 같다.

동사의 관형사형은 '-(으)ㄴ'이 붙는 것이 표준적인 문법이지만, (1)에서 보듯이 '-았는/었는'이 붙는 경우가 있다. 또한 (2)는 '-었는'이 형용사에 붙은 예문이다.

4.6.3.3. **미래 시제**

절대 시제의 미래 시제는 발화시보다 사태의 시점이 나중인 시제이다. 정동사절에서 표현되는 미래 시제는 절대 시제이고 관형사절 속의 미래 시제는 상대 시제이다. 미래 시제는 선어말 어미 '-겠-'과 '-(으)ㄹ 것이-'로 표시된다.[82] 그 외에 현대 한국어에서는 드물게 쓰이는 '-(으)리-'에 의해서도 표시된다.

(251) 가. 내일도 비가 오겠습니다.
나. 내일도 비가 올 것입니다.

(251)에서 보듯이 '-겠-'과 '-(으)ㄹ 것이-'는 모두 미래 시제를 나타낼 수 있고 많은 경우 서로 바꾸어 쓸 수 있다. 그러나 둘 사이에는 의미 차이가 있다. 미래를 추측하는 경우를 포함하여 어떠한 추측이든지 그 근거가 있게 마련인데, 대체로 '-겠-'은 화자의 주관적 근거에 의한 판단을 나타낼 때 쓰이고 '-(으)ㄹ 것이-'는 객관적 근거에 의한 판단을 나타낼 때 쓰인다는 점에서 차이가 있다.

(252) 가. (색깔, 모양, 냄새 등으로 판단해) 야, 이 음식 맛있겠다.
나. (이건 최고의 요리사가 고급 재료로 만든 것이니) 맛있을 것이다.
다. (시집 안 간 여자가 신혼인 여자에게) 결혼해서 좋겠다.
라. (신혼인 여자가 곧 시집갈 여자에게) 결혼하면 좋을 거다.

(252가)에서는 '색깔'이나 '모양'이 추측의 근거이고 (252나)에서는 '최고의 요리사'와 '고급 재료'가 추측의 근거이다. 전자의 근거로 맛을 추측하는 것은 주관적이나 후자의 근거로 맛을 추측하는 것은 객관적이다. (252다)는 시집 안 간 여자가 자신이 경험하지 못한 신혼 생활을 상상하며 신혼인 여자의 생활을 부러워하는 것이기 때문에 주관적 근거에 의한 추측을 나타낸 것이고 (252라)는 신혼인 여자가 자신이 경험한 신혼 생활을 바탕으로 곧 시집갈 여자에게 한 말이므로 객관적 근거에 의한 추측을 나타낸 것이다. 일반적으로 두 미래 표현은 이렇게 추측의 객관성/주관성을 기준으로 하여 구분된다.[83]

관형사절에서의 미래 시제는 동사, 형용사, '이다' 공히 '-(으)ㄹ'에 의해 표현된다.

82 '-(으)ㄹ 것이-'는 관형사형 어미 '-(으)ㄹ', 의존 명사 '것', '이다'의 어간 '이-'의 결합형이지만 '-겠-'과 같이 시제 표시의 선어말 어미처럼 기능한다. 여기에서는 시제 기능을 설명하고 있으므로 하나의 선어말 어미처럼 기술하기로 한다. '것'은 구어에서 흔히 '거'로 줄어든다.

83 객관적 데이터를 바탕으로 한 기상 예보 "내일은 하루 종일 흐리겠습니다."와 같은 문장은 예외이다. 이는 '-겠-'이 단순한 미래 시제 표지로 그 용법이 확대된 예로 볼 수 있다.

(253) 가. 경아는 미래에 내 아내가 될 여자이다.
나. 경아는 화장을 하면 예쁠 얼굴이다.
다. 경아는 미래에도 성실할 사람이다.

(253가~다)는 모두 미래 시제 관형사형 어미 '-(으)ㄹ'이 쓰였다. 형용사에는 원칙적으로 미래 시제 어미가 붙기 어려우나 (253나)와 같이 조건절이 쓰이거나 양보절이 쓰이는 경우 의미에 맞게 미래 시제가 쓰일 수 있다. (253다)에서는 '미래에도'가 양보절 역할을 하고 있다.

4.6.4. 상의 개념

상(aspect)이란 어떤 사태가 시간적으로 어떤 모습인지, 즉 어떤 사태의 시간적 양상을 가리키는 문법 범주로서 문법적 혹은 준문법적 수단을 통해 표현된다.[84] 다시 말해 상은 어미와 같은 문법 형태소로 표현되거나 보조 용언 구성, 의존 명사 구성과 같은 준문법 형식에 의해 표현되는 것이다. 그래서 이를 '문법상(grammatical aspect)'이라고도 한다. 그러나 동사의 어휘 자체에도 상적 의미가 담겨 있는데 이를 '어휘상(lexical aspect)'이라고 하여 일반적인 상(문법상)과 구별한다.[85]

84 '상'은 1음절로서 쉽게 이해하기는 어려운 한자어이다. 그래서 학교 문법에서는 '동작상'이라는 좀 더 이해하기 쉬운 용어를 사용한다. 그러나 드물지만 상태성 형용사에서도 '상'의 개념을 상정할 수 있으므로 '동작상'은 상을 협소하게 제한하는 단점이 있는 용어이다.

85 어휘상은 '동작류'라는 용어로도 불린다. '동작의 (시간적) 종류'라는 뜻이다. 우리 책에서는 '동작상'을 쓰지 않으므로 '동작류'도 쓰지 않는다.

4.6.5. 문법상

한국어의 문법상으로서는 진행상(progressive)과 완료상(perfect)을 대표적으로 설정한다. 이들 외에도 반복상(iterative)이나 기동상(inchoative), 예정상(prospective) 등을 더 설정할 수 있으나 이들은 상 범주로서의 중요성이 떨어지므로 여기에서는 진행상과 완료상만을 살펴보도록 한다.

4.6.5.1. 진행상

진행상이란 어떤 사건이 특정 시간 구간 내에서 계속 이어지고 있음을 나타낸다.

(254) 가. 동생이 공부를 하고 있다.

나. 날이 밝아 온다.

다. 나는 음악을 들으며 방을 청소했다.

(254가)는 진행상의 대표적 형식인 '-고 있다'가 쓰인 문장이다. '-고 있다' 이외에도 (254나)에서의 '-아/어 오다'나 '-아/어 가다'와 같은 보조 용언 구성이 진행상을 표시할 수 있다. (254다)는 부사형 어미 '-으며'를 통해 '듣다'에 진행상이 표시된 것이다.

(255) 가. 동생이 공부를 {하고 있다, 하는 중이다}.

나. 언니는 그 사실을 철저히 {믿고 있다, ?*믿는 중이다}.

(255가)에서 보듯이 의존 명사 '중(中)'을 쓴 '-는 중이다'도 '-고 있다'와 같이 진행의 의미를 나타낼 수 있다. 그런데 '-는 중이다'는 '-고 있다'와는 달리 동작성이 약한 동사와는 어울리기 어렵다. 따라서 (255나)에서 보듯이 '믿다'나 '알다, 인식하다'와 같은 동사와 쓰이면 어색해지거나 비문이 된다.

4.6.5.2. **완료상**

완료상이란 어떤 사건이 끝났거나 끝난 후의 결과상태가 지속되고 있음을 나타낸다.[86]

86 완료 후 결과상태가 지속되는 것을 '결과(상태)상'이라 하여 별개의 상으로 처리하는 연구자도 있고 '완료상'의 한 종류로 처리하는 연구자도 있다.

(256) 가. 철수가 집에 갔다.

나. 감이 잘 익었다.

다. 감이 잘 익어 있다.

라. 민수가 넥타이를 매고 있다.

(256가)에서는 '-았-'이 쓰여 '가다'라는 행위가 끝났음을 나타내었다. 시간적 위치로는 과거이지만 동작의 내적 시간 구성으로는 완료이다. 역시

'-었-'이 쓰인 (256나)는 '익다'라는 작용이 끝난 후 그 결과상태가 지속됨을 보여 준다. 이와 같은 결과상태 지속의 의미를 분명히 나타낼 때에는 (256다)와 같이 '-어 있다'를 사용하기도 한다. (256라)의 '-고 있다'는 매고 난 후의 결과상태 지속을 나타내는 완료상으로 해석할 수도 있고 보통의 진행상으로 해석할 수도 있다. '입다, 매다, 쓰다, 끼다, 타다' 등과 같이 신체에 무엇인가를 접촉하게 되는 행위 중 어느 정도 시간의 폭을 요구하는 동사에 '-고 있다'가 쓰이면 이처럼 중의적 의미를 가지게 된다.

(257) 가. 엄마가 아기를 안고 있다.
나. 엄마가 아기를 천천히 안고 있다.

(257가)에서 '안다'는 아주 짧은 시간 안에, 곧 순간적으로 일어나는 행위이다. 그러므로 (257가)는 완료의 결과상태 지속의 상적 의미로 해석된다. 물론 안는 행위를 순간적으로 하지 않고 아주 천천히 한다면 (257가)가 진행의 의미로 해석될 가능성도 있다. 그러나 그것은 일상적으로 일어나기 어려운 일이므로 가능성이 적은 것이다. 그렇게 진행상의 의미로 해석하게 하려면 보통은 (257나)와 같이 '천천히'와 같은 부사어를 써서 행위의 시간 폭을 넓혀 주어야 한다.

참고 53 완료상과 완망상

상에 대한 정밀한 이론 체계에서는 어떤 사태가 끝났고 그 사태 전체를 조망할 수 있음을 나타내는 것을 완료상이라 하지 않고 '완망상(perfective)'이라 한다. 완료상은 현재 완료, 과거 완료, 미래 완료와 같이 어떤 끝난 사태가 그다음 시점과 모종의 연관을 맺을 때에만 성립하는 개념이기 때문에 엄격히 상의 범주에서 제외하는 연구자도 있다. 그런데 한국어에서 완망상은 과거 시제 및 완료상과 개념적으로는 구분되나 실제적으로는 구분하기 어렵기 때문에 한국어 문법 개론서에서는 완망상과 완료상을 '완료상'으로 통칭하여 기술하는 것이 관례이다. 우리 책에서도 완망상을 완료상에 포함시켜 기술하였다.

4.6.6. 어휘상

한국어의 어휘상은 어떤 어휘가 상적 특성을 구성하는 자질을 어떻게 가지고 있느냐에 따라 분류된다. 상적 특성을 구성하는 자질의 예로 [±상태성], [±순간성], [±완성성] 등이 사용된다. 행위나 작용을 나타내는 동사가 [-상태성]을, 성질이나 상태를 나타내는 형용사가 [+상태성]을 갖는다. 행위나 작용이 순간적으로 이루어지면 [+순간성]을, 그렇지 않으면, 곧 천천히 이루어질 수 있으면 [-순간성]을 갖는다. 행위나 작용이 다 끝나야 의미가 성립하는 것이면 [+완성성]을, 그렇지 않으면 [-완성성]을 갖는다.

(258) 가. 상태 동사: 높다, 낮다, 작다 등 [+상태성, -순간성, -완성성]
나. 과정 동사: 걷다, 읽다, 울다 등 [-상태성, -순간성, -완성성]
다. 완성 동사: 닫다, 눕다, 짓다 등 [-상태성, -순간성, +완성성]
라. 순간 동사: 죽다, 차다, 잡다 등 [-상태성, +순간성, +완성성]
마. 심리 동사: 믿다, 느끼다, 알다 등 [-상태성, -순간성, -완성성]

과정 동사와 심리 동사는 위에서 설명한 자질로는 구분되지 않으나 다른 특성으로 구분되는 것이다. 예컨대 과정 동사는 제한적 시간의 폭을 나타내는 '한 시간 동안'과 같은 부사구와 아주 잘 어울리나 심리 동사는 그러한 말과 잘 어울리지 않는다. 심리 동사는 형식적으로는 동사이지만 의미적으로는 상태의 지속성을 주로 나타내는 형용사에 가까워 이러한 특성이 생기는 것이다. 그러나 완전한 상태 동사는 아니고 과정의 의미도 다소 가지고 있어서 가령 상태 동사는 '-기 시작하다'와 결합할 수 없으나 심리 동사는 '-기 시작하다'와 결합할 수 있다. 완성 동사와 순간 동사도 [±순간성] 자질이 앞뒤 맥락에 따라 달리 해석될 수 있는 등 어휘상에는 유동성이 존재한다.

참고 54 **어휘상과 상황 유형**

위에서도 언급하였듯이 어휘상에는 적지 않은 유동성이 있다. 그래서 동사의 어휘상을 다룰 때에는 목적어나 부사어를 포함한 동사구 전체의 어휘상적 의미를 살피는 것이 일반적이다. 예컨대 '(노래를) 부르다'에서는 완성성이 전제되지 않으나 '노래를 한 곡 불렀다'에서는 완성성이 전제된다. 즉 '한 곡'을 다 불러야 그 표현을 쓸 수 있다. 목적어나 부사어를 포함한 동사구 전체의 어휘상적 의미를 상황 유형(situation type)이라 한다. 어휘상 자체의 유동성으로 인해 어휘상 자질의 종류에 대해서는 연구자들 간의 견해 차이가 적지 않다. 또한 어휘상에 따른 용언의 부류 및 그 개념어에서도 연구자들 간에 견해 차이가 적지 않다.

4.6.7. 문법상과 어휘상의 연관성

상(문법상)은 어휘상과 밀접한 연관이 있다. 어휘 자체의 상적 의미와 상의 문법적 표현이 잘 어울려야 통사적 구성을 이룰 수 있기 때문이다.

(259) 가. 순희가 공원을 걷고 있다.
　　나. 명희가 볼펜을 쥐고 있다.
　　다. 명희가 볼펜을 천천히 쥐고 있다.

(259가)의 '걷다'는 과정 동사이다. 따라서 '-고 있다'가 결합하면 진행상의 의미로 해석하는 것이 자연스러워진다. 이에 비해 (259나)의 '쥐다'는 순간 동사이다. 따라서 '-고 있다'가 결합할 때 진행상의 의미로 해석하기 어렵다. 순간적으로 일어나는 행위는 시간의 폭이 너무나 짧기 때문이다. 그래서 (259나)의 '-고 있다'는 완료상(결과상태상)으로 해석하게 된다. 그러나 (259다)와 같이 '천천히'와 같은 말을 사용하여 어색한 상황을 만들어서라도 억지로 시간의 폭을 늘리면 '-고 있다'를 진행상으로 해석할 수 있게 된다.

(260) 가. 철수가 눈을 깜빡이고 있다.
　　나. 아이들이 공을 차고 있다.

(260)의 '깜빡이다'와 '차다'는 모두 순간 동사이다. 그리고 이들은 행위의 결과가 남지 않는 동사이기도 하다. 그러므로 원칙적으로는 진행상의 '-고 있다'도 쓸 수 없고 결과상태상의 '-고 있다'도 쓸 수 없어야 한다. 그러나 (260가, 나)는 모두 문법적이다. (260가)는 반복적 행위를 뜻하고 있다. (260나) 역시 어떤 아이가 딱 한 번 공을 찼을 때 '공을 차고 있다'라고 하지는 않는다는 점에서 반복적 행위를 뜻함을 알 수 있다. 반복적 행위는 행위의 지속성과 의미가 상통한다. 그러한 점에서 진행상의 '-고 있다'와 어울려 쓰일 수 있는 것이다. 이처럼 문법상과 어휘상의 어울림은 상황 맥락에 따른 미세한 시간 해석에 의존하는 경우가 많다.

4.7. 양태

4.7.1. 양태에 대한 기본적 이해

4.7.1.1. 양태의 의미 영역

앞에서 본 바와 같이 '-았/었-'이나 '-는/ㄴ-'의 의미 기능은 '시간'을 세분화하여 표현하는 시제 범주에 속한다. 이와 비슷하게 한국어에는 '화자의 주관적인 태도'를 세분화하여 표현하는 문법적 장치가 발달되어 있다. 이와 관련된 문법 범주를 '양태(modality)'라고 한다.

(261) 가. 한라산 설경이 정말 멋있어.
나. 한라산 설경이 정말 멋있네.
다. 한라산 설경이 정말 멋있더라.
라. 한라산 설경이 정말 멋있겠다.

위 문장들은 모두 '한라산 설경이 정말 멋있다'라는 명제를 포함하고 있다. (261가)에서는 명제 내용 외에 덧붙은 의미가 특별히 없다. 그런데 (261나~라)에는 명제 내용에 화자의 주관적 태도와 관련한 의미가 덧붙어 있다. (261나)는 화자가 한라산 설경이 멋있는 것을 지금 직접 본 것, 즉 감각 기관을 통해 '지각(知覺)'한 것을 표현한다. (261다)는 그것을 과거에 직접 보았음을 표현한다. (261라)는 한라산 설경이 멋있을 것 같다는 화자의 추측을 표현한다.

양태는 주관적인 범주이므로 화자의 표현 의도에 따라 해당 표현을 쓸 것인가 말 것인가를 결정할 수 있다. 가령 (261나)나 (261다)의 상황에서 화자는 양태 표현을 쓰지 않고 (261가)와 같이 발화할 수도 있다. 이것은 시간이라는 객관적 속성을 표현하는 시제 범주와 구별되는 양태 범주의 특징이다. '아까 비가 왔다.'와 같이 과거 시제로 표현할 문장을 '*아까 비가 온다.'와 같이 현재 시제로 표현하는 것은 일반적으로는 불가능하다.

양태는 평서문에서는 화자의 태도와 관련되지만 의문문에서는 청자의 태도와 관련된다.

(262) 가. 오늘은 철수가 모임에 참석하겠어.
　　　나. 오늘은 철수가 모임에 참석하겠니?

(262가)의 평서문에 사용된 '-겠-'은 화자의 추측을 나타낸다. 반면 (262나)의 의문문에 사용된 '-겠-'은 청자의 추측을 묻는 데 사용된다.

양태에는 명제가 표현하는 '정보'의 성격에 대한 화자의 태도를 나타내는 것도 있고 명제가 표현하는 행위자의 '행위'에 대한 화자의 태도를 표현하는 것도 있다.

(263) 가. 한라산 설경이 정말 멋있겠다.
　　　나. 이번에는 꼭 한라산 정상에 서 볼래.

앞에서 말한 바와 같이 (263가)에서 '-겠-'은 화자가 가지고 있는 정보가 추측에 의한 불확실한 정보라는 것을 표현한다. 즉 이때 명제 '한라산 설경이 정말 멋있다'는 화자가 가지고 있는 '앎'의 내용이며 '-겠-'은 그 정보의 성격을 표현한다. 반면 (263나)의 명제 '이번에는 꼭 한라산 정상에 서 보다'는 화자의 머릿속에 있는 정보의 내용이 아니다. 이는 화자가 미래에 하고자 하는 행위의 내용이다. '-(으)ㄹ래'는 그 행위에 대한 화자의 의도를 표현한다.

정보 내용으로서의 명제에 관련된 양태 의미로는 '추측, 가능성, 지각, 새로 앎' 등이 있고 행위 내용으로서의 명제에 관련된 양태 의미로는 '의도, 능력, 의무, 허가, 소망' 등이 있다. 전자를 '인식 양태(epistemic modality)'라고 부르고 후자를 '행위 양태(act modality)'라고 부르기로 한다.[87]

87 '행위 양태'에 대한 전통적인 용어는 '의무 양태(deontic modality)'이다. '의도, 소망, 능력' 등이 '의무'의 하위 부류라고 할 수는 없다는 점에서 '의무 양태'를 대신하는 다른 용어들, 가령 '사건 양태(event modality), 행위 양태' 등이 제안되고 있으나 아직 한국어 문법학계에 확고하게 자리 잡은 용어는 없다. 우리 책에서 이를 행위 양태라고 부른 것은 이 부류의 양태가 대체로 화·청자나 주어의 행위의 성립과 관련되기 때문이다.

그런데 하나의 형식이 이 두 부류의 양태 의미를 모두 표현하는 다의성을 가지는 일이 흔하다.

(264) 가. 지금 밖에는 바람이 많이 불겠다.
　　　나. 나는 꼭 가난한 사람을 돕겠다.
(265) 가. 커피를 많이 마시면 위가 나빠질 수 있다.
　　　나. 나는 턱걸이를 10개 할 수 있다.

(264가, 나)는 모두 선어말 어미 '-겠-'이 사용된 문장이다. (264가)의 '-겠-'은 화자가 가지고 있는 정보가 확실하지 않다는 '추측'의 의미를 표현한다. 반면 (264나)의 '-겠-'은 화자의 미래 행위에 대한 '의도'를 표현한다.

(265가, 나)는 모두 통사적 구성인 '-(으)ㄹ 수 있-'이 사용된 문장이다. (265가)의 '-(으)ㄹ 수 있-'은 화자가 가지고 있는 정보가 그리 확실하지는 않지만 그러할 '가능성'이 존재한다는 것을 표현한다. (265나)의 '-(으)ㄹ 수 있-'은 주어의 지시 대상이 가지는 '능력'을 표현한다. '추측'이나 '가능성'은 인식 양태의 의미이고 '의도'나 '능력'은 행위 양태의 의미라는 점에서 이러한 예들은 모두 인식 양태와 행위 양태의 다의성을 보여 준다.

참고 55 **양태 표현의 다의성**

양태 표현이 인식 양태와 행위 양태의 다의성을 보이는 현상은 다른 언어에서도 나타난다.

(1) 가. You must be a student.
　나. You must work hard.
(2) 가. It can't be true.
　나. He can do, she can do, why not me?
(3) 가. 今天会下雨.(오늘 비가 올 것 같습니다.)
　나. 李老师会开车吗?(이 선생님은 운전할 수 있습니까?)

(1가)에서 영어의 'must'는 '강한 추측'의 의미로 해석되고 (1나)의 'must'는 '의무'의 의미로 해석된다. (2가)의 'can'은 '추측'의 의미로 해석되고 (2나)의 'can'은 '능력'의 의미로 해석된다. 중국어의 '会' 역시 (3가)에서는 '추측'의 뜻을 나타내고 (3나)에서는 '능력'의 뜻을 나타낸다. '추측'은 인식 양태 의미이고 '의무, 능력' 등은 행위 양태 의미라는 점에서 모두 인식 양태와 행위 양태의 다의성을 보여 준다.

이 외에도 화자의 감정과 관련된 의미를 양태의 범위에 넣을 수 있다. 이를 감정 양태(emotive modality)라고 부른다.

(266) 가. 그 친구가 축구는 자기가 반에서 제일 {잘한대, 잘한다나}.
　나. 그이는 매번 무슨 회의가 {있다고, 있답시고} 일요일에도 나가요.
(267) 가. 너는 여기서 {김밥을, 김밥이나} 먹어라.
　나. 이 나이에 고물 자동차나 끌고 다니니 {한심합니다, *다행입니다}.
　다. 이 나이에 고물 자동차나마 끌고 다니니 {*한심합니다, 다행입니다}.

(266가)에서 '-다나'는 일반적인 인용 표현인 '-대'와 비교하면 화자가 친구의 원발화에 대해 가벼운 경멸의 감정을 가지고 있음을 표현한다. (266나)의 '-답시고'는 '-다고'와 비교하면 선행 명제에 대한 비아냥거림의 감정을 부가적으로 표현한다.

(267가)에서 '김밥을'과 '김밥이나'를 비교하면 보조사 '이나'는 김밥을 먹는 것에 대해 부정적인 감정을 표현한다는 것을 알 수 있다. (267나, 다)의 보조사 '(이)나'와 '(이)나마'도 모두 화자가 해당 명제에 대해 부정적인

감정을 가지고 있음을 표현한다. '(이)나'가 부정적인 느낌만을 표현하는 데 반해 '(이)나마'는 고물 자동차가 비록 하찮은 것이라도 그것이 있으니 다행이라는 감정을 표현한다는 차이가 있다.

이상에서 논의한 양태의 종류를 정리하면 다음과 같다.

양태의 종류	정의	하위 의미 영역
인식 양태	명제가 표현하는 정보의 성격에 대한 화자의 태도	추측, 가능성, 지각, 추론, 새로 앎, 이미 앎 등
행위 양태	명제가 표현하는 행위자의 행위에 대한 화자 혹은 주어의 태도	의도, 능력, 의무, 허가, 소망, 기원, 제안 등
감정 양태	명제에 대한 화자의 감정적 태도	부정적 감정, 긍정적 감정

4.7.1.2. **양태의 실현 형식**

양태 표현이라 하면 보통 양태를 표현하는 조사나 어미 즉 문법 형식을 가리킨다. 앞에서 든 양태 표현들도 대개 '-겠-, -더-, -네, -(으)ㄹ래, -답시고' 등의 어미나 '(이)나, (이)나마' 등의 조사였다. 그러나 앞에서 이미 '-(으)ㄹ 수 있-'의 예를 본 바 있거니와, 아직 의미적으로나 형식적으로 완전히 문법화되지 않은 통사적 구성[88]들도 양태 의미를 표현할 수 있다.

88 통사적 구성은 우언적 구성(periphrastic construction) 혹은 우언 형식이라고도 불린다.

(268) 가. 옷을 얇게 입고 다니면 감기에 걸릴 수 있다.
　　나. 겨울철 화재 예방에 만전을 기해야 합니다.

(268가)는 '-(으)ㄹ 수 있-'이 '가능성'을 나타내는 예이고 (268나)는 '-아야/어야 하-'가 '의무'의 의미를 나타내는 예이다. '-(으)ㄹ 수 있-'은 관형사형 어미 '-(으)ㄹ', 의존 명사 '수', 형용사 '있-'으로 이루어진 형식이고 '-아야/어야 하-'는 연결 어미 '-아야/어야'와 보조 동사 '하-'로 이루어진 형식이다.

명제에 대한 화자의 주관적 태도와 관련한 의미 영역이 어휘적 단어로 나타나는 경우에도 간혹 이 의미에 '양태'라는 이름을 붙이기도 한다.

(269) 가. 아마도 내일은 날씨가 좋을 거야.

나. 반드시 범인을 잡고 말겠어.

(270) 가. 물가는 지속적으로 오를 것이 확실하다.

나. 나는 꼭 범인을 잡겠다고 결심했다.

(269가, 나)의 '아마도, 반드시' 등의 부사는 화자의 명제에 대한 주관적 판단과 관련된다. (270가, 나)의 '확실하다, 결심하다'의 의미도 양태와 연관된다. '아마도, 반드시'는 양태 부사, '확실하다, 결심하다' 등은 양태 동사라고 할 수 있다. 이는 '어제, 오늘' 등의 부사가 시간과 관련한 의미를 표현하는 것과 유사하다. 그러나 어미와 같은 문법 형식이나, 의존 명사 혹은 보조 용언을 포함한 통사적 구성과 같은 준문법 형식으로 표현되는 의미를 양태라고 하는 것이 더 일반적이다.

참고 56 양태와 서법

양태와 관련된 논의에서는 '서법(mood)'이라는 용어도 종종 보인다. 그런데 '서법'이라는 용어는 무척 다양한 방식으로 사용되어 상당한 혼란이 있었다. 우리 책의 양태를 서법이라는 이름으로 부르기도 했고 양태라는 '의미 범주'를 구현하는 '문법 범주'를 서법이라고 한 연구도 있었다. 서법을 양태의 하위 범주로 넣는 연구도 있었다. 서법이라는 용어를 평서문, 의문문 등 문장 유형의 구별과 관련한, 화자의 의사소통 목적(communicative goal)과 관련한 범주를 가리키는 데 쓴 연구도 많았다.

이러한 혼란의 원인은 서법이라는 범주 자체에도 있었다. 서법은 본래 전통 라틴 문법에서 서양어의 동사 활용 체계를 기술하는 데 사용된 개념으로서 직설법, 명령법, 가정법(접속법) 등을 하위 속성으로 한다. 그런데 이 속성들이 양태와 문장 유형에 걸쳐 있었기 때문에 혼란을 유발한 것이다.

최근 논의에서는 서법이라는 용어가 잘 사용되지 않는다. 그러나 한국어에 양태와 별도로 서법 범주를 세워야 할 필요성이 완전히 없는 것은 아니다. 관형사형 전성 어미 '-(으)ㄴ'과 '-(으)ㄹ'의 대립이나 명사형 전성 어미 '-(으)ㅁ'과 '-기'의 대립은 양태보다 서법적 대립에 가까울 가능성이 높다('참고 61' 참조).

4.7.2. 선어말 어미로 표현되는 양태

4.7.2.1. '-겠-'

한국어에서 양태를 나타내는 대표적인 선어말 어미는 '-겠-'이다.

(271) 가. 오늘은 날씨가 좋겠다.
　　　나. 나는 커서 반드시 훌륭한 사람이 되겠다.

(271가)의 '-겠-'은 화자의 추측을 나타내며 (271나)의 '-겠-'은 화자의 의도를 나타낸다. '추측'이나 '의도'는 명제에 대한 화자의 주관적인 태도와 관련되므로 '-겠-'은 양태 선어말 어미라고 할 수 있다. '추측'은 인식 양태와 관련되는 의미이고 '의도'는 행위 양태와 관련되는 의미이다.

'과거-현재-미래'의 3시제 체계를 두는 문법 체계에서는 '-겠-'을 미래 시제 형식으로 파악할 수 있다(4.6.3. 참조). (271가, 나)에서 '오늘은 날씨가 좋다'와 '나는 커서 반드시 훌륭한 사람이 되다'가 표현하는 명제는 미래 사태에 대한 것이다.

그러나 '-겠-'은 과거 시제 형식인 '-었-'과 통합하여 과거의 사태에 대한 추측을 표현할 수 있으며 현재의 사태에 대한 추측에도 사용될 수 있다.

(272) 가. 어제 영희는 기차를 탔겠다.
　　　나. 지금쯤 부산은 날씨가 좋겠다.

(272가)는 '-겠-'이 과거 사실에 대한 추측에 사용된 예이고 (272나)는 '-겠-'이 현재 사실에 대한 추측에 사용된 예이다. '-겠-'을 미래 시제적 관점에서 파악할 수도 있지만 모든 문맥의 '-겠-'이 미래를 표현하는 것은 아니라는 사실을 주의하여야 한다.

'-겠-'이 '추측'을 나타낼 때에는 동사, 형용사 서술어에 모두 사용될 수 있고 여러 시제에 두루 쓰이며 주어에 대한 제약도 없다. 그러나 '의도'를 나타낼 때에는 동사 서술어에만 결합하며 과거 시제 형식과 결합할 수 없고 주어의 인칭에도 제약이 있다.

(273) 가. *나는 꼭 귀엽겠다.

나. *나는 꼭 대통령이 되겠었다.

(274) 가. {나는, *너는, *철수는} 모임에 꼭 참석하겠다.

나. {*내가, 네가, *철수가} 모임에 참석해 주겠니?

(273가)에서 볼 수 있듯이 '-겠-'이 '의도'의 의미를 나타낼 때에는 형용사 서술어에는 결합하지 않는다. 또한 (273나)에서 볼 수 있듯이 과거의 의도를 나타낼 수 없다. (274가, 나)에서 볼 수 있듯이 '-겠-'이 '의도'의 의미를 나타낼 때는 평서문에서는 1인칭 주어만을 취할 수 있고 의문문에서는 2인칭 주어만을 취할 수 있다.

참고 57 **'-겠-'의 다른 용법**

'-겠-'이 위에서 말한 '추측'이나 '의도'로 규정되기 어려운 의미를 표현하는 맥락도 있다.

(1) 다음으로 베토벤 교향곡 5번을 감상하시겠습니다.
(2) 교수: 내일 시험 감독을 해 주셔야 합니다.
조교: 예, 알겠습니다.
(3) 처음 뵙겠습니다.

(1)이 표현하는 내용은 이미 정해져 있는 것이므로 불확실한 사실에 대한 추측이라고 보기 어렵다. 주어는 1인칭 화자가 아닌 2인칭 청자이므로 일반적인 의도의 용법도 아니다. 이러한 '-겠-'을 순수히 미래 사태를 나타내는 용법으로 보기도 한다. 그런데 최근 "이제 이쪽으로 누우실게요."와 같은 발화가 "이제 (제가) (손님을) 이쪽으로 누우시게 할게요."의 의미로 사용되는 것을 고려하면 (1)의 용법 역시 '(제가) (청취자로 하여금) 베토벤 교향곡 5번을 감상하시도록 하겠습니다.'의 의미일 가능성이 있다. 즉 '-겠-'이 '2인칭 혹은 2인칭 주어의 행위에 대한 화자의 의도'로 쓰인 것으로서 일반적인 '의도'의 용법에서 확장된 의미라는 것이다. 이러한 용법은 동사 서술어에서만 나타난다는 것도 이를 뒷받침한다.

(2)의 '알겠습니다'의 '-겠-' 역시 추측이나 의도라고 보기 어렵다. 이 문장을 '압니다'와 비교하면 '이제서야 알게 되었다'는 과정성을 포함하는 것을 알 수 있다. 가령 "너 영희 전화 번호 아니?"라는 질문에 대한 대답은 "예, 압니다."만 가능하지 "예, 알겠습니다."는 불가능하다. 이러한 예는 '-게 ᄒᆞ야 잇-'에서 시작된 '-겠-'의 문법화의 자취인 것으로 이해된다.

(3)의 '-겠-'의 의미도 '뵙게 되었다'에서 나타나는 것과 유사한 과정성과 연관되는 듯하나 분명치 않다. 이러한 예의 '-겠-'은 공손성(politeness)과 관련 있는 것으로 이해되었다. 앞으로 더 연구가 필요한 부분이다.

4.7.2.2. **'-더-'**

'-더-'는 화자가 과거의 어느 시점에서 감각 기관을 이용한 인식, 즉 '지각'을 통해 새로 알게 된 사실에 쓰인다. 이러한 '-더-'의 의미는 정보의 성격에 대한 화자의 태도와 관련되므로 인식 양태에 속한다.

(275) 가. 정원에 수수꽃다리가 피었더라.

나. 철수가 가방 들고 아침부터 바쁘게 나가더라.

(275가, 나)의 '-더-'는 화자가 그 광경을 과거에 직접 보았음을 표현한다. 가령 철수가 나가는 광경을 목격하지 못하였다면 화자는 (275나)와 같은 발화를 할 수 없다.

과거에 인식한 대상은 일반적으로 과거의 사태일 가능성이 높으므로 '-더-'의 기능은 과거 시제와도 연관이 깊다. '-더-'는 과거의 사태를 회상하여 청자에게 알려 주는 의미를 표현한다고 하여 회상 시제라는 시제 형식으로 다루어지기도 하였다(4.6.3.2. 참조).

그러나 '-더-'가 항상 과거의 사태에 쓰이는 것은 아니다.

(276) 가. 영희가 내년에 미국으로 떠나더라.

나. 내일 기온이 영하로 떨어지더라.

(276가, 나)에서 '-더-'는 미래의 일에 사용되었다. 이때 '-더-'가 사용된 것은 화자가 그 사실을 알게 된 시점이 과거이기 때문이다. '-더-'가 표현하는 과거는 '사태'의 시간적 위치가 아니라 '인식'의 시간적 위치임을 확인할 수 있다.

'-더-'는 일반적인 맥락에서 평서문에서는 1인칭 주어를 취하지 않고 의문문에서는 2인칭 주어를 취하지 않는 제약이 있다(4.6.3.2. 참조).

(277) 가. {*내가, 네가, 영희가} 학교에 가더라.

나. {내가 *네가, 영희가} 집에 있더냐?

(277가)의 평서문에서는 1인칭 주어를 취하면 자연스럽지 않고 (277나)의 의문문에서는 2인칭 주어를 취하면 자연스럽지 않은 것을 알 수 있다. 이는 '-더-'가 새롭게 알게 된 일에 쓰이기 때문이다. 화자나 청자가 자신에 관한 일을 새롭게 알게 되는 상황은 일반적이지 않다.

그러나 1인칭 주어(의문문에서는 2인칭 주어)를 취해도 '-더-'가 화자가 새로 알게 된 사실에 쓰이면 자연스럽게 문장이 성립한다.

(278) 가. 내가 모르고 언니 옷을 입고 왔더라.
　　나. 정말 이번에 네가 1등이더냐?

(278가)에서 '내가 언니 옷을 입고 온' 일은 화자가 새롭게 깨달은 것이기 때문에 '-더-'가 쓰여도 자연스럽다. (278나)에서도 청자가 새롭게 알게 된 사실에 대해서 묻고 있기 때문에 '-더-'가 쓰일 수 있다.

감각 형용사, 심리 형용사 등 주관성 형용사가 쓰인 경우에 '-더-'는 오히려 2인칭, 3인칭 경험주와는 쓰일 수 없고 1인칭 경험주만을 주어로 취한다.

(279) 가. {나는, *너는, *철수는} 어제 좀 춥더라.
　　나. {나는, *너는, *철수는} 영국 소설이 좋더라.

(279가, 나)와 같은 문장에서는 1인칭 경험주를 취하는 것이 훨씬 자연스럽고 오히려 2인칭, 3인칭 경험주를 취하는 일이 불가능하다. 감각 형용사나 심리 형용사가 쓰인 사태는 화자만이 직접적으로 지각할 수 있기 때문이다.[89]

이상에서 알 수 있듯이 '-더-'의 인칭 제약은 엄격한 통사적 제약이 아니라 적절한 맥락이 주어지면 해소되는 화용론적 제약이다. 이는 '-더-'의 의미 자체가 맥락과 관련한 화용론적 요소를 포함하고 있는 데에서 기인한다.

89 주관성 형용사는 '-더-'가 쓰이지 않아도 2, 3인칭 주어와 쓰이면 어색한 경우가 많다. "?영희는 지금 덥다."와 "?너는 동생이 무섭다."는 화자가 2, 3인칭 주어에 이입한 상태가 아니라면 자연스럽지 않다. '-더-'가 쓰인 "*영희는 지금 덥더라."와 "*너는 동생이 무섭더라."는 수용성이 그보다도 훨씬 낮다.

참고 58 문법 환경에 따른 '-더-'의 기능

위에서 '-더-'는 화자가 과거의 어느 시점에서 지각에 의해 새로 알게 된 사실에 쓰인다고 하였다. 그런데 이것이 모든 환경에서의 '-더-'에 적용되지 않는다는 점을 주의하여야 한다. 이러한 양태적 속성을 가지는 것은 종결형 '-더라, -더구나, -더군, -더냐'와 연결형 '-던데, -더니' 등에서 나타나는 '-더-'이다.

(1) 가. 손님이 오셨더라.
　　나. 손님이 오셨던데 이제 집에 들어가 보지 그러니?
　　다. 어제는 할아버지가 오시더니 오늘은 할머니가 오셨다.

(1가~다)는 모두 '-더-'가 위에서 논의한 과거 지각의 의미를 표현한다.

그러나 관형사형 '-던', 연결형 '-었더니' 등에서 나타나는 '-더-'는 상당히 다른 특성을 보인다.

(2) 가. 아까 내가 보던 책이 어디 있니?
　　나. 집에 갔더니 어머니가 설렁탕을 끓여 놓으셨다.

앞에서 '-더라'의 '-더-'는 화자가 새로 알게 된 사실에만 쓰이기 때문에 1인칭 주어와의 결합이 자연스럽지 않은 경우가 있다고 하였다. 그런데 (2가)의 '-던'이나 (2나)의 '-었더니'에서의 '-더-'는 그러한 의미가 없으며 1인칭 주어와 쓰이는 것도 자연스럽다. 특히 관형사형 '-던'의 '-더-'는 중세 한국어에서 '-더-'가 표현하던 과거 미완료의 의미를 그대로 가지고 있다.

종결형의 '-더-'와 관형사형, 일부 연결형의 '-더-'의 의미 기능의 공통점과 차이점에 대해서는 아직 논의가 진행되는 중이다. 공통점에 초점을 맞추어 이들의 기능을 하나로 기술하려는 연구도 있고 차이점에 초점을 맞추어 이들이 서로 다른 기능을 한다고 보는 연구도 있다.

참고 59 증거와 내면화/의외성

'-더-'의 의미 기능은 더 구체적으로 말하면 '증거(evidentiality)' 범주와 관계가 있다. 증거는 화자가 가진 정보의 출처를 명세화하는 범주이다. 즉 증거 범주는 화자가 가지고 있는 정보가 직접 본 것인지, 다른 사람에게서 들은 것인지, 간접적인 증거를 가지고 추론한 것인지 등을 세분화하여 표현한다. '-더-'는 화자가 직접 지각한 사실을 표현하므로 증거 범주에 속한다고 볼 수 있다.

정보의 출처를 세분화하여 표현하는 장치는 한국어를 비롯하여 튀르키예어, 티베트어, 북미와 남미의 원주민들의 여러 언어에서 풍부하게 발견되고 있다. 증거는 인식 양태의 일종으로 파악되기도 하고 증거 양태라는 독립적인 범주로 파악되기도 하며 양태와는 전혀 다른 범주로 파악되기도 한다. 최근에는 증거 범주를 인식 양태와는 별도의 범주로 파악하려는 경향이 있다. 우리 책에서는 증거 관련 의미 속성도 정보의 성격에 관한 화자의 태도와 관련된다는 점에서 인식 양태의 일종으로 다루었다.

한편 '-더-'는 새로 알게 된 사실에만 사용된다는 특징이 있다. 세계 여러 언어 중에는 화자가 가지고 있는 정보가 화자의 지식 체계에 완전히 내면화한 지식인지, 아직 내면화하지 못한 지식인지를 구별하는 장치를 가진 언어들이 있다. 언어 유형론을 연구하는 학자들은 이를 '의외성(mirativity)'이라는 범주로 기술한다. 한국어의 종결 어미 '-거든'이나 '-지'는 이미 화자의 지식 체계에 내면화한 정보에만 사용되고 '-더-, -네, -구나' 등은 새로 알게 된 사실에만 사용된다.

그러나 'mirativity'나 그 번역어인 '의외성'이라는 용어는 흔히 '놀람'이나 '감탄'과 연관되는데 '-더-, -네, -구나' 등의 의미가 반드시 '놀람'과 '감탄'과 연관되는 것은 아니다. 또한 위에서 말한 바와 같이 한국어에는 화자의 지식 체계에 이미 내면화된 지식을 표현하는 형식들도 존재한다. 이러한 문제점을 고려하면 '내면화'라는 용어를 사용하여 '내면화한 지식'과 '내면화하지 않은 지식(새로 알게 된 지식)'을 구별하는 것이 좀 더 유용하다.

위에서 본 증거 속성과 마찬가지로 내면화 혹은 의외성과 관련한 속성 역시 인식 양태와는 다른, 독립적인 범주로 기술하여야 한다는 의견이 있다. 우리 책에서는 이러한 의미 역시 정보의 성격에 대한 화자의 태도와 관련된다는 점에서 인식 양태의 하위 속성으로 기술하였다.

참고 60 '-더-'와 '-느-'의 계열 관계

중세 한국어에서 선어말 어미 '-느-'와 '-더-'는 형태론적 계열 관계를 가지고 있었다. 이때의 '-느-'와 '-더-'는 각각 '현재 미완료'와 '과거 미완료'를 나타내어 의미론적으로도 계열 관계를 가졌다. 이러한 계열 관계는 현대 한국어에서도 관형사형의 '먹는, 먹던'에서 유지된다. 그러나 종결형에서는 '-느-'와 '-더-'가 온전한 형태론적, 의미론적 계열 관계를 가지지 않는다.

이러한 변화는 새로운 과거 시제 형식 '-았/었-'이 등장한 것과 연관이 깊다. 과거 시제의 '-았/었-'이 등장한 결과 현재 시제를 나타내는 '-느-'의 기능 부담량은 줄어들게 되었다. '-았/었-'의 부재(不在)로 현재를 나타낼 수 있기 때문이다. 과거 시제의 일부를 담당하던 '-더-'도 더 이상 본래의 기능을 유지할 수 없었다.

이러한 상황에서 '-느-'와 '-더-'는 서로 다른 길을 걷게 되었다. '-느-'는 형식도 온전히 유지되지 않아 여러 가지 이형태를 가지거나('∅, -느-, -ㄴ-, -는-') 다른 형식에 녹아들게 되었다('-습니다, -네, -니'). 현재 미완료의 의미를 적극적으로 표현하지 않는 환경도 생겼다. 반면 '-더-'는 아예 그 의미를 '과거 지각'의 주관적인 양태 의미로 바꾸어 현재까지 살아남았다.

'가느냐, 가더냐', '합니다, 합디다'와 같은 예에서 '-느-'와 '-더-'는 여전히 형태론적 계열 관계를 가지는 듯 보인다. 그러나 의미론적 계열 관계를 유지하고 있지는 않다. '갔느냐'에서는 '-느-'는 '-었-'과도 결합하기 때문에 현재 시제라고 보기 어려우며 그 의미가 지극히 무표적이다. 기존의 논의에서 '-느-'의 의미 중 일부를 '직설법', '-더-'의 의미를 '회상법'이라고 규정한 것은 '-느-'와 '-더-'가 형태론적 계열 관계를 가지는 점을 중시하여 '-느-'의 의미를 '-더-'와 일관되게 양태(서법)로 기술한 것이다. 그러나 우리 책에서는 '-느-'가 시제적 의미를 유지하고 있는 경우만을 현재 시제로 기술하고 (4.6.3.1. 참조), '-느-'의 무표적인 의미를 직설법으로 따로 기술하지 않는다.

4.7.2.3. '-(으)리-, -니-, -것-'

선어말 어미 '-(으)리-'는 '-겠-'과 유사한 양태적 의미를 표현한다. 즉 인식 양태의 '추측'의 의미와 행위 양태의 '의도'의 의미를 모두 표현할 수 있다.

(280) 가. 내일은 또 새로운 해가 뜨리라.

나. 나 그대를 영원히 사랑하리라.

(281) 철수는 영희가 더 이상 찾아오지 못하리라고 생각했다.

(280가)의 '-(으)리-'는 추측의 의미를, (280나)의 '-(으)리-'는 의도의 의미를 표현한다. 이는 '-겠-'이 추측과 의도의 다의성을 가지는 것과 유사하다. 현대 한국어에서는 '-겠-'의 쓰임에 밀려 '-(으)리-'는 잘 쓰이지 않는다. '-(으)리-'는 대부분 문어체 중에서도 의고적인 맥락에서 쓰인다. 그러나 (281)과 같은 피인용문에서는 의고적인 표현이 아니라도 '-(으)리-'가 자연스럽게 사용된다. '-(으)리-'가 그 생명을 다한 것은 아님을 알 수 있다.

선어말 어미 '-니-' 역시 현대 한국어에서의 쓰임은 활발하지 않다.

(282) 가. 누에는 뽕잎을 먹느니라.

나. 매운탕은 소금으로 간을 해야 하느니라.

이러한 예에서 '-니-'는 화자가 진실이라고 굳게 믿는 것을 청자에게 가르쳐 주는 용법을 보인다. 이를 '원칙법'이라는 이름으로 기술하기도 하였다. 이는 젊은 세대의 말에서는 거의 사라졌으나 70대 이상의 세대에서는 그 흔적이 남아 있다. 화자가 가지고 있는 앎에 대한 태도를 나타낸다는 점에서 넓게 보아 인식 양태 의미에 속한다.

선어말 어미 '-것-'은 '확인법'이라는 이름으로 불리어 왔다. 그러나 현대 한국어에서는 거의 사용되지 않으며, 사용된다 하더라도 화자들의 인식에서는 이미 선어말 어미 '-겠-'과 합류된 상태이다.

(283) 가. 눈이란 것은 희것다.

나. 그건 그렇고 너는 결혼을 하고 싶어요, 라고 대답을 했것다.

다. 네 죄는 네가 알렷다.

(284) 가. 너는 키도 크것다, 머리도 좋것다, 돈도 많것다, 부족한 게 뭐니?

나. 너는 키도 크겠다, 머리도 좋겠다, 돈도 많겠다, 부족한 게 뭐니?

(283가, 나)는 예스러운 표현에 사용된 '-것-'의 예이다. (283다)는 '-(으)리-'와 '-엇-'이 결합된 것으로 파악되는데 이때의 '-엇-'은 '-것-'의 이형태이다. 화자에게 이미 확실한 사실을 강조하는 기능을 하는 것으로 볼 수 있다.

(284가)는 현대적인 용법에 남아 있는 '-것-'의 예이다. 화자들은 이러한 문장을 (284나)와 같이 선어말 어미 '-겠-'이 사용된 문장으로 인식하고 실제로도 (284나)와 같은 문장을 훨씬 자주 사용하지만, 이는 '-겠-'의 전형적 용법과는 거리가 있다. 이는 이전 시기의 '-것-'이 자주 쓰이는 '-겠-'에 합류된 상태로 자취를 남긴 것으로 볼 수 있다.

4.7.3. 종결 어미로 표현되는 양태

4.7.3.1. '-지'

종결 어미 '-지'의 의미는 종결 어미 '-어'와 비교하는 경우가 많다. 둘 모두 해체(반말체) 등급을 표현하면서 억양에 따라 평서문으로도, 의문형으로도 명령형으로도 사용될 수 있는 이른바 '통용 어미'이기 때문이다. '-어'의 의미가 단순하고 무표적인 데 반해 '-지'의 의미는 상당히 복잡하다.

(285) 가. 오늘 철수는 소풍 가.

나. 오늘 철수는 소풍 가지.

(285가, 나)를 비교하면 '-어'와 '-지'는 의미에 있어서 큰 차이가 없는 듯이 생각되기도 한다. 그러나 '-지'가 판정 의문문에 사용되면 '-어'와는 의

미가 확연히 구별된다.

(286) 가. 오늘 철수는 소풍 가?
　　나. 오늘 철수는 소풍 가지?

(286가)는 화자가 모르는 사실을 청자에게 물어보는 일반적인 의문문이다. 그러나 (286나)는 화자가 '오늘 철수가 소풍을 간다'는 사실을 이미 알고 있는 상황에서 청자에게 한 번 더 확인하는 의미를 나타낸다. 즉 '-지'는 화자에게 이미 내면화한 지식을 표현하는 '이미 앎'의 의미를 표현한다. 이러한 '-지'의 의미는 인식 양태에 속한다.

'-지'의 '이미 앎'의 의미는 평서문에서는 확연히 드러나지 않는다. 그러나 다시 평서문인 (285나)의 의미를 생각해 보면 이때에도 '-지'는 명제 내용이 화자가 원래부터 알고 있던 사실 혹은 화자가 당연하게 생각하는 사실임을 표현한다는 것을 알 수 있다. 의문문에서만큼은 아니지만 평서문에서도 '-어'와 '-지'의 의미는 구별되는 점이 있다.

설명 의문문에서는 '이미 앎'의 의미가 부각되지 않는 경우도 많다. 그러나 화자가 어떤 사실을 예전에 알았으나 잠시 잊어버린 경우 기억을 다시 불러올 때 '-지'가 사용될 수 있기 때문에 '이미 앎'의 의미가 여전히 작동한다고 볼 수 있다.

(287) 가. 이게 누구 가방이야?
　　나. 이게 누구 가방이지?
(288) 가. 여러분, 제가 지금 무슨 그림을 그렸어요?
　　나. 여러분, 제가 지금 무슨 그림을 그렸지요?

(287가)와 비교하면 (287나)는 예전에 이것이 누구의 가방인지를 안 적이 있었다는 의미가 추가될 수도 있다. 그러나 (288가, 나)에서는 이러한 차이가 그리 두드러지지 않는다. '-지'는 단지 우호적이고 다정한 어감을 주기 위해서도 사용될 수 있다.

'-어'는 선택 의문문에 사용될 수 있지만 '-지'는 선택 의문문에 사용되지 않는다.

(289) 가. 오늘 철수가 소풍 가, 안 가?
나. *오늘 철수가 소풍 가지, 안 가지?

이러한 현상 역시 '-지'가 화자에게 이미 내면화된 지식에 사용되기 때문이라고 여겨진다.

'-지'는 '제안'이나 '기원' 등의 의미로 사용되기도 한다.

(290) 가. 이 일은 내가 하지.
나. 이 일은 우리가 하지.
다. 이번에는 네가 좀 가지.
(291) 가. (버스에서) 차도 밀리는데 여기서 좀 내려 주시지.
나. 나 먹을 것도 좀 남겨 두지.

(290가~다)에서 '-지'는 화자 혹은 청자의 미래 행위에 대해 의견을 표출하는 '제안'의 의미를 표현한다. (291가)는 이와는 달리 청자의 미래 행위에 대한 '기원'을 표시한다. 이때 '기원'은 미래 사태에 국한되지 않는다. (291나)는 과거의 사태에 대하여 그것이 실현되었으면 좋았을 것이라는 바람을 표현한다. 이러한 '-지'의 의미는 행위 양태에 속한다.

4.7.3.2. **'-네', '-구나'**

종결 어미 '-네'는 현재의 지각에 의해 새로 알게 된 사실에 쓰인다.

(292) 가. 어, 여기 누가 책을 두고 갔네.
나. 올해는 복숭아가 맛있네.
다. *서울이 한국의 수도네.

(292가)는 누군가가 책을 두고 간 것을 직접 본 후 한 발화이며 (292나)는 복숭아를 직접 맛보고 표현한 발화이다. 또한 '-네'는 원래부터 알고 있던 사실에 쓰이지 않고 새로 알게 된 사실을 표현한다. (292다)와 같은 문장은 서울이 한국의 수도라는 사실을 처음 안 외국인이 할 만한 발화로서 한국어 모어 화자는 거의 쓰지 않는다.

'-구나'는 '-네'와 많은 맥락에서 교체되어 쓰일 수 있다.

(293) 가. 옷에서 이상한 냄새가 나네.
　　나. 옷에서 이상한 냄새가 나는구나.

(293가, 나)에서 볼 수 있듯이 '지각'에 의해 어떤 사실을 새로 알게 된 상황에서 '-네'를 쓸 수도 있고 '-구나'를 쓸 수도 있다.

그러나 '-네'의 의미가 '지각'이라는 정보의 획득 방법에 초점이 있는 데 반해 '-구나'의 의미는 어떤 사실을 새로 알게 되는 과정 자체에 초점이 있다. 그것은 '-구나'가 '-네'와는 달리 추론 과정을 거친 정보를 나타낼 때 쓰이는 사실과도 관련된다.

(294) 가. ??너 어제 밤샘해서 피곤하네.(↗)
　　나. 너 어제 밤샘해서 피곤하구나.(↗)

(295) 가. *(서영이를 꼭 닮은 걸 보니) 네가 서영이 동생이네.
　　나. (서영이를 꼭 닮은 걸 보니) 네가 서영이 동생이구나.

청자의 얼굴빛을 보고 피곤하다는 사실을 추론한 경우 (294가)보다는 (294나)가 자연스럽다. 물론 화자가 그 사실에 대해 강한 확신을 가지고 있다면 (294가)도 쓰일 수 있다. (295)의 상황에서도 '-네'보다는 '-구나'가 훨씬 자연스럽다. '-구나'가 '-네'와 달리 '추론'으로 얻은 사실을 표현한다는 점을 알 수 있다.

'-네'와 '-구나'의 이러한 의미는 앞에서 살펴본 '-더-'와 마찬가지로 인식 양태에 속한다. '-더-'가 1인칭 주어에 대한 제약을 가지는 것처럼 '-구나'나 '-네'도 1인칭 주어를 가지는 문장에 쓰이는 것이 어색한 경우가 있다.[90] 이것은 '-구나'와 '-네'가 '-더-'처럼 새로 알게 된 사실에만 쓰이기 때문이다.

(296) 가. {*나는, 너는, 철수는} 대학생이네.
나. {*나는, 너는, 철수는} 대학생이구나.

(296가, 나)에서 볼 수 있듯이 '-네'나 '-구나'가 2인칭이나 3인칭 주어를 취한 문장은 자연스럽지만 1인칭 주어를 취한 문장은 자연스럽지 않다. 이는 화자 자신의 일을 새로 알게 되는 일은 그리 일반적이지 않기 때문이다.

화자 자신에 대한 일이라도 그것이 새로 알게 된 사실이면 '-네'나 '-구나'를 사용하는 것이 가능하다. 이는 앞에서 본 '-더-'와 유사한 특성이다.

(297) 가. 내가 모르고 언니 옷을 입고 왔네.
나. 내가 노래를 제일 못 부르는구나.

(297가, 나)는 모두 화자 자신의 일을 새롭게 발견하는 상황이다. 이 경우에는 '-네'와 '-구나'가 모두 1인칭 주어와 함께 쓰일 수 있다.

4.7.3.3. **'-(으)ㄹ래', '-(으)ㄹ까'**

'-(으)ㄹ래'는 평서문에 사용될 수도 있고 의문문에 사용될 수도 있다. 평서문에 사용되면 화자의 의도를 표현하고 의문문에 사용되면 청자의 의도를 묻는다. 이는 행위 양태와 관련한 의미이며 이에 따라 '-(으)ㄹ래'는 동사 서술어에만 결합한다.

(298) 가. 나는 여기서 좀 쉴래.
나. 너는 커서 뭐가 될래?

(298가)는 '-(으)ㄹ래'가 화자의 의도를 표현하는 예이고 (298나)는 '-(으)

90 '-더-'의 인칭 제약이 특정 맥락에서 해소될 수 있듯이 '-네'와 '-구나'의 인칭 제약도 마찬가지다. 가령 "나는 대학생이구나."는 자기가 대학생이라는 사실을 다시금 재확인하는 맥락에서는 사용될 수 있다.

ㄹ래'가 청자의 의도를 묻는 예이다.

이에 따라 '-(으)ㄹ래'는 평서문에서는 1인칭 주어와만 어울리고 의문문에서는 2인칭 주어와만 어울린다.

(299) 가. {나는, *너는, *철수는} 여기서 좀 쉴래.
나. {*나는, 너는, *철수는} 커서 뭐가 될래?

(299가)는 '-(으)ㄹ래'가 평서문에서 1인칭 주어와 함께 사용된다는 사실을 보여 주고 (299나)는 '-(으)ㄹ래'가 의문문에서 2인칭 주어와만 사용된다는 사실을 보여 준다.

'-(으)ㄹ까'는 의문형 어미인데 청자의 추측을 묻는 인식 양태 용법으로 사용되기도 하고 화자의 미래 행위에 대한 청자의 의도를 묻는 행위 양태 용법으로 사용되기도 한다. 먼저 청자의 추측을 묻는 용법의 예를 살펴보자.

(300) 가. 영희가 오늘 언제 학교에 올까?
나. 영희가 오늘 언제 학교에 오니?

(301) 예약을 원하시는 날짜가 8월 17일 토요일 {맞으세요, 맞으신가요, 맞으실까요}?

(302) {나는, 너는, 철수는} 언제까지 이런 실수를 반복해야 하는 것일까?

(300가)는 '영희가 오늘 학교에 오는 시간'을 청자에게 추측하기를 요구한다. (300나)와 같은 일반적인 의문문이 확실한 대답을 요구하는 것에 비하면 (300가)의 화자는 청자가 불확실한 정보를 가지고 있다고 가정하기 때문에 굳이 확실한 대답을 요구하지 않는다. '-(으)ㄹ까'는 스스로를 청자로 삼아 추측의 판단을 묻는 자문 용법으로 사용되는 경우도 많다. (301)과 같은 상황에서 예전에는 '맞으세요?'나 '맞으신가요?'가 많이 사용되었으나 최근에는 '맞으실까요?'로 질문하는 일이 많아졌다. '-(으)ㄹ까'는 청자에게 정보를 요청하는 강도가 약하기 때문에 청자의 부담을 줄이는 공손 전

략으로도 사용된다고 볼 수 있다.[91] 한편 (302)에서 보는 바와 같이 청자의 추측을 묻는 용법의 '-(으)ㄹ까'는 주어의 인칭에 제약을 가지지 않는다.

다음은 '-(으)ㄹ까'가 화자의 미래 행위에 대해 청자의 의도(의견)를 묻는 용법으로 사용된 예이다.

(303) 가. 내가 우리 언니한테 부탁해 볼까?

나. {내가, *네가, *철수가} 모임에 참석할까?

(303가)는 화자 자신의 행위에 대해 청자의 의견을 구하는 의미를 표현한다. 행위 양태 용법의 '-(으)ㄹ까'는 동사 서술어와 1인칭 주어만을 취한다. (303나)에서처럼 2인칭이나 3인칭 주어가 사용되면 위에서 본 '청자에게 추측을 묻는' 인식 양태 용법으로 해석된다.

화자의 행위에 대해 청자의 의도를 묻는 '-(으)ㄹ까'의 의미는 언뜻 '-(으)ㄹ래'의 의미와도 유사해 보인다. 그러나 두 의미는 분명히 구별된다.

(304) 가. {나는, *너는, *철수는} 여기서 기다릴까?

나. {*나는, 너는, *철수는} 여기서 기다릴래?

(304가)에서 알 수 있듯이 '-(으)ㄹ까'는 1인칭 주어만을 취할 수 있고 (304나)에서 알 수 있듯이 '-(으)ㄹ래'는 의문문에서 사용될 때 2인칭 주어만을 취할 수 있다. 즉 '-(으)ㄹ까'는 화자의 행위에 대한 청자의 의도를 묻는 의미를 표현하지만 '-(으)ㄹ래'는 청자의 행위에 대한 청자의 의도를 묻는 의미를 표현한다는 차이가 있다.

4.7.4. 연결 어미로 표현되는 양태

연결 어미 중에서 '-(으)려고, -고자', '-길래' 등의 의미는 양태와 연관된다. 먼저 '-(으)려고'와 '-고자'의 예를 살펴보자.

(305) 가. 그는 넘어지지 않으려고 안간힘을 썼다.

91 이러한 상황에서 쓰이는 '-(으)ㄹ까'가 상대방의 추측의 답변을 요구하는 것은 아니기 때문에 이를 오용으로 보아 거부감을 느끼는 사람들도 있다.

나. 선생님께 조언을 얻고자 이렇게 편지를 드리게 되었습니다.

(305가)의 '-(으)려고'와 (305나)의 '-고자'는 선행절 내용이 후행절 내용의 목적임을 표현하는 연결 어미이다. 이때 '-(으)려고'와 '-고자'에서 '의도'가 표현된다는 점에서 이 어미들의 의미는 행위 양태와 연관된다.[92]

다음은 '-길래'의 예이다.[93]

(306) 가. 우유가 {떨어졌길래, 떨어져서} 내가 한 병 사 왔어.

나. 세종이 한글을 {*만들었길래, 만들어서} 백성들이 글을 읽을 수 있게 되었다.

(306가)에서 보는 바와 같이 '-길래'는 '-아/어서'와 비슷하게 '원인'을 나타낸다. 그러나 그 '원인'이 되는 사태가 반드시 화자가 직접 지각한 것이어야 한다는 특징이 있다. (306나)에서처럼 세종이 한글을 만드는 모습을 직접 보지 못한 경우 '-길래'를 사용할 수 없다. 연결 어미 '-길래'는 선어말 어미 '-더-'나 종결 어미 '-네'처럼 화자의 지각을 나타낸다고 할 수 있다.

92 '-(으)려고, -고자'는 1인칭 화자의 의도뿐 아니라 2인칭 3인칭 주어의 의도를 나타낼 수 있다. 양태를 화자의 주관적 태도로 엄밀히 한정한다면 '-(으)려고, -고자'는 전형적인 양태 요소로 볼 수 없다. 그러나 많은 경우 이들 역시 양태로 다루며 우리 책에서는 행위 양태를 '명제가 표현하는 행위자의 행위에 대한 화자나 주어의 태도'로 정의하여 이러한 의미를 양태에 포함하였다.

93 '-길래'는 본래 '-기에'의 비표준어형으로 간주되었으나 2011년 표준어 개정에서 표준어로 인정받았다. 2025년 현재 『표준국어대사전』에는 '-길래'가 '-기에'의 구어적 표현이라고 되어 있지만 '-기에'와 '-길래'는 그 이상의 차이가 있다. '지각'과 관련한 양태적 특성을 보이는 것은 '-길래'뿐이다. 단, 양태적 의미를 보이는 것은 '-길래'의 일부 용법이라는 점도 주의하여야 한다.

참고 61 **전성 어미의 의미**

4.6.에서 논의한 바와 같이 관형사형 전성 어미 '-(으)ㄴ'과 '-(으)ㄹ'의 대립은 시제나 상과 연관되지만 양태적인 것으로 논의되기도 한다.

(1) 가. 윤수는 내 강의를 들은 학생이다.

나. 윤수는 내 강의를 들을 학생이다.

다. 윤수는 내 강의를 들었을 학생이다.

(1가)의 관형사절에는 '-(으)ㄴ'이 사용되었다. 이때 관형사절은 현실 세계에 지시 대상을 가지는 사태로 간주된다. 반면 (1나)처럼 '-(으)ㄹ'이 사용되면 이 명제는 현실 세계에 지시 대상을 가지지 않는 명제로 이해된다. (1다)에서는 '-았/었-'이 '-(으)ㄹ'에 결합되어 있는데 이는 과거에 대한 사실을 표시하면서 현실 세계에 지시 대상을 가지지 않음을 표현하기 때문에 '추측'에 가까운 의미로 해석된다.

이러한 '-(으)ㄴ'과 '-(으)ㄹ'의 대립은 '실현성(realis)'과 '비실현성(irrealis)'의 대립으로 논의되기도 한다. 이는 명제에 대한 화자의 주관적 태도라기보다는 명제 자체의 성격과 관련되기 때문에 개념적으로는 양태보다는 서법에 더 가깝다('참고 56' 참조).

명사형 전성 어미 '-(으)ㅁ'과 '-기'의 의미 차이도 이와 유사하다.

(2) 가. 과장이 거짓말을 했음이 밝혀졌다.
　　나. 과장이 거짓말을 했기가 쉽다.
(3) 가. 서류가 도착함을 확인한다.
　　나. 오늘 안에 서류가 도착하기가 어렵다.
(4) 가. 12월 8일 초등 동창 만남
　　나. 12월 8일 초등 동창 만나기

(2가), (3가)의 '-(으)ㅁ'은 기정(旣定)의 사실, 이미 실현된 사실에 쓰이는 반면 (2나), (3나)의 '-기'는 미정(未定)의 사실, 아직 세계에 존재하지 않은 사실에 쓰인다. (4가, 나)가 수첩의 메모라고 가정하면 (4가)는 이미 초등 동창을 만난 사실을 기록해 놓을 때 쓰고 (4나)는 초등 동창을 만날 약속을 기록해 두는 데 쓸 가능성이 높다. 즉 '-(으)ㅁ'은 실현성 표현이고 '-기'는 비실현성 표현으로 이해할 수 있다.

그러나 (4가)가 미정적인 사실에 쓰일 수도 있으며 '-(으)ㅁ'과 '-기'가 양태 의미에 따라 교체된다고 보기 어려운 예도 많다. 앞으로 논의가 더 필요한 문제이다.

4.7.5. 통사적 구성으로 표현되는 양태

양태를 표현하는 통사적 구성에는 의존 명사를 포함한 것과 보조 용언을 포함한 것이 있다. 먼저 의존 명사를 포함한 통사적 구성이 양태를 표현하는 예를 보자.

(307) 가. 내일은 분명히 좋은 일이 생길 거야.
　　나. 오늘은 비가 올 것 같아요.
　　다. 밖에 누가 온 것 같아.
　　라. 집에만 있으면 아무래도 지루해질 터이다.
　　마. 내일 날이 추워질 수도 있어.
(308) 가. 언젠간 유럽에 갈 거야!
　　나. 만나기만 하면 그 녀석을 꼭 혼내 줄 테다.
　　다. 이제야 두 다리 뻗고 잠을 잘 수 있었다.

(307가~라)에는 차례로 '-(으)ㄹ 것이-, '-(으)ㄹ 것 같-, -(으)ㄴ 것 같-, -(으)ㄹ 터이-'가 사용되었다. 이들은 모두 '추측'과 관련한 인식 양태 의미

를 표현한다. (306마)의 '-(으)ㄹ 수 있-'은 '가능성'의 인식 양태를 표현하는데 이는 '추측'보다는 확신의 정도가 낮다. 한편 (308가~나)는 '-(으)ㄹ 것이-, -(으)ㄹ 터이-'가 '의도'를 표현하는 예이다. (308다)의 '-(으)ㄹ 수 있-'은 '능력'을 표현한다. '의도'와 '능력'은 모두 행위 양태 의미이다.

다음의 '-(으)ㄹ/ㄴ 듯하-, -(으)ㄹ/ㄴ 법하-, -(으)ㄹ/ㄴ 성싶-' 등도 모두 '추측'의 양태 의미를 표현한다.

(309) 가. 경제 상황이 조금은 나아진 듯하다.
나. 그 사람이 오늘 올 법하지는 않은데요.
다. 사위가 그런 일까지 해 줄 성싶진 않구먼.

(309가~다)의 '-(으)ㄴ 듯하-, -(으)ㄹ 법하-, -(으)ㄹ 성싶-'에는 모두 의존명사 '듯, 법, 성'이 포함되어 있다. 그러나 『표준국어대사전』에서 '듯하-, 법하-, 성싶-'은 모두 하나의 보조 용언으로 취급하는 것을 유의할 필요가 있다.

다음의 예도 보조 용언을 포함한 통사적 구성이 양태를 표현하는 예이다.

(310) 가. 동생이 요즘 힘든가 보다.
나. 그냥 저 녀석을 한 대 때려 줄까 보다.
(311) 가. 저도 내일 출발하려고 해요.
나. 아이들은 어릴 때부터 좋은 습관을 들여야 한다.
다. 이제 들어오셔도 됩니다.
라. 한번 저희 집에 오셨으면 합니다.
마. 유학 간 누나가 보고 싶어진다.

(310가)의 '-(으)ㄴ가 보-'는 '추측'을 표현한다. (310나)의 '-(으)ㄹ까 보-'의 의미는 '의도'와 관련된다. (311가)의 '-(으)려고 하-'는 '의도'를 표현한다. (311나)의 '-어야/아야 하-'는 '의무'를 표현하고 (310다)의 '-어도/아도 되-'는 '허가'를 표현한다. (311라, 마)의 '-었으면 하-'와 '-고 싶-'은 모

두 화자의 '소망'을 표현하되, (311라)의 '-었으면 하-'는 화자 아닌 다른 사람의 행위에 대한 소망을 표현할 수도 있지만, (311마)의 '-고 싶-'은 화자의 행위에 대한 화자의 소망만을 표현한다는 점에서 차이가 있다.

4.8. 피동과 사동

4.8.1. 피동과 사동의 개념

피동과 사동은 문법 범주의 하나인 '태(態, voice)'로 다루어진다. '태'는 행위주나 대상과 같이 서술어의 의미와 관련한 참여자가 동사의 형태로 표상되는 방식을 가리키는 용어이다. 전통적으로 피동(passive)과 사동(causative)은 의미적으로 정의되어 왔다. 의미적으로 말하면 피동문은 어떤 행위의 대상(피동주)이 주어로 나타나고 행위의 주체(능동주)가 부사어로 나타나거나 생략된 문장이고 사동문은 어떤 참여자(사동주)가 다른 참여자(피사동주)에게 영향을 미쳐 어떤 행위를 일으킴을 표현한 문장이다.

통사적으로 말하면 피동과 사동은 서술어의 자릿수 변동 현상이다. 기준 문장을 중심으로 피동문은 기준이 되는 서술어의 자릿수가 하나 줄어든 문장이고 사동문은 자릿수가 하나 늘어난 문장이다. 학교 문법에서는 기준 문장을, 피동문에 대해서는 능동문이라고 부르고 사동문에 대해서는 주동문이라고 부른다.

(312) 가. 경찰이 도둑을 쫓고 있다.
나. 도둑이 경찰에게 쫓기고 있다.
(313) 가. 돌이가 책을 읽는다.
나. 선생님이 돌이에게 책을 읽힌다.

(312나)는 전형적인 피동문이고 (313나)는 전형적인 사동문이다. (312나)에서는 피동사 '쫓기다'가 쓰여 피동주 '도둑'이 주어로 쓰이고 능동주 '경찰'이 부사어로 쓰였는데 이는 능동주가 주어로 쓰인 능동문 (312가)와 대

조된다. 피동문의 부사어는 생략이 가능하므로 필수 부사어가 아니다. 따라서 피동문의 보충어는 능동문의 보충어에 비해 하나 줄어들었다. 곧 서술어의 자릿수가 하나 줄어든 것이다.

(313나)는 사동주 '선생님'이 피사동주 '돌이'의 읽는 행위를 일으키는 것으로 해석되는데 이는 원래의 피사동주가 스스로 행위를 하는 주어로 나타나는 주동문과 구별된다. 사동문은 주동문에 비해 보충어의 수가 하나 늘어나서 서술어의 자릿수가 변했음을 바로 알 수 있다.

그런데 한국어의 피동문과 사동문 중에는 피동과 사동의 의미적 정의에 맞지 않는 예가 많다.

(314) 가. 날씨가 풀렸습니다.
나. 오늘은 길이 막히네요.
(315) 가. 엄마가 병에 물을 채운다.
나. 인부들이 길을 넓힌다.

보통 피동문으로 인정되는 (314가, 나)는 '풀리다, 막히다'에 어떤 행위를 받거나 당한다는 의미가 없이 단순히 상태만 나타내어 피동의 의미적 설명과는 거리가 있다. 부사어로 쓸 만한 행위의 주체도 말하기 어렵다. 또 일반적으로 사동문으로 인정되는 (315가, 나)에는 사동주가 피사동주의 어떤 행위에 영향을 준다고 할 수 없다. 다시 말해 (315가)에서는 엄마가 물이 차도록 시킨 것이라 할 수 없고 (315나)에서는 인부가 길이 넓도록 시킨 것이라 할 수 없다는 뜻이다. 따라서 한국어의 피동문, 사동문 개념은 의미적으로 설명하기보다 기준 서술어의 자릿수 변동과 연관시켜 통사적으로 설명하는 것이 더 적절하다.

(316) 가. 우리가 산을 봅니다.
나. 산이 (우리에게) 보입니다.
(317) 가. 아기가 우유를 먹어요.
나. 엄마가 아기에게 우유를 먹여요.

(318) 가. 물이 끓어요.

나. 엄마가 물을 끓여요.

(319) 가. 길이 넓어요.

나. 인부들이 길을 넓혀요.

(316가)의 '보다'는 타동사로서 두 자리 서술어이고 (316나)의 '보이다'는 자동사로서 한 자리 서술어이다. '우리에게'는 부사어 수의 성분으로서 생략 가능하다. (317가)의 '먹다'는 타동사로서 두 자리 서술어이고 (317나)의 '먹이다'는 같은 타동사이지만 사동사로서 세 자리 서술어이다. (318가)의 '끓다'는 자동사로서 한 자리 서술어이고 (318나)의 '끓이다'는 사동사로서 두 자리 서술어이다. (319가)의 '넓다'는 형용사로서 한 자리 서술어이고 (319나)의 '넓히다'는 사동사로서 두 자리 서술어이다.

그런데 피동, 사동의 개념을 이렇게 자릿수 변동으로만 설명하는 것도 문제가 없는 것은 아니다. 대응하는 기준 문장이 존재하지 않을 때에는 자릿수 변동이라는 개념 자체가 성립하지 않기 때문이다.

(320) 가. 날씨가 풀렸다.

나. *X가 날씨를 풀었다.

(321) 가. 철수가 짐을 옮겼다.

나. *짐이 옮았다.

(322) 가. 철수가 난제를 풀었다.

나. 난제가 (철수에 의해) 풀렸다.

(323) 가. 감기가 나에게 옮았다.

나. X가 나에게 감기를 옮겼다.

피동문 (320나)와 같이 대응하는 능동문이 존재하지 않거나 (321나)와 같이 대응하는 주동문이 존재하지 않을 때, 피동문이나 사동문의 개념을 자릿수 변동으로 설명하기 어렵다. 한국어에는 이러한 예외적 피동문, 사동문이 적지 않게 존재하는데, 그에 따라 (320가)와 (321가)를 각각 피동문,

사동문으로 보지 않을 수도 있다. 그러나 이들은 (322), (323)과 같은 정상적 '능동-피동' 대응, '주동-사동' 대응과 평행하게 각각 피동문, 사동문으로 다루는 것이 일반적이다.[94]

94 어떤 연구자들은 (320가)와 같은 문장을 '의사 피동(pseudo-passive)'이라 하여 온전한 피동문으로 다루지 않는다. 최근에는 좀 더 정밀하게 이를 능동도 아니고 피동도 아닌 '중동'이라는 별개의 범주로 설명하기도 한다. 또 사동과 관련하여 어떤 연구자들은 (321가)와 같은 문장을 사동문으로 다루지 않고 보통의 타동사문과 똑같은 문장으로 본다.

참고 62 **중동(middle voice)**

최근 한국어의 태 범주 연구에서는 '능동'도 아니고 '피동'도 아닌 '중동' 범주를 설정하여야 한다는 견해가 적지 않다. 이는 언어 유형론에서 일반적으로 '능동', '피동', '사동' 외에 '중동'을 더 설정하는 데 따른 것이다. '중동'이란 어떤 사태가 어떤 행위주에 의해 발생한 것이 아니라 자연스럽게 저절로 발생한 것으로 표현하는 태 범주의 하나이다. 영어의 "This book reads easily."와 같은 문장이 흔히 드는 중동문의 예이다.

(1) 가. 날씨가 풀렸다.
　나. 멧돼지가 덫에 걸렸다.

피동 접미사나 '-아/어지다' 피동과 같이 피동의 형식적 표지에 중점을 두는 것이 아니라 피동적 의미에 중점을 두고 생각해 볼 때, 사건이 저절로 일어난 경우는 어떤 능동적 행위를 받아 발생하는 피동적 사태와 구별해야 한다는 것이다. 이러한 관점에서 (1가)는 중동문이 된다. 더 나아가 어떤 연구자는 (1나)와 같이 참여자의 행위가 아닌 속성 때문에 피동주가 영향을 입는 사건을 표시하는 경우도 중동문으로 처리한다. 그런데 (1가)가 일반적으로 중동으로 받아들여지는 것과 달리 (1나)를 중동으로 설정하는 데에는 학자들 간에 견해가 일치하지 않는다. 보수적으로 본다면 (1나)는 피동문으로 처리하는 것이 온당할 것이다.

(2) 가. 영철이가 나무에 매달렸다.
　나. 민희는 요즘 밥이 잘 먹힌다.

피동의 형식적 표지에서 벗어나 순전히 의미적 관점에서만 본다면, (2가, 나)와 같은 문장도 피동문이 아니라 능동문으로 처리할 수 있다. 의도적으로 행위를 하는 행위주가 주어로 쓰였기 때문이다. 의미적 관점에서 보는 것은 언어 유형론적 연구의 일반적 경향이다. 그러나 학교 문법은 물론이고 일반적인 학문 문법에서도 여전히 태의 형식적 표지를 중요시하기 때문에 (2가, 나)를 능동문으로 처리하는 연구자는 많지 않다.

4.8.2. 피동의 종류

피동은 크게 피동사 피동과 '-아/어지다' 피동으로 나뉜다. 전자는 파생어인 피동사에 의한다고 하여 형태적 피동이라고 부르기도 하고 후자는 연결 어미 '-아/어'에 보조 동사 '지다'가 결합된 통사적 구성에 의한다고 하여 통사적 피동이라고 부르기도 한다.[95]

95 '-아/어지다'는 통사적 구성(보조 동사 구성)이기는 하지만 붙여 쓰는 관습이 있어 한글 맞춤법에서는 붙여 쓰도록 하고 있다.

참고 63 피동적 의미의 어휘

'맞다', '받다'와 같은 말이 피동적 의미가 있기 때문에 어휘적 피동을 이루는 서술어로 설명하는 연구자도 있으나 우리 책에서는 그러한 의미 범주를 통사적 문법 범주인 '피동'에 포함시킬 수 없다고 본다.

4.8.2.1. **피동사 피동**

피동사는 능동사 어간을 어근으로 하여 접미사 '-이-, -히-, -기-, -리-'가 붙어 만들어진다.

(324) 가. -이-: 꺾이다, 나뉘다, 덮이다, 매이다, 보이다, 섞이다, 쌓이다, 쏘이다, 짜이다 등
나. -히-: 걷히다, 긁히다, 꽂히다, 먹히다, 맺히다, 얹히다, 읽히다, 잡히다, 찍히다 등
다. -기-: 감기다, 끊기다, 담기다, 뜯기다, 믿기다, 씻기다, 안기다, 쫓기다, 찢기다 등
라. -리-: 걸리다, 눌리다, 달리다, 들리다, 물리다, 밀리다, 실리다, 찔리다, 팔리다 등

피동사 파생 접미사는 대부분 기계적으로 결합되지만 '나누-+-이-→나뉘-'와 같이 음소의 변동을 동반하는 경우도 있고 '누르-+-리-→눌리-'나 '싣-+-리-→실리-'와 같이 불규칙 동사의 활용 형태가 파생어 형성에서도 나타나는 경우도 있다.

한편 피동사로 파생되지 않는 동사 무리들도 있다.

(325) 가. 수여 동사: 주다, 받다, 드리다, 바치다 등
나. 수혜 동사: 얻다, 잃다, 찾다, 돕다, (은혜를) 입다, 사다 등

다. 지각 동사: 알다, 배우다, 바라다, 느끼다 등

라. 대칭 동사: 만나다, 닮다, 싸우다 등

마. 좋아하다, 슬퍼하다, 사랑하다, 공부하다, 조사하다 등

바. 모든 사동사[96]

96 음의 높낮이가 운소인 일부 방언에서는 '날다→날리다(사동사)→날리다(피동사)'로 해석할 수 있는 증거가 있다. 그러나 음의 높낮이가 존재하지 않는 대부분의 방언에서는 '날리다'는 사동사건 피동사든 '날다'에서 직접 파생된 말로 해석된다.

(325가~라)는 동사의 의미적 속성과 관련하여 피동사로 파생되지 않는 동사들을 보인 것이고, (325마)는 '-하다'로 끝나는 동사로서 역시 피동사로 파생되지 않는 동사들이다. 그리고 모든 사동사는 피동 접미사가 다시 붙어 피동사로 파생되는 일이 없다. 한편, '-되-', '-받-', '-당하-'와 같은 접미사가 붙어서 피동이 만들어지기도 한다.

(326) 가. 건설되다, 결정되다, 배치되다, 오해되다, 증명되다, 포함되다, 확정되다 …

나. 교육받다, 미움받다, 배치받다, 사랑받다, 오해받다, 의뢰받다, 훈련받다 …

다. 고문당하다, 공격당하다, 납치당하다, 모욕당하다, 살해당하다, 해고당하다 …

(326가)는 접미사 '-되-', (326나)는 '-받-', (326다)는 '-당하-'에 의해 파생된 피동사이다. '배치되다/배치받다', '오해되다/오해받다'에서처럼 두 가지 이상의 접사가 붙은 파생어도 있는데 그 의미와 쓰임은 약간 다르다. 또 '-당하-'가 결합하면 부정적 의미를 가진다.

4.8.2.2. '-아/어지다' 피동

(327) 가. 이 연필로 쓰면 글씨가 잘 <u>써집니다.</u>

나. 바람이 불어 불이 <u>꺼졌다.</u>

다. <u>주어진</u> 문제의 답을 쓰세요.

라. 소원이 <u>이루어졌다.</u>

마. 야구공에 유리창이 <u>깨졌다.</u>

바. 이 옛날 그림이 언제 그려졌는지 알고 싶다.

사. 꿈은 반드시 이루어질 것이다.

아. 이 구두는 튼튼하게 만들어졌다.

자. 이 사람이 마흔 살이라는 사실이 믿어지지 않는다.

(327)은 모두 '-아/어지다'에 의한 피동이다. 어떤 경우에 피동사를 사용하고 어떤 경우에 '-아/어지다'를 사용하는지는 완전히 밝혀져 있지 않다. 다만, 동사 어간이 'ㅣ' 모음으로 끝나면(던지다, 지키다, 때리다, 만지다 등) 피동사 피동이 사용되지 않으므로 '-아/어지다' 피동을 사용하는 경향이 있다.

그런데 '-아/어지다'는 피동의 의미보다는 '-게 되다'와 비슷한 의미를 가져 어떠어떠한 상태로 된다는 '과정화'의 의미가 더 강할 때가 있다. '과정화'의 의미가 '피동'의 의미와 분명하게 구별되는 이유는 다음과 같이 타동사가 아닌 자동사나 형용사에도 '-아/어지다'가 붙는 경우가 많기 때문이다.

(328) 가. 요즘은 그 가게에 잘 가지지 않아요.

나. 그 소식을 듣고 더욱 슬퍼졌어요.

다. 해가 뜨니까 갑자기 주변이 환해진다.

라. 공사를 해서 길이 넓어졌다.

마. 없어지다, 좋아지다, 멀어지다

참고 64 이중 피동

이중 피동이라 하여 피동사 피동과 '-아/어지다' 피동이 중복되어 나타나는 경우도 있다. '믿겨지다, 읽혀지다, 쓰여지다, 불려지다, 나뉘어지다'와 같은 말들이 모두 이중 피동의 말들인데 '믿기다, 읽히다, 쓰이다, 불리다, 나뉘다' 혹은 '믿어지다, 읽어지다, 써지다, 불러지다, 나누어지다'와 같은 말로도 쓰일 수 있는 것이다. '믿기다, 나뉘다'는 각각 '믿어지다, 나누어지다'와 의미가 거의 같고 '읽히다, 불리다'는 각각 '읽어지다, 불러지다'와 약간 다르며 '쓰이다'는 '써지다'와 많이 다르다. 이중 피동은 과도한 피동으로서 규범적으로는 수정의 대상이 되기도 한다.

4.8.3. 피동의 특성 및 제약

능동문의 주어가 피동문에 나타날 때에는 (329)에서 보듯이 피동문에서 조사 '에게'가 붙어 나타나는 것이 원칙이다. 그러나 이 원칙은 (330)에서처럼 지켜지지 않는 예외가 상당히 많다.

(329) 가. 도둑이 경찰에게 잡혔다.
 나. 우리 책은 사람들에게 많이 읽힌다.
 다. 나에게는 이 음악이 아름답게 들립니다.
 라. 그 사건은 김 형사에게 맡겨졌다.
(330) 가. 보물이 도둑들{*에게, 에 의해} 땅속에 묻혔다.
 나. 종이가 영희{*에게, 에 의해} 찢겼다.
 다. 전화가 철수{*에게, 에 의해} 끊겼다.
 라. 물이 영희{*에게, 에 의해} 꽃에 뿌려졌다.
 마. 상품이 상인{*에게, 에 의해} 마을 사람들에게 팔린다.
 바. 짐이 철수{*에게, 에 의해} 트럭에 실렸다.

어떠한 경우에 (330)과 같이 피동문에서 능동문의 행위주를 'X에게'처럼 사용할 수 없는지에 관해서는 분명하게 알려진 바가 없다. 다만 원래의 능동문에서 여격의 '에게/에', 처소의 '에', 도구의 '(으)로'가 결합된 명사구가 있으면 피동문에서 행위주를 'X에게' 형태로 쓸 수 없음이 밝혀져 있을 뿐이다.

(331)은 피동사가 존재함에도 불구하고 피동문으로 만들 수 없는 능동문이고 (332)는 대응하는 능동문이 없는 피동문이다.

(331) 가. 철수가 칭찬을 들었다.
 가'. *칭찬이 철수에게 들렸다.
 나. 소가 풀을 열심히 뜯는다.
 나'. *풀이 소에게 열심히 뜯긴다.
 다. 영희가 손잡이를 일부러 잡았다.

다′. *손잡이가 영희에게 일부러 잡혔다.

(332) 가. 날씨가 풀렸다.

나. 손에 못이 박혔다.

다. 감기에 걸렸다.

라. 영희는 난처한 입장에 놓였다.

마. 기가 막히다, 눈이 뒤집히다, 말이 안 먹히다, 법에 걸리다, 일이 밀리다, 차가 밀리다, 마음에 걸리다, 속이 보이다, 맥이 풀리다, 일이 손에 안 잡히다

(331가)의 피동문이 불가능한 이유는 '음악을 듣다'와 같은 표현과는 달리 '칭찬을 듣다'는 의미적으로 피동적이기 때문이다. (331나, 다)의 피동문이 불가능한 이유는 그 주어가 의지를 가질 수 없는 것인데, '일부러, 열심히'와 같은 의지를 나타내는 부사와 함께 쓰였기 때문이다. (332)는 대응하는 능동문이 존재하지 않는 피동문이다. 자연적 발생이나 변화를 표현하는 문장이 그러한데 그 의미적 특성을 '무의지적/비의도적 상황, 탈(脫)행동성' 등으로 설명한다. (332마) 역시 자신의 의지나 의도와 관련이 없고 어떤 행위주의 행동에 의한 것이 아니라는 의미적 특성을 가지므로 모두 대응하는 능동문이 없다.

(333) 가. 오늘은 책이 잘/술술/자연스럽게 {읽힌다, 읽어진다}.

나. 간밤 태풍에 작물 뿌리가 저절로 {뽑혔다, *뽑아졌다}.

다. 군관민의 합동 작업에 의해 댐의 균열이 {*막혔다, 막아졌다}.

피동사에 의한 피동과 '-어지다'에 의한 피동에는 약간의 의미 차이가 있다. (333가)와 같은 예문만 보면 둘 다 자연스럽게 쓰이므로, 둘 사이에는 의미 차이가 없는 것으로 생각할 수 있다. 그러나 피동사 피동은 피동의 결과에 초점을 두는 표현이고, '-아/어지다' 피동은 피동의 과정에서 행위자의 의지적 행동에 초점을 두는 표현이다. (333나)와 같이 '저절로, 술술, 자연스럽게'와 같은 부사어가 쓰인 문장은 피동의 결과만 전달하면 되므로

'-아/어지다' 피동이 매우 어색하나, 반대로 (333다)와 같은 문장은 행위자의 의지적 행동에 초점을 두는 문장이므로 피동사 피동이 매우 어색하다. 그러므로 (333가)도 피동사 피동과 '-어지다' 피동에 그러한 내포적 의미의 차이가 있다고 생각할 수 있다.

4.8.4. 사동의 종류

사동은 크게 사동사 사동과 '-게 하다' 사동으로 나뉜다. 전자는 파생어인 사동사에 의한다고 하여 형태적 사동이라고 부르기도 하고 후자는 연결 어미 '-게'에 '하다'가 결합된 통사적 구성에 의한다고 하여 통사적 사동이라고 부르기도 한다. 혹은 전자는 그 형식이 짧게 된다고 하여 단형 사동(짧은 사동), 후자는 그 형식이 길게 된다고 하여 장형 사동(긴 사동)이라 하기도 한다.

4.8.4.1. 사동사 사동

사동사 사동은 주동사에 '-이-, -히-, -기-, -리-, -우-, -구-, -추-, -으키-, -이키'가 붙어 만들어진다.

(334) 가. -이-: 먹이다, 보이다, 죽이다, 속이다, 들이다, 끓이다, 붙이다, 썩이다, 기울이다 등

나. -히-: 입히다, 잡히다, 익히다, 식히다, 굳히다, 밝히다, 좁히다, 넓히다, 더럽히다 등

다. -기-: 안기다, 벗기다, 신기다, 씻기다, 맡기다, 숨기다, 남기다, 굶기다, 넘기다 등

라. -리-: 알리다, 불리다, 물리다, 울리다, 얼리다, 날리다, 올리다, 흘리다, 말리다 등

마. -우-: 깨우다, (짐을) 지우다, 돋우다, 거두다, 비우다, 새우다, 피우다, 찌우다 등

마'. -우-: 씌우다, 태우다, 채우다, 재우다, 세우다, 띄우다, 키우다 등

바. -구-: 달구다, 솟구다 등

사. -추-: 들추다, 맞추다, 늦추다, 낮추다 등

아. -으키-: 일으키다

자. -이키-: 돌이키다

사동사 파생 접미사는 대부분 기계적으로 결합되지만 (334마′)에서처럼 '우' 앞의 모음이 변하는 경우도 있다. 또한 '흐르-+-리→흘리-'와 같이 불규칙 동사의 활용 형태가 파생어 형성에서도 나타나는 경우도 있다.

참고 65 **피동사와 사동사의 형태**

접미사에 의한 피동사와 사동사가 둘 다 존재할 경우, '먹히다'와 '먹이다'처럼 피동사와 사동사의 형태가 다른 경우도 없지 않지만, '보이다, 잡히다, 업히다, 끌리다, 읽히다 …' 등과 같이 형태가 같은 경우가 압도적으로 많다.

참고 66 **사동 접미사 '-우-'의 형태**

(334마′)의 사동 접미사 '-우-'를 상당수의 문법서에서는 '-ㅣ우-'로 표기하고 있다. 그러나 음소로 실현되지 않는 'ㅣ'를 음소처럼 표기하는 것은 적절하지 않다. 현대 한국어의 공시적 관점에서는 어근의 모음이 변하면서 사동 접미사 '-우-'가 붙었다고 기술하는 것이 적절하다. 통시적으로는 사동 접미사 '-ㅣ-'가 결합한 후 나중에 '-우-'가 더 붙은 것으로 추정된다. 중세 한국어에서 '셔다(>서다)'의 사동사가 '셰다'도 쓰이고 '셰오다/셰우다'도 쓰였음이 이를 방증한다.

사동사가 만드는 사동문은 두 가지 유형으로 나눌 수 있다.

(335) 가. 인부들이 길을 넓힌다.

나. 엄마가 아기를 재운다.

다. 엄마가 {아기에게, 아기를} 우유를 먹인다.

(335가, 나)는 각각 형용사문, 자동사문을 사동문으로 만든 것으로서 원래 문장의 주어가 목적어로 나타난 것이다. (335다)는 타동사문을 사동문으로 만든 것으로서 원래 문장의 주어가 여격 부사어나 목적어로 나타난 것이

다. 여격어를 쓰는 것이 원칙이나 목적어를 쓰는 것도 문법적이다.

사동사 형성에서의 제약은 피동사의 경우와 비슷하다. '이기다'와 같이 어간이 'ㅣ' 모음으로 끝나는 용언은 사동사로 만들 수 없고 '-게 하다' 사동만을 만들 수 있고, '주다' 따위의 수여 동사 혹은 수혜 동사, 대칭 동사 따위도 사동사로 만들 수 없다.

'-하다'로 끝나는 주동사를 사동사로 만들 때에는 '-하다' 대신에 '-시키다'를 쓴다.

(336) 가. 반복시키다, 변화시키다, 설치시키다, 연습시키다, 훈련시키다 등
나. 교육시키다, 구속시키다, 배치시키다, 제외시키다, 해고시키다 등

(336가)는 접미사 '-시키-'에 의해 파생된 사동사이다. 그런데 (336나)는 언뜻 (336가)와 같은 사동사처럼 보인다. 그러나 (336나)는 사동사의 뜻으로도 쓸 수 있지만 '교육하다, 구속하다, 배치하다, 제외하다, 해고하다'와 같이 '-하다'로 끝나는 타동사, 즉 주동사와 동일한 의미로도 쓸 수 있다. 그런 경우는 과잉 사동으로 해석할 수 있으므로 굳이 사동사를 쓸 필요 없이 '-하다'로 끝나는 일반 타동사로 쓰는 것이 규범적으로 옳다.

4.8.4.2. **'-게 하다' 사동**

통사적 사동문은 주동문의 용언 어간에 '-게 하다'를 결합시켜 만든다. 다음 (337가, 나)의 예가 그러하다. 그러나 '-게 하다'가 어떤 범위에 걸치느냐 하는 것에 대한 관점의 차이에 따라 피사동주를 (337가, 나)처럼 쓸 수도 있고 (337다, 라)처럼 쓸 수도 있다. 사동문에 다른 목적어가 있을 경우 피사동주가 'X에게' 형태로 나타나는 것은 파생적 사동문에서와 같다.

(337) 가. 학생들이 집에 간다. → 선생님께서 [학생들이 집에 가]게 하셨다.
나. 동생이 우유를 마신다. → 나는 [동생이 우유를 마시]게 하였다.
다. 선생님께서 학생들을 [집에 가게] 하셨다.
라. 나는 동생에게 [우유를 마시게] 하였다.

(337가, 나)는 '-게 하다'가 내포절 전체에 붙는 것으로서 내포절의 주어가 그대로 유지되어 피사동주에 주격 조사가 결합되어 있다. 반면 (337다, 라)는 '학생들을'과 '동생에게'가 모절에 있으므로 피사동주가 주격으로 실현되지 않는 것이다.[97]

'-게 하다'가 붙을 때 시제, 양태 요소는 '하다'에 결합하고 존대의 '-(으)시-'는 높이는 대상의 행위를 나타내는 동사에 붙는다.

(338) 가. 선생님께서 동수를 거기에 {가게 하셨다, *가시게 했다, *가시게 하셨다}.

나. 민희는 선생님을 거기에 {가시게 했다, *가게 하셨다, *가시게 하셨다}.

다. 아버지께서 어머니를 거기에 {가시게 하셨다, *가게 하셨다, *가시게 했다}.

4.8.5. 사동의 특성 및 제약

4.8.5.1. 직접 사동과 간접 사동

(339) 가. 엄마가 아이에게 옷을 입혔다.

나. 형이 동생에게 책을 읽혔다.

(339가)는 엄마가 직접 아이에게 옷을 입혀 주는 행위를 하는 것으로 해석되고, (339나)는 동생이 책을 읽는 행위를 형이 말이나 몸짓, 눈짓 등을 통해 간접적으로 시킨 것으로 해석된다. (339가)처럼 사동주가 피사동주의 행위에 함께 참여하는 경우를 직접 사동이라고 하고 (339나)처럼 그렇지 않은 경우를 간접 사동이라 한다. 단형 사동은 맥락에 따라 직접 사동과 간접 사동의 두 가지 의미를 모두 표현할 수 있다.

(340) 가. 누나가 동생에게 우유를 마시게 했다.

나. 엄마가 아이에게 흰 양말을 신게 했다.

다. 의사가 환자를 침대에 눕게 하였다.

97 (337다)는 "선생님$_i$께서 학생$_i$들을 [e_i 집에 가게] 하셨다."로, (337라)는 "나$_i$는 동생$_i$에게 [e_i 우유를 마시게] 하였다."로 분석된다. 내포절의 주어가 모절의 목적어 혹은 여격어와 동일하기 때문에 실현되지 않은 것이다.

(340)에서 보듯이 장형 사동은 단형 사동과는 달리 거의 모든 경우 간접 사동으로 해석된다.

4.8.5.2. **사동의 제약**

(341)에서 보듯이 사동문도 피동문과 마찬가지로 그에 대응하는 주동문을 상정할 수 없는 경우가 상당히 많다. 주로 비유적 어휘나 관용구를 포함한 문장이다.

(341) 가. 아버지는 나에게 그 사실을 숨겼다.
나. 인부들이 이삿짐을 옮긴다.
다. 어머니가 옷에 풀을 먹인다.
라. 형은 돈을 잘 굴려서 부자가 되었다.
마. 살아가면서 낯을 붉히고 싸우는 일은 없었으면 좋겠다.
바. 이제야 좀 숨을 돌릴 수 있게 되었다.
사. 그 여자의 남편이 바람을 피운다는 소문이 있다.

(341)과는 반대로 주동문은 존재하여도 그에 대응하는 사동문이 없는 (342), (343)과 같은 경우도 있다. 역시 비유적 어휘나 관용구를 포함한 문장에서 많이 나타난다. 또 인위적으로 만들 수 없는 상태를 나타낼 때에도 사동문을 쓸 수 없다.

(342) 가. 영희가 결혼했다는 소문이 돈다.
가'. *우리가 영희가 결혼했다는 소문을 돌렸다.[98]
나. 민수가 더위를 먹었다.
나'. *X가 민수에게 더위를 먹였다.
(343) 가. 할아버지의 허리가 굽으셨다.
나. *X가 할아버지의 허리를 굽혔다.

98 (341)과는 달리 (342가')은 '-게 하다' 사동으로는 만들 수 있다. '-게 하다' 사동이 일반적으로 사동사 사동보다는 제약에 좀 덜 엄격하다.

4.9. 부정

4.9.1. 부정의 개념

부정(negation)은 부정 부사 및 부정의 보조 용언 구성 등을 사용하여 긍정문을 통사적으로 바꾸거나 '없다, 모르다' 등의 어휘를 사용함으로써 이루어진다. 부정문은 부정문에서만 쓰이는 말인 부정극어(negative polarity item: NPI)와 호응하는 특성으로 검증할 수 있다.

(344) 가. 그는 민수가 한 일을 하나도 모른다.
　　　나. *그는 민수가 한 일을 하나도 부인한다.
(345) 그는 민수가 한 일을 하나도 알지 못한다.

(344가)의 '모르다'와 (344나)의 '부인하다'는 모두 부정적 의미를 담고 있다. 그러나 '모르다'는 부정극어 '하나도'와 잘 어울리고 있으나 '부인하다'는 그렇지 못하다. '모르다'의 이러한 특성은 (345)의 '-지 못하다'가 가지는 특성과 동일하다. 그러므로 우리 책에서는 (344가)와 (345)와 같은 문장은 부정문으로 다루지만 (342나)는 부정문으로 다루지 않는다.

4.9.2. 부정의 종류

4.9.2.1. 통사적 부정과 어휘적 부정

통사적 부정이란 긍정문에서 부정 부사 및 부정의 보조 용언 구성 등을 사용하여 긍정문을 부정문으로 바꾼 것을 말한다.

(346) 가. 정수는 밥을 안 먹는다.
　　　나. 정수는 밥을 먹지 못한다.
(347) 가. 영혜는 지금 돈이 있다.
　　　나. 영혜는 지금 돈이 없다.

(346가)에서는 부정 부사 '안'으로써, (346나)에서는 부정 보조 용언 구

성으로써 부정문이 이루어졌는데 이를 통사적 부정이라 한다. (347나)는 (347가)의 '있다'의 반의어 '없다'를 씀으로써 부정문을 만들고 있는데, 이는 긍정문에서의 서술어를 전혀 사용하지 않고 아예 딴 어휘를 사용하였기 때문에 어휘적 부정이라고 한다. 어휘적 부정에 사용되는 어휘는 '모르다'가 더 있다.

참고 67 '이다'의 부정어 '아니다'

"정수는 우리 반 학생이다."의 부정문 "정수는 우리 반 학생이 아니다."를 통사적 부정이라고 해야 할지 어휘적 부정이라고 해야 할지는 분명하지 않다. '이다'의 부정을 '안 이다(아니다)'로 보면 통사적 부정이라고 해야 할 것이고 '이다' 대신 '아니다'라는 어휘를 대신 쓴 것이라고 보면 어휘적 부정이라고 해야 할 것이다. '아니다'는 통사적으로 더 이상 분석되지 않는 어휘이므로 우리 책에서는 어휘적 부정으로 판단한다.

4.9.2.2. 단형 부정과 장형 부정

단형 부정은 부정 부사로 부정문을 만들어 형식이 짧게 된 것이고 장형 부정은 부정 보조 용언 구성으로 부정문을 만들어 형식이 길게 된 것이다.

(348) 가. 아이가 밥을 {안, 못} 먹는다.

나. 아이가 밥을 먹지 {않는다, 못한다}.

(348가)에서는 부정 부사 '안, 못'이 서술어 앞에 쓰였고 (348나)에서는 부정 보조 용언 구성 '(-지) 않다/아니하다, 못하다'가 본용언 뒤에 쓰여 '먹지 {않는다, 못한다}' 전체가 부정문의 서술어가 되었다. 어휘적 부정인 '모르다'와 장형 부정인 '알지 못하다', 어휘적 부정인 '…이/가 아니다'와 장형 부정인 '…이지 않다'는 맥락에 따라 약간 다른 의미를 나타내는 것으로 분화되어 쓰이기도 한다. 한편 [존재]의 뜻을 나타내는 형용사의 '있다'와는 달리 [머무름]의 뜻을 나타내는 동사의 '있다'는 어휘적 부정이 없으므로 '안 있는다, 있지 않는다'와 같이 단형 부정, 장형 부정이 자유롭게 쓰일 수 있다.

4.9.2.3. **'안' 부정과 '못' 부정, '말다' 부정**

'안' 부정은 '안'과 '않다/아니하다'로 만들어지는 부정이고 '못' 부정은 '못'과 '못하다'로 만들어지는 부정이다.

(349) 가. 아이가 밥을 {안 먹는다, 먹지 않는다}.

나. 아이가 밥을 {못 먹는다, 먹지 못한다}.

(349가)가 '안' 부정문이고 (349나)가 '못' 부정문이다. '안' 부정은 주체가 행위의 의지를 가지지 않았음을 보여 주므로 의지 부정을 나타낸다고 한다. 반면 '못' 부정은 주체가 행위의 의지를 가졌으나 능력이 미치지 못하거나 상황이 여의치 못해 그 행위를 실현할 수 없음을 나타낸다. 그래서 '못' 부정을 능력 부정을 나타낸다고 한다. 그러나 '안' 부정이 모두 의지 부정인 것은 아니다.

(350) 가. 여기에는 볕이 안 든다.

나. 여름인데 날씨가 덥지 않다.

(351) 나는 오늘 학교에 안 간다.

(350)에서 보듯이 어떤 객관적 상황에 대해 말할 때의 '안' 부정은 주체의 의지와는 무관하다. 이런 경우 '안' 부정은 중립 부정을 나타낸다고 한다. 심지어 의지 부정으로 해석해야만 하는 것처럼 보이는 (351)조차 오늘이 일요일이라서 내 의지와는 상관없이 학교에 안 간다는 뜻의 중립 부정을 나타낼 수 있다.[99]

'말다' 부정은 주로 명령문과 청유문의 장형 부정에서 쓰인다.

(352) 가. 가지 {마십시오, 마(세)요, 마(시)오, 말게, 마/말아, 마라/말아라}.[100]

나. 가지 {맙시다, 마세, 말자}.

(353) 가. 시험에 떨어지지 말기를{바란다, 원한다, 희망한다, 기대한다}.

나. 시험에 떨어지지 않기를 {바란다, 원한다, 희망한다, 기대한다}.

99 '의지 부정'은 '의도 부정'이라고도 한다. '능력 부정'은 '불능(不能) 부정', '불급(不及) 부정'이라고도 한다. '중립 부정'은 '객관 부정, 단순 부정'이라고도 한다.

100 '말아(요), 말아라'는 2015년 12월 14일 국립국어원에서 발표한 추가 복수 표준어이다. 그 이전에는 해체의 '말아', 해요체의 '말아요', 해라체의 '말아라'는 표준어로 인정하지 않았다.

(352가)는 부정 명령문이고 (352나)는 부정 청유문이다. 이때에는 '않다, 못하다' 같은 서술어는 쓸 수 없을 뿐 아니라 단형 부정도 쓸 수 없다. 한편 (353가)에서 보듯이 직접 명령을 하지 않고 '희망'의 뜻을 나타내는 서술어의 내포절 속에서 '말다' 부정을 쓸 수도 있다. 그 경우에는 (353나)처럼 '않다' 부정으로 바꾸어 쓸 수 있다.

4.9.2.4. **이중 부정문**

하나의 절 안에 부정의 표지가 두 번 나타난 문장을 이중 부정문이라고 한다. 이중 부정은 부정의 부정이므로 크게 보면 긍정의 의미를 나타내는 것이다. 그러나 언어 형식적으로 두 개의 부정이 순차적으로 실현되므로 보통의 긍정문과는 다르게 해석되는 것이고 사용상의 제약도 적지 않다.

(354) 가. 돌이는 홍어회를 {안 먹지 않는다, *안 안 먹는다, ?*먹지 않지 않는다[101]}.

나. 돌이는 홍어회를 {못 먹지 않는다, *못 못 먹는다, *먹지 못하지 못한다}.

다. (친구가 먹으라고 성화를 부리니) 돌이는 홍어회를 {안 먹지 못했다, *안 못 먹었다, *먹지 않지 못했다}.

라. 돌이는 홍어회를 {*못 먹지 못한다, *못 못 먹는다, *먹지 못한다}.

101 '먹지 않지는 않는다'와 같이 보조사 '는'을 사용하면 사용될 가능성이 조금 더 높아진다.

이중 부정문을 사용하는 이유는 언어 형식적으로 부정의 의미를 부정하고 싶은 필요성 때문이다. (354가~다)는 그러한 필요성을 잘 보여 주고 있다. 모두 장형 부정과 단형 부정이 둘 다 실현되었을 때에만 이중 부정문이 성립됨을 알 수 있다. 한편 (354라)는 장형 부정과 단형 부정이 둘 다 실현된 경우도 비문이다. 이는 행위의 주체가 어떤 행위를 의도하고 그것을 할 능력이 없음을 나타내는 것이 능력 부정인데, 의지 부정인 '안 먹는' 것은 의도할 수 있어도 능력 부정인 '못 먹는' 행위를 의도할 수는 없기 때문이다.

(355) 가. 이 약은 몸에 좋은 것이니 {안 먹지 마라, *못 먹지 마라}.

나. 그는 돈이 {없지 않다, *안 없다}.

(355가)는 장형의 부정 명령에 쓰이는 '-지 말다'가 부정 부사 '안'과 함께 쓰인 경우이다. 이 경우에도 '못'은 쓰일 수 없는데, 그 이유 역시 '-지 말다'의 행위를 하는 주체가 그 행위를 할 의도가 있어야 그것을 하지 말라는 명령과 의미상 어울리기 때문이다. (355나)는 어휘적 부정과 장형 부정이 결합한 것인데, 이 경우 단형 부정과는 결합할 수 없다. (354)와 (355)로부터 이중 부정에는 반드시 장형 부정이 한 번 실현되어야 함을 알 수 있다.

(356) 가. 그는 돈이 없지 않다.
나. 수지는 명수가 자기를 사랑하는 줄을 모르지 않는다.
다. 수지와 명수는 이혼하지 않을 수 없었다.
다′. 수지와 명수는 이혼할 수 있었다.

(356가, 나)와 (356다)는 이중 부정의 필수성에서 차이가 있다. (356가, 나)는 각각 '없지 않다'가 '있다'의 의미를 나타내고 '모르지 않는다'가 '안다'의 의미를 나타내므로 표현적 효과 면에서만 다를 뿐이나, (356다)는 긍정문인 (356다′)과 다른 완전히 다른 의미를 나타낸다. 즉 (356가, 나)는 이중 부정이 수의적이나 (356다)는 이중 부정이 필수적이라는 것이다. 이는 엄밀히 말하면 '-(으)ㄹ 수 있다'가 포함된 문장이 이중 부정문이 아니기 때문이다. 즉 (356다)는 형식적으로 관형사절이 의존 명사 '수'를 꾸며주는 복문이기[102] 때문에 하나의 절 안에 부정의 표지가 두 번 나타난 이중 부정이 아니다. 따라서 부정의 표지가 두 번 나타났다고 해도 긍정문으로 바꿀 수 없는 것이다.

102 이 문장은 형식적으로 복문으로 만들어졌으나, 기능적으로 '-ㄹ 수 있-'이 행위 양태를 나타내는 선어말 어미로 재구조화된 것으로 보아 단문으로 처리할 수 있다. 복문이 단문으로 재구조화된 경우 복문의 문법적 특성이 나타날 때도 있고 단문의 문법적 특성이 나타날 때도 있다. 이중 부정과 관련해서는 복문의 문법적 특성이 나타난 것이다.

4.9.3. 부정문의 특성

4.9.3.1. 부정극어와의 어울림

부정극어란 부정어와만 어울려 부정문에서만 쓰일 수 있는 말이다.[103]

(357) 가. 결코, 그다지, 도무지, 도저히, 비단, 아무도, 여간, 좀처럼 …
나. 나는 결코 그를 {*사랑한다, 사랑하지 않는다}.
다. 나쁜 짓을 할 생각은 추호도 없었어요.

(357가)에서 보인 말들은 부사의 부정극어이다. (357나)에서 보듯이 부정극어는 부정어와만 어울린다. (357다)의 '추호도'는 '없다'와만 어울려 쓰인다는 점이 특이하다.

(358) 가. 찍소리, 아무짝, 엄두, 아무(것), 아무런, 개의(介意)하다, 예기(豫期)하다, 끊이다, 서슴다, 거들떠보다, 아랑곳하다, 주체하다, 남부럽다, 달갑다, 대수롭다, 석연(釋然)하다, 심상(尋常)하다, 탐탁하다 …
가′. 추호(秋毫), 하나, 한 X
나. 나는 그의 말에 찍소리 않고 따랐다.
다. 아무 말도 하지 마세요.
라. 불만족스러운 부분은 서슴지 말고 말씀하세요.
마. 그들은 남부럽지 않게 산다.

(358가)에서 보듯이 부정극어는 부사에만 국한되지 않는다. (358가, 가′)에서 보듯이, 명사, 대명사, 동사, 형용사 등 다양한 품사에도 존재한다. (358가′)는 보조사 '도'가 결합된 '추호도, 하나도, 한 X도'가 되어야 부정극어로 쓰일 수 있는 말들이다. '한 X도'는 '한 개도, 한 대도, 한 명도, 한 숟가락도' 등과 같이 X 자리에 단위성 명사를 쓴 표현을 보인 것이다. 사실 이것들뿐만 아니라 (358가)의 '찍소리'는 주로 보조사 '도'와 결합하고 '아무짝'은 격 조사와 보조사의 결합인 '에도'와 반드시 결합하는 등의 제약이

103 엄밀하게 보면 이와 같은 문법 기술은 부정확한 면이 있다. 첫째, "그가 와서 자꾸 잔소리를 하는데 달가울 리가 있겠어?"에서처럼 부사가 아닌 부정극어(이 문장에서는 '달갑다')는 부정의 의미를 나타내는 수사 의문문에서도 쓰일 때가 있다는 점이다. 특히 동사나 형용사에서 드물지 않게 그러하다. 둘째, "그 정도는 대수롭게 생각하지 않아."나 "그 정도는 대수로운 일이 아니다."와 같이 부정극어(이 문장에서는 '대수롭다')가 부정어와는 다른 절(부사절, 관형사절)에 포함되어 일반적인 단문의 문법이 아니라는 점이다. 그러나 우리 책에서는 이해하기 쉬운 문법 기술을 위해 이러한 수준의 정밀한 문법 기술을 희생시킨 경우가 간혹 있다.

존재한다.

(359) 가. *그 지식은 전혀 비전문적이다.

나. 그 지식은 전혀 전문적이지 않다.

부정극어는 부정문 검증에 유용하게 사용될 수 있다. (359가)와 (359나)는 같은 뜻이지만 (359가)는 부정극어가 쓰일 수 없다. '비전문적'이라는 말에 부정의 뜻을 나타내는 한자 '비(非)'가 들어 있지만 그것은 '비전문적'이라는 부정적 뜻의 어휘를 만드는 것일 뿐 부정문을 만드는 것이 아니기 때문이다.

4.9.3.2. **부정문의 중의성**

부정문은 장형 부정이든 단형 부정이든 부정어 해석의 초점과 관련하여 중의성을 갖는 경우가 많다.

(360) 나는 어제 민수와 {안 만났다, 만나지 않았다}.

(361) 가. 어제 민수와 만난 사람은 내가 아니라 형이다.

나. 내가 민수와 만난 것은 어제가 아니라 오늘이다.

다. 내가 어제 만난 사람은 민수가 아니라 동수이다.

라. 나는 어제 민수와 만난 것이 아니라 전화 통화만 했다.

(360)은 (361가~라)의 상황에 따라 중의적으로 해석될 수 있는 것이다. 그것은 부정어가 무엇을 부정하는지가 여러 가지 가능성으로 나뉘기 때문이다. 그런데 구어에서는 대개 (360)이 중의적으로 해석되지 않는다. 부정어 해석의 초점에 강세를 주어 발음하기 때문에 중의성이 사라지는 일이 대부분이다. 구어에서조차도 중의성 해소의 수단을 갖지 못하는 경우는 '전칭 표현+부정어'의 형식에서 나타난다.

(362) 모임에 회원들이 다 {안 왔다, 오지 않았다}.

(362)에서 보듯이 '다, 모두, 전부' 등의 전칭 표현과 부정어가 어울리면 모두를 부정하는 전체 부정의 의미와 일부를 부정하는 부분 부정의 의미, 두 가지로 해석될 수 있고 이는 강세 등이 동반된 구어에서도 마찬가지이다. 중의성을 해소하는 방법도 의미에 따라 두 가지로 나뉜다. 전체 부정의 의미로만 해석하게 하려면 부정극어를 쓰면 되고 부분 부정의 의미로만 해석하게 하려면 보조사 '은/는'을 쓰면 된다.

(363) 가. 회원들이 하나도 {안 왔다, 오지 않았다}.
나. 회원들이 {다는 안 왔다, 다는 오지 않았다, 다 오지는 않았다}.

(363가)는 부정극어 '하나도'를 사용하여 전체 부정으로만 해석하게 만든 문장이고 (363나)는 보조사 '은/는'을 사용하여 부분 부정으로만 해석하게 만든 문장이다.

(364) 밥만 먹지 마라.

(364)와 같이 보조사 '만'이 쓰였을 때는 그 의미 해석에 따라 중의성이 발생한다. (364)는 밥을 제외하고 다른 것을 먹으라는 명령도 될 수 있고, 밥을 포함하여 다른 것도 먹으라는 명령도 될 수 있다.

4.9.3.3. 부정문과 확인문

부정문의 형식을 취하고 있으나 실제로는 부정의 의미를 전달하는 것이 아니라 어떤 사실에 대한 확인의 의미를 전달하는 부정문이 있다.

(365) 가. 어제는 덥지 않았니?
나. 민수가 그 일을 하지 않았니?

(365)의 두 문장은 부정 의문문으로 해석하는 것도 가능하고 어떤 사실에 대한 확인의 의미로 해석하는 것도 가능하다. 질문의 의미와 확인의 의미

로 중의성이 있는 경우에는 '-았/었-, -겠-'과 같은 시제 선어말 어미가 후행 용언에 붙고 '-지 않-'도 '-잖-'으로 줄지 않는다. (365)의 문말 억양은 올릴 수도 있고 내릴 수도 있지만, 문말 억양을 내린다면 중의성은 사라지고 확인의 의미만 남는다.

(366) 가. 어제는 {더웠지 않니, 더웠잖니}?
　　나. 민수가 그 일을 {했지 않니, 했잖니}?

확인의 의미로 쓰임을 더욱 확실하게 하고자 할 때에는 문말 억양을 내리는데 그러면 부정 의문문의 의미는 사라진다. (366)에서와 같이 부정 의문문의 의미가 사라지고 확인문의 의미로만 해석되면 '-았/었-, -겠-'과 같은 시제 선어말 어미가 선행 용언에 붙고 '-지 않-'도 '-잖-'으로 줄어들 수 있다.

4.9.3.4. **부정문 관련 제약**

부정문에는 여러 가지 통사적 제약이 있다. 대표적으로 두 가지만 보기로 한다. 우선 동사나 형용사에 따라서는 단형 부정문을 허용하지 않는 것이 있다.

(367) 가. ??우리는 수학을 {안, 못} 공부했다.
　　나. *그는 안 교육자답다.
　　다. *우리는 그를 안 본받을 것이다.
(368) 가. 선생님이 아직 못 내려오셨다.
　　나. 음식이 아직 안 상했다.
　　다. 소리가 작아서 안 들린다.

(367)은 서술어가 파생어와 합성어일 때 단형 부정이 성립하기 어려움을 보여 준다. 이러한 경우 장형 부정이 주로 쓰인다. 그러나 (368)에서 보듯이 '돌아가다, 들어가다, 내려오다, 잡아먹다, 스며들다 …' 등 '-아/어'를

매개로 한 합성 동사, '착하다, 상하다, 독하다, 연하다 …' 등 '-하다' 파생어 중 일부 형용사들, 그리고 피동사와 사동사가 서술어인 경우에는 단형 부정이 가능하다.

(369) 가. *철수는 못 행복하다.
　　　나. 철수는 행복하지 못하다.

(369가)에서 보듯이 형용사에는 단형의 '못' 부정이 쓰일 수 없다. 형용사는 상태나 성질을 나타내므로 상태나 성질을 의도하기는 어렵기 때문에 의도를 전제하는 '못'과는 어울리기 어려운 것이다. 그러나 (369나)와 같이 장형의 '못' 부정문은 쓸 수 있는데, 이 경우에는 긍정적인 상태를 기대치로 하여 그 기대치에 못 미침을 의미하는 문장이 된다.

4.10. 정보 구조와 분열문

정보 구조에 대해서는 우리 책의 4.1.2.2.에서 이미 그 개념을 소개하고 간단한 예를 살펴본 바 있다. 이 절에서는 정보 구조를 좀 더 상세히 살피고, 주제 정보와 언급 정보를 보통의 문장에서와 다르게 나타내어 특수한 의미적 효과를 얻는 구문인 분열문에 대해 알아보기로 한다.

4.10.1. 구정보와 신정보

화자가 문장에서 어떤 대상 X에 대해 어떤 정보 Y를 전달하려 할 때, X를 '주제(topic)'라 하고 Y를 '언급(comment)'이라 하는데, 일반적으로 주제는 화자와 청자가 이미 알고 있는 대상 혹은 정보이고 언급은 새로운 정보이다. 이미 알고 있는 대상 혹은 정보를 구정보(old information)라 하고 새로운 정보를 신정보(new information)라 한다.

(370) 가. 저는 홍길동입니다.

나. (식구끼리 포도를 먹기 시작할 때) 야, 포도{가, *는} 맛있네.

(370가)에서 화자의 말을 듣고 있는 청자는 이미 '저'라고 불리는 대상, 곧 화자를 눈앞에서 보고 있으므로 '저'는 구정보이고 이것을 나타내는 보조사가 '는'이다. 그리고 화자는 자기 자신인 '저'에 대해 이름 정보를 전달하고 있으므로 '저는'이 주제이고 '홍길동입니다'가 언급이다. (370나)에서 '포도'는 비록 화자와 청자가 이미 알고 있는 대상이지만 발화 직전까지 포도에 대해 어떤 정보를 전달하려는 의도가 없었기 때문에 '포도'는 주제가 되지 못하고 '포도가 맛있다' 전체가 신정보로 전달된다. 그래서 '포도는'이라고 하지 않고 '포도가'라고 하는 것이다.

(371) (너는) 이름{이, *은} 뭐니?

의문문의 정보 구조는 파악하기 좀 더 어려울 수 있으나, 원칙적으로는 평서문과 같이 파악할 수 있다. 가장 단순하게 파악할 수 있는 의문문인 (371)에서 화자는 청자가 언급해 주기(정보를 전달해 주기) 바라는 대상인 '너'를 주제로 하여 정보 전달을 요구하는 언급 부분을 의문문으로 표현하였다. 이때 언급 부분에서는 주제 표지 '은/는'을 쓰지 않고 '이/가'를 쓰게 되어 통사 구조적으로 이중 주어문이 된다. 담화 맥락상 '너는'이 주제임이 명백하므로 쉽게 생략되는데, 그러면 정보 전달의 대상은 생략되고 언급 내용만을 묻는 문장이 되므로 "이름이 뭐니?"라고 한다.[104]

104 (371)은 쉽게 설명할 수 있는 예이지만 의문문의 정보 구조에 대해 광범위하고 정확하게 설명하는 것은 우리 책의 수준을 넘어서는 일이다.

신정보가 주제로 나타나는 경우는 극히 드물기 때문에 일반적으로 신정보에는 주제 표시의 '은/는'이 결합되지 못한다.

(372) 가. 옛날옛적에 아기 돼지 삼 형제{가, *는} 살고 있었어요.

나. 이 그림들 중 {무엇이, *무엇은} 철수가 그린 거지?

동화 첫머리에 나오는 문장인 (372가)는 화청자가 공히 알고 있는 대상, 즉 한정성이 있는 구정보에 대해 어떤 새로운 사실, 즉 신정보를 알려 주려고 하는 문장이 아니다. '아기 돼지 삼 형제'는 동화 맨 처음에 나오기 때문에 신정보일 수밖에 없으므로, (372가) 전체가 신정보를 전달하는 문장이 된다. 따라서 '은/는'이 쓰일 자리가 없다. (372나)는 '그림들이 있다는 사실'이 구정보로 전제된 의문문이다. 묻고 싶은, 즉 언급되기를 바라는 신정보는 '무엇'이다. 그러므로 설명 의문문에서 질문 대상인 미지칭 의문사에는 '이/가'만 붙고 '은/는'은 붙지 않는다.[105]

105 여기에서 '미지칭 의문사'라고 한 이유는 '부정칭 의문사'에는 '은/는'이 결합하는 경우가 드물지만 간혹 있기 때문이다. 예를 들어 "이 일은 너무 힘들어서 민수가 빠지려고 해. 그러니까 우리끼리만 하자."라고 할 때 "누구는 이 일이 좋아서 해?"라고 말하는 경우, '누구'는 어떤 대상을 묻기 위해 사용된 미지칭이 아니라 어떤 대상을 특정적으로 가리키지 않기 위해 사용된 부정칭이다. 미지칭과 부정칭에 대해서는 우리 책 3.3.2.2. 참조.

주제와 언급으로 구성된 문장 정보 구조에서 화자는 자연스럽게 특정 정보를 강조하는데, 이때 강조된 정보를 초점(focus)이라 한다. 음성 언어에서 초점에는 운율적으로 주로 강세가 동반된다. 초점을 표시하는 방법에는 어순, 표지, 구문 등이 더 있으나, 이러한 통사적 수단은 강세만큼 흔히 사용되지는 않는다. 인간의 심리상 구정보와 신정보가 함께 나온 문장에서 화자는 대개 신정보를 강조하고자 하기 때문에 신정보에 강세가 동반되는 일이 많다. 그러나 신정보만으로 이루어진 문장에서는 그 신정보 문장 전체가 초점이기 때문에 신정보라도 강세가 동반되는 경우가 드물다. 예컨대 신정보만으로 이루어진 (372가)에는 특별히 강하게 발화하는 부분이 없으나 (372나)에서는 '무엇이'를 다른 부분보다 상대적으로 강하게 발화한다.

4.10.2. 절대적 정보 구조와 상대적 정보 구조

구정보의 의미적 속성인 기존성(givenness),[106] 곧 '이미 주어져 있음'은 어떤 관점에서 파악하느냐에 따라 지시적 기존성과 관계적 기존성으로 나눌 수 있다. 지시적 기존성은 한정성이 있는 대상이 가지는 속성을 가리키고, 관계적 기존성은 문장을 언급의 대상 부분과 언급의 내용 부분으로 나누었을 때 언급의 대상이 되는 부분이 가지는 속성을 가리킨다. 이에 따라 정보를 지시적 구정보, 지시적 신정보, 관계적 구정보, 관계적 신정보로 나눌 수 있다. 위에서 신정보가 초점이 된다고 했는데, 더 정확히 말하면 관계적 신정보가 초점이 된다.

106 연구자에 따라 '주어짐성'으로 번역하기도 한다.

(373) 가. 승우는 공부를 열심히 해요.

나. A: 어제 뭐 샀니?

B: 사과 샀어.

(374) A: 어제 사과와 배 중에 뭐 샀니?

B: 사과 샀어.

(375) 가. A: 너는 무슨 운동을 해?

B: 나는 수영을 해.

나. A: 누가 수영을 해?

B: 내가 수영을 해.

(373가)와 같은 문장에서 '승우'는 화자와 청자가 서로 알고 있는 대상이므로 지시적 구정보이기도 하고, 언급의 대상이 되는 부분이므로 관계적 구정보이기도 하다. 또 (373나)와 같은 대화에서도 '사과'는 지시적 신정보이기도 하고 관계적 신정보이기도 하다. 관계적 신정보이므로 초점이라고 볼 수 있다. 그러나 (374)의 대화에서 '사과'는 질문에 대한 대답으로서 언급의 내용에 포함되어 있기 때문에 관계적 신정보로서 초점이기는 하나, 질문을 통해 그 대상이 화자와 청자에게 이미 주어진 것이므로 지시적으로는 구정보이다. (375)를 통해서도 지시적 구정보와 관계적 구정보가 다름이 잘 드러난다. (375가)에서 '나'는 화자와 청자가 서로 대화하고 있으므로 당연히 알고 있는 대상이므로 지시적 구정보이기도 하고, 물음에 대한 대답에서 언급 대상이 되고 있으므로 관계적 구정보이기도 하다. 그러나 (375나)에서 '나(내)'는 지시적 구정보이기는 하나, 언급의 대상으로 주어진 것이 아니라 언급 내용의 일부이므로 관계적 신정보이다. 이를 도식화하면 다음과 같다.

(376) 관계적 기존성과 지시적 기존성의 관계

<table>
<tr><td>관계적 구정보</td><td colspan="2">관계적 신정보</td></tr>
<tr><td colspan="2">지시적 구정보</td><td>지시적 신정보</td></tr>
</table>

요컨대 관계적으로는 신정보이면서도 지시적으로는 구정보인 것이 존재한다는 것이다. 지시적 기존성을 기반으로 파악한 정보 구조를 절대적 정보

구조라고 하고, 관계적 기존성을 기반으로 파악한 정보 구조를 상대적 정보 구조라고 한다. 주제와 초점은 관계적 기존성에 기반한 상대적 정보 구조의 개념이다.

그런데 초점은 무엇이 강조될 때 무엇과 대조되어 강조된 것이냐에 따라 결합 관계 초점과 계열 관계 초점으로 나눌 수도 있다. 결합 관계 초점은 관계적 구정보 부분과 관계적 신정보 부분으로 나뉜 문장의 연쇄에서 관계적 신정보 부분에 해당하는 것이다. 그러나 문장의 연쇄라는 결합체에 기반하여 초점을 파악하는 것이 아니라, 문장의 특정 요소와 동질적 집합을 이루는 계열체에 기반하여 초점을 파악할 수도 있다.

(377) 가. 민호가 집에 갔다.
나. 민호가 집에는 갔다.
다. 유미가 일을 부지런히는 한다.

(377가)가 만약 누가 집에 갔는지에 대한 물음의 대답이라면 '민호'가 초점일 것이고, 민호가 어디에 갔는지에 대한 물음의 대답이라면 '집'이 초점일 것이다. 이때에는 화자가 '민호'와 '집'의 계열 관계에 대해 전혀 정보를 전달하지 않는다. 그러나 (377나)에서는 보조사 '는'의 사용을 통해 초점 '집'이 동질적 계열체[107]인 '학교, 병원, 공원, 교회…'와 대조되는 초점임을 드러내고 있다. 이를 계열 관계 초점이라고 한다.[108] (377다) 역시 일반적으로 유미가 일하는 방식을 다른 방식과 대조하여 표현한 문장이므로 '는'이 계열 관계 초점의 실현 수단이라고 할 수 있다.[109]

4.10.3. 분열문

분열문이란 중립적 문장에서 특정 요소를 초점으로 만든 구문을 가리킨다. 좀 더 구체적으로 말하면, 홑문장이 겹문장으로 되면서 홑문장을 구성했던 성분들이 서로 다른 절 속으로 쪼개져 들어가 주제와 초점이 형식적으로 분리되어 나타난 문장을 가리킨다.

107 '동질적 계열체'를 전문 용어로 '대안 집합(alternative set)'이라고 한다.

108 결합 관계 초점은 의미 초점 또는 가로 초점이라고 하기도 하고, 계열 관계 초점은 대조 초점 또는 세로 초점이라 하기도 한다.

109 한국어 문법론에서 '은/는'의 기본적 의미는 주제 표시이고, 파생적 의미는 대조 표시라는 학설과 그 반대의 학설이 대립되어 왔다. 만약 (377)에서 설명한 바와 같이 주제에서든 언급에서든 대조 표시의 '은/는'이 나타날 수 있다는 점에 근거한다면, '은/는'의 기본적 의미는 대조 표시이고 주제 표시는 파생적 의미라는 주장에 기울어진다.

참고 68 **구문/구성(construction)**

분열문은 일종의 '구문'이다. 구문은 '구성'이라고도 하는데, 특정 의미를 표현하기 위해 사용되는 일정한 형식적 틀을 가리킨다. 예를 몇 가지만 보도록 한다.

(1) 가. 보조 용언 구문: V1-아/어 V2, V1-지 않-/못하-
 나. 타동 구문: -을/를 V
 다. 사동 구문: -게/도록 하-
 라. 가능 구문: -(으)ㄹ 수 있-, -(으)ㄹ 줄 알-
 마. 이차 술어 구문: NP1-을/를 NP2-(으)로 V

(2) 가. 돌이가 밥을 {먹어 버렸다, 먹지 못했다}.
 나. 문수가 음악을 듣는다.
 다. 그 상관은 부하들이 길을 돌아가게 했다.
 라. 나는 수영을 {할 수 있다, 할 줄 안다}.
 마. 수희는 박하사탕을 입가심용으로 먹었다.
 바. 헌재에서 동성동본 금혼을 위헌으로 판결했다.

(1)은 통사적 구문의 예이다. (1가, 나, 다)는 흔히 언급되는 구문이다. 특히 (2나)와 같은 평범한 문장도 구문의 개념에 포함될 수 있으므로 원칙적으로 일정한 통사적 형식은 모두 구문이 될 수 있다. 이 외에도 구문은 (1라, 마)와 같이 표현하고자 하는 의미에 따라 많은 종류로 확대될 수 있다. (2마)는 묘사 구문이라고 하고, (2바)는 결과 구문이라고 한다. 앞의 NP에 대해 뒤의 NP가 의미상 서술어로 해석되기 때문에(박하사탕이 입가심용이다, 동성동본 금혼이 위헌이다) 문장의 진짜 서술어인 '먹었다, 판결했다'와 구별하여 '입가심용으로'와 '위헌으로'는 이차 술어라고 하고, 이차 술어가 쓰인 구문인 묘사 구문과 결과 구문을 묶어서 이차 술어 구문이라고 한다.

(3) 영미는 학생이다.

하나의 문장이 여러 가지의 구문으로 파악될 수도 있다. 예를 들어 (3)을 서술어 '이-'가 주어와 보어를 논리적으로 연결하는 수단으로 파악한다면 '계사 구문'이라 할 수 있고, 어떤 대상에 대한 어떤 정보를 언급하는 의미를 가진 문장으로 파악한다면 '주제-언급 구문'이라 할 수 있다.

(378) 종윤이는 아까 찹쌀떡을 먹었다.

(379) 가. 종윤이가 아까 먹은 것은 찹쌀떡이다.[110]
 나. 찹쌀떡이 종윤이가 아까 먹은 것이다.
 다. 종윤이가 아까 먹은 것이 찹쌀떡이다.
 라. 찹쌀떡은 종윤이가 아까 먹은 것이다.

(380) 가. 내가 좋아하는 게 뭐냐면 만화책 보는 거야.

110 연구자에 따라 "내가 좋아하는 사람은 바로 너다."처럼 분열문에서 '것' 대신에 '이유, 사람, 사실…'과 같은 실질 어휘를 사용한 문장을 분열문으로 보기도 하고 보지 않기도 한다.

나. 내가 좋아하는 것은 만화책 보는 거야.

(378)은 한국어에서 가장 중립적인 보통의 문장이다. (378)은 일반적으로 '종윤이는'이 구정보 부분, '아까 찹쌀떡을 먹었다' 부분이 신정보 부분으로 파악된다. 그런데 (379가, 나)는 각각 두 개의 절로 분리되면서 '종윤이가 아까 먹은 것은', '종윤이가 아까 먹은 것이다' 부분이 주제(관계적 구정보)가 되었고, '찹쌀떡이다', '찹쌀떡이'이 부분이 초점(관계적 신정보)이 되었다. 내포절 밖으로 분열된 성분, 곧 모절의 성분이 초점인 분열문을 초점 분열문이라 한다. (379나)는 (379가)에서 어순 바꿈이 일어난 것이다. 이와 반대로 (379다, 라)는 각각 '찹쌀떡이다', '찹쌀떡은' 부분이 주제가 되었고, '종윤이가 아까 먹은 것은', '종윤이가 아까 먹은 것이다' 부분이 초점이 되었다.[111] 이처럼 분열된 성분이 주제인 분열문을 주제 분열문이라 한다. (379라)는 (379다)에서 어순 바꿈이 일어난 것이다. (380가)는 (380나)와 비교해 볼 때, 조건절이 주제 역할을 하고 있으므로 본질적으로 (379가)와 같은 분열문으로 볼 수 있다.

모든 분열문이 이렇게 형식적으로 정연한 모습을 보이는 것은 아니다. 구어에서는 '-ㄴ/는 것이(게)'가 별도의 절로 나타나기도 한다.

(381) 가. 요즘 계속 눈이 따가운 게, 황사가 심각하대.

나. 고놈이 참 똑똑한 것이, 뭘 물어봐도 척척 대답해.

(381)과 같이 분열된 성분이 '이-'의 보어로 나타나지 않고 하나의 독립된 절을 이루어 나타나는 문장들도 드물지 않게 쓰이는데, 이러한 문장들은 통사 구조가 체계문으로 짜여 있지 않아 '열린 분열문'으로 불리기도 한다. (381가)에서는 '요즘 계속 눈이 따가운 게'가 화자와 청자가 알고 있는 사실로서 구정보이고 '황사가 심각하대'가 신정보이다. 반대로 (381나)에서는 '고놈이 참 똑똑한 것이'가 단언(assertion)으로 제시되는 부분으로서 신정보이고 '뭘 물어봐도 척척 대답해'가 화자와 청자가 알고 있는 근거를 대는 부분으로서 구정보이다.

111 어떤 맥락에서는 (379다)의 주제와 초점이 반대로 파악될 수도 있다. 여기에서는 '은'이 아닌 '이'가 결합된 사실을 근거로 하여 '종윤이가 아까 먹은 것이'가 초점을 받는다는 일반적 해석을 따랐다. 그러한 해석을 받는 (379다)가 쓰일 만한 경우가 자주 발생하지는 않지만, 가령 찹쌀떡이 뭔지 모르면서 종윤이가 아까 무엇인가를 먹는 것을 본 외국인이 "찹쌀떡이 뭐예요?"라고 물었을 때 "종윤이가 아까 먹은 것이 찹쌀떡이에요."라고 대답해 주는 상황을 생각해 볼 수 있다.

참고 문헌

강명윤(1992), 『한국어 통사론의 제 문제』, 한국문화사.

강보선(2014), 「의사소통적 관점에서 살펴본 남북 높임법의 차이 비교」, 『화법연구』 26, 한국화법학회.

강옥미(2003), 『한국어 음운론』, 태학사.

강윤희(2010), 「제주 사회의 두 방언 사용」, 왕한석 편, 『한국어, 한국문화, 한국사회』, 교문사.

강창석(1982), 「현대 국어의 형태소 분석과 음운 현상: 활용, 곡용에서의 '으~ø'를 중심으로」, 『국어연구』 50, 서울대학교 국어연구회.

강창석(1984), 「국어의 음절 구조와 음운 현상」, 『국어학』 13, 국어학회.

강창석(1985), 「활용과 곡용에서의 형태론과 음운론: 음운현상에 대한 비음운론적 제약의 극복을 위하여」, 『울산어문론집』 2, 울산대학교 국어국문학과.

강창석(1989), 「현대국어 음운론의 허와 실」, 『국어학』 19, 국어학회.

강현화(1998), 『국어의 동사연결 구성에 대한 연구』, 한국문화사.

강희숙(2010), 『국어 정서법의 이해』(개정판), 역락.

고광모(1991), 「국어의 보상적 장음화 연구」, 서울대학교 박사학위논문.

고광주(2001), 『국어의 능격성 연구』, 월인.

고동호(1995), 「국어 마찰음의 통시적 연구」, 서울대학교 박사학위논문.

고석주(2004), 『현대 한국어 조사의 연구 1』(말뭉치기반 국어연구총서 13), 한국문화사.

고성환(1998), 「문장의 종류」, 서태룡 외 5인 공편, 『문법 연구와 자료』(이익섭선생 회갑기념논총), 태학사.

고성환(2003), 『국어 명령문에 대한 연구』, 역락.

고영근(1965), 「현대국어의 서법체계에 대한 연구: 선어말어미의 것을 중심으로」, 『국어연구』 15, 국어연구회[고영근(1989)에 재수록].

고영근(1974), 「현대국어의 종결어미에 대한 구조적 연구」, 『어학연구』 10.1, 서울대학교 어학연구소[고영근(1989)에 재수록].

고영근(1986), 「서법과 양태의 상관관계」, 『국어학 신연구』, 탑출판사[고영근(1995)에 재수록].

고영근(1989), 『국어 형태론 연구』, 서울대학교 출판부.

고영근(1993), 『우리말의 총체서술과 문법체계』, 일지사.

고영근(1995), 『단어·문장·텍스트』, 한국문화사.

고영근(1997), 「중세어에는 과연 'ㅂ, ㅅ' 불규칙활용이 없을까」, 『국어학논집』 3, 서울대학교.

고영근(1999), 『국어형태론연구』(증보판), 서울대학교 출판부.

고영근(2004), 「국어문법교육의 방향 탐색」, 『우리말연구』 15, 우리말학회.

고영근(2004), 『한국어의 시제 서법 동작상』, 태학사.

고영근(2005), 「형태소의 교체와 형태론의 범위」, 『국어학』 46, 국어학회.

고영근(2007), 『한국어의 시제 서법 동작상』(보정판), 태학사.

고영근·구본관(2008), 『우리말 문법론』, 집문당.

고영근·구본관(2018), 『개정판 우리말 문법론』, 집문당.

고영근·구본관·시정곤·연재훈(2004), 『북한의 문법 연구와 문법 교육』, 박이정.

고창수(1992), 「국어의 통사적 어형성」, 『국어학』 22, 국어학회.

고창수·시정곤(1991), 「목적어 있는 피동문」, 『주시경학보』 7, 주시경연구소.

공나형(2019), 「한국어 평가 양태 보조사 연구」, 연세대학교 박사학위논문.

곽충구(1990), 「원순모음화 및 비원순모음화」, 『국어연구 어디까지 왔나』, 동아출판사.

곽충구(1994ㄱ), 『함북 육진방언의 음운론: 20세기 러시아의 Kazan에서 간행된 문헌 자료에 의한』, 태학사.

곽충구(1994ㄴ), 「계합 내에서의 단일화에 의한 어간 재구조화」, 『남천 박갑수선생 화갑기념논문집』, 태학사.

곽충구(2001), 「구개음화 규칙의 발생과 그 확산」, 『진단학보』 92, 진단학회.

곽충구(2003), 「현대국어의 모음체계와 그 변화의 방향」, 『국어학』 43, 국어학회.

구본관(1993), 「파생접미사의 통사적 성격에 대하여」, 『관악어문연구』 18, 서울대학교 국어국문학과.

구본관(1998ㄱ), 『15세기 국어 파생법에 대한 연구』(국어학총서 30), 태학사.

구본관(1998ㄴ), 「단일 어기 가설과 국어 파생 규칙」, 『어학연구』 34-1, 서울대학교 어학연구소.

구본관(1999), 「파생접미사의 범위」, 『형태론』 1-1, 형태론 편집위원회.

구본관(2000), 「'ㄹ'말음 어기 합성명사의 형태론」, 『형태론』 2-1, 형태론 편집위원회.

구본관(2001), 「수사와 수관형사의 형태론」, 『형태론』 3-2, 형태론 편집위원회.

구본관(2004), 「중세국어 'X ᄒᆞ- + -이' 부사 형성」, 『국어국문학』 136, 국어국문학회.

구본관(2010ㄱ), 「단어형성론 논의의 확장을 위하여」, 『형태론』 12-1, 형태론 편집위원회.

구본관(2010ㄴ), 「국어 품사 분류와 관련한 몇 가지 문제」, 『형태론』 12-2, 형태론 편집위원회.

구본관(2022), 「국어의 수 관련어와 문법화」, 『우리말연구』 70, 우리말학회.

구본관(2023), 『국어 파생법의 역사』, 태학사.

구본관·박재연·이선웅·이진호(2020), 『한국어학 개론』, 집문당.

구본관·박혜진·차경미 역(2023), 『단어 형성에 대한 표현론적 접근』, 사회평론아카데미.

구종남(1992), 「국어 부정문 연구」, 전북대학교 박사학위논문.

구현옥(2010), 『국어 음운학의 이해』(개정판), 한국문화사.

국립국어연구원 편(1999), 『표준국어대사전』, 두산동아.

국립국어원(2005), 『한국어 문법』 (1), 커뮤니케이션북스.

권경근 외(2009), 『언어와 사회, 그리고 문화』, 박이정.

권경근(2001), 「현대국어에서의 모음체계 변화의 움직임에 대하여」, 『언어학』 30, 한국언어학회.

권경근(2005), 「국어의 음운론적 세기에 대하여」, 『한글』 270, 한글학회.

권도경(1993), 「현대국어 자·타동사 공용현상에 대한 연구」, 『국어연구』 116, 서울대학교 국어연구회.

권인한(1987), 「음운론적 기제의 심리적 실재성에 대한 연구: 발화실수와 외래어 수용의 자료를 중심으로」, 『국어연구』 76, 서울대학교 국어연구회.

권인한(1993), 「'표준발음법'과 '문화어발음법' 규정」, 『새국어생활』 3-1, 국립국어연구원.

권인한(1997), 「현대국어 한자어의 음운론적 고찰」, 『국어학』 29, 국어학회.

권재일(1992), 『한국어통사론』(대우학술총서 67), 민음사.

권창섭(2009), 「'ㅎ'의 음소 표시와 음운 과정」, 『국어연구』 210, 서울대학교 국어연구회.

기세관(1992), 『국어 단어형성에서의 /ㄹ/ 탈락과 /ㄴ/ 첨가에 대한 음운론적 연구』, 홍문각.

김건희(2011), 『한국어 형용사의 논항구조 연구』, 월인.

김건희(2014), 「이형태 설정의 문제」, 『어문학』 123, 한국어문학회.

김경란·김진형 역(1995), 『형태론』(Morphology), 한신문화사.

김경아(1990), 「활용에서의 기저형설정과 음운현상」, 『국어연구』 94, 서울대학교 국어연구회.

김경아(2000), 『국어의 음운표시와 음운과정』, 태학사.

김경아(2001), 「국어의 변별적 자질체계 연구: 위치자질을 중심으로」, 『국어학』 38, 국어학회.

김경훈(1996), 「현대 국어의 부사어 연구」, 서울대학교 박사학위논문.

김계곤(1996), 『현대 국어의 조어법 연구』, 박이정.

김광해 외(1999), 『국어지식탐구』, 박이정.

김광해(1995), 『어휘 연구의 실제와 응용』, 집문당.

김광희(1992), 「국어 격의 이원 체계에 대하여」, 『한국언어문학』 30, 한국언어문학회.

김광희(1997), 『국어 변항범주 연구』, 한국문화사.

김광희(2011), 「대용 표현 연구의 이론과 논점」, 유현경 외 6인, 『한국어 통사론의 현상과 이론』, 태학사.

김귀화(1994), 『국어의 격 연구』, 한국문화사.

김규남(1998), 「전북 정읍시 정해마을 언어사회의 음운변이 연구」, 전북대학교 박사학위논문.
김규철(1988), 「모습의 '-겠-'과 바탕의 '-을 것'」, 『관악어문연구』 13, 서울대학교 국어국문학과.
김규철(1997), 「한자어 단어 형성에 대하여」, 『국어학』 29, 국어학회.
김기혁(1995), 『국어 문법 연구: 형태·통어론』, 박이정.
김동식(1980), 「현대국어 부정법의 연구」, 『국어연구』 42, 국어연구회.
김동식(1993), 「현대국어 동사의 통사적 특성에 관한 연구」, 서울대학교 박사학위논문.
김동식(1994), 「복합명사를 찾아서」, 『국어학』 24, 국어학회.
김동은(2023), 「고모음화의 방언 분포와 변화에 관한 연구」, 서울대학교 박사학위논문.
김동찬(1987), 『단어조성론: 조선어리론문법』, 고등교육도서출판사.
김명운(2009), 「현대국어의 공손성 연구」, 서울대학교 박사학위논문.
김무림·김옥영(2009), 『국어음운론』, 새문사.
김무식(1993), 「'훈민정음'의 음운체계 연구」, 경북대학교 박사학위논문.
김문오(1997), 「국어 자타 양용동사 연구」, 경북대학교 박사학위논문.
김민국(2009), 「통사론적 과정과 형태론적 과정의 생산성」, 『한국언어문학』 70, 한국언어문학회.
김민수(1971), 『국어 문법론』, 일조각.
김봉국(2002), 「강원도 남부지역 방언의 음운론」, 서울대학교 박사학위논문.
김봉국(2003ㄱ), 「복수기저형의 설정과 그 타당성 검토」, 『어학연구』 39-3, 서울대학교 어학연구소.
김봉국(2003ㄴ), 「복수기저형의 유형(2)」, 『진단학보』 95, 진단학회.
김석득(1960), 「음운 분석론: 기술언어학에서 본 음운설립을 중심하여」, 『한글』 126, 한글학회.
김석득(1992), 『우리말 형태론』, 탑출판사.
김선영(2011), 「형용사·동사 양용 용언에 대한 연구」, 서울대학교 박사학위논문.
김선철(2004), 「표준 발음법 분석과 대안」, 『말소리』 50, 대한음성학회.
김선철(2005), 『국어 억양의 음운론』, 경진문화사.
김선철(2006), 『중앙어의 음운론적 변이 양상』, 경진문화사.
김선효(2010), 『한국어 관형어 연구』, 역락.
김성규(1987), 「어휘소 설정과 음운현상」, 『국어연구』 77, 서울대학교 국어연구회.
김성규(1988), 「비자동적 교체의 공시적 기술」, 『관악어문연구』 13, 서울대학교 국어국문학과.
김성규(1989), 「활용에 있어서의 화석형」, 『주시경학보』 3, 주시경 연구소.
김성규(1994), 「중세국어의 성조 변화에 대한 연구」, 서울대학교 박사학위논문.
김성규(1999), 「잠재적 휴지의 실현」, 『선청어문』 27, 서울대학교 국어교육과.
김성규(2006), 「음장의 변화 방향: 1음절 용언 어간을 중심으로」, 『이병근선생퇴임기념 국어학논총』, 태학사.

김성규·정승철(2013), 『소리와 발음』(개정판), 한국방송통신대학교 출판부.
김성련(1996), 「국어 음절간의 음운 현상에 대한 연구」, 충남대학교 박사학위논문.
김성렬(2001), 「국어 음장의 통시론적 고찰」, 『국어학』 21, 국어학회.
김성화(2003), 『국어의 상 연구』(개정판), 한신문화사.
김세환(2005), 「청송 지역어의 음운론적 연구」, 『국어연구』 180, 서울대학교 국어연구회.
김세환(2012), 「청송지역어 용언 어간의 통시적 변화 연구」, 서울대학교 박사학위논문.
김소영(2009), 「이중모음 /의/의 통시적 변화 연구」, 『국어연구』 213, 서울대학교 국어연구회.
김소영(2019), 「국어 쌍형어 연구」, 서울대학교 박사학위논문.
김수영(2021), 「한국어 자음 말음 어간의 형태음운론적 변화에 대한 연구」, 서울대학교 박사학위논문.
김수형(2001), 『현대 국어의 음장』, 역락.
김아름(2011), 「모음조화의 변화 양상 연구: 활용·곡용을 중심으로」, 『국어연구』 226, 서울대학교 국어연구회.
김아름(2022), 「한국어 자동 음성 인식의 오류 유형에 대한 음운론적 연구」, 서울대학교 박사학위논문.
김양진(2002), 「한국어 호격명사구와 종결어미에 대하여」, 『한국어학』 16, 한국어학회.
김양진(2008), 「접어와 기능어: 형태론적 단위와 통사론적 단위」, 『한국어학』 38, 한국어학회.
김영규(2024), 「'하-' 활용 패러다임에 대한 통시적 연구」, 서울대학교 박사학위논문.
김영석(1998), 『영어형태론』, 한신문화사.
김영선(1992), 「제약 규칙의 기술 방식에 대하여」, 『국어국문학』 11, 동아대학교.
김영선(2001), 「음운현상에서의 통시성과 공시성」, 『국어국문학』 19, 동아대학교.
김영선(2008), 「국어 음운 현상에서 비음운론적 정보의 처리와 관건」, 『우리말 연구』 22, 우리말학회.
김영욱(1994), 「불완전계열에 대한 형태론적 연구」, 『국어학』 24, 국어학회.
김영욱(1997), 「공형태소에 대하여」, 『전농어문연구』 9, 서울시립대학교.
김영희(1988), 『한국어 통사론의 모색』, 탑출판사.
김영희(1998), 『한국어 통사론을 위한 논의』, 한국문화사.
김영희(2005), 『한국어 통사 현상의 의의』, 역락.
김영희(2008), 「실용적 흐름과 한국어학의 본질적 과제」, 『어문학』 102, 한국어문학회.
김옥화(2001), 「부안지역어의 음운론적 연구」, 서울대학교 박사학위논문.
김완진(1970), 「문접속의 '와'와 구접속의 '와'」, 『어학연구』 6-2, 서울대학교 어학연구소.
김완진(1971), 『국어음운체계의 연구』, 일조각.
김완진(1972ㄱ), 「다시 β>w를 찾아서」, 『어학연구』8-1, 서울대학교 어학연구소.
김완진(1972ㄴ), 「형태론적 현안의 음운론적 극복을 위하여: 이른바 장모음의 경우」, 『동아문화』 11, 서울대학교 동아문화연구소.

김완진(1978), 「모음체계와 모음조화에 대한 반성」, 『어학연구』 14-2, 서울대학교 어학연구소.
김용하(1996), 「한국어 심리동사의 논항구조와 겹주어」, 『어문학』 57, 한국어문학회.
김용하(2011), 「격과 조사」, 유현경 외 6인, 『한국어 통사론의 현상과 이론』, 태학사.
김용하(2014), 『한국어 조사의 분포와 통합체계』, 경진.
김원경(2009), 『한국어의 격』, 박문사.
김유범(1995), 「국어 유음의 음운사적 연구」, 고려대학교 석사학위논문.
김유범(2000), 「현대국어 음운론의 통시적 조망: 100여 년간의 음운론적 특징에 대한 조망을 중심으로」, 『현대 국어의 형성과 변천 1』, 박이정.
김유범(2007), 「형태론적 과정에 나타나는 음운론적 현상에 대하여」, 『한국어학』 37, 한국어학회.
김유범(2008), 「이형태교체의 조건과 중세국어 이형태교체의 몇 문제」, 『국어국문학』 149, 국어국문학회.
김윤신(2001), 「파생동사의 어휘의미구조: 사동화와 피동화를 중심으로」, 서울대학교 박사학위논문.
김윤신(2004), 「한국어 동사의 사건구조와 사건함수 '-고 있다'의 기능」, 『형태론』 6-1, 형태론 편집위원회.
김윤신(2006), 「한국어 동사의 사건구조와 어휘상」, 『한국어학』 30, 한국어학회.
김은성(2004), 「국어 문법 교육의 태도 교육 내용 연구」, 서울대학교 박사학위논문.
김의수(2002), 「청자 대우법 문말어미 교체의 허가 원리 연구」, 『언어학』 31, 한국언어학회.
김의수(2006), 『한국어의 격과 의미역: 명사구의 문법기능 획득론』(국어학총서 55), 태학사.
김인균(2004ㄱ), 「[N+V-이/음/기/개]구성의 합성명사 분석」, 『형태론』 6-1, 형태론 편집위원회.
김인균(2004ㄴ), 「국어의 명사 연결 구성 연구」, 서강대학교 박사학위논문.
김일웅(1982), 「우리말 대용어 연구」, 부산대학교 박사학위논문.
김일환(2009), 「단발어에 대하여: 단발명사를 중심으로」, 『국어학』 55, 국어학회.
김재욱(2003), 『한국어 문법 형태 연구』, 한국문화사.
김정남(2003), 「한국어 대명사 '우리'의 의미와 용법」, 『한국어 의미학』 13, 한국어 의미학회.
김정남(2005), 『국어 형용사의 연구』, 역락.
김정대(2003), 「'문장'에 대한 이해」, 『시학과 언어학』 6, 시학과언어학회.
김정우(1984), 「국어 음운론의 경계문제에 관한 연구」, 『국어연구』 59, 서울대학교 국어연구회.
김정우(1994), 「음운현상과 비음운론적 정보에 관한 연구」, 서울대학교 박사학위논문.
김정우(1997), 「조음자질과 음향자질」, 『국어학』 29, 국어학회.
김정태(1996), 『국어 과도음 연구』, 박이정.
김정태(2001), 「음운현상을 통한 기본형 설정(1)」, 『한국언어문학』 46, 한국언어문학회.
김정태(2004), 「음운현상을 통한 기본형 설정(2)」, 『한글』 263, 한글학회.

김종규(1989), 「중세국어 모음의 연결제약과 음운현상」, 『국어연구』 90, 서울대학교 국어연구회.
김종규(2003), 「히아투스와 음절」, 『한국문화』 31, 서울대학교 한국문화연구소.
김종규(2006), 「음운현상의 수의성과 음장」, 『어문학』 92, 한국어문학회.
김종규(2007), 「동화에 의한 재구조화와 비자동적 교체」, 『어문학』 98, 한국어문학회.
김종규(2010), 「이중모음의 음운론적 성격에 대하여」, 『어문연구』 38-4, 한국어문교육연구회.
김종훈(1984), 『국어 경어법 연구』, 집문당.
김주상(2020), 「20세기 초 국어 문법서의 문법 체계 연구」, 서울대학교 박사학위논문.
김주원(1997), 「구개음화와 과도교정」, 『국어학』 29, 국어학회.
김주필(1985), 「구개음화에 대한 통시론적 연구」, 『국어연구』 68, 서울대학교 국어연구회.
김주필(1988), 「15세기 피동접미사의 이형태와 그 분화과정에 대하여」, 『관악어문연구』 13, 서울대학교 국어국문학과.
김주필(1990), 「국어 폐쇄음의 음성적 특징과 음운현상」, 『강신항교수 회갑기념 국어학논문집』, 태학사.
김주필(1994), 「17·18세기 국어의 구개음화와 관련 음운현상에 대한 통시론적 연구」, 서울대학교 박사학위논문.
김주필(1995), 「두음법칙의 음운론적 해석에 대하여」, 『한일어학논총』, 국학자료원.
김주필(1999), 「국어의 음절 내부 구조와 음운 현상」, 『애산학보』 23, 애산학회.
김지은(1991), 「국어에서 주어가 조사 없이 나타나는 환경에 대하여」, 『한글』 212, 한글학회.
김지은(1998), 『우리말 양태 용언 구문에 대한 연구』, 한국문화사.
김지은(2002), 「관형절의 한 유형에 관한 연구」, 『애산학보』 27, 애산학회.
김지은(2020), 「국어 발화양식의 음성학·음운론적 연구」, 서울대학교 박사학위논문.
김지홍(2010), 『국어 통사·의미론의 몇 측면』, 경진.
김진우(1971ㄱ), 「국어 음운론에 있어서의 공모성」, 『어문연구』 7, 충남대학교.
김진우(1971ㄴ), 「소위 변격용언의 비변격성에 대하여」, 『한국언어문학』 8·9, 한국언어문학회.
김진해(2000), 『연어 연구』, 한국문화사.
김진형(2000), 「조사연속구성과 합성조사에 대하여」, 『형태론』 2-1, 형태론 편집위원회.
김차균(1971), 「변칙 용언의 연구」, 『한글』 149, 한글학회.
김차균(1976), 「국어의 자음접변」, 『언어학』 1, 한국언어학회.
김차균(1980), 「국어 시제 형태소의 의미」, 『한글』 169, 한글학회.
김차균(1981), 「음절이론과 국어의 음운규칙」, 『논문집』 8-1, 충남대학교.
김차균(1996), 「음운 규칙의 일반화와 내포」, 『음성학과 언어학』, 서울대학교 출판부.
김창섭(1984), 「형용사 파생접미사들의 기능과 의미: '-답-', '-스럽-', '-롭-', '-하-'와 '-적-'의 경우」, 『진단학보』 58, 진단학회.
김창섭(1991), 「'하다' 형용사에서의 표현적 장음」, 『국어학의 새로운 인식과 전개』, 민음사.
김창섭(1996), 『국어의 단어형성과 단어구조 연구』(국어학총서 21), 태학사.
김태경(1999), 「국어 자음의 변동 원리와 제약」, 한양대학교 박사학위논문.
김태엽(2001), 『국어 종결어미의 문법』, 국학자료원.
김태엽(2007), 『한국어 대우법』, 역락.
김태엽(2008), 『국어학 개론』, 역락.
김태인(2019), 「한국어 문장의 의미 층위에 대한 연구: 사건, 명제, 사실, 화행을 중심으로」, 서울대학교 박사학위논문.
김 현(1997), 「15세기 국어 자음연쇄에 대한 연구」, 『국어연구』 145, 서울대학교 국어연구회.
김 현(2006ㄱ), 「음운론적 제약과 음소 변동의 기술」, 『이병근선생퇴임기념 국어학논총』, 태학사.
김 현(2006ㄴ), 『활용의 형태음운론적 변화』(국어학총서 54), 태학사.
김 현(2008), 「/ㅓ/의 음성 실현과 그 실현 조건」, 『국어학』 52, 국어학회.
김 현(2025), 『한국어 음성학 연구 방법론』, 집문당.
김현주(2003), 「고유명사의 원형적 특성에 관한 연구」, 이화여자대학교 석사학위논문.
김형철(1997), 『개화기 국어 연구』, 경남대학교 출판부.
김혜숙(1998), 「한국어 기본문형 설정에 대하여」, 『국어국문학』 122, 국어국문학회.
김혜영(2019), 「현대 한국어 부사어 연구」, 서울대학교 박사학위논문.
김혜지(2022), 「유추에 의한 신어 형성 연구」, 이화여자대학교 박사학위논문.
김홍범(1995), 「한국어의 상징어 연구」, 연세대학교 박사학위논문.
김흥수(1989), 『현대국어 심리동사 구문 연구』(국어학총서 15), 탑출판사.
나진석(1971), 『우리말의 때매김 연구』, 과학사.
남가영(2008), 「문법 탐구 경험의 교육 내용 연구」, 서울대학교 박사학위논문.
남광우(1978), 「서울말의 발음경향과 표준말의 문제점」, 『어문연구』 20, 한국어문교육연구회.
남기심 외(2006), 『왜 다시 품사론인가』, 커뮤니케이션북스.
남기심(1973), 『국어 완형보문법 연구』, 탑출판사.
남기심(1978), 『국어문법의 시제 문제에 관한 연구』, 탑출판사.
남기심(1996ㄱ), 『국어 문법의 탐구 Ⅰ』, 태학사.
남기심(1996ㄴ), 『국어 문법의 탐구 Ⅱ』, 태학사.
남기심(2001), 『현대국어 통사론』, 태학사.
남기심·고영근(1993), 『표준국어문법론』(개정판), 탑출판사.
남기심·고영근(2011), 『표준국어문법론』(제3판), 탑출판사.

남기심·고영근·이익섭 공편(1975), 『현대국어문법』, 계명대학교 출판부.
남기탁(2006), 「음성학 및 음운론 연구의 최신 동향과 전망」, 『우리말 음운 연구의 실제』, 경진.
남길임(2004), 『현대 국어 '이다' 구문 연구』(말뭉치기반 국어연구총서 12), 한국문화사.
남수경(2005), 「조사 '를/을'이 나타나는 피동문에 대하여」, 『어학연구』 41-1, 서울대학교 어학연구소.
남수경(2011), 『한국어 피동문 연구』, 월인.
남승호(2005), 「한국어 술어의 상 분류 기준」, 『의미구조와 통사구조 그리고 그 너머』, 한국문화사.
남승호(2007), 『한국어 술어의 사건구조와 논항구조』, 서울대학교 출판부.
남윤진(2000), 『현대국어 조사에 대한 계량언어학적 연구』(국어학총서 36), 태학사.
남지순(2007), 『한국어 형용사 어휘 문법』, 한국문화사.
노명희(1997), 「한자어 형태론」, 『국어학』 29, 국어학회.
노명희(2004), 『현대국어 한자어 연구』(국어학총서 49), 태학사.
노명희(2010), 「혼성어 형성 방식에 대한 고찰」, 『국어학』 58, 국어학회.
노명희(2019), 「신어에 나타나는 약어의 특징과 통합적 혼성어」, 『국어학』 91, 국어학회.
도수희(1987), 『한국어음운사연구』, 탑출판사.
도원영(2002), 「국어 형용성 동사 연구」, 고려대학교 박사학위논문.
명정희(2021), 「한국어 양태 구문의 의미 해석 연구」, 서강대학교 박사학위논문.
명정희(2025), 『발견을 위한 한국어 의미론』, 서강대학교 출판부.
목정수(2003), 『한국어 문법론』, 월인.
목정수(2009), 『한국어, 문법 그리고 사유』, 태학사.
목정수(2013), 『한국어, 보편과 특수 사이』, 태학사.
문금현(1999ㄱ), 『국어의 관용표현 연구』, 태학사.
문금현(1999ㄴ), 「현대 국어 신어의 유형 분류 및 생성 원리」, 『국어학』 33, 국어학회.
문병열(2007), 「한국어의 보문 구성 양태 표현에 대한 연구」, 『국어연구』 193, 서울대학교 국어연구회.
문숙영(2009), 『한국어의 시제 범주』(국어학총서 66), 태학사.
문숙영(2023ㄱ), 『언어유형론적 관점에서 본 한국어 내포절과 접속절』, 아카넷.
문숙영(2023ㄴ), 『설명을 위한, 한국어 문법』, 집문당.
문양수(1988), 「음운론에서의 음절」, 『언어학』 9·10, 한국언어학회.
문 용(1998), 『영어품사론』, 한국문화사.
민현식(1999ㄱ), 『국어 문법 연구』, 역락.
민현식(1999ㄴ), 『국어정서법 연구』, 태학사.
민현식(2002), 「'부사성'의 문법적 의미」, 『한국어 의미학』 10, 한국어 의미학회.
박경래(1985), 「괴산방언의 음운에 대한 세대별 연구」, 『국어연구』 57, 서울대학교 국어연구회.

박기영(1995), 「국어 유음에 대한 통시론적 고찰」, 『국어연구』 131, 서울대학교 국어연구회.

박나리(2004), 「한국어 교육문법에서의 종결어미 기술에 대한 한 제안: '-어, -네, -지, -다, -구나, -단다'의 담화 화용적 의미를 중심으로」, 『이중언어학』 26, 이중언어학회.

박덕유(2002), 『문법교육의 탐구』, 한국문화사.

박덕유(2007), 『한국어의 상 이해』, 제이앤씨.

박보연(2005), 「현대국어 음절축소형에 대한 연구」, 『국어연구』 185, 서울대학교 국어연구회.

박보연(2020), 「현대 한국어의 공존형 연구」, 서울대학교 박사학위논문.

박선우(2006), 「국어의 유추적 음운현상에 대한 연구」, 고려대학교 박사학위논문.

박선우(2008), 「현대국어의 /의/는 이중모음인가?: /의/의 음향적·지각적 특성에 대한 검토」, 『우리말연구』 23, 우리말학회.

박선희(2007), 「영어권 한국어 학습자의 지시어 의미 기능 습득 연구」, 이화여자대학교 박사학위논문.

박소영(2004), 『한국어 동사구 수식부사와 사건구조』(국어학총서 48), 태학사.

박숙희(1999), 「영일 지역어의 형태음운론적 연구」, 충남대학교 석사학위논문.

박숙희(2005), 「경북 동해안 방언의 성조 연구」, 충남대학교 박사학위논문.

박승윤(1990), 『기능문법론』, 한신문화사.

박양규(1985), 「국어의 재귀동사에 대하여」, 『국어학』 14, 국어학회.

박영순(1992), 「국어 요청문의 의미에 대하여」, 『주시경학보』 9, 주시경연구소.

박재연(1998), 「현대국어 반말체 종결어미 연구」, 『국어연구』 152, 서울대학교 국어연구회.

박재연(1999), 「국어 양태 범주의 확립과 어미의 의미 기술: 인식 양태를 중심으로」, 『국어학』 34, 국어학회.

박재연(2006), 『한국어 양태 어미 연구』(국어학총서 56), 태학사.

박재연(2009), 「한국어 관형사형 어미의 의미 기능과 그 문법 범주」, 『한국어학』 43, 한국어학회.

박재연(2010), 「이형태 교체와 관련한 몇 문제」, 『국어학』 58, 국어학회.

박재연(2012), 「고유명 의미의 지시와 내포」, 『한국어 의미학』 37, 한국어 의미학회.

박재연(2013ㄱ), 「한국어의 인식론적 범주와 관련한 몇 문제」, 『국어학』 66, 국어학회.

박재연(2013ㄴ), 「한국어 의도 관련 어미의 환유적 의미 확장」, 『국어학』 68, 국어학회.

박재연(2015), 「한국어 어미 결합에서 나타나는 비합성적 의미 해석」, 『언어와 정보사회』 26, 서강대학교 언어정보연구소, 215-250.

박재연(2019), 『한국어 어미의 의미』, 집문당.

박재연(2023), 「인지언어학과 한국어 구문 연구: 환유적 해석을 중심으로」, 『국어학』 106, 국어학회, 187-228.

박정수(1999), 『경남방언 분화연구』, 한국문화사.

박종갑(1987), 「국어 의문문의 의미기능 연구」, 영남대학교 박사학위논문.
박종덕(2005), 『안동지역어의 음운 연구』, 박이정.
박종희(1983), 『국어 음운론 연구』, 원광대학교 출판국.
박종희(1993), 『국어 음운론 연구(Ⅱ)』, 원광대학교 출판국.
박진호(1994), 「통사적 결합 관계와 논항구조」, 『국어연구』 123, 서울대학교 국어연구회.
박진호(2003), 「한국어의 동사와 문법요소의 결합양상」, 서울대학교 박사학위논문.
박진호(2011ㄱ), 「시제, 상, 양태」, 유현경 외 6인, 『한국어 통사론의 현상과 이론』, 태학사.
박진호(2011ㄴ), 「한국어에서 증거성이나 의외성의 의미성분을 포함하는 문법요소」, 『언어와 정보사회』 15, 서강대학교 언어정보연구소.
박창원(1984), 「중세국어의 음절말 자음체계」, 『국어학』 13, 국어학회.
박창원(1986), 「음운교체와 재어휘화」, 『어문논집』 2, 경남대학교.
박창원(1987), 「표면음성제약과 음운현상: 고성지역어의 음절구조를 중심으로」, 『국어학』 16, 국어학회.
박창원(1990), 「음운 규칙의 통시적 변화」, 『강신항교수 회갑기념 국어학논문집』, 태학사.
박창원(1991), 「음운 규칙의 변화와 공시성」, 『국어학의 새로운 인식과 전개』, 민음사.
박창해(2007), 『현대한국어 통어론연구』, 연세대학교 출판부.
박철우(1998), 「한국어 정보구조에서의 화제와 초점」, 서울대학교 박사학위논문.
박철우(2002), 「국어의 보충어와 부가어 판별 기준」, 『언어학』 34, 한국언어학회.
박철우(2006), 「'이다' 구문의 통사구조와 '이다'의 문법적 지위」, 『한국어학』 33, 한국어학회.
박형우(2005), 「고유어 접두사 설정의 기준」, 『청람어문교육』 28, 청람어문교육학회.
박형우(2007), 「부정문의 중의성과 동의성 양상에 대한 연구」, 『청람어문교육』 35, 청람어문교육학회.
박형진(2016), 「한국어 관형사절 연구」, 서울대학교 박사학위논문.
배영환(2005), 「'ㅎ'- 말음 어간의 재구조화 연구」, 한국학중앙연구원 박사학위논문.
배윤정(2023), 「부산 지역어 성조의 음향음성학적 연구」, 서울대학교 박사학위논문.
배주채 역(2008), 『언어의 중심 어휘』, 삼경문화사.
배주채(1989), 「음절말자음과 어간말자음의 음운론」, 『국어연구』 91, 서울대학교 국어연구회.
배주채(1992), 「음절말 평폐쇄음화에 대하여」, 『관악어문연구』 17, 서울대학교 국어국문학과.
배주채(1993), 「현대국어 매개모음의 연구사」, 『주시경학보』 11, 주시경연구소.
배주채(1998), 『고흥방언 음운론』(국어학총서 32), 태학사.
배주채(2003), 『한국어의 발음』, 삼경문화사.
배주채(2011), 『국어음운론 개설』(개정판), 신구문화사.
배주채(2024), 『한국어의 어휘』, 한국문화사.

백두현 외(2013), 『한국어 음운론』, 태학사.
백두현(1992), 『영남 문헌어의 음운사 연구』, 태학사.
백문식(2004), 『우리말 파생어사전』, 삼광출판사.
서덕현(1995), 『경어법과 국어교육연구』, 국학자료원.
서보월(1992), 「국어 자음연계에서의 음운현상과 제약」, 경북대학교 박사학위논문.
서상규(2013), 「한국어의 구어와 말뭉치」, 『한국어교육』 24-3, 국제한국어교육학회.
서승현(2002), 『형태·통사적 구성에 관한 연구』, 보고사.
서울대학교 국어교육연구소(2002), 『고등학교 문법』, 교육인적자원부.
서정목(1987), 『국어 의문문 연구』, 탑출판사.
서정목(1998), 『문법의 모형과 핵 계층 이론』, 태학사.
서정수(1977ㄱ), 「"겠"에 관하여」, 『말』 2, 연세대학교 한국어학당[서정수(1990)에 재수록].
서정수(1977ㄴ), 「"더"는 회상의 기능을 지니는가」, 『언어』 2:1, 한국언어학회[서정수(1990)에 재수록].
서정수(1978), 「"(었)더니"에 관하여」, 『눈뫼 허웅 박사 환갑기념논문집』[서정수(1990)에 재수록].
서정수(1979), 「"(었)던"에 관하여」, 『서병국 박사 화갑기념논문집』[서정수(1990)에 재수록].
서정수(1990), 『국어 문법의 연구』, 한국문화사.
서정수(1996), 『국어 문법』(수정증보판), 한양대학교 출판원.
서정수(2005), 『한국어의 부사』, 서울대학교 출판부.
서태룡(1985), 「정동사 어미의 형태론」, 『진단학보』 60, 진단학회.
서태룡(1988), 『국어 활용어미의 형태와 의미』(국어학총서 13), 탑출판사.
서태룡(2006), 「국어 품사 통용은 이제 그만」, 『국어학논총』, 태학사.
서형국(2006), 「국어 연결어미의 통합 관계」, 『민족문화연구』 45, 고려대학교 민족문화연구소.
서혜진(2022), 「신어의 유형과 생성 원리에 대한 연구: 신형어와 신의어를 중심으로」, 성균관대학교 박사학위논문.
석주연(2004), 「서술의 시점과 국어문법 현상의 이해」, 『국어학』 43, 국어학회.
성광수 외(2005), 『한국어 표현 문법』, 한국문화사.
성광수(1999ㄱ), 『격표현과 조사의 의미』, 월인.
성광수(1999ㄴ), 『한국어 문장표현의 양상』, 월인.
성기철(1985), 『국어대우법연구』, 개문사.
성기철(2007), 『한국어 대우법과 한국어 교육』, 글누림.
성철재(1995), 「한국어 리듬의 실험음성학적 연구」, 서울대학교 박사학위논문.
소강춘(1989), 『방언분화의 음운론적 연구』, 한신문화사.

소강춘(1993), 「구개음화의 통시성과 그 공시적 분화상에 관한 연구: 전북방언을 중심으로」, 『국어문학』 28, 전북대학교 국어문학회.

소신애(2006), 「공시적 음운 변이와 통시적 음운 변화의 상관성: 함북 육진 방언을 중심으로」, 서강대학교 박사학위논문.

소신애(2008), 「중세 국어 음절말 유음의 음가와 그 변화: 방언 자료와 문헌 자료에 근거하여」, 『국어학』 53, 국어학회.

소신애(2010), 「평안 방언의 실험음성학적 연구: 평양 지역어의 모음을 중심으로」, 『국어학』 58, 국어학회.

손남익(1995), 『국어부사연구』, 박이정.

손세모돌(1996), 『국어 보조용언 연구』, 한국문화사.

손혜옥(2016), 「한국어 양태 범주 연구」, 연세대학교 박사학위논문.

손호민(1975), 「Retrospection in Korean」, 『어학연구』 11:1, 서울대학교 어학연구소.

송기중(1993), 「현대국어 한자어 형태론」, 『형태』, 태학사.

송 민(1986), 『전기근대국어 음운론 연구: 특히 구개음화와 'ㆍ'음을 중심으로』, 탑출판사.

송 민(1999), 「개화초기의 신생한자어 수용」, 『어문학논총』 18, 국민대학교.

송원용(2000), 「현대국어 임시어 형태론」, 『형태론』 2-1, 형태론 편집위원회.

송원용(2005), 『국어 어휘부와 단어 형성』(국어학총서 50), 태학사.

송원용(2020), 「혼성이라는 형태론적 과정의 재구성」, 『형태론』 22-2, 형태론 편집위원회.

송재목(1998), 「안맺음씨끝 '-더-'의 의미 기능에 대하여: 유형론적 관점에서」, 『국어학』 32, 국어학회.

송재목(2007), 「증거성과 주어제약의 유형론: 한국어, 몽골어, 티벳어를 예로 들어」, 『형태론』 9:1, 형태론 편집위원회.

송정근(2007), 「현대국어 감각형용사의 형태론적 연구」, 서울대학교 박사학위논문.

송창선(1998), 『국어 사동법 연구』, 홍문각.

송철의(1982), 「국어의 음절문제와 자음의 분포제약에 대하여」, 『관악어문연구』 7, 서울대학교 국어국문학과.

송철의(1990), 「자음동화」, 『국어연구 어디까지 왔나』, 동아출판사.

송철의(1991), 「국어 음운론에 있어서 체언과 용언」, 『국어학의 새로운 인식과 전개』, 민음사.

송철의(1992), 『국어의 파생어형성 연구』, 태학사.

송철의(1993), 「언어 변화와 언어의 화석」, 『국어사 자료와 국어학의 연구』, 문학과 지성사.

송철의(1995), 「국어의 활음화와 관련된 몇 문제」, 『단국어문논집』 1, 단국대학교 국어국문학과.

송철의(1996), 「국어의 음운현상과 변별적 자질」, 『이기문교수 정년퇴임기념논총』, 신구문화사.

송철의(2000), 「형태론과 음운론」, 『국어학』 35, 국어학회.

송현정(2006), 『문법 교육의 이해와 실제』, 한국문화사.

시정곤 외 3인(2000), 『논항구조란 무엇인가』, 월인.

시정곤(1989), 「복합어 형성규칙과 음운 현상」, 고려대학교 석사학위논문.

시정곤(1998), 『국어의 단어형성 원리』(수정판), 한국문화사.

시정곤(2006ㄱ), 『현대국어 형태론의 연구』, 월인.

시정곤(2006ㄴ), 『현대국어 통사론의 연구』, 월인.

시정곤(2010), 「공형태소와 형태 분석에 대하여」, 『국어학』 57, 국어학회.

신명선(2007), 『의미, 텍스트, 교육』, 한국문화사.

신문수 역(1898), 『문학 속의 언어학』, 문학과지성사.

신서인(2017), 『한국어 문형 연구』(국어학총서 73), 태학사.

신선경(2001), 「'-군(요)'와 '-네'의 쓰임에 대한 연구: 서술시점의 차이를 중심으로」, 『형태론』 3-1, 형태론 편집위원회.

신선경(2002), 『'있다'의 어휘 의미와 통사』(국어학총서 42), 태학사.

신승용(2003), 『음운 변화의 원인과 과정』(국어학총서 43), 태학사.

신승용(2004), 「교체의 유무와 규칙의 공시성·통시성」, 『어문연구』 32-4, 한국어문교육연구회.

신승용(2013), 『국어 음운론』, 역락.

신중진(1998), 「현대국어 의성의태어 연구」, 『국어연구』 154, 서울대학교 국어연구회.

신중진(1999), 「의성어의 조어원리와 단어형성 참여 양상」, 『형태론』 1-1, 형태론 편집위원회.

신지연(1988), 「국어 간투사의 위상 연구」, 『국어연구』 73, 서울대학교 국어연구회.

신지연(1998), 『국어 지시용언 연구』(국어학총서 28), 태학사.

신지영(1999), 「이중모음 /ㅢ/의 통시적 연구」, 『민족문화연구』 32, 고려대학교 민족문화연구소.

신지영(2000), 『말소리의 이해』, 한국문화사.

신지영(2006), 「표준 발음법에 대한 비판적 검토」, 『한국어학』 30, 한국어학회.

신지영·차재은(2003), 『우리말 소리의 체계』, 한국문화사.

신창순(1972), 「현대 한국어의 용언보조어간 「겠」의 의미와 용법」, 『朝鮮學報』 65. [남기심 외 편(1975)에 재수록].

신호철(1995), 「국어과 문법 영역의 연계성 연구」, 고려대학교 박사학위논문.

심재기(1979), 「관형화의 의미 기능」, 『어학연구』 15:2, 서울대학교 어학연구소[심재기(1982)에 재수록].

심재기(1982), 『국어어휘론』, 집문당.

심재기(1987), 「한자어의 구조와 그 조어력」, 『국어생활』 8, 국어연구소.

안명철(1988), 「국어의 선어말어미 및 보조동사의 배열순과 발화의 의미구조와의 관계」, 『인문과학

연구』 6, 대구대학교 인문과학연구소.
안명철(1998), 「동사구 내포문」, 서태룡 외 5인 공편, 『문법 연구와 자료』(이익섭선생 회갑기념논총), 태학사.
안병섭(2010), 『한국어 운율과 음운론』, 월인.
안병희(1959), 「십오세기국어의 활용어간에 대한 형태론적 연구」, 『국어연구』 7, 서울대학교 국어연구회.
안상철(1998), 『형태론』(대우학술총서 105), 민음사.
안소진(2014ㄱ), 「한자어 형태론의 제 문제와 어휘부」, 『한국어학』 62, 한국어학회.
안소진(2014ㄴ), 『심리어휘부에 기반한 한자어 연구』(국어학총서 69), 태학사.
안주호(2004), 「'-는 법이다'류의 양태표현 연구」, 『국어학』 44, 국어학회.
안효경(2001), 『현대국어의 의존명사 연구』, 역락.
안희제(2017), 「국어 서술어 구성에 대한 연구」, 서울대학교 박사학위논문.
양명희(1990), 「현대국어 동사 '하-'의 의미와 기능」, 『국어연구』 96, 서울대학교 국어연구회.
양명희(1998), 『현대국어 대용어에 대한 연구』(국어학총서 33), 태학사.
양명희(2006), 「보어와 학교문법」, 『한국어학』 32, 한국어학회.
양명희·박미은(2015), 「형식 삭감과 단어형성법」, 『우리말글』 64, 우리말글학회.
양순임(2001), 「유기음과 성문 열림도」, 『우리말 연구』 11, 우리말학회.
양순임(2002), 「음절 말 자음의 음성 자질」, 『한글』 258, 한글학회.
양정석(2002), 『시상성과 논항 연결』, 태학사.
양정석(2006), 『한국어 통사구조론』, 한국문화사.
양정호(2004), 「형태소 개념과 국어사 기술」, 『한국문화』 34, 서울대학교 한국문화연구소.
엄정호(1990), 「종결어미와 보조동사의 통합 구문에 대한 연구」, 성균관대학교 박사학위논문.
엄정호(2000), 「조사의 범주 특성」, 『형태론』 2-1, 형태론 편집위원회.
엄태수(1999), 『한국어의 음운규칙 연구』, 국학자료원.
연재훈(1986), 「이른바 '고기잡이'류 통합합성어의 단어형성에 대한 문제」, 서울대학교 석사학위논문.
연재훈(1989), 「국어 중립동사 구문에 대한 연구」, 『한글』 203, 한글학회.
연재훈(1997), 「타동성의 정의를 위한 원형이론적 접근」, 『언어』 22-1, 한국언어학회.
연재훈(2011), 『한국어 구문 유형론』, 태학사.
오규환(2013), 「단어 형성 과정으로서의 어휘화」, 『국어학』 68, 국어학회.
오규환(2016), 「한국어 어휘 단위의 형성과 변화 연구」, 서울대학교 박사학위논문.
오규환(2021), 「한국어 복합 서술어 구성의 유형과 특성」, 『국어학』 97, 국어학회.
오민석(2017), 「한국어 수식 불허 명사 연구」, 서울대학교 박사학위논문.
오숙화(1994), 「현대국어 부정문 연구: 부정극어와 이중 부정문을 중심으로」, 서울대학교 석사학위논문.
오승은(2017), 「한국어 양태 표현 연구: 추측과 의도의 의미를 중심으로」, 서강대학교 박사학위논문.
오정란(1993), 『현대 국어음운론』, 형설출판사.
오정란(1995), 「비음화와 비음동화」, 『국어학』 25, 국어학회.
오종갑(1988), 『국어 음운의 통시적 연구』, 계명대학교 출판부.
오충연(2001), 『주제구조론』, 월인.
오충연(2006), 『상과 통사구조』, 태학사.
오현아(2010), 「표현 문법 관점의 문장 초점화 교육 내용 연구」, 서울대학교 박사학위논문.
왕문용(2012), 『국어 문법 교육론의 과제』, 한국문화사.
왕문용·민현식(1993), 『국어문법론의 이해』, 개문사.
왕한석 편(2010ㄱ), 『한국어, 한국문화, 한국사회』, 교문사.
왕한석 편(2010ㄴ), 『한국의 언어 민속지 전라남북도 편』, 서울대학교 출판문화원.
우순조(1994), 「한국어의 형상성과 관계표지의 실현 양상」, 서울대학교 박사학위논문.
우순조(1997), 「국어 어미의 통사적 지위」, 『국어학』 30, 국어학회.
우순조(2000), 「'이다'와 '아니다'의 상관성」, 『형태론』 2-1, 형태론 편집위원회.
우인혜(1997), 『우리말 피동 연구』, 한국문화사.
우창현(2003), 『상 해석의 이론과 실제』, 한국문화사.
우형식(1996ㄱ), 『국어 타동구문 연구』, 박이정.
우형식(1996ㄴ), 「국어에서의 보충어 범위」, 『배달말』 21, 배달말학회.
우형식(2010), 「한국어 교육 문법의 체계와 내용 범주」, 『우리말연구』 26, 우리말학회.
유동석(1995), 『국어의 매개변인문법』, 신구문화사.
유동석(1998), 「주제어와 주격중출문」, 서태룡 외 5인 공편, 『문법 연구와 자료』(이익섭선생 회갑기념논총), 태학사.
유동준(1983), 「국어 분류사와 수량화」, 『국어국문학』 89, 국어국문학회.
유목상(2007), 『한국어의 문법 구조』, 한국문화사.
유승국(2001), 「현대국어의 문형에 대한 연구」, 중앙대학교 박사학위논문.
유재원(1985), 「현대 국어의 모음충돌 회피 현상에 대하여」, 『한글』 189, 한글학회.
유필재(1994), 「발화의 음운론적 분석에 대한 연구: 단위 설정을 중심으로」, 『국어연구』 125, 서울대학교 국어연구회.
유필재(2006), 『서울방언의 음운론』, 월인.
유필재(2007), 「후기중세국어 부사파생접미사 '-이'의 형태음운론」, 『국어학』 49, 국어학회.
유하라(2005), 「현대국어 조사의 배열 양상」, 성균관대학교 박사학위논문.

유현경 외 6인(2011), 『한국어 통사론의 현상과 이론』, 태학사.
유현경(1986), 「국어 접속문의 통사적 특질에 대하여」, 『한글』 251, 한글학회.
유현경(1998), 『국어 형용사 연구』, 한국문화사.
유현경(2003), 「"주다" 구문에 나타나는 조사 "에게"와 "에"」, 『한국어학』 20, 한국어학회.
유현경(2006), 「형용사에 결합된 어미 '-게' 연구」, 『한글』 273, 한글학회.
유현경(2007), 「'에게'와 유정성」, 『형태론』 9-2, 형태론 편집위원회.
유현경(2011), 「접속과 내포」, 유현경 외 6인, 『한국어 통사론의 현상과 이론』, 태학사.
유현경(2013), 「표준문법의 필요성과 개념」, 『문법교육』 19, 한국문법교육학회.
유혜령(2005), 「국어 지식 교육을 위한 '국어 연결 어미' 연구」, 한국교원대학교 박사학위논문.
유혜원(2007), 「'-게'에 대한 형태론적 고찰」, 『형태론』 9-1, 형태론 편집위원회.
윤석민(1998), 「문장 종결법」, 서태룡 외 5인 공편, 『문법 연구와 자료』(이익섭선생 회갑기념논총), 태학사.
윤석민(2000), 『현대국어의 문장 종결법 연구』(텍스트언어학총서 4), 집문당.
윤예진(2021), 「용언 활용의 불완전성에 대한 소고」, 『어문연구』 49-4, 한국어문교육연구회.
윤천탁(2004), 「학교 문법의 상대 높임법 기술 내용 재고」, 『청람어문교육』 29, 청람어문교육학회.
윤평현(1993), 『국어의 접속어미 연구』, 한신문화사.
윤평현(2003), 「국어 소형문의 발화 행위에 대한 고찰」, 『한글』 259, 한글학회.
윤평현(2005), 『현대국어 접속어미 연구』, 박이정.
이경우(1998), 『최근세국어 경어법 연구』, 태학사.
이경희(2000), 「국어의 /ㅅ/는 평음인가 격음인가」, 『국어학』 36, 국어학회.
이관규(1992), 「국어 대등구성의 요건과 유형」, 『한글』 217, 한글학회.
이관규(1999), 「대등문, 종속문, 부사절 구문의 변별 특성」, 『선청어문』 27, 서울대학교 국어교육과.
이관규(2002), 『(개정판) 학교 문법론』, 월인.
이관규(2005), 『국어 교육을 위한 국어 문법론』, 집문당.
이관규(2008), 『학교 문법 교육론』, 고려대학교 민족문화연구원.
이광정(1980), 「한국어의 보어 설정과 그 문형 연구」, 『국어교육』 37, 한국국어교육연구회.
이광호(2007), 「국어 파생 접사의 생산성에 대한 계량적 연구」, 서울대학교 박사학위논문.
이근열(1997), 『경남 방언의 음운론』, 세종출판사.
이근영(1990), 『국어 변동규칙의 역사적 변천』, 대제각.
이금화(2007), 「평양 지역어의 음운론적 연구」, 서울대학교 박사학위논문.
이기갑(2003), 『국어 방언 문법』, 태학사.
이기갑(2014), 「한국어의 고쳐 말하기(Repair)와 격 중출 구문」, 『국어학』 72, 국어학회.

이기문 외(1984), 『국어음운론』, 학연사.
이기문(1968), 「모음조화와 모음체계」, 『이숭녕박사 송수기념논총』, 을유문화사.
이기문(1971), 「모음조화의 이론」, 『어학연구』 7-2, 서울대학교 어학연구소.
이기문(1983), 「'아자비'와 '아ᄌᆞ미'」, 『국어학』 12, 국어학회.
이기문(2000), 「현대 한국어의 변화들에 대한 단상」, 『서울말 연구』 1, 박이정.
이남순(1988), 『국어의 격표지와 격표지 생략』(국어학총서 14), 태학사.
이남순(1998), 『시제·상·서법』, 월인.
이돈주(1995), 『한자음운학의 이해』, 탑출판사.
이동석(2002), 「국어 음운 현상의 소멸과 변화에 대한 연구」, 고려대학교 박사학위논문.
이문규(1996), 「현대국어 상징어의 음운·형태론적 연구」, 경북대학교 박사학위논문.
이문규(1999), 「음소 'ㅎ'과 유기음화」, 『언어과학연구』 16, 언어과학회.
이문규(2004), 『국어 교육을 위한 현대 국어 음운론』, 한국문화사.
이문규(2009), 「음운 규칙의 공시성과 통시성: 진행 중인 음운 변화의 기술 문제를 중심으로」, 『한글』 285, 한글학회.
이미향(2006), 「한국어 발음 교수를 위한 한자어 음운현상 고찰」, 『어문학』 92, 한국어문학회.
이미혜(2005), 「한국어 문법 항목 교육 연구」, 이화여자대학교 박사학위논문.
이병건(1976), 『현대한국어의 생성음운론』, 일지사.
이병규(2001), 「서술성의 개념」, 『국어문법의 탐구』 5, 태학사.
이병규(2009), 『한국어 술어명사문 문법』, 한국문화사.
이병근(1970), 「Phonological & Morphophonological Studies in a Kyonggi Subdialect」, 『국어연구』 20, 서울대학교 국어연구회.
이병근(1975), 「음운규칙과 비음운론적 제약」, 『국어학』 3, 국어학회.
이병근(1977), 「자음동화의 제약과 방향」, 『이숭녕선생 고희기념 국어국문학논총』, 탑출판사.
이병근(1978), 「국어의 장모음화와 보상성」, 『국어학』 6, 국어학회.
이병근(1979ㄱ), 「주시경의 언어이론과 '늣씨'」, 『국어학』 8, 국어학회.
이병근(1979ㄴ), 『음운현상에 있어서의 제약』, 탑출판사.
이병근(1981), 「유음 탈락의 음운론과 형태론」, 『한글』 173·174, 한글학회.
이병근(1986), 「발화에 있어서의 음장」, 『국어학』 15, 국어학회.
이병근·최명옥(1997), 『국어음운론』, 한국방송통신대학교 출판부.
이병운(1993), 「중세국어의 음절구조와 음운현상」, 부산대학교 박사학위논문.
이봉원(2002), 「현대국어 음성·음운 현상에 대한 사용 기반적 연구」, 고려대학교 박사학위논문.
이상신(2008), 「전남 영암지역어의 공시음운론」, 서울대학교 박사학위논문.

이상신(2009), 「학교 문법의 '축약(縮約)' 및 관련 어문 규정에 대하여」, 『국어국문학』 153, 국어국문학회.
이상신(2010), 「이중모음 어간의 공시 음운론: 반모음과 음운 현상의 적용 제약」, 『어문학』 110, 한국어문학회.
이상억(1987), 「현대 음운이론과 국어의 몇 문제」, 『언어』 12-2, 한국언어학회.
이상억(1999), 『국어의 사동·피동 구문 연구』, 집문당.
이상욱(2004), 「'-음', '-기' 명사형의 단어화에 대한 연구」. 『국어연구』 173, 서울대학교 국어연구회.
이상욱(2018), 「한국어 복합명사 형성과 통사부의 상관성 연구」, 서울대학교 박사학위논문.
이상직(2006), 「구성원소 이론과 국어의 자음표시」, 『언어학』 46, 한국언어학회.
이선영(2003), 「접두사화에 대한 고찰」, 『한국어 의미학』 13, 한국어 의미학회.
이선영(2016), 「신어에서의 약칭어와 혼성어에 대하여」, 『한국학연구』 41, 인하대학교 한국학연구소.
이선영(2022), 「국어의 혼성어와 대치에 대한 관견」, 『우리말글』 95, 우리말글학회.
이선웅(1995), 「현대국어의 보조용언 연구」, 『국어연구』 133, 서울대학교 국어연구회.
이선웅(2000ㄱ), 「국어의 한자어 '관형명사'에 대하여」, 『한국문화』 26, 서울대학교 한국문화연구소.
이선웅(2000ㄴ), 「현대국어 '(-)이-'의 품사 분류와 자릿수에 대한 연구사적 고찰」, 『국어학논집』 4, 역락.
이선웅(2001), 「국어의 양태 체계 확립을 위한 시론」, 『관악어문연구』 26, 서울대학교 국어국문학과.
이선웅(2004), 「未知의 한자어 의존명사에 대하여」, 『형태론』 6-2. 형태론 편집위원회.
이선웅(2005), 『국어 명사의 논항구조 연구』, 월인.
이선웅(2012), 『한국어 문법론의 개념어 연구』, 월인.
이선웅(2014), 「기술문법과 학교문법: 총론」, 『국어학』 69, 국어학회.
이선웅·이은섭(2013), 「이론문법의 관점에서 본 학교문법」, 『국어국문학』 163, 국어국문학회.
이선웅·문병열·오규환(2024), 『한국어 문법론의 점과 선』, 한국문화사.
이선희(1998), 「복합술어 구문: 서술명사와 기능동사 결합을 중심으로」, 남기심 외, 『국어문법의 탐구』 IV, 태학사.
이수연(2016), 「한국어 반복구성 연구」, 서울대학교 박사학위논문.
이숭녕(1949), 「모음조화연구」, 『진단학보』 16, 진단학회.
이숭녕(1954ㄱ), 「십오세기의 모음체계와 이중모음의 Kontraktion적 발달에 대하여」, 『동방학지』 1, 연세대학교 동방학연구소.
이숭녕(1954ㄴ), 『국어음운론연구 제일집 '·'음고』(수정보수판), 을유문화사.
이숭녕(1956), 『고등국어문법』, 을유문화사.
이숭녕(1972), 『국어학연구』, 형설출판사.

이승재(1980), 「구례지역어의 음운체계」, 『국어연구』 45, 서울대학교 국어연구회.
이승재(1990), 「자음체계 및 중화」, 『국어연구 어디까지 왔나』, 동아출판사.
이승재(1993), 「모음의 발음」, 『국어생활』 3-1, 국립국어연구원.
이승희(2006), 「형용사 명령문에 대한 고찰」, 『국어학논총』, 태학사.
이영경(2007), 『중세국어 형용사 구문에 관한 연구』(국어학총서 57), 한국문화사.
이영제(2014), 「한국어 기능명사 연구」, 고려대학교 박사학위논문.
이윤하(2001), 『현대국어의 대우법 연구』, 역락.
이은경(1998), 「접속어미의 통사」, 서태룡 외 5인 공편, 『문법 연구와 자료』(이익섭선생 회갑기념논총), 태학사.
이은경(2000), 『국어의 연결어미 연구』(국어학총서 31), 태학사.
이은섭(2005), 『현대 국어 의문사의 문법과 의미』(국어학총서 51), 태학사.
이은섭(2007), 「형식이 삭감된 단위의 형태론적 정체성」, 『형태론』 9-1, 형태론 편집위원회.
이은희(2000), 『텍스트언어학과 국어 교육』, 서울대학교 출판부.
이의종(2012), 「증거성과 정보 관할권의 상호작용」, 『국어연구』 236, 서울대학교 국어연구회.
이의종(2020), 「한국어 연결 어미의 레지스터 분석」, 서울대학교 박사학위논문.
이익섭(1965), 「국어 복합명사의 IC 분석」, 『국어국문학』 30, 국어국문학회.
이익섭(1972), 「강릉방언의 형태음소론적 고찰」, 『진단학보』 33, 진단학회.
이익섭(1978), 「상대시제에 대하여」, 『관악어문연구』 3, 서울대학교 국어국문학과.
이익섭(2003), 『국어 부사절의 성립』, 태학사.
이익섭(2005), 『한국어 문법』, 서울대학교 출판부.
이익섭·이상억·채완(1997), 『한국의 언어』, 신구문화사.
이익섭·임홍빈(1983), 『국어문법론』, 학연사.
이익섭·채완(1999), 『국어문법론강의』, 학연사.
이정민(1992), 「(비)한정성/(불)특정성 대 화제(Topic)/초점: 개체 층위/단계 층위 술어와도 관련하여」, 『국어학』 22, 국어학회.
이정복(2001), 『국어 경어법 사용의 전략적 특성』(국어학총서 40), 태학사.
이정복(2002), 『국어 경어법과 사회언어학』, 월인.
이정복(2006), 「현대국어 경어법에 대한 사회언어학적 접근」, 『국어학』 47, 국어학회.
이정복(2014), 『한국 사회의 차별 언어』, 소통.
이정택(2002), 「문장성분 분류 시론: 그 체계 정립을 위하여」, 『한국어학』 16, 한국어학회.
이정택(2004), 「피동의 개념과 피동 서술어」, 『한국어학』 22, 한국어학회.
이정택(2006ㄱ), 「필수성과 수의성의 본질: 인지언어학적 관점에서」, 『한국어학』 30, 한국어학회.

이정택(2006ㄴ), 「이른바 중주어문에 대하여」, 『청람어문교육』 34, 청람어문교육학회.
이정택(2010), 「형태소의 유형: 바람직한 용어법의 정립을 위하여」, 『인문논총』 19, 서울여자대학교 인문과학연구소.
이정훈(2007), 「국어 어미의 통합단위」, 『한국어학』 37, 한국어학회.
이정훈(2008), 『조사와 어미 그리고 통사구조』, 태학사.
이정훈(2012), 『발견을 위한 한국어 문법론』, 서강대학교출판부.
이주행(2006), 『한국어문법』, 월인.
이준희·신호철·이현희(2012), 『한국어의 어휘와 문화』, 소통.
이지양(1998), 『국어의 융합현상』(국어학총서 22), 태학사.
이지영(1999), 「선어말어미의 '-더-'의 통시적 연구」, 『국어연구』 159, 서울대학교 국어연구회.
이진호 편역(2012), 『河野六郎과 국어 음운론』, 지식과교양.
이진호(1998), 「국어 유음화에 대한 종합적 고찰」, 『국어학』 31, 국어학회.
이진호(2005), 「국어의 음운론적 제약 체계」, 『어문연구』 33-2, 한국어문교육연구회.
이진호(2008), 『통시적 음운 변화의 공시적 기술』, 삼경문화사.
이진호(2009), 『국어 음운 교육 변천사』, 박이정.
이진호(2012), 『한국어의 표준 발음과 현실 발음』, 아카넷.
이진호(2014), 「형태소 교체의 규칙성에 대하여」, 『국어학』 69, 국어학회.
이진호(2017), 『국어 음운론 용어 사전』, 역락.
이진호(2020), 「한국어 파열음 체계의 언어 유형론적 고찰」, 『어문연구』 48-2, 한국어문교육연구회.
이진호(2021), 『국어 음운론 강의』(개정 증보판), 집문당.
이진호(2024), 『한국어 종성 체계의 언어 유형론』, 서울대 출판문화원.
이찬영(2016), 「현대 한국어 혼성어 연구」, 연세대학교 석사학위논문.
이찬영(2022), 「혼성어 연구의 쟁점과 방향」, 『형태론』 24-1, 형태론 편집위원회.
이찬영(2023), 「한국어 합성명사의 형성과 해석 연구: 'N+N'형 임시어를 중심으로」, 연세대학교 박사학위논문.
이창근(2007), 「초등학교 문법 교육 연구」, 한국교원대학교 박사학위논문.
이춘근(2002), 『문법교육론』, 이회.
이태영(1988), 『국어동사의 문법화 연구』, 한신문화사.
이필영(1993), 『국어 인용구문 연구』, 탑출판사.
이필영(1998), 「명사절과 관형사절」, 서태룡 외 5인 공편, 『문법 연구와 자료』(이익섭선생 회갑기념 논총), 태학사.
이해영(2003), 「한국어교육에서의 문법 교육」, 『국어교육』 112, 한국어교육학회.

이혁화(1999), 「국어 자음의 음운론적 강도에 대하여」, 『애산학보』 23, 애산학회.
이혁화(2002ㄱ), 「교체에 대하여」, 『형태론』 4-1, 형태론 편집위원회.
이혁화(2002ㄴ), 「국어 반모음 'ɥ'의 음성학과 음운론」, 『어학연구』 38-1, 서울대학교 언어교육원.
이혁화(2002ㄷ), 「교체에 대하여」, 『형태론』 4-1, 박이정.
이혁화(2012), 「국어 음운론의 용어 '반모음, 이중모음, 중성'에 대한 검토」, 『한글』 296, 한글학회.
이현복(1974), 「국어 말토막과 자음의 음가」, 『한글』 154, 한글학회.
이현복(1989), 『한국어의 표준발음』, 교육과학사.
이현주(2022), 「충남방언의 모음에 대한 연구」, 서울대학교 박사학위논문.
이현희(1990), 「보문화」, 『국어연구 어디까지 왔나』, 동아출판사.
이현희(2005), 「현대국어 화석과 그 역사적 해석」, 『국어학』 45, 국어학회.
이현희(2006), 「국어 접사 범주에 관한 연구」, 고려대학교 박사학위논문.
이호승(1998), 「현대국어 상황유형 연구」, 『국어연구』 149, 서울대학교 국어연구회.
이호승(2003), 「국어복합서술어 연구: [명사+조사+동사] 구성의 경우」, 서울대학교 박사학위논문.
이호승(2007), 「국어 주제어와 담화주제」, 『개신어문연구』 24, 개신어문학회.
이호영(1996), 『국어음성학』, 태학사.
이호영(1997), 『국어운율론』, 한국연구원.
이호영(2000), 「서울말과 표준발음법」, 『서울말 연구』 1, 박이정.
이홍식(1990), 「현대국어 관형절 연구」, 『국어연구』 98, 서울대학교 국어연구회.
이홍식(1998), 「문장 성분」, 서태룡 외 5인 공편, 『문법 연구와 자료』(이익섭선생 회갑기념논총), 태학사.
이홍식(2000), 『국어 문장의 주성분 연구』, 월인.
이홍식·이은경(2017), 「교체의 분류에 대하여」, 『국어학』 82, 국어학회.
이희승(1955), 『국어학개설』, 민중서관.
이희승·안병희(1994), 『한글 맞춤법 강의』(고친판), 신구문화사.
이희자·이종희(1999), 『텍스트분석적 국어어미의 연구』(말뭉치기반 국어연구총서 5), 한국문화사.
이희자·이종희(2001), 『어미·조사 사전』, 한국문화사.
임규홍(1990), 「국어 주제에 대하여」, 『배달말』 15, 배달말학회.
임근석(2010), 『한국어 연어 연구』, 월인.
임근석(2011), 「한국어 연어 연구의 전개와 쟁점에 대하여」, 『국어학』 61, 국어학회.
임동훈(1991ㄱ), 「격조사는 핵인가」, 『주시경학보』 8, 주시경연구소.
임동훈(1991ㄴ), 「현대국어 형식명사 연구」, 『국어연구』 103, 서울대학교 국어연구회.
임동훈(1995), 「통사론과 통사단위」, 『어학연구』 31-1, 서울대학교 어학연구소.

임동훈(1997), 「이중주어문의 통사구조」, 『한국문화』 19, 서울대학교 한국문화연구소.
임동훈(2000), 『한국어 어미 '-시-'의 문법』(국어학총서 37), 태학사.
임동훈(2001), 「'-겠-'의 용법과 역사적 해석」, 『국어학』 37, 국어학회.
임동훈(2003), 「국어 양태 체계의 정립을 위하여」, 『한국어 의미학』 12, 한국어 의미학회.
임동훈(2004), 「한국어 조사의 하위부류와 결합 유형」, 『국어학』 43, 국어학회.
임동훈(2005), 「'이다' 구문의 제시문적 성격」, 『국어학』 45, 국어학회.
임동훈(2006), 「현대국어 경어법의 체계」, 『국어학』 47, 국어학회.
임동훈(2011), 「문장의 유형」, 유현경 외 6인, 『한국어 통사론의 현상과 이론』, 태학사.
임석규(1999), 「영주 지역어의 음운론적 연구」, 『국어연구』 160, 서울대학교 국어연구회.
임석규(2002), 「음운탈락과 관련된 몇 문제」, 『국어학』 40, 국어학회.
임석규(2004), 「동남방언 음운론 연구를 위한 몇 가지 제안」, 『국어학』 43, 국어학회.
임석규(2007), 「경북북부지역어의 음운론적 연구」, 서울대학교 박사학위논문.
임석규(2013), 「경음화, 남은 몇 문제」, 『국어학』 67, 국어학회.
임용기(1986), 「우리말 음절 짜임새의 역사적 변천 과정에 대하여」, 『동방학지』 50, 연세대학교 국학연구원.
임용기(1987), 「우리말 소리갈 연구사: 소리내는 틀의 기술을 중심으로」, 『한글』 196, 한글학회.
임유종(2005), 『수식언의 문법』, 경진.
임지룡 외(2005ㄱ), 『문법교육론』, 역락.
임지룡 외(2005ㄴ), 『학교문법과 문법교육』, 박이정.
임채훈(2008), 「'감각적 증거' 양태성과 한국어 어미 교육: '-네, -더라, -더니, -길래' 등을 중심으로」, 『이중언어학』 37, 이중언어학회.
임칠성(2010), 「자국어 문법 교육과 외국어로서의 한국어 문법 교육의 성격 비교 연구」, 『문법교육』 13, 한국문법교육학회.
임홍빈(1981), 「사이시옷 문제의 해결을 위하여」, 『국어학』 10, 국어학회.
임홍빈(1982ㄱ), 「'-더-'와 단절의 양상」, 『관악어문연구』 7, 서울대학교 국어국문학과[임홍빈(1998)에 재수록].
임홍빈(1982ㄴ), 「기술보다는 설명을 중시하는 형태론의 기능 정립을 위하여」, 『한국학보』 8-1, 일지사.
임홍빈(1987), 『국어 재귀사 연구』, 신구문화사.
임홍빈(1993), 「국어 억양의 기본 성격과 특징」, 『새국어생활』 3-1, 국립국어원.
임홍빈(1997), 『북한의 문법론 연구』, 한국문화사.
임홍빈(1998), 『국어 문법의 심층』(전3권), 태학사.

임홍빈(2000), 「학교문법, 표준문법, 규범문법의 개념과 정의」, 『새국어생활』 10-2, 국립국어연구원.
임홍빈(2005), 『우리말에 대한 성찰』(전2권), 태학사.
임홍빈(2007), 『한국어의 주제와 통사 분석: 주제 개념의 새로운 전개』, 서울대학교 출판부.
임홍빈·이홍식 외(2002), 『한국어 구문 분석 방법론』, 한국문화사.
임홍빈·장소원(1995), 『국어 문법론 Ⅰ』, 한국방송통신대학교 출판부.
장경현(2010), 『국어 문장 종결부의 문체』, 역락.
장경희 외(2014), 『구어 능력 발달 연구』, 역락.
장경희(1985), 『현대국어의 양태범주연구』, 탑출판사.
장경희(1987), 「국어의 완형보절의 해석」, 『국어학』 16, 국어학회.
장경희(1998), 「서법과 양태」, 서태룡 외 5인 공편, 『문법 연구와 자료』(이익섭선생 회갑기념논총), 태학사.
장소원(1986), 「문법연구와 문어체」, 『한국학보』 12-2, 일지사.
장윤희(1999), 「공형태 분석의 타당성 검토」, 『형태론』 1-2, 형태론 편집위원회.
장채린(2018), 「한국어 교육을 위한 비격식체 종결어미 연구: 핵심 기능을 중심으로」, 연세대학교 박사학위논문.
전광현(1990), 「음장·억양·악센트」, 『국어연구 어디까지 왔나』, 동아출판사.
전상범 역(1987), 『생성형태론』(*Generative Morphology*), 한신문화사.
전상범(1980), 『생성음운론』, 탑출판사.
전상범(1995), 『형태론』, 한국문화사.
전상범(2013), 『한국어 명사구의 의미론: 한정성 특정성 총칭성 복수성』, 서울대학교 출판문화원.
전영철(2005), 「한국어 총칭명사구와 복수」, 『의미구조와 통사구조, 그리고 그 너머』, 한국문화사.
전영철(2006), 「대조 화제와 대조 초점의 표지 '는'」, 『한글』 274, 한글학회.
전영철(2023), 『한국어의 의미와 의미 이론』, 박이정.
전정례(1995), 「국어의 어순과 통사적 제약」, 『한말연구』 1, 한말연구학회.
전정례(1999), 『언어와 문화』, 박이정.
정경미(2016), 「한국어 추론 증거성 연구」, 고려대학교 박사학위논문.
정경재(2015), 「한국어 용언 활용 체계의 통시적 변화」, 고려대학교 박사학위논문.
정 국(1982), 「'실재적' 기저음운」, 『어학연구』 18-2, 서울대학교 언어교육원.
정 국(1994), 『생성음운론의 이해: 개념, 형식 및 분석 방법론』, 한신문화사.
정명숙(2002), 「현대국어 말소리의 통시적 변화: 1950년대 이후 방송 자료를 중심으로」, 고려대학교 박사학위논문.
정승철(1995), 『제주도 방언의 통시음운론』, 태학사.

정승철(1997), 「자음의 변화」, 『국어사연구』, 태학사.
정승철(2001), 「음운론 연구」, 『한국의 학술연구: 국어국문학』, 대한민국학술원.
정연주(2015), 「'하다'의 기능에 대한 구문 기반 연구」, 고려대학교 박사학위논문.
정연주(2023), 「구문문법과 한국어 구문 연구」, 『국어학』 106, 국어학회.
정연찬(1974), 『경상도방언성조연구』, 탑출판사.
정연찬(1976), 『국어성조에 관한 연구』, 일조각.
정연찬(1997), 『한국어음운론』(개정판), 한국문화사.
정열모(1946), 『신편 고등국어문법』, 한글문화사[김민수 외 2인 공편(1985), 역대한국문법대계 1-61에 재수록].
정인상(1982), 「통영지역어의 용언활용에 대한 음운론적 고찰」, 『방언』 6, 한국정신문화연구원.
정인승(1956), 『표준 고등말본』, 신구문화사.
정인아(2010), 「한국어의 증거성 범주에 관한 연구」, 상명대학교 박사학위논문.
정인호(1995), 「화순지역어의 음운론적 연구」, 『국어연구』 134, 서울대학교 국어연구회.
정인호(1997), 「ㅂ-불규칙 용언 어간의 변화에 대하여」, 『애산학보』 20, 애산학회.
정인호(2004ㄱ), 「원평북방언과 전남방언의 음운론적 대조 연구: 용천 지역어와 화순 지역어를 중심으로」, 서울대학교 박사학위논문.
정인호(2004ㄴ), 「하강 이중모음과 부동 이중모음의 음변화」, 『어문연구』 32-2, 한국어문교육연구회.
정인호(2004ㄷ), 「'자음-ㅎ'연쇄에서의 음변화」, 『한국문화』 34, 서울대학교 한국문화연구소.
정 철(1991), 『경북 중부 지역어 연구』, 경북대학교 출판부.
정한데로(2014), 「단어 형성과 의미 합성성: 통합관계와 계열관계를 중심으로」, 『한국어 의미학』 44, 한국어 의미학회.
정한데로(2015), 『한국어 등재소의 형성과 변화』(국어학총서 71), 태학사.
정한데로(2019), 『발견을 위한 한국어 단어 형성론』, 서강대학교 출판부.
정희자(1994), 「주제의 담화 기능에 대하여」, 『언어』 19-2, 한국언어학회.
정희정(2000), 『한국어 명사 연구』, 월인.
정희창(2014), 「국어 문법론에서의 기술 문법과 학교 문법」, 『국어학』 69, 국어학회.
조경하(2006), 「국어의 후두 자질과 음운 현상」, 이화여자대학교 박사학위논문.
조남호(2006), 「국어 대우법의 어휘론적 이해」, 『국어학』 47, 국어학회.
조민정(2000), 「국어의 상에 대한 연구」, 연세대학교 박사학위논문.
조민정(2007), 『한국어에서 상의 두 양상에 대한 고찰』, 한국문화사.
조선어문연구회(1949), 『조선어문법』, 조선어문연구회.
조성문(2002), 『국어 자음의 음운 현상에 대한 원리와 제약』, 한국문화사.

조성식 편(1990), 『영어학사전』, 신아사.
조일영(1998), 「국어 선어말어미의 양태적 의미 고찰」, 『한국어학』 8, 한국어학회.
조재형(2008), 「한자어의 단어 형성의 특성에 대한 일고찰: 명사에 한하여」, 『어문론집』 38, 중앙어문학회.
주경희(1992), 「국어 대명사의 담화분석적 연구」, 서울대학교 박사학위논문.
주세형(2006), 『문법 교육론과 국어학적 지식의 지평 확장』, 역락.
주시경(1910), 『국어문법』, 박문서관[김민수 외 2인 공편(1985), 역대한국문법대계 ①-11에 재수록].
주시경(1914), 『말의 소리』, 신문관.
주지연(2015), 「한국어 병렬구성 연구」, 서울대학교 박사학위논문.
지민제(1993), 「소리의 길이」, 『새국어생활』 3-1, 국립국어연구원.
차재은(2003), 「우리말 음운 자질의 설정에 대하여」, 『한글』 259, 한글학회.
차재은(2007), 「외래어 표준 발음 문제에 대한 고찰」, 『한국어학』 35, 한국어학회.
채숙희(2013), 『현대 한국어 인용구문 연구』(국어학총서 68), 태학사.
채영희(1993), 「시킴월의 유형에 대하여」, 『우리말연구』 3, 우리말학회.
채　완(1976), 「'는'의 의미」, 『국어학』 4, 국어학회.
채　완(1977), 「화제의 의미」, 『관악어문연구』 4, 서울대학교 국어국문학과.
채　완(1990), 「국어 분류사의 기능과 의미」, 『진단학보』 70, 진단학회.
채　완(1998), 「특수조사」, 서태룡 외 5인 공편, 『문법 연구와 자료』(이익섭선생 회갑기념논총), 태학사.
채　완(2003), 『한국어의 의성어와 의태어(한국의 탐구)』, 서울대학교 출판부.
채현식(1994), 「국어어휘부 등재소에 관한 연구」, 『국어연구』 120, 국어연구회.
채현식(2003), 『유추에 의한 복합명사 형성 연구』, 태학사.
최경봉(1998), 『국어 명사의 의미 연구』, 태학사.
최규수(1999), 『한국어 주제어와 임자말 연구』, 부산대학교 출판부.
최규수(2009), 『한국어 통사론 입문』, 박이정.
최기용(2001), 「'-이다'의 '-이'는 주격조사이다」, 『형태론』 3-1, 형태론 편집위원회.
최기용(2005), 『최소주의의 최근 흐름』, 한국문화사.
최동주(1994), 「현대국어의 선어말 {-더-}의 의미에 대하여: 마침법의 경우」, 『어학연구』 30: 1, 서울대학교 어학연구소.
최동주(1998), 「시제와 상」, 서태룡 외 5인 공편, 『문법 연구와 자료』(이익섭선생 회갑기념논총), 태학사.
최동주(2006), 「선어말어미의 배열순서와 분포의 광협」, 『형태론』 8-2, 형태론 편집위원회.
최동주(2015), 『국어 시상체계의 통시적 변화』(국어학총서 27), 태학사.

최명옥(1976), 「서남경남방언의 부사화접사 '-아'의 음운현상」, 『국어학』 4, 국어학회.
최명옥(1978), 「동남방언의 세 음소」, 『국어학』 7, 국어학회.
최명옥(1982), 『월성지역어의 음운론』, 영남대학교 출판부.
최명옥(1985), 「변칙동사의 음운현상에 대하여: p, s, t변칙동사를 중심으로」, 『국어학』 14, 국어학회.
최명옥(1988), 「국어 Umlaut의 연구사적 검토: 공시성과 통시성의 문제를 중심으로」, 『진단학보』 65, 진단학회.
최명옥(1993), 「어간의 재구조화와 교체형의 단일화 방향」, 『성곡논총』 24, 성곡학술문화재단.
최명옥(1995), 「'X]]Vst어Y'의 음운론」, 『진단학보』 79, 진단학회.
최명옥(2001), 「국어음운론 연구의 비판적 검토」, 『한민족어문학』 38, 한민족어문학회.
최명옥(2004), 『국어 음운론』, 태학사.
최명옥(2005), 「한국어 음운규칙 적용의 한계와 그 대체 기제」, 『인문논총』 53, 서울대학교 인문학연구원.
최상진·임채훈(2008), 「인과관계 형성의 인지과정과 연결어미의 상관성: '-어서', '-니까', '-면' 등을 중심으로」, 『국어학』 52, 국어학회.
최영미(2010), 『정선방언의 성조체계와 그 역사적 변천』, 역락.
최영환(1993), 「합성명사의 지도에 관한 연구」, 서울대학교 박사학위논문.
최웅환 외(2004), 『한국의 언어 문화』, 경북대학교 출판부.
최웅환(2005), 「교착소로서의 국어 어미에 대한 연구」, 『우리말글』 35, 우리말글학회.
최웅환(2008), 「형태소의 유형 분류」, 『문학과 언어』 30, 문학과언어연구회.
최윤지(2008), 「한국어 분열문의 의미 연구: 정보 구조를 중심으로」, 『국어연구』 202, 서울대학교 국어연구회.
최윤지(2019), 『한국어 정보구조 연구』(국어학총서 78), 태학사.
최윤지(2023), 「구어와 문어의 이분을 넘어 개별 사용역 자질에 기반하는 문법 연구 제안」, 『어문연구』 51-1, 한국어문교육연구회.
최임식(1994), 『국어 방언의 음운사적 연구』, 문창사.
최재희(2004), 『한국어 문법론』, 태학사.
최전승(1986), 『19세기 후기 전라방언의 음운현상과 그 역사성』, 한신문화사.
최전승(1995), 『한국어 방언사 연구』, 태학사.
최전승(2004), 『한국어 방언의 공시적 구조와 통시적 변화』, 역락.
최전승(2008), 『국어사와 국어방언사와의 만남』, 역락.
최태영(1983), 『방언음운론: 전주지역어를 중심으로』, 형설출판사.
최현배(1929), 『우리말본 첫재매』, 연희전문학교 출판부.

최현배(1937), 『우리말본』(초판), 정음사.

최현배(1971), 『우리말본』(제4판: 최종판), 정음문화사.

최형강(2004), 「국어의 격조사구 보어 연구」, 서울대학교 박사학위논문.

최형용(2003), 『국어 단어의 형태와 통사』(국어학총서 45), 태학사.

최형용(2010), 「품사의 경계: 조사, 어미, 어근, 접사를 중심으로」, 『한국어학』 47, 한국어학회.

최형용(2011), 「한국어의 형태론적 현저성에 대하여」, 『형태론』 13-1, 형태론 편집위원회.

최형용(2013), 『한국어 형태론의 유형론』, 박이정.

최형용(2016), 『한국어 형태론』, 역락.

최형용·김혜지·리우·완잉·권경녀·강문영·장재영·박지현·왕사우(2022), 『한국어 신어 형성 연구』, 역락.

최호철(1995), 「국어의 보어에 대하여」, 『한국어학』 2, 한국어학회.

최홍열(2005), 『정도부사의 유의어 연구』, 역락.

하신영(2004), 「'X{C, V}]Vst 아/어Y'의 음운론적 연구」, 『국어연구』 175, 서울대학교 국어연구회.

하신영(2010), 「전남 곡성지역어와 경남 창녕지역어의 음운론적 대비 연구」, 서울대학교 박사학위논문.

한국사회언어학회 편(2012), 『사회언어학사전』, 소통.

한 길(1991), 『국어 종결어미 연구』, 강원대학교 출판부.

한 길(2002), 『현대 우리말의 높임법 연구』, 역락.

한 길(2006가), 「우리말의 융합 형태소와 형태소 중복 현상」, 『인문과학연구』 15, 강원대학교 인문과학연구소.

한 길(2006나), 『현대 우리말의 형태론』, 역락.

한동완(1996), 『국어의 시제 연구』(국어학총서 24), 태학사.

한성우(1996), 「당진 지역어의 음운론적 연구」, 『국어연구』 141, 서울대학교 국어연구회.

한성우(2005), 「『보통학교 조선어독본』 음성자료에 대한 음운론적 연구」, 『어문연구』 127, 한국어문교육연구회.

한성우(2006), 『평안북도 의주방언의 음운론』, 월인.

한송화(2000), 『현대 국어 자동사 연구』(말뭉치기반 국어연구총서 7), 한국문화사.

한수정(2014), 「불규칙 용언의 활용형 연구」, 부산대학교 박사학위논문.

한영균(1985), 「음운변화와 어휘부의 재구조화」, 『관악어문연구』 10, 서울대학교 국어국문학과.

한영균(1988), 「비음절화 규칙의 통시적 변화와 그 의미」, 『울산어문논집』 4, 울산대학교 국어국문학과.

한영균(1991), 「모음체계의 재정립과 현대국어의 비음절화」, 『진단학보』 71·72, 진단학회.

한영균(1997), 「모음의 변화」, 『국어사연구』, 태학사.

한정한(2009ㄱ), 「'이다'의 형태, 통사, 의미 범주」, 『국어국문학』 151, 국어국문학회.
한정한(2009ㄱ), 「단어를 다시 정의해야 하는 시급한 이유들」, 『언어』 34-3, 한국언어학회.
한정한(2011), 「통사 단위 단어」, 『국어학』 60, 국어학회.
함병호(2011), 「한국어 양태보조사 연구」, 동국대학교 석사학위논문.
허용·김선정(2013), 『대조언어학』, 소통.
허　웅(1975), 『우리 옛말본: 형태론』, 샘문화사.
허　웅(1985), 『국어 음운학: 우리말 소리의 오늘·어제』, 샘문화사.
허　웅(1999), 『20세기 우리말의 통어론』, 샘문화사.
허　웅(2000), 『20세기 우리말의 형태론』(고친판), 샘문화사.
허철구(1998), 「국어의 합성동사 형성과 어기분리」, 서강대학교 박사학위논문.
허철구(2001), 「국어 주제어의 문법적 특성에 대하여」, 『국어 연구의 이론과 실제』(이광호교수 회갑 기념논총), 태학사.
호광수(2003), 『국어 보조용언 구성 연구』, 역락.
홍석준(2015), 「국어 색채형용사의 어휘형태론적 연구」, 서울대학교 박사학위논문.
홍윤기(2002), 「국어문장의 상적 의미 연구」, 경희대학교 박사학위논문.
홍윤표(1985), 「구개음화에 대한 역사적 연구」, 『진단학보』 60, 진단학회.
홍은영(2023), 「한국어 모음의 음성 실현 연구」, 서울대학교 박사학위논문.
홍재성 외(1996), 『현대 한국어의 동사 구문 사전』, 두산동아.
홍재성(1987), 『현대 한국어 동사 구문의 연구』, 탑출판사.
홍재성(1990), 「어휘부 구성의 기본 문제」, 『어학연구』, 26-1, 서울대학교 어학연구소.
홍재성(1999), 「기능동사 구문 연구의 한 시각: 어휘적 접근」, 『인문논총』 41, 서울대학교 인문과학 연구소.
홍종선 외(2003), 『한국어 문법론의 연구 현황과 과제』, 박이정.
홍종선(1989), 「국어형태론 연구의 흐름」, 『국어학』 19, 국어학회.
홍종선(2008), 「국어의 시제 형태소 체계와 그 기능 변이」, 『한글』 282, 한글학회.
홍종선·고광주(1999), 「'-을' 논항의 의미역 체계 연구」, 『한글』 243, 한글학회.
황문환(2002), 「조선 시대 언간과 국어 생활」, 『새국어생활』 12-2, 국립국어연구원.
황병순(2000), 「상 의미로 본 국어동사의 갈래」, 『한글』 250, 한글학회.
황화상(2003), 「조사의 작용역과 조사 중첩」, 『국어학』 42, 국어학회.
황화상(2005), 「'이다'의 문법범주 재검토」, 『형태론』 7-1, 형태론 편집위원회.
황화상(2013), 『현대국어 형태론』(개정판), 지식과교양.
梅田博之(2000), 「서울말 모음의 통시적 변화」, 『서울말 연구』 1, 박이정.

小倉進平(1923),『國語及朝鮮語 發音概說』, 近澤印刷所出版部.

小倉進平(1944),『朝鮮語方言の研究(下)』, 岩波書店.

野間秀樹(2002),『한국어 어휘와 문법의 상관구조』, 태학사.

伊藤智ゆき(2007),『朝鮮漢字音研究: 本文篇』, 汲古書院.

河野六郎(1945),『朝鮮方言學試攷:「鋏」語考』, 東都書籍.

Aikhenvald, A. Y. & R. M. W. Dixon *eds.* (2003), *Studies in Evidentiality,* John Benjamins Publishing Company.

Aikhenvald, A. Y. (2004), *Evidentiality,* Oxford University Press.

Aronoff, M. (1976), *Word Formation in Generative Grammar*(Linguistic Inquiry Monograph 1), MIT Press.

Baayen, H. (1989), *A Corpus-Based Approach to Morphological Productivity: Statistical Analysis and Psycholinguistic Interpretation*, Dissertation, Amsterdam, Free University.

Blevins, J. (2004), *Evolutionary Phonology: The Emergence of Sound Patterns*, Cambridge University Press.

Bybee, J. & S. Fleischman *eds.* (1995), *Modality in Grammar and Discourse,* John Benjamins Publishing Company.

Bybee, J. (2001), *Phonology and Language Use*, Cambridge University Press.

Bybee, J. (1985), *Morphology: A Study of the Relation between Meaning and Form*, John Benjamins Publishing Company.

Bybee, J., R. Perkins, & W. Pagliuca (1994), *The Evolution of Grammar: Tense, Aspect, and Modality in the Language of the World,* The University of Chicago Press.

Carr, P. (1993), *Phonology*, Macmillan Press.

Chafe, W. & J. Nicholes *eds.* (1986), *Evidentiality: The Linguistic Coding of Epistemology,* Ablex Publishing Corporation.

Chomsky, N. & M. Halle (1968), *The Sound Pattern of English*, Harper & Row.

Coates, J. (1983), *The Semantics of Modal Auxiliaries,* Croom Helm.

DeLancey, S. (1986), Evidentiality and Volitionality in Tibetan, in Chafe & Nicholes *eds.* (1986).

DeLancey, S. (1997), Mirativity: The Grammatical Marking of Unexpected Information, *Linguistic Typology 1*.

DeLancey, S. (2001), The Mirative and Evidentiality, *Journal of Pragmatics 33.*

Dendale, P. & L. Tasmowski (2001), Introduction: Evidentiality and Related Notions, *Journal of Pragmatics 33.*

Durand, J. (1990), *Generative and Nonlinear Phonology*, Longman.

Fischer-Jørgensen, E. (1975), *Trends in Phonological Theory: A Historical Introduction*, Akademisk Forlag.

Goldsmith, J. *ed.* (1995), *The Handbook of Phonological Theory*, Blackwell.

Greenbaum, S. (1986), The Grammar of Contemporary English and the Comprehensive Grammar of the English Language, G. Leitner *ed.*, *The English Reference Grammar*, Max Niemeyer.

Halliday, M. A. K. (1975), *Learning How to Mean: Explorations in the Development of Language*, Edward Arnold.

Haspelmath, M. (2002), *Understanding Morphology*, Arnold.

Hawkins, P. (1984), *Introducing Phonology*, Routledge.

Hockett, C. (1958), *A Course in Modern Linguistics*, Macmillan.

Hooper, J. B. (1976), *An Introduction to Natural Generative Phonology*, Academic Press.

Hyman, L. M. (1975), *Phonology Theory and Analysis*, Holt, Rinehart & Winston.

Kenstowicz, M. (1994), *Phonology in Generative Grammar*, Blackwell.

Kim, C.-W. (1988), *Sojourns in Language*(II), Tower Press.

Kim-Renaud, Y.-K. (1974), *Korean Consonantal Phonology*, Hanshin Publishing Co.

King, R. D. (1969), *Historical Linguistics and Generative Grammar*, Prentice-Hall.

Kiparsky, P. (1982), *Explanation in Phonology*, Foris.

Ladefoged, P. & I. Maddieson (1996), *The Sounds of the World's Languages*, Blackwell.

Ladefoged, P. (1975), *A Course in Phonetics*, Harcourt Brace Jovanovich.

Lass, R. (1984), *Phonology: An Introduction to Basic Concepts*, Cambridge University Press.

Laver, J. (1994), *Principles of Phonetics*, Cambridge University Press.

Lee, H. S. (1991), Tense, Aspect, Modality: A Discourse-Pragmatic Analysis of Verbal Affixes in Korean from a Typological Perspective, Ph.D. Dissertation, University of California Los Angeles.

Leech, G. (2000), Student's Grammar - Teacher' Grammar - Learner' s Grammar, Bygate M., A. Tonkyn & E. Williams, *ed.*, *Grammar and the Language Teacher*(3rd *ed.*), Pearson Education.

Palmer, F. R. (1979/1990), *Modality and the English Modals*(2nd *ed.*), Longman.

Palmer, F. R. (1986), *Mood and Modality,* Cambridge University Press.

Radford, A. (1988), *Transformational Grammar*, Cambridge University Press.[서정목·이광호·임홍빈 역(1990), 『변형문법』, 을유문화사.]

Ramsey, S. R. (1978), *Accent and Morphology in Korean Dialects: A Descriptive and Historical Study*, Tower Press.

Ramstedt, G. J. (1939), A Korean Grammar, *Mémoires de la Société Finno-ougrienne* 82, soumalais-ugrilainen seura.

Roca, I. (1999), *A Course in Phonology*, Blackwell.

Saeed, J. I. (1997), *Semantics*, Blackwell Publishers.

Schane, S. A. (1973), *Generative Phonology*, Prentice-Hall.

Searle, J. R. (1969), *Speech Acts: An Essay in the Philosophy of Language*, Cambridge University Press.

Skousen, R. (1975), *Substantive Evidence in Phonology*, Mouton.

Sommerstein, A. H. (1977), *Modern Phonology*, Park University Press.

Sperber, D. & D. Wilson (1986/1995), *Relevance: Communication and Cognition*(2nd *ed.*), Blackwell.

Štekauer, P. (1998), *An Onomasiological Theory of English Word-Formation*.[구본관·박혜진·차경미 역(2023), 『단어 형성에 대한 표현론적 접근』, 사회평론아카데미.]

Sweetser, E. (1990), *From Etymology to Pragmatics: Metaphorical and Cultural Aspects of Semantic Structure*, Cambridge University Press.

Tallerman, M. (2005), *Understanding Syntax*(2nd *ed.*), Hodder Arnold.

Trask, R. L. (1996), *A Dictionary of Phonetics and Phonology*, Routledge.

Whaley, L. J. (1997), Introduction to Typology: The Unity and Diversity of Language, SAGE Publications Inc.[김기혁 역(2008), 『언어 유형론: 언어의 통일성과 다양성』, 소통.]

찾아보기

ㅇ

ㅊ

ㅌ

ㅍ

저자 소개

구본관

서울대학교 사범대학 국어교육과 교수, 서울대학교 국어교육연구소 겸무연구원

대표 논저 『15세기 국어 파생법에 대한 연구』(1998)
『우리말 문법론』(2008, 2018 개정판, 공저)
『어휘 교육론』(2014, 공저)
『한국어 표준 문법』(2018, 공저)
『한국어학 개론』(2020, 공저)
『국어 파생법의 역사』(2023)

박재연

아주대학교 인문대학 국어국문학과 교수

대표 논저 『한국어 양태 어미 연구』(2006)
『한국어 어미의 의미』(2019)
『한국어학 개론』(2020, 공저)
『한국어 의미론』(2023, 공저)

이선웅

경희대학교 외국어대학 한국어학과 교수

대표 논저 『국어 명사의 논항구조 연구』(2005)
『한국어 문법론의 개념어 연구』(2012)
『한국어 어휘 교육』(2010, 공저)
『외국인을 위한 한국어 문법과 표현』 초급, 중급(2016, 공저)
『한국어학 개론』(2020, 공저)

이진호

서울대학교 인문대학 국어국문학과 교수

대표 논저 『국어 음운론 강의』(2005, 2021 개정증보판)
『한국어의 표준 발음과 현실 발음』(2012, 2023 개정판)
『국어 음운론 용어 사전』(2017)
『한국어학 개론』(2020, 공저)
『한국어 종성 체계의 언어 유형론』(2024)